人力资源和社会保障政策法规汇编

（2014）

人力资源和社会保障部法规司　编

中国劳动社会保障出版社

图书在版编目（CIP）数据

人力资源和社会保障政策法规汇编. 2014/人力资源和社会保障部法规司编. —北京：中国劳动社会保障出版社，2015

ISBN 978-7-5167-2111-7

Ⅰ.①人… Ⅱ.①人… Ⅲ.①人力资源管理-劳动政策-汇编-中国-2014②人力资源管理-劳动法-汇编-中国-2014③社会保障-福利政策-汇编-中国-2014④社会保障-法规-汇编-中国-2014 Ⅳ.①F249.20②D922.509

中国版本图书馆 CIP 数据核字（2015）第 217580 号

中国劳动社会保障出版社出版发行

（北京市惠新东街 1 号　邮政编码：100029）

*

中国铁道出版社印刷厂印刷装订　新华书店经销

850 毫米×1168 毫米　32 开本　27 印张　648 千字

2015 年 9 月第 1 版　　2015 年 9 月第 1 次印刷

定价：72.00 元

读者服务部电话：（010）64929211/64921644/84643933

发行部电话：（010）64961894

出版社网址：http://www.class.com.cn

编辑说明

为了准确地向全国人力资源和社会保障部门的工作人员、广大用人单位和劳动者宣传国家人力资源社会保障法律、行政法规、规章及政策性文件，进一步提高人力资源社会保障部门依法行政水平，切实维护广大用人单位和劳动者的合法权益，我们编辑了《人力资源和社会保障政策法规汇编（2014）》一书。本书收集2014年人力资源和社会保障工作方面的法律、行政法规、规章及公开发布的政策性文件和相关法规性文件120件，分为综合、就业促进、人力资源市场、职业能力建设、专业技术人员管理、事业单位人事管理、农民工工作、劳动关系、养老保险、失业保险、医疗保险、工伤保险、社会保险基金监督、调解仲裁管理、劳动监察、社会保险事业管理、公务员和其他，共18个部分。每个部分按其法律效力和发文时间编排，以便广大读者查阅。此外，本书还配有一张光盘，随书赠送给读者。

《人力资源和社会保障政策法规汇编》是工具书，每年出版一册，政策连续性强，特别适合各企业、事业、机关、团体等单位主管人力资源和社会保障工作的部门长期保存，以备工作查阅。

编　者

2015年9月

总 目 录

目　　录

综　　合

就业促进

人力资源市场

职业能力建设

专业技术人员管理

事业单位人事管理

农民工工作

劳动关系

养老保险

失业保险

医疗保险

工 伤 保 险

社会保险基金监督

调解仲裁管理

劳 动 监 察

社会保险事业管理

公　务　员

其　他

综　　合

中共中央关于全面推进依法治国若干重大问题的决定

（2014年10月23日中国共产党第十八届中央委员会第四次全体会议通过）

为贯彻落实党的十八大作出的战略部署，加快建设社会主义法治国家，十八届中央委员会第四次全体会议研究了全面推进依法治国若干重大问题，作出如下决定。

一、坚持走中国特色社会主义法治道路，建设中国特色社会主义法治体系

依法治国，是坚持和发展中国特色社会主义的本质要求和重要保障，是实现国家治理体系和治理能力现代化的必然要求，事关我们党执政兴国，事关人民幸福安康，事关党和国家长治久安。

全面建成小康社会、实现中华民族伟大复兴的中国梦，全面深化改革、完善和发展中国特色社会主义制度，提高党的执政能力和执政水平，必须全面推进依法治国。

我国正处于社会主义初级阶段，全面建成小康社会进入决定性阶段，改革进入攻坚期和深水区，国际形势复杂多变，我们党面对的改革发展稳定任务之重前所未有、矛盾风险挑战之多前所未有，依法治国在党和国家工作全局中的地位更加突出、作用更加重大。面对新形势新任务，我们党要更好统筹国内国际两个大局，更好维护和运用我国发展的重要战略机遇期，更好统筹社会力量、平衡社会利益、调节社会关系、规范社会行为，使我国社会在深刻变革中既生机勃勃又井然有序，实现经济发展、政治清明、文化昌盛、社会公正、生态良好，实现我国和平发展的战略目标，必须更好发挥法治的引领和规范作用。

我们党高度重视法治建设。长期以来，特别是党的十一届三中全会以来，我们党深刻总结我国社会主义法治建设的成功经验和深刻教训，提出为了保障人民民主，必须加强法治，必须使民主制度化、法律化，把依法治国确定为党领导人民治理国家的基本方略，把依法执政确定为党治国理政的基本方式，积极建设社会主义法治，取得历史性成就。目前，中国特色社会主义法律体系已经形成，法治政府建设稳步推进，司法体制不断完善，全社会法治观念明显增强。

同时，必须清醒看到，同党和国家事业发展要求相比，同人民群众期待相比，同推进国家治理体系和治理能力现代化目标相比，法治建设还存在许多不适应、不符合的问题，主要表现为：有的法律法规未能全面反映客观规律和人民意愿，针对性、可操作性不强，立法工作中部门化倾向、争权诿责现象较为突出；有法不依、执法不严、违法不究现象比较严重，执法体制权责脱节、多头执法、选择性执法现象仍然存在，执法司法不规范、不严格、不透明、不文明现象较为突出，群众对执法司法不公和腐败问题反映强烈；部分社会成员尊法信法守法用法、依法维权意识不强，一些国家工作人员特别是领导干部依法办事观念不强、能力不足，知法犯法、以言代法、以权压法、徇私枉法现象依然存在。这些问题，违背社会主义法治原则，损害人民群众利益，妨碍党和国家事业发展，必须下大气力加以解决。

全面推进依法治国，必须贯彻落实党的十八大和十八届三中全会精神，高举中国特色社会主义伟大旗帜，以马克思列宁主义、毛泽东思想、邓小平理论、“三个代表”重要思想、科学发展观为指导，深入贯彻习近平总书记系列重要讲话精神，坚持党的领导、人民当家做主、依法治国有机统一，坚定不移走中国特色社会主义法治道路，坚决维护宪法法律权威，依法维护人民权益、维护社会公平正义、维护国家安全稳定，为实现“两个一百年”奋斗目标、实现中华民族伟大复兴的中国梦提供有力法治保障。

全面推进依法治国，总目标是建设中国特色社会主义法治体系，建设社会主义法治国家。这就是，在中国共产党领导下，坚持中国特色社会主义制度，贯彻中国特色社会主义法治理论，形成完备的法律规范体系、高效的法治实施体系、严密的法治监督体系、有力的法治保障体系，形成完善的党内法规体系，坚持依法治国、依法执政、依法行政共同推进，坚持法治国家、法治政府、法治社会一体建设，实现科学立法、严格执法、公正司法、全民守法，促进国家治理体系和治理能力现代化。

实现这个总目标，必须坚持以下原则。

——坚持中国共产党的领导。党的领导是中国特色社会主义最本质的特征，是社会主义法治最根本的保证。把党的领导贯彻到依法治国全过程和各方面，是我国社会主义法治建设的一条基本经验。我国宪法确立了中国共产党的领导地位。坚持党的领导，是社会主义法治的根本要求，是党和国家的根本所在、命脉所在，是全国各族人民的利益所系、幸福所系，是全面推进依法治国的题中应有之义。党的领导和社会主义法治是一致的，社会主义法治必须坚持党的领导，党的领导必须依靠社会主义法治。只有在党的领导下依法治国、厉行法治，人民当家做主才能充分实现，国家和社会生活法治化才能有序推进。依法执政，既要求党依据宪法法律治国理政，也要求党依据党内法规管党治党。必须坚持党领导立法、保证执法、支持司法、带头守法，把依法治国基本方略同依法执政基本方式统一起来，把党总揽全局、协调各方同人大、政府、政协、审判机关、检察机关依法依章程履行职能、开展工作统一起来，把党领导人民制定和实施宪法法律同党坚持在宪法法律范围内活动统一起来，善于使党的主张通过法定程序成为国家意志，善于使党组织推荐的人选通过法定程序成为国家政权机关的领导人员，善于通过国家政权机关实施党对国家和社会的领导，善于运用民主集中制原则维护中央权威、维护全党全国团结统一。

——坚持人民主体地位。人民是依法治国的主体和力量源泉，人民代表大会制度是保证人民当家做主的根本政治制度。必须坚持法治建设为了人民、依靠人民、造福人民、保护人民，以保障人民根本权益为出发点和落脚点，保证人民依法享有广泛的权利和自由、承担应尽的义务，维护社会公平正义，促进共同富裕。必须保证人民在党的领导下，依照法律规定，通过各种途径和形式管理国家事务，管理经济文化事业，管理社会事务。必须使人民认识到法律既是保障自身权利的有力武器，也是必须遵守的行为规范，增强全社会学法尊法守法用法意识，使法律为人民所掌握、所遵守、所运用。

——坚持法律面前人人平等。平等是社会主义法律的基本属性。任何组织和个人都必须尊重宪法法律权威，都必须在宪法法律范围内活动，都必须依照宪法法律行使权力或权利、履行职责或义务，都不得有超越宪法法律的特权。必须维护国家法制统一、尊严、权威，切实保证宪法法律有效实施，绝不允许任何人以任何借口任何形式以言代法、以权压法、徇私枉法。必须以规范和约束公权力为重点，加大监督力度，做到有权必有责、用权受监督、违法必追究，坚决纠正有法不依、执法不严、违法不究行为。

——坚持依法治国和以德治国相结合。国家和社会治理需要法律和道德共同发挥作用。必须坚持一手抓法治、一手抓德治，大力弘扬社会主义核心价值观，弘扬中华传统美德，培育社会公德、职业道德、家庭美德、个人品德，既重视发挥法律的规范作用，又重视发挥道德的教化作用，以法治体现道德理念、强化法律对道德建设的促进作用，以道德滋养法治精神、强化道德对法治文化的支撑作用，实现法律和道德相辅相成、法治和德治相得益彰。

——坚持从中国实际出发。中国特色社会主义道路、理论体系、制度是全面推进依法治国的根本遵循。必须从我国基本国情出发，同改革开放不断深化相适应，总结和运用党领导人民实行法治的成功经验，围绕社会主义法治建设重大理论和实践问题，推进法治理论创新，发展符合中国实际、具有中国特色、体现社会发展规律的社会主义法治理论，为依法治国提供理论指导和学理支撑。汲取中华法律文化精华，借鉴国外法治有益经验，但决不照搬外国法治理念和模式。

全面推进依法治国是一个系统工程，是国家治理领域一场广泛而深刻的革命，需要付出长期艰苦努力。全党同志必须更加自觉地坚持依法治国、更加扎实地推进依法治国，努力实现国家各项工作法治化，向着建设法治中国不断前进。

二、完善以宪法为核心的中国特色社会主义法律体系，加强宪法实施

法律是治国之重器，良法是善治之前提。建设中国特色社会主义法治体系，必须坚持立法先行，发挥立法的引领和推动作用，抓住提高立法质量这个关键。要恪守以民为本、立法为民理念，贯彻社会主义核心价值观，使每一项立法都符合宪法精神、反映人民意志、得到人民拥护。要把公正、公平、公开原则贯穿立法全过程，完善立法体制机制，坚持立改废释并举，增强法律法规的及时性、系统性、针对性、有效性。

（一）健全宪法实施和监督制度。宪法是党和人民意志的集中体现，是通过科学民主程序形成的根本法。坚持依法治国首先要坚持依宪治国，坚持依法执政首先要坚持依宪执政。全国各族人民、一切国家机关和武装力量、各政党和各社会团体、各企业事业组织，都必须以宪法为根本的活动准则，并且负有维护宪法尊严、保证宪法实施的职责。一切违反宪法的行为都必须予以追究和纠正。

完善全国人大及其常委会宪法监督制度，健全宪法解释程序机制。加强备案审查制度和能力建设，把所有规范性文件纳入备案审查范围，依法撤销和纠正违宪违法的规范性文件，禁止地方制发带有立法性质的文件。

将每年十二月四日定为国家宪法日。在全社会普遍开展宪法教育，弘扬宪法精神。建立宪法宣誓制度，凡经人大及其常委会选举或者决定任命的国家工作人员正式就职时公开向宪法宣誓。

（二）完善立法体制。加强党对立法工作的领导，完善党对立法工作中重大问题决策的程序。凡立法涉及重大体制和重大政策调整的，必须报党中央讨论决定。党中央向全国人大提出宪法修改建议，依照宪法规定的程序进行宪法修改。法律制定和修改的重大问题由全国人大常委会党组向党中央报告。

健全有立法权的人大主导立法工作的体制机制，发挥人大及其常委会在立法工作中的主导作用。建立由全国人大相关专门委员会、全国人大常委会法制工作委员会组织有关部门参与起草综合性、全局性、基础性等重要法律草案制度。增加有法治实践经验的专职常委比例。依法建立健全专门委员会、工作委员会立法专家顾问制度。

加强和改进政府立法制度建设，完善行政法规、规章制定程序，完善公众参与政府立法机制。重要行政管理法律法规由政府法制机构组织起草。

明确立法权力边界，从体制机制和工作程序上有效防止部门利益和地方保护主义法律化。对部门间争议较大的重要立法事项，由决策机关引入第三方评估，充分听取各方意见，协调决定，不能久拖不决。加强法律解释工作，及时明确法律规定含义和适用法律依据。明确地方立法权限和范围，依法赋予设区的市地方立法权。

（三）深入推进科学立法、民主立法。加强人大对立法工作的组织协调，健全立法起草、论证、协调、审议机制，健全向下级人大征询立法意见机制，建立基层立法联系点制度，推进立法精细化。健全法律法规规章起草征求人大代表意见制度，增加人大代表列席人大常委会会议人数，更多发挥人大代表参与起草和修改法律作用。完善立法项目征集和论证制度。健全立法机关主导、社会各方有序参与立法的途径和方式。探索委托第三方起草法律法规草案。

健全立法机关和社会公众沟通机制，开展立法协商，充分发挥政协委员、民主党派、工商联、无党派人士、人民团体、社会组织在立法协商中的作用，探索建立有关国家机关、社会团体、专家学者等对立法中涉及的重大利益调整论证咨询机制。拓宽公民有序参与立法途径，健全法律法规规章草案公开征求意见和公众意见采纳情况反馈机制，广泛凝聚社会共识。

完善法律草案表决程序，对重要条款可以单独表决。

（四）加强重点领域立法。依法保障公民权利，加快完善体现权利公平、机会公平、规则公平的法律制度，保障公民人身权、财产权、基本政治权利等各项权利不受侵犯，保障公民经济、文化、社会等各方面权利得到落实，实现公民权利保障法治化。增强全社会尊重和保障人权意识，健全公民权利救济渠道和方式。

社会主义市场经济本质上是法治经济。使市场在资源配置中起决定性作用和更好发挥政府作用，必须以保护产权、维护契约、统一市场、平等交换、公平竞争、有效监管为基本导向，完善社会主义市场经济法律制度。健全以公平为核心原则的产权保护制度，加强对各种所有制经济组织和自然人财产权的保护，清理有违公平的法律法规条款。创新适应公有制多种实现形式的产权保护制度，加强对国有、集体资产所有权、经营权和各类企业法人财产权的保护。国家保护企业以法人财产权依法自主经营、自负盈亏，企业有权拒绝任何组织和个人无法律依据的要求。加强企业社会责任立法。完善激励创新的产权制度、知识产权保护制度和促进科技成果转化的体制机制。加强市场法律制度建设，编纂民法典，制定和完善发展规划、投资管理、土地管理、能源和矿产资源、农业、财政税收、金融等方面法律法规，促进商品和要素自由流动、公平交易、平等使用。依法加强和改善宏观调控、市场监管，反对垄断，促进合理竞争，维护公平竞争的市场秩序。加强军民融合深度发展法治保障。

制度化、规范化、程序化是社会主义民主政治的根本保障。以保障人民当家做主为核心，坚持和完善人民代表大会制度，坚持和完善中国共产党领导的多党合作和政治协商制度、民族区域自治制度以及基层群众自治制度，推进社会主义民主政治法治化。加强社会主义协商民主制度建设，推进协商民主广泛多层制度化发展，构建程序合理、环节完整的协商民主体系。完善和发展基层民主制度，依法推进基层民主和行业自律，实行自我管理、自我服务、自我教育、自我监督。完善国家机构组织法，完善选举制度和工作机制。加快推进反腐败国家立法，完善惩治和预防腐败体系，形成不敢腐、不能腐、不想腐的有效机制，坚决遏制和预防腐败现象。完善惩治贪污贿赂犯罪法律制度，把贿赂犯罪对象由财物扩大为财物和其他财产性利益。

建立健全坚持社会主义先进文化前进方向、遵循文化发展规律、有利于激发文化创造活力、保障人民基本文化权益的文化法律制度。制定公共文化服务保障法，促进基本公共文化服务标准化、均等化。制定文化产业促进法，把行之有效的文化经济政策法定化，健全促进社会效益和经济效益有机统一的制度规范。制定国家勋章和国家荣誉称号法，表彰有突出贡献的杰出人士。加强互联网领域立法，完善网络信息服务、网络安全保护、网络社会管理等方面的法律法规，依法规范网络行为。

加快保障和改善民生、推进社会治理体制创新法律制度建设。依法加强和规范公共服务，完善教育、就业、收入分配、社会保障、医疗卫生、食品安全、扶贫、慈善、社会救助和妇女儿童、老年人、残疾人合法权益保护等方面的法律法规。加强社会组织立法，规范和引导各类社会组织健康发展。制定社区矫正法。

贯彻落实总体国家安全观，加快国家安全法治建设，抓紧出台反恐怖等一批急需法律，推进公共安全法治化，构建国家安全法律制度体系。

用严格的法律制度保护生态环境，加快建立有效约束开发行为和促进绿色发展、循环发展、低碳发展的生态文明法律制度，强化生产者环境保护的法律责任，大幅度提高违法成本。建立健全自然资源产权法律制度，完善国土空间开发保护方面的法律制度，制定完善生态补偿和土壤、水、大气污染防治及海洋生态环境保护等法律法规，促进生态文明建设。

实现立法和改革决策相衔接，做到重大改革于法有据、立法主动适应改革和经济社会发展需要。实践证明行之有效的，要及时上升为法律。实践条件还不成熟、需要先行先试的，要按照法定程序作出授权。对不适应改革要求的法律法规，要及时修改和废止。

三、深入推进依法行政，加快建设法治政府

法律的生命力在于实施，法律的权威也在于实施。各级政府必须坚持在党的领导下、在法治轨道上开展工作，创新执法体制，完善执法程序，推进综合执法，严格执法责任，建立权责统一、权威高效的依法行政体制，加快建设职能科学、权责法定、执法严明、公开公正、廉洁高效、守法诚信的法治政府。

（一）依法全面履行政府职能。完善行政组织和行政程序法律制度，推进机构、职能、权限、程序、责任法定化。行政机关要坚持法定职责必须为、法无授权不可为，勇于负责、敢于担当，坚决纠正不作为、乱作为，坚决克服懒政、怠政，坚决惩处失职、渎职。行政机关不得法外设定权力，没有法律法规依据不得作出减损公民、法人和其他组织合法权益或者增加其义务的决定。推行政府权力清单制度，坚决消除权力设租寻租空间。

推进各级政府事权规范化、法律化，完善不同层级政府特别是中央和地方政府事权法律制度，强化中央政府宏观管理、制度设定职责和必要的执法权，强化省级政府统筹推进区域内基本公共服务均等化职责，强化市县政府执行职责。

（二）健全依法决策机制。把公众参与、专家论证、风险评估、合法性审查、集体讨论决定确定为重大行政决策法定程序，确保决策制度科学、程序正当、过程公开、责任明确。建立行政机关内部重大决策合法性审查机制，未经合法性审查或经审查不合法的，不得提交讨论。

积极推行政府法律顾问制度，建立政府法制机构人员为主体、吸收专家和律师参加的法律顾问队伍，保证法律顾问在制定重大行政决策、推进依法行政中发挥积极作用。

建立重大决策终身责任追究制度及责任倒查机制，对决策严重失误或者依法应该及时作出决策但久拖不决造成重大损失、恶劣影响的，严格追究行政首长、负有责任的其他领导人员和相关责任人员的法律责任。

（三）深化行政执法体制改革。根据不同层级政府的事权和职能，按照减少层次、整合队伍、提高效率的原则，合理配置执法力量。

推进综合执法，大幅减少市县两级政府执法队伍种类，重点在食品药品安全、工商质检、公共卫生、安全生产、文化旅游、资源环境、农林水利、交通运输、城乡建设、海洋渔业等领域内推行综合执法，有条件的领域可以推行跨部门综合执法。

完善市县两级政府行政执法管理，加强统一领导和协调。理顺行政强制执行体制。理顺城管执法体制，加强城市管理综合执法机构建设，提高执法和服务水平。

严格实行行政执法人员持证上岗和资格管理制度，未经执法资格考试合格，不得授予执法资格，不得从事执法活动。严格执行罚缴分离和收支两条线管理制度，严禁收费罚没收入同部门利益直接或者变相挂钩。

健全行政执法和刑事司法衔接机制，完善案件移送标准和程序，建立行政执法机关、公安机关、检察机关、审判机关信息共享、案情通报、案件移送制度，坚决克服有案不移、有案难移、以罚代刑现象，实现行政处罚和刑事处罚无缝对接。

（四）坚持严格规范公正文明执法。依法惩处各类违法行为，加大关系群众切身利益的重点领域执法力度。完善执法程序，建立执法全过程记录制度。明确具体操作流程，重点规范行政许可、行政处罚、行政强制、行政征收、行政收费、行政检查等执法行为。严格执行重大执法决定法制审核制度。

建立健全行政裁量权基准制度，细化、量化行政裁量标准，规范裁量范围、种类、幅度。加强行政执法信息化建设和信息共享，提高执法效率和规范化水平。

全面落实行政执法责任制，严格确定不同部门及机构、岗位执法人员执法责任和责任追究机制，加强执法监督，坚决排除对执法活动的干预，防止和克服地方和部门保护主义，惩治执法腐败现象。

（五）强化对行政权力的制约和监督。加强党内监督、人大监督、民主监督、行政监督、司法监督、审计监督、社会监督、舆论监督制度建设，努力形成科学有效的权力运行制约和监督体系，增强监督合力和实效。

加强对政府内部权力的制约，是强化对行政权力制约的重点。对财政资金分配使用、国有资产监管、政府投资、政府采购、公共资源转让、公共工程建设等权力集中的部门和岗位实行分事行权、分岗设权、分级授权，定期轮岗，强化内部流程控制，防止权力滥用。完善政府内部层级监督和专门监督，改进上级机关对下级机关的监督，建立常态化监督制度。完善纠错问责机制，健全责令公开道歉、停职检查、引咎辞职、责令辞职、罢免等问责方式和程序。

完善审计制度，保障依法独立行使审计监督权。对公共资金、国有资产、国有资源和领导干部履行经济责任情况实行审计全覆盖。强化上级审计机关对下级审计机关的领导。探索省以下地方审计机关人财物统一管理。推进审计职业化建设。

（六）全面推进政务公开。坚持以公开为常态、不公开为例外原则，推进决策公开、执行公开、管理公开、服务公开、结果公开。各级政府及其工作部门依据权力清单，向社会全面公开政府职能、法律依据、实施主体、职责权限、管理流程、监督方式等事项。重点推进财政预算、公共资源配置、重大建设项目批准和实施、社会公益事业建设等领域的政府信息公开。

涉及公民、法人或其他组织权利和义务的规范性文件，按照政府信息公开要求和程序予以公布。推行行政执法公示制度。推进政务公开信息化，加强互联网政务信息数据服务平台和便民服务平台建设。

四、保证公正司法，提高司法公信力

公正是法治的生命线。司法公正对社会公正具有重要引领作用，司法不公对社会公正具有致命破坏作用。必须完善司法管理体制和司法权力运行机制，规范司法行为，加强对司法活动的监督，努力让人民群众在每一个司法案件中感受到公平正义。

（一）完善确保依法独立公正行使审判权和检察权的制度。各级党政机关和领导干部要支持法院、检察院依法独立公正行使职权。建立领导干部干预司法活动、插手具体案件处理的记录、通报和责任追究制度。任何党政机关和领导干部都不得让司法机关做违反法定职责、有碍司法公正的事情，任何司法机关都不得执行党政机关和领导干部违法干预司法活动的要求。对干预司法机关办案的，给予党纪政纪处分；造成冤假错案或者其他严重后果的，依法追究刑事责任。

健全行政机关依法出庭应诉、支持法院受理行政案件、尊重并执行法院生效裁判的制度。完善惩戒妨碍司法机关依法行使职权、拒不执行生效裁判和决定、藐视法庭权威等违法犯罪行为的法律规定。

建立健全司法人员履行法定职责保护机制。非因法定事由，非经法定程序，不得将法官、检察官调离、辞退或者作出免职、降级等处分。

（二）优化司法职权配置。健全公安机关、检察机关、审判机关、司法行政机关各司其职，侦查权、检察权、审判权、执行权相互配合、相互制约的体制机制。

完善司法体制，推动实行审判权和执行权相分离的体制改革试点。完善刑罚执行制度，统一刑罚执行体制。改革司法机关人财物管理体制，探索实行法院、检察院司法行政事务管理权和审判权、检察权相分离。

最高人民法院设立巡回法庭，审理跨行政区域重大行政和民商事案件。探索设立跨行政区划的人民法院和人民检察院，办理跨地区案件。完善行政诉讼体制机制，合理调整行政诉讼案件管辖制度，切实解决行政诉讼立案难、审理难、执行难等突出问题。

改革法院案件受理制度，变立案审查制为立案登记制，对人民法院依法应该受理的案件，做到有案必立、有诉必理，保障当事人诉权。加大对虚假诉讼、恶意诉讼、无理缠诉行为的惩治力度。完善刑事诉讼中认罪认罚从宽制度。

完善审级制度，一审重在解决事实认定和法律适用，二审重在解决事实法律争议、实现二审终审，再审重在解决依法纠错、维护裁判权威。完善对涉及公民人身、财产权益的行政强制措施实行司法监督制度。检察机关在履行职责中发现行政机关违法行使职权或者不行使职权的行为，应该督促其纠正。探索建立检察机关提起公益诉讼制度。

明确司法机关内部各层级权限，健全内部监督制约机制。司法机关内部人员不得违反规定干预其他人员正在办理的案件，建立司法机关内部人员过问案件的记录制度和责任追究制度。完善主审法官、合议庭、主任检察官、主办侦查员办案责任制，落实谁办案谁负责。

加强职务犯罪线索管理，健全受理、分流、查办、信息反馈制度，明确纪检监察和刑事司法办案标准和程序衔接，依法严格查办职务犯罪案件。

（三）推进严格司法。坚持以事实为根据、以法律为准绳，健全事实认定符合客观真相、办案结果符合实体公正、办案过程符合程序公正的法律制度。加强和规范司法解释和案例指导，统一法律适用标准。

推进以审判为中心的诉讼制度改革，确保侦查、审查起诉的案件事实证据经得起法律的检验。全面贯彻证据裁判规则，严格依法收集、固定、保存、审查、运用证据，完善证人、鉴定人出庭制度，保证庭审在查明事实、认定证据、保护诉权、公正裁判中发挥决定性作用。

明确各类司法人员工作职责、工作流程、工作标准，实行办案质量终身负责制和错案责任倒查问责制，确保案件处理经得起法律和历史检验。

（四）保障人民群众参与司法。坚持人民司法为人民，依靠人民推进公正司法，通过公正司法维护人民权益。在司法调解、司法听证、涉诉信访等司法活动中保障人民群众参与。完善人民陪审员制度，保障公民陪审权利，扩大参审范围，完善随机抽选方式，提高人民陪审制度公信度。逐步实行人民陪审员不再审理法律适用问题，只参与审理事实认定问题。

构建开放、动态、透明、便民的阳光司法机制，推进审判公开、检务公开、警务公开、狱务公开，依法及时公开执法司法依据、程序、流程、结果和生效法律文书，杜绝暗箱操作。加强法律文书释法说理，建立生效法律文书统一上网和公开查询制度。

（五）加强人权司法保障。强化诉讼过程中当事人和其他诉讼参与人的知情权、陈述权、辩护辩论权、申请权、申诉权的制度保障。健全落实罪刑法定、疑罪从无、非法证据排除等法律原则的法律制度。完善对限制人身自由司法措施和侦查手段的司法监督，加强对刑讯逼供和非法取证的源头预防，健全冤假错案有效防范、及时纠正机制。

切实解决执行难，制定强制执行法，规范查封、扣押、冻结、处理涉案财物的司法程序。加快建立失信被执行人信用监督、威慑和惩戒法律制度。依法保障胜诉当事人及时实现权益。

落实终审和诉讼终结制度，实行诉访分离，保障当事人依法行使申诉权利。对不服司法机关生效裁判、决定的申诉，逐步实行由律师代理制度。对聘不起律师的申诉人，纳入法律援助范围。

（六）加强对司法活动的监督。完善检察机关行使监督权的法律制度，加强对刑事诉讼、民事诉讼、行政诉讼的法律监督。完善人民监督员制度，重点监督检察机关查办职务犯罪的立案、羁押、扣押冻结财物、起诉等环节的执法活动。司法机关要及时回应社会关切。规范媒体对案件的报道，防止舆论影响司法公正。

依法规范司法人员与当事人、律师、特殊关系人、中介组织的接触、交往行为。严禁司法人员私下接触当事人及律师、泄露或者为其打探案情、接受吃请或者收受其财物、为律师介绍代理和辩护业务等违法违纪行为，坚决惩治司法掮客行为，防止利益输送。

对因违法违纪被开除公职的司法人员、吊销执业证书的律师和公证员，终身禁止从事法律职业，构成犯罪的要依法追究刑事责任。

坚决破除各种潜规则，绝不允许法外开恩，绝不允许办关系案、人情案、金钱案。坚决反对和克服特权思想、衙门作风、霸道作风，坚决反对和惩治粗暴执法、野蛮执法行为。对司法领域的腐败零容忍，坚决清除害群之马。

五、增强全民法治观念，推进法治社会建设

法律的权威源自人民的内心拥护和真诚信仰。人民权益要靠法律保障，法律权威要靠人民维护。必须弘扬社会主义法治精神，建设社会主义法治文化，增强全社会厉行法治的积极性和主动性，形成守法光荣、违法可耻的社会氛围，使全体人民都成为社会主义法治的忠实崇尚者、自觉遵守者、坚定捍卫者。

（一）推动全社会树立法治意识。坚持把全民普法和守法作为依法治国的长期基础性工作，深入开展法治宣传教育，引导全民自觉守法、遇事找法、解决问题靠法。坚持把领导干部带头学法、模范守法作为树立法治意识的关键，完善国家工作人员学法用法制度，把宪法法律列入党委（党组）中心组学习内容，列为党校、行政学院、干部学院、社会主义学院必修课。把法治教育纳入国民教育体系，从青少年抓起，在中小学设立法治知识课程。

健全普法宣传教育机制，各级党委和政府要加强对普法工作的领导，宣传、文化、教育部门和人民团体要在普法教育中发挥职能作用。实行国家机关“谁执法谁普法”的普法责任制，建立法官、检察官、行政执法人员、律师等以案释法制度，加强普法讲师团、普法志愿者队伍建设。把法治教育纳入精神文明创建内容，开展群众性法治文化活动，健全媒体公益普法制度，加强新媒体新技术在普法中的运用，提高普法实效。

牢固树立有权力就有责任、有权利就有义务观念。加强社会诚信建设，健全公民和组织守法信用记录，完善守法诚信褒奖机制和违法失信行为惩戒机制，使尊法守法成为全体人民共同追求和自觉行动。

加强公民道德建设，弘扬中华优秀传统文化，增强法治的道德底蕴，强化规则意识，倡导契约精神，弘扬公序良俗。发挥法治在解决道德领域突出问题中的作用，引导人们自觉履行法定义务、社会责任、家庭责任。

（二）推进多层次多领域依法治理。坚持系统治理、依法治理、综合治理、源头治理，提高社会治理法治化水平。深入开展多层次多形式法治创建活动，深化基层组织和部门、行业依法治理，支持各类社会主体自我约束、自我管理。发挥市民公约、乡规民约、行业规章、团体章程等社会规范在社会治理中的积极作用。

发挥人民团体和社会组织在法治社会建设中的积极作用。建立健全社会组织参与社会事务、维护公共利益、救助困难群众、帮教特殊人群、预防违法犯罪的机制和制度化渠道。支持行业协会商会类社会组织发挥行业自律和专业服务功能。发挥社会组织对其成员的行为导引、规则约束、权益维护作用。加强在华境外非政府组织管理，引导和监督其依法开展活动。

高举民族大团结旗帜，依法妥善处置涉及民族、宗教等因素的社会问题，促进民族关系、宗教关系和谐。

（三）建设完备的法律服务体系。推进覆盖城乡居民的公共法律服务体系建设，加强民生领域法律服务。完善法律援助制度，扩大援助范围，健全司法救助体系，保证人民群众在遇到法律问题或者权利受到侵害时获得及时有效法律帮助。

发展律师、公证等法律服务业，统筹城乡、区域法律服务资源，发展涉外法律服务业。健全统一司法鉴定管理体制。

（四）健全依法维权和化解纠纷机制。强化法律在维护群众权益、化解社会矛盾中的权威地位，引导和支持人们理性表达诉求、依法维护权益，解决好群众最关心最直接最现实的利益问题。

构建对维护群众利益具有重大作用的制度体系，建立健全社会矛盾预警机制、利益表达机制、协商沟通机制、救济救助机制，畅通群众利益协调、权益保障法律渠道。把信访纳入法治化轨道，保障合理合法诉求依照法律规定和程序就能得到合理合法的结果。

健全社会矛盾纠纷预防化解机制，完善调解、仲裁、行政裁决、行政复议、诉讼等有机衔接、相互协调的多元化纠纷解决机制。加强行业性、专业性人民调解组织建设，完善人民调解、行政调解、司法调解联动工作体系。完善仲裁制度，提高仲裁公信力。健全行政裁决制度，强化行政机关解决同行政管理活动密切相关的民事纠纷功能。

深入推进社会治安综合治理，健全落实领导责任制。完善立体化社会治安防控体系，有效防范化解管控影响社会安定的问题，保障人民生命财产安全。依法严厉打击暴力恐怖、涉黑犯罪、邪教和黄赌毒等违法犯罪活动，绝不允许其形成气候。依法强化危害食品药品安全、影响安全生产、损害生态环境、破坏网络安全等重点问题治理。

六、加强法治工作队伍建设

全面推进依法治国，必须大力提高法治工作队伍思想政治素质、业务工作能力、职业道德水准，着力建设一支忠于党、忠于国家、忠于人民、忠于法律的社会主义法治工作队伍，为加快建设社会主义法治国家提供强有力的组织和人才保障。

（一）建设高素质法治专门队伍。把思想政治建设摆在首位，加强理想信念教育，深入开展社会主义核心价值观和社会主义法治理念教育，坚持党的事业、人民利益、宪法法律至上，加强立法队伍、行政执法队伍、司法队伍建设。抓住立法、执法、司法机关各级领导班子建设这个关键，突出政治标准，把善于运用法治思维和法治方式推动工作的人选拔到领导岗位上来。畅通立法、执法、司法部门干部和人才相互之间以及与其他部门具备条件的干部和人才交流渠道。

推进法治专门队伍正规化、专业化、职业化，提高职业素养和专业水平。完善法律职业准入制度，健全国家统一法律职业资格考试制度，建立法律职业人员统一职前培训制度。建立从符合条件的律师、法学专家中招录立法工作者、法官、检察官制度，畅通具备条件的军队转业干部进入法治专门队伍的通道，健全从政法专业毕业生中招录人才的规范便捷机制。加强边疆地区、民族地区法治专门队伍建设。加快建立符合职业特点的法治工作人员管理制度，完善职业保障体系，建立法官、检察官、人民警察专业职务序列及工资制度。

建立法官、检察官逐级遴选制度。初任法官、检察官由高级人民法院、省级人民检察院统一招录，一律在基层法院、检察院任职。上级人民法院、人民检察院的法官、检察官一般从下一级人民法院、人民检察院的优秀法官、检察官中遴选。

（二）加强法律服务队伍建设。加强律师队伍思想政治建设，把拥护中国共产党领导、拥护社会主义法治作为律师从业的基本要求，增强广大律师走中国特色社会主义法治道路的自觉性和坚定性。构建社会律师、公职律师、公司律师等优势互补、结构合理的律师队伍。提高律师队伍业务素质，完善执业保障机制。加强律师事务所管理，发挥律师协会自律作用，规范律师执业行为，监督律师严格遵守职业道德和职业操守，强化准入、退出管理，严格执行违法违规执业惩戒制度。加强律师行业党的建设，扩大党的工作覆盖面，切实发挥律师事务所党组织的政治核心作用。

各级党政机关和人民团体普遍设立公职律师，企业可设立公司律师，参与决策论证，提供法律意见，促进依法办事，防范法律风险。明确公职律师、公司律师法律地位及权利义务，理顺公职律师、公司律师管理体制机制。

发展公证员、基层法律服务工作者、人民调解员队伍。推动法律服务志愿者队伍建设。建立激励法律服务人才跨区域流动机制，逐步解决基层和欠发达地区法律服务资源不足和高端人才匮乏问题。

（三）创新法治人才培养机制。坚持用马克思主义法学思想和中国特色社会主义法治理论全方位占领高校、科研机构法学教育和法学研究阵地，加强法学基础理论研究，形成完善的中国特色社会主义法学理论体系、学科体系、课程体系，组织编写和全面采用国家统一的法律类专业核心教材，纳入司法考试必考范围。坚持立德树人、德育为先导向，推动中国特色社会主义法治理论进教材进课堂进头脑，培养造就熟悉和坚持中国特色社会主义法治体系的法治人才及后备力量。建设通晓国际法律规则、善于处理涉外法律事务的涉外法治人才队伍。

健全政法部门和法学院校、法学研究机构人员双向交流机制，实施高校和法治工作部门人员互聘计划，重点打造一支政治立场坚定、理论功底深厚、熟悉中国国情的高水平法学家和专家团队，建设高素质学术带头人、骨干教师、专兼职教师队伍。

七、加强和改进党对全面推进依法治国的领导

党的领导是全面推进依法治国、加快建设社会主义法治国家最根本的保证。必须加强和改进党对法治工作的领导，把党的领导贯彻到全面推进依法治国全过程。

（一）坚持依法执政。依法执政是依法治国的关键。各级党组织和领导干部要深刻认识到，维护宪法法律权威就是维护党和人民共同意志的权威，捍卫宪法法律尊严就是捍卫党和人民共同意志的尊严，保证宪法法律实施就是保证党和人民共同意志的实现。各级领导干部要对法律怀有敬畏之心，牢记法律红线不可逾越、法律底线不可触碰，带头遵守法律，带头依法办事，不得违法行使权力，更不能以言代法、以权压法、徇私枉法。

健全党领导依法治国的制度和工作机制，完善保证党确定依法治国方针政策和决策部署的工作机制和程序。加强对全面推进依法治国统一领导、统一部署、统筹协调。完善党委依法决策机制，发挥政策和法律的各自优势，促进党的政策和国家法律互联互动。党委要定期听取政法机关工作汇报，做促进公正司法、维护法律权威的表率。党政主要负责人要履行推进法治建设第一责任人职责。各级党委要领导和支持工会、共青团、妇联等人民团体和社会组织在依法治国中积极发挥作用。

人大、政府、政协、审判机关、检察机关的党组织和党员干部要坚决贯彻党的理论和路线方针政策，贯彻党委决策部署。各级人大、政府、政协、审判机关、检察机关的党组织要领导和监督本单位模范遵守宪法法律，坚决查处执法犯法、违法用权等行为。

政法委员会是党委领导政法工作的组织形式，必须长期坚持。各级党委政法委员会要把工作着力点放在把握政治方向、协调各方职能、统筹政法工作、建设政法队伍、督促依法履职、创造公正司法环境上，带头依法办事，保障宪法法律正确统一实施。政法机关党组织要建立健全重大事项向党委报告制度。加强政法机关党的建设，在法治建设中充分发挥党组织政治保障作用和党员先锋模范作用。

（二）加强党内法规制度建设。党内法规既是管党治党的重要依据，也是建设社会主义法治国家的有力保障。党章是最根本的党内法规，全党必须一体严格遵行。完善党内法规制定体制机制，加大党内法规备案审查和解释力度，形成配套完备的党内法规制度体系。注重党内法规同国家法律的衔接和协调，提高党内法规执行力，运用党内法规把党要管党、从严治党落到实处，促进党员、干部带头遵守国家法律法规。

党的纪律是党内规矩。党规党纪严于国家法律，党的各级组织和广大党员干部不仅要模范遵守国家法律，而且要按照党规党纪以更高标准严格要求自己，坚定理想信念，践行党的宗旨，坚决同违法乱纪行为做斗争。对违反党规党纪的行为必须严肃处理，对苗头性倾向性问题必须抓早抓小，防止小错酿成大错、违纪走向违法。

依纪依法反对和克服形式主义、官僚主义、享乐主义和奢靡之风，形成严密的长效机制。完善和严格执行领导干部政治、工作、生活待遇方面各项制度规定，着力整治各种特权行为。深入开展党风廉政建设和反腐败斗争，严格落实党风廉政建设党委主体责任和纪委监督责任，对任何腐败行为和腐败分子，必须依纪依法予以坚决惩处，决不手软。

（三）提高党员干部法治思维和依法办事能力。党员干部是全面推进依法治国的重要组织者、推动者、实践者，要自觉提高运用法治思维和法治方式深化改革、推动发展、化解矛盾、维护稳定能力，高级干部尤其要以身作则、以上率下。把法治建设成效作为衡量各级领导班子和领导干部工作实绩重要内容，纳入政绩考核指标体系。把能不能遵守法律、依法办事作为考察干部重要内容，在相同条件下，优先提拔使用法治素养好、依法办事能力强的干部。对特权思想严重、法治观念淡薄的干部要批评教育，不改正的要调离领导岗位。

（四）推进基层治理法治化。全面推进依法治国，基础在基层，工作重点在基层。发挥基层党组织在全面推进依法治国中的战斗堡垒作用，增强基层干部法治观念、法治为民的意识，提高依法办事能力。加强基层法治机构建设，强化基层法治队伍，建立重心下移、力量下沉的法治工作机制，改善基层基础设施和装备条件，推进法治干部下基层活动。

（五）深入推进依法治军、从严治军。党对军队绝对领导是依法治军的核心和根本要求。紧紧围绕党在新形势下的强军目标，着眼全面加强军队革命化现代化正规化建设，创新发展依法治军理论和实践，构建完善的中国特色军事法治体系，提高国防和军队建设法治化水平。

坚持在法治轨道上积极稳妥推进国防和军队改革，深化军队领导指挥体制、力量结构、政策制度等方面改革，加快完善和发展中国特色社会主义军事制度。

健全适应现代军队建设和作战要求的军事法规制度体系，严格规范军事法规制度的制定权限和程序，将所有军事规范性文件纳入审查范围，完善审查制度，增强军事法规制度科学性、针对性、适用性。

坚持从严治军铁律，加大军事法规执行力度，明确执法责任，完善执法制度，健全执法监督机制，严格责任追究，推动依法治军落到实处。

健全军事法制工作体制，建立完善领导机关法制工作机构。改革军事司法体制机制，完善统一领导的军事审判、检察制度，维护国防利益，保障军人合法权益，防范打击违法犯罪。建立军事法律顾问制度，在各级领导机关设立军事法律顾问，完善重大决策和军事行动法律咨询保障制度。改革军队纪检监察体制。

强化官兵法治理念和法治素养，把法律知识学习纳入军队院校教育体系、干部理论学习和部队教育训练体系，列为军队院校学员必修课和部队官兵必学必训内容。完善军事法律人才培养机制。加强军事法治理论研究。

（六）依法保障“一国两制”实践和推进祖国统一。坚持宪法的最高法律地位和最高法律效力，全面准确贯彻“一国两制”、“港人治港”、“澳人治澳”、高度自治的方针，严格依照宪法和基本法办事，完善与基本法实施相关的制度和机制，依法行使中央权力，依法保障高度自治，支持特别行政区行政长官和政府依法施政，保障内地与香港、澳门经贸关系发展和各领域交流合作，防范和反对外部势力干预港澳事务，保持香港、澳门长期繁荣稳定。

运用法治方式巩固和深化两岸关系和平发展，完善涉台法律法规，依法规范和保障两岸人民关系、推进两岸交流合作。运用法律手段捍卫一个中国原则、反对“台独”，增进维护一个中国框架的共同认知，推进祖国和平统一。

依法保护港澳同胞、台湾同胞权益。加强内地同香港和澳门、大陆同台湾的执法司法协作，共同打击跨境违法犯罪活动。

（七）加强涉外法律工作。适应对外开放不断深化，完善涉外法律法规体系，促进构建开放型经济新体制。积极参与国际规则制定，推动依法处理涉外经济、社会事务，增强我国在国际法律事务中的话语权和影响力，运用法律手段维护我国主权、安全、发展利益。强化涉外法律服务，维护我国公民、法人在海外及外国公民、法人在我国的正当权益，依法维护海外侨胞权益。深化司法领域国际合作，完善我国司法协助体制，扩大国际司法协助覆盖面。加强反腐败国际合作，加大海外追赃追逃、遣返引渡力度。积极参与执法安全国际合作，共同打击暴力恐怖势力、民族分裂势力、宗教极端势力和贩毒走私、跨国有组织犯罪。

各级党委要全面准确贯彻本决定精神，健全党委统一领导和各方分工负责、齐抓共管的责任落实机制，制定实施方案，确保各项部署落到实处。

全党同志和全国各族人民要紧密团结在以习近平同志为总书记的党中央周围，高举中国特色社会主义伟大旗帜，积极投身全面推进依法治国伟大实践，开拓进取，扎实工作，为建设法治中国而奋斗！

中华人民共和国行政诉讼法

（1989年4月4日第七届全国人民代表大会第二次会议通过　根据2014年11月1日《全国人民代表大会常务委员会关于修改〈中华人民共和国行政诉讼法〉的决定》修正　自2015年5月1日起施行）

第一章　总　　则

第一条　为保证人民法院公正、及时审理行政案件，解决行政争议，保护公民、法人和其他组织的合法权益，监督行政机关依法行使职权，根据宪法，制定本法。

第二条　公民、法人或者其他组织认为行政机关和行政机关工作人员的行政行为侵犯其合法权益，有权依照本法向人民法院提起诉讼。

前款所称行政行为，包括法律、法规、规章授权的组织作出的行政行为。

第三条　人民法院应当保障公民、法人和其他组织的起诉权利，对应当受理的行政案件依法受理。

行政机关及其工作人员不得干预、阻碍人民法院受理行政案件。

被诉行政机关负责人应当出庭应诉。不能出庭的，应当委托行政机关相应的工作人员出庭。

第四条　人民法院依法对行政案件独立行使审判权，不受行政机关、社会团体和个人的干涉。

人民法院设行政审判庭，审理行政案件。

第五条 人民法院审理行政案件，以事实为根据，以法律为准绳。

第六条 人民法院审理行政案件，对行政行为是否合法进行审查。

第七条 人民法院审理行政案件，依法实行合议、回避、公开审判和两审终审制度。

第八条 当事人在行政诉讼中的法律地位平等。

第九条 各民族公民都有用本民族语言、文字进行行政诉讼的权利。

在少数民族聚居或者多民族共同居住的地区，人民法院应当用当地民族通用的语言、文字进行审理和发布法律文书。

人民法院应当对不通晓当地民族通用的语言、文字的诉讼参与人提供翻译。

第十条 当事人在行政诉讼中有权进行辩论。

第十一条 人民检察院有权对行政诉讼实行法律监督。

第二章 受案范围

第十二条 人民法院受理公民、法人或者其他组织提起的下列诉讼：

（一）对行政拘留、暂扣或者吊销许可证和执照、责令停产停业、没收违法所得、没收非法财物、罚款、警告等行政处罚不服的；

（二）对限制人身自由或者对财产的查封、扣押、冻结等行政强制措施和行政强制执行不服的；

（三）申请行政许可，行政机关拒绝或者在法定期限内不予答复，或者对行政机关作出的有关行政许可的其他决定不服的；

（四）对行政机关作出的关于确认土地、矿藏、水流、森林、山岭、草原、荒地、滩涂、海域等自然资源的所有权或者使用权的决定不服的；

（五）对征收、征用决定及其补偿决定不服的；

（六）申请行政机关履行保护人身权、财产权等合法权益的法定职责，行政机关拒绝履行或者不予答复的；

（七）认为行政机关侵犯其经营自主权或者农村土地承包经营权、农村土地经营权的；

（八）认为行政机关滥用行政权力排除或者限制竞争的；

（九）认为行政机关违法集资、摊派费用或者违法要求履行其他义务的；

（十）认为行政机关没有依法支付抚恤金、最低生活保障待遇或者社会保险待遇的；

（十一）认为行政机关不依法履行、未按照约定履行或者违法变更、解除政府特许经营协议、土地房屋征收补偿协议等协议的；

（十二）认为行政机关侵犯其他人身权、财产权等合法权益的。

除前款规定外，人民法院受理法律、法规规定可以提起诉讼的其他行政案件。

第十三条 人民法院不受理公民、法人或者其他组织对下列事项提起的诉讼：

（一）国防、外交等国家行为；

（二）行政法规、规章或者行政机关制定、发布的具有普遍约束力的决定、命令；

（三）行政机关对行政机关工作人员的奖惩、任免等决定；

（四）法律规定由行政机关最终裁决的行政行为。

第三章 管 辖

第十四条 基层人民法院管辖第一审行政案件。

第十五条 中级人民法院管辖下列第一审行政案件：

（一）对国务院部门或者县级以上地方人民政府所作的行政行为提起诉讼的案件；

（二）海关处理的案件；

（三）本辖区内重大、复杂的案件；

（四）其他法律规定由中级人民法院管辖的案件。

第十六条 高级人民法院管辖本辖区内重大、复杂的第一审行政案件。

第十七条 最高人民法院管辖全国范围内重大、复杂的第一审行政案件。

第十八条 行政案件由最初作出行政行为的行政机关所在地人民法院管辖。经复议的案件，也可以由复议机关所在地人民法院管辖。

经最高人民法院批准，高级人民法院可以根据审判工作的实际情况，确定若干人民法院跨行政区域管辖行政案件。

第十九条 对限制人身自由的行政强制措施不服提起的诉讼，由被告所在地或者原告所在地人民法院管辖。

第二十条 因不动产提起的行政诉讼，由不动产所在地人民法院管辖。

第二十一条 两个以上人民法院都有管辖权的案件，原告可以选择其中一个人民法院提起诉讼。原告向两个以上有管辖权的人民法院提起诉讼的，由最先立案的人民法院管辖。

第二十二条 人民法院发现受理的案件不属于本院管辖的，应当移送有管辖权的人民法院，受移送的人民法院应当受理。受移送的人民法院认为受移送的案件按照规定不属于本院管辖的，应当报请上级人民法院指定管辖，不得再自行移送。

第二十三条 有管辖权的人民法院由于特殊原因不能行使管辖权的，由上级人民法院指定管辖。

人民法院对管辖权发生争议，由争议双方协商解决。协商不成的，报它们的共同上级人民法院指定管辖。

第二十四条 上级人民法院有权审理下级人民法院管辖的第一审行政案件。

下级人民法院对其管辖的第一审行政案件，认为需要由上级人民法院审理或者指定管辖的，可以报请上级人民法院决定。

第四章 诉讼参加人

第二十五条 行政行为的相对人以及其他与行政行为有利害关系的公民、法人或者其他组织，有权提起诉讼。

有权提起诉讼的公民死亡，其近亲属可以提起诉讼。

有权提起诉讼的法人或者其他组织终止，承受其权利的法人或者其他组织可以提起诉讼。

第二十六条 公民、法人或者其他组织直接向人民法院提起诉讼的，作出行政行为的行政机关是被告。

经复议的案件，复议机关决定维持原行政行为的，作出原行政行为的行政机关和复议机关是共同被告；复议机关改变原行政行为的，复议机关是被告。

复议机关在法定期限内未作出复议决定，公民、法人或者其他组织起诉原行政行为的，作出原行政行为的行政机关是被告；起诉复议机关不作为的，复议机关是被告。

两个以上行政机关作出同一行政行为的，共同作出行政行为的行政机关是共同被告。

行政机关委托的组织所作的行政行为，委托的行政机关是被告。

行政机关被撤销或者职权变更的，继续行使其职权的行政机关是被告。

第二十七条 当事人一方或者双方为二人以上，因同一行政行为发生的行政案件，或者因同类行政行为发生的行政案件、人民法院认为可以合并审理并经当事人同意的，为共同诉讼。

第二十八条 当事人一方人数众多的共同诉讼，可以由当事人推选代表人进行诉讼。代表人的诉讼行为对其所代表的当事人发生效力，但代表人变更、放弃诉讼请求或者承认对方当事人的诉讼请求，应当经被代表的当事人同意。

第二十九条 公民、法人或者其他组织同被诉行政行为有利害关系但没有提起诉讼，或者同案件处理结果有利害关系的，可以作为第三人申请参加诉讼，或者由人民法院通知参加诉讼。

人民法院判决第三人承担义务或者减损第三人权益的，第三人有权依法提起上诉。

第三十条 没有诉讼行为能力的公民，由其法定代理人代为诉讼。法定代理人互相推诿代理责任的，由人民法院指定其中一人代为诉讼。

第三十一条 当事人、法定代理人，可以委托一至二人作为诉讼代理人。

下列人员可以被委托为诉讼代理人：

（一）律师、基层法律服务工作者；

（二）当事人的近亲属或者工作人员；

（三）当事人所在社区、单位以及有关社会团体推荐的公民。

第三十二条 代理诉讼的律师，有权按照规定查阅、复制本案有关材料，有权向有关组织和公民调查，收集与本案有关的证据。对涉及国家秘密、商业秘密和个人隐私的材料，应当依照法律规定保密。

当事人和其他诉讼代理人有权按照规定查阅、复制本案庭审材料，但涉及国家秘密、商业秘密和个人隐私的内容除外。

第五章　证　　据

第三十三条 证据包括：

（一）书证；

（二）物证；

（三）视听资料；

（四）电子数据；

（五）证人证言；

（六）当事人的陈述；

（七）鉴定意见；

（八）勘验笔录、现场笔录。

以上证据经法庭审查属实，才能作为认定案件事实的根据。

第三十四条 被告对作出的行政行为负有举证责任，应当提供作出该行政行为的证据和所依据的规范性文件。

被告不提供或者无正当理由逾期提供证据，视为没有相应证据。但是，被诉行政行为涉及第三人合法权益，第三人提供证据的除外。

第三十五条 在诉讼过程中，被告及其诉讼代理人不得自行向原告、第三人和证人收集证据。

第三十六条 被告在作出行政行为时已经收集了证据，但因不可抗力等正当事由不能提供的，经人民法院准许，可以延期提供。

原告或者第三人提出了其在行政处理程序中没有提出的理由或者证据的，经人民法院准许，被告可以补充证据。

第三十七条 原告可以提供证明行政行为违法的证据。原告提供的证据不成立的，不免除被告的举证责任。

第三十八条 在起诉被告不履行法定职责的案件中，原告应当提供其向被告提出申请的证据。但有下列情形之一的除外：

（一）被告应当依职权主动履行法定职责的；

（二）原告因正当理由不能提供证据的。

在行政赔偿、补偿的案件中，原告应当对行政行为造成的损害提供证据。因被告的原因导致原告无法举证的，由被告承担举证责任。

第三十九条 人民法院有权要求当事人提供或者补充证据。

第四十条 人民法院有权向有关行政机关以及其他组织、公民调取证据。但是，不得为证明行政行为的合法性调取被告作出行政行为时未收集的证据。

第四十一条 与本案有关的下列证据，原告或者第三人不能自行收集的，可以申请人民法院调取：

（一）由国家机关保存而须由人民法院调取的证据；

（二）涉及国家秘密、商业秘密和个人隐私的证据；

（三）确因客观原因不能自行收集的其他证据。

第四十二条 在证据可能灭失或者以后难以取得的情况下，诉讼参加人可以向人民法院申请保全证据，人民法院也可以主动采取保全措施。

第四十三条 证据应当在法庭上出示，并由当事人互相质证。对涉及国家秘密、商业秘密和个人隐私的证据，不得在公开开庭时出示。

人民法院应当按照法定程序，全面、客观地审查核实证据。对未采纳的证据应当在裁判文书中说明理由。

以非法手段取得的证据，不得作为认定案件事实的根据。

第六章 起诉和受理

第四十四条 对属于人民法院受案范围的行政案件，公民、法人或者其他组织可以先向行政机关申请复议，对复议决定不服的，再向人民法院提起诉讼；也可以直接向人民法院提起诉讼。

法律、法规规定应当先向行政机关申请复议，对复议决定不服再向人民法院提起诉讼的，依照法律、法规的规定。

第四十五条 公民、法人或者其他组织不服复议决定的，可以在收到复议决定书之日起十五日内向人民法院提起诉讼。复议机关逾期不作决定的，申请人可以在复议期满之日起十五日内向人民法院提起诉讼。法律另有规定的除外。

第四十六条 公民、法人或者其他组织直接向人民法院提起诉讼的，应当自知道或者应当知道作出行政行为之日起六个月内提出。法律另有规定的除外。

因不动产提起诉讼的案件自行政行为作出之日起超过二十年，其他案件自行政行为作出之日起超过五年提起诉讼的，人民法院不予受理。

第四十七条 公民、法人或者其他组织申请行政机关履行保护其人身权、财产权等合法权益的法定职责，行政机关在接到申请之日起两个月内不履行的，公民、法人或者其他组织可以向人民法院提起诉讼。法律、法规对行政机关履行职责的期限另有规定的，从其规定。

公民、法人或者其他组织在紧急情况下请求行政机关履行保护其人身权、财产权等合法权益的法定职责，行政机关不履行的，提起诉讼不受前款规定期限的限制。

第四十八条 公民、法人或者其他组织因不可抗力或者其他不属于其自身的原因耽误起诉期限的，被耽误的时间不计算在起诉期限内。

公民、法人或者其他组织因前款规定以外的其他特殊情况耽误起诉期限的，在障碍消除后十日内，可以申请延长期限，是否准许由人民法院决定。

第四十九条 提起诉讼应当符合下列条件：

（一）原告是符合本法第二十五条规定的公民、法人或者其他组织；

（二）有明确的被告；

（三）有具体的诉讼请求和事实根据；

（四）属于人民法院受案范围和受诉人民法院管辖。

第五十条 起诉应当向人民法院递交起诉状，并按照被告人数提出副本。

书写起诉状确有困难的，可以口头起诉，由人民法院记入笔录，出具注明日期的书面凭证，并告知对方当事人。

第五十一条 人民法院在接到起诉状时对符合本法规定的起

诉条件的，应当登记立案。

对当场不能判定是否符合本法规定的起诉条件的，应当接收起诉状，出具注明收到日期的书面凭证，并在七日内决定是否立案。不符合起诉条件的，作出不予立案的裁定。裁定书应当载明不予立案的理由。原告对裁定不服的，可以提起上诉。

起诉状内容欠缺或者有其他错误的，应当给予指导和释明，并一次性告知当事人需要补正的内容。不得未经指导和释明即以起诉不符合条件为由不接收起诉状。

对于不接收起诉状、接收起诉状后不出具书面凭证，以及不一次性告知当事人需要补正的起诉状内容的，当事人可以向上级人民法院投诉，上级人民法院应当责令改正，并对直接负责的主管人员和其他直接责任人员依法给予处分。

第五十二条 人民法院既不立案，又不作出不予立案裁定的，当事人可以向上一级人民法院起诉。上一级人民法院认为符合起诉条件的，应当立案、审理，也可以指定其他下级人民法院立案、审理。

第五十三条 公民、法人或者其他组织认为行政行为所依据的国务院部门和地方人民政府及其部门制定的规范性文件不合法，在对行政行为提起诉讼时，可以一并请求对该规范性文件进行审查。

前款规定的规范性文件不含规章。

第七章 审理和判决

第一节 一般规定

第五十四条 人民法院公开审理行政案件，但涉及国家秘密、个人隐私和法律另有规定的除外。

涉及商业秘密的案件，当事人申请不公开审理的，可以不公开审理。

第五十五条 当事人认为审判人员与本案有利害关系或者有其他关系可能影响公正审判，有权申请审判人员回避。

审判人员认为自己与本案有利害关系或者有其他关系，应当申请回避。

前两款规定，适用于书记员、翻译人员、鉴定人、勘验人。

院长担任审判长时的回避，由审判委员会决定；审判人员的回避，由院长决定；其他人员的回避，由审判长决定。当事人对决定不服的，可以申请复议一次。

第五十六条 诉讼期间，不停止行政行为的执行。但有下列情形之一的，裁定停止执行：

（一）被告认为需要停止执行的；

（二）原告或者利害关系人申请停止执行，人民法院认为该行政行为的执行会造成难以弥补的损失，并且停止执行不损害国家利益、社会公共利益的；

（三）人民法院认为该行政行为的执行会给国家利益、社会公共利益造成重大损害的；

（四）法律、法规规定停止执行的。

当事人对停止执行或者不停止执行的裁定不服的，可以申请复议一次。

第五十七条 人民法院对起诉行政机关没有依法支付抚恤金、最低生活保障金和工伤、医疗社会保险金的案件，权利义务关系明确、不先予执行将严重影响原告生活的，可以根据原告的申请，裁定先予执行。

当事人对先予执行裁定不服的，可以申请复议一次。复议期间不停止裁定的执行。

第五十八条 经人民法院传票传唤，原告无正当理由拒不到庭，或者未经法庭许可中途退庭的，可以按照撤诉处理；被告无正当理由拒不到庭，或者未经法庭许可中途退庭的，可以缺席判决。

第五十九条 诉讼参与人或者其他人有下列行为之一的，人民法院可以根据情节轻重，予以训诫、责令具结悔过或者处一万元以下的罚款、十五日以下的拘留；构成犯罪的，依法追究刑事责任：

（一）有义务协助调查、执行的人，对人民法院的协助调查决定、协助执行通知书，无故推拖、拒绝或者妨碍调查、执行的；

（二）伪造、隐藏、毁灭证据或者提供虚假证明材料，妨碍人民法院审理案件的；

（三）指使、贿买、胁迫他人作伪证或者威胁、阻止证人作证的；

（四）隐藏、转移、变卖、毁损已被查封、扣押、冻结的财产的；

（五）以欺骗、胁迫等非法手段使原告撤诉的；

（六）以暴力、威胁或者其他方法阻碍人民法院工作人员执行职务，或者以哄闹、冲击法庭等方法扰乱人民法院工作秩序的；

（七）对人民法院审判人员或者其他工作人员、诉讼参与人、协助调查和执行的人员恐吓、侮辱、诽谤、诬陷、殴打、围攻或者打击报复的。

人民法院对有前款规定的行为之一的单位，可以对其主要负责人或者直接责任人员依照前款规定予以罚款、拘留；构成犯罪的，依法追究刑事责任。

罚款、拘留须经人民法院院长批准。当事人不服的，可以向上一级人民法院申请复议一次。复议期间不停止执行。

第六十条 人民法院审理行政案件，不适用调解。但是，行政赔偿、补偿以及行政机关行使法律、法规规定的自由裁量权的案件可以调解。

调解应当遵循自愿、合法原则，不得损害国家利益、社会公共利益和他人合法权益。

第六十一条 在涉及行政许可、登记、征收、征用和行政机关对民事争议所作的裁决的行政诉讼中，当事人申请一并解决相关民事争议的，人民法院可以一并审理。

在行政诉讼中，人民法院认为行政案件的审理需以民事诉讼的裁判为依据的，可以裁定中止行政诉讼。

第六十二条 人民法院对行政案件宣告判决或者裁定前，原告申请撤诉的，或者被告改变其所作的行政行为，原告同意并申请撤诉的，是否准许，由人民法院裁定。

第六十三条 人民法院审理行政案件，以法律和行政法规、地方性法规为依据。地方性法规适用于本行政区域内发生的行政案件。

人民法院审理民族自治地方的行政案件，并以该民族自治地方的自治条例和单行条例为依据。

人民法院审理行政案件，参照规章。

第六十四条 人民法院在审理行政案件中，经审查认为本法第五十三条规定的规范性文件不合法的，不作为认定行政行为合法的依据，并向制定机关提出处理建议。

第六十五条 人民法院应当公开发生法律效力的判决书、裁定书，供公众查阅，但涉及国家秘密、商业秘密和个人隐私的内容除外。

第六十六条 人民法院在审理行政案件中，认为行政机关的主管人员、直接责任人员违法违纪的，应当将有关材料移送监察机关、该行政机关或者其上一级行政机关；认为有犯罪行为的，应当将有关材料移送公安、检察机关。

人民法院对被告经传票传唤无正当理由拒不到庭，或者未经法庭许可中途退庭的，可以将被告拒不到庭或者中途退庭的情况予以公告，并可以向监察机关或者被告的上一级行政机关提出依法给予其主要负责人或者直接责任人员处分的司法建议。

第二节　第一审普通程序

第六十七条　人民法院应当在立案之日起五日内，将起诉状副本发送被告。被告应当在收到起诉状副本之日起十五日内向人民法院提交作出行政行为的证据和所依据的规范性文件，并提出答辩状。人民法院应当在收到答辩状之日起五日内，将答辩状副本发送原告。

被告不提出答辩状的，不影响人民法院审理。

第六十八条　人民法院审理行政案件，由审判员组成合议庭，或者由审判员、陪审员组成合议庭。合议庭的成员，应当是三人以上的单数。

第六十九条　行政行为证据确凿，适用法律、法规正确，符合法定程序的，或者原告申请被告履行法定职责或者给付义务理由不成立的，人民法院判决驳回原告的诉讼请求。

第七十条　行政行为有下列情形之一的，人民法院判决撤销或者部分撤销，并可以判决被告重新作出行政行为：

（一）主要证据不足的；

（二）适用法律、法规错误的；

（三）违反法定程序的；

（四）超越职权的；

（五）滥用职权的；

（六）明显不当的。

第七十一条　人民法院判决被告重新作出行政行为的，被告不得以同一的事实和理由作出与原行政行为基本相同的行政行为。

第七十二条　人民法院经过审理，查明被告不履行法定职责的，判决被告在一定期限内履行。

第七十三条　人民法院经过审理，查明被告依法负有给付义务的，判决被告履行给付义务。

第七十四条 行政行为有下列情形之一的，人民法院判决确认违法，但不撤销行政行为：

（一）行政行为依法应当撤销，但撤销会给国家利益、社会公共利益造成重大损害的；

（二）行政行为程序轻微违法，但对原告权利不产生实际影响的。

行政行为有下列情形之一，不需要撤销或者判决履行的，人民法院判决确认违法：

（一）行政行为违法，但不具有可撤销内容的；

（二）被告改变原违法行政行为，原告仍要求确认原行政行为违法的；

（三）被告不履行或者拖延履行法定职责，判决履行没有意义的。

第七十五条 行政行为有实施主体不具有行政主体资格或者没有依据等重大且明显违法情形，原告申请确认行政行为无效的，人民法院判决确认无效。

第七十六条 人民法院判决确认违法或者无效的，可以同时判决责令被告采取补救措施；给原告造成损失的，依法判决被告承担赔偿责任。

第七十七条 行政处罚明显不当，或者其他行政行为涉及对款额的确定、认定确有错误的，人民法院可以判决变更。

人民法院判决变更，不得加重原告的义务或者减损原告的权益。但利害关系人同为原告，且诉讼请求相反的除外。

第七十八条 被告不依法履行、未按照约定履行或者违法变更、解除本法第十二条第一款第十一项规定的协议的，人民法院判决被告承担继续履行、采取补救措施或者赔偿损失等责任。

被告变更、解除本法第十二条第一款第十一项规定的协议合法，但未依法给予补偿的，人民法院判决给予补偿。

第七十九条 复议机关与作出原行政行为的行政机关为共同

被告的案件，人民法院应当对复议决定和原行政行为一并作出裁判。

第八十条 人民法院对公开审理和不公开审理的案件，一律公开宣告判决。

当庭宣判的，应当在十日内发送判决书；定期宣判的，宣判后立即发给判决书。

宣告判决时，必须告知当事人上诉权利、上诉期限和上诉的人民法院。

第八十一条 人民法院应当在立案之日起六个月内作出第一审判决。有特殊情况需要延长的，由高级人民法院批准，高级人民法院审理第一审案件需要延长的，由最高人民法院批准。

第三节 简易程序

第八十二条 人民法院审理下列第一审行政案件，认为事实清楚、权利义务关系明确、争议不大的，可以适用简易程序：

（一）被诉行政行为是依法当场作出的；

（二）案件涉及款额二千元以下的；

（三）属于政府信息公开案件的。

除前款规定以外的第一审行政案件，当事人各方同意适用简易程序的，可以适用简易程序。

发回重审、按照审判监督程序再审的案件不适用简易程序。

第八十三条 适用简易程序审理的行政案件，由审判员一人独任审理，并应当在立案之日起四十五日内审结。

第八十四条 人民法院在审理过程中，发现案件不宜适用简易程序的，裁定转为普通程序。

第四节 第二审程序

第八十五条 当事人不服人民法院第一审判决的，有权在判决书送达之日起十五日内向上一级人民法院提起上诉。当事人不服人民法院第一审裁定的，有权在裁定书送达之日起十日内向上一级人民法院提起上诉。逾期不提起上诉的，人民法院的第一审判决或者裁定发生法律效力。

第八十六条 人民法院对上诉案件，应当组成合议庭，开庭审理。经过阅卷、调查和询问当事人，对没有提出新的事实、证据或者理由，合议庭认为不需要开庭审理的，也可以不开庭审理。

第八十七条 人民法院审理上诉案件，应当对原审人民法院的判决、裁定和被诉行政行为进行全面审查。

第八十八条 人民法院审理上诉案件，应当在收到上诉状之日起三个月内作出终审判决。有特殊情况需要延长的，由高级人民法院批准，高级人民法院审理上诉案件需要延长的，由最高人民法院批准。

第八十九条 人民法院审理上诉案件，按照下列情形，分别处理：

（一）原判决、裁定认定事实清楚，适用法律、法规正确的，判决或者裁定驳回上诉，维持原判决、裁定；

（二）原判决、裁定认定事实错误或者适用法律、法规错误的，依法改判、撤销或者变更；

（三）原判决认定基本事实不清、证据不足的，发回原审人民法院重审，或者查清事实后改判；

（四）原判决遗漏当事人或者违法缺席判决等严重违反法定程序的，裁定撤销原判决，发回原审人民法院重审。

原审人民法院对发回重审的案件作出判决后，当事人提起上诉的，第二审人民法院不得再次发回重审。

人民法院审理上诉案件，需要改变原审判决的，应当同时对被诉行政行为作出判决。

第五节 审判监督程序

第九十条 当事人对已经发生法律效力的判决、裁定，认为确有错误的，可以向上一级人民法院申请再审，但判决、裁定不停止执行。

第九十一条 当事人的申请符合下列情形之一的，人民法院应当再审：

（一）不予立案或者驳回起诉确有错误的；

（二）有新的证据，足以推翻原判决、裁定的；

（三）原判决、裁定认定事实的主要证据不足、未经质证或者系伪造的；

（四）原判决、裁定适用法律、法规确有错误的；

（五）违反法律规定的诉讼程序，可能影响公正审判的；

（六）原判决、裁定遗漏诉讼请求的；

（七）据以作出原判决、裁定的法律文书被撤销或者变更的；

（八）审判人员在审理该案件时有贪污受贿、徇私舞弊、枉法裁判行为的。

第九十二条 各级人民法院院长对本院已经发生法律效力的判决、裁定，发现有本法第九十一条规定情形之一，或者发现调解违反自愿原则或者调解书内容违法，认为需要再审的，应当提交审判委员会讨论决定。

最高人民法院对地方各级人民法院已经发生法律效力的判决、裁定，上级人民法院对下级人民法院已经发生法律效力的判决、裁定，发现有本法第九十一条规定情形之一，或者发现调解违反自愿原则或者调解书内容违法的，有权提审或者指令下级人民法院再审。

第九十三条 最高人民检察院对各级人民法院已经发生法律效力的判决、裁定，上级人民检察院对下级人民法院已经发生法律效力的判决、裁定，发现有本法第九十一条规定情形之一，或者发现调解书损害国家利益、社会公共利益的，应当提出抗诉。

地方各级人民检察院对同级人民法院已经发生法律效力的判决、裁定，发现有本法第九十一条规定情形之一，或者发现调解书损害国家利益、社会公共利益的，可以向同级人民法院提出检察建议，并报上级人民检察院备案；也可以提请上级人民检察院向同级人民法院提出抗诉。

各级人民检察院对审判监督程序以外的其他审判程序中审判人员的违法行为，有权向同级人民法院提出检察建议。

第八章　执　　行

第九十四条　当事人必须履行人民法院发生法律效力的判决、裁定、调解书。

第九十五条　公民、法人或者其他组织拒绝履行判决、裁定、调解书的，行政机关或者第三人可以向第一审人民法院申请强制执行，或者由行政机关依法强制执行。

第九十六条　行政机关拒绝履行判决、裁定、调解书的，第一审人民法院可以采取下列措施：

（一）对应当归还的罚款或者应当给付的款额，通知银行从该行政机关的账户内划拨。

（二）在规定期限内不履行的，从期满之日起，对该行政机关负责人按日处五十元至一百元的罚款。

（三）将行政机关拒绝履行的情况予以公告。

（四）向监察机关或者该行政机关的上一级行政机关提出司法建议。接受司法建议的机关，根据有关规定进行处理，并将处理情况告知人民法院。

（五）拒不履行判决、裁定、调解书，社会影响恶劣的，可以对该行政机关直接负责的主管人员和其他直接责任人员予以拘留；情节严重，构成犯罪的，依法追究刑事责任。

第九十七条　公民、法人或者其他组织对行政行为在法定期限内不提起诉讼又不履行的，行政机关可以申请人民法院强制执行，或者依法强制执行。

第九章　涉外行政诉讼

第九十八条　外国人、无国籍人、外国组织在中华人民共和国进行行政诉讼，适用本法。法律另有规定的除外。

第九十九条　外国人、无国籍人、外国组织在中华人民共和国进行行政诉讼，同中华人民共和国公民、组织有同等的诉讼权利和义务。

外国法院对中华人民共和国公民、组织的行政诉讼权利加以限制的，人民法院对该国公民、组织的行政诉讼权利，实行对等原则。

第一百条　外国人、无国籍人、外国组织在中华人民共和国进行行政诉讼，委托律师代理诉讼的，应当委托中华人民共和国律师机构的律师。

第十章　附　　则

第一百零一条　人民法院审理行政案件，关于期间、送达、财产保全、开庭审理、调解、中止诉讼、终结诉讼、简易程序、执行等，以及人民检察院对行政案件受理、审理、裁判、执行的监督，本法没有规定的，适用《中华人民共和国民事诉讼法》的相关规定。

第一百零二条　人民法院审理行政案件，应当收取诉讼费用。诉讼费用由败诉方承担，双方都有责任的由双方分担。收取诉讼费用的具体办法另行规定。

第一百零三条　本法自 1990 年 10 月 1 日起施行。

中华人民共和国国务院令

第 646 号

现公布《中华人民共和国保守国家秘密法实施条例》，自 2014 年 3 月 1 日起施行。

总　理　李克强

2014 年 1 月 17 日

中华人民共和国保守国家秘密法实施条例

第一章　总　　则

第一条　根据《中华人民共和国保守国家秘密法》（以下简称保密法）的规定，制定本条例。

第二条　国家保密行政管理部门主管全国的保密工作。县级以上地方各级保密行政管理部门在上级保密行政管理部门指导下，主管本行政区域的保密工作。

第三条　中央国家机关在其职权范围内管理或者指导本系统的保密工作，监督执行保密法律法规，可以根据实际情况制定或者会同有关部门制定主管业务方面的保密规定。

第四条 县级以上人民政府应当加强保密基础设施建设和关键保密科技产品的配备。

省级以上保密行政管理部门应当加强关键保密科技产品的研发工作。

保密行政管理部门履行职责所需的经费，应当列入本级人民政府财政预算。机关、单位开展保密工作所需经费应当列入本机关、本单位的年度财政预算或者年度收支计划。

第五条 机关、单位不得将依法应当公开的事项确定为国家秘密，不得将涉及国家秘密的信息公开。

第六条 机关、单位实行保密工作责任制。机关、单位负责人对本机关、本单位的保密工作负责，工作人员对本岗位的保密工作负责。

机关、单位应当根据保密工作需要设立保密工作机构或者指定人员专门负责保密工作。

机关、单位及其工作人员履行保密工作责任制情况应当纳入年度考评和考核内容。

第七条 各级保密行政管理部门应当组织开展经常性的保密宣传教育。机关、单位应当定期对本机关、本单位工作人员进行保密形势、保密法律法规、保密技术防范等方面的教育培训。

第二章　国家秘密的范围和密级

第八条 国家秘密及其密级的具体范围（以下称保密事项范围）应当明确规定国家秘密具体事项的名称、密级、保密期限、知悉范围。

保密事项范围应当根据情况变化及时调整。制定、修订保密事项范围应当充分论证，听取有关机关、单位和相关领域专家的意见。

第九条 机关、单位负责人为本机关、本单位的定密责任人，根据工作需要，可以指定其他人员为定密责任人。

专门负责定密的工作人员应当接受定密培训，熟悉定密职责和保密事项范围，掌握定密程序和方法。

第十条 定密责任人在职责范围内承担有关国家秘密确定、变更和解除工作。具体职责是：

（一）审核批准本机关、本单位产生的国家秘密的密级、保密期限和知悉范围；

（二）对本机关、本单位产生的尚在保密期限内的国家秘密进行审核，作出是否变更或者解除的决定；

（三）对是否属于国家秘密和属于何种密级不明确的事项先行拟定密级，并按照规定的程序报保密行政管理部门确定。

第十一条 中央国家机关、省级机关以及设区的市、自治州级机关可以根据保密工作需要或者有关机关、单位的申请，在国家保密行政管理部门规定的定密权限、授权范围内作出定密授权。

定密授权应当以书面形式作出。授权机关应当对被授权机关、单位履行定密授权的情况进行监督。

中央国家机关、省级机关作出的授权，报国家保密行政管理部门备案；设区的市、自治州级机关作出的授权，报省、自治区、直辖市保密行政管理部门备案。

第十二条 机关、单位应当在国家秘密产生的同时，由承办人依据有关保密事项范围拟定密级、保密期限和知悉范围，报定密责任人审核批准，并采取相应保密措施。

第十三条 机关、单位对所产生的国家秘密，应当按照保密事项范围的规定确定具体的保密期限；保密事项范围没有规定具体保密期限的，可以根据工作需要，在保密法规定的保密期限内确定；不能确定保密期限的，应当确定解密条件。

国家秘密的保密期限，自标明的制发日起计算；不能标明制发日的，确定该国家秘密的机关、单位应当书面通知知悉范围内的机关、单位和人员，保密期限自通知之日起计算。

第十四条 机关、单位应当按照保密法的规定，严格限定国家秘密的知悉范围，对知悉机密级以上国家秘密的人员，应当作出书面记录。

第十五条 国家秘密载体以及属于国家秘密的设备、产品的明显部位应当标注国家秘密标志。国家秘密标志应当标注密级和保密期限。国家秘密的密级和保密期限发生变更的，应当及时对原国家秘密标志作出变更。

无法标注国家秘密标志的，确定该国家秘密的机关、单位应当书面通知知悉范围内的机关、单位和人员。

第十六条 机关、单位对所产生的国家秘密，认为符合保密法有关解密或者延长保密期限规定的，应当及时解密或者延长保密期限。

机关、单位对不属于本机关、本单位产生的国家秘密，认为符合保密法有关解密或者延长保密期限规定的，可以向原定密机关、单位或者其上级机关、单位提出建议。

已经依法移交各级国家档案馆的属于国家秘密的档案，由原定密机关、单位按照国家有关规定进行解密审核。

第十七条 机关、单位被撤销或者合并的，该机关、单位所确定国家秘密的变更和解除，由承担其职能的机关、单位负责，也可以由其上级机关、单位或者保密行政管理部门指定的机关、单位负责。

第十八条 机关、单位发现本机关、本单位国家秘密的确定、变更和解除不当的，应当及时纠正；上级机关、单位发现下级机关、单位国家秘密的确定、变更和解除不当的，应当及时通知其纠正，也可以直接纠正。

第十九条 机关、单位对符合保密法的规定，但保密事项范围没有规定的不明确事项，应当先行拟定密级、保密期限和知悉范围，采取相应的保密措施，并自拟定之日起 10 日内报有关部门确定。拟定为绝密级的事项和中央国家机关拟定的机密级、秘密级的事项，报国家保密行政管理部门确定；其他机关、单位拟定的机密级、秘密级的事项，报省、自治区、直辖市保密行政管理部门确定。

保密行政管理部门接到报告后，应当在 10 日内作出决定。省、自治区、直辖市保密行政管理部门还应当将所作决定及时报国家保密行政管理部门备案。

第二十条 机关、单位对已定密事项是否属于国家秘密或者属于何种密级有不同意见的，可以向原定密机关、单位提出异议，由原定密机关、单位作出决定。

机关、单位对原定密机关、单位未予处理或者对作出的决定仍有异议的，按照下列规定办理：

（一）确定为绝密级的事项和中央国家机关确定的机密级、秘密级的事项，报国家保密行政管理部门确定。

（二）其他机关、单位确定的机密级、秘密级的事项，报省、自治区、直辖市保密行政管理部门确定；对省、自治区、直辖市保密行政管理部门作出的决定有异议的，可以报国家保密行政管理部门确定。

在原定密机关、单位或者保密行政管理部门作出决定前，对有关事项应当按照主张密级中的最高密级采取相应的保密措施。

第三章 保密制度

第二十一条 国家秘密载体管理应当遵守下列规定：

（一）制作国家秘密载体，应当由机关、单位或者经保密行政管理部门保密审查合格的单位承担，制作场所应当符合保密要求。

（二）收发国家秘密载体，应当履行清点、编号、登记、签收手续。

（三）传递国家秘密载体，应当通过机要交通、机要通信或者其他符合保密要求的方式进行。

（四）复制国家秘密载体或者摘录、引用、汇编属于国家秘密的内容，应当按照规定报批，不得擅自改变原件的密级、保密期限和知悉范围，复制件应当加盖复制机关、单位戳记，并视同原件进行管理。

（五）保存国家秘密载体的场所、设施、设备，应当符合国家保密要求。

（六）维修国家秘密载体，应当由本机关、本单位专门技术人员负责。确需外单位人员维修的，应当由本机关、本单位的人员现场监督；确需在本机关、本单位以外维修的，应当符合国家保密规定。

（七）携带国家秘密载体外出，应当符合国家保密规定，并采取可靠的保密措施；携带国家秘密载体出境的，应当按照国家保密规定办理批准和携带手续。

第二十二条　销毁国家秘密载体应当符合国家保密规定和标准，确保销毁的国家秘密信息无法还原。

销毁国家秘密载体应当履行清点、登记、审批手续，并送交保密行政管理部门设立的销毁工作机构或者保密行政管理部门指定的单位销毁。机关、单位确因工作需要，自行销毁少量国家秘密载体的，应当使用符合国家保密标准的销毁设备和方法。

第二十三条　涉密信息系统按照涉密程度分为绝密级、机密级、秘密级。机关、单位应当根据涉密信息系统存储、处理信息的最高密级确定系统的密级，按照分级保护要求采取相应的安全保密防护措施。

第二十四条　涉密信息系统应当由国家保密行政管理部门设立或者授权的保密测评机构进行检测评估，并经设区的市、自治州级以上保密行政管理部门审查合格，方可投入使用。

公安、国家安全机关的涉密信息系统投入使用的管理办法，由国家保密行政管理部门会同国务院公安、国家安全部门另行规定。

第二十五条 机关、单位应当加强涉密信息系统的运行使用管理，指定专门机构或者人员负责运行维护、安全保密管理和安全审计，定期开展安全保密检查和风险评估。

涉密信息系统的密级、主要业务应用、使用范围和使用环境等发生变化或者涉密信息系统不再使用的，应当按照国家保密规定及时向保密行政管理部门报告，并采取相应措施。

第二十六条 机关、单位采购涉及国家秘密的工程、货物和服务的，应当根据国家保密规定确定密级，并符合国家保密规定和标准。机关、单位应当对提供工程、货物和服务的单位提出保密管理要求，并与其签订保密协议。

政府采购监督管理部门、保密行政管理部门应当依法加强对涉及国家秘密的工程、货物和服务采购的监督管理。

第二十七条 举办会议或者其他活动涉及国家秘密的，主办单位应当采取下列保密措施：

（一）根据会议、活动的内容确定密级，制定保密方案，限定参加人员范围；

（二）使用符合国家保密规定和标准的场所、设施、设备；

（三）按照国家保密规定管理国家秘密载体；

（四）对参加人员提出具体保密要求。

第二十八条 企业事业单位从事国家秘密载体制作、复制、维修、销毁，涉密信息系统集成或者武器装备科研生产等涉及国家秘密的业务（以下简称涉密业务），应当由保密行政管理部门或者保密行政管理部门会同有关部门进行保密审查。保密审查不合格的，不得从事涉密业务。

第二十九条 从事涉密业务的企业事业单位应当具备下列条件：

（一）在中华人民共和国境内依法成立 3 年以上的法人，无违法犯罪记录；

（二）从事涉密业务的人员具有中华人民共和国国籍；

（三）保密制度完善，有专门的机构或者人员负责保密工作；

（四）用于涉密业务的场所、设施、设备符合国家保密规定和标准；

（五）具有从事涉密业务的专业能力；

（六）法律、行政法规和国家保密行政管理部门规定的其他条件。

第三十条 涉密人员的分类管理、任（聘）用审查、脱密期管理、权益保障等具体办法，由国家保密行政管理部门会同国务院有关主管部门制定。

第四章 监督管理

第三十一条 机关、单位应当向同级保密行政管理部门报送本机关、本单位年度保密工作情况。下级保密行政管理部门应当向上级保密行政管理部门报送本行政区域年度保密工作情况。

第三十二条 保密行政管理部门依法对机关、单位执行保密法律法规的下列情况进行检查：

（一）保密工作责任制落实情况；

（二）保密制度建设情况；

（三）保密宣传教育培训情况；

（四）涉密人员管理情况；

（五）国家秘密确定、变更和解除情况；

（六）国家秘密载体管理情况；

（七）信息系统和信息设备保密管理情况；

（八）互联网使用保密管理情况；

（九）保密技术防护设施设备配备使用情况；

（十）涉密场所及保密要害部门、部位管理情况；

（十一）涉密会议、活动管理情况；

（十二）信息公开保密审查情况。

第三十三条 保密行政管理部门在保密检查过程中，发现有泄密隐患的，可以查阅有关材料、询问人员、记录情况；对有关设施、设备、文件资料等可以依法先行登记保存，必要时进行保密技术检测。有关机关、单位及其工作人员对保密检查应当予以配合。

保密行政管理部门实施检查后，应当出具检查意见，对需要整改的，应当明确整改内容和期限。

第三十四条　机关、单位发现国家秘密已经泄露或者可能泄露的，应当立即采取补救措施，并在24小时内向同级保密行政管理部门和上级主管部门报告。

地方各级保密行政管理部门接到泄密报告的，应当在24小时内逐级报至国家保密行政管理部门。

第三十五条　保密行政管理部门对公民举报、机关和单位报告、保密检查发现、有关部门移送的涉嫌泄露国家秘密的线索和案件，应当依法及时调查或者组织、督促有关机关、单位调查处理。调查工作结束后，认为有违反保密法律法规的事实，需要追究责任的，保密行政管理部门可以向有关机关、单位提出处理建议。有关机关、单位应当及时将处理结果书面告知同级保密行政管理部门。

第三十六条　保密行政管理部门收缴非法获取、持有的国家秘密载体，应当进行登记并出具清单，查清密级、数量、来源、扩散范围等，并采取相应的保密措施。

保密行政管理部门可以提请公安、工商行政管理等有关部门协助收缴非法获取、持有的国家秘密载体，有关部门应当予以配合。

第三十七条　国家保密行政管理部门或者省、自治区、直辖市保密行政管理部门应当依据保密法律法规和保密事项范围，对办理涉嫌泄露国家秘密案件的机关提出鉴定的事项是否属于国家秘密、属于何种密级作出鉴定。

保密行政管理部门受理鉴定申请后，应当自受理之日起30

日内出具鉴定结论；不能按期出具鉴定结论的，经保密行政管理部门负责人批准，可以延长30日。

第三十八条 保密行政管理部门及其工作人员应当按照法定的职权和程序开展保密审查、保密检查和泄露国家秘密案件查处工作，做到科学、公正、严格、高效，不得利用职权谋取利益。

第五章 法律责任

第三十九条 机关、单位发生泄露国家秘密案件不按照规定报告或者未采取补救措施的，对直接负责的主管人员和其他直接责任人员依法给予处分。

第四十条 在保密检查或者泄露国家秘密案件查处中，有关机关、单位及其工作人员拒不配合，弄虚作假，隐匿、销毁证据，或者以其他方式逃避、妨碍保密检查或者泄露国家秘密案件查处的，对直接负责的主管人员和其他直接责任人员依法给予处分。

企业事业单位及其工作人员协助机关、单位逃避、妨碍保密检查或者泄露国家秘密案件查处的，由有关主管部门依法予以处罚。

第四十一条 经保密审查合格的企业事业单位违反保密管理规定的，由保密行政管理部门责令限期整改，逾期不改或者整改后仍不符合要求的，暂停涉密业务；情节严重的，停止涉密业务。

第四十二条 涉密信息系统未按照规定进行检测评估和审查而投入使用的，由保密行政管理部门责令改正，并建议有关机关、单位对直接负责的主管人员和其他直接责任人员依法给予处分。

第四十三条 机关、单位委托未经保密审查的单位从事涉密业务的，由有关机关、单位对直接负责的主管人员和其他直接责任人员依法给予处分。

未经保密审查的单位从事涉密业务的，由保密行政管理部门责令停止违法行为；有违法所得的，由工商行政管理部门没收违法所得。

第四十四条　保密行政管理部门未依法履行职责，或者滥用职权、玩忽职守、徇私舞弊的，对直接负责的主管人员和其他直接责任人员依法给予处分；构成犯罪的，依法追究刑事责任。

第六章　附　　则

第四十五条　本条例自2014年3月1日起施行。1990年4月25日国务院批准、1990年5月25日国家保密局发布的《中华人民共和国保守国家秘密法实施办法》同时废止。

中华人民共和国国务院令

第 649 号

现公布《社会救助暂行办法》，自 2014 年 5 月 1 日起施行。

总　理　李克强
2014 年 2 月 21 日

社会救助暂行办法

第一章　总　　则

第一条　为了加强社会救助，保障公民的基本生活，促进社会公平，维护社会和谐稳定，根据宪法，制定本办法。

第二条　社会救助制度坚持托底线、救急难、可持续，与其他社会保障制度相衔接，社会救助水平与经济社会发展水平相适应。

社会救助工作应当遵循公开、公平、公正、及时的原则。

第三条　国务院民政部门统筹全国社会救助体系建设。国务院民政、卫生计生、教育、住房城乡建设、人力资源社会保障等部门，按照各自职责负责相应的社会救助管理工作。

县级以上地方人民政府民政、卫生计生、教育、住房城乡建设、人力资源社会保障等部门，按照各自职责负责本行政区域内相应的社会救助管理工作。

前两款所列行政部门统称社会救助管理部门。

第四条 乡镇人民政府、街道办事处负责有关社会救助的申请受理、调查审核，具体工作由社会救助经办机构或者经办人员承担。

村民委员会、居民委员会协助做好有关社会救助工作。

第五条 县级以上人民政府应当将社会救助纳入国民经济和社会发展规划，建立健全政府领导、民政部门牵头、有关部门配合、社会力量参与的社会救助工作协调机制，完善社会救助资金、物资保障机制，将政府安排的社会救助资金和社会救助工作经费纳入财政预算。

社会救助资金实行专项管理，分账核算，专款专用，任何单位或者个人不得挤占挪用。社会救助资金的支付，按照财政国库管理的有关规定执行。

第六条 县级以上人民政府应当按照国家统一规划建立社会救助管理信息系统，实现社会救助信息互联互通、资源共享。

第七条 国家鼓励、支持社会力量参与社会救助。

第八条 对在社会救助工作中作出显著成绩的单位、个人，按照国家有关规定给予表彰、奖励。

第二章 最低生活保障

第九条 国家对共同生活的家庭成员人均收入低于当地最低生活保障标准，且符合当地最低生活保障家庭财产状况规定的家庭，给予最低生活保障。

第十条 最低生活保障标准，由省、自治区、直辖市或者设区的市级人民政府按照当地居民生活必需的费用确定、公布，并根据当地经济社会发展水平和物价变动情况适时调整。

最低生活保障家庭收入状况、财产状况的认定办法，由省、自治区、直辖市或者设区的市级人民政府按照国家有关规定制定。

第十一条 申请最低生活保障，按照下列程序办理：

（一）由共同生活的家庭成员向户籍所在地的乡镇人民政府、街道办事处提出书面申请；家庭成员申请有困难的，可以委托村民委员会、居民委员会代为提出申请。

（二）乡镇人民政府、街道办事处应当通过入户调查、邻里访问、信函索证、群众评议、信息核查等方式，对申请人的家庭收入状况、财产状况进行调查核实，提出初审意见，在申请人所在村、社区公示后报县级人民政府民政部门审批。

（三）县级人民政府民政部门经审查，对符合条件的申请予以批准，并在申请人所在村、社区公布；对不符合条件的申请不予批准，并书面向申请人说明理由。

第十二条 对批准获得最低生活保障的家庭，县级人民政府民政部门按照共同生活的家庭成员人均收入低于当地最低生活保障标准的差额，按月发给最低生活保障金。

对获得最低生活保障后生活仍有困难的老年人、未成年人、重度残疾人和重病患者，县级以上地方人民政府应当采取必要措施给予生活保障。

第十三条 最低生活保障家庭的人口状况、收入状况、财产状况发生变化的，应当及时告知乡镇人民政府、街道办事处。

县级人民政府民政部门以及乡镇人民政府、街道办事处应当对获得最低生活保障家庭的人口状况、收入状况、财产状况定期核查。

最低生活保障家庭的人口状况、收入状况、财产状况发生变化的，县级人民政府民政部门应当及时决定增发、减发或者停发最低生活保障金；决定停发最低生活保障金的，应当书面说明理由。

第三章　特困人员供养

第十四条　国家对无劳动能力、无生活来源且无法定赡养、抚养、扶养义务人，或者其法定赡养、抚养、扶养义务人无赡养、抚养、扶养能力的老年人、残疾人以及未满16周岁的未成年人，给予特困人员供养。

第十五条　特困人员供养的内容包括：

（一）提供基本生活条件；

（二）对生活不能自理的给予照料；

（三）提供疾病治疗；

（四）办理丧葬事宜。

特困人员供养标准，由省、自治区、直辖市或者设区的市级人民政府确定、公布。

特困人员供养应当与城乡居民基本养老保险、基本医疗保障、最低生活保障、孤儿基本生活保障等制度相衔接。

第十六条　申请特困人员供养，由本人向户籍所在地的乡镇人民政府、街道办事处提出书面申请；本人申请有困难的，可以委托村民委员会、居民委员会代为提出申请。

特困人员供养的审批程序适用本办法第十一条规定。

第十七条　乡镇人民政府、街道办事处应当及时了解掌握居民的生活情况，发现符合特困供养条件的人员，应当主动为其依法办理供养。

第十八条　特困供养人员不再符合供养条件的，村民委员会、居民委员会或者供养服务机构应当告知乡镇人民政府、街道办事处，由乡镇人民政府、街道办事处审核并报县级人民政府民政部门核准后，终止供养并予以公示。

第十九条　特困供养人员可以在当地的供养服务机构集中供

养，也可以在家分散供养。特困供养人员可以自行选择供养形式。

第四章　受灾人员救助

第二十条　国家建立健全自然灾害救助制度，对基本生活受到自然灾害严重影响的人员，提供生活救助。

自然灾害救助实行属地管理，分级负责。

第二十一条　设区的市级以上人民政府和自然灾害多发、易发地区的县级人民政府应当根据自然灾害特点、居民人口数量和分布等情况，设立自然灾害救助物资储备库，保障自然灾害发生后救助物资的紧急供应。

第二十二条　自然灾害发生后，县级以上人民政府或者人民政府的自然灾害救助应急综合协调机构应当根据情况紧急疏散、转移、安置受灾人员，及时为受灾人员提供必要的食品、饮用水、衣被、取暖、临时住所、医疗防疫等应急救助。

第二十三条　灾情稳定后，受灾地区县级以上人民政府应当评估、核定并发布自然灾害损失情况。

第二十四条　受灾地区人民政府应当在确保安全的前提下，对住房损毁严重的受灾人员进行过渡性安置。

第二十五条　自然灾害危险消除后，受灾地区人民政府民政等部门应当及时核实本行政区域内居民住房恢复重建补助对象，并给予资金、物资等救助。

第二十六条　自然灾害发生后，受灾地区人民政府应当为因当年冬寒或者次年春荒遇到生活困难的受灾人员提供基本生活救助。

第五章　医 疗 救 助

第二十七条　国家建立健全医疗救助制度，保障医疗救助对象获得基本医疗卫生服务。

第二十八条 下列人员可以申请相关医疗救助：

（一）最低生活保障家庭成员；

（二）特困供养人员；

（三）县级以上人民政府规定的其他特殊困难人员。

第二十九条 医疗救助采取下列方式：

（一）对救助对象参加城镇居民基本医疗保险或者新型农村合作医疗的个人缴费部分，给予补贴；

（二）对救助对象经基本医疗保险、大病保险和其他补充医疗保险支付后，个人及其家庭难以承担的符合规定的基本医疗自负费用，给予补助。

医疗救助标准，由县级以上人民政府按照经济社会发展水平和医疗救助资金情况确定、公布。

第三十条 申请医疗救助的，应当向乡镇人民政府、街道办事处提出，经审核、公示后，由县级人民政府民政部门审批。最低生活保障家庭成员和特困供养人员的医疗救助，由县级人民政府民政部门直接办理。

第三十一条 县级以上人民政府应当建立健全医疗救助与基本医疗保险、大病保险相衔接的医疗费用结算机制，为医疗救助对象提供便捷服务。

第三十二条 国家建立疾病应急救助制度，对需要急救但身份不明或者无力支付急救费用的急重危伤病患者给予救助。符合规定的急救费用由疾病应急救助基金支付。

疾病应急救助制度应当与其他医疗保障制度相衔接。

第六章 教育救助

第三十三条 国家对在义务教育阶段就学的最低生活保障家庭成员、特困供养人员，给予教育救助。

对在高中教育（含中等职业教育）、普通高等教育阶段就学的最低生活保障家庭成员、特困供养人员，以及不能入学接受义务教育的残疾儿童，根据实际情况给予适当教育救助。

第三十四条 教育救助根据不同教育阶段需求，采取减免相关费用、发放助学金、给予生活补助、安排勤工助学等方式实施，保障教育救助对象基本学习、生活需求。

第三十五条 教育救助标准，由省、自治区、直辖市人民政府根据经济社会发展水平和教育救助对象的基本学习、生活需求确定、公布。

第三十六条 申请教育救助，应当按照国家有关规定向就读学校提出，按规定程序审核、确认后，由学校按照国家有关规定实施。

第七章 住房救助

第三十七条 国家对符合规定标准的住房困难的最低生活保障家庭、分散供养的特困人员，给予住房救助。

第三十八条 住房救助通过配租公共租赁住房、发放住房租赁补贴、农村危房改造等方式实施。

第三十九条 住房困难标准和救助标准，由县级以上地方人民政府根据本行政区域经济社会发展水平、住房价格水平等因素确定、公布。

第四十条 城镇家庭申请住房救助的，应当经由乡镇人民政府、街道办事处或者直接向县级人民政府住房保障部门提出，经县级人民政府民政部门审核家庭收入、财产状况和县级人民政府住房保障部门审核家庭住房状况并公示后，对符合申请条件的申请人，由县级人民政府住房保障部门优先给予保障。

农村家庭申请住房救助的，按照县级以上人民政府有关规定执行。

第四十一条 各级人民政府按照国家规定通过财政投入、用地供应等措施为实施住房救助提供保障。

第八章　就业救助

第四十二条　国家对最低生活保障家庭中有劳动能力并处于失业状态的成员，通过贷款贴息、社会保险补贴、岗位补贴、培训补贴、费用减免、公益性岗位安置等办法，给予就业救助。

第四十三条　最低生活保障家庭有劳动能力的成员均处于失业状态的，县级以上地方人民政府应当采取有针对性的措施，确保该家庭至少有一人就业。

第四十四条　申请就业救助的，应当向住所地街道、社区公共就业服务机构提出，公共就业服务机构核实后予以登记，并免费提供就业岗位信息、职业介绍、职业指导等就业服务。

第四十五条　最低生活保障家庭中有劳动能力但未就业的成员，应当接受人力资源社会保障等有关部门介绍的工作；无正当理由，连续3次拒绝接受介绍的与其健康状况、劳动能力等相适应的工作的，县级人民政府民政部门应当决定减发或者停发其本人的最低生活保障金。

第四十六条　吸纳就业救助对象的用人单位，按照国家有关规定享受社会保险补贴、税收优惠、小额担保贷款等就业扶持政策。

第九章　临时救助

第四十七条　国家对因火灾、交通事故等意外事件，家庭成员突发重大疾病等原因，导致基本生活暂时出现严重困难的家庭，或者因生活必需支出突然增加超出家庭承受能力，导致基本生活暂时出现严重困难的最低生活保障家庭，以及遭遇其他特殊困难的家庭，给予临时救助。

第四十八条　申请临时救助的，应当向乡镇人民政府、街道办事处提出，经审核、公示后，由县级人民政府民政部门审批；救助金额较小的，县级人民政府民政部门可以委托乡镇人民政府、街道办事处审批。情况紧急的，可以按照规定简化审批手续。

第四十九条 临时救助的具体事项、标准，由县级以上地方人民政府确定、公布。

第五十条 国家对生活无着的流浪、乞讨人员提供临时食宿、急病救治、协助返回等救助。

第五十一条 公安机关和其他有关行政机关的工作人员在执行公务时发现流浪、乞讨人员的，应当告知其向救助管理机构求助。对其中的残疾人、未成年人、老年人和行动不便的其他人员，应当引导、护送到救助管理机构；对突发急病人员，应当立即通知急救机构进行救治。

第十章 社会力量参与

第五十二条 国家鼓励单位和个人等社会力量通过捐赠、设立帮扶项目、创办服务机构、提供志愿服务等方式，参与社会救助。

第五十三条 社会力量参与社会救助，按照国家有关规定享受财政补贴、税收优惠、费用减免等政策。

第五十四条 县级以上地方人民政府可以将社会救助中的具体服务事项通过委托、承包、采购等方式，向社会力量购买服务。

第五十五条 县级以上地方人民政府应当发挥社会工作服务机构和社会工作者作用，为社会救助对象提供社会融入、能力提升、心理疏导等专业服务。

第五十六条 社会救助管理部门及相关机构应当建立社会力量参与社会救助的机制和渠道，提供社会救助项目、需求信息，为社会力量参与社会救助创造条件、提供便利。

第十一章 监督管理

第五十七条 县级以上人民政府及其社会救助管理部门应当

加强对社会救助工作的监督检查，完善相关监督管理制度。

第五十八条 申请或者已获得社会救助的家庭，应当按照规定如实申报家庭收入状况、财产状况。

县级以上人民政府民政部门根据申请或者已获得社会救助家庭的请求、委托，可以通过户籍管理、税务、社会保险、不动产登记、工商登记、住房公积金管理、车船管理等单位和银行、保险、证券等金融机构，代为查询、核对其家庭收入状况、财产状况；有关单位和金融机构应当予以配合。

县级以上人民政府民政部门应当建立申请和已获得社会救助家庭经济状况信息核对平台，为审核认定社会救助对象提供依据。

第五十九条 县级以上人民政府社会救助管理部门和乡镇人民政府、街道办事处在履行社会救助职责过程中，可以查阅、记录、复制与社会救助事项有关的资料，询问与社会救助事项有关的单位、个人，要求其对相关情况作出说明，提供相关证明材料。有关单位、个人应当如实提供。

第六十条 申请社会救助，应当按照本办法的规定提出；申请人难以确定社会救助管理部门的，可以先向社会救助经办机构或者县级人民政府民政部门求助。社会救助经办机构或者县级人民政府民政部门接到求助后，应当及时办理或者转交其他社会救助管理部门办理。

乡镇人民政府、街道办事处应当建立统一受理社会救助申请的窗口，及时受理、转办申请事项。

第六十一条 履行社会救助职责的工作人员对在社会救助工作中知悉的公民个人信息，除按照规定应当公示的信息外，应当予以保密。

第六十二条 县级以上人民政府及其社会救助管理部门应当通过报刊、广播、电视、互联网等媒体，宣传社会救助法律、法规和政策。

县级人民政府及其社会救助管理部门应当通过公共查阅室、资料索取点、信息公告栏等便于公众知晓的途径，及时公开社会救助资金、物资的管理和使用等情况，接受社会监督。

第六十三条 履行社会救助职责的工作人员行使职权，应当接受社会监督。

任何单位、个人有权对履行社会救助职责的工作人员在社会救助工作中的违法行为进行举报、投诉。受理举报、投诉的机关应当及时核实、处理。

第六十四条 县级以上人民政府财政部门、审计机关依法对社会救助资金、物资的筹集、分配、管理和使用实施监督。

第六十五条 申请或者已获得社会救助的家庭或者人员，对社会救助管理部门作出的具体行政行为不服的，可以依法申请行政复议或者提起行政诉讼。

第十二章 法律责任

第六十六条 违反本办法规定，有下列情形之一的，由上级行政机关或者监察机关责令改正；对直接负责的主管人员和其他直接责任人员依法给予处分：

（一）对符合申请条件的救助申请不予受理的；

（二）对符合救助条件的救助申请不予批准的；

（三）对不符合救助条件的救助申请予以批准的；

（四）泄露在工作中知悉的公民个人信息，造成后果的；

（五）丢失、篡改接受社会救助款物、服务记录等数据的；

（六）不按照规定发放社会救助资金、物资或者提供相关服务的；

（七）在履行社会救助职责过程中有其他滥用职权、玩忽职守、徇私舞弊行为的。

第六十七条 违反本办法规定，截留、挤占、挪用、私分社会救助资金、物资的，由有关部门责令追回；有违法所得的，没收违法所得；对直接负责的主管人员和其他直接责任人员依法给予处分。

第六十八条 采取虚报、隐瞒、伪造等手段，骗取社会救助资金、物资或者服务的，由有关部门决定停止社会救助，责令退回非法获取的救助资金、物资，可以处非法获取的救助款额或者物资价值1倍以上3倍以下的罚款；构成违反治安管理行为的，依法给予治安管理处罚。

第六十九条 违反本办法规定，构成犯罪的，依法追究刑事责任。

第十三章 附 则

第七十条 本办法自2014年5月1日起施行。

中华人民共和国国务院令

第 654 号

《企业信息公示暂行条例》已经 2014 年 7 月 23 日国务院第 57 次常务会议通过，现予公布，自 2014 年 10 月 1 日起施行。

总　理　李克强

2014 年 8 月 7 日

企业信息公示暂行条例

第一条　为了保障公平竞争，促进企业诚信自律，规范企业信息公示，强化企业信用约束，维护交易安全，提高政府监管效能，扩大社会监督，制定本条例。

第二条　本条例所称企业信息，是指在工商行政管理部门登记的企业从事生产经营活动过程中形成的信息，以及政府部门在履行职责过程中产生的能够反映企业状况的信息。

第三条　企业信息公示应当真实、及时。公示的企业信息涉及国家秘密、国家安全或者社会公共利益的，应当报请主管的保密行政管理部门或者国家安全机关批准。县级以上地方人民政府有关部门公示的企业信息涉及企业商业秘密或者个人隐私的，应当报请上级主管部门批准。

第四条 省、自治区、直辖市人民政府领导本行政区域的企业信息公示工作，按照国家社会信用信息平台建设的总体要求，推动本行政区域企业信用信息公示系统的建设。

第五条 国务院工商行政管理部门推进、监督企业信息公示工作，组织企业信用信息公示系统的建设。国务院其他有关部门依照本条例规定做好企业信息公示相关工作。

县级以上地方人民政府有关部门依照本条例规定做好企业信息公示工作。

第六条 工商行政管理部门应当通过企业信用信息公示系统，公示其在履行职责过程中产生的下列企业信息：

（一）注册登记、备案信息；

（二）动产抵押登记信息；

（三）股权出质登记信息；

（四）行政处罚信息；

（五）其他依法应当公示的信息。

前款规定的企业信息应当自产生之日起 20 个工作日内予以公示。

第七条 工商行政管理部门以外的其他政府部门（以下简称其他政府部门）应当公示其在履行职责过程中产生的下列企业信息：

（一）行政许可准予、变更、延续信息；

（二）行政处罚信息；

（三）其他依法应当公示的信息。

其他政府部门可以通过企业信用信息公示系统，也可以通过其他系统公示前款规定的企业信息。工商行政管理部门和其他政府部门应当按照国家社会信用信息平台建设的总体要求，实现企业信息的互联共享。

第八条 企业应当于每年1月1日至6月30日，通过企业信用信息公示系统向工商行政管理部门报送上一年度年度报告，并向社会公示。

当年设立登记的企业，自下一年起报送并公示年度报告。

第九条 企业年度报告内容包括：

（一）企业通信地址、邮政编码、联系电话、电子邮箱等信息；

（二）企业开业、歇业、清算等存续状态信息；

（三）企业投资设立企业、购买股权信息；

（四）企业为有限责任公司或者股份有限公司的，其股东或者发起人认缴和实缴的出资额、出资时间、出资方式等信息；

（五）有限责任公司股东股权转让等股权变更信息；

（六）企业网站以及从事网络经营的网店的名称、网址等信息；

（七）企业从业人数、资产总额、负债总额、对外提供保证担保、所有者权益合计、营业总收入、主营业务收入、利润总额、净利润、纳税总额信息。

前款第一项至第六项规定的信息应当向社会公示，第七项规定的信息由企业选择是否向社会公示。

经企业同意，公民、法人或者其他组织可以查询企业选择不公示的信息。

第十条 企业应当自下列信息形成之日起20个工作日内通过企业信用信息公示系统向社会公示：

（一）有限责任公司股东或者股份有限公司发起人认缴和实缴的出资额、出资时间、出资方式等信息；

（二）有限责任公司股东股权转让等股权变更信息；

（三）行政许可取得、变更、延续信息；

（四）知识产权出质登记信息；

（五）受到行政处罚的信息；

（六）其他依法应当公示的信息。

工商行政管理部门发现企业未依照前款规定履行公示义务的，应当责令其限期履行。

第十一条 政府部门和企业分别对其公示信息的真实性、及时性负责。

第十二条 政府部门发现其公示的信息不准确的，应当及时更正。公民、法人或者其他组织有证据证明政府部门公示的信息不准确的，有权要求该政府部门予以更正。

企业发现其公示的信息不准确的，应当及时更正；但是，企业年度报告公示信息的更正应当在每年 6 月 30 日之前完成。更正前后的信息应当同时公示。

第十三条 公民、法人或者其他组织发现企业公示的信息虚假的，可以向工商行政管理部门举报，接到举报的工商行政管理部门应当自接到举报材料之日起 20 个工作日内进行核查，予以处理，并将处理情况书面告知举报人。

公民、法人或者其他组织对依照本条例规定公示的企业信息有疑问的，可以向政府部门申请查询，收到查询申请的政府部门应当自收到申请之日起 20 个工作日内书面答复申请人。

第十四条 国务院工商行政管理部门和省、自治区、直辖市人民政府工商行政管理部门应当按照公平规范的要求，根据企业注册号等随机摇号，确定抽查的企业，组织对企业公示信息的情况进行检查。

工商行政管理部门抽查企业公示的信息，可以采取书面检查、实地核查、网络监测等方式。工商行政管理部门抽查企业公示的信息，可以委托会计师事务所、税务师事务所、律师事务所等专业机构开展相关工作，并依法利用其他政府部门作出的检查、核查结果或者专业机构作出的专业结论。

抽查结果由工商行政管理部门通过企业信用信息公示系统向社会公布。

第十五条 工商行政管理部门对企业公示的信息依法开展抽查或者根据举报进行核查，企业应当配合，接受询问调查，如实反映情况，提供相关材料。

对不予配合情节严重的企业，工商行政管理部门应当通过企业信用信息公示系统公示。

第十六条 任何公民、法人或者其他组织不得非法修改公示的企业信息，不得非法获取企业信息。

第十七条 有下列情形之一的，由县级以上工商行政管理部门列入经营异常名录，通过企业信用信息公示系统向社会公示，提醒其履行公示义务；情节严重的，由有关主管部门依照有关法律、行政法规规定给予行政处罚；造成他人损失的，依法承担赔偿责任；构成犯罪的，依法追究刑事责任：

（一）企业未按照本条例规定的期限公示年度报告或者未按照工商行政管理部门责令的期限公示有关企业信息的；

（二）企业公示信息隐瞒真实情况、弄虚作假的。

被列入经营异常名录的企业依照本条例规定履行公示义务的，由县级以上工商行政管理部门移出经营异常名录；满 3 年未依照本条例规定履行公示义务的，由国务院工商行政管理部门或者省、自治区、直辖市人民政府工商行政管理部门列入严重违法企业名单，并通过企业信用信息公示系统向社会公示。被列入严重违法企业名单的企业的法定代表人、负责人，3 年内不得担任其他企业的法定代表人、负责人。

企业自被列入严重违法企业名单之日起满 5 年未再发生第一款规定情形的，由国务院工商行政管理部门或者省、自治区、直辖市人民政府工商行政管理部门移出严重违法企业名单。

第十八条 县级以上地方人民政府及其有关部门应当建立健全信用约束机制，在政府采购、工程招投标、国有土地出让、授予荣誉称号等工作中，将企业信息作为重要考量因素，对被列入经营异常名录或者严重违法企业名单的企业依法予以限制或者禁入。

第十九条 政府部门未依照本条例规定履行职责的，由监察机关、上一级政府部门责令改正；情节严重的，对负有责任的主管人员和其他直接责任人员依法给予处分；构成犯罪的，依法追究刑事责任。

第二十条 非法修改公示的企业信息，或者非法获取企业信息的，依照有关法律、行政法规规定追究法律责任。

第二十一条 公民、法人或者其他组织认为政府部门在企业信息公示工作中的具体行政行为侵犯其合法权益的，可以依法申请行政复议或者提起行政诉讼。

第二十二条 企业依照本条例规定公示信息，不免除其依照其他有关法律、行政法规规定公示信息的义务。

第二十三条 法律、法规授权的具有管理公共事务职能的组织公示企业信息适用本条例关于政府部门公示企业信息的规定。

第二十四条 国务院工商行政管理部门负责制定企业信用信息公示系统的技术规范。

个体工商户、农民专业合作社信息公示的具体办法由国务院工商行政管理部门另行制定。

第二十五条 本条例自2014年10月1日起施行。

党政领导干部选拔任用工作条例

第一章　总　　则

第一条　为认真贯彻执行党的干部路线方针政策，落实从严治党、从严管理干部的要求，建立科学规范的党政领导干部选拔任用制度，形成有效管用、简便易行、有利于优秀人才脱颖而出的选人用人机制，推进干部队伍革命化、年轻化、知识化、专业化，建设一支高举中国特色社会主义伟大旗帜，以马克思列宁主义、毛泽东思想、邓小平理论、“三个代表”重要思想和科学发展观为指导，信念坚定、为民服务、勤政务实、敢于担当、清正廉洁的高素质党政领导干部队伍，保证党的基本路线全面贯彻执行和中国特色社会主义事业顺利发展，根据《中国共产党章程》和有关法律法规，制定本条例。

第二条　选拔任用党政领导干部，必须坚持下列原则：

（一）党管干部原则；

（二）五湖四海、任人唯贤原则；

（三）德才兼备、以德为先原则；

（四）注重实绩、群众公认原则；

（五）民主、公开、竞争、择优原则；

（六）民主集中制原则；

（七）依法办事原则。

第三条　选拔任用党政领导干部，必须符合把领导班子建设成为坚持党的基本理论、基本路线、基本纲领、基本经验、基本要求，全心全意为人民服务，具有领导社会主义现代化建设能力，结构合理、团结坚强的领导集体的要求。

应当注重培养选拔优秀年轻干部，注重使用后备干部，用好各年龄段干部。

应当树立注重基层的导向。

第四条 本条例适用于选拔任用中共中央、全国人大常委会、国务院、全国政协、中央纪律检查委员会工作部门或者机关内设机构领导成员，最高人民法院、最高人民检察院领导成员（不含正职）和内设机构领导成员；县级以上地方各级党委、人大常委会、政府、政协、纪委、人民法院、人民检察院及其工作部门或者机关内设机构领导成员；上列工作部门内设机构领导成员。

选拔任用民族区域自治地方党政领导干部，法律法规和政策另有规定的，从其规定。

选拔任用参照公务员法管理的县级以上党委和政府直属事业单位和工会、共青团、妇联等人民团体及其内设机构领导成员，参照本条例执行。

上列机关、单位选拔任用非中共党员领导干部、处级以上非领导职务的干部，参照本条例执行。

第五条 本条例第四条所列范围中选举和依法任免的党政领导职务，党组织推荐、提名人选的产生，适用本条例的规定，其选举和依法任免按照有关法律、章程和规定进行。

第六条 党委（党组）及其组织（人事）部门按照干部管理权限履行选拔任用党政领导干部职责，负责本条例的组织实施。

第二章 选拔任用条件

第七条 党政领导干部应当具备下列基本条件：

（一）自觉坚持以马克思列宁主义、毛泽东思想、邓小平理论、“三个代表”重要思想和科学发展观为指导，努力用马克思主义立场、观点、方法分析和解决实际问题，坚持讲学习、讲政治、讲正气，思想上、政治上、行动上同党中央保持高度一致，经得起各种风浪考验；

（二）具有共产主义远大理想和中国特色社会主义坚定信念，坚决执行党的基本路线和各项方针政策，立志改革开放，献身现代化事业，在社会主义建设中艰苦创业，树立正确政绩观，做出经得起实践、人民、历史检验的实绩；

（三）坚持解放思想，实事求是，与时俱进，求真务实，认真调查研究，能够把党的方针政策同本地区本部门实际相结合，卓有成效开展工作，讲实话，办实事，求实效，反对形式主义；

（四）有强烈的革命事业心和政治责任感，有实践经验，有胜任领导工作的组织能力、文化水平和专业知识；

（五）正确行使人民赋予的权力，坚持原则，敢抓敢管，依法办事，清正廉洁，勤政为民，以身作则，艰苦朴素，勤俭节约，密切联系群众，坚持党的群众路线，自觉接受党和群众批评和监督，加强道德修养，讲党性、重品行、做表率，带头践行社会主义核心价值观，做到自重、自省、自警、自励，反对官僚主义，反对任何滥用职权、谋求私利的不正之风；

（六）坚持和维护党的民主集中制，有民主作风，有全局观念，善于团结同志，包括团结同自己有不同意见的同志一道工作。

第八条　提拔担任党政领导职务的，应当具备下列基本资格：

（一）提任县处级领导职务的，应当具有五年以上工龄和两年以上基层工作经历。

（二）提任县处级以上领导职务的，一般应当具有在下一级两个以上职位任职的经历。

（三）提任县处级以上领导职务，由副职提任正职的，应当在副职岗位工作两年以上，由下级正职提任上级副职的，应当在下级正职岗位工作三年以上。提任处级以上非领导职务的任职年限，按照有关规定执行。

（四）一般应当具有大学专科以上文化程度，其中厅局级以上领导干部一般应当具有大学本科以上文化程度。

（五）应当经过党校、行政院校、干部学院或者组织（人事）部门认可的其他培训机构的培训，培训时间应当达到干部教育培训的有关规定要求。确因特殊情况在提任前未达到培训要求的，应当在提任后一年内完成培训。

（六）具有正常履行职责的身体条件。

（七）符合有关法律规定的资格要求。提任党的领导职务的，还应当符合《中国共产党章程》规定的党龄要求。

第九条 党政领导干部应当逐级提拔。特别优秀或者工作特殊需要的干部，可以突破任职资格规定或者越级提拔担任领导职务。

破格提拔的特别优秀干部，应当德才素质突出、群众公认度高，并且符合下列条件之一：在关键时刻或者承担急难险重任务中经受住考验、表现突出、做出重大贡献；在条件艰苦、环境复杂、基础差的地区或者单位工作实绩突出；在其他岗位上尽职尽责，工作实绩特别显著。

因工作特殊需要破格提拔的干部，应当符合下列情形之一：领导班子结构需要或者领导职位有特殊要求的；专业性较强的岗位或者重要专项工作急需的；艰苦边远地区、贫困地区急需引进的。

破格提拔干部必须从严掌握。不得突破本条例第七条规定的基本条件和第八条第七项规定的资格要求。任职试用期未满或者提拔任职不满一年的，不得破格提拔。不得在任职年限上连续破格。不得越两级提拔。

第十条 拓宽选人视野和渠道，党政领导干部可以从党政机关选拔任用，也可以从党政机关以外选拔任用。地方党政领导班子成员应当注意从担任过县（市、区、旗）、乡（镇、街道）党政领导职务的干部和国有企事业单位领导人员中选拔。

第三章　动　　议

第十一条　党委（党组）或者组织（人事）部门按照干部管理权限，根据工作需要和领导班子建设实际，提出启动干部选拔任用工作意见。

第十二条　组织（人事）部门综合有关方面建议和平时了解掌握的情况，对领导班子进行分析研判，就选拔任用的职位、条件、范围、方式、程序等提出初步建议。

第十三条　初步建议向党委（党组）主要领导成员报告后，在一定范围内进行酝酿，形成工作方案。

第四章　民主推荐

第十四条　选拔任用党政领导干部，必须经过民主推荐。民主推荐包括会议推荐和个别谈话推荐，推荐结果作为选拔任用的重要参考，在一年内有效。

第十五条　领导班子换届，民主推荐按照职位设置全额定向推荐；个别提拔任职，按照拟任职位推荐。

第十六条　领导班子换届，民主推荐由同级党委（党组）主持，应当经过下列程序：

（一）召开推荐会，公布推荐职位、任职条件、推荐范围，提供干部名册，提出有关要求，组织填写推荐表；

（二）进行个别谈话推荐；

（三）对会议推荐和谈话推荐情况进行综合分析；

（四）向上级党委汇报推荐情况。

第十七条　领导班子换届，会议推荐由下列人员参加：

（一）党委成员；

（二）人大常委会、政府、政协党组成员或者全体领导成员；

（三）纪委领导成员；

（四）人民法院、人民检察院主要领导成员；

（五）党委工作部门、政府工作部门、人民团体主要领导成员；

（六）下一级党委和政府主要领导成员；

（七）其他需要参加的人员。

推荐人大常委会、政府、政协领导成员人选，应当有民主党派、工商联主要领导成员和无党派代表人士参加。

参加个别谈话推荐的人员参照上列范围确定，可以适当调整。

第十八条 领导班子换届，根据会议推荐、个别谈话推荐情况和领导班子结构需要，可以差额提出初步名单进行二次会议推荐。二次会议推荐由下列人员参加：

（一）党委成员；

（二）人大常委会、政府、政协党组成员或者全体领导成员；

（三）人民法院、人民检察院主要领导成员；

（四）纪委副书记；

（五）其他需要参加的人员。

第十九条 个别提拔任职的民主推荐程序，可以参照本条例第十六条、第十八条规定进行，也可以先进行个别谈话推荐，根据谈话情况，经党委（党组）或者组织（人事）部门研究，提出初步名单，再进行会议推荐。

第二十条 个别提拔任职，参加民主推荐人员按下列范围执行：

（一）民主推荐地方党政领导班子成员人选，参照本条例第十七条、第十八条规定执行，可以适当调整。

（二）民主推荐工作部门领导成员人选，会议推荐由本部门领导成员、内设机构领导成员、直属单位主要领导成员和其他需要参加的人员参加；本部门人数较少的，可以由全体人员参加。根据实际情况还可以吸收本系统下级单位主要领导成员参加。参加个别谈话推荐的人员参照上列范围确定，可以适当调整。

（三）民主推荐内设机构领导成员人选，参照前项所列范围确定。

第二十一条 个人向党组织推荐领导干部人选，必须负责地写出推荐材料并署名。所推荐人选经组织（人事）部门审核符合条件的，纳入民主推荐范围，缺乏民意基础的，不得列为考察对象。

第二十二条 党委和政府及其工作部门个别特殊需要的领导成员人选，可以由党委（党组）或者组织（人事）部门推荐，报上级组织（人事）部门同意后作为考察对象。

第五章 考 察

第二十三条 确定考察对象，应当根据工作需要和干部德才条件，将民主推荐与平时考核、年度考核、一贯表现和人岗相适等情况综合考虑，充分酝酿，防止把推荐票等同于选举票、简单以推荐票取人。

第二十四条 有下列情形之一的，不得列为考察对象：

（一）群众公认度不高的。

（二）近三年年度考核结果中有被确定为基本称职以下等次的。

（三）有跑官、拉票行为的。

（四）配偶已移居国（境）外；或者没有配偶，子女均已移居国（境）外的。

（五）受到组织处理或者党纪政纪处分影响使用的。

（六）其他原因不宜提拔的。

第二十五条 领导班子换届，由本级党委书记与副书记、分管组织、纪检等工作的常委根据上级党委组织部门反馈的情况，对考察对象人选进行酝酿，本级党委常委会研究提出考察对象建议名单，经与上级党委组织部门沟通后，确定考察对象。对拟新进党政领导班子的考察对象，应当在一定范围内进行公示。

个别提拔任职，由党委（党组）研究确定考察对象。

考察对象一般应当多于拟任职务人数。

第二十六条 对确定的考察对象，由组织（人事）部门按照干部管理权限进行严格考察。

部门与地方双重管理干部的考察工作，由主管方负责，会同协管方进行。

第二十七条 考察党政领导职务拟任人选，必须依据干部选拔任用条件和不同领导职务的职责要求，全面考察其德、能、勤、绩、廉。

突出考察政治品质和道德品行，深入了解理想信念、政治纪律、坚持原则、敢于担当、开展批评和自我批评、行为操守等方面的情况。

注重考察工作实绩，深入了解履行岗位职责、推动和服务科学发展的实际成效。考察地方党政领导班子成员，应当把有质量、有效益、可持续的经济发展和民生改善、社会和谐进步、文化建设、生态文明建设、党的建设等作为考核评价的重要内容，更加重视劳动就业、居民收入、科技创新、教育文化、社会保障、卫生健康等的考核，强化约束性指标考核，加大资源消耗、环境保护、消化产能过剩、安全生产、债务状况等指标的权重，防止单纯以经济增长速度评定工作实绩。考察党政工作部门领导干部，应当把执行政策、营造良好发展环境、提供优质公共服务、维护社会公平正义等作为评价的重要内容。

加强作风考察，深入了解为民服务、求真务实、勤勉敬业、奋发有为，反对形式主义、官僚主义、享乐主义和奢靡之风等情况。

强化廉政情况考察，深入了解遵守廉洁自律有关规定，保持高尚情操和健康情趣，慎独慎微，秉公用权，清正廉洁，不谋私利，严格要求亲属和身边工作人员等情况。

各级党委（党组）应当根据实际，制定具体考察标准。

第二十八条 考察党政领导职务拟任人选，应当保证充足的考察时间，经过下列程序：

（一）组织考察组，制定考察工作方案；

（二）同考察对象呈报单位或者所在单位党委（党组）主要领导成员就考察工作方案沟通情况，征求意见；

（三）根据考察对象的不同情况，通过适当方式在一定范围内发布干部考察预告；

（四）采取个别谈话、发放征求意见表、民主测评、实地走访、查阅干部档案和工作资料、同考察对象面谈等方法，广泛深入地了解情况，根据需要进行民意调查、专项调查、延伸考察；

（五）综合分析考察情况，与考察对象的一贯表现进行比较、相互印证，全面准确地对考察对象作出评价；

（六）向考察对象呈报单位或者所在单位党委（党组）主要领导成员反馈考察情况，并交换意见；

（七）考察组研究提出人选任用建议，向派出考察组的组织（人事）部门汇报，经组织（人事）部门集体研究提出任用建议方案，向本级党委（党组）报告。

第二十九条 考察地方党政领导班子成员拟任人选，个别谈话和征求意见的范围一般为：

（一）党委和政府领导成员，人大常委会、政协、纪委、人民法院、人民检察院主要领导成员；

（二）考察对象所在单位领导成员；

（三）考察对象所在单位有关工作部门或者内设机构和直属单位主要领导成员；

（四）其他有关人员。

第三十条 考察工作部门领导班子成员拟任人选，个别谈话和征求意见的范围一般为：

（一）考察对象上级领导机关有关领导成员；

（二）考察对象所在单位领导成员；

（三）考察对象所在单位内设机构和直属单位主要领导成员；

（四）其他有关人员。

考察内设机构领导职务拟任人选，个别谈话和征求意见的范围参照上列规定执行。

第三十一条 考察党政领导职务拟任人选，应当听取考察对象所在单位组织（人事）部门、纪检监察机关、机关党组织的意见，根据需要可以听取巡视机构和其他相关部门意见。

组织（人事）部门应当就考察对象的党风廉政情况听取纪检监察机关的意见。对拟提拔的考察对象，应当查阅个人有关事项报告情况，必要时可以进行核实。对需要进行经济责任审计的考察对象，应当委托审计部门按照有关规定进行审计。

第三十二条 考察党政领导职务拟任人选，必须形成书面考察材料，建立考察文书档案。已经任职的，考察材料归入本人档案。考察材料必须写实，全面、准确、清楚地反映考察对象的情况，包括下列内容：

（一）德、能、勤、绩、廉方面的主要表现和主要特长；

（二）主要缺点和不足；

（三）民主推荐、民主测评等情况。

第三十三条 党委（党组）或者组织（人事）部门派出的考察组由两名以上成员组成。考察人员应当具有较高素质和相应资格。考察组负责人应当由思想政治素质好、有较丰富工作经验并熟悉干部工作的人员担任。

实行干部考察工作责任制。考察组必须坚持原则，公道正派，深入细致，如实反映考察情况和意见，对考察材料负责，履行干部选拔任用风气监督职责。

第六章　讨论决定

第三十四条 党政领导职务拟任人选，在讨论决定或者决定呈报前，应当根据职位和人选的不同情况，分别在党委（党组）、人大常委会、政府、政协等有关领导成员中进行酝酿。

工作部门领导成员拟任人选，应当征求上级分管领导成员的意见。

非中共党员拟任人选，应当征求党委统战部门和民主党派、工商联主要领导成员、无党派代表人士的意见。

部门与地方双重管理干部的任免，主管方应当事先征求协管方意见，进行酝酿。征求意见一般采用书面形式进行。协管方自收到主管方意见之日起一个月内未予答复的，视为同意。双方意见不一致时，正职的任免报上级党委组织部门协调，副职的任免由主管方决定。

第三十五条 选拔任用党政领导干部，应当按照干部管理权限由党委（党组）集体讨论作出任免决定，或者决定提出推荐、提名的意见。属于上级党委（党组）管理的，本级党委（党组）可以提出选拔任用建议。

对拟破格提拔的人选在讨论决定前，必须报经上级组织（人事）部门同意。越级提拔或者不经过民主推荐列为破格提拔人选的，应当在考察前报告，经批复同意后方可进行。

第三十六条 市（地、州、盟）、县（市、区、旗）党委和政府领导班子正职的拟任人选和推荐人选，一般应当由上级党委常委会提名并提交全委会无记名投票表决；全委会闭会期间急需任用的，由党委常委会作出决定，决定前应当征求全委会成员的意见。

第三十七条 党委（党组）讨论决定干部任免事项，必须有三分之二以上成员到会，并保证与会成员有足够时间听取情况介绍、充分发表意见。与会成员对任免事项，应当发表同意、不同意或者缓议等明确意见。在充分讨论的基础上，采取口头表决、举手表决或者无记名投票等方式进行表决。

党委（党组）有关干部任免的决定，需要复议的，应当经党委（党组）超过半数成员同意后方可进行。

第三十八条 党委（党组）讨论决定干部任免事项，应当按照下列程序进行：

（一）党委（党组）分管组织（人事）工作的领导成员或者组织（人事）部门负责人，逐个介绍领导职务拟任人选的推荐、考察和任免理由等情况，其中涉及破格提拔的人选，应当说明破格的具体情形和理由；

（二）参加会议人员进行充分讨论；

（三）进行表决，以党委（党组）应到会成员超过半数同意形成决定。

第三十九条 需要报上级党委（党组）审批的拟提拔任职的干部，必须呈报党委（党组）请示并附干部任免审批表、干部考察材料、本人档案和党委（党组）会议纪要、讨论记录、民主推荐情况等材料。上级组织（人事）部门对呈报的材料应当严格审查。

需要报上级备案的干部，应当按照规定及时向上级组织（人事）部门备案。

第七章 任 职

第四十条 党政领导职务实行选任制、委任制，部分专业性较强的领导职务可以实行聘任制。聘任办法另行规定。

第四十一条 实行党政领导干部任职前公示制度。

提拔担任厅局级以下领导职务的，除特殊岗位和在换届考察时已进行过公示的人选外，在党委（党组）讨论决定后、下发任职通知前，应当在一定范围内进行公示。公示内容应当真实准确，便于监督，涉及破格提拔的，还应当说明破格的具体情形和理由。公示期不少于五个工作日。公示结果不影响任职的，办理任职手续。

第四十二条 实行党政领导干部任职试用期制度。

提拔担任下列非选举产生的厅局级以下领导职务的，试用期为一年：

（一）党委、人大常委会、政府、政协工作部门副职和内设机构领导职务；

（二）纪委内设机构领导职务；

（三）人民法院、人民检察院内设机构的非国家权力机关依法任命的领导职务。

试用期满后，经考核胜任现职的，正式任职；不胜任的，免去试任职务，一般按试任前职级安排工作。

第四十三条 实行任职谈话制度。对决定任用的干部，由党委（党组）指定专人同本人谈话，肯定成绩，指出不足，提出要求和需要注意的问题。

第四十四条 党政领导职务的任职时间，按照下列时间计算：

（一）由党委（党组）决定任职的，自党委（党组）决定之日起计算；

（二）由党的代表大会、党的委员会全体会议、党的纪律检查委员会全体会议、人民代表大会、政协全体会议选举、决定任命的，自当选、决定任命之日起计算；

（三）由人大常委会或者政协常委会任命或者决定任命的，自人大常委会、政协常委会任命或者决定任命之日起计算；

（四）由党委向政府提名由政府任命的，自政府任命之日起计算。

第八章 依法推荐、提名和民主协商

第四十五条 党委向人民代表大会或者人大常委会推荐需要由人民代表大会或者人大常委会选举、任命、决定任命的领导干部人选，应当事先向人民代表大会临时党组织或者人大常委会党组和人大常委会组成人员中的党员介绍党委推荐意见。人民代表大会临时党组织、人大常委会党组和人大常委会组成人员及人大代表中的党员，应当认真贯彻党委推荐意见，带头依法办事，正确履行职责。

第四十六条 党委向人民代表大会推荐由人民代表大会选举、决定任命的领导干部人选，应当以本级党委名义向人民代表大会主席团提交推荐书，介绍所推荐人选的有关情况，说明推荐理由。

党委向人大常委会推荐由人大常委会任命、决定任命的领导干部人选，应当在人大常委会审议前，按照规定程序提出，介绍所推荐人选的有关情况。

第四十七条 党委向政府提名由政府任命的政府工作部门和机构领导成员人选，在党委讨论决定后，由政府任命。

第四十八条 领导班子换届，党委推荐人大常委会、政府、政协领导成员人选和人民法院院长、人民检察院检察长人选，应当事先向民主党派、工商联主要领导成员和无党派代表人士通报有关情况，进行民主协商。

第四十九条 党委推荐的领导干部人选，在人民代表大会选举、决定任命或者人大常委会任命、决定任命前，如果人大代表或者人大常委会组成人员对所推荐人选提出不同意见，党委应当认真研究，并作出必要的解释或者说明。如果发现有事实依据、足以影响选举或者任命的问题，党委可以建议人民代表大会或者人大常委会按照规定程序暂缓选举、任命、决定任命，也可以重新推荐人选。

政协领导成员候选人的推荐和协商提名，按照政协章程和有关规定办理。

第九章　公开选拔和竞争上岗

第五十条 公开选拔、竞争上岗是党政领导干部选拔任用的方式之一。公开选拔面向社会进行，竞争上岗在本单位或者本系统内部进行，应当从实际出发，合理确定选拔职位、数量和范围。一般情况下，领导职位出现空缺且本地区本部门没有合适人选的，特别是需要补充紧缺专业人才的，可以进行公开选拔；领导职位出现空缺，本单位本系统符合资格条件人数较多且人选意见不易集中的，可以进行竞争上岗。

公开选拔县处级以下领导干部，一般不跨省（自治区、直辖市）进行。

第五十一条 公开选拔、竞争上岗方案设置的条件和资格，应当符合本条例第七条和第八条的规定，不得因人设置资格条件。资格条件突破规定的，应当事先报上级组织（人事）部门审核同意。

第五十二条 公开选拔、竞争上岗工作在党委（党组）领导下进行，由组织（人事）部门组织实施，应当经过下列程序：

（一）公布职位、资格条件、基本程序和方法等；

（二）报名与资格审查，参加公开选拔的应当经所在单位同意；

（三）采取适当方式进行能力和素质测试、测评，比选择优（竞争上岗也可以先进行民主推荐）；

（四）组织考察，研究提出人选方案；

（五）党委（党组）讨论决定；

（六）履行任职手续。

第五十三条 公开选拔、竞争上岗应当科学规范测试、测评，突出岗位特点，突出实绩竞争，注重能力素质和一贯表现，防止简单以分数取人。

第十章 交流、回避

第五十四条 实行党政领导干部交流制度。

（一）交流的对象主要是：因工作需要交流的；需要通过交流锻炼提高领导能力的；在一个地方或者部门工作时间较长的；

按照规定需要回避的；因其他原因需要交流的。

交流的重点是县级以上地方党委和政府的领导成员，纪委、人民法院、人民检察院、党委和政府部分工作部门的主要领导成员。

（二）地方党委和政府领导成员原则上应当任满一届，在同一职位上任职满十年的，必须交流；在同一职位连续任职达到两个任期的，不再推荐、提名或者任命担任同一职务。

同一地方（部门）的党政正职一般不同时易地交流。

（三）党政机关内设机构处级以上领导干部在同一职位上任职时间较长的，应当进行交流或者轮岗。

（四）经历单一或者缺少基层工作经历的年轻干部，应当有计划地到基层、艰苦边远地区和复杂环境工作。

（五）加强干部交流统筹。推进地区之间、部门之间、地方与部门之间、党政机关与国有企事业单位及其他社会组织之间的干部交流。

（六）干部交流由党委（党组）及其组织（人事）部门按照干部管理权限组织实施，严格把握人选的资格条件。干部个人不得自行联系交流事宜，领导干部不得指定交流人选。同一干部不宜频繁交流。

（七）交流的干部接到任职通知后，应当在党委（党组）或者组织（人事）部门限定的时间内到任。跨地区跨部门交流的，应当同时迁转行政关系、工资关系和党的组织关系。

第五十五条　实行党政领导干部任职回避制度。

党政领导干部任职回避的亲属关系为：夫妻关系、直系血亲关系、三代以内旁系血亲以及近姻亲关系。有上列亲属关系的，不得在同一机关担任双方直接隶属于同一领导人员的职务或者有直接上下级领导关系的职务，也不得在其中一方担任领导职务的机关从事组织（人事）、纪检监察、审计、财务工作。

领导干部不得在本人成长地担任县（市）党委和政府以及纪

检机关、组织部门、人民法院、人民检察院、公安部门正职领导成员，一般不得在本人成长地担任市（地、盟）党委和政府以及纪检机关、组织部门、人民法院、人民检察院、公安部门正职领导成员。

第五十六条 实行党政领导干部选拔任用工作回避制度。

党委（党组）及其组织（人事）部门讨论干部任免，涉及与会人员本人及其亲属的，本人必须回避。

干部考察组成员在干部考察工作中涉及其亲属的，本人必须回避。

第十一章 免职、辞职、降职

第五十七条 党政领导干部有下列情形之一的，一般应当免去现职：

（一）达到任职年龄界限或者退休年龄界限的；

（二）受到责任追究应当免职的；

（三）辞职或者调出的；

（四）非组织选派，离职学习期限超过一年的；

（五）因工作需要或者其他原因，应当免去现职的。

第五十八条 实行党政领导干部辞职制度。辞职包括因公辞职、自愿辞职、引咎辞职和责令辞职。

辞职应当符合有关规定，手续依照法律或者有关规定程序办理。

第五十九条 引咎辞职、责令辞职和因问责被免职的党政领导干部，一年内不安排职务，两年内不得担任高于原任职务层次的职务。同时受到党纪政纪处分的，按照影响期长的规定执行。

第六十条 实行党政领导干部降职制度。党政领导干部在年度考核中被确定为不称职的，因工作能力较弱、受到组织处理或者其他原因不适宜担任现职务层次的，应当降职使用。降职使用的干部，其待遇按照新任职务的标准执行。

降职使用的干部重新提拔，按照有关规定执行。

第十二章　纪律和监督

第六十一条　选拔任用党政领导干部，必须严格执行本条例的各项规定，并遵守下列纪律：

（一）不准超职数配备、超机构规格提拔领导干部，或者违反规定擅自设置职务名称、提高干部职级待遇；

（二）不准采取不正当手段为本人或者他人谋取职位；

（三）不准违反规定程序推荐、考察、酝酿、讨论决定任免干部；

（四）不准私自泄露动议、民主推荐、民主测评、考察、酝酿、讨论决定干部等有关情况；

（五）不准在干部考察工作中隐瞒或者歪曲事实真相；

（六）不准在民主推荐、民主测评、组织考察和选举中搞拉票等非组织活动；

（七）不准利用职务便利私自干预下级或者原任职地区、单位干部选拔任用工作；

（八）不准在工作调动、机构变动时，突击提拔、调整干部；

（九）不准在干部选拔任用工作中封官许愿，任人唯亲，营私舞弊；

（十）不准涂改干部档案，或者在干部身份、年龄、工龄、党龄、学历、经历等方面弄虚作假。

第六十二条　加强干部选拔任用工作全程监督，严肃查处违反组织人事纪律的行为。对违反本条例规定的事项，按照有关规定对党委（党组）主要领导成员和有关领导成员、组织（人事）部门有关领导成员以及其他直接责任人作出组织处理或者纪律处分。

对无正当理由拒不服从组织调动或者交流决定的，依照法律及有关规定予以免职或者降职使用。

第六十三条 实行党政领导干部选拔任用工作责任追究制度。凡用人失察失误造成严重后果的，本地区本部门用人上的不正之风严重、干部群众反映强烈以及对违反组织人事纪律的行为查处不力的，应当根据具体情况，追究党委（党组）主要领导成员、有关领导成员、组织（人事）部门和纪检监察机关有关领导成员以及其他直接责任人的责任。

第六十四条 党委（党组）及其组织（人事）部门对干部选拔任用工作和贯彻执行本条例的情况进行监督检查，受理有关干部选拔任用工作的举报、申诉，制止、纠正违反本条例的行为，并对有关责任人提出处理意见或者处理建议。

纪检监察机关、巡视机构按照有关规定，对干部选拔任用工作进行监督检查。

第六十五条 实行组织（人事）部门与纪检监察机关等有关单位联席会议制度，就加强对干部选拔任用工作的监督，沟通信息，交流情况，提出意见和建议。联席会议由组织（人事）部门召集。

第六十六条 党委（党组）及其组织（人事）部门在干部选拔任用工作中，必须严格执行本条例，自觉接受组织监督和群众监督。下级机关和党员、干部、群众对干部选拔任用工作中的违纪违规行为，有权向上级党委（党组）及其组织（人事）部门、纪检监察机关举报、申诉，受理部门和机关应当按照有关规定查核处理。

第十三章　附　　则

第六十七条 本条例对工作部门的规定，同时适用于办事机构、派出机构、特设机构以及其他直属机构。

第六十八条 选拔任用乡（镇、街道）的党政领导干部，由省、自治区、直辖市党委根据本条例制定相应的实施办法。

第六十九条 中国人民解放军和中国人民武装警察部队领导

干部的选拔任用办法，由中央军事委员会根据本条例的原则规定。

第七十条 本条例由中共中央组织部负责解释。

第七十一条 本条例自发布之日起施行。2002 年 7 月 9 日中共中央印发的《党政领导干部选拔任用工作条例》同时废止。

国务院关于印发注册资本登记制度改革方案的通知

国发〔2014〕7号

各省、自治区、直辖市人民政府，国务院各部委、各直属机构：

国务院批准《注册资本登记制度改革方案》（以下简称《方案》），现予印发。

一、改革工商登记制度，推进工商注册制度便利化，是党中央、国务院作出的重大决策。改革注册资本登记制度，是深入贯彻党的十八大和十八届二中、三中全会精神，在新形势下全面深化改革的重大举措，对加快政府职能转变、创新政府监管方式、建立公平开放透明的市场规则、保障创业创新，具有重要意义。

二、改革注册资本登记制度涉及面广、政策性强，各级人民政府要加强组织领导，统筹协调解决改革中的具体问题。各地区、各部门要密切配合，加快制定完善配套措施。工商行政管理机关要优化流程、完善制度，确保改革前后管理工作平稳过渡。要强化企业自我管理、行业协会自律和社会组织监督的作用，提高市场监管水平，切实让这项改革举措“落地生根”，进一步释放改革红利，激发创业活力，催生发展新动力。

三、根据全国人民代表大会常务委员会关于修改公司法的决定和《方案》，相应修改有关行政法规和国务院决定。具体由国务院另行公布。

《方案》实施中的重大问题，工商总局要及时向国务院请示报告。

2014年2月7日

注册资本登记制度改革方案

根据《国务院机构改革和职能转变方案》，为积极稳妥推进注册资本登记制度改革，制定本方案。

一、指导思想、总体目标和基本原则

（一）指导思想。

高举中国特色社会主义伟大旗帜，以邓小平理论、“三个代表”重要思想、科学发展观为指导，坚持社会主义市场经济改革方向，按照加快政府职能转变、建设服务型政府的要求，推进公司注册资本及其他登记事项改革，推进配套监管制度改革，健全完善现代企业制度，服务经济社会持续健康发展。

（二）总体目标。

通过改革公司注册资本及其他登记事项，进一步放松对市场主体准入的管制，降低准入门槛，优化营商环境，促进市场主体加快发展；通过改革监管制度，进一步转变监管方式，强化信用监管，促进协同监管，提高监管效能；通过加强市场主体信息公示，进一步扩大社会监督，促进社会共治，激发各类市场主体创造活力，增强经济发展内生动力。

（三）基本原则。

1. 便捷高效。按照条件适当、程序简便、成本低廉的要求，方便申请人办理市场主体登记注册。鼓励投资创业，创新服务方式，提高登记效率。

2. 规范统一。对各类市场主体实行统一的登记程序、登记要求和基本等同的登记事项，规范登记条件、登记材料，减少对市场主体自治事项的干预。

3. 宽进严管。在放宽注册资本等准入条件的同时，进一步强化市场主体责任，健全完善配套监管制度，加强对市场主体的监督管理，促进社会诚信体系建设，维护宽松准入、公平竞争的市场秩序。

二、放松市场主体准入管制，切实优化营商环境

（一）实行注册资本认缴登记制。公司股东认缴的出资总额或者发起人认购的股本总额（即公司注册资本）应当在工商行政管理机关登记。公司股东（发起人）应当对其认缴出资额、出资方式、出资期限等自主约定，并记载于公司章程。有限责任公司的股东以其认缴的出资额为限对公司承担责任，股份有限公司的股东以其认购的股份为限对公司承担责任。公司应当将股东认缴出资额或者发起人认购股份、出资方式、出资期限、缴纳情况通过市场主体信用信息公示系统向社会公示。公司股东（发起人）对缴纳出资情况的真实性、合法性负责。

放宽注册资本登记条件。除法律、行政法规以及国务院决定对特定行业注册资本最低限额另有规定的外，取消有限责任公司最低注册资本3万元、一人有限责任公司最低注册资本10万元、股份有限公司最低注册资本500万元的限制。不再限制公司设立时全体股东（发起人）的首次出资比例，不再限制公司全体股东（发起人）的货币出资金额占注册资本的比例，不再规定公司股东（发起人）缴足出资的期限。

公司实收资本不再作为工商登记事项。公司登记时，无须提交验资报告。

现行法律、行政法规以及国务院决定明确规定实行注册资本实缴登记制的银行业金融机构、证券公司、期货公司、基金管理公司、保险公司、保险专业代理机构和保险经纪人、直销企业、对外劳务合作企业、融资性担保公司、募集设立的股份有限公司，以及劳务派遣企业、典当行、保险资产管理公司、小额贷款公司实行注册资本认缴登记制问题，另行研究决定。在法律、行政法规以及国务院决定未修改前，暂按现行规定执行。

已经实行申报（认缴）出资登记的个人独资企业、合伙企业、农民专业合作社仍按现行规定执行。

鼓励、引导、支持国有企业、集体企业等非公司制企业法人实施规范的公司制改革，实行注册资本认缴登记制。

积极研究探索新型市场主体的工商登记。

（二）改革年度检验验照制度。将企业年度检验制度改为企业年度报告公示制度。企业应当按年度在规定的期限内，通过市场主体信用信息公示系统向工商行政管理机关报送年度报告，并向社会公示，任何单位和个人均可查询。企业年度报告的主要内容应包括公司股东（发起人）缴纳出资情况、资产状况等，企业对年度报告的真实性、合法性负责，工商行政管理机关可以对企业年度报告公示内容进行抽查。经检查发现企业年度报告隐瞒真实情况、弄虚作假的，工商行政管理机关依法予以处罚，并将企业法定代表人、负责人等信息通报公安、财政、海关、税务等有关部门。对未按规定期限公示年度报告的企业，工商行政管理机关在市场主体信用信息公示系统上将其载入经营异常名录，提醒其履行年度报告公示义务。企业在三年内履行年度报告公示义务的，可以向工商行政管理机关申请恢复正常记载状态；超过三年未履行的，工商行政管理机关将其永久载入经营异常名录，不得恢复正常记载状态，并列入严重违法企业名单（“黑名单”）。

改革个体工商户验照制度，建立符合个体工商户特点的年度报告制度。

探索实施农民专业合作社年度报告制度。

（三）简化住所（经营场所）登记手续。申请人提交场所合法使用证明即可予以登记。对市场主体住所（经营场所）的条件，各省、自治区、直辖市人民政府根据法律法规的规定和本地区管理的实际需要，按照既方便市场主体准入，又有效保障经济社会秩序的原则，可以自行或者授权下级人民政府作出具体规定。

（四）推行电子营业执照和全程电子化登记管理。建立适应互联网环境下的工商登记数字证书管理系统，积极推行全国统一标准规范的电子营业执照，为电子政务和电子商务提供身份认证和电子签名服务保障。电子营业执照载有工商登记信息，与纸质营业执照具有同等法律效力。大力推进以电子营业执照为支撑的网上申请、网上受理、网上审核、网上公示、网上发照等全程电子化登记管理方式，提高市场主体登记管理的信息化、便利化、规范化水平。

三、严格市场主体监督管理，依法维护市场秩序

（一）构建市场主体信用信息公示体系。完善市场主体信用信息公示制度。以企业法人国家信息资源库为基础构建市场主体信用信息公示系统，支撑社会信用体系建设。在市场主体信用信息公示系统上，工商行政管理机关公示市场主体登记、备案、监管等信息；企业按照规定报送、公示年度报告和获得资质资格的许可信息；个体工商户、农民专业合作社的年度报告和获得资质资格的许可信息可以按照规定在系统上公示。公示内容作为相关部门实施行政许可、监督管理的重要依据。加强公示系统管理，建立服务保障机制，为相关单位和社会公众提供方便快捷服务。

（二）完善信用约束机制。建立经营异常名录制度，将未按规定期限公示年度报告、通过登记的住所（经营场所）无法取得联系等的市场主体载入经营异常名录，并在市场主体信用信息公示系统上向社会公示。进一步推进“黑名单”管理应用，完善以企业法人法定代表人、负责人任职限制为主要内容的失信惩戒机制。建立联动响应机制，对被载入经营异常名录或“黑名单”、有其他违法记录的市场主体及其相关责任人，各有关部门要采取有针对性的信用约束措施，形成“一处违法，处处受限”的局面。建立健全境外追偿保障机制，将违反认缴义务、有欺诈和违规行为的境外投资者及其实际控制人列入“重点监控名单”，并严格审查或限制其未来可能采取的各种方式的对华投资。

（三）强化司法救济和刑事惩治。明确政府对市场主体和市场活动监督管理的行政职责，区分民事争议与行政争议的界限。尊重市场主体民事权利，工商行政管理机关对工商登记环节中的申请材料实行形式审查。股东与公司、股东与股东之间因工商登记争议引发民事纠纷时，当事人依法向人民法院提起民事诉讼，寻求司法救济。支持配合人民法院履行民事审判职能，依法审理股权纠纷、合同纠纷等经济纠纷案件，保护当事人合法权益。当事人或者利害关系人依照人民法院生效裁判文书或者协助执行通知书要求办理工商登记的，工商行政管理机关应当依法办理。充分发挥刑事司法对犯罪行为的惩治、威慑作用，相关部门要主动配合公安机关、检察机关、人民法院履行职责，依法惩处破坏社会主义市场经济秩序的犯罪行为。

（四）发挥社会组织的监督自律作用。扩大行业协会参与度，发挥行业协会的行业管理、监督、约束和职业道德建设等作用，引导市场主体履行出资义务和社会责任。积极发挥会计师事务所、公证机构等专业服务机构的作用，强化对市场主体及其行为的监督。支持行业协会、仲裁机构等组织通过调解、仲裁、裁决等方式解决市场主体之间的争议。积极培育、鼓励发展社会信用评价机构，支持开展信用评级，提供客观、公正的企业资信信息。

（五）强化企业自我管理。实行注册资本认缴登记制，涉及公司基础制度的调整，公司应健全自我管理办法和机制，完善内部治理结构，发挥独立董事、监事的监督作用，强化主体责任。公司股东（发起人）应正确认识注册资本认缴的责任，理性作出认缴承诺，严格按照章程、协议约定的时间、数额等履行实际出资责任。

（六）加强市场主体经营行为监管。要加强对市场主体准入和退出行为的监管，大力推进反不正当竞争与反垄断执法，加强对各类商品交易市场的规范管理，维护公平竞争的市场秩序。要强化商品质量监管，严厉打击侵犯商标专用权和销售假冒伪劣商品的违法行为，严肃查处虚假违法广告，严厉打击传销，严格规范直销，维护经营者和消费者合法权益。各部门要依法履行职能范围内的监管职责，强化部门间协调配合，形成分工明确、沟通顺畅、齐抓共管的工作格局，提升监管效能。

（七）加强市场主体住所（经营场所）管理。工商行政管理机关根据投诉举报，依法处理市场主体登记住所（经营场所）与实际情况不符的问题。对于应当具备特定条件的住所（经营场所），或者利用非法建筑、擅自改变房屋用途等从事经营活动的，由规划、建设、国土、房屋管理、公安、环保、安全监管等部门依法管理；涉及许可审批事项的，由负责许可审批的行政管理部门依法监管。

四、保障措施

（一）加强组织领导。注册资本登记制度改革，涉及部门多、牵涉面广、政策性强。按照国务院的统一部署，地方各级人民政府要健全政府统一领导，部门各司其职、相互配合，集中各方力量协调推进改革的工作机制。调剂充实一线登记窗口人员力量，保障便捷高效登记。有关部门要加快制定和完善配套监管制度，统筹推进，同步实施，强化后续监管。建立健全部门间信息沟通共享机制、信用信息披露机制和案件协查移送机制，强化协同监管。上级部门要加强指导、监督，及时研究解决改革中遇到的问题，协调联动推进改革。

（二）加快信息化建设。充分利用信息化手段提升市场主体基础信息和信用信息的采集、整合、服务能力。要按照“物理分散、逻辑集中、差异屏蔽”的原则，加快建设统一规范的市场主体信用信息公示系统。各省、自治区、直辖市要将建成本地区集中统一的市场主体信用信息公示系统，作为本地区实施改革的前提条件。工商行政管理机关要优化完善工商登记管理信息化系统，确保改革前后工商登记管理业务的平稳过渡。有关部门要积极推进政务服务创新，建立面向市场主体的部门协同办理政务事项的工作机制和技术环境，提高政务服务综合效能。各级人民政府要加大投入，为构建市场主体信用信息公示系统、推行电子营业执照等信息化建设提供必要的人员、设施、资金保障。

（三）完善法制保障。积极推进统一的商事登记立法，加快完善市场主体准入与监管的法律法规，建立市场主体信用信息公示和管理制度，防范市场风险，保障交易安全。各地区、各部门要根据法律法规修订情况，按照国务院部署开展相关规章和规范性文件的“立、改、废”工作。

（四）注重宣传引导。坚持正确的舆论导向，充分利用各种媒介，做好注册资本登记制度改革政策的宣传解读，及时解答和回应社会关注的热点问题，引导社会正确认识注册资本认缴登记制的意义和股东出资责任、全面了解市场主体信用信息公示制度的作用，广泛参与诚信体系建设，在全社会形成理解改革、关心改革、支持改革的良好氛围，确保改革顺利推进。

附件：暂不实行注册资本认缴登记制的行业

附件

暂不实行注册资本认缴登记制的行业

序号	名称	依据
1	采取募集方式设立的股份有限公司	《中华人民共和国公司法》
2	商业银行	《中华人民共和国商业银行法》
3	外资银行	《中华人民共和国外资银行管理条例》
4	金融资产管理公司	《金融资产管理公司条例》
5	信托公司	《中华人民共和国银行业监督管理法》
6	财务公司	《中华人民共和国银行业监督管理法》
7	金融租赁公司	《中华人民共和国银行业监督管理法》
8	汽车金融公司	《中华人民共和国银行业监督管理法》
9	消费金融公司	《中华人民共和国银行业监督管理法》
10	货币经纪公司	《中华人民共和国银行业监督管理法》
11	村镇银行	《中华人民共和国银行业监督管理法》
12	贷款公司	《中华人民共和国银行业监督管理法》
13	农村信用合作联社	《中华人民共和国银行业监督管理法》
14	农村资金互助社	《中华人民共和国银行业监督管理法》
15	证券公司	《中华人民共和国证券法》
16	期货公司	《期货交易管理条例》
17	基金管理公司	《中华人民共和国证券投资基金法》
18	保险公司	《中华人民共和国保险法》
19	保险专业代理机构、保险经纪人	《中华人民共和国保险法》

续表

序号	名称	依据
20	外资保险公司	《中华人民共和国外资保险公司管理条例》
21	直销企业	《直销管理条例》
22	对外劳务合作企业	《对外劳务合作管理条例》
23	融资性担保公司	《融资性担保公司管理暂行办法》
24	劳务派遣企业	2013 年 10 月 25 日国务院第 28 次常务会议决定
25	典当行	2013 年 10 月 25 日国务院第 28 次常务会议决定
26	保险资产管理公司	2013 年 10 月 25 日国务院第 28 次常务会议决定
27	小额贷款公司	2013 年 10 月 25 日国务院第 28 次常务会议决定

国务院关于清理国务院部门非行政许可审批事项的通知

国发〔2014〕16号

国务院各部委、各直属机构：

《中华人民共和国行政许可法》公布实施后，根据当时有效管理的需要，国务院于2004年决定保留部分属于政府内部管理事务的非行政许可审批事项，同时明确随着社会主义市场经济体制的逐步完善，对这些非行政许可审批事项要逐步取消或作必要调整。此后，国务院在开展行政审批制度改革过程中，陆续取消和调整了一批非行政许可审批事项。但一些部门通过各种形式又先后设定了一批非行政许可审批事项，其中既有属于政府内部管理事务的事项，还有以非行政许可审批名义变相设定的面向公民、法人或其他组织的行政许可事项。这些审批事项，设定和实施不够规范，不利于激发市场活力、增强发展动力。按照行政审批制度改革工作要求，国务院决定对各部门现有非行政许可审批事项进行清理，现就有关工作通知如下：

一、清理对象和工作目标

此次清理对象是已向社会公开的国务院各部门行政审批事项汇总清单所列非行政许可审批事项。根据审批对象的不同，这些事项包括面向公民、法人或其他组织的审批事项和面向地方政府等方面的审批事项。

清理工作要按照统一要求，分类处理，分步实施，该取消的一律取消，该调整的坚决调整，最终将面向公民、法人或其他组织的非行政许可审批事项取消或依法调整为行政许可，将面向地方政府等方面的非行政许可审批事项取消或调整为政府内部审批事项，不再保留“非行政许可审批”这一审批类别，规范行政管理行为，促进依法行政，推进政府职能转变。

二、取消面向公民、法人或其他组织的非行政许可审批事项

各部门面向公民、法人或其他组织的非行政许可审批事项，要于本通知印发后一年内予以取消。确因工作实际需要，且符合《中华人民共和国行政许可法》第十二条、第十三条规定的事项，有关部门要按照《中华人民共和国行政许可法》和《国务院关于严格控制新设行政许可的通知》（国发〔2013〕39号）的规定，依法履行新设行政许可的程序。今后，任何部门或单位不得在法律、行政法规和国务院决定之外，设定面向公民、法人或其他组织的审批事项。

三、取消和调整面向地方政府等方面的非行政许可审批事项

各部门面向地方政府等方面的非行政许可审批事项，凡与地方政府之间能够协商处理的，或者直接面向市、县、乡政府的，或者由地方政府管理更方便有效的，或者不适应经济社会发展要求的，要于本通知印发后一年内予以取消或下放。

确因工作实际需要保留的，实施部门要在一年内送交国务院审改办审核，并报国务院批准后，统一调整为政府内部审批事项。同时，实施部门要根据精简效能的原则，对政府内部审批事项加强规范管理。要优化审批流程，简化办事程序，提高办事效率。要明确政府内部审批的权限、范围、条件、程序、时限等，严格限制自由裁量权，并建立健全岗位责任制，切实加强机关效能建设，提高审批效率。

四、工作要求

清理工作自本通知印发之日起实施。各部门要从政治和大局的高度，深刻认识做好这项工作的重要性和必要性，切实加强领导，认真抓好落实，具体清理工作方案要于2014年5月底前送交国务院审改办审核后实施。地方各级人民政府要根据本通知的要求，结合各地实际，组织开展本级政府部门非行政许可审批事项的清理工作。国务院审改办负责指导和督促非行政许可审批事项清理工作，并依据清理结果，及时对国务院各部门行政审批事项汇总清单进行更新。监察机关要加强监督检查，对违反规定的要严肃追究相关部门和人员的责任。

2014年4月14日

国务院关于取消和调整一批行政审批项目等事项的决定

国发〔2014〕27号

各省、自治区、直辖市人民政府，国务院各部委、各直属机构：

经研究论证，国务院决定，取消和下放45项行政审批项目，取消11项职业资格许可和认定事项，将31项工商登记前置审批事项改为后置审批。另建议取消和下放7项依据有关法律设立的行政审批事项，将5项依据有关法律设立的工商登记前置审批事项改为后置审批，国务院将依照法定程序提请全国人民代表大会常务委员会修订相关法律规定。《国务院关于取消和下放50项行政审批项目等事项的决定》（国发〔2013〕27号）和《国务院关于取消和下放一批行政审批项目的决定》（国发〔2013〕44号）中提出的涉及修改法律的行政审批项目，有8项国务院已按照法定程序提请全国人民代表大会常务委员会修改了相关法律，现一并予以公布。

附件：1. 国务院决定取消和下放管理层级的行政审批项目目录（共计53项）（略）

2. 国务院决定取消的职业资格许可和认定事项目录（共计11项）

3. 国务院决定改为后置审批的工商登记前置审批事项目录（共计31项）（略）

2014年7月22日

附件 2

国务院决定取消的职业资格许可和认定事项目录（共计 11 项）

序号	项目名称	实施部门（单位）	其他共同实施部门	设定依据	处理决定
1	房地产经纪人	住房城乡建设部	人力资源社会保障部	《房地产经纪人员职业资格制度暂行规定》（人发［2001］128 号）	取消
2	注册税务师	税务总局	人力资源社会保障部	《注册税务师资格制度暂行规定》（人发［1996］116 号）	取消
3	质量专业技术人员	质检总局	人力资源社会保障部	《质量专业技术人员职业资格考试暂行规定》（人发［2000］123 号）	取消
4	土地登记代理人	国土资源部	人力资源社会保障部	《土地登记代理人职业资格制度暂行规定》（人发［2002］116 号）	取消
5	矿业权评估师	国土资源部	人力资源社会保障部	《矿业权评估师执业资格制度暂行规定》（人发［2000］82 号）	取消
6	国际商务专业人员	商务部	人力资源社会保障部	《国际商务专业人员职业资格制度暂行规定》（人发［2002］70 号）	取消

续表

序号	项目名称	实施部门（单位）	其他共同实施部门	设定依据	处理决定
7	注册资产评估师	财政部	人力资源社会保障部	《注册资产评估师执业资格制度暂行规定》（人职发［1995］54号）	取消
8	企业法律顾问	国务院国资委	司法部、人力资源社会保障部	《企业法律顾问执业资格制度暂行规定》（人发［1997］26号）	取消
9	建筑业企业项目经理	中国冶金建设协会	无	《建筑施工企业项目经理资质管理办法》（建建［1995］1号）	取消
10	水利工程质量与安全监督员	水利部	无	《水利工程质量监督管理规定》（水建［1997］339号） 《水利工程建设安全生产管理规定》（水利部令2005年第26号）	取消
11	品牌管理师	中国商业联合会	无	《品牌管理专业人员技术条件（SB/T 10761—2012）》（商务部公告2012年第58号）	取消

国务院　中央军事委员会关于进一步加强军人军属法律援助工作的意见

国发［2014］37号

各省、自治区、直辖市人民政府，国务院各部委、各直属机构，各军区、各军兵种、各总部、军事科学院、国防大学、国防科学技术大学，武警部队：

做好军人军属法律援助工作，事关广大官兵切身利益，事关国防和军队建设，事关社会和谐稳定，对实现党在新形势下的强军目标，增强部队凝聚力战斗力，促进军政军民团结，具有重要作用。近年来，各级司法行政机关和法律援助机构在军队有关部门的支持配合下，建立健全军人军属法律援助工作站和联系点，及时为军人军属提供法律咨询；组织广大法律援助人员深入军营，为官兵普及法律知识；积极办理军人军属法律援助案件，最大限度维护军人军属合法权益，努力为国防和军队建设服务。但仍存在保障机制不够完善，法律援助供需矛盾突出等问题。为深入贯彻党的十八大和十八届二中、三中全会精神，落实党中央、国务院、中央军委的决策部署，促进国防和军队建设，有效满足军人军属法律援助需求，现就进一步加强军人军属法律援助工作提出如下意见。

一、加强军人军属法律援助工作的重要性和总体要求

（一）充分认识重要性。军人军属法律援助工作是中国特色法律援助事业的重要组成部分。做好军人军属法律援助工作，是

司法行政机关和部队有关部门的重要任务，对于完善法律援助制度，促进社会公平正义，推动军民融合深度发展，实现党在新形势下的强军目标，都具有重要意义。近年来，军地各级认真履行职责，密切协作配合，积极为军人军属提供法律援助服务，维护军人军属合法权益，取得明显成效。但也还存在一些问题，主要是：各地对军人军属法律援助申请条件、事项范围的规定不一致；军队律师人员较少，难以满足军人军属法律援助需求；军地有关部门协作机制不够健全等。地方各级人民政府、各有关部门和军队各级要高度重视解决这些问题，充分调动各方面力量，切实做好军人军属法律援助工作，依法维护军人军属合法权益。

（二）把握总体要求。要以邓小平理论、“三个代表”重要思想、科学发展观为指导，深入贯彻落实习近平总书记系列重要讲话精神，坚持军爱民、民拥军，坚持围绕中心、服务大局，按照中央关于全面深化改革的要求，健全军队和地方统筹协调、需求对接、法律援助资源共享、优势互补机制，完善军人军属法律援助制度。逐步扩大军人军属法律援助范围，健全军地法律援助服务网络，建立军地法律援助衔接工作制度，加强各环节工作规范化建设，努力形成党委政府重视、有关部门组织协调、军地密切配合、社会各界支持的工作格局，最大限度满足军人军属法律援助需求。

二、进一步扩大军人军属法律援助覆盖面

（三）适当放宽经济困难条件。法律援助机构要把军人军属作为重点援助对象，及时有效地维护其合法权益。对军人军属申请法律援助的案件，经济困难条件应适当放宽。下列人员申请法律援助，免予经济困难条件审查：义务兵、供给制学员及军属；执行作战、重大非战争军事行动任务的军人及军属；烈士、因公牺牲军人、病故军人的遗属。军队中的文职人员、非现役公勤人员、在编职工，由军队管理的离退休人员，以及执行军事任务的预备役人员和其他人员，参照军人条件执行。

（四）逐步扩大法律援助事项范围。要逐步将民生领域与军人军属权益密切相关的事项纳入法律援助范围。对符合经济困难条件或免予经济困难条件审查的军人军属，在《法律援助条例》规定事项范围的基础上，申请下列需要代理的事项，应给予法律援助：请求给予优抚待遇的；涉及军人婚姻家庭纠纷的；因医疗、交通、工伤事故以及其他人身伤害案件造成人身损害或财产损失请求赔偿的；涉及农资产品质量纠纷、土地承包纠纷、宅基地纠纷以及保险赔付的。

（五）开展多种形式法律援助服务。积极帮助解决军人军属日常工作、生产生活中发生的矛盾纠纷，为他们排忧解难。司法行政机关要会同部队有关部门经常了解掌握军人军属法律需求状况，通过设置法律信箱、加强“12348”法律援助热线建设、开通网上专栏等方式，及时提供法律咨询等服务，为官兵解疑释惑。组织开展法律援助进军营、送法下基层等活动，普及法律知识，增强官兵法治意识，使知法用法守法、依法维权成为官兵的自觉行为。

（六）提高办案质量。完善案件指派工作，根据军人军属案件性质、法律援助人员专业特长和受援人意愿等因素，合理指派承办机构和人员，提高案件办理专业化水平。健全办案质量监督机制，加强案件质量检查、回访当事人等工作，督促法律援助机构和人员依法履行职责。对重大疑难案件，加强跟踪检查，确保军人军属获得优质高效的法律援助。

三、健全军人军属法律援助工作机制

（七）拓宽申请渠道。各地法律援助机构可在省军区（卫戍区、警备区）、军分区（警备区）、县（市、区）人民武装部建立军人军属法律援助工作站，有条件的可在团级以上部队建立军人军属法律援助工作站或联络点，接受军人军属的法律援助申请，作初步审查后转交法律援助机构办理。法律援助机构应派人参加军人军属法律援助工作站日常值班、接待咨询等工作。积极探索法律援助机构授权律师事务所等法律服务机构代为受理军人军属法律援助申请。开展流动服务和网上申请、受理，对伤病残等有特殊困难的军人军属实行电话申请、邮寄申请、上门受理等便利服务。

（八）优化办理程序。对军人军属申请法律援助的，应优先受理，并简化受理审查程序；情况紧急的可以先行受理，事后补办手续。健全军人军属法律援助案件异地协作机制，对需要异地调查取证的，相关地法律援助机构应积极给予协助，努力降低办案成本。办理军人军属法律援助案件，法律援助机构应及时向军队相关部门和军人所在单位通报情况、反馈信息，取得支持配合。要充分发挥军队法律顾问处和军队律师的职能作用，积极做好军人军属法律援助工作。

四、积极提供政策支持和相关保障

（九）完善政策措施。省级人民政府要根据经济社会发展实际和军人军属法律援助需求，及时调整法律援助补充事项范围，把与军人军属权益保护密切相关的事项纳入法律援助范围，放宽经济困难标准，让更多的军人军属受益受惠，努力实现应援尽援。省军区（卫戍区、警备区）要充分发挥桥梁纽带作用，积极配合地方人民政府制定完善有关政策措施并抓好落实。

（十）加强经费保障。各级人民政府要将军人军属法律援助经费纳入财政保障范围，并根据经济社会发展水平逐步加大经费投入。司法行政机关要积极推动落实法律援助经费保障政策，促进军人军属法律援助工作发展。有条件的地方可探索建立军人军属法律援助基金，专门用于办理军人军属法律援助案件。军队有关部门要积极配合地方司法行政机关，加强对军人军属法律援助工作站的规划、建设和管理，并给予必要的财力物力支持。要多方开辟法律援助经费筹措渠道，广泛吸纳社会资金，提倡和鼓励社会组织、企业和个人提供捐助，支持军人军属法律援助工作。

五、切实加强组织领导

（十一）坚持统一领导。做好军人军属法律援助工作是政府、军队和社会的共同责任，必须加强统一领导，齐抓共管。各级人民政府要把军人军属法律援助工作纳入地方经济社会发展总体规划，纳入双拥共建活动范畴，纳入社会治理和平安建设考评体系，统筹安排，整体推进。军地各有关部门要切实履行职责，建立军地法律援助衔接工作联席会议制度，及时沟通情况信息，研究存在问题，提出解决办法，齐心协力抓好工作落实。

（十二）搞好工作指导。各级司法行政机关和部队有关部门要认真履行组织、协调和指导军人军属法律援助工作的职责，充分发挥职能作用。进一步加强沟通协调，密切工作配合，建立制度化、规范化的衔接工作机制。加强调查研究，善于发现总结经验，发挥典型示范引领作用。法律援助机构要拓宽服务领域，丰富服务内容，创新服务方式，不断提高为军人军属提供法律援助服务的能力和水平。

（十三）加强队伍建设。积极依托军地法律人才资源，通过选用招聘、专兼职相结合等办法，充实军人军属法律援助工作力量。要把军队律师培养工作摆在突出位置，通过组织军人参加国家司法考试、加强业务培训、开展军队法律顾问处与地方法律援助机构或律师事务所共建活动等措施，努力建设一支素质优良、业务熟练的军队法律援助队伍。法律援助人员要牢固树立政治意识和责任意识，弘扬优良作风，立足本职，无私奉献，满腔热情做好军人军属法律援助工作。

（十四）抓好宣传引导。通过多种方式，广泛宣传做好军人军属法律援助工作的重要意义，宣传相关政策制度，大力培养和宣传为军人军属提供法律援助服务的先进典型，努力营造社会各界和广大群众积极参与、支持军人军属法律援助工作的浓厚氛围。对做出突出贡献的单位和个人给予表彰奖励，推动军人军属法律援助工作深入开展。

2014 年 9 月 7 日

国务院关于取消和调整一批行政审批项目等事项的决定

国发〔2014〕50号

各省、自治区、直辖市人民政府，国务院各部委、各直属机构：

经研究论证，国务院决定，取消和下放58项行政审批项目，取消67项职业资格许可和认定事项，取消19项评比达标表彰项目，将82项工商登记前置审批事项调整或明确为后置审批。另建议取消和下放32项依据有关法律设立的行政审批和职业资格许可认定事项，将7项依据有关法律设立的工商登记前置审批事项改为后置审批，国务院将依照法定程序提请全国人民代表大会常务委员会修订相关法律规定。

附件：1. 国务院决定取消和下放管理层级的行政审批项目目录（共计58项）（略）

2. 国务院决定取消的职业资格许可和认定事项目录（共计67项）

3. 国务院决定取消的评比达标表彰项目目录（共计19项）

4. 国务院决定调整或明确为后置审批的工商登记前置审批事项目录（共计82项）（摘录）

2014年10月23日

附件2

国务院决定取消的职业资格许可和认定事项目录（共计67项）

一、取消的专业技术人员职业资格许可和认定事项（共计26项，其中准入类14项，水平评价类12项）

序号	项目名称	实施部门（单位）	资格类别	设定依据	处理决定	备注
1	土地估价师资格	国土资源部	准入类	《土地估价师资格考试管理办法》（国土资源部令2006年第35号）	取消	
2	机动车驾驶员培训机构教学负责人、机动车驾驶员培训结业考核人员从业资格	交通运输部	准入类	《道路运输从业人员管理规定》（交通部令2006年第9号）	取消	
3	公路水运工程试验检测人员资格	交通运输部	准入类	《公路水运工程试验检测管理办法》（交通部令2005年第12号）	取消	
4	理货人员从业资格	交通运输部	准入类	《关于印发〈理货人员从业资格管理办法〉等三个办法的通知》（交水发［2007］575号）	取消	

续表

序号	项目名称	实施部门（单位）	资格类别	设定依据	处理决定	备注
5	水土保持监测人员上岗资格	水利部	准入类	《水土保持生态环境监测网络管理办法》（水利部令2000年第12号）	取消	
6	拍卖行业从业人员资格	中国拍卖行业协会	准入类	《拍卖管理办法》（商务部令2004年第24号）	取消	原实施单位为国资委管理的行业协会
7	机械工业质量管理咨询师	中国机械工业质量管理协会	准入类	《关于试行机械工业质量管理咨询诊断师证书的暂行规定》（84机质字242号）	取消	
8	机械工业标准复核人员资格	中国机械工业标准化技术协会	准入类	《机械工业标准复核人员管理细则（试行）》（机科标［1994］38号）	取消	
9	机械工业企业标准化人员资格	中国机械工业标准化技术协会	准入类	《关于开展机械工业企业标准化培训工作的通知》（机科标［1995］93号）	取消	
10	出入境检验检疫报检员资格	质检总局	准入类	《国务院对确需保留的行政审批项目设定行政许可的决定》（国务院令第412号） 《中华人民共和国进出口商品检验法实施条例》（国务院令第447号）	取消	
11	外国证券类机构驻华代表机构首席代表资格核准	证监会	准入类	《国务院对确需保留的行政审批项目设定行政许可的决定》（国务院令第412号）	取消	

续表

序号	项目名称	实施部门（单位）	资格类别	设定依据	处理决定	备注
12	保荐代表人资格	证监会	准入类	《国务院对确需保留的行政审批项目设定行政许可的决定》（国务院令第412号）	取消	
13	保险公司精算专业人员资格认可	保监会	准入类	《中华人民共和国保险法》	取消	
14	保险公估机构高级管理人员任职资格核准	保监会	准入类	《国务院对确需保留的行政审批项目设定行政许可的决定》（国务院令第412号）	取消	
15	注册企业培训师	国家发展改革委	水平评价类	无	取消	原由中国人力资源开发研究会具体实施
16	中国职业经理人	国家发展改革委	水平评价类	无	取消	原由中国人力资源开发研究会具体实施
17	商业企业价格人员岗位资格行业认证	国家发展改革委	水平评价类	《价格认证管理办法》（计价格［1999］1074号） 《商业企业价格人员岗位资格行业认证办法（试行）》（发改价证认［2004］36号）	取消	原由国家发展改革委价格认证中心具体实施

续表

序号	项目名称	实施部门（单位）	资格类别	设定依据	处理决定	备注
18	机械工业企业价格人员岗位资格行业认证	国家发展改革委	水平评价类	《价格认证管理办法》（计价格［1999］1074号） 《全国机械工业企业价格人员岗位资格行业认证办法（试行）》（中机联人［2006］56号）	取消	原由国家发展改革委价格认证中心具体实施
19	建设项目水资源论证上岗资格	水利部	水平评价类	《建设项目水资源论证管理办法》（水利部、国家发展计划委员会令2002年第15号） 《水文水资源调查评价资质和建设项目水资源论证资质管理办法（试行）》（水利部令2003年第17号）	取消	
20	内部审计人员岗位资格	审计署	水平评价类	《内部审计人员岗位资格证书实施办法》（中内协发［2003］22号） 《审计署关于内部审计工作的规定》（审计署令2003年第4号）	取消	
21	特许经营管理师	中国商业联合会	水平评价类	《特许经营管理师》协会标准（CGCC/Z 0005—2007）	取消	原实施单位为国资委管理的行业协会
22	QC小组活动诊断师	中国机械工业质量管理协会	水平评价类	无	取消	

续表

序号	项目名称	实施部门（单位）	资格类别	设定依据	处理决定	备注
23	机械工业质量管理奖评审员	中国机械工业质量管理协会	水平评价类	无	取消	原实施单位为国资委管理的行业协会
24	知识产权管理工程师	国家知识产权局	水平评价类	无	取消	
25	金融理财师	原由中国人民银行中国金融教育发展基金会实施，2009年后由社会机构自行实施	水平评价类	无	取消	
26	国际金融理财师	原由中国人民银行中国金融教育发展基金会实施，2009年后由社会机构自行实施	水平评价类	无	取消	

二、取消的技能人员职业资格许可和认定事项（共计41项，其中准入类1项，水平评价类40项）

序号	项目名称	实施部门（单位）	资格类别	设定依据	处理决定	备注
1	中央储备粮保管、检验、防治人员资格认定	国家粮食局	准入类	《中央储备粮管理条例》（国务院令第388号）	取消	
2	长途电话交换机务员	工业和信息化部	水平评价类	《邮电通信行业职业技能标准（试行）》（邮部联［1996］515号） 《关于颁发〈国家职业技能鉴定规范（邮电营业员等五十七职业）〉（考核大纲）的通知》（邮部联［1996］1060号）	取消	
3	市内电话交换机务员	工业和信息化部	水平评价类	《邮电通信行业职业技能标准（试行）》（邮部联［1996］515号） 《关于颁发〈国家职业技能鉴定规范（邮电营业员等五十七职业）〉（考核大纲）的通知》（邮部联［1996］1060号）	取消	
4	邮电业务营销员	工业和信息化部	水平评价类	《邮电通信行业职业技能标准（试行）》（邮部联［1996］515号） 《关于颁发〈国家职业技能鉴定规范（邮电营业员等五十七职业）〉（考核大纲）的通知》（邮部联［1996］1060号）	取消	

续表

序号	项目名称	实施部门（单位）	资格类别	设定依据	处理决定	备注
5	割草机操作工	农业部	水平评价类	无	取消	
6	农产品加工机械操作工	农业部	水平评价类	无	取消	
7	农业技术推广员（水产）	农业部	水平评价类	无	取消	
8	品种试验员	农业部	水平评价类	无	取消	
9	水稻直播机操作工	农业部	水平评价类	无	取消	
10	植物组织培养员	农业部	水平评价类	无	取消	
11	种子贮藏技术人员	农业部	水平评价类	无	取消	
12	健康教育指导师资格	国家卫生计生委	水平评价类	《全国健康教育与健康促进工作规划纲要（2005—2010年）》（卫妇社发［2005］11号）	取消	

续表

序号	项目名称	实施部门（单位）	资格类别	设定依据	处理决定	备注
13	中国保健行业心理保健师资格	国家卫生计生委	水平评价类	无	取消	
14	中国保健行业营养保健师资格	国家卫生计生委	水平评价类	无	取消	
15	安全评价人员资格	安全监管总局	水平评价类	《安全评价人员资格登记管理规则》（安监总规划字［2005］108号）	取消	
16	松香包装工	国家林业局	水平评价类	《中华人民共和国工种分类目录》（1992）	取消	
17	木材搬运工	国家林业局	水平评价类	《中华人民共和国工种分类目录》（1992）	取消	
18	挂杆复烤工	国家烟草局	水平评价类	《中华人民共和国职业分类大典》（1999）	取消	
19	不间断电源机务员	中国民航局	水平评价类	《关于印发民航行业飞机维护机械员等79个工种〈国家职业技能鉴定规范〉的通知》（劳社培就司发［1999］60号）	取消	民航行业已依照有关规章实施人员内部管理
20	测距设备机务员	中国民航局	水平评价类	《关于印发民航行业飞机维护机械员等79个工种〈国家职业技能鉴定规范〉的通知》（劳社培就司发［1999］60号）	取消	

续表

序号	项目名称	实施部门（单位）	资格类别	设定依据	处理决定	备注
21	电话交换机机务员	中国民航局	水平评价类	《关于印发民航行业飞机维护机械员等79个工种〈国家职业技能鉴定规范〉的通知》（劳社培就司发［1999］60号）	取消	民航行业已依照有关规章实施人员内部管理
22	电讯材料员	中国民航局	水平评价类	《关于印发民航行业飞机维护机械员等79个工种〈国家职业技能鉴定规范〉的通知》（劳社培就司发［1999］60号）	取消	
23	二次雷达机务员	中国民航局	水平评价类	《关于印发民航行业飞机维护机械员等79个工种〈国家职业技能鉴定规范〉的通知》（劳社培就司发［1999］60号）	取消	
24	飞机（苏式）维护电气员	中国民航局	水平评价类	《关于印发民航行业飞机维护机械员等79个工种〈国家职业技能鉴定规范〉的通知》（劳社培就司发［1999］60号）	取消	
25	飞机（苏式）维护无线电、雷达员	中国民航局	水平评价类	《关于印发民航行业飞机维护机械员等79个工种〈国家职业技能鉴定规范〉的通知》（劳社培就司发［1999］60号）	取消	

续表

序号	项目名称	实施部门（单位）	资格类别	设定依据	处理决定	备注
26	飞机（苏式）维护仪表员	中国民航局	水平评价类	《关于印发民航行业飞机维护机械员等79个工种〈国家职业技能鉴定规范〉的通知》（劳社培就司发［1999］60号）	取消	民航行业已依照有关规章实施人员内部管理
27	飞机电气修理工	中国民航局	水平评价类	《关于印发民航行业飞机维护机械员等79个工种〈国家职业技能鉴定规范〉的通知》（劳社培就司发［1999］60号）	取消	
28	飞机机械附件修理工	中国民航局	水平评价类	《关于印发民航行业飞机维护机械员等79个工种〈国家职业技能鉴定规范〉的通知》（劳社培就司发［1999］60号）	取消	
29	飞机结构修理工	中国民航局	水平评价类	《关于印发民航行业飞机维护机械员等79个工种〈国家职业技能鉴定规范〉的通知》（劳社培就司发［1999］60号）	取消	
30	飞机气动、救生设备修理工	中国民航局	水平评价类	《关于印发民航行业飞机维护机械员等79个工种〈国家职业技能鉴定规范〉的通知》（劳社培就司发［1999］60号）	取消	

续表

序号	项目名称	实施部门（单位）	资格类别	设定依据	处理决定	备注
31	飞机维护电气员	中国民航局	水平评价类	《关于印发民航行业飞机维护机械员等79个工种〈国家职业技能鉴定规范〉的通知》（劳社培就司发［1999］60号）	取消	民航行业已依照有关规章实施人员内部管理
32	飞行计划处理设备机务员	中国民航局	水平评价类	《关于印发民航行业飞机维护机械员等79个工种〈国家职业技能鉴定规范〉的通知》（劳社培就司发［1999］60号）	取消	
33	归航机/指点标机机务员	中国民航局	水平评价类	《关于印发民航行业飞机维护机械员等79个工种〈国家职业技能鉴定规范〉的通知》（劳社培就司发［1999］60号）	取消	
34	航管计算机外围设备机务员	中国民航局	水平评价类	《关于印发民航行业飞机维护机械员等79个工种〈国家职业技能鉴定规范〉的通知》（劳社培就司发［1999］60号）	取消	
35	航管计算机硬件机务员	中国民航局	水平评价类	《关于印发民航行业飞机维护机械员等79个工种〈国家职业技能鉴定规范〉的通知》（劳社培就司发［1999］60号）	取消	

续表

序号	项目名称	实施部门（单位）	资格类别	设定依据	处理决定	备注
36	航空材料员	中国民航局	水平评价类	《关于印发民航行业飞机维护机械员等79个工种〈国家职业技能鉴定规范〉的通知》（劳社培就司发［1999］60号）	取消	民航行业已依照有关规章实施人员内部管理
37	航空电信报（话）务员	中国民航局	水平评价类	《关于印发民航行业飞机维护机械员等79个工种〈国家职业技能鉴定规范〉的通知》（劳社培就司发［1999］60号）	取消	
38	航空发动机附件修理工	中国民航局	水平评价类	《关于印发民航行业飞机维护机械员等79个工种〈国家职业技能鉴定规范〉的通知》（劳社培就司发［1999］60号）	取消	
39	航空发动机修理工	中国民航局	水平评价类	《关于印发民航行业飞机维护机械员等79个工种〈国家职业技能鉴定规范〉的通知》（劳社培就司发［1999］60号）	取消	
40	航管内话通信机务员	中国民航局	水平评价类	《关于印发民航行业飞机维护机械员等79个工种〈国家职业技能鉴定规范〉的通知》（劳社培就司发［1999］60号）	取消	

续表

序号	项目名称	实施部门（单位）	资格类别	设定依据	处理决定	备注
41	航空摄影测绘员	中国民航局	水平评价类	《关于印发民航行业飞机维护机械员等79个工种〈国家职业技能鉴定规范〉的通知》（劳社培就司发［1999］60号）	取消	民航行业已依照有关规章实施人员内部管理

附件 3

国务院决定取消的评比达标表彰项目目录
（共计 19 项）

序号	项目名称	主办单位	处理决定
1	全国民族体育先进集体、先进个人和民族体育科学论文评选	国家民委	取消
2	全国民委系统信息工作先进集体、先进个人和优秀信息表彰	国家民委	取消
3	创建“文明样板航道”	交通运输部	取消
4	交通运输综合统计工作评比	交通运输部	取消
5	文化发展统计分析报告优秀稿件评比	文化部	取消

续表

序号	项目名称	主办单位	处理决定
6	文化部文化艺术科学优秀成果奖	文化部	取消
7	全国工商系统法制宣传教育先进集体和先进个人	工商总局	取消
8	全国工商系统法治工商建设先进单位和先进个人	工商总局	取消
9	全国广播影视系统法制宣传教育先进集体和先进个人	新闻出版广电总局	取消
10	全国投入产出调查先进集体和先进个人	国家统计局	取消
11	国家林业局高等职业教育精品课程评选	国家林业局	取消
12	国家林业局高等职业教育示范性实训基地评选	国家林业局	取消
13	全国知识产权系统杰出青年和优秀青年	国家知识产权局	取消
14	优秀专利代理机构和优秀专利代理人	国家知识产权局	取消
15	保监会系统文明单位	保监会	取消
16	全国粮食行业技术能手、全国粮食行业技能人才培育突出贡献奖	国家粮食局	取消
17	全国火力发电可靠性金牌机组和全国供电可靠性金牌企业表彰	国家能源局	取消
18	政务信息工作先进个人	国家外汇局	取消
19	国际收支统计之星先进单位及个人	国家外汇局	取消

附件 4

国务院决定调整或明确为后置审批的工商登记前置审批事项目录（共计 82 项）（摘录）

序号	项目名称	实施机关	设定依据	处理决定
6	中外合作职业技能培训机构设立审批	省级人民政府人力资源社会保障行政主管部门	《中华人民共和国中外合作办学条例》（国务院令第 372 号） 《中外合作职业技能培训办学管理办法》（劳动和社会保障部令第 27 号）	改为后置审批
7	设立人才中介服务机构及其业务范围审批	县级以上人民政府人力资源社会保障行政主管部门	《国务院对确需保留的行政审批项目设定行政许可的决定》（国务院令第 412 号） 《人才市场管理规定》（人事部、工商总局令 2005 年第 4 号）	改为后置审批

国务院关于扶持小型微型企业健康发展的意见

国发〔2014〕52号

各省、自治区、直辖市人民政府，国务院各部委、各直属机构：

工商登记制度改革极大地激发了市场活力和创业热情，小型微型企业数量快速增长，为促进经济发展和社会就业发挥了积极作用，但在发展中也面临一些困难和问题。为切实扶持小型微型企业（含个体工商户）健康发展，现提出如下意见。

一、充分发挥现有中小企业专项资金的引导作用，鼓励地方中小企业扶持资金将小型微型企业纳入支持范围。（财政部、发展改革委、工业和信息化部、科技部、商务部、工商总局等部门负责）

二、认真落实已经出台的支持小型微型企业税收优惠政策，根据形势发展的需要研究出台继续支持的政策。小型微型企业从事国家鼓励发展的投资项目，进口项目自用且国内不能生产的先进设备，按照有关规定免征关税。（财政部会同税务总局、工商总局、工业和信息化部、海关总署等部门负责）

三、加大中小企业专项资金对小企业创业基地（微型企业孵化园、科技孵化器、商贸企业集聚区等）建设的支持力度。鼓励大中型企业带动产业链上的小型微型企业，实现产业集聚和抱团发展。（财政部、工业和信息化部、科技部、商务部、工商总局等部门负责）

四、对小型微型企业吸纳就业困难人员就业的，按照规定给予社会保险补贴。自工商登记注册之日起 3 年内，对安排残疾人就业未达到规定比例、在职职工总数 20 人以下（含 20 人）的小型微型企业，免征残疾人就业保障金。（人力资源社会保障部会同财政部、中国残联等部门负责）

五、鼓励各级政府设立的创业投资引导基金积极支持小型微型企业。积极引导创业投资基金、天使基金、种子基金投资小型微型企业。符合条件的小型微型企业可按规定享受小额担保贷款扶持政策。（财政部会同发展改革委、工业和信息化部、证监会、科技部、商务部、人力资源社会保障部等部门负责）

六、进一步完善小型微型企业融资担保政策。大力发展政府支持的担保机构，引导其提高小型微型企业担保业务规模，合理确定担保费用。进一步加大对小型微型企业融资担保的财政支持力度，综合运用业务补助、增量业务奖励、资本投入、代偿补偿、创新奖励等方式，引导担保、金融机构和外贸综合服务企业等为小型微型企业提供融资服务。（银监会会同发展改革委、工业和信息化部、财政部、科技部、商务部、人力资源社会保障部、人民银行、税务总局等部门负责）

七、鼓励大型银行充分利用机构和网点优势，加大小型微型企业金融服务专营机构建设力度。引导中小型银行将改进小型微型企业金融服务和战略转型相结合，科学调整信贷结构，重点支持小型微型企业和区域经济发展。引导银行业金融机构针对小型微型企业的经营特点和融资需求特征，创新产品和服务。各银行业金融机构在商业可持续和有效控制风险的前提下，单列小型微型企业信贷计划。在加强监管前提下，大力推进具备条件的民间资本依法发起设立中小型银行等金融机构。（银监会会同人民银行、发展改革委、财政部、工业和信息化部、科技部、商务部等部门负责）

八、高校毕业生到小型微型企业就业的，其档案可由当地

市、县一级的公共就业人才服务机构免费保管。（人力资源社会保障部、工业和信息化部、工商总局等部门负责）

九、建立支持小型微型企业发展的信息互联互通机制。依托工商行政管理部门的企业信用信息公示系统，在企业自愿申报的基础上建立小型微型企业名录，集中公开各类扶持政策及企业享受扶持政策的信息。通过统一的信用信息平台，汇集工商注册登记、行政许可、税收缴纳、社保缴费等信息，推进小型微型企业信用信息共享，促进小型微型企业信用体系建设。通过信息公开和共享，利用大数据、云计算等现代信息技术，推动政府部门和银行、证券、保险等专业机构提供更有效的服务。从小型微型企业中抽取一定比例的样本企业，进行跟踪调查，加强监测分析。（工商总局、发展改革委、税务总局、工业和信息化部、人力资源社会保障部、人民银行、质检总局、统计局等部门负责）

十、大力推进小型微型企业公共服务平台建设，加大政府购买服务力度，为小型微型企业免费提供管理指导、技能培训、市场开拓、标准咨询、检验检测认证等服务。（工业和信息化部会同财政部、科技部、商务部、质检总局等部门负责）

各地区、各部门要结合本地区、本部门实际，在落实好已有的小型微型企业扶持政策的基础上，加大对政策的解读、宣传力度，简化办事流程，提高服务效率。各地区、各部门要确保政策尽快落实，并适时提出进一步措施。

2014 年 10 月 31 日

国务院关于对稳增长促改革调结构惠民生政策措施落实情况开展全面督查的通知

国发明电［2014］1号

各省、自治区、直辖市人民政府，国务院各部委、各直属机构：

为深入贯彻党的十八大，十八届二中、三中全会和中央经济工作会议精神，2013年下半年以来，国务院围绕稳增长、促改革、调结构、惠民生出台了一系列政策措施，《政府工作报告》对2014年重点工作作出了部署，各地区各部门认真贯彻，合力推进，一些重点工作取得积极进展，收到实效。但必须看到，不少政策措施落实的力度不到位、效果不明显，没有充分发挥对经济稳定增长和转型升级应有的促进作用。李克强总理多次作出重要指示批示，强调指出，对国务院作出的决定要不折不扣地执行，政府要说到做到，不然就不说，说了就要做，做就必须到位，不能“放空炮”。为此，国务院决定派出督查组，对国务院决策部署和出台政策措施落实情况开展一次全面督查。现就有关工作通知如下：

一、督查目的

这次督查是新一届政府成立以来，对国务院决策部署和出台政策措施落实情况开展的第一次全面督查，要务求实效，达到以下目的：

一要打通国务院决策部署和出台政策措施贯彻落实的“最先一公里”和“最后一公里”，力破“中梗阻”，确保政令畅通、令行禁止，推动各项决策部署和政策措施尽快落到实处、取得实效，夯实经济稳中向好的基础，使经济运行保持在合理区间，确保实现全年经济社会发展预期目标。

二要树立言必信、行必果的施政新风，做到守土有责、奋发有为，杜绝松松垮垮、大而化之的工作状态，纠正推诿扯皮、拖延应付等庸政懒政行为，兑现新一届政府向人民作出的“说到做到，不放空炮”的庄严承诺。

三要对政策措施落实不力的，实施责任追究，严肃问责，依法依规进行诫勉约谈、通报批评甚至给予行政处分。这次督查要动真格，做到不尽责就问责，力戒“只要不出事，宁愿不做事”的为官不为和“不求过得硬，只求过得去”的敷衍了事，切实增强各地区各部门的大局意识、责任意识。

四要努力破除政策措施落实中的体制机制障碍，完善和强化抓落实的制度保障，体现施政要求，提高行政效能，让人民群众真正得到政策措施带来的实惠，有效提升政府的公信力和执行力。

二、督查重点

这次督查的主要内容是：《政府工作报告》部署的2014年重点工作和去年下半年以来国务院出台的稳增长、促改革、调结构、惠民生各项政策措施落实情况。重点督查以下内容：

（一）取消和下放行政审批事项、推进简政放权的政策措施落实情况。

（二）加快棚户区改造、加大保障性安居工程建设力度的政策措施落实情况。

（三）深化铁路投融资体制改革、加快铁路建设的政策措施落实情况。

（四）加快城市基础设施建设的政策措施落实情况。

（五）促进节能环保产业发展的政策措施落实情况。

（六）加快发展养老、健康服务业的政策措施落实情况。

（七）促进信息消费的政策措施落实情况。

（八）推进文化创意和设计服务与相关产业融合发展的政策措施落实情况。

（九）落实企业投资自主权，向非国有资本推出一批投资项目的政策措施落实情况。

（十）金融支持实体经济特别是小微企业和“三农”的政策措施落实情况。

（十一）促进对外贸易稳定增长的政策措施落实情况。

（十二）以创新支撑引领经济结构优化升级的政策措施落实情况。

（十三）夯实农业基础、推进现代农业发展的政策措施落实情况。

（十四）加快重大水利工程建设，今年再解决 6 000 万农村人口饮水安全问题的政策措施落实情况。

（十五）实行精准扶贫，今年再减少农村贫困人口 1 000 万人以上的政策措施落实情况。

（十六）加强生态环境保护的政策措施落实情况。

（十七）扩大“营改增”试点、减轻和公平企业税负的政策措施落实情况。

（十八）促进高校毕业生就业创业的政策措施落实情况。

（十九）加强社会救助、保障困难群众基本生活的政策措施落实情况。

这次督查，对国务院决策部署和政策措施落实较好的，要认真总结经验做法；对正在落实的，要摸清进展情况和面临的困难问题；特别对落实进展缓慢的，要逐一查明原因，提出相应对策。确保通过督查，使国务院决策部署和政策措施的落实取得实质性进展。

三、督查方式

这次督查要借鉴以往专项督查的经验做法，创新督查方式，做到四个结合，使这次督查成为回应群众关切、推动政策落实、提高行政效能、打造法治政府的重要行动。

（一）自查与实地检查相结合。各地区各部门要按照督查的内容和重点，先认真深入开展自查，直面存在的问题和差距，查找分析症结，提出抓落实的有效办法。在自查基础上，国务院将派出督查组赴有关部门和部分省（区、市）进行实地督查。

（二）督查与第三方评估相结合。在开展督查的同时，邀请全国工商联和部分研究咨询机构等单位，发挥其独立性、专业性优势，对部分重点政策措施落实情况开展第三方评估，并向国务院提交评估报告。把自查、督查情况与第三方评估情况进行对表分析，找准症结，对症下药，增强督查实效。

（三）督查与社会评价相结合。对这次督查的部分重点政策措施，通过中国政府网和相关门户网站，采取问卷调查等方式，收集利益攸关社会群体的评价意见及建议，主动接受社会和公众监督。

（四）督查与舆论引导相结合。国务院办公厅与中央宣传部、新闻办、网信办等单位以“督查在行动”为主题，组织人民日报、新华社、中央电视台等媒体以及有关门户网站，及时报道这次督查情况，对落实情况好的进行正面宣传，对落实不力的予以曝光。

四、督查安排

以国务院名义组成8个督查组，其中4个督查组分别负责督查国务院有关部门、单位，4个督查组分别负责督查部分省（区、市）。督查组成员从国务院有关部门抽调，国务院办公厅派工作人员参加。各督查组督查的国务院有关部门、单位和省（区、市），经报批确定后另行通知。

督查的总体进度安排是：6月25日前，各地区各部门开展自查并向国务院上报自查报告；6月25日至7月5日，各督查组分赴国务院有关部门、单位和部分省（区、市）进行实地督查；7 月 10 日前，各督查组将督查报告上报国务院。7 月 20 日前，国务院听取各督查组汇报。

2014 年 6 月 6 日

关于全面推进公务用车制度改革的指导意见

为贯彻落实党的十八大和十八届三中全会精神及《党政机关厉行节约反对浪费条例》，改革公务用车制度，规范公务用车运行管理，有效降低行政成本，现就全面推进公务用车制度改革提出如下指导意见。

一、充分认识公务用车制度改革的重要意义

新中国成立以来，公务用车一直实行实物供给制度，对保障公务出行发挥了重要作用。随着社会主义市场经济体制不断完善，传统公务用车制度越来越难以适应形势发展需要，车辆配备范围过大、运行管理成本偏高、公车私用等问题日益突出，社会对此反映强烈。为解决公务用车领域存在的突出问题，习近平总书记、李克强总理多次作出重要指示，党中央、国务院专门作出部署，强调要全面推进公务用车制度改革。近年来一些地方和部门进行了积极改革探索，为全面推进公务用车制度改革积累了有益经验。

全面推进公务用车制度改革，是加强党风廉政建设、厉行节约反对浪费的重要举措，是转变政府职能、推进后勤服务社会化改革的重要内容，是顺应民意、维护党和政府形象的迫切要求。各地区各部门要充分认识公务用车制度改革的重要意义，采取切实有效措施加快改革步伐。

二、指导思想、基本原则和总体目标

（一）指导思想

按照中央关于厉行节约反对浪费的要求，坚持社会化、市场化方向，加快推进公务用车制度改革，合理有效配置公务用车资源，创新公务交通分类提供方式，保障公务出行，降低行政成本，积极推进廉洁型机关和节约型社会建设。

（二）基本原则

1. 创新制度，分类保障。改革公务用车实物供给方式，取消一般公务用车，普通公务出行实行社会化提供并适度补贴交通费用，从严配备定向化保障的公务用车。

2. 统筹协调，政策配套。妥善处理公务用车制度改革涉及的各种利益关系，科学制定改革方案和配套政策，确保新旧制度平稳过渡、有机衔接。

3. 统一部署，分步实施。各地区各部门按照中央确定的改革方向和原则制定改革实施方案，中央和国家机关先行示范，地方党政机关加快实行，事业单位、国有企业和国有金融企业有序推进。

（三）总体目标

力争在2014年年底前基本完成中央和国家机关及其所属参照公务员法管理的事业单位公务用车制度改革，2015年年底前基本完成地方党政机关公务用车制度改革，用2～3年时间全面完成公务用车制度改革。通过改革，切实实现公务出行便捷合理、交通费用节约可控、车辆管理规范透明、监管问责科学有效，基本形成符合国情的新型公务用车制度。

三、主要任务

（一）改革公务交通保障方式

改革党政机关（包括各级党委、人大、政府、政协、审判、检察机关，各民主党派和工商联，参照公务员法管理的人民团体、群众团体、事业单位，下同）公务用车实物供给方式，取消一般公务用车，保留必要的机要通信、应急、特种专业技术用车和符合规定的一线执法执勤岗位车辆及其他车辆。改革后，行政区域（城区或规定区域）内普通公务出行方式由公务人员自行选择，实行社会化提供，适度发放公务交通补贴。公务交通补贴保障范围要与差旅费保障范围搞好衔接，对边远地区和交通不便地区，要做好远距离公务出行的差旅费保障。鼓励省（自治区、直辖市）所属厅（局）正职主要负责人和市（地、州、盟）、县（市、区、旗）及乡（镇）党政主要负责人参加改革，确因环境所限和工作需要不便取消公务用车的，允许以适当集中形式提供工作用车实物保障，但须严格规范管理，不得再领取公务交通补贴，具体范围由各地根据本意见研究确定。

规范事业单位、国有企业和国有金融企业职务待遇和业务消费，对原符合车辆配备条件的岗位和人员，逐步按规定纳入改革，改革后不得再配备车辆；对保留的必要的国有企业、国有金融企业经营用车和事业单位业务用车实行集中管理；取消与经营和业务保障无关的车辆。事业单位、国有企业和国有金融企业公务用车制度改革要与年薪制、岗位津贴及国家相关财务管理制度等统筹考虑、相互衔接。

（二）合理确定党政机关公务交通补贴标准

各级党政机关要从实际出发，综合考虑公务出行成本、经济发展水平、社会承受能力、辖区面积、自然地理环境、公务出行次数和距离、行政级别和实际承担的工作职责等因素，按照节约成本、保证公务、便于操作、简化档次的要求，确定本地区公务交通补贴标准。根据交通成本等相关因素变化情况，公务交通补贴标准可适时适度进行调整。允许参改单位根据实际情况，从公务交通补贴中划出一定比例作为单位统筹部分，集中用于解决不同岗位之间公务出行不均衡等问题，统筹资金使用须公开透明，具体管理办法由各单位制定。对特别重大抢险救灾、事故处理、突发事件处置等不可预测的特殊事项，各地可从实际出发在应急预案中另行制定特殊情况下公务用车保障办法。地方公务交通补贴标准不得高于中央和国家机关补贴标准的130%，边疆民族地区和其他边远地区标准不得高于中央和国家机关补贴标准的150%。各省（自治区、直辖市）之间补贴标准差距不宜过大，同一省（自治区、直辖市）内不同地区补贴标准差距不得超过20%，同一市（地、州、盟）实行统一的补贴标准。地方补贴标准层级划分可不与中央和国家机关层级完全对应。驻地方的中央垂直管理单位补贴标准按属地化原则参照所在地区标准执行，经费由中央财政负担。

（三）妥善安置司勤人员

各级党政机关根据改革后的实际需要，合理设置司勤人员岗位，采取公开、平等、竞争、择优的方式确定留用人员；未聘人员原则上以内部消化为主，通过内部转岗、开辟新的就业岗位、提前离岗等措施妥善安置。依法做好未留用人员聘用合同或劳动合同的终止、解除工作，维护其合法权益，相关必要支出由各级财政安排专项经费予以保障。各级人力资源社会保障部门会同有关部门组成工作组，负责指导参改单位做好司勤人员安置工作，确保改革平稳推进。参改事业单位、国有企业和国有金融企业要依法做好司勤人员安置工作。

（四）公开规范处置公务用车

取消的公务用车，由各级相关职能部门统一规范处置。对取消的一般公务用车，要制定处置办法，公开招标评估、拍卖机构，通过公开拍卖等方式公开处置。取消车辆处置要防止甩卖和贱卖现象，避免国有资产流失。党政机关公务用车处置收入，扣除有关税费后全部上缴国库。参改事业单位、国有企业和国有金融企业车辆处置收入，按国家有关财务管理制度执行。各地可根据实际情况，对未能及时处置的车辆，采取设立过渡性车辆服务中心或社会化车辆租赁公司的方式，进行市场化运营，减少车辆闲置浪费，过渡期由各地确定，政府不得变相为其提供财政性补贴。

四、健全公务用车管理和保障制度

（一）加强定向化保障车辆管理

各级党政机关公务用车主管部门要会同有关部门严格核定定向化保障公务用车的编制和标准，车辆配备优先选用新能源汽车。执法执勤用车配备应当严格限制在一线执法执勤岗位，机关内部管理和后勤岗位以及机关所属事业单位一律不得配备。除涉及国家安全、侦查办案等有保密要求的特殊工作用车外，执法执勤用车应当喷涂明显的统一标识。机要通信、应急等车辆要充分考虑不同部门的工作差异，根据实际需要合理配备，保障到位。按规定保留的公务用车实行集中管理，逐步探索社会化监督的有效形式和具体办法。在从严控制总量的前提下，各地可根据实际情况确定和优化配置相关一线执法执勤岗位车辆，鼓励各地建立跨部门综合性执法用车平台。进一步精简地方公务用车管理机构。

（二）完善财务管理

党政机关公务交通补贴属于改革性补贴，统一纳入财政预算，在交通费中列支、按月发放，用于保障公务人员普通公务出行。各单位要加强财务管理，按照在编在岗公务员数量和职级核定补贴数额，严格公务交通补贴发放，不得擅自扩大补贴范围、提高补贴标准。

（三）加强公务用车监督检查

把公务用车配备和运行维护费用、交通补贴发放、车辆处置情况等纳入日常和专项审计监督及政务公开范围。党政机关不得以特殊用途等理由变相超编制、超标准配备公务用车，不得以任何方式换用、借用、占用下属单位或其他单位和个人的车辆，不得接受企事业单位和个人赠送的车辆，不得以任何理由违反用途使用或固定给个人使用执法执勤、机要通信等公务用车，不得以公务交通补贴名义变相发放福利。公务人员不得既领取公务交通补贴、又违规乘坐公务用车。纪检监察机关要强化监督检查，及时受理群众举报，依法依纪严肃查处违反公务用车制度改革和公务用车管理的行为，严肃追究相关责任人的责任。

（四）切实保障公务出行

鼓励公务出行利用公共交通服务。各地要采取有效措施，完善城市公共交通服务体系，探索发展适合公务出行的市场化交通定制服务，增加社会化交通供给。及时解决公务出行遇到的实际问题，确保改革后公务出行得到有效保障。

五、认真做好组织实施工作

（一）加强领导，明确责任

公务用车制度改革政策性强、任务艰巨，各地区各部门要高度重视，切实加强领导，严格工作纪律，明确工作责任。中央和地方分别建立公务用车制度改革领导小组，明确工作机制，负责落实各项改革任务，确保改革扎实稳步推进，既要改成，更要改好。

中央公务用车制度改革领导小组由国家发展改革委、国管局、中直管理局牵头，财政部、人力资源社会保障部、审计署等部门参加，主要负责指导、协调全国公务用车制度改革工作，制定并组织实施中央和国家机关公务用车制度改革方案及配套政策，会同有关部门制定中央和国家机关所属非参公事业单位、中央企业和中央金融企业公务用车制度改革方案。

各省（自治区、直辖市）公务用车制度改革领导小组要根据本地区实际情况，负责制定并组织实施本省（自治区、直辖市）党政机关、事业单位、国有企业和国有金融企业公务用车制度改革方案及配套政策。各省（自治区、直辖市）党政机关公务用车制度改革方案报中央公务用车制度改革领导小组批准后实施。

（二）精心组织，扎实推进

各地区各部门要健全工作机制，深入调查研究，细致统计测算，周密制定公务用车制度改革方案，明确时限要求，加强监督检查，及时有效解决改革中遇到的新情况新问题，确保各项工作落到实处。中央和国家机关及各省（自治区、直辖市）要尽快启动公务用车制度改革工作，确保在规定时限内完成改革任务。已先行开展公务用车制度改革的地区和部门要按本意见进行规范。

（三）加强舆论引导，营造良好氛围

切实加强公务用车制度改革舆论宣传工作，做好政策解读，阐释改革的目的和意义，正确引导社会舆论，及时回应社会关切，使广大公务人员和人民群众了解、支持改革，努力为改革营造良好社会氛围。

2014 年 7 月 16 日

中央和国家机关公务用车制度改革方案

为贯彻落实党的十八大和十八届三中全会精神以及《党政机关厉行节约反对浪费条例》，推进中央和国家机关公务用车制度改革，加快建立新型公务用车制度，有效降低行政成本，根据《关于全面推进公务用车制度改革的指导意见》，制定本方案。

一、目标和原则

（一）总体目标

围绕建设节约型、廉洁型机关的要求，坚持社会化、市场化方向，转变传统的公务用车运行管理方式，合理有效配置公务用车资源，创新公务交通分类提供方式，实现公务出行便捷合理、交通费用节约可控、车辆管理规范透明、监管问责科学有效，为全国公务用车制度改革作出示范。

（二）基本原则

1. 坚持制度创新、保障公务出行。改革公务用车实物供给方式，取消一般公务用车，普通公务出行方式由公务人员自行选择，实行社会化提供并适度补贴交通费用，从严配备定向化保障的公务用车。

2. 坚持统筹兼顾、注重政策配套。综合考虑各种因素，正确处理改革涉及的各方面利益关系，科学制定改革方案和相关配套政策，增强可行性和协调性，确保新旧机制有效转换。

3. 坚持统一部署、分类分步推进。率先推进中央和国家机关及其所属参公事业单位公务用车制度改革，驻地方的中央垂直管理单位公务用车制度改革按照属地化原则推进，中央和国家机关所属非参公事业单位、中央企业和中央金融企业参照本方案制定相关改革政策，坚持先易后难，分类分步稳妥推进改革。

二、主要任务

（一）参改范围

1. 机构范围：中央纪委机关和中央各部门，全国人大机关，国务院各部门，全国政协机关，最高人民法院，最高人民检察院，各人民团体、群众团体，各民主党派中央、全国工商联，中央和国家机关所属参公事业单位。

2. 人员范围：在编在岗的司局级及以下工作人员。

3. 车辆范围：取消一般公务用车，保留必要的机要通信、应急、特种专业技术用车和符合规定的一线执法执勤岗位车辆及其他车辆。

（二）改革方式

1. 对参改的司局级及以下工作人员适度发放公务交通补贴，自行选择公务出行方式，在北京市行政区域（城区）内公务出行不再报销公务交通费用。

2. 按照节约成本、保证公务、便于操作、简化档次的要求，合理确定各职级工作人员公务交通补贴标准。具体为：司局级每人每月 1 300 元，处级每人每月 800 元，科级及以下每人每月 500 元。各单位可根据实际情况，从公务交通补贴中划出一定比例作为单位统筹部分，集中用于解决不同岗位之间公务出行不均衡等问题，比例原则上不超过补贴总额的 10%。统筹资金使用要公开透明，具体管理办法由各单位自行制定。

3. 公务交通补贴属于改革性补贴，列入财政预算，在交通费中列支、按月发放，用于保障公务人员普通公务出行。适时适度调整公务交通补贴标准。

4. 执法执勤部门统一参加公务用车制度改革，按规定保留的执法执勤用车要严格配备在一线执法执勤岗位，执法执勤部门的其他一般公务用车一律纳入改革范围。

5. 对未参改单位和人员，不得发放公务交通补贴。

（三）车辆处置

1. 对取消的公务用车，由公务用车主管部门统一规范处置。

2. 对取消的公务用车，委托中介机构进行资产评估，以评估价作为处置基准价，采取公开拍卖等方式进行公开处置，处置结果向社会公开。

3. 处置公务用车所得收入，扣除有关税费后全部上缴中央国库。

4. 取消车辆处置要防止甩卖和贱卖现象，避免国有资产流失。

（四）司勤人员安置

1. 根据保留公务用车的实际需要，合理设置司勤人员岗位，按照公开、平等、竞争、择优的原则，在现有在册正式司勤人员中，采用竞聘上岗、综合择优等方式确定上岗人员。

2. 对其他司勤人员，按照以人为本、积极稳妥、因地制宜的原则，坚持内部消化为主，通过内部转岗、开辟新的就业岗位、提前离岗等多种方式妥善安置，不得将其简单推向社会。

3. 做好相关人员聘用合同或劳动合同的终止、解除工作，妥善处理该类用工形式司勤人员与单位的劳动关系，维护好相关人员合法权益。

4. 人员安置工作由人力资源社会保障部统筹协调，所需支出由财政安排专项经费予以保障。

三、保障措施

（一）加强保留公务用车管理。中央和国家机关各部门各单位根据编制总量和工作性质可保留 5 辆以内的机要通信、应急公务用车，由公务用车主管部门实行编制管理，编制数量和配备标准要根据各部门各单位实际工作情况科学确定，优先选用新能源汽车。执法执勤用车配备应当严格限制在一线执法执勤岗位，机关内部管理和后勤岗位以及机关所属事业单位一律不得配备。财政部要会同有关部门按规定对执法执勤用车进行核定和规范。除涉及国家安全、侦查办案等有保密要求的特殊工作用车外，执法执勤用车应当喷涂明显的统一标识。国管局会同中直管理局负责修订公务用车使用管理办法，加强公务用车规范化管理。进一步精简公务用车管理机构。

（二）严格财务管理。财政部要严格交通费用预算管理。各单位要加强财务管理，按照在编在岗公务员数量和职级核定补贴数额，严格公务交通补贴发放，不得擅自扩大补贴人员范围、提高补贴标准。

（三）加强公务用车纪律检查和审计。严肃公务用车纪律，各部门各单位不得以特殊用途等理由变相超编制、超标准配备公务用车，不得以任何方式换用、借用、占用下属单位或其他单位和个人的车辆，不得接受企事业单位和个人赠送的车辆，不得以任何理由违反用途使用或固定给个人使用执法执勤、机要通信等公务用车，不得以交通补贴名义变相发放福利。公务人员不得既领取公务交通补贴、又违规乘坐公务用车。纪检监察机关负责对公务用车制度改革执行情况进行监督检查，纠正和查处违纪违法行为。审计部门要对公务用车改革情况进行监督，并将改革后公务用车配备和运行维护费用、交通补贴发放、车辆处置情况等纳入日常和专项审计监督。

（四）切实保障公务出行。北京市要采取切实措施，健全城市公共交通服务体系，完善出租车市场化运营管理方式，增加社会化交通供给。及时解决公务出行遇到的问题，保障中央和国家机关普通公务出行。

四、加强组织实施

（一）加强领导。中央公务用车制度改革领导小组负责组织实施中央和国家机关公务用车制度改革工作。各部门各单位要成立公务用车制度改革工作组，负责制定本部门本单位实施方案，报中央公务用车制度改革领导小组批准后组织实施。已先行改革的单位要按照本方案规范执行。

（二）明确责任。各部门各单位主要负责人对本部门本单位公务用车制度改革工作负全面领导责任，要认真研究部署，明确任务分工和责任，确定相关责任人员，把各项工作落到实处，确保改革顺利推进。

（三）分步实施。本方案自印发之日起实施，力争在2014年年底前基本完成。驻地方的中央垂直管理单位改革方案由中央公务用车制度改革领导小组会同有关部门制定，与地方改革同步推进。中央和国家机关所属非参公事业单位、中央企业和中央金融企业改革方案由中央公务用车制度改革领导小组会同有关部门制定，力争在2015年年底前完成。

（四）加强舆论引导。切实做好公务用车制度改革的新闻宣传和舆论引导工作，广泛宣传相关政策规定、典型经验和成效，及时回应社会关切，使广大公务人员和人民群众了解、支持改革，努力为改革营造良好社会氛围。

2014年7月16日

国务院办公厅关于进一步动员社会各方面力量参与扶贫开发的意见

国办发［2014］58号

各省、自治区、直辖市人民政府，国务院各部委、各直属机构：

广泛动员全社会力量共同参与扶贫开发，是我国扶贫开发事业的成功经验，是中国特色扶贫开发道路的重要特征。改革开放以来，各级党政机关、军队和武警部队、国有企事业单位等率先开展定点扶贫，东部发达地区与西部贫困地区结对扶贫协作，对推动社会扶贫发挥了重要引领作用。民营企业、社会组织和个人通过多种方式积极参与扶贫开发，社会扶贫日益显示出巨大发展潜力。但还存在着组织动员不够、政策支持不足、体制机制不完善等问题。为打好新时期扶贫攻坚战，进一步动员社会各方面力量参与扶贫开发，全面推进社会扶贫体制机制创新，经国务院同意，现提出以下意见：

一、总体要求和基本原则

（一）总体要求。坚持以邓小平理论、“三个代表”重要思想、科学发展观为指导，深入贯彻党的十八大和十八届二中、三中、四中全会精神，全面落实党中央、国务院关于扶贫开发的决策部署，大力弘扬社会主义核心价值观，大兴友善互助、守望相助的社会风尚，创新完善人人皆愿为、人人皆可为、人人皆能为的社会扶贫参与机制，形成政府、市场、社会协同推进的大扶贫格局。

（二）基本原则。

——坚持政府引导。健全组织动员机制，搭建社会参与平台，完善政策支撑体系，营造良好社会氛围。

——坚持多元主体。充分发挥各类市场主体、社会组织和社会各界作用，多种形式推进，形成强大合力。

——坚持群众参与。充分尊重帮扶双方意愿，促进交流互动，激发贫困群众内生动力，充分调动社会各方面力量参与扶贫的积极性。

——坚持精准扶贫。推动社会扶贫资源动员规范化、配置精准化和使用专业化，真扶贫、扶真贫，切实惠及贫困群众。

二、培育多元社会扶贫主体

（三）大力倡导民营企业扶贫。鼓励民营企业积极承担社会责任，充分激发市场活力，发挥资金、技术、市场、管理等优势，通过资源开发、产业培育、市场开拓、村企共建等多种形式到贫困地区投资兴业、培训技能、吸纳就业、捐资助贫，参与扶贫开发，发挥辐射和带动作用。

（四）积极引导社会组织扶贫。支持社会团体、基金会、民办非企业单位等各类组织积极从事扶贫开发事业。地方各级政府和有关部门要对社会组织开展扶贫活动提供信息服务、业务指导，鼓励其参与社会扶贫资源动员、配置和使用等环节，建设充满活力的社会组织参与扶贫机制。加强国际减贫交流合作。

（五）广泛动员个人扶贫。积极倡导“我为人人、人人为我”的全民公益理念，开展丰富多样的体验走访等社会实践活动，畅通社会各阶层交流交融、互帮互助的渠道。引导广大社会成员和港澳同胞、台湾同胞、华侨及海外人士，通过爱心捐赠、志愿服务、结对帮扶等多种形式参与扶贫。

（六）深化定点扶贫工作。承担定点扶贫任务的单位要发挥各自优势，多渠道筹措帮扶资源，创新帮扶形式，帮助协调解决定点扶贫地区经济社会发展中的突出问题，做到帮扶重心下移，措施到位有效，直接帮扶到县到村。定期选派优秀中青年干部挂职扶贫、驻村帮扶。定点扶贫单位负责同志要高度重视本单位定点扶贫工作，深入开展调研，加强对定点扶贫工作的组织领导。

（七）强化东西部扶贫协作。协作双方要强化协调联系机制，继续坚持开展市县结对、部门对口帮扶。注重发挥市场机制作用，按照优势互补、互利共赢、长期合作、共同发展的原则，通过政府引导、企业协作、社会帮扶、人才交流、职业培训等多种形式深化全方位扶贫协作，推动产业转型升级，促进贫困地区加快发展，带动贫困群众脱贫致富。协作双方建立定期联系机制，加大协作支持力度。加强东西部地区党政干部、专业技术人才双向挂职交流，引导人才向西部艰苦边远地区流动。各省（区、市）要根据实际情况，在本地区组织开展区域性结对帮扶工作。

三、创新参与方式

（八）开展扶贫志愿行动。鼓励和支持青年学生、专业技术人才、退休人员和社会各界人士参与扶贫志愿者行动，建立扶贫志愿者组织，构建贫困地区扶贫志愿者服务网络。组织和支持各类志愿者参与扶贫调研、支教支医、文化下乡、科技推广等扶贫活动。

（九）打造扶贫公益品牌。继续发挥“光彩事业”“希望工程”“母亲水窖”“幸福工程”“母亲健康快车”“贫困地区儿童营养改善”“春蕾计划”“集善工程”“爱心包裹”“扶贫志愿者行动计划”等扶贫公益品牌效应，积极引导社会各方面资源向贫困地区聚集，动员社会各方面力量参与“雨露计划”、扶贫小额信贷和易地扶贫搬迁等扶贫开发重点项目，不断打造针对贫困地区留守妇女、儿童、老人、残疾人等特殊群体的一对一结对、手拉手帮扶等扶贫公益新品牌。

（十）构建信息服务平台。以贫困村、贫困户建档立卡信息为基础，结合集中连片特殊困难地区区域发展与扶贫攻坚规划，按照科学扶贫、精准扶贫的要求，制定不同层次、不同类别的社会扶贫项目规划，为社会扶贫提供准确的需求信息，推进扶贫资源供给与扶贫需求的有效对接，进一步提高社会扶贫资源配置与使用效率。

（十一）推进政府购买服务。加快推进面向社会购买服务，支持参与社会扶贫的各类主体通过公开竞争的方式，积极参加政府面向社会购买服务工作，政府部门择优确定扶贫项目和具体实施机构。支持社会组织承担扶贫项目的实施。

四、完善保障措施

（十二）落实优惠政策。按照国家税收法律及有关规定，全面落实扶贫捐赠税前扣除、税收减免等扶贫公益事业税收优惠政策，以及各类市场主体到贫困地区投资兴业、带动就业增收的相关支持政策。降低扶贫社会组织注册门槛，简化登记程序，对符合条件的社会组织给予公益性捐赠税前扣除资格。对积极参与扶贫开发、带动贫困群众脱贫致富、符合信贷条件的各类企业给予信贷支持，并按有关规定给予财政贴息等政策扶持。鼓励有条件的企业自主设立扶贫公益基金。

（十三）建立激励体系。以国务院扶贫开发领导小组名义定期开展社会扶贫表彰，让积极参与社会扶贫的各类主体政治上有荣誉、事业上有发展、社会上受尊重。对贡献突出的企业、社会组织和各界人士，在尊重其意愿前提下可给予项目冠名等激励措施。

（十四）加强宣传工作。把扶贫纳入基本国情教育范畴，大力弘扬社会主义核心价值观，开展扶贫系列宣传活动。创新社会扶贫宣传形式，拓宽宣传渠道，加强舆论引导，统筹推进社会扶贫先进事迹宣传报道工作，宣传最美扶贫人物，推出扶贫公益广告，倡导社会扶贫参与理念，营造扶贫济困的浓厚社会氛围。

（十五）改进管理服务。地方各级政府和有关部门要适应社会扶贫体制机制改革创新需要，深入调查研究，强化服务意识，搭建社会参与平台，提高社会扶贫工作的管理服务能力。完善定点扶贫和东西部扶贫协作工作考核评估制度。加强对社会扶贫资源筹集、配置和使用的规范管理。建立科学、透明的社会扶贫监测评估机制，推动社会扶贫实施第三方监测评估。创新监测评估方法，公开评估结果，增强社会扶贫公信力和影响力。加强贫困地区基层组织建设，开发贫困地区人力资源，提高农村致富带头人和贫困群众的创业就业能力。充分尊重贫困群众的主体地位和首创精神，把贫困地区的内生动力和外部帮扶有机结合，不断提高贫困地区和贫困群众的自我发展能力。

（十六）加强组织动员。国务院各部门和有关单位要密切合作，加强协调动员，按照职能分工落实相关政策，推进各项工作。扶贫部门要加强社会扶贫工作的组织指导和协调服务。财政、税务、金融部门要落实财税和金融支持政策措施。人力资源社会保障部门要落实挂职扶贫干部、驻村帮扶干部和专业技术人员相关待遇。民政部门要将扶贫济困作为促进慈善事业发展的重点领域，支持社会组织加强自身能力建设，提高管理和服务水平。工会、共青团、妇联、残联、工商联要发挥各自优势积极参与扶贫工作。地方各级政府要完善工作体系，建立工作机制，落实工作责任。要汇全国之力、聚各方之财、集全民之智，加快推进扶贫开发进程。

2014 年 11 月 19 日

国家发展和改革委员会 中央编办 工业和信息化部 财政部 教育部 公安部 民政部 人力资源社会保障部 国家卫生计生委 审计署 食品药品监管总局 国家标准委 关于加快实施信息惠民工程有关工作的通知

发改高技［2014］46号

各省、自治区、直辖市及计划单列市、新疆生产建设兵团发展改革委、编办、工业和信息化主管部门、财政厅、教育厅、教委、教育局、公安厅、民政厅、人力资源社会保障厅、卫生计生委、审计厅、食品药品监管局、质量技术监督局：

为贯彻落实《国务院关于促进信息消费扩大内需的若干意见》（国发［2013］32号）、《国务院关于印发“十二五”国家战略性新兴产业发展规划的通知》（国发［2012］28号）关于实施信息惠民工程的工作部署，增强民生领域信息服务能力，提升公共服务均等普惠水平，现就加快实施信息惠民工程的有关事项通知如下：

一、充分认识实施信息惠民工程的重要意义

当前是我国全面建设小康社会的关键时期，也是在重大民生问题和民生需求上实现突破的重要战略机遇期，既面临社会流动性和开放性日益增强，以及民生诉求多样化、利益多元化、服务个性化、方式便利化的新形势，又迫切需要有效破解民生领域公共服务资源短缺失衡、区域城乡差距扩大、均等化普惠化水平不高等老问题。实施信息惠民工程，拉消费、促发展、惠民生，是以信息化带动和促进民生领域跨越发展的战略选择，是提供广覆盖、多层次、差异化、高品质公共服务的有效途径，有助于优化社会资源配置、创新公共服务供给模式、提升均等化普惠化水平，也将有助于培育新型业态和新的经济增长点，对促进信息消费、提升基本公共服务水平、加强和创新社会管理、构建和谐社会等具有重要意义。

二、推进信息惠民工程实施的总体要求

（一）总体思路

我国信息化是在工业化尚未完成、城镇化快速发展的背景下推进的，面临人口多且流动性强、资源相对短缺、城乡发展不平衡、基本公共服务供给不足等客观矛盾。信息惠民工程实施要以解决当前体制机制和传统环境下民生服务的突出难题为核心，改变以往技术导向、项目驱动的信息化建设模式，有效整合孤立、分散的公共服务资源，强化多部门联合监管和协同服务，鼓励市场参与，创新服务模式，拓宽服务渠道，构建方便快捷、公平普惠、优质高效的公共服务信息体系，全面提升各级政府公共服务水平和社会管理能力。

信息惠民工程实施的重点是解决社保、医疗、教育、养老、就业、公共安全、食品药品安全、社区服务、家庭服务等九大领域突出问题，各行业主管部门要发挥业务指导作用，要围绕解决各领域民生服务存在的突出矛盾和制约因素，注重体制机制和政策制度创新，要以推动跨层级、跨部门信息共享和业务协同为抓手，促进公共服务的多方协同合作、资源共享、制度对接。

各地方在实施信息惠民工程中，要注重资源整合，在已有资源基础上集中构建政府公共服务平台，原则上在地市层级建设部署，在街道社区统一应用，要实现基础信息集中采集、多方利

用，逐步实现公共服务事项和社会信息服务的全人群覆盖、全天候受理和“一站式”办理。要坚决避免区县以下层级分散建设同类信息平台，避免重复投资、重复建设，避免形成新的信息孤岛。

（二）基本原则

围绕民生，突出重点。围绕当前群众广泛关注和亟待解决的医疗、教育、社保、就业、养老服务等民生问题，选择信息化手段成效高、社会效益好、示范意义大、带动效应强的内容作为工作重点，着力解决薄弱环节、关键问题，增强信息服务的有效供给能力，提升信息便民惠民利民水平。

统筹发展，分步实施。要将信息惠民工程建设与经济社会信息化发展相结合，充分利用已有资源，做好工程推进与全局工作的统筹衔接，保障工作落到实处。把以服务公众、提高社会满意度作为中心任务，选择基础好、需求紧迫、条件成熟的工作领域作为切入点和突破口，设定合理的分阶段发展目标和分步骤实施方案，切实保障信息惠民工程取得实效。

政府引导，市场主导。充分发挥政府推进信息惠民工程的导向性作用和市场配置资源的基础性作用，政府部门着重提供基础性、公益性的服务内容，引导社会力量开展专业化、多元化、个性化的服务，鼓励和支持各类市场主体共同培育信息惠民可持续发展模式，形成优势互补、多元参与、开放竞争的发展格局。

试点先行，因地制宜。按照先行先试、地方试点为主的思路推进专项实施，要将探索体制机制、服务模式创新作为试点的重点。结合不同地方的需求和工作基础，因地制宜，推动基本公共服务向基层延伸，缩小城乡、区域和不同群体之间的数字鸿沟，加快促进基本公共服务均等化。

条块结合，协同共享。充分调动中央和地方两个层面的积极性，强化中央部门的业务指导和政策支持，形成跨部门联合推进机制，充分发挥地方政府的积极性和主动性，引导地方做好示范应用，推动信息资源跨层级、跨部门的共享，切实发挥信息共享在促进多部门合力解决社会难题的关键作用和综合效能，形成上下互动、协同推进的工作格局。

（三）总体目标

通过实施信息惠民工程，实现信息化与民生领域应用的深度融合，进一步发挥信息化对保障和改善民生的支撑性和带动性作用，信息惠民应用取得显著成效。教育、医疗、社保等基本公共服务有效供给逐步增多优化，均等化程度明显增强。养老、就业等公共服务模式不断创新多元，一体化服务能力逐步加强。社会信用、城市和社区管理、食品药品安全监管等社会管理的模式不断创新优化，多部门联合、传统方法与现代手段结合的综合化管理体系初步建立。公共安全、城市管理等科技支撑手段不断升级完善，智能化水平稳步提高。城乡、区域信息基础条件差距逐步缩小，普惠化水平全面提升。教育、医疗、养老、社保等领域新型信息服务更加活跃，信息消费需求进一步释放。

三、实施信息惠民工程的重点任务

（一）开展信息惠民国家示范省市创建工作

由国家发展改革委牵头会同中央编办、工业和信息化部、财政部、教育部、公安部、民政部、人力资源社会保障部、国家卫生计生委、审计署、食品药品监管总局、国家标准委等部门共同组织，结合政务信息共享国家示范省市建设（不再另行组织），开展信息惠民国家示范省市建设。一方面促进信息化优化公共资源配置，创新社会管理和公共服务模式，拓宽公共服务和公众参与渠道，提升公共服务水平和均等普惠程度，提高社会管理效能，促进政务公开和依法行政；另一方面推进民生领域信息化深度应用，培育传统服务业的信息消费新热点，提升消费保障和服务水平，以信息服务促进信息消费。

（二）社会保障信息惠民行动计划

由人力资源社会保障部牵头会同财政部、国家卫生计生委等部门组织实施。以建立更加便民快捷的一体化社会保障公共服务体系为目标，加快推进社会保障一卡通，到2015年社会保障卡持卡人数达到8亿，推动社会保障卡在人力资源社会保障以及居民健康、惠民待遇发放等公共服务领域的集成应用。建设跨地区医保费用中央和省级结算信息平台，制定跨地区医保联网结算标准规范，在全国范围实现公民的合规异地就医费用医保持卡即时结算。先期在15个省份100个地市开展跨省医保即时结算试点，服务城乡居民超3亿人，跨地区医保即时结算模式和协作机制逐步建立，跨地区一体化服务初见成效。

（三）健康医疗信息惠民行动计划

由国家卫生计生委牵头会同人力资源社会保障部等部门组织实施。围绕解决看病就医难题，以便利医疗服务、惠及城乡居民、壮大健康产业为目标，以医疗服务信息标准化、检查检验结果全国互认为基础，推广远程医疗，建立和完善重大公共卫生、传染病等健康信息监测预警体系，促进优质资源共享和卫生服务普惠，建立完善电子病历、电子健康档案，逐步实现全国范围跨机构、跨区域、跨卫生业务的健康信息、就诊信息共享和一卡通用，积极推进应用居民健康卡与社会保障卡、金融IC卡、市民服务卡等公共服务卡的应用集成。先期在15个省份、45所大型医院开展示范，逐步建立居民健康医疗信息跨机构、跨区域共享机制，实现就医一卡通。

（四）优质教育信息惠民行动计划

由教育部牵头会同人力资源社会保障部等部门组织实施。以促进教育公平，提高教育质量，加快缩小区域、城乡、校际之间的教育差距为目标，推进优质教育资源共享，深化信息技术在教育教学中的应用。建设完善教育信息基础设施，缩小中西部地区学校数字鸿沟。建立扩大优质教育资源覆盖面的有效机制，继续推进国家精品开放课程共享，加快建立教育资源公共服务体系。初期在职业教育领域委托有条件的职业院校及相关机构，建设

1个职业教育数字资源管理中心、20个开发应用基地和100个应用推广试点学校，向职业教育全体学生和社会成员提供开放服务。

（五）养老服务信息惠民行动计划

由民政部牵头会同国家卫生计生委、人力资源社会保障部、工业和信息化部等部门组织实施。以满足养老服务需求、释放养老消费潜力、促进养老服务业发展为目标，建立养老服务机构、医疗护理机构等网络互联、信息共享的服务机制，重点推进养老服务机构信息化建设，推广远程健康监测，拓展养老机构专业化服务的惠及面，推进养老、保健、医疗服务一体化发展。先期在200个养老服务机构开展试点，大幅提升养老信息服务水平。

（六）就业服务信息惠民行动计划

由人力资源社会保障部牵头会同有关部门组织实施。以建立更加方便快捷、覆盖全国的公共就业信息服务平台为目标，建设高校毕业生、农村转移劳动者、就业困难人员数据库，制定就业信息服务标准，鼓励职业中介机构和相关人力资源服务企业广泛参加，推动就业信息全国联网，面向各类劳动者和用人单位开展政策咨询、信息发布、职业指导、就业失业登记和享受政府网上经办服务，创造平等就业机会，促进社会就业更加充分。

（七）食品药品安全信息惠民行动计划

由食品药品监管总局牵头会同有关部门组织实施。以形成社会综合治理格局，切实提高食品药品安全保障水平为目标，利用物联网技术、溯源技术、防伪技术、条码技术、云计算等技术，加快食品药品安全信息系统建设，强化食品药品电子追溯，方便信息公开查询。规范互联网食品药品交易行为，试点药品网上阳光直购。

（八）公共安全信息惠民行动计划

由公安部牵头会同有关部门组织实施。在公共安全信息惠民行动计划中先期启动公共安全视频信息应用试点，以构建立体化公共综合防控及社会安全服务为目标，构建跨区域公共安全视频图像信息处理平台，整合各类视频图像信息资源，研究建立公共安全视频信息安全管理、授权共享机制，拓展政府、民众对视频图像信息的综合应用，形成公共安全信息化支撑、服务体系。先期在4省（区）20余城市实现重要公共视频资源共享应用，公共安全跨部门、跨地区视频图像信息采集共享体系逐步健全，立体化综合防控效能显著增强，民众在公共区域安全感、满意度得到提升。

（九）社区服务信息惠民行动计划

由民政部牵头会同工业和信息化部、公安部等部门组织实施。以创新基层社会管理方式、增强社区服务群众能力、扩大社会力量参与、完善社区信息消费环境为目标，以社区养老为切入点，推进社区信息化建设。以为公众提供便利化服务为导向，以街道（乡镇）或社区为基本单元，应用城市统一政府公共服务信息平台，避免社区、街道、区（县）单独建设。重点依托城市统一政府公共服务信息平台拓展直接面向社区的信息化应用系统，实现公共服务一站式受理和基础信息资源集中采集，避免重复采集、多头采集。同时，要统筹推进基层一体化公共服务设施建设，积极推进通过服务网站和集中服务大厅为公众提供“一站式”服务，减少各行业、各部门单独建设服务设施，避免重复投资、重复建设。积极吸纳社区志愿服务和商业服务资源，制定系统接入和信息共享标准，优先支持居家和社区养老服务项目，健全社区服务需求表达和反馈机制。先期在450个社区开展试点，社区养老服务能力显著增强，公共服务、志愿服务和商业服务衔接配套的社区服务体系初步建立。

（十）家庭服务信息惠民行动计划

由工业和信息化部牵头会同人力资源社会保障部、公安部等部门组织实施。以进一步丰富家庭信息服务、促进和引导居民信息消费为目标。建设智慧家庭综合应用平台，整合生活服务信息、公共安全服务信息和新农村综合服务信息等，面向城乡个人和家庭，提供优质、多样、便捷的信息服务。先期在10个城市开展智慧家庭信息服务试点，选择100万个家庭，提供超过100项家庭信息服务。

（十一）信息惠民综合试点行动计划

由国家发展改革委牵头会同有关部门共同组织，各地人民政府实施。依托信息惠民国家示范省市，实施信息惠民综合试点，以创新社会管理、方便百姓服务为目标，统筹建立政府公共服务信息平台。通过政府公共服务信息平台，整合教育、卫生计生、人力资源社会保障、民政、工商、税务等多部门信息资源，发挥企业积极性，引入优质社会服务资源，提供多渠道、多形式的信息服务，满足居民多样化需求，逐步实现公共服务事项和社会信息服务的全人群覆盖、全天候受理和"一站式"办理。促进政府数据对社会公众的开放共享和创新应用，引导带动社会增值开发，促进信息服务业发展，促进信息内容消费。

四、推进信息惠民工程的主要措施

（一）建立跨部门协调推进机制

国家发展改革委、中央编办、工业和信息化部、财政部、教育部、公安部、民政部、人力资源社会保障部、国家卫生计生委、审计署、食品药品监管总局、国家标准委等部门建立信息惠民工程协调推进机制，协调解决推进工作中的难点问题，督促检查工作落实情况，适时组织阶段评估和绩效评价。

（二）强化国家政策引导支持

国务院有关部门继续通过现有资金渠道对信息惠民工程相关示范项目给予必要支持。教育部、公安部、民政部、人力资源社会保障部、国家卫生计生委、食品药品监管总局、工业和信息化部对示范项目建设中有关业务管理模式创新、业务流程优化等方面加强业务指导和专家咨询，加强政策支持。中央编办强化对政府转变职能、强化服务及多部门间协同共享的指导和支持。国家发展改革委、财政部、审计署加强对信息惠民工程的绩效评价和监督检查。国家标准委强化对信息共享关键技术标准、跨地区医保费用结算标准、电子病历互认共享标准等信息惠民工程有关标准规范的指导，健全完善有关管理和服务国家标准，协调推动各领域标准在示范项目中的实施应用。

（三）突出信息惠民工程的重点

各牵头组织部门要结合行业实际和工作需要，从解决保障和改善民生的共性与突出问题入手，组织编制示范工程实施方案，在充分调研和论证、广泛听取基层、公众意见基础上，研究确定工程的发展目标、建设重点和保障措施。

（四）确保信息惠民工程的落实

各地方要本着实事求是、因地制宜、统筹资源、模式创新的基本思路，合理选择本地信息惠民工程的重点内容，制定具体的实施方案，坚持业务主导，明确工作分工，完善工作机制，落实工作责任，保障资金投入，合理配置资源，营造良好政策环境，扎实推进各项工作的落实，切实取得实效。

（五）积极推进信息惠民工程的实施

率先启动信息惠民国家示范城市创建工作（具体要求见附件），在认真总结和评估示范城市创建经验的基础上，条件成熟后，再行启动信息惠民国家示范省创建工作。其他行动计划及有关试点专项具体实施时间和要求，由各牵头组织部门会同国家发展改革委、工业和信息化部、财政部另行通知，国家发展改革委将会同有关部门按照“成熟一项、启动一项”的原则，组织有关部门和专家对试点示范专项工程的工作方案进行论证。

附件：1. 信息惠民国家示范城市创建工作要求（略）

2. 信息惠民国家示范城市创建方案编制要点（略）

2014年1月9日

人力资源社会保障部关于开展窗口单位改进作风专项行动的通知

人社部发〔2014〕5号

各省、自治区、直辖市及新疆生产建设兵团人力资源社会保障厅（局）：

近年来，各级人力资源社会保障部门大力加强各类窗口服务单位（以下简称窗口单位）基础设施建设，提升管理手段，优化办事流程，改进服务方式，涌现出许多优质文明服务的先进典型，群众的满意度不断提高。同时也要看到，目前仍有一些窗口单位管理不规范、办事效率不高、服务态度不好、工作纪律不严，还存在着“门难进、脸难看、事难办”以及电话难打、网上服务项目少的问题，甚至出现导致群众投诉、影响政府形象的情况。按照党的群众路线教育实践活动的要求，为提升人力资源社会保障公共服务水平，我部决定在全国人社系统开展窗口单位改进作风专项行动（以下简称专项行动）。现就有关事项通知如下：

一、指导思想

以邓小平理论、“三个代表”重要思想、科学发展观为指导，认真学习贯彻习近平总书记系列讲话精神，牢固树立以人为本、执政为民的理念，以深入开展党的群众路线教育实践活动为载体，以群众满意为标准，以创建优质服务窗口为目标，以自查自纠、群众监督评议、上级明察暗访和加强基础建设为主要手段，内强素质，外塑形象，努力在服务上形成品牌，为人民群众提供便捷优质的服务。

二、实施范围

这次专项行动包括人力资源社会保障部门所属的各类窗口单位，即：

（一）公共就业和人才服务机构；

（二）各类社会保险经办机构；

（三）劳动人事争议调解仲裁机构；

（四）劳动保障监察机构；

（五）职业技能鉴定机构；

（六）12333 电话咨询服务中心；

（七）人事考试机构；

（八）人事人才服务机构；

（九）信访接待机构；

（十）承担窗口服务职能的综合类服务机构（服务大厅）；

（十一）街道、乡镇、社区等基层服务平台；

（十二）各地确定的承担窗口服务职能的其他机构和平台。

三、主要任务

这次专项行动的主要任务是：紧密结合党的群众路线教育实践活动，全面贯彻和优化各项服务标准和服务规范，严格落实各项工作纪律，普遍使用规范的文明服务用语，使各类窗口单位的作风建设有明显提升。

（一）在服务规范方面。要结合各类窗口单位的服务特点，普遍实行“五制”“四公开”“三亮明”，即首问负责制、全程代理制、一次性告知制、限时办结制和责任追究制，做到办事程序公开、办事依据公开、办事时限公开、办事结果公开，窗口单位及其工作人员提供服务要亮明身份（统一着装或挂牌服务）、亮明承诺、亮明标准，努力使在窗口单位办事的群众少跑一回路、少排一次队、少等一分钟。

（二）在纪律要求方面。要认真落实已有的各项工作纪律，并针对发现的问题进一步细化要求，做到“四杜绝”，即严格依法依规办事，杜绝徇私越权现象；严格信息管理，杜绝泄露服务对象隐私现象；工作时间坚守岗位认真履职，杜绝擅自脱岗“空窗”现象；保持饱满的工作热情和精神状态，杜绝慵懒散漫现象。

（三）在服务用语方面。要坚持以人为本，结合各类窗口的服务特点，规定并推行文明服务用语，做到服务语言规范，表达清晰准确，语气亲切温和，手势、姿态具有亲和力，在全体工作人员中大力提倡人人多一分主动、多一分热情、多一分关怀。

各地区应结合本地实际和不同窗口单位的特点，进一步增补完善《人力资源和社会保障窗口单位服务规范（试行）》和《人力资源和社会保障窗口单位纪律要求》内容，并制定规范的服务用语。

四、实施时间

这次专项行动从2014年年初开始，到2014年10月。具体分为两个阶段：

第一阶段，从2014年1月下旬到全国“两会”前后，重点是结合巩固第一批党的群众路线教育实践活动的成果，制定专项行动工作方案，明确任务目标，做出工作部署，针对当前人民群众最为关心、矛盾最为突出的窗口服务问题，提出改进措施，明确责任单位，限时整改落实，取得初步成效。

第二阶段，2014全国“两会”到10月底，结合开展第二批党的群众路线教育实践活动，在全系统各类窗口单位普遍开展改进服务作风专项行动，重点是进行全面自查自纠，广泛听取群众意见，针对群众关切的问题进行整改，并制定进一步改进服务的措施，建立窗口服务监督和评价机制。

专项行动结束后，要进行全面总结，继续推广先进经验，并巩固、延续专项行动成果，进一步丰富人性化服务手段，拓展信息化服务渠道，提升专业化服务水平，到“十二五”期末，总体形成较为系统的各项服务规范、流程、标准和监督评价机制。

五、工作要求

（一）提高思想认识。人社系统窗口单位及其工作人员的作风好坏直接关系到党和政府的形象，是检验全国人社系统党的群众路线教育实践活动是否取得实效的一个重要标志。各级人社部门要高度重视、认真组织这次专项行动，列入重要议事日程，作为本单位群众路线教育实践活动的一项重要举措来抓，确保取得实效。

（二）切实抓好落实。各省级人社部门要制定开展专项行动的方案，并报我部备案。要坚持问题导向，对本地窗口单位作风建设情况进行全面检查，尤其是对服务对象人数多、工作量大、有投诉记录的窗口单位应重点明察暗访，及时采取改进措施。要及时了解分析基层窗口单位反映的问题和困难，提出处理意见。窗口单位要主动征求服务对象意见，并向社会公开各种服务承诺，设立监督举报电话，自觉接受广大人民群众和社会舆论监督。对由于工作不到位而产生的群众投诉问题，要严格追究有关人员责任。

（三）做好宣传发动。要大力宣传本次专项行动的任务目标和措施，发动窗口单位全体工作人员积极参与，主动建言献策，自觉改进服务。各级人社部门的网站要及时披露专项行动的进展情况。要树立先进窗口单位典型，大力推广好做法、好经验，形成声势，争取积极的社会效果。

（四）建立长效机制。各地在集中整改当前突出作风问题的同时，要加快制定和完善各类服务规范和服务标准，推广窗口服务人员文明用语。要加强窗口单位工作人员培训，并把服务理念、礼仪习惯和工作纪律作为必备内容。要不断创新服务方式，改进服务手段，完善对窗口单位工作人员的激励机制，提升工作的积极性和主动性。要建立和完善社会监督、行政监督、明察暗访等工作机制，通过监督电话、网络举报、聘请社会监督员等形式，主动接受社会各方面的监督。

（五）加强协调配合。这次专项行动持续时间较长，涉及面较广。各地人社部门要指定厅局领导同志负责，明确牵头单位，各窗口单位各司其职，相关单位分工合作，建立起操作性强、沟通顺畅、协同推进的工作机制，使专项行动扎扎实实见到成效。专项行动实施过程中，遇有重要情况和问题，应及时报我部办公厅。

附件：1. 人力资源和社会保障窗口单位服务规范（试行）

2. 人力资源和社会保障窗口单位纪律要求

2014 年 1 月 15 日

附件 1

人力资源和社会保障窗口单位服务规范（试行）

为规范人力资源社会保障系统窗口单位服务行为，提升服务质量，加强服务质量监控，向广大人民群众提供制度化、规范化、专业化和人性化服务，特制定人力资源和社会保障窗口单位通用服务规范。各级各类窗口单位可据此并根据各自服务特点，制定细化的服务规范。

一、服务对象和方式

各类人力资源和社会保障窗口单位的服务对象，包括应享受人力资源和社会保障基本公共服务和合法权益必须得到保障的单位、居民、就业人群、失业人员、离退休人员等各类服务对象。服务方式（场所）包括现场服务、语音服务、视频服务和网络服务等。

二、基本要求

（一）依法合规。开展各项服务活动都应严格遵守国家的法律、法规及相关政策规定，并主动、耐心向服务对象讲解说明，共同守法依规。

（二）诚实守信。各类政策解读、业务咨询、服务项目介绍、公众宣传都应确保真实可信，不得含有虚假误导成分；涉及行政执法、收取费用及办理选择性项目时，应履行如实及时告知义务。

（三）公平公正。对各类服务对象坚持公平公正、一视同仁，维护其合法、正当权益，不得厚此薄彼。

（四）安全便捷。在服务对象聚集的服务场所应配置必要设施，采取必要措施，保障服务对象的人身安全、心理安全。在服务办理时间方面，努力做到便捷高效。

（五）优质服务。主动、热情、友好、礼貌地对待每一位服务对象，满足其合理合法要求，并应针对服务对象实际情况提供个性化服务，以积极的态度、扎实的作风和文明的形象，向服务对象提供优质服务。

三、行为规范

（一）岗责分明。在面对面服务场所，应设置岗位牌，工作人员佩戴身份牌；在语音服务或视频服务场所，应主动告知服务对象自己的工号，明确服务身份；窗口单位负责人也要挂牌上岗，并在服务场所规定位置监督服务。

（二）仪表端庄。工作人员在工作时间应按有关标准或规定统一着装或穿着整齐服饰，坐姿端正，立姿文雅，行姿稳重，做到庄重、整洁、得体。

（三）服务热情。工作人员向服务对象提供服务，要做到微笑多一点、话语亲一点、办事勤一点、效率高一点；对依法依规不能满足的服务要求，应耐心解释说明，任何情况下都不得与服务对象争吵。

（四）办事严谨。工作人员要严格按照规定的业务流程和岗位职责要求向服务对象提供服务，对超越职责权限的事项要及时请示。

四、服务场所规范

（一）统一服务环境。严格执行国家标准、行业标准或相关规范对本窗口单位在标识、标志、形象以及设施设备等方面提出的要求，目前没有明确标准的，也要进行规范管理。

（二）公开服务承诺。通过多种形式，结合实际需要，向服务对象公开部门承诺、集体承诺和个人承诺。

（三）公布办事流程。要公布工作标准、业务标准和权限标准。开放式服务大厅应设立咨询台或引导台，提供咨询服务和单据填写示范；在明显位置张贴办事指南、岗位职责；整齐摆放各类业务宣传页。办公室服务场所也要张贴办事流程和岗位职责。

（四）服务场所安全便利。服务对象聚集的服务场所应做到采光良好、空气流通，方便疏散，并配备防火、防盗、监控等设施；保持环境卫生清洁，设施设备摆放有序，业务宣传资料齐备；有条件的窗口单位，应设置专门等候区、残疾人专用设施，可推出设置医药箱、建立医务室等急救措施。

五、工作规范

（一）服务准备“三提前”：提前检查好信息系统或硬件设施，提前准备好业务凭证和相关印章，提前到达岗位进入工作姿态。

（二）服务咨询“四告知”：告知所提申请是否符合政策规定；告知办理相关业务所需手续；告知办理业务的路径；告知办理业务的时限，并指导服务对象填写有关业务凭证。

（三）服务受理“不推诿”：对服务对象符合规定的需求即时受理，对手续不全或不符合规定的做好政策解释说明，不以任何借口推诿、搪塞服务对象。

（四）服务办理“不积压”：在业务受理、初审、复核、办结各环节，按岗位职责和时限要求及时办理。对距离较远、往返困难及有其他特殊情况的服务对象，应按“急事急办、特事特办”原则，开辟绿色通道，实行点对点服务、重点服务和一条龙服务。

（五）服务结果“不出错”：严格执行业务规程和标准，层层复核把关，力争每个环节不出差错；建立服务日志基础台账，记录各业务环节的办理过程，发现有错及时改正。

（六）服务方式灵活多样：各类窗口单位普遍实行首问负责制、全程代理制、一次性告知制、限时办结制和责任追究制。不同窗口单位可结合业务特点，拓展服务路径，将服务向网络、向基层延伸。

六、服务监督规范

（一）服务对象监督。窗口单位应通过设立群众意见箱和举报监督电话、施行网络投诉和网络舆情监控、开发语音或视频互动系统等方式，加强与服务对象的沟通交流，接受群众监督。

（二）上级监督。窗口单位的主管部门应建立监督检查制度，帮助窗口单位不断改进服务作风；窗口单位要自觉接受监督，主动查找问题，提出改进措施。

（三）社会监督。窗口单位可聘请社会监督员，进行定期巡查或随机明察暗访等方式，监督窗口单位工作人员的服务行为。

（四）内部监督。窗口单位要强化制度管理，精确流程控制，明晰责任主体，加强关联性环节的相互监督，形成高效的内部监督机制。

附件 2

人力资源和社会保障窗口单位纪律要求

为严肃人力资源和社会保障窗口单位工作纪律，打造风清气正、岗责分明、规范有序的服务环境，提升服务质量和服务水平，现制定各类窗口单位通用的纪律要求（二十个禁止），各级各类窗口单位可据此并根据各自服务特点，制定细化的纪律要求。各级各类窗口单位工作人员要严格遵守各项工作纪律，禁止下列行为：

（一）擅自离岗、串岗、聊天、办私事；

（二）带无关人员进入办公区域；

（三）工作日白天饮酒；

（四）在服务场所吸烟、吃东西、打瞌睡；

（五）在服务时间看手机、玩游戏、上网聊天、看电影等与工作无关的行为；

（六）推诿、搪塞服务对象等不作为行为；

（七）违反操作规程擅自处理业务；

（八）超越职责权限办理业务；

（九）擅自增加办理环节，给服务对象带来不便；

（十）泄露服务对象商业秘密、个人隐私或案件处理情况；

（十一）伪造、篡改、擅自销毁服务对象的权益记录；

（十二）将服务对象权益信息用作商业用途；

（十三）对服务对象区别对待，讲私情，谋私利；

（十四）接受服务对象的礼品、礼金、有价证券；

（十五）参加可能影响公正办理业务的宴请及其他活动；

（十六）徇情枉法，偏袒一方当事人；
（十七）滥用职权，侵害服务对象的合法权益；
（十八）隐瞒证据或者变造证据；
（十九）与中介机构做幕后交易、甚至充当其代言人；
（二十）其他违法违纪行为。

国务院扶贫办　中组部　中央统战部　中央直属机关工委　中央国家机关工委　解放军总政治部　教育部　民政部　财政部　人力资源社会保障部　国务院国有资产监督管理委员会　国家税务总局　共青团中央　中国残联　全国工商联关于印发《创新扶贫开发社会参与机制实施方案》的通知

国开办发［2014］31号

各省（自治区、直辖市）和新疆生产建设兵团扶贫办、协作办、组织部、统战部、教育厅（委）、民政厅（局）、财政厅（局）、人力资源和社会保障厅（局）、国资委、国税局、地税局、团委、残联、工商联，各军区、各军兵种、各总部、军事科学院、国防大学、国防科学技术大学、武警部队政治部：

为贯彻落实《关于创新机制扎实推进农村扶贫开发工作的意见》（中办发［2013］25号）关于“创新社会参与机制”精神，国务院扶贫开发领导小组办公室、中央组织部、中央统战部、中央直属机关工委、中央国家机关工委、解放军总政治部、教育部、民政部、财政部、人力资源和社会保障部、国务院国资委、税务总局、共青团中央、中国残联、全国工商联研究制定了《创新扶贫开发社会参与机制实施方案》。现予印发，请结合实际，认真组织实施。

专此通知。

附件：创新扶贫开发社会参与机制实施方案

2014年5月12日

附件

创新扶贫开发社会参与机制实施方案

根据《关于创新机制扎实推进农村扶贫开发工作的意见》（中办发［2013］25号）关于“创新社会参与机制”的要求，制定本方案。

一、目标任务

广泛动员全社会力量参与扶贫开发是中国特色扶贫开发事业的重要组成部分，集中体现了社会主义制度的优越性和中华民族扶贫济困的传统美德，对于培育和践行和谐友善的社会主义核心价值观具有重大意义。要进一步创新机制，营造全社会关心扶贫、爱心助贫的良好氛围，形成政府、市场、社会协同推进的大扶贫工作格局。

（一）完善社会扶贫工作体系。建立和完善广泛动员全社会力量参与扶贫开发的制度，构建包括定点扶贫、东西部扶贫协作、军队和武警部队扶贫以及各民主党派、工商联和无党派人士、企业、社会组织、个人参与的中国特色社会扶贫工作体系。

（二）创新社会扶贫工作机制。拓展社会扶贫组织动员和信息服务渠道，建立和完善社会扶贫激励机制，创新社会扶贫资源筹集、配置、使用、监管机制。

（三）健全社会扶贫支持政策。落实社会扶贫相关财政、税收等政策，按照国家有关规定建立完善干部挂职扶贫、驻村帮扶、扶贫志愿者行动等社会扶贫表彰和激励政策。

（四）营造社会扶贫浓厚氛围。深化社会扶贫研究，推动社会扶贫理论和实践创新。创新社会扶贫宣传形式，拓宽宣传渠道，扩大宣传空间，加强舆论引导，汇全国之力、聚各方之财、集全民之智，营造扶贫济困浓厚社会氛围。

二、主要形式

巩固加强定点扶贫、东西部扶贫协作、军队和武警部队扶贫，充分发挥其示范引领作用。大力推动各民主党派、工商联和无党派人士、企业、社会组织、个人扶贫。

（一）定点扶贫。中央定点扶贫单位要切实加强领导、落实责任、健全制度。动员本单位、本行业、本系统干部职工广泛参与，定期选派优秀中青年干部挂职扶贫。多渠道筹措帮扶资源，创新帮扶形式，帮助协调解决定点扶贫县经济社会发展中的突出问题，做到帮扶重心下移到贫困村，帮扶对象明确到贫困户，帮扶措施到位有效，年度工作总结和计划报送及时。各单位领导同志每年到定点扶贫地区开展扶贫调研，督促指导定点扶贫工作。地方各级党政机关和有关单位的定点扶贫工作参照中央层面做法，组织开展定点扶贫。

（二）东西部扶贫协作。强化政府援助，协作双方要共同研究制定长期规划和年度计划，将对口帮扶工作纳入经济社会发展规划和政府工作目标考核内容；建立协作双方联席会议制度，市县层层结对、行业部门对口帮扶。扩大区域合作，推动东西部资源、产业、要素的优化配置，实现优势互补、互利共赢。加强企业协作，动员东部企业遵循市场规律、发挥自身优势，到西部地区投资兴业，开拓市场，带动当地经济发展和结构转型。组织社会帮扶，广泛动员东部地区社会各界以捐资助学、志愿服务等多种形式参与东西部扶贫协作。加强人才支持，推动东西部党政干部、专业技术人才双向挂职交流，引导人才向西部等艰苦边远地区流动。充分发挥东部职教优势，提倡合作办学、订单培训等多种形式，开展劳动力转移培训。各地要结合实际，组织开展省内区域性结对帮扶，缩小地区发展差距。

（三）军队和武警部队扶贫。明确省军区、军分区政治机关和人民武装部作为同级政府扶贫开发领导小组成员单位。按照“就地就近、有所作为、量力而行、尽力而为”原则，省军区（武警总队）主要帮扶国家扶贫开发工作重点县，军分区帮扶扶贫任务较重的乡镇或贫困村，作战部队结合实际就近确定帮扶对象。部队院校、医疗、科研、装备修理等单位应发挥自身优势，积极支持贫困地区发展教育、科技、文化、卫生等社会事业。

（四）各民主党派、工商联和无党派人士扶贫。鼓励民主党派、工商联和无党派人士发挥联系面广、人才智力富集等优势，通过定点扶贫、智力支边、光彩事业等形式，帮助贫困地区发展教育、科技、文化、卫生等社会事业，改善基础设施条件，促进特色优势产业发展。

（五）企业扶贫。国有企业是国民经济的骨干和命脉，要在扶贫开发中发挥带头作用。民营企业是社会扶贫的重要力量，要积极履行社会责任，参与扶贫开发。鼓励各类企业通过到贫困地区投资兴业、招工就业、捐资助贫、技能培训等多种形式，参加村企共建、结对帮扶等扶贫工作，促进贫困地区经济社会发展，带动贫困群众增收致富。各级国资委、工商联和扶贫部门要加强沟通协调，建立联系机制，做好支持、服务和宣传工作。

（六）社会组织扶贫。推动社会组织积极参与扶贫开发。加强对社会组织开展扶贫活动的信息服务、业务指导和规范管理，开展政府购买服务试点，鼓励社会组织承接政府扶贫项目，创新扶贫方式，打造优秀扶贫公益品牌。

（七）个人扶贫。发挥工会、共青团、妇联、残联等单位组织动员优势，依托各类社会组织，创新服务支撑体系，鼓励和引导广大社会成员和港澳同胞、台湾同胞、华人华侨及海外人士捐助款物，开展助教、助医、助学等扶贫活动，倡导志愿服务精神，构建中国特色的扶贫志愿者网络和服务体系。

以上工作由国务院扶贫办与定点扶贫牵头组织部门、民政部、共青团中央、中国残联、全国工商联组织实施。

三、保障措施

（一）落实支持政策。鼓励有条件的单位设立扶贫基金，拓展社会扶贫筹资渠道，专项用于开展扶贫帮扶工作。参加东西部扶贫协作的东部省市，可在协作双方自愿协商一致的基础上安排一定数额的帮扶资金。加大财政对扶贫公益事业的支持力度，制定政府购买扶贫领域服务的具体措施。按照国家税收法律及其有关规定，全面落实扶贫捐赠税前扣除、税收减免及各类市场主体到贫困地区投资兴业给予相关支持等扶贫公益事业税收优惠政策。简化扶贫社会组织登记程序，对符合条件的社会组织给予公益性捐赠税前扣除资格。

（二）健全激励机制。在每五年开展一次社会扶贫表彰工作的基础上，按照国家有关规定探索建立中国特色的社会扶贫荣誉表彰体系。对扶贫成效明显、贡献特别突出的企业、社会组织和个人，可在尊重其意愿前提下给予项目冠名。规范到贫困地区挂职锻炼工作，切实关心挂职扶贫干部和驻村帮扶干部的工作和生活，对表现优秀的同志在同等条件下原则上可优先提拔使用，也可根据挂职地党委的意见，在派出单位同意、尊重干部意愿的前提下，在当地交流任职。

（三）加强监督评估。建立定点扶贫和东西部扶贫协作工作考核评价机制和通报制度。建立企业、社会组织、个人扶贫监测评估体系。完善扶贫项目招标采购、社会组织征信、第三方评估、审计等相关制度，推动参与扶贫的社会组织增加透明度、提升公信力、扩大影响力。

以上工作由国务院扶贫办与财政部、税务总局、中组部、人力资源社会保障部、民政部共同组织实施。

四、近期工作

（一）制定一个文件。年内以国务院名义制定新时期社会扶贫的指导性文件，就社会扶贫工作的总体要求、基本原则、方式方法、政策措施、组织领导等提出明确意见。

（二）召开一次会议。年内以国务院名义召开全国社会扶贫工作会议，全面总结新世纪以来社会扶贫工作经验，宣传表彰社会扶贫先进典型，动员部署新时期社会扶贫工作，进一步巩固和完善大扶贫工作格局。

（三）开展一次表彰。年内以国务院扶贫开发领导小组名义，开展社会扶贫表彰活动，评选全国社会扶贫先进集体和先进个人，交流经验，激励先进，营造氛围。

（四）设立一个活动日。推动设立全国扶贫济困日，为社会各界参与扶贫、奉献爱心搭建组织动员平台。通过聘请扶贫宣传大使、播出公益广告、开展国情教育、组织志愿帮扶、评选典型人物等系列活动，在中央和地方媒体开展系列宣传，激发全社会参与扶贫的热情和潜力。

（五）构建一个平台。结合正在开展的建档立卡工作，建立中国扶贫网，将贫困村、贫困户的需求信息与社会各界的扶贫资源、帮扶意愿进行有效对接。各地也要根据实际，搭建社会扶贫信息服务平台。

（六）组建一支队伍。充分动员发达地区和大中城市人力资源，组建一支扶贫志愿者队伍。组织青年学生志愿者参与扶贫对象调查识别、统计监测，支持各类志愿者深入贫困地区，开展助教支医、文化下乡、科技推广、创业引领、资源开发等扶贫活动。

民政部　教育部　财政部
人力资源社会保障部　住房城乡建设部
国家卫生计生委关于贯彻落实
《社会救助暂行办法》的通知

民发［2014］135号

各省、自治区、直辖市民政厅（局）、教育厅（教委）、财政厅（局）、人力资源社会保障厅（局）、住房城乡建设厅（局）、卫生计生委（卫生厅局），新疆生产建设兵团民政局、教育局、财务局、人力资源社会保障局、建设局、卫生局：

《社会救助暂行办法》（以下简称《办法》）已于2014年2月21日以国务院649号令颁布，自5月1日起施行。为做好《办法》的贯彻落实工作，现就有关事项通知如下：

一、充分认识《办法》颁布实施的重大意义

社会救助是国家和社会对依靠自身能力难以维持基本生活的公民提供的物质帮助和服务，是保民生、托底线、救急难、促公平的基础性制度安排，关系到困难群众切身利益的维护和保障，关系到党和政府执政理念的实现和执政根基的稳固，关系到我国社会主义制度优越性的体现。《办法》的颁布施行，从法律上确立了社会救助的地位作用、基本原则、主体责任、制度安排、基本程序等，既为保障公民基本生活、维护公民基本生存权益提供了法制保障，也为政府各部门依法救助和社会力量有序参与社会救助提供了法规依据，明确了行为规范，是社会救助事业发展新的里程碑，标志着新形势下社会救助事业迈上了法制化、体系化、规范化统筹发展的新阶段。

各地各有关部门要结合贯彻落实党的十八大和十八届二中、三中全会精神，全面理解、准确把握《办法》的精神实质和主要内容，充分认识新形势下《办法》颁布实施的重大意义，切实增强贯彻落实的自觉性、积极性和主动性。要将贯彻落实《办法》作为当前保障困难群众基本生活、维护困难群众生存权益和人格尊严的重要举措抓紧抓好，努力让困难群众不为饥寒所迫、不为灾害所急、不为大病所困、不为住房所难、不为失业所忧，真正感受到党和政府的关怀和温暖。

二、依法完善落实各项配套政策措施

《办法》以社会救助体系为统领，对各项社会救助制度进行了全面系统规定，确立了以最低生活保障、特困人员供养、受灾人员救助以及医疗救助（含疾病应急救助）、教育救助、住房救助、就业救助和临时救助为主体，以社会力量参与为补充的社会救助制度体系框架。各地各有关部门要根据《办法》要求，结合实际，突出重点，抓紧完善相关配套政策，确保《办法》的有关规定落到实处。

（一）完善最低生活保障和特困人员供养制度。要研究制定最低生活保障家庭收入状况、财产状况的认定办法，健全最低生活保障对象认定标准体系。完善最低生活保障标准制定办法，健全社会救助和保障标准与物价上涨挂钩的联动机制，保障好困难群众基本生活。要制定健全完善特困人员供养制度的具体措施，城乡统筹实施；加强最低生活保障和特困人员供养工作管理，建立责任追究制度，畅通投诉举报渠道，适时开展绩效评估，从制度机制上杜绝关系保、人情保和骗保等违规现象。

（二）完善受灾人员救助制度。要按照属地管理，分级负责的原则，完善自然灾害救助应急预案，做好上下级预案响应标准的衔接，强化预案的科学性和可操作性。编制实施自然灾害救助物资储备规划，明确物资储备布局和规模，建立适应本地救灾需要的物资储备机制。严格按照有关规定，及时准确统计报送自然灾害损失情况，建立健全灾情核查评估机制和统一发布机制。编制和落实各级自然灾害救助资金预算，研究制定出台灾害救助标准，切实有效做好灾害紧急救助、过渡性生活救助、冬春救助和倒损农房恢复重建等工作，保障受灾人员得到及时、公平、合理的救助。

（三）完善医疗救助制度。以最低生活保障对象、特困供养人员为重点，进一步健全完善医疗救助制度。逐步将低收入家庭重病患者及县级以上人民政府规定的其他特殊困难群众纳入救助范围，逐步提高救助水平，使之真正起到托底保障、救急解难的作用。建立健全疾病应急救助制度，落实《疾病应急救助基金管理暂行办法》，为急危重伤病需要急救但身份不明或无力支付相关费用的患者提供应急医疗救治。加快建立医疗救助与基本医疗保险、大病保险相衔接的医疗费用结算机制。加快疾病应急救助制度与其他医疗保障制度的衔接。

（四）完善教育救助制度。进一步健全从学前教育到研究生教育、覆盖各教育阶段的家庭经济困难学生资助政策体系，从制度上保证“不让一个学生因家庭经济困难而失学”。完善实施教育救助的具体措施和救助体系，优先将在各级各类学校就读的最低生活保障家庭成员、特困供养人员纳入现有的学生资助体系，并动态调整资助标准和覆盖范围，努力做到应助尽助。

（五）完善住房救助制度。要根据当地经济社会发展水平、房地产市场状况以及财力可能，制定并及时调整住房困难标准和救助标准，形成科学规范、可持续的住房救助长效机制。完善实施住房救助的具体措施，规范救助程序，确保符合条件的最低生活保障家庭、分散供养的特困人员全部纳入住房保障体系，优先安排解决。

（六）完善就业救助制度。要健全完善实施就业救助的具体政策措施，依托基层公共就业服务机构，摸清就业救助对象底数和就业需求，提供政策咨询、岗位信息、职业指导、职业介绍等精细化、个性化的就业服务，通过鼓励企业吸纳、鼓励自谋职业和自主创业、公益性岗位安置等途径，对就业救助对象实行优先扶持和重点帮助，确保最低生活保障家庭中有劳动能力的成员至少有一人实现就业。

（七）建立临时救助制度。要全面建立临时救助制度，突出其“救急难”的制度特点，对遭遇突发事件、意外伤害、重大疾病或其他特殊原因导致生活陷入困境，其他社会救助制度暂时无法覆盖或救助之后基本生活仍有严重困难的家庭及时给予救助。要根据当地实际，制定具体的临时救助对象认定办法，明确救助类型、范围和标准。要加强救助管理机构建设，及时救助生活无着的流浪、乞讨人员。加强临时救助与其他社会救助制度之间的衔接，形成制度合力，消除救助盲区。

（八）加强社会力量参与。各地要细化政策措施，研究制定向社会力量购买社会救助中的具体服务事项的办法。要全面了解、掌握本地区社会组织、企事业单位等设立慈善项目的情况，搭建政府部门救助资源、社会组织救助项目与困难群众救助需求对接的信息平台，充分发挥慈善救助方法灵活、形式多样、一案一策的特点，鼓励、引导、支持社会组织、企事业单位和爱心人士等针对急难个案开展慈善救助。要广泛动员社会力量参与社会救助，充分发挥社会组织、社会工作者和志愿者队伍等社会力量参与社会救助的专业优势和服务特长，针对不同救助对象开展生活帮扶、心理疏导、精神慰藉、资源链接、能力提升、社会融入等多样化、个性化服务。要加快推进政府购买服务，健全完善促进社会力量参与社会救助的各项财政支持政策，落实好财政补贴、税收优惠、费用减免等政策，引导有影响力的慈善组织和企业设立社会救助公益基金，多渠道、多形式参与社会救助。

三、建立健全社会救助工作机制

（一）建立健全社会救助工作协调机制。各地要进一步建立健全政府领导、民政部门牵头、有关部门配合、社会力量参与的社会救助工作协调机制，加强协调配合和制度衔接，不断提高社会救助的整体效益。民政部门要发挥好牵头协调的作用，教育、财政、人力资源社会保障、住房城乡建设、卫生计生等部门要积极配合、密切协作，共同促进政府各部门之间、政府与社会力量之间救助资源的统筹使用、信息共享，以及救助资源与救助需求之间的合理配置，切实落实好各项社会救助制度。

（二）加快建立社会救助申请家庭经济状况核对机制。各地民政部门要加强与相关部门的沟通协调，会同有关部门、机构研究制定社会救助申请家庭经济状况信息核对办法，加快建立跨部门、多层次、能共享的信息核对平台，不断提高最低生活保障对象、医疗救助对象、住房救助对象、教育救助对象等社会救助对象认定的准确性。2014年年底前全国70％的地区要建立社会救助家庭经济状况核对机制，“十二五”末实现全覆盖。

（三）建立健全“一门受理、协同办理”机制。各地社会救助管理部门要加强配合，密切协作，依托乡镇人民政府（街道办事处）政务大厅、办事大厅等，设立统一的社会救助申请受理窗口（疾病应急救助除外）。要根据部门职责，制定并不断优化受理、分办、转办、反馈等工作流程，明确办理时限和要求，跟踪办理结果，并将办理情况及时告知求助对象，真正做到让困难群众“求助有门”、受助及时。

（四）建立健全社会救助信息共享机制。各地社会救助管理部门要在积极推进信息化建设、提高社会救助管理服务水平的基础上，加快建立民政、教育、人力资源社会保障、住房城乡建设、卫生计生等部门救助信息共享机制。民政部门要及时为其他社会救助管理部门提供最低生活保障对象、特困供养人员及其他困难群众基本信息，为教育、住房、就业、疾病应急等救助工作的开展提供支持；教育、人力资源社会保障、住房城乡建设、卫生计生等部门要及时将教育救助对象、就业救助对象、住房救助对象和疾病应急救助对象获取相关救助的基本信息反馈民政部门，为民政部门对各项救助之后仍有困难的家庭给予临时救助提供依据。

（五）建立健全社会救助资金保障机制。各地要按照《办法》的相关规定，将社会救助资金纳入财政预算，建立与当地经济社会发展水平相适应的资金保障机制，进一步加大社会救助资金投入，确保最低生活保障、特困人员供养、受灾人员救助、医疗救助、教育救助、住房救助、就业救助、临时救助等各项社会救助制度有效落实。要严格资金管理，坚持专款专用，规范预算编制、预算下达、资金支付等环节，确保救助资金及时足额发放到困难群众手中。

（六）全面建立社会救助监督检查长效机制。各地各相关部门要依照《办法》的有关规定，加快研究制定本地区、本部门加强社会救助监督管理、责任追究、绩效评价的具体办法。加大社会救助信息披露力度，严格执行社会救助对象公示制度，在申请人居住的村民委员会或社区居民委员会，对社会救助家庭获得救助前进行审核公示和审批公示，获得救助后进行长期公示，广泛接受社会和群众监督。

四、加强贯彻落实《办法》的组织领导

（一）加强组织领导。各地要将贯彻实施《办法》列入重要议事日程，明确责任，精心组织，认真研究解决工作中存在的困难和问题；统筹安排，全面部署，切实把贯彻实施《办法》工作与贯彻落实党的十八届二中、三中全会精神，与党的群众路线教育实践活动紧密结合起来，抓出实效。要以贯彻落实《办法》为契机，将社会救助工作纳入国民经济和社会发展总体规划，纳入政府工作目标考核体系。

（二）强化能力建设。各地要加强社会救助经办机构建设，科学整合基层社会救助管理资源，确保事有人管、责有人负。加强经费保障，按照《办法》“将政府安排的社会救助工作经费纳入财政预算”的有关规定，落实好社会救助工作经费。积极探索创新社会救助经办服务方式，加大政府购买服务力度，通过设置公益岗位、聘用专业社工、吸纳志愿者、灵活用工等途径，充实基层工作力量，协助做好困难排查、信息报送、宣传引导、公示监督等工作。

（三）加强监督检查。各地要加强《办法》落实情况的督促检查和考核奖惩，定期、不定期开展督促检查，针对存在问题，提出整改措施，狠抓政策落实。对落实政策不力，在实施救助审核审批过程中滥用职权、徇私舞弊、失职渎职的责任人员，要依纪依法追究责任。民政部将会同有关部门加强《办法》贯彻落实情况监测和信息通报，及时了解掌握各地《办法》执行情况，按季度进行通报；并会同有关部门组成联合检查组，对各地贯彻落实情况适时进行专项督查。

（四）加强政策宣传。各地要结合实际，组织好《办法》的学习宣传工作，做到领导干部熟悉《办法》、工作人员精通《办法》、广大群众了解《办法》。要多渠道、多形式做好《办法》宣传工作，各级民政部门要结合社会救助宣传周等活动建立社会救助宣传长效机制；教育、人力资源社会保障、住房城乡建设、卫生计生等部门要在各自职责范围内做好相关救助政策的宣传工作。要加强与媒体的合作，充分发挥报刊、广播、电视以及互联网、微博等新媒体传播速度快、覆盖面广的优势，广泛、深入地宣传《办法》，确保困难群众知晓政策规定，营造全社会关心支持社会救助工作的良好氛围。

各地贯彻落实《办法》有关情况请及时上报。

2014年6月20日

人力资源和社会保障部办公厅关于开展2014年12333全国统一咨询日活动的通知

人社厅函［2014］65号

各省、自治区、直辖市及新疆生产建设兵团人力资源社会保障厅（局）：

12333全国统一咨询日活动开展以来，在宣传人力资源社会保障法律法规政策，满足社会公众释疑解惑需求，推广人力资源社会保障12333电话咨询服务等方面发挥了重要作用。为了将活动引向深入，人力资源社会保障部决定开展以“走进农民工”为主题的2014年12333全国统一咨询日活动，现就有关活动安排事项通知如下：

一、紧扣活动主题。农民工是我国工业化、城镇化进程中涌现的一支新型劳动大军，为经济社会发展做出了重大贡献。做好农民工就业服务，保障农民工各项权益对于促进农村劳动力向非农产业和城镇转移，推进城乡经济社会发展一体化进程具有十分重要的意义。今年的12333全国统一咨询日活动主题确定为“走进农民工”，时间为3月30日。各地要紧紧围绕广大农民工最关心的劳动就业和社会保障等方面的热点难点问题，制定详细的活动方案，精心组织好今年的全国统一咨询日活动。

二、创新服务方式。“走进农民工”要体现在送服务上门、主动为农民工服务等方面。各地应结合农民工需求实际，提升服务理念，创新服务方式，可以在活动当天组织咨询员到农民工比较集中的企业就农民工关心的就业培训、劳动合同、工资保障、社保关系转移、医疗保险、工伤保险等问题进行面对面的咨询，也可以在农民工流动量大的广场、车站、码头等地设置咨询台，发放宣传材料，现场解答农民工的问题。有条件的地区还可以邀请农民工代表到 12333 咨询服务中心参观、座谈，倾听他们对农民工工作和 12333 电话咨询服务工作的意见建议。

三、加大宣传力度。各地要根据活动安排制定相应的宣传方案，邀请新闻媒体对活动进行宣传报道。要通过开展 12333 全国统一咨询日活动，宣传国家的方针政策，营造全社会关心、尊重农民工的氛围，扩大 12333 电话咨询服务台的社会影响力。

四、加强组织领导。今年的 12333 全国统一咨询日恰逢周日，各地人力资源社会保障部门要加强领导，高度重视活动的组织工作，确保活动现场的安全、有序。各地 12333 电话咨询服务机构要抓好活动的具体组织工作，农民工工作协调机构要积极配合，共同做好相关工作。

五、做好信息报送。请各地于 3 月 20 日前将活动方案报部信息中心。咨询日活动结束后一周内，将活动的相关文字、图片、视频等资料报部信息中心。工作中如有问题，请及时与我部联系。

联系方式（略）

2014 年 3 月 3 日

人力资源社会保障部办公厅关于印发《人力资源社会保障部2014年政府信息公开工作要点》的通知

人社厅函［2014］160号

部属各单位，公务员局：

《人力资源社会保障部2014年政府信息公开工作要点》已经部领导同意，现印发给你们，请认真组织贯彻落实。

2014年5月7日

人力资源社会保障部2014年政府信息公开工作要点

根据《国务院办公厅关于印发2014年政府信息公开工作要点的通知》（国办发［2014］12号）要求，结合我部政府信息公开工作实际，制定本工作要点。

一、认真做好主动公开工作

认真贯彻落实党的十八届三中全会精神，围绕人力资源和社会保障领域社会关注的重点问题，及时、全面、准确地发布权威政府信息。健全部门户网站信息发布机制，重点公开有关就业、社会保障、人才队伍建设、人事制度改革、工资收入分配、劳动关系方面的政府信息。以目前仍然有效的规范性文件为重点，全面清理并分时段、有步骤地公开人力资源社会保障领域应公开的政府信息，首批拟公开 1988—2012 年人力资源社会保障部政策性文件。

二、推进行政审批信息公开

按照国务院的要求，公布涉及我部的行政审批事项清单，包括项目编码、项目名称、设定依据、审批对象等内容，主动接受社会监督。围绕国务院关于简政放权的决策部署，及时公开取消、下放、清理以及实施机关变更的行政审批项目信息。同时做好我部行政许可办理事项公开，加强办理依据、条件、程序、数量、期限、需要提交材料目录以及办理情况的信息公开工作，方便公众办理和查阅。

三、加强财政资金信息公开

按照国务院统一部署和有关部门的要求，及时公开我部部门预算决算，第二季度公开部门预算和“三公”经费预算信息，第三季度公开部门决算和“三公”经费决算信息。按照要求，细化说明因公出国（境）团组数、人数及外事接待的有关情况；社会保障和就业类支出细化公开到项级科目；逐步建立政府采购预算、计划、执行、结果等全过程信息公开制度，及时公开行政经费支出情况及招投标信息。

四、着力推进就业信息公开

及时主动发布就业措施、就业工作目标任务进展和工作动态。结合全国性就业服务专项活动推进就业信息公开，围绕开展民营企业招聘周、公共就业人才服务进校园、高校毕业生就业服务月、服务周和季度高校毕业生网络招聘等活动，组织各地及时发布相关政策、服务和岗位招聘等各类信息。完善全国公共招聘网，为劳动者和用人单位提供更加便捷高效的就业信息服务。做好每季度部分城市公共就业服务机构市场供求状况分析发布工作，为社会提供更多市场供求停息。

五、扎实推进社会保险信息公开

建立健全社会保险停息披露制度，主动公开现行有效的社会保险法规、制度、政策、标准、经办流程，定期向社会披露各项社会保险参保人数、待遇支付情况和社会保险基金的收支、收益情况。做好《伤职工劳动能力鉴定管理办法》出台后的公开工作以及《劳动能力鉴定标准》《工伤保险费率政策》《企业年金基金管理机构资格认定暂行办法》等修订后的更新工作。及时发布企业年金基金管理数据。

六、积极推进人事人才停息公开

坚持面向社会公开发布公务员考录、公务员公开遴选、事业单位公开招聘等方面的停息，促进公开、公平、公正招录。根据工作计划安排，适时对拟开展的评比达标表彰项目、国家表彰奖励工作中的评选通知、表彰决定、拟表彰对象等，在部、公务员局网站进行公示（涉及国家安全等保密事项的除外）。及时公开职业培训补贴申请条件、申领程序、管理和审批信息。推进专业技术人员职业资格管理停息公开。继续推进新建职业资格制度文件、考试办法、考试日期、合格标准等停息公开。根据国务院“减少资格许可和认定”的规定，对于拟取消的职业资格目录，经国务院同意后向社会公开。

七、大力推进劳动关系和企业工资分配信息公开

主动公开劳动关系、劳动人事争议调解仲裁、劳动保障监察政策措施，及时发布劳动合同、集体合同制度实施以及劳动条件标准、最低工资标准、工资指导线和工资指导价位、人工成本变动情况等信息。积极探索适合农民工特点的停息服务，为农民工在城镇生产生活提供便利。针对开展第二批国有企业劳动争议预防调解示范工作、基层劳动人事争议调解组织建设等方面制定出台有关政策文件并及时向社会公开。

八、做好重大政策解读工作

在发布人力资源社会保障领域重大政策的同时，把政策解读作为政府信息公开工作的重要内容，围绕重点问题，及时、全面、准确地发布政策解读信息。重点配合《国务院关于建立统一的城乡居民基本养老保险制度的意见》《人力资源社会保障部、财政部关于印发〈城乡养老保险制度衔接暂行办法〉的通知》和国务院关于进一步促进高校毕业生就业创业政策措施的出台，及时解读政策要点。在出台异地就医结算、工伤及生育保险等政策的同时，组织专家进行科学解读、阐释。完善在线访谈，围绕涉及人力资源和社会保障方面的热点问题，邀请部领导、相关单位负责同志及专家进行在线交流，与社会公众进行沟通互动。

九、坚持新闻发布会制度

做好我部季度新闻发布会工作，坚持定时定点新闻发布，遇有重要新闻及时发布。加强新闻发布主动策划和信息解读，注重增强新闻发布的针对性和时效性，正确引导舆论。分别在 1 月、4 月、7 月、10 月举行人力资源社会保障部季度新闻发布会，发布人力资源和社会保障季度工作情况，并就社会普遍关注的有关人力资源和社会保障领域的热点问题回答记者提问。根据工作需要，安排部领导或部新闻发言人参加由国务院新闻办举行的新闻发布会，解读人力资源和社会保障领域的重大政策，积极回应社会关切。

十、完善依申请公开政策信息工作

根据《中华人民共和国政府信息公开条例》和我部依申请公开政策停息工作的实际情况，完善依申请公开政府信息工作制度和程序，规范对依申请公开政府信息的答复口径。对于收到的信息公开申请严格按照受理、审查、处理、答复以及保存备查等各个环节的流程进行操作，认真办理，按时办结，依法依规满足人民群众的特殊信息需求。

各单位要进一步提高对停息公开工作的认识，明确责任分工，认真抓好落实。2014 年年底前，部办公厅向国务院办公厅报送信息公开工作要点落实情况。

就 业 促 进

国务院办公厅关于做好 2014 年全国普通高等学校毕业生就业创业工作的通知

国办发〔2014〕22 号

各省、自治区、直辖市人民政府，国务院各部委、各直属机构：

为进一步做好 2014 年全国普通高等学校毕业生（以下简称高校毕业生）就业创业工作，经国务院同意，现就有关问题通知如下：

一、高度重视高校毕业生就业创业工作

高校毕业生是国家宝贵的人才资源。做好高校毕业生就业创业工作，对于保持就业形势稳定，促进经济社会健康发展具有重要意义。近年来，各地区、各有关部门认真贯彻落实党中央、国务院的决策部署，高校毕业生就业创业工作取得积极进展。2014 年，全国高校毕业生数量继续增加，就业工作任务十分艰巨。对此，党中央、国务院高度重视。党的十八届三中全会、中央经济工作会议对做好当前和今后一段时期高校毕业生就业创业工作提出明确要求，国务院对做好今年高校毕业生就业创业工作作出新的部署。各地区、各部门要切实将思想和行动统一到党中央、国务院的决策部署上来，充分认识做好高校毕业生就业创业工作的重要性和紧迫性，聚焦重点难点，继续把高校毕业生就业创业摆在就业工作的首要位置和整个经济社会发展的重要位置。要多方位拓宽就业渠道，结合产业转型升级开发更多适合高校毕业生的就业岗位，尤其要加快发展就业吸纳能力强的服务业，着力发展研发设计、现代物流、融资租赁、检验检测等对高校毕业生需求比较集中的生产性服务业，同时加快发展各类生活性服务业，拓展新领域，发展新业态，不断提高服务业从业人员比重。要充分发挥市场配置人力资源的决定性作用，着力改革创新，完善政策措施，强化就业创业服务，改善就业创业环境，引导高校毕业生转变就业观念，力争实现高校毕业生就业和创业比例都有所提高，确保高校毕业生就业形势稳定。

二、鼓励高校毕业生到城乡基层就业

各地区要结合城镇化进程和公共服务均等化要求，充分挖掘教育、劳动就业、社会保障、医疗卫生、住房保障、社会工作、文化体育及残疾人服务、农技推广等基层公共管理和服务领域的就业潜力，吸纳高校毕业生就业。要结合推进农业科技创新、健全农业社会化服务体系等，引导更多高校毕业生投身现代农业。全面落实高校毕业生到中西部地区和艰苦边远地区县以下基层单位就业的学费补偿和助学贷款代偿政策，尚未制定学费补偿和助学贷款代偿办法的地区，要在年内出台。高校毕业生在中西部地区和艰苦边远地区县以下基层单位从事专业技术工作，申报相应职称时，可不参加职称外语考试或放宽外语成绩要求。充分挖掘社会组织吸纳高校毕业生就业潜力，对到省会及省会以下城市的社会团体、基金会、民办非企业单位就业的高校毕业生，所在地的公共就业人才服务机构要协助办理落户手续，在专业技术职称评定方面享受与国有企事业单位同类人员同等待遇。继续统筹实施好大学生村官、“三支一扶”等各类基层服务项目，健全鼓励高校毕业生到基层工作的服务保障机制。各地要为高校毕业生参加实习、见习、志愿服务等活动创造条件，并将参加实习、见习、志愿服务等活动作为高校毕业生求职的实践经历。要加大工作力度，健全体制机制，鼓励支持更多高校毕业生参军入伍。

三、鼓励小型微型企业吸纳高校毕业生就业

各地区、各有关部门要认真落实《国务院关于进一步支持小型微型企业健康发展的意见》（国发［2012］14号），为小型微型企业发展创造良好环境，推动小型微型企业在转型升级过程中创造更多岗位吸纳高校毕业生就业。对小型微型企业新招用毕业年度高校毕业生，签订1年以上劳动合同并按时足额缴纳社会保险费的，给予1年的社会保险补贴，政策执行期限截至2015年年底。科技型小型微型企业招收毕业年度高校毕业生达到一定比例的，可申请最高不超过200万元的小额担保贷款，并享受财政贴息。对小型微型企业新招用高校毕业生按规定开展岗前培训的，各地要根据当地物价水平，适当提高培训费补贴标准。

四、实施大学生创业引领计划

2014年至2017年，在全国范围内实施大学生创业引领计划。通过提供创业服务，落实创业扶持政策，提升创业能力，帮助和扶持更多高校毕业生自主创业，逐步提高高校毕业生创业比例。各地要采取措施，确保符合条件的高校毕业生都能得到创业指导、创业培训、工商登记、融资服务、税收优惠、场地扶持等各项服务和政策优惠。各高校要广泛开展创新创业教育，将创业教育课程纳入学分管理，有关部门要研发适合高校毕业生特点的创业培训课程，根据需求开展创业培训，提升高校毕业生创业意识和创业能力。各地公共就业人才服务机构要为自主创业的高校毕业生做好人事代理、档案保管、社会保险办理和接续、职称评定、权益保障等服务。

各地区、各有关部门要进一步落实和完善工商登记、场地支持、税费减免等各项创业扶持政策。拓宽高校毕业生创办企业出资方式，简化工商注册登记手续。鼓励各地充分利用现有资源建设大学生创业园、创业孵化基地和小企业创业基地，为高校毕业生提供创业经营场所支持。对高校毕业生创办的小型微型企业，按规定落实好减半征收企业所得税、月销售额不超过2万元的暂免征收增值税和营业税等税收优惠政策。对从事个体经营的高校毕业生和毕业年度内的高校毕业生，按规定享受相关税收优惠政策。留学回国的高校毕业生自主创业，符合条件的，可享受现行高校毕业生创业扶持政策。

各银行业金融机构要积极探索和创新符合高校毕业生创业实际需求特点的金融产品和服务方式，本着风险可控和方便高校毕业生享受政策的原则，降低贷款门槛，优化贷款审批流程，提升贷款审批效率。要通过进一步完善抵押、质押、联保、保证和信用贷款等多种方式，多途径为高校毕业生解决反担保难问题，切实落实银行贷款和财政贴息。在电子商务网络平台开办“网店”的高校毕业生，可享受小额担保贷款和贴息政策。充分发挥中小企业发展专项资金的积极作用，推动改善创业环境。鼓励企业、行业协会、群团组织、天使投资人等以多种方式向自主创业大学生提供资金支持，设立重点面向扶持高校毕业生创业的天使投资和创业投资基金。对支持创业早期企业的投资，符合条件的，可享受创业投资企业相关企业所得税优惠政策。

五、深入实施离校未就业高校毕业生就业促进计划

各地区要将离校未就业高校毕业生全部纳入公共就业人才服务范围，采取有效措施，力争使每一名有就业意愿的未就业高校毕业生在毕业半年内都能实现就业或参加到就业准备活动中。各有关部门、各高校要密切协作，做好未就业高校毕业生离校前后信息衔接和服务接续，切实保证服务不断线。教育部门要将有就业意愿的离校未就业高校毕业生的实名信息及时提供给人力资源社会保障部门。人力资源社会保障部门要建立离校未就业高校毕业生实名信息数据库，全面实行实名制就业服务。各级公共就业人才服务机构和基层就业服务平台要及时主动与实名登记的未就业高校毕业生联系，摸清就业需求，提供有针对性的就业服务。教育部门和高校要加强对离校未就业高校毕业生的跟踪服务，为有就业意愿的高校毕业生持续提供岗位信息和求职指导。

各地区要结合本地产业发展需要和高校毕业生就业见习意愿及需求，扩大就业见习规模，提升就业见习质量，确保凡有见习需求的高校毕业生都能得到见习机会。根据当地物价水平，适当提高见习人员见习期间基本生活补助标准。高校毕业生见习期间参加职业培训的，按现行政策享受职业培训补贴。

各地区要继续推动离校未就业高校毕业生技能就业专项行动，结合当地产业发展和高校毕业生需求，创新职业培训课程，提高职业培训的针对性和实效性。在高校毕业生集中的城市，要提升改造一批适应高校毕业生特点的职业技能公共实训基地。国家级重点技工院校和培训实力雄厚的职业培训机构，要选择一批适合高校毕业生的培训项目，及时向社会公布。

六、加强就业指导、就业服务和就业援助

各地区、各有关部门、各高校要根据高校毕业生特点和求职需求，创新服务方式，改进服务措施，提高服务质量，促进更多的高校毕业生通过市场实现就业。加强网络信息服务，建立健全全国公共就业信息服务平台，加快招聘信息全国联网，更多开展网络招聘，为用人单位招聘和高校毕业生求职提供高效便捷的就业信息服务。积极开展公共就业人才服务进校园活动，为高校毕业生送政策、送指导、送信息，特别是要让高校毕业生知晓获取就业政策和岗位信息的渠道。精心组织民营企业招聘周、高校毕业生就业服务月、就业服务周、部分大中城市联合招聘高校毕业生专场活动和每季度的全国高校毕业生网络招聘月等专项服务活动，搭建供需信息平台，积极促进对接。高校要加强就业指导课程和学科建设，积极聘请专家学者、企业人力资源经理、优秀校友担任就业导师。

各地区、各高校要将零就业家庭、优抚对象家庭、农村贫困户、城乡低保家庭以及残疾等就业困难的高校毕业生列为重点对象实施重点帮扶。享受城乡居民最低生活保障家庭的毕业年度内高校毕业生的求职补贴要在离校前全部发放到位，求职补贴标准较低的要适当调高标准。各地可结合本地实际将残疾高校毕业生纳入享受求职补贴对象范围。党政机关、事业单位、国有企业要带头招录残疾高校毕业生。离校未就业高校毕业生实现灵活就业的，在公共就业人才服务机构办理实名登记并按规定缴纳社会保险费的，给予一定数额的社会保险补贴，补贴数额原则上不超过其实际缴费的2/3，最长不超过2年，所需资金从就业专项资金中列支。

七、进一步创造公平的就业环境

各地区、各有关部门要积极采取措施，促进就业公平。用人单位招聘不得设置民族、种族、性别、宗教信仰等歧视性条件，不得将院校作为限制性条件。省会及以下城市用人单位招聘应届毕业生不得将户籍作为限制性条件。国有企业招聘应届高校毕业生，除涉密等特殊岗位外，要实行公开招聘，招聘应届高校毕业生信息要在政府网站公开发布，报名时间不少于7天；对拟聘人员应进行公示，明确监督渠道，公示期不少于7天。各地区、各有关部门要严厉打击非法中介和虚假招聘，依法纠正性别、民族等就业歧视现象。加大对企业用工行为的监督检查力度，对企业招用高校毕业生不签订劳动合同、不按时足额缴纳社会保险费、不按时支付工资等违法行为，及时予以查处，切实维护高校毕业生的合法权益。

各地区、各有关部门要消除高校毕业生在不同地区、不同类型单位之间流动就业的制度性障碍。省会及以下城市要放开对吸收高校毕业生落户的限制，简化有关手续，应届毕业生凭《普通高等学校毕业证书》、《全国普通高等学校毕业生就业报到证》、与用人单位签订的《就业协议书》或劳动（聘用）合同办理落户手续；非应届毕业生凭与用人单位签订的劳动（聘用）合同和《普通高等学校毕业证书》办理落户手续。高校毕业生到小型微型企业就业、自主创业的，其档案可由当地市、县一级的公共就业人才服务机构免费保管。办理高校毕业生档案转递手续，转正定级表、调整改派手续不再作为接收审核档案的必备材料。

八、推动创新高校人才培养机制

深化教育改革，积极调整教育结构，加快发展现代职业教育，深化校企合作、工学结合，培养生产、建设、服务、管理一线的应用型和技能型人才。高校要明确办学定位，突出办学特色，加强就业教育，提高人才培养质量。各高校自 2014 年起要发布高校毕业生就业质量年度报告，完善就业与招生计划、人才培养、经费拨款、院校设置的联动机制，充分听取行业主管部门、经济部门、就业部门以及有关行业组织的意见，促进人才培养更好地适应经济社会发展需要。有关部门要开展产业升级人才需求预测研究，健全岗位需求统计调查制度，适时向社会发布行业人才需求信息，引导高校优化学科专业结构，探索制定行业岗位标准，促进高校依据市场需求完善专业培养课程。

九、加大宣传工作力度

各地区、各有关部门、各高校要高度重视宣传工作。要大力宣传党和政府对高校毕业生就业创业工作的重视和采取的政策措施，大力宣传高校毕业生到基层和中小微企业就业创业的先进事迹和典型经验，以正确的舆论导向引导社会各方面全面客观地看待当前就业形势，共同关心高校毕业生就业创业工作。教育部门和高校要将就业创业政策宣传到每一名高校毕业生，引导高校毕业生转变就业观念，以积极向上的心态走向社会，先就业、再择业，在平凡的岗位上创造不平凡的业绩。人力资源社会保障部门要深入用人单位进行政策宣传，引导用人单位履行社会责任，挖掘就业岗位吸纳更多高校毕业生就业。要在充分利用报纸、广播、电视等传统媒体的基础上，积极探索使用微博、微信、手机客户端等新媒体，深入解读促进高校毕业生就业创业的各项优惠政策。同时，密切关注舆情动态，及时了解和回应社会关切，掌握舆论主导权。

十、加强对高校毕业生就业创业工作的组织领导

各地要将高校毕业生就业工作列入政府政绩考核内容，进一

步健全政府促进就业责任制度，在制定经济社会发展规划、调整产业结构和产业布局时，把高校毕业生就业作为重要目标予以考虑。要切实加大就业专项资金的投入力度，确保各项促进高校毕业生就业创业政策落到实处。就业工作联席会议成员单位要切实履行职责，加强协作配合，共同做好高校毕业生就业创业工作。各地区、各有关部门要按照本通知精神，制定具体措施，切实抓好贯彻落实。

2014 年 5 月 9 日

中华人民共和国人力资源和社会保障部令

第23号

《人力资源社会保障部关于修改〈就业服务与就业管理规定〉的决定》已经2014年12月1日人力资源社会保障部第52次部务会讨论通过，现予公布，自2015年2月1日起施行。

部　长　尹蔚民

2014年12月23日

人力资源社会保障部关于修改《就业服务与就业管理规定》的决定

人力资源社会保障部决定对《就业服务与就业管理规定》作如下修改：

一、将第六十三条修改为："在法定劳动年龄内，有劳动能力，有就业要求，处于无业状态的城镇常住人员，可以到常住地的公共就业服务机构进行失业登记。"

二、将第六十五条修改为："失业登记的范围包括下列失业人员：

（一）年满16周岁，从各类学校毕业、肄业的；

（二）从企业、机关、事业单位等各类用人单位失业的；

（三）个体工商户业主或私营企业业主停业、破产停止经营的；

（四）承包土地被征用，符合当地规定条件的；

（五）军人退出现役且未纳入国家统一安置的；

（六）刑满释放、假释、监外执行的；

（七）各地确定的其他失业人员。"

三、将第六十六条修改为："登记失业人员出现下列情形之一的，由公共就业服务机构注销其失业登记：

（一）被用人单位录用的；

（二）从事个体经营或创办企业，并领取工商营业执照的；

（三）已从事有稳定收入的劳动，并且月收入不低于当地最低工资标准的；

（四）已享受基本养老保险待遇的；

（五）完全丧失劳动能力的；

（六）入学、服兵役、移居境外的；

（七）被判刑收监执行的；

（八）终止就业要求或拒绝接受公共就业服务的；

（九）连续6个月未与公共就业服务机构联系的；

（十）已进行就业登记的其他人员或各地规定的其他情形。"

本决定自2015年2月1日起施行。

《就业服务与就业管理规定》根据本决定作相应修改，重新公布。

就业服务与就业管理规定

（2007 年 11 月 5 日劳动保障部令第 28 号公布　根据 2014 年 12 月 23 日《人力资源社会保障部关于修改〈就业服务与就业管理规定〉的决定》修订）

第一章　总　　则

第一条　为了加强就业服务和就业管理，培育和完善统一开放、竞争有序的人力资源市场，为劳动者就业和用人单位招用人员提供服务，根据就业促进法等法律、行政法规，制定本规定。

第二条　劳动者求职与就业，用人单位招用人员，劳动保障行政部门举办的公共就业服务机构和经劳动保障行政部门审批的职业中介机构从事就业服务活动，适用本规定。

本规定所称用人单位，是指在中华人民共和国境内的企业、个体经济组织、民办非企业单位等组织，以及招用与之建立劳动关系的劳动者的国家机关、事业单位、社会团体。

第三条　县级以上劳动保障行政部门依法开展本行政区域内的就业服务和就业管理工作。

第二章　求职与就业

第四条　劳动者依法享有平等就业的权利。劳动者就业，不因民族、种族、性别、宗教信仰等不同而受歧视。

第五条　农村劳动者进城就业享有与城镇劳动者平等的就业权利，不得对农村劳动者进城就业设置歧视性限制。

第六条　劳动者依法享有自主择业的权利。劳动者年满 16

周岁，有劳动能力且有就业愿望的，可凭本人身份证件，通过公共就业服务机构、职业中介机构介绍或直接联系用人单位等渠道求职。

第七条 劳动者求职时，应当如实向公共就业服务机构或职业中介机构、用人单位提供个人基本情况以及与应聘岗位直接相关的知识技能、工作经历、就业现状等情况，并出示相关证明。

第八条 劳动者应当树立正确的择业观念，提高就业能力和创业能力。

国家鼓励劳动者在就业前接受必要的职业教育或职业培训，鼓励城镇初高中毕业生在就业前参加劳动预备制培训。

国家鼓励劳动者自主创业、自谋职业。各级劳动保障行政部门应当会同有关部门，简化程序，提高效率，为劳动者自主创业、自谋职业提供便利和相应服务。

第三章 招 用 人 员

第九条 用人单位依法享有自主用人的权利。用人单位招用人员，应当向劳动者提供平等的就业机会和公平的就业条件。

第十条 用人单位可以通过下列途径自主招用人员：

（一）委托公共就业服务机构或职业中介机构；

（二）参加职业招聘洽谈会；

（三）委托报纸、广播、电视、互联网站等大众传播媒介发布招聘信息；

（四）利用本企业场所、企业网站等自有途径发布招聘信息；

（五）其他合法途径。

第十一条 用人单位委托公共就业服务机构或职业中介机构招用人员，或者参加招聘洽谈会时，应当提供招用人员简章，并出示营业执照（副本）或者有关部门批准其设立的文件、经办人的身份证件和受用人单位委托的证明。

招用人员简章应当包括用人单位基本情况、招用人数、工作内容、招录条件、劳动报酬、福利待遇、社会保险等内容，以及法律、法规规定的其他内容。

第十二条 用人单位招用人员时，应当依法如实告知劳动者有关工作内容、工作条件、工作地点、职业危害、安全生产状况、劳动报酬以及劳动者要求了解的其他情况。

用人单位应当根据劳动者的要求，及时向其反馈是否录用的情况。

第十三条 用人单位应当对劳动者的个人资料予以保密。公开劳动者的个人资料信息和使用劳动者的技术、智力成果，须经劳动者本人书面同意。

第十四条 用人单位招用人员不得有下列行为：

（一）提供虚假招聘信息，发布虚假招聘广告；

（二）扣押被录用人员的居民身份证和其他证件；

（三）以担保或者其他名义向劳动者收取财物；

（四）招用未满 16 周岁的未成年人以及国家法律、行政法规规定不得招用的其他人员；

（五）招用无合法身份证件的人员；

（六）以招用人员为名牟取不正当利益或进行其他违法活动。

第十五条 用人单位不得以诋毁其他用人单位信誉、商业贿赂等不正当手段招聘人员。

第十六条 用人单位在招用人员时，除国家规定的不适合妇女从事的工种或者岗位外，不得以性别为由拒绝录用妇女或者提高对妇女的录用标准。

用人单位录用女职工，不得在劳动合同中规定限制女职工结婚、生育的内容。

第十七条 用人单位招用人员，应当依法对少数民族劳动者给予适当照顾。

第十八条 用人单位招用人员，不得歧视残疾人。

第十九条 用人单位招用人员，不得以是传染病病原携带者为由拒绝录用。但是，经医学鉴定传染病病原携带者在治愈前或者排除传染嫌疑前，不得从事法律、行政法规和国务院卫生行政部门规定禁止从事的易使传染病扩散的工作。

用人单位招用人员，除国家法律、行政法规和国务院卫生行政部门规定禁止乙肝病原携带者从事的工作外，不得强行将乙肝病毒血清学指标作为体检标准。

第二十条 用人单位发布的招用人员简章或招聘广告，不得包含歧视性内容。

第二十一条 用人单位招用从事涉及公共安全、人身健康、生命财产安全等特殊工种的劳动者，应当依法招用持相应工种职业资格证书的人员；招用未持相应工种职业资格证书人员的，须组织其在上岗前参加专门培训，使其取得职业资格证书后方可上岗。

第二十二条 用人单位招用台港澳人员后，应当按有关规定到当地劳动保障行政部门备案，并为其办理《台港澳人员就业证》。

第二十三条 用人单位招用外国人，应当在外国人入境前，按有关规定到当地劳动保障行政部门为其申请就业许可，经批准并获得《中华人民共和国外国人就业许可证书》后方可招用。

用人单位招用外国人的岗位必须是有特殊技能要求、国内暂无适当人选的岗位，并且不违反国家有关规定。

第四章　公共就业服务

第二十四条 县级以上劳动保障行政部门统筹管理本行政区域内的公共就业服务工作，根据政府制定的发展计划，建立健全覆盖城乡的公共就业服务体系。

公共就业服务机构根据政府确定的就业工作目标任务，制定就业服务计划，推动落实就业扶持政策，组织实施就业服务项目，为劳动者和用人单位提供就业服务，开展人力资源市场调查分析，并受劳动保障行政部门委托经办促进就业的相关事务。

第二十五条 公共就业服务机构应当免费为劳动者提供以下服务：

（一）就业政策法规咨询；

（二）职业供求信息、市场工资指导价位信息和职业培训信息发布；

（三）职业指导和职业介绍；

（四）对就业困难人员实施就业援助；

（五）办理就业登记、失业登记等事务；

（六）其他公共就业服务。

第二十六条 公共就业服务机构应当积极拓展服务功能，根据用人单位需求提供以下服务：

（一）招聘用人指导服务；

（二）代理招聘服务；

（三）跨地区人员招聘服务；

（四）企业人力资源管理咨询等专业性服务；

（五）劳动保障事务代理服务；

（六）为满足用人单位需求开发的其他就业服务项目。

公共就业服务机构从事劳动保障事务代理业务，须经县级以上劳动保障行政部门批准。

第二十七条 公共就业服务机构应当加强职业指导工作，配备专（兼）职职业指导工作人员，向劳动者和用人单位提供职业指导服务。

职业指导工作人员经过专业资格培训并考核合格，获得相应的国家职业资格证书方可上岗。

公共就业服务机构应当为职业指导工作提供相应的设施和条件，推动职业指导工作的开展，加强对职业指导工作的宣传。

第二十八条 职业指导工作包括以下内容：

（一）向劳动者和用人单位提供国家有关劳动保障的法律法

规和政策、人力资源市场状况咨询；

（二）帮助劳动者了解职业状况，掌握求职方法，确定择业方向，增强择业能力；

（三）向劳动者提出培训建议，为其提供职业培训相关信息；

（四）开展对劳动者个人职业素质和特点的测试，并对其职业能力进行评价；

（五）对妇女、残疾人、少数民族人员及退出现役的军人等就业群体提供专门的职业指导服务；

（六）对大中专学校、职业院校、技工学校学生的职业指导工作提供咨询和服务；

（七）对准备从事个体劳动或开办私营企业的劳动者提供创业咨询服务；

（八）为用人单位提供选择招聘方法、确定用人条件和标准等方面的招聘用人指导；

（九）为职业培训机构确立培训方向和专业设置等提供咨询参考。

第二十九条 公共就业服务机构在劳动保障行政部门的指导下，组织实施劳动力资源调查和就业、失业状况统计工作。

第三十条 公共就业服务机构应当针对特定就业群体的不同需求，制订并组织实施专项计划。

公共就业服务机构应当根据服务对象的特点，在一定时期内为不同类型的劳动者、就业困难对象或用人单位集中组织活动，开展专项服务。

公共就业服务机构受劳动保障行政部门委托，可以组织开展促进就业的专项工作。

第三十一条 县级以上公共就业服务机构建立综合性服务场所，集中为劳动者和用人单位提供一站式就业服务，并承担劳动保障行政部门安排的其他工作。

街道、乡镇、社区公共就业服务机构建立基层服务窗口，开展以就业援助为重点的公共就业服务，实施劳动力资源调查统计，并承担上级劳动保障行政部门安排的其他就业服务工作。

公共就业服务机构使用全国统一标识。

第三十二条 公共就业服务机构应当不断提高服务的质量和效率。

公共就业服务机构应当加强内部管理，完善服务功能，统一服务流程，按照国家制定的服务规范和标准，为劳动者和用人单位提供优质高效的就业服务。

公共就业服务机构应当加强工作人员的政策、业务和服务技能培训，组织职业指导人员、职业信息分析人员、劳动保障协理员等专业人员参加相应职业资格培训。

公共就业服务机构应当公开服务制度，主动接受社会监督。

第三十三条 县级以上劳动保障行政部门和公共就业服务机构应当按照劳动保障信息化建设的统一规划、标准和规范，建立完善人力资源市场信息网络及相关设施。

公共就业服务机构应当逐步实行信息化管理与服务，在城市内实现就业服务、失业保险、就业培训信息共享和公共就业服务全程信息化管理，并逐步实现与劳动工资信息、社会保险信息的互联互通和信息共享。

第三十四条 公共就业服务机构应当建立健全人力资源市场信息服务体系，完善职业供求信息、市场工资指导价位信息、职业培训信息、人力资源市场分析信息的发布制度，为劳动者求职择业、用人单位招用人员以及培训机构开展培训提供支持。

第三十五条 县级以上劳动保障行政部门应当按照信息化建设统一要求，逐步实现全国人力资源市场信息联网。其中，城市应当按照劳动保障数据中心建设的要求，实现网络和数据资源的集中和共享；省、自治区应当建立人力资源市场信息网省级监测中心，对辖区内人力资源市场信息进行监测；劳动保障部设立人力资源市场信息网全国监测中心，对全国人力资源市场信息进行监测和分析。

第三十六条 县级以上劳动保障行政部门应当对公共就业服务机构加强管理，定期对其完成各项任务情况进行绩效考核。

第三十七条 公共就业服务经费纳入同级财政预算。各级劳动保障行政部门和公共就业服务机构应当根据财政预算编制的规定，依法编制公共就业服务年度预算，报经同级财政部门审批后执行。

公共就业服务机构可以按照就业专项资金管理相关规定，依法申请公共就业服务专项扶持经费。

公共就业服务机构接受社会各界提供的捐赠和资助，按照国家有关法律法规管理和使用。

公共就业服务机构为用人单位提供的服务，应当规范管理，严格控制服务收费。确需收费的，具体项目由省级劳动保障行政部门会同相关部门规定。

第三十八条 公共就业服务机构不得从事经营性活动。

公共就业服务机构举办的招聘会，不得向劳动者收取费用。

第三十九条 各级残疾人联合会所属的残疾人就业服务机构是公共就业服务机构的组成部分，负责为残疾劳动者提供相关就业服务，并经劳动保障行政部门委托，承担残疾劳动者的就业登记、失业登记工作。

第五章 就业援助

第四十条 公共就业服务机构应当制定专门的就业援助计划，对就业援助对象实施优先扶持和重点帮助。

本规定所称就业援助对象包括就业困难人员和零就业家庭。就业困难对象是指因身体状况、技能水平、家庭因素、失去土地等原因难以实现就业，以及连续失业一定时间仍未能实现就业的人员。零就业家庭是指法定劳动年龄内的家庭人员均处于失业状况的城市居民家庭。

对援助对象的认定办法，由省级劳动保障行政部门依据当地人民政府规定的就业援助对象范围制定。

第四十一条 就业困难人员和零就业家庭可以向所在地街道、社区公共就业服务机构申请就业援助。经街道、社区公共就业服务机构确认属实的，纳入就业援助范围。

第四十二条 公共就业服务机构应当建立就业困难人员帮扶制度，通过落实各项就业扶持政策、提供就业岗位信息、组织技能培训等有针对性的就业服务和公益性岗位援助，对就业困难人员实施优先扶持和重点帮助。

在公益性岗位上安置的就业困难人员，按照国家规定给予岗位补贴。

第四十三条 公共就业服务机构应当建立零就业家庭即时岗位援助制度，通过拓宽公益性岗位范围，开发各类就业岗位等措施，及时向零就业家庭中的失业人员提供适当的就业岗位，确保零就业家庭至少有一人实现就业。

第四十四条 街道、社区公共就业服务机构应当对辖区内就业援助对象进行登记，建立专门台账，实行就业援助对象动态管理和援助责任制度，提供及时、有效的就业援助。

第六章 职业中介服务

第四十五条 县级以上劳动保障行政部门应当加强对职业中介机构的管理，鼓励其提高服务质量，发挥其在促进就业中的作用。

本规定所称职业中介机构，是指由法人、其他组织和公民个人举办，为用人单位招用人员和劳动者求职提供中介服务以及其他相关服务的经营性组织。

政府部门不得举办或者与他人联合举办经营性的职业中介机构。

第四十六条 从事职业中介活动，应当遵循合法、诚实信用、公平、公开的原则。

禁止任何组织或者个人利用职业中介活动侵害劳动者和用人单位的合法权益。

第四十七条 职业中介实行行政许可制度。设立职业中介机构或其他机构开展职业中介活动，须经劳动保障行政部门批准，并获得职业中介许可证。

经批准获得职业中介许可证的职业中介机构，应当持许可证向工商行政管理部门办理登记。

未经依法许可和登记的机构，不得从事职业中介活动。

职业中介许可证由劳动和社会保障部统一印制并免费发放。

第四十八条 设立职业中介机构应当具备下列条件：

（一）有明确的机构章程和管理制度；

（二）有开展业务必备的固定场所、办公设施和一定数额的开办资金；

（三）有一定数量具备相应职业资格的专职工作人员；

（四）法律、法规规定的其他条件。

第四十九条 设立职业中介机构，应当向当地县级以上劳动保障行政部门提出申请，提交下列文件：

（一）设立申请书；

（二）机构章程和管理制度草案；

（三）场所使用权证明；

（四）注册资本（金）验资报告；

（五）拟任负责人的基本情况、身份证明；

（六）具备相应职业资格的专职工作人员的相关证明；

（七）法律、法规规定的其他文件。

第五十条 劳动保障行政部门接到设立职业中介机构的申请后，应当自受理申请之日起 20 日内审理完毕。对符合条件的，应当予以批准；不予批准的，应当说明理由。

劳动保障行政部门对经批准设立的职业中介机构实行年度

审验。

职业中介机构的具体设立条件、审批和年度审验程序，由省级劳动保障行政部门统一规定。

第五十一条 职业中介机构变更名称、住所、法定代表人等或者终止的，应当按照设立许可程序办理变更或者注销登记手续。

设立分支机构的，应当在征得原审批机关的书面同意后，由拟设立分支机构所在地县级以上劳动保障行政部门审批。

第五十二条 职业中介机构可以从事下列业务：

（一）为劳动者介绍用人单位；

（二）为用人单位和居民家庭推荐劳动者；

（三）开展职业指导、人力资源管理咨询服务；

（四）收集和发布职业供求信息；

（五）根据国家有关规定从事互联网职业信息服务；

（六）组织职业招聘洽谈会；

（七）经劳动保障行政部门核准的其他服务项目。

第五十三条 职业中介机构应当在服务场所明示营业执照、职业中介许可证、服务项目、收费标准、监督机关名称和监督电话等，并接受劳动保障行政部门及其他有关部门的监督检查。

第五十四条 职业中介机构应当建立服务台账，记录服务对象、服务过程、服务结果和收费情况等，并接受劳动保障行政部门的监督检查。

第五十五条 职业中介机构提供职业中介服务不成功的，应当退还向劳动者收取的中介服务费。

第五十六条 职业中介机构租用场地举办大规模职业招聘洽谈会，应当制定相应的组织实施办法和安全保卫工作方案，并向批准其设立的机关报告。

职业中介机构应当对入场招聘用人单位的主体资格真实性和招用人员简章真实性进行核实。

第五十七条 职业中介机构为特定对象提供公益性就业服务

的，可以按照规定给予补贴。可以给予补贴的公益性就业服务的范围、对象、服务效果和补贴办法，由省级劳动保障行政部门会同有关部门制定。

第五十八条 禁止职业中介机构有下列行为：

（一）提供虚假就业信息；

（二）发布的就业信息中包含歧视性内容；

（三）伪造、涂改、转让职业中介许可证；

（四）为无合法证照的用人单位提供职业中介服务；

（五）介绍未满16周岁的未成年人就业；

（六）为无合法身份证件的劳动者提供职业中介服务；

（七）介绍劳动者从事法律、法规禁止从事的职业；

（八）扣押劳动者的居民身份证和其他证件，或者向劳动者收取押金；

（九）以暴力、胁迫、欺诈等方式进行职业中介活动；

（十）超出核准的业务范围经营；

（十一）其他违反法律、法规规定的行为。

第五十九条 县级以上劳动保障行政部门应当依法对经审批设立的职业中介机构开展职业中介活动进行监督指导，定期组织对其服务信用和服务质量进行评估，并将评估结果向社会公布。

县级以上劳动保障行政部门应当指导职业中介机构开展工作人员培训，提高服务质量。

县级以上劳动保障行政部门对在诚信服务、优质服务和公益性服务等方面表现突出的职业中介机构和个人，报经同级人民政府批准后，给予表彰和奖励。

第六十条 设立外商投资职业中介机构以及职业中介机构从事境外就业中介服务的，按照有关规定执行。

第七章 就业与失业管理

第六十一条 劳动保障行政部门应当建立健全就业登记制度

和失业登记制度，完善就业管理和失业管理。

公共就业服务机构负责就业登记与失业登记工作，建立专门台账，及时、准确地记录劳动者就业与失业变动情况，并做好相应统计工作。

就业登记和失业登记在各省、自治区、直辖市范围内实行统一的就业失业登记证（以下简称登记证），向劳动者免费发放，并注明可享受的相应扶持政策。

就业登记、失业登记的具体程序和登记证的样式，由省级劳动保障行政部门规定。

第六十二条 劳动者被用人单位招用的，由用人单位为劳动者办理就业登记。用人单位招用劳动者和与劳动者终止或者解除劳动关系，应当到当地公共就业服务机构备案，为劳动者办理就业登记手续。用人单位招用人员后，应当于录用之日起30日内办理登记手续；用人单位与职工终止或者解除劳动关系后，应当于15日内办理登记手续。

劳动者从事个体经营或灵活就业的，由本人在街道、乡镇公共就业服务机构办理就业登记。

就业登记的内容主要包括劳动者个人信息、就业类型、就业时间、就业单位以及订立、终止或者解除劳动合同情况等。就业登记的具体内容和所需材料由省级劳动保障行政部门规定。

公共就业服务机构应当对用人单位办理就业登记及相关手续设立专门服务窗口，简化程序，方便用人单位办理。

第六十三条 在法定劳动年龄内，有劳动能力，有就业要求，处于无业状态的城镇常住人员，可以到常住地的公共就业服务机构进行失业登记。

第六十四条 劳动者进行失业登记时，须持本人身份证件和证明原身份的有关证明；有单位就业经历的，还须持与原单位终止、解除劳动关系或者解聘的证明。

登记失业人员凭登记证享受公共就业服务和就业扶持政策；

其中符合条件的，按规定申领失业保险金。

登记失业人员应当定期向公共就业服务机构报告就业失业状况，积极求职，参加公共就业服务机构安排的就业培训。

第六十五条 失业登记的范围包括下列失业人员：

（一）年满16周岁，从各类学校毕业、肄业的；

（二）从企业、机关、事业单位等各类用人单位失业的；

（三）个体工商户业主或私营企业业主停业、破产停止经营的；

（四）承包土地被征用，符合当地规定条件的；

（五）军人退出现役且未纳入国家统一安置的；

（六）刑满释放、假释、监外执行的；

（七）各地确定的其他失业人员。

第六十六条 登记失业人员出现下列情形之一的，由公共就业服务机构注销其失业登记：

（一）被用人单位录用的；

（二）从事个体经营或创办企业，并领取工商营业执照的；

（三）已从事有稳定收入的劳动，并且月收入不低于当地最低工资标准的；

（四）已享受基本养老保险待遇的；

（五）完全丧失劳动能力的；

（六）入学、服兵役、移居境外的；

（七）被判刑收监执行的；

（八）终止就业要求或拒绝接受公共就业服务的；

（九）连续6个月未与公共就业服务机构联系的；

（十）已进行就业登记的其他人员或各地规定的其他情形。

第八章　罚　　则

第六十七条 用人单位违反本规定第十四条第（二）、（三）项规定的，按照劳动合同法第八十四条的规定予以处罚；用人单位违反第十四条第（四）项规定的，按照国家禁止使用童工和其他有关法律、法规的规定予以处罚。用人单位违反第十四条第（一）、（五）、（六）项规定的，由劳动保障行政部门责令改正，并可处以一千元以下的罚款；对当事人造成损害的，应当承担赔偿责任。

第六十八条 用人单位违反本规定第十九条第二款规定，在国家法律、行政法规和国务院卫生行政部门规定禁止乙肝病原携带者从事的工作岗位以外招用人员时，将乙肝病毒血清学指标作为体检标准的，由劳动保障行政部门责令改正，并可处以一千元以下的罚款；对当事人造成损害的，应当承担赔偿责任。

第六十九条 违反本规定第三十八条规定，公共就业服务机构从事经营性职业中介活动向劳动者收取费用的，由劳动保障行政部门责令限期改正，将违法收取的费用退还劳动者，并对直接负责的主管人员和其他直接责任人员依法给予处分。

第七十条 违反本规定第四十七条规定，未经许可和登记，擅自从事职业中介活动的，由劳动保障行政部门或者其他主管部门按照就业促进法第六十四条规定予以处罚。

第七十一条 职业中介机构违反本规定第五十三条规定，未明示职业中介许可证、监督电话的，由劳动保障行政部门责令改正，并可处以一千元以下的罚款；未明示收费标准的，提请价格主管部门依据国家有关规定处罚；未明示营业执照的，提请工商行政管理部门依据国家有关规定处罚。

第七十二条 职业中介机构违反本规定第五十四条规定，未建立服务台账，或虽建立服务台账但未记录服务对象、服务过程、服务结果和收费情况的，由劳动保障行政部门责令改正，并可处以一千元以下的罚款。

第七十三条 职业中介机构违反本规定第五十五条规定，在职业中介服务不成功后未向劳动者退还所收取的中介服务费的，由劳动保障行政部门责令改正，并可处以一千元以下的罚款。

第七十四条 职业中介机构违反本规定第五十八条第（一）、（三）、（四）、（八）项规定的，按照就业促进法第六十五条、第六十六条规定予以处罚。违反本规定第五十八条第（五）项规定的，按照国家禁止使用童工的规定予以处罚。违反本规定第五十八条其他各项规定的，由劳动保障行政部门责令改正，没有违法所得的，可处以一万元以下的罚款；有违法所得的，可处以不超过违法所得三倍的罚款，但最高不得超过三万元；情节严重的，提请工商部门依法吊销营业执照；对当事人造成损害的，应当承担赔偿责任。

第七十五条 用人单位违反本规定第六十二条规定，未及时为劳动者办理就业登记手续的，由劳动保障行政部门责令改正，并可处以一千元以下的罚款。

第九章　附　　则

第七十六条 省、自治区、直辖市劳动保障行政部门可以根据本规定制定实施细则。

第七十七条 本规定自 2008 年 1 月 1 日起施行。劳动部 1994 年 10 月 27 日颁布的《职业指导办法》、劳动和社会保障部 2000 年 12 月 8 日颁布的《劳动力市场管理规定》同时废止。

中国民用航空公司　外交部　公安部　人力资源社会保障部关于国内航空公司聘用外籍机组人员办理入出境及就业手续有关问题的通知

民航发［2014］8号

各省、自治区、直辖市外事办公室、公安厅（局）、人力资源社会保障厅（局），各驻外使领馆、处、署：

为贯彻实施出境入境管理法和外国人入境出境管理条例，规范国内航空公司聘用外籍机组人员的管理，按照现行外国人在中国就业管理规定，现将国内航空公司聘用外籍机组人员办理签证、就业和居留有关事项通知如下：

一、国内航空公司拟聘用外籍机组人员，应向省级人力资源社会保障部门（以下简称人社部门）或者其授权的地市级人社部门提出办理就业许可申请，并提交以下证明材料：

（一）外籍飞行员

1.《外国人就业申请表》一份，近期二寸彩色证件照片一张；

2. 有效护照或其他国际旅行证件（复印件）；

3. 个人简历（中文）；

4. 劳动合同复印件或附有航空公司、飞行员及中介公司签字的服务合同复印件（中文本，如无中文本，须附中文译文）；

5. 航空公司营业执照（复印件）；

6. 国外航空器驾驶执照复印件和中国民用航空局飞行标准司或指定机构出具的国外航空器驾驶员执照认可受理回执，或国外航空器驾驶员执照公证件（仅适用于驾驶国外注册航空器的机组人员）；

7. 无犯罪记录证明或民航公安局出具的背景调查批复复印件。

（二）外籍乘务员

1.《外国人就业申请表》一份，近期二寸彩色证件照片一张；

2. 有效护照或其他国际旅行证件（复印件）；

3. 个人简历（中文）；

4. 航空公司与外籍乘务员签署的劳动合同意向书（中文本，如无中文本，须附中文译文）；

5. 航空公司营业执照（复印件）；

6. 航空公司出具的进入岗前培训的证明；

7. 无犯罪记录证明或民航公安局出具的背景调查批复复印件。

人社部门按上述证明材料进行核准，对符合条件者，发放外国人就业许可证书。

二、获得就业许可证书的外籍机组人员，可持以下材料前往中国驻外签证机关（不限于国籍国或居住地国）办理Z字签证：

1.《签证申请表》及近期二寸正面免冠照片（按照驻外签证机关要求提供）；

2. 有效护照或其他国际旅行证件；

3. 外国人就业许可证书（原件及复印件）；

4. 被授权单位邀请函或邀请确认函（复印件或传真件，必要时须出具原件）。

三、外籍机组人员入境后，持以下材料到人社部门办理外国人就业证：

（一）外籍飞行员

1.《外国人就业登记表》一份，近期二寸证件彩色照片两张；

2. 有效护照或其他国际旅行证件（原件及复印件，复印护照首页和有效 Z 字签证页）；

3. 外国人就业许可证书（复印件）；

4. 劳动合同复印件或附有航空公司、飞行员及中介公司签字的服务合同复印件（中文本，如无中文本，须附中文译文）；

5. 国外航空器驾驶员执照复印件和中国民用航空局飞行标准司或指定机构出具的国外航空起驾驶员执照认可受理回执，或国外航空器驾驶员执照公证件（仅适用于驾驶国外注册航空器的机组人员）；

6. 中国民航地区管理局颁发的体检合格证。

（二）外籍乘务员

1.《外国人就业登记表》一份，近期二寸证件彩色照片两张；

2. 有效护照或其他国际旅行证件（原件及复印件，复印护照首页和有效 Z 字签证页）；

3. 外国人就业许可证书（复印件）；

4. 航空公司与外籍乘务员签署的劳动合同意向书；

5. 经中国民用航空局核准的航空公司提供的乘务员岗前培训结业证明；

6. 中国民航地区管理局颁发的体检合格证。

就业证有效期应参照聘用劳动合同有效期。外籍乘务员在获得中国民航地区管理局颁发的《乘务员资格合格证》并签订劳动合同后，应将劳动合同复印件交外国人就业证发证机关。

四、取得 Z 字签证和外国人就业证的外籍机组人员，入境后 30 日内持以下材料前往当地公安机关办理居留许可，办理居留许可的批准期限最长为15个工作日。

1.《外国人签证证件申请表》及按要求提供的正面免冠照片；

2.有效护照或其他国际旅行证件；

3.航空公司出具的证明函和营业执照副本；

4.外国人就业证；

5.申请有效期一年以上的居留证件的外国人，提交民航地区管理局颁发的体检合格证；

6.居住地派出所或旅店业开具的有效《临时住宿登记表》。

各级民航、外交、公安、人社部门应按照本通知要求，相互配合，密切合作，凡遇特殊紧急情况，各部门应加快审批，为申请者提供便利。

2014年2月10日

财政部　国家税务总局　人力资源社会保障部关于继续实施支持和促进重点群体创业就业有关税收政策的通知

财税［2014］39号

各省、自治区、直辖市、计划单列市财政厅（局）、国家税务局、地方税务局、人力资源社会保障厅（局），新疆生产建设兵团财务局、人力资源社会保障局：

1998年以来，国家对下岗失业人员再就业给予了一系列税收扶持政策，特别是自2011年1月1日起实施了新的支持和促进就业的税收优惠政策，进一步扩大了享受税收优惠政策的人员范围，对于支持重点群体创业就业，促进社会和谐稳定，推动经济发展发挥了重要作用。该政策于2013年12月31日执行到期。根据当前宏观经济形势和就业面临的新情况、新问题，为扩大就业，鼓励以创业带动就业，经国务院批准，现将继续实施支持和促进重点群体创业就业税收政策有关问题通知如下：

一、对持《就业失业登记证》（注明“自主创业税收政策”或附着《高校毕业生自主创业证》）人员从事个体经营的，在3年内按每户每年8 000元为限额依次扣减其当年实际应缴纳的营业税、城市维护建设税、教育费附加、地方教育附加和个人所得税。限额标准最高可上浮20%，各省、自治区、直辖市人民政府可根据本地区实际情况在此幅度内确定具体限额标准，并报财政部和国家税务总局备案。

纳税人年度应缴纳税款小于上述扣减限额的，以其实际缴纳的税款为限；大于上述扣减限额的，应以上述扣减限额为限。

本条所称持《就业失业登记证》（注明“自主创业税收政策”或附着《高校毕业生自主创业证》）人员是指：1. 在人力资源社会保障部门公共就业服务机构登记失业半年以上的人员；2. 零就业家庭、享受城市居民最低生活保障家庭劳动年龄内的登记失业人员；3. 毕业年度内高校毕业生。高校毕业生是指实施高等学历教育的普通高等学校、成人高等学校毕业的学生；毕业年度是指毕业所在自然年，即1月1日至12月31日。

二、对商贸企业、服务型企业、劳动就业服务企业中的加工型企业和街道社区具有加工性质的小型企业实体，在新增加的岗位中，当年新招用在人力资源社会保障部门公共就业服务机构登记失业一年以上且持《就业失业登记证》（注明“企业吸纳税收政策”）人员，与其签订1年以上期限劳动合同并依法缴纳社会保险费的，在3年内按实际招用人数予以定额依次扣减营业税、城市维护建设税、教育费附加、地方教育附加和企业所得税优惠。定额标准为每人每年4 000元，最高可上浮30%，各省、自治区、直辖市人民政府可根据本地区实际情况在此幅度内确定具体定额标准，并报财政部和国家税务总局备案。

按上述标准计算的税收扣减额应在企业当年实际应缴纳的营业税、城市维护建设税、教育费附加、地方教育附加和企业所得税税额中扣减，当年扣减不足的，不得结转下年使用。

本条所称服务型企业是指从事现行营业税“服务业”税目规定经营活动的企业以及按照《民办非企业单位登记管理暂行条例》（国务院令第251号）登记成立的民办非企业单位。

三、享受本通知第一条、第二条优惠政策的人员按以下规定申领《就业失业登记证》《高校毕业生自主创业证》等凭证：

（一）按照《就业服务与就业管理规定》（中华人民共和国劳动和社会保障部令第28号）第六十三条的规定，在法定劳动年龄内，有劳动能力，有就业要求，处于无业状态的城镇常住人员，在公共就业服务机构进行失业登记，申领《就业失业登记证》。其中，农村进城务工人员和其他非本地户籍人员在常住地稳定就业满 6 个月的，失业后可以在常住地登记。

（二）零就业家庭凭社区出具的证明，城镇低保家庭凭低保证明，在公共就业服务机构登记失业，申领《就业失业登记证》。

（三）毕业年度内高校毕业生在校期间凭学校出具的相关证明，经学校所在地省级教育行政部门核实认定，取得《高校毕业生自主创业证》（仅在毕业年度适用），并向创业地公共就业服务机构申请取得《就业失业登记证》；高校毕业生离校后直接向创业地公共就业服务机构申领《就业失业登记证》。

（四）上述人员申领相关凭证后，由就业和创业地人力资源社会保障部门对人员范围、就业失业状态、已享受政策情况进行核实，在《就业失业登记证》上注明“自主创业税收政策”或“企业吸纳税收政策”字样，同时符合自主创业和企业吸纳税收政策条件的，可同时加注；主管税务机关在《就业失业登记证》上加盖戳记，注明减免税所属时间。

四、本通知的执行期限为 2014 年 1 月 1 日至 2016 年 12 月 31 日。本通知规定的税收优惠政策按照备案减免税管理，纳税人应向主管税务机关备案。税收优惠政策在 2016 年 12 月 31 日未享受满 3 年的，可继续享受至 3 年期满为止。《财政部、国家税务总局关于支持和促进就业有关税收政策的通知》（财税〔2010〕84 号）所规定的税收优惠政策在 2013 年 12 月 31 日未享受满 3 年的，可继续享受至 3 年期满为止。

五、本通知所述人员不得重复享受税收优惠政策，以前年度已享受各项就业税收优惠政策的人员不得再享受本通知规定的税收优惠政策。如果企业的就业人员既适用本通知规定的税收优惠政策，又适用其他扶持就业的税收优惠政策，企业可选择适用最优惠的政策，但不能重复享受。

六、上述税收政策的具体实施办法由国家税务总局会同财政部、人力资源社会保障部、教育部、民政部另行制定。

各地财政、税务、人力资源社会保障部门要加强领导、周密部署，把大力支持和促进重点群体创业就业工作作为一项重要任务，主动做好政策宣传和解释工作，加强部门间的协调配合，确保政策落实到位。同时，要密切关注税收政策的执行情况，对发现的问题及时逐级向财政部、国家税务总局、人力资源社会保障部反映。

2014 年 4 月 29 日

人力资源社会保障部　国家发展改革委员会　教育部　科学技术部　工业和信息化部　财政部　中国人民银行　国家工商行政管理总局　共青团中央关于实施大学生创业引领计划的通知

人社部发〔2014〕38号

各省、自治区、直辖市人力资源社会保障厅（局）、发展改革委、教育厅（教委）、科技厅（科委）、中小企业主管部门、财政厅（局）、工商行政管理局、团委，中国人民银行上海总部、各分行、营业管理部、省会（首府）城市中心支行，部属各高等学校，新疆生产建设兵团有关部门：

为了贯彻落实党中央、国务院关于全面深化改革战略部署和促进高校毕业生就业创业工作要求，引导和支持更多的大学生创业，人力资源社会保障部、国家发展改革委、教育部、科技部、工业和信息化部、财政部、人民银行、工商总局、共青团中央决定，2014—2017年实施新一轮“大学生创业引领计划”。现就有关问题通知如下：

一、指导思想和目标任务

（一）指导思想

深入贯彻落实党的十八届三中全会对促进高校毕业生就业创业工作的新要求，坚持政府政策支持与创业者努力相结合，合理运用政府公共资源，充分动员社会其他资源，激发大学生［含国内各类高校的在校生、毕业生、出国（境）留学回国人员］创新活力，为大学生创业提供有力支持，以创新引领创业，以创业带动就业。

（二）目标任务

通过各方共同努力，使大学生的创业意识和创业能力进一步增强，支持大学生创业的政策制度和服务体系更加完善，政府激励创业、社会支持创业、大学生勇于创业的机制基本形成，大学生创业的规模、比例继续得到扩大和提高，力争实现2014—2017年引领80万大学生创业的预期目标。

二、政策措施

（一）普及创业教育

各级教育部门要加强对高校创业教育工作的指导和管理，推动高校普及创业教育，实现创业教育科学化、制度化、规范化。各高校要将创业教育融入人才培养体系，贯穿人才培养全过程，面向全体学生广泛、系统开展；积极开发开设创新创业类课程，并纳入学分管理；不断丰富创业教育形式，开展灵活多样的创业实践活动；切实加强师资队伍建设，为普及创业教育提供有力支持。

（二）加强创业培训

各级人社部门要加强与教育部门和高校的衔接，以有创业愿望的大学生为重点，编制专项培训计划，优先安排培训资源，切实抓好组织实施，使每一个有创业愿望和培训需求的大学生都有机会获得创业培训。要鼓励支持有条件的高校、教育培训机构、创业服务企业、行业协会、群团组织等开发适合大学生的创业培训项目，经过评审认定后，纳入创业培训计划，提高创业培训的针对性和有效性。要切实加强创业培训师资队伍建设，创新培训方式，积极推行创业模块培训、创业案例教学和创业实务训练，抓好质量监督，不断提升大学生创业能力。要会同相关部门进一步完善和落实创业培训补贴政策，健全并加强培训补贴资金管理，对符合条件的参训大学生按规定给予培训补贴。

（三）提供工商登记和银行开户便利

各级工商部门要按照工商登记制度改革总体部署完善管理制度，落实注册资本认缴登记制，依照有关法律法规规定拓宽企业出资方式，放宽住所（经营场所）登记条件，推行电子营业执照和全程电子化登记管理。要进一步完善工商登记“绿色通道”，简化登记手续，优化业务流程，为创业大学生办理营业执照提供便利。要落实减免行政事业性收费政策，对符合条件的创业大学生，按规定减免登记类和证照类等有关行政事业性收费。人民银行各分支机构要积极会同有关部门指导银行业金融机构进一步改进金融服务，为创业大学生办理企业开户手续提供便利和优惠。

（四）提供多渠道资金支持

各地要认真落实小额担保贷款政策，在符合规定前提下，加大对创业大学生的支持力度，简化反担保手续，强化担保基金的独立担保功能，适当延长担保基金的担保责任期限，落实银行贷款和财政贴息，重点支持吸纳大学生较多的初创企业。要充分发挥中小企业发展专项资金的作用，更多支持大学生创业实体。要鼓励企业、行业协会、群团组织、天使投资人等以多种方式向创业大学生提供资金支持，设立重点支持创业大学生的天使投资和创业投资基金。对支持创业早期企业的投资，符合规定条件的，按规定给予所得税优惠或其他政策鼓励。有条件的地区要对现有各类高校毕业生就业创业基金进行整合，完善管理体制和运营机制，向大学生创业实体提供支持。

（五）提供创业经营场所支持

各地要充分利用大学科技园、科技企业孵化器、高新技术开发区、经济技术开发区、工业园、农业产业园、城市配套商业设施、闲置厂房等现有资源，建设大学生创业园、留学人员创业园和创业孵化基地，为创业大学生提供创业经营场所。对建设大学生创业园、留学人员创业园和创业孵化基地的地方和高校，有关部门要积极给予对口支持和业务指导。要将创业实训、创业孵化、创业辅导相结合，创新孵化方式，完善孵化功能，提高创业孵化成功率。要制定并完善创业经营场所租金补贴办法，对符合条件的创业大学生按规定给予经营场所租金补贴。

（六）加强创业公共服务

各级人社部门要会同协调有关方面针对创业大学生普遍遇到的问题开展创业公共服务，建立健全创业公共服务政府采购机制并加强绩效管理，构建覆盖院校、园区、社会的创业公共服务体系。要对各方面相关优惠政策进行归集梳理，以年轻人喜闻乐见的形式加强宣传解读并提供咨询，帮助符合条件的创业大学生获得相应的税费减免、资金补贴等政策扶持。要建立健全青年创业辅导制度，从拥有丰富行业经验和行业资源的企业家、职业经理人、天使投资人当中选拔一批青年创业导师，为创业大学生提供创业辅导。要采取多种方式搭建青年创业者交流平台，经常举办交流活动，为创业大学生及时了解政策和行业信息、学习积累行业经验、寻找合作伙伴和创业投资人创造条件。要积极引导大学生参加创业竞赛活动，有条件的地区可定期举办青年创业大赛，使之成为凝聚青年创业者、展示创业方案和创业项目的舞台，同时为创业投资机构、天使投资人等选择投资对象提供机会。要拓宽人事和劳动保障事务代理服务范围，将创业大学生作为重要服务对象，提供档案保管、人事代理、职称评定、社保代理等服务。要加强服务创新，积极探索将促进就业创业政策措施向网络创业就业领域延伸拓展的有效方式，为在电子商务网络平台上注册“网店”的创业大学生提供政策支持和服务。要充分发挥留学人员回国服务工作体系的作用，对留学回国创业人员开展针对性服务，帮助他们了解国内信息、熟悉创业环境、交流创业经验、获得政策扶持。

三、工作要求

（一）加强组织领导

各地各高校要充分认识促进大学生创业的重要意义，切实加强领导，加大人力、财力投入，为本计划实施提供有力保障。要结合实际制定贯彻落实方案，明确目标和进度指标、任务和政策措施、责任分工和完成期限，对本计划的实施做出具体安排。各有关部门和单位要牢固树立全局意识，认真履行职责，加强协调配合，确保本计划顺利实施。

（二）加强绩效考核

要把本计划落实与执行情况作为高校毕业生就业工作考核的重要内容，以既定目标、进度、任务是否完成，政策措施是否落实到位，创业大学生是否得到支持帮助为考核重点，定期对相关部门、单位进行绩效考核。考核结果要及时向党委、政府汇报，并通报有关方面，接受监督质询，不断推进工作取得实效。

（三）加强舆论宣传

对党和政府鼓励支持大学生创业的政策措施，本计划执行过程中取得的进展、成效、经验和工作创新，以及创业大学生自强不息、勇于创业的典型事迹，各地要通过大众传媒予以广泛宣传，以加强对社会舆论的正面引导，努力营造鼓励创新、崇尚创业、褒奖成功、宽容失败的社会氛围。

各地贯彻落实情况请及时告人力资源社会保障部、教育部。

2014 年 5 月 22 日

国家税务总局　财政部　人力资源社会保障部　教育部　民政部关于支持和促进重点群体创业就业有关税收政策具体实施问题的公告

国家税务总局公告2014年第34号

为贯彻落实《财政部、国家税务总局、人力资源社会保障部关于继续实施支持和促进重点群体创业就业有关税收政策的通知》（财税［2014］39号）精神，现将创业就业有关税收政策的具体实施意见公告如下：

一、个体经营税收政策

（一）申请

1. 在人力资源社会保障部门公共就业服务机构登记失业半年以上的人员、零就业家庭或享受城市居民最低生活保障家庭劳动年龄内的登记失业人员，可持《就业失业登记证》、个体工商户登记执照和税务登记证向创业地县以上（含县级，下同）人力资源社会保障部门提出申请。县以上人力资源社会保障部门应当按照财税［2014］39号文件的规定，核实创业人员是否享受过税收扶持政策。核实后，对符合条件人员在《就业失业登记证》上注明“自主创业税收政策”。

2. 毕业年度高校毕业生在校期间创业的，可注册登录教育部大学生创业服务网（网址：http://cy.ncss.org.cn），提交《高校毕业生自主创业证》申请表，由所在高校进行网上信息审核确认，学校所在地省级教育行政部门依据学生学籍学历电子注册数据库，对高校毕业生身份、学籍学历、是否是应届高校毕业生等信息进行核实后，向高校毕业生发放《高校毕业生自主创业证》，并在数据库中将其标注为“已领取《高校毕业生自主创业证》”。高校毕业生持《高校毕业生自主创业证》向创业地人力资源社会保障部门提出申请，由创业地人力资源社会保障部门相应核发《就业失业登记证》。

3. 毕业年度高校毕业生离校后创业的，可凭毕业证，直接向创业地县以上人力资源社会保障部门提出申请。县以上人力资源社会保障部门在对人员范围、就业失业状态、已享受政策情况核实后，对符合条件人员相应核发《就业失业登记证》，并注明“自主创业税收政策”。

（二）税款减免顺序及额度

符合条件人员从事个体经营的，按照财税〔2014〕39号文件第一条的规定，在年度减免税限额内，依次扣减营业税、城市维护建设税、教育费附加、地方教育附加和个人所得税。纳税人的实际经营期不足一年的，应当以实际月份换算其减免税限额。换算公式为：减免税限额＝年度减免税限额÷12×实际经营月数。

纳税人实际应缴纳的营业税、城市维护建设税、教育费附加、地方教育附加和个人所得税小于减免税限额的，以实际应缴纳的营业税、城市维护建设税、教育费附加、地方教育附加和个人所得税税额为限；实际应缴纳的营业税、城市维护建设税、教育费附加、地方教育附加和个人所得税大于减免税限额的，以减免税限额为限。

（三）税收减免备案

纳税人在享受税收优惠政策后的当月，持《就业失业登记证》（注明“自主创业税收政策”或附着《高校毕业生自主创业证》）和税务机关要求的相关材料向其主管税务机关备案。

二、企业、民办非企业单位吸纳税收政策

（一）申请

符合条件的企业、民办非企业单位持下列材料向县以上人力资源社会保障部门递交申请：

1. 新招用人员持有的《就业失业登记证》。

2. 企业、民办非企业单位与新招用持《就业失业登记证》人员签订的劳动合同（副本），企业、民办非企业单位为职工缴纳的社会保险费记录。

3.《持〈就业失业登记证〉人员本年度实际工作时间表》（见附件）。

4. 人力资源社会保障部门要求的其他材料。

其中，劳动就业服务企业要提交《劳动就业服务企业证书》，民办非企业单位提交《民办非企业单位登记证书》。

县以上人力资源社会保障部门接到企业、民办非企业单位报送的材料后，应当按照财税［2014］39 号文件的规定，重点核实以下情况：

1. 新招用人员是否属于享受税收优惠政策人员范围，以前是否已享受过税收优惠政策。

2. 企业、民办非企业单位是否与新招用人员签订了 1 年以上期限劳动合同，为新招用人员缴纳社会保险费的记录。

3. 企业、民办非企业单位的经营范围是否符合税收政策规定。

核实后，对符合条件的人员，在《就业失业登记证》上注明“企业吸纳税收政策”，对符合条件的企业、民办非企业单位核发《企业实体吸纳失业人员认定证明》。

（二）税款减免顺序及额度

1. 纳税人按本单位吸纳人数和签订的劳动合同时间核定本单位减免税总额，在减免税总额内每月依次扣减营业税、城市维护建设税、教育费附加和地方教育附加。纳税人实际应缴纳的营业税、城市维护建设税、教育费附加和地方教育附加小于核定减免税总额的，以实际应缴纳的营业税、城市维护建设税、教育费附加、地方教育附加为限；实际应缴纳的营业税、城市维护建设税、教育费附加和地方教育附加大于核定减免税总额的，以核定减免税总额为限。

纳税年度终了，如果纳税人实际减免的营业税、城市维护建设税、教育费附加和地方教育附加小于核定的减免税总额，纳税人在企业所得税汇算清缴时，以差额部分扣减企业所得税。当年扣减不足的，不再结转以后年度扣减。

减免税总额＝$\sum$每名失业人员本年度在本企业工作月份÷12×定额

企业、民办非企业单位自吸纳失业人员的次月起享受税收优惠政策。

2. 第二年及以后年度当年新招用人员、原招用人员及其工作时间按上述程序和办法执行。每名失业人员享受税收优惠政策的期限最长不超过3年。

（三）税收减免备案

1. 经县以上人力资源社会保障部门核实后，纳税人依法享受税收优惠政策。纳税人持县以上人力资源社会保障部门核发的《企业实体吸纳失业人员认定证明》《持〈就业失业登记证〉人员本年度实际工作时间表》和税务机关要求的其他材料，在享受税收优惠政策后的当月向主管税务机关备案。

2. 企业、民办非企业单位纳税年度终了前招用失业人员发生变化的，应当在人员变化次月按照前项规定重新备案。

三、管理

（一）严格各项凭证的审核发放。任何单位或个人不得伪造、涂改、转让、出租相关凭证，违者将依法予以惩处；对采取上述手段已经获取减免税的企业、民办非企业单位和个人，主管税务机关要追缴其已减免的税款，并依法予以处罚；对出借、转让《就业失业登记证》的人员，主管人力资源社会保障部门要收回其《就业失业登记证》并记录在案。

（二）《就业失业登记证》采用实名制，限持证者本人使用。创业人员从事个体经营的，《就业失业登记证》由本人保管；被用人单位录用的，享受税收优惠政策期间，证件由用人单位保管。《就业失业登记证》由人力资源社会保障部统一样式，各省、自治区、直辖市人力资源社会保障部门负责印制，统一编号备案，作为审核劳动者就业失业状况和享受政策情况的有效凭证。

（三）《企业实体吸纳失业人员认定证明》由人力资源社会保障部统一式样，各省、自治区、直辖市人力资源社会保障部门统一印制，统一编号备案。

（四）《高校毕业生自主创业证》采用实名制，限持证者本人使用。《高校毕业生自主创业证》由教育部统一样式，各省、自治区、直辖市教育行政部门负责印制，其中注明申领人姓名、身份证号、毕业院校等信息，并粘贴申领人本人照片。

（五）县以上税务、财政、人力资源社会保障、教育、民政部门要建立劳动者就业信息交换和协查制度。人力资源社会保障部建立全国统一的就业信息平台，供各级人力资源社会保障、税务、财政、民政部门查询《就业失业登记证》信息。地方各级人力资源社会保障部门要及时将《就业失业登记证》信息（包括发放信息和内容更新信息）按规定上报人力资源社会保障部。教育部门要按季将《高校毕业生自主创业证》发放情况以电子、纸质文件等形式通报同级人力资源社会保障部门和税务机关。

（六）主管税务机关应当在纳税人备案时，在《就业失业登记证》中加盖戳记，注明减免税所属时间。各级税务机关对《就业失业登记证》有疑问的，可提请同级人力资源社会保障部门予以协查，同级人力资源社会保障部门应根据具体情况规定合理的工作时限，并在时限内将协查结果通报提请协查的税务机关。

四、本公告自2014年1月1日起施行。《国家税务总局财政部人力资源社会保障部教育部关于支持和促进就业有关税收政策具体实施问题的公告》（国家税务总局公告2010年第25号）同时废止。

特此公告。

附件：持《就业失业登记证》人员本年度实际工作时间表（略）

2014年5月30日

人力资源社会保障部关于确定第二批全国创业孵化示范基地的通知

人社部发［2014］70号

各省、自治区、直辖市及新疆生产建设兵团人力资源社会保障厅（局）：

创业孵化基地是公共就业创业服务体系的重要组成部分，是落实鼓励创业政策、开展创业培训和创业服务的重要载体。2012年10月，我部确定了首批全国创业孵化示范基地，对各地的创业孵化基地建设起到了示范引领作用。为贯彻落实《中共中央关于全面深化改革若干重大问题的决定》关于“完善城乡均等的公共就业创业服务体系”的要求，继续推进创业孵化基地建设，我部在各地择优推荐基础上，确定了第二批全国创业孵化示范基地。名单如下：

北京启迪创业孵化器

天津青年创业园

赤峰蒙东云计算创业孵化园

鞍山市创业孵化园

长春科大学生创业园

哈尔滨大学生创业孵化园

上海宝山科技园大场动漫创业园

苏州市大学生公共创业实训基地

宁波市（镇海）大学生创业园

铜陵市大学生创业园

景德镇大学生陶瓷创业孵化园

武汉理工大学创业孵化基地

中南大学学生创新创业指导中心

中山市大学生创业孵化基地

成都天府软件园

重庆市江北区微企创业孵化园

贵阳国家高新区大学生创业园

云南海归创业园

西安汇能汽车产业服务创业孵化基地

甘肃联创科技企业孵化基地

宁夏软件园（银川 IBI 育成中心）

乌苏营口中小企业创业孵化基地

各地要加强工作指导，积极推进创业孵化基地建设。全国创业孵化示范基地要进一步完善各项制度，全面落实创业政策，提升服务能力和水平，发挥好示范引领作用，为促进创业就业做出更大贡献。

2014 年 10 月 15 日

人力资源社会保障部　外交部　公安部文化部关于印发《外国人入境完成短期工作任务的相关办理程序（试行）》的通知

人社部发［2014］78号

各省、自治区、直辖市人力资源社会保障厅（局）、外事办公室、公安厅（局）、文化厅（局），各驻外使馆、领馆、处，驻香港、澳门公署：

为做好《中华人民共和国出境入境管理法》和《外国人入境出境管理条例》等法律法规的贯彻实施工作，进一步规范外国人在中国就业行为，人力资源社会保障部、外交部、公安部、文化部联合制定了《外国人入境完成短期工作任务的相关办理程序（试行）》（以下简称《办理程序》）。现印发给你们，请认真执行。

各级人力资源社会保障、外事、公安、文化等部门应按照《办理程序》为入境完成短期工作任务的外国人办理相关手续。对于未按《办理程序》办理相关手续入境及不按工作证明所列事项从事短期工作的外国人，公安机关将按非法就业查处。各部门要逐步完善各项管理制度，加强协调配合，强化信息沟通，为入境完成短期工作任务的外国人提供便利。

《办理程序》自2015年1月1日起执行。请各部门抓紧做好执行前的各项准备工作。外国人在中国短期工作证明（中英文）和外国人短期工作信息表、外国人演出信息表电子模板另行发放。

附件：外国人入境完成短期工作任务的相关办理程序（试行）

2014年11月6日

附件

外国人入境完成短期工作任务的相关办理程序（试行）

一、外国人入境完成短期工作任务，指因下列事由入境，且在境内停留不超过90日的：

（一）到境内合作方完成某项技术、科研、管理、指导等工作；

（二）到境内体育机构进行试训（包括教练员、运动员）；

（三）拍摄影片（包括广告片、纪录片）；

（四）时装表演（包括车模、拍摄平面广告等）；

（五）从事涉外营业性演出；

（六）人力资源社会保障部门认定的其他情形。

二、以下情形不视为完成短期工作任务：

（一）购买机器设备配套维修、安装、调试、拆卸、指导和培训的；

（二）对在境内中标项目进行指导、监督、检查的；

（三）派往境内分公司、子公司、代表处完成短期工作的；

（四）参加体育赛事的（包括运动员、教练员、队医、助理等相关人员。但根据国际体育组织要求，经我国主管部门批准，持注册卡入境参赛等情况除外）；

（五）入境从事无报酬工作或由境外机构提供报酬的义工和志愿者等；

（六）文化主管部门在批准文书上未注明“涉外营业性演出”的。

具有（一）、（二）、（三）、（四）情形，且停留时间不超过90日的，应当申请办理M字签证；具有（五）、（六）情形，且停留时间不超过90日的，应当申请办理F字签证。

三、前述第一条、第二条第（一）、（二）、（三）、（五）项所列人员每次入境停留时间超过90日的，均应按照《外国人在中国就业管理规定》申请办理相关手续。入境从事季节性劳务、短期劳务按有关规定执行。

四、入境进行短期营业性演出的外国文艺表演团体、个人应持有文化主管部门出具的批准文书及在中国短期工作证明（以下简称工作证明）；入境完成其他短期工作任务的，应持有人力资源社会保障部门颁发的外国人就业许可证书（以下简称许可证书）及工作证明。

工作证明登记项目包括：持有人国籍和姓名、工作内容、工作地点、工作期限、签发日期等。

五、短期工作人员申请入境工作应按下列程序办理：

（一）申请工作许可

1. 申请人力资源社会保障部门许可证书及工作证明

境内合作方拟邀请外国人入境从事短期工作的，应向省级人力资源社会保障部门或者其授权的地市级人力资源社会保障部门提出申请，并提交以下证明材料：

（1）境内合作方登记证明、组织机构代码（均为复印件）；

（2）中外双方合作协议、项目合同等；

（3）拟入境人员简历；

（4）有效护照或其他国际旅行证件（复印件）；

(5) 申请完成专业技术工作任务的外国人，应按国家规定提供相关学历或技术（职业）资格证明文件；

(6) 审批机关规定的其他证明材料。

人力资源社会保障部门对入境短期工作事由明确、完整、合理，且没有违反国家法律法规者，发放许可证书及工作证明。

外国人入境完成工作任务的地点涉及两个或以上省级地区的，应在境内合作方所在地的人力资源社会保障部门申请办理相关手续。

各省级人力资源社会保障部门应在外国人入境前，将《外国人短期工作信息表》，以电子文档形式报送人力资源社会保障部。

2. 申请文化主管部门批准文书及工作证明

外国文艺表演团体、个人拟入境进行营业性演出的，应当由演出举办单位向首次演出所在地文化主管部门提出申请，文化主管部门应当根据《营业性演出管理条例》及其实施细则的规定，自受理申请之日起 20 日内作出决定。批准的，发给批准文书，并注明“涉外营业性演出”；不予批准的，应当书面通知申请人并说明理由。其中，拟入境进行营业性演出的外国文艺表演团体、个人，在境内停留时间不超过 90 日的，文化主管部门为其出具工作证明。演出增加地已列入工作证明的，演出增加地文化主管部门不再另行出具工作证明。

演出所在地文化主管部门应在外国文艺表演团体、个人入境前，将《外国人演出信息表》通过涉外营业性演出审批信息公示系统报送文化部，文化部以电子文档形式抄送人力资源社会保障部。

入境进行营业性演出的外国文艺表演团体、个人，完成短期工作任务后，拟继续在境内进行短期营业性演出的，演出举办单位应重新向文化主管部门申请工作证明，但工作时间不超过停留或居留许可有效期。审批手续依照本程序中“申请文化主管部门批准文书及工作证明”的有关要求办理。

（二）办理邀请函或邀请确认函

用人单位持许可证书及工作证明到注册地或所属被授权单位申请办理邀请函或邀请确认函。

演出举办单位持批准文书及工作证明到注册地或首次演出所在地省、自治区、直辖市政府外事部门，办理被授权单位邀请确认函。

（三）申请Z字签证

获准入境完成短期工作任务的外国人，应到中国驻外使馆、领馆或者外交部委托的其他驻外机关（以下简称驻外签证机关）申请Z字签证。申请人应提供以下证明材料：

（1）许可证书（批准文书）和工作证明的原件及复印件；

（2）被授权单位邀请函或邀请确认函；

（3）本人护照或者其他国际旅行证件的原件和复印件；

（4）驻外签证机关要求的其他材料。

驻外签证机关对许可证书（批准文书）原件和工作证明原件进行核验，留存复印件。对于工作证明中工作期限不超过30日的，驻外签证机关均签发停留期为30日的签证，同时在备注栏做双语备注“工作时间不得超出工作证明所注期限 Allowed to work only within the period of time indicated in the approval”；对于工作证明中工作期限超过30日的，签证备注栏中应注明入境后30日内办理居留手续。

与中国有互免签证协议国家人员，入境完成短期工作任务的，需在入境前获得工作证明，并持上述材料到我国驻外签证机关申请Z字签证。

（四）办理工作类居留证件

工作期限不超过30日的短期工作人员，按工作证明上注明的工作期限工作，并在Z字签证中注明的停留期停留。工作期限超过30日的短期工作人员，按工作证明上注明的工作期限工作，并持工作证明、Z字签证等证明材料到公安机关办理停留期为 90 日的工作类居留证件。其中，外国文艺表演团体、个人可持工作证明和 Z 字签证等证明材料到演出举办单位注册地或首次演出所在地公安机关办理居留手续。已取得居留证件的外国演员在国内其他演出地演出，不再重复办理居留手续。

六、其他事项

（一）获得批准文书和工作证明的外国人取消工作任务未入境的，演出举办单位应及时函告文化主管部门；获得许可证书和工作证明的外国人取消工作任务未入境的，境内合作方应及时函告人力资源社会保障部门审批机关。

（二）外国人入境完成短期工作任务，其工作期限不得超出工作证明所注期限，工作证明到期后不延期。

持工作证明的外国人完成短期工作任务后，若其居留许可在有效期内，拟被境内用人单位聘用的，可按《外国人在中国就业管理规定》的有关程序在境内办理相关手续。

附件：外国人在中国短期工作证明（中英文样式）（略）

人力资源社会保障部关于国有企业招聘应届高校毕业生信息公开的意见

人社部发〔2014〕79号

各省、自治区、直辖市及新疆生产建设兵团人力资源社会保障厅（局）：

党的十八届三中全会明确提出要规范招人用人制度。《国务院批转发展改革委等部门关于深化收入分配制度改革若干意见的通知》（国发〔2013〕6号）、《国务院办公厅关于做好2014年全国普通高等学校毕业生就业创业工作的通知》（国办发〔2014〕22号）等文件进一步强调，要在国有企业全面推行分级分类的公开招聘制度，切实做到信息公开、过程公开、结果公开，国有企业招聘应届高校毕业生，要实行公开招聘。国有企业认真落实党中央、国务院的决策部署，积极推进公开招聘工作，取得了较好进展。但是也要看到，仍有部分国有企业在招聘应届高校毕业生过程中存在招聘信息不公开等用人不公问题，影响到应届高校毕业生的平等就业权益。为切实贯彻落实党中央、国务院有关促进公平就业的要求，加快推进国有企业招聘应届高校毕业生信息公开工作规范化，现提出以下意见：

一、国有企业招聘应届高校毕业生要实行公开招聘

（一）国有企业（包括国家出资的国有独资企业、国有独资公司，以及国有资本控股公司，下同）招聘应届高校毕业生（即毕业学年的普通高等学校在校生，下同），除涉密等不适宜公开招聘的特殊岗位外，应当实行公开招聘。国有企业在招聘应届高校毕业生过程中，要坚持公开、平等、竞争、择优的原则，扩大选人用人范围，积极促进公平就业。

二、国有企业要建立健全公开招聘应届高校毕业生制度

（二）国有企业要制定本单位公开招聘应届高校毕业生制度。招聘制度中要明确招聘计划、招聘程序、信息发布、招聘纪律、监督渠道等内容。招聘计划不得缺少招聘岗位及条件、招聘人员数量、招聘时间安排、采用的招聘方式等内容。

（三）国有企业要按照国家有关法律法规和政策规定发布招聘信息，保证真实有效。不得设置民族、种族、性别、宗教信仰等歧视性条件，不得设置与岗位要求无关的条件，不得将院校作为限制性条件。工作地点位于省会及以下城市的国有企业招聘应届高校毕业生，不得将户籍作为限制性条件。

（四）国有企业公开招聘应届高校毕业生可以采取考试的方式，也可以采取考核的方式，择优聘用。在同一批次招聘中，不得降低或提高已公开发布的招聘条件。当次公开招聘发布的岗位未招满或需增加招聘数量的，要在招聘工作结束后另行组织公开招聘。

（五）国有企业公开招聘应届高校毕业生过程中，与应聘者有夫妻关系、直系血亲关系、三代以内旁系血亲或近姻亲关系的国有企业负责人不得参与招聘工作。国有企业具体负责组织招聘工作的人员，在招聘过程中涉及与应聘者有上述亲属关系或存在其他可能影响招聘公正情形的，也应当回避。

三、国有企业招聘应届高校毕业生信息要向社会公开

（六）国有企业招聘应届高校毕业生要公开发布招聘信息。招聘信息不得缺少招聘数量和岗位条件，报名方法，考试或考核的方式和时间（时限），资格审查、笔试、面试结果的告知范围和方式，拟聘人员公示渠道，咨询方式，以及其他应当注明的事项。

（七）国有企业公开招聘应届高校毕业生信息要按照企业所属层级在相应的政府网站公开发布。国有企业在本单位网站或其他社会网站发布招聘信息的，须同时在政府网站设置链接。

（八）国有企业公开招聘应届高校毕业生信息的发布时间以在政府网站公开发布为准，报名起始时间不得早于招聘信息在政府网站公开发布的时间，报名时间不得少于 7 天。国有企业公开招聘应届高校毕业生信息除在政府网站公开发布外，还可以通过本单位网站或其他网站、广播电视、报纸杂志等多种方式发布，并与政府网站所发布招聘信息保持一致。

（九）国有企业要尽可能提供网络、现场等多渠道报名方式，降低应届高校毕业生应聘成本。参与应聘的应届高校毕业生要做到诚实守信，提交个人信息要真实客观，遵守国有企业的招聘纪律。

（十）国有企业要在本单位网站或其他公共媒体对招聘结果进行公示。公示信息不得缺少拟聘人员姓名、性别、毕业院校等内容，并同时公布本单位纪检部门监督电话与通信地址，公示期不得少于 7 天。公示期间，应聘者或其他人员认为公示人员存在问题的，可以实名向国有企业纪检部门反映，由国有企业纪检部门作出处理。

四、加大对国有企业招聘应届高校毕业生监督检查力度

（十一）国有企业招聘应届高校毕业生应当严格遵守相关规定，履行社会责任，接受人力资源社会保障部门及有关部门、人民团体、社会组织的监督。应聘者认为国有企业招聘过程中存在就业歧视行为的，可以向人民法院提起诉讼。

（十二）国有企业公开招聘应届高校毕业生应当公开发布招聘信息但没有公开发布，或招聘信息内容不符合有关规定的，应聘者或其他人员可以实名向相应的人力资源社会保障部门投诉，人力资源社会保障部门要及时核查有关情况并作出相应处理，问题严重的，可以约谈国有企业负责人，或在有关媒体上予以曝光。

（十三）国有企业存在未按公布的招聘流程实施招聘工作、招聘过程中违反回避规定等违规行为，或国有企业招聘工作人员在招聘工作过程中存在贪污、受贿等重大违法违纪行为的，应聘者或其他人员可以实名向国有企业纪检部门投诉，由国有企业纪检部门作出处理。对构成犯罪的，依法追究刑事责任。

各地要高度重视，加强沟通协调，完善工作机制，做好宣传引导，确保各项任务措施落实到位。

2014 年 11 月 14 日

人力资源社会保障部关于进一步完善就业失业登记管理办法的通知

人社部发［2014］97号

各省、自治区、直辖市及新疆生产建设兵团人力资源社会保障厅（局）：

就业失业登记管理是掌握劳动者就业与失业状况的重要手段，是提供公共就业服务、落实就业扶持政策的基础工作。按照《国务院关于进一步推进户籍制度改革的意见》（国发［2014］25号）和《国务院关于进一步做好为农民工服务工作的意见》（国发［2014］40号）要求，为进一步完善就业失业登记管理办法，方便用人单位和劳动者办理就业失业登记，现就有关事项通知如下：

一、认真落实放宽失业登记条件的有关要求

各地要落实《人力资源社会保障部关于修改〈就业服务与就业管理规定〉的决定》（人力资源社会保障部令第23号）要求，允许法定劳动年龄内，有劳动能力，有就业要求，处于无业状态的城镇常住人员在常住地的公共就业和人才服务机构进行失业登记。对符合失业登记条件的人员，不得以人户分离、户籍不在本地或没有档案等为由不予受理。

各地要建立健全公共就业服务提供机制，保障城镇常住人员享有与本地户籍人员同等的劳动就业权利，并有针对性地为其免费提供就业政策法规咨询、职业指导、职业介绍等基本公共就业服务。对进行失业登记的城镇常住人员，要按规定落实职业培训补贴和职业技能鉴定补贴政策。在此基础上，各地要按照国务院推进户籍制度改革的部署，统筹考虑本地区综合承载能力和发展潜力，以连续居住年限和参加社会保险年限等为条件，保障其逐步享受与本地户籍人员同等的就业扶持政策。

二、做好就业失业登记证明更名发放工作

根据促进就业创业工作需要，将《就业失业登记证》更名为《就业创业证》。各地可新印制一批《就业创业证》先向有需求的毕业年度内高校毕业生发放。毕业年度内高校毕业生在校期间凭学生证向就业创业地（直辖市除外）公共就业和人才服务机构申领《就业创业证》，或委托所在高校就业指导中心向当地（直辖市除外）公共就业和人才服务机构代为其申领《就业创业证》；毕业年度内高校毕业生离校后直接向就业创业地（直辖市除外）公共就业和人才服务机构申领《就业创业证》。《就业创业证》的样式、栏目解释、填写办法、印制技术及发放管理等要求继续按照《关于印发就业失业登记证管理暂行办法的通知》（人社部发[2010] 75号）执行[封面和内页第1页（暗码）的“就业失业登记证”字样变更为“就业创业证”]。

各地已发放的《就业失业登记证》继续有效，不再统一更换。有条件的地区，可以加快推进社会保障卡在就业领域的推广应用工作，以其加载的就业失业登记信息电子记录，逐步替代纸质的就业失业登记证明。

三、拓宽就业登记信息采集渠道

各地要结合本地实际，进一步改进和优化业务流程，建立就业登记与社会保险登记、劳动用工备案之间的业务协同和信息共享机制，做好相关信息的比对核验，不断创新和拓宽就业登记信息采集渠道。要巩固窗口单位改进作风专项行动成果，在“一站式”服务的基础上逐步向“一柜式”服务转变，实行“前台综合受理、后台分类处理”的工作模式。对用人单位为劳动者实名办理社会保险登记或劳动用工备案的，以及劳动者以个体工商户或灵活就业人员身份办理社会保险登记的，相关信息经确认后录入公共就业服务管理信息系统。

四、加强就业失业登记信息动态管理

各地要进一步加强街道（乡镇）、社区（行政村）基层劳动就业和社会保障工作平台建设，及时掌握辖区内劳动者的就业失业状态，运用信息化手段，做好对劳动者就业失业登记信息的动态管理。要按照《关于建立全国就业信息监测制度的通知》（人社部发［2010］86 号）要求，建立健全就业失业登记信息采集录入质量管理制度，做好省（区、市）内就业失业登记信息的比对整理。我部将进一步完善全国就业信息监测系统的功能，开展就业失业登记信息跨地区核验工作，逐步实现同一劳动者相关信息的唯一性。要以实名制就业监测数据为基础，做好与就业失业统计报表数据的比对分析工作（为保持统计口径的一致性和可比性，对农村进城务工人员和其他非本地户籍人员进行失业登记的，在统计上继续按照现行制度执行），及时查找相同指标数据不一致的原因，并有针对性地予以解决，为加强人力资源管理、支持宏观决策奠定扎实基础。

各地要根据本地实际情况，按照“操作程序便捷高效、登记信息完整准确、数据标准统一规范”的要求，制定完善全省（区、市）范围内统一的就业失业登记操作办法。要以方便群众为原则，简化登记程序，取消重复和不必要的表格、单据等填写内容和证明材料，为用人单位和劳动者办理就业失业登记提供便利。工作中出现的新情况、新问题，要及时向我部报告。

2014 年 12 月 23 日

人力资源社会保障部关于做好 2014 年全国高校毕业生就业工作的通知

人社部函［2014］24 号

各省、自治区、直辖市及新疆生产建设兵团人力资源社会保障厅（局）：

2014 年，高校毕业生就业总量压力进一步加大，工作任务更加繁重。党中央、国务院对此高度重视，党的十八届三中全会和中央经济工作会议作出了新的部署。各地要认真贯彻落实中央要求，继续把高校毕业生就业摆在就业工作的首位，坚持市场导向，着力改革创新，完善政策措施，加大工作力度，力争实现今年高校毕业生就业水平有新提高，确保高校毕业生就业形势稳定。现就有关事项通知如下：

一、落实和完善高校毕业生就业创业扶持政策

各地要结合实际，进一步抓好促进高校毕业生就业创业各项政策措施的落实和完善，确保符合条件的高校毕业生和用人单位都能得到相应的政策支持。会同有关部门全面落实和完善鼓励中小微企业吸纳高校毕业生就业的税收、金融、社保补贴等政策，积极引导高校毕业生到中小微企业就业。会同有关部门统筹实施“选聘高校毕业生到村任职”“三支一扶”“大学生志愿服务西部计划”“农村义务教育阶段学校教师特设岗位计划”等基层服务项目。会同财政、教育部门将求职补贴在离校前全部发放给城乡低保家庭毕业年度的高校毕业生。对符合政策扶持条件的毕业学年高校毕业生，及时发放《就业失业登记证》，进一步畅通高校毕业生在校期间享受政策的渠道。要按照十八届三中全会决定对做好高校毕业生就业工作的部署要求，结合本地经济社会发展需求，积极会同有关部门在结合产业升级开发就业岗位、购买基层岗位吸纳高校毕业生就业、健全高校毕业生基层工作的服务保障机制、激励高校毕业生自主创业等方面进行探索和创新，完善相关政策，逐步形成有利于促进高校毕业生到基层和生产服务一线就业创业的政策导向。

二、深入实施离校未就业高校毕业生就业促进计划

就业促进计划是确保离校未就业高校毕业生尽快实现就业的重要举措，各地要高度重视，及早部署，精心组织，力争使每一名有就业意愿的未就业毕业生在毕业半年内都能实现就业或参加到就业准备活动中。要积极联合教育部门和高校共同实施就业促进计划，面向高校广泛发布就业促进计划内容、参加渠道、公共就业人才服务机构信息等，动员高校将就业促进计划宣传到每一个未就业高校毕业生。做好离校未就业高校毕业生信息衔接工作，力争在离校前获得未就业高校毕业生实名信息，并做好未就业毕业生离校前后的跟踪管理，切实保证服务不断线。要全面落实实名制就业服务，对部里分解下发的本省（自治区、直辖市）生源的未就业高校毕业生要主动联系，准确掌握个人基本信息、求职意愿和就业需求。要结合本地实际拓展一批优质见习企业，扩大就业见习规模，确保有见习需求的毕业生都能得到见习机会。深入实施离校未就业高校毕业生技能就业专项活动，对有培训意愿的毕业生组织开展适合产业发展需求和毕业生自身特点的职业技能培训，提高就业能力，并按规定落实好职业培训补贴政策。要将零就业家庭、城乡低保家庭、农村贫困户、残疾等就业困难的未就业高校毕业生列为重点对象，实施重点帮扶，促进其尽快就业。

三、启动实施新一轮大学生创业引领计划

新一轮大学生创业引领计划将于今年启动实施。各地要创新工作思路，完善政策措施，扶持更多高校毕业生自主创业，逐步提高大学生创业比例。对有创业意愿的大学生提供创业培训，按规定给予培训补贴，切实提升创业能力。进一步落实创业扶持政策，对符合条件的及时提供小额担保贷款及贴息、税收减免等政策扶持。加强创业指导和服务，为创业大学生提供政策咨询、信息服务、项目开发、风险评估、开业指导、融资服务、跟踪扶持等“一条龙”创业服务。积极推进创业孵化基地建设，为创业大学生提供场地支持和孵化服务。

四、改进和加强公共就业人才服务

各地要根据高校毕业生特点和求职需求，创新服务方式和手段。在服务内容上更加突出就业信息服务，在服务对象上更加突出二三本高校毕业生，在服务方式上更加突出信息技术的应用，在服务态度上多一些主动、多一分热情、多一分关怀。同一城市的公共就业人才服务机构之间要实现业务互通，数据共享，标准统一，让毕业生享受同等服务。要组织好全国性系列专项服务活动，切实提高服务质量。积极开展公共就业人才服务进校园活动，组织人社厅（局）长、企业人力资源经理、职业指导师校园行，为高校毕业生送政策、送指导、送信息；精心组织民营企业招聘周、高校毕业生就业服务月、就业服务周、部分大中城市联合招聘高校毕业生专场活动和每季度的全国高校毕业生网络招聘月活动，搭建供需信息平台，积极促进对接。各级公共就业人才服务机构要按照我部正在开展的窗口单位改进作风专项行动有关要求，落实首问负责制、全程代理制、一次性告知制、限时办结制和责任追究制，做到办事程序公开、办事依据公开、办事时限公开、办事结果公开，不断提升服务能力，提高就业服务的满意度。

五、进一步加大高校毕业生就业工作宣传力度

各地要高度重视高校毕业生就业宣传工作，牢牢把握正确的舆论导向，加强主动宣传、正面宣传。在宣传内容上，重点宣传各地促进就业创业的政策措施，提高政策知晓度；重点宣传高校毕业生到基层、中小企业就业创业的先进典型，引导高校毕业生转变就业观念；重点宣传就业形势，引导社会理性看待高校毕业生就业形势，形成正确的舆论导向。在宣传形式上，既要依托广播、电视、报纸等传统媒体，还要积极应用微博、微信、手机报等青年人喜爱的形式广泛开展宣传，提高宣传效果。在宣传风格上，要注重实用性，使用高校毕业生熟悉的语言宣讲形势、解读政策、宣传典型，扩大影响力。在宣传组织上，要动员相关部门、高校、媒体等积极参与，抓住高校毕业生就业高峰时间节点集中开展宣传。同时，要加强舆情监测，及时了解和回应社会关切，掌握舆论主导权。

各地要积极争取当地党委政府对高校毕业生就业工作的重视和支持，把做好高校毕业生就业工作作为政治任务，力争将高校毕业生就业工作列入政府政绩考核内容，进一步健全政府促进就业的责任制度。要切实发挥牵头部门职责，加强统筹协调，充分发挥就业联席会议成员单位的职能优势，明确分工，落实责任，密切配合，形成合力。要结合本地实际，制定工作方案，进一步细化工作目标、工作措施、工作进度和工作要求，加强督促检查和分类指导，确保各项工作落到实处。

2014年2月26日

人力资源市场

中共中央组织部　人力资源社会保障部　教育部　财政部　水利部　农业部　国家卫生和计划生育委员会　国务院扶贫开发领导小组办公室　共青团中央关于做好2014年高校毕业生“三支一扶”计划实施工作的通知

人社部发［2014］37号

各省、自治区、直辖市及新疆生产建设兵团党委组织部、人力资源社会保障厅（局）、教育厅（教委、教育局）、财政厅（财政局、财务局）、水利（水务）厅（局）、农业（农牧、农村经济）厅（委、局、办）、卫生和计划生育委员会（卫生厅局）、扶贫办（局）、团委：

为深入贯彻落实党的十八大和十八届三中全会精神，引导和鼓励高校毕业生到基层工作，根据《国务院办公厅关于做好2014年全国普通高等学校毕业生就业创业工作的通知》（国办发［2014］22号）和《关于继续做好高校毕业生“三支一扶”计划实施工作的通知》（人社部发［2011］27号）要求，决定2014年选拔招募2万名左右高校毕业生到基层从事“三支一扶”服务，现就有关工作通知如下：

一、高度重视“三支一扶”工作

2014年是全面深化改革的开局之年。党的十八届三中全会提出，健全鼓励高校毕业生到基层工作的服务保障机制，提高公务员定向招录和事业单位优先招聘比例。这为“三支一扶”工作指明了新方向，提出了新要求。习近平总书记分别给河北保定学院西部支教毕业生群体代表、大学生村官张广秀、华中农业大学“本禹志愿服务队”等回信，就引导高校毕业生到中西部地区、到农村基层就业和服务作出重要指示，指出同人民一道拼搏、同祖国一道前进，服务人民、奉献祖国，是当代中国青年的正确方向，提出希望他们“热爱基层、扎根基层，增长见识、增长才干，促农村发展，让农民受益，让青春无悔”。这既体现了对立志服务基层青年的深切关怀，也对他们提出了殷切希望。各地要深入贯彻落实中央要求和习近平总书记回信精神，加强统筹协调，着力改革创新，加大工作力度，进一步拓展服务岗位、完成选拔招募工作，进一步健全服务保障机制、引导“三支一扶”大学生服务基层，进一步培育和践行社会主义核心价值观、继承和弘扬“三支一扶”精神，抓紧抓好2014年高校毕业生“三支一扶”计划实施工作，确保取得实效。

二、切实做好选拔招募工作

（一）拓展服务岗位。各地要按照中央精神，围绕健全城乡发展一体化体制机制要求，继续在“三支一扶”框架下，丰富服务内容，细化岗位细目。从2014年起，将水利纳入“三支一扶”计划实施范围，列支农项目，引导高校毕业生到基层县级及以下水利部门、事业单位、乡镇（流域）水利站（所）从事水利服务。

（二）统筹组织招募。各地要结合中央下达的“三支一扶”招募计划和其他基层服务项目实施情况，制定合理的招募方案，形成服务基层的合力。岗位征集过程中，要加大对革命老区、民族地区、边疆地区、贫困地区特别是集中连片特殊困难地区的倾斜，优先征集有空编或者将来2～3年有空编的基层服务单位岗位。

（三）提高信息化水平。各地在开展数据采集、上传和更新工作时，要确保及时准确、真实有效。7月31日前，上传新招募人员基本信息；8月31日前，根据上岗实际情况，更新有关数据；12月31日前，完善在岗人员和服务期满人员的各类数据。积极推进同其他基层服务项目信息系统贯通工作，实现数据共享。

三、健全完善服务保障机制

（一）强化管理服务。要按照人岗相适的原则，明确“三支一扶”大学生的工作职责和具体要求，提供干事创业的机会和舞台。协调基层服务单位做好“三支一扶”大学生的食宿以及安全、健康、卫生等保障工作。健全考核评价机制，做好日常考核、年度考核、服务期满考核以及服务期满证书发放等工作。

（二）加大培养力度。要全面开展岗前培训，有针对性地开展在岗培训，不断提升“三支一扶”大学生服务基层的能力。鼓励服务期满“三支一扶”大学生参加就业创业培训，对符合条件的按规定落实职业培训补贴，切实提高其就业创业能力。做好选拔“三支一扶”大学生兼任乡镇团委副书记、委员工作。各基层单位要开展思想教育和心理疏导，实行结对帮扶，做好“传帮带”，引导“三支一扶”大学生投身基层各项事业。

（三）落实保障待遇。要严格落实有关政策，按时、全额发放“三支一扶”大学生工作生活补贴，不得出现拖欠现象。全面落实参加社会保险政策，没有参加的要按照规定尽快办理。鼓励各地为“三支一扶”大学生办理重大疾病、人身意外伤害等商业保险。

（四）加强经费支持。各地人力资源社会保障部门要积极协调同级财政部门安排所需工作经费，用于开展“三支一扶”日常管理服务工作和落实“三支一扶”大学生待遇保障等，推进“三支一扶”计划顺利实施。按照中央下达招募计划的完成情况及补助标准，会同财政部门做好中央补助专项经费的测算工作，于8月31日前联合报送财政部和人力资源社会保障部。

（五）畅通流动渠道。要认真落实促进“三支一扶”大学生流动的各项政策，切实把公务员定向招录、事业单位优先招聘、继续深造、享受学费补偿和助学贷款代偿等政策落到实处。发挥各级“三支一扶”工作领导小组作用，充分挖掘就业岗位，鼓励基层服务单位广泛吸纳服务期满人员。举办专场人才招聘活动，向国有企业、非公有制经济组织、社会组织等输送人才，形成“三支一扶”大学生有序流动、多渠道发展的长效机制。将服务期满未就业人员作为重点服务对象进行实名登记，提供就业服务，帮助其尽快实现就业。对于服务期间选择离岗的人员，要做好人事档案和社保关系转移等工作。

四、深入宣传“三支一扶”精神

（一）弘扬精神品质。要注重培育和践行社会主义核心价值观，继承和弘扬以“勇于担当的责任意识、全心全意的服务态度、甘于奉献的精神追求、锐意进取的创新激情”为主要内容的“三支一扶”精神。组织“三支一扶”大学生学习贯彻习近平总书记给张广秀回信精神，继续丰富实践活动，注重崇高精神鼓舞、典型经验带动、先进事迹引领，引导他们扎根基层、服务基层，在基层事业发展中实现青春梦。

（二）营造舆论氛围。要利用网络、报刊、广播、电视等媒体，持续开展主题突出、内容丰富、形式多样的宣传报道，大力宣传“三支一扶”计划的重要意义，深入宣传“三支一扶”大学生的优秀典型，进一步扩大“三支一扶”计划的社会影响。

五、加强“三支一扶”工作的组织领导

“三支一扶”计划是促进高校毕业生成长成才的重要平台。根据工作需要，从今年起将水利部作为“三支一扶”计划的组织实施部门之一。各地要结合实际，及时调整工作领导小组组成人员，加强部门沟通协调，周密部署，精心组织好“三支一扶”计划实施工作。要勇于创新，不断完善本地区“三支一扶”工作实施办法，建立健全服务保障机制，并及时总结好的经验和做法，上报全国“三支一扶”办。

2014 年 5 月 16 日

中共中央组织部　人力资源社会保障部
国家发展改革委　财政部　国家档案局
关于进一步加强流动人员人事档案
管理服务工作的通知

人社部发［2014］90号

各省、自治区、直辖市及新疆生产建设兵团党委组织部，政府人力资源社会保障厅（局）、发展改革委、物价局、财政（财务）厅（局）、档案局：

为进一步做好流动人员人事档案管理服务工作，建立健全流动人员人事档案公共服务体系，更好地服务于人才强国战略和就业优先战略的实施，根据《中华人民共和国档案法》以及《中共中央组织部关于进一步从严管理干部档案的通知》（中组发［2014］9号）等文件要求，现就有关问题通知如下：

一、健全流动人员人事档案管理体制。流动人员人事档案管理实行集中统一、归口管理的管理体制，主管部门政府人力资源社会保障部门，接受同级党委组织部门的监督和指导。流动人员人事档案具体由县级以上（含县级）公共就业和人才服务机构以及经人力资源社会保障部门授权的单位管理，其他单位未经授权不得管理流动人员人事档案。严禁个人保管本人或他人档案。跨地区流动人员的人事档案，可由其户籍所在地或现工作单位所在地的公共就业和人才服务机构管理。

二、明确流动人员人事档案范围。流动人员人事档案是人事档案的重要组成部分。具体包括：非公有制企业和社会组织聘用人员的档案；辞职辞退、取消录（聘）用或被开除的机关事业单位工作人员档案；与企事业单位解除或终止劳动（聘用）关系人员的档案；未就业的高校毕业生及中专毕业生的档案；自费出国留学及其他因私出国（境）人员的档案；外国企业常驻代表机构的中方雇员的档案；自由职业或灵活就业人员的档案；其他实行社会管理人员的档案。

三、加强流动人员人事档案基本公共服务。流动人员人事档案管理服务是基本公共就业和人才服务的重要内容。流动人员人事档案基本公共服务应当包括：档案的接收和转递；档案材料的收集、鉴别和归档；档案的整理和保管；为符合相关规定的单位提供档案查（借）阅服务；依据档案记载出具存档、经历、亲属关系等相关证明；为相关单位提供入党、参军、录用、出国（境）等政审（考察）服务；党员组织关系的接转（见附件 1）。各级公共就业和人才服务机构可结合本地实际，进一步拓展公共服务内容。要完善服务标准和服务流程，推进服务的规范化和精细化，不断满足服务对象的基本需求。

四、规范流动人员人事档案接收和转递。各级公共就业和人才服务机构不得拒收符合存放政策以及按照有关政策规定转来的流动人员人事档案。接收的档案应真实、准确、完整、规范，如实反映存档人员的出生日期、教育培训、工作经历、职务任免、职称评审、奖励处罚、政治面貌等基本情况。要加强与存档人员本人、工作单位及相关部门的联系，及时收集有关材料，建立规范的收集、鉴别、整理、归档机制。存档期间不再调整档案工资。档案转递时，行政（工资）介绍信、转正定级表、调整改派手续等材料不再作为接收审核流动人员人事档案必备材料。转递档案时应严密包封并填写档案转递通知单（见附件 2），通过机要交通或派专人送取，严禁个人自带档案转递。

五、提高流动人员人事档案管理服务信息化水平。信息化是流动人员人事档案管理服务的重要手段和发展方向。各地要大力推进流动人员人事档案信息化建设，全面掌握流动人员的数量、结构、分布、流向等情况，更好地服务于高校毕业生及中专毕业生就业、流动人才党员管理等工作。研究制定流动人员人事档案信息化建设标准，推进档案数字化，实现数据向上集中，完善资源共享、异地查阅、统计分析等功能，为全国跨地区档案信息的共享和管理服务水平的提升奠定基础。建立流动人员人事档案基本情况定期统计分析和信息报送制度，探索建设诚信档案、业绩档案等，充分发挥流动人员人事档案的凭证、依据和参考作用。

六、加强流动人员人事档案安全管理。各级公共就业和人才服务机构要牢固树立流动人员人事档案安全防护意识，切实做好档案安全管理工作。要不断研究和改进档案的保管方法和保管技术，提高流动人员人事档案库房的安全防灾标准，建立健全人防、物防、技防“三位一体”的安全防范体系。对已建立的流动人员电子人事档案，要采取措施，确保信息安全和长期可用。要健全并严格执行各项规章制度，完善监测和防护措施，开展经常性的档案安全检查，及时发现和排除隐患，严防失密、失窃、损毁等档案安全事故发生。

七、完善流动人员人事档案基本公共服务经费保障制度。自2015年1月1日起，取消收取人事关系及档案保管费、查阅费、证明费、档案转递费等名目的费用。各级公共就业和人才服务机构应提供免费的流动人员人事档案基本公共服务。各地要将相关经费纳入同级财政预算，可参考保管的流动人员人事档案数量等因素确定经费数额。要加大对流动人员人事档案库房、服务场所和信息系统等基础设施的投入，保障相关工作正常开展。

八、严肃流动人员人事档案纪律。各级公共就业和人才服务机构要严格按照《档案管理违法违纪行为处分规定》（监察部令第30号）和《中共中央组织部关于进一步从严管理干部档案的通知》的有关要求，承担起业务把关责任，在档案和材料接收、查（借）阅、转递、保管等环节，严格制度、全程把关、不留死角。严禁任何单位和个人涂改流动人员人事档案，严禁在年龄、工龄、党龄、学历、经历和身份等方面弄虚作假，严禁为不符合政策规定的人员新建、重建档案，不得无故推诿拒收档案，不得出具虚假证明，不得擅自向外公布或泄露流动人员人事档案内容。对违反上述规定的，由党委组织部门和政府人力资源社会保障部门严肃查处，视情节轻重给予当事人和相关责任人批评教育或党纪、政纪处分；触犯法律的，要依法追究责任。

九、加强对流动人员人事档案管理服务工作的组织领导。各级人力资源社会保障部门要将流动人员人事档案管理服务作为一项重要工作，切实加强组织领导和指导监管。各级公共就业和人才服务机构要严明纪律，完善制度，从严管理流动人员人事档案。要加强流动人员人事档案管理服务人员队伍建设，选配政治可靠、作风正派、责任心强、业务素质好的中共党员从事档案管理工作。要开展党性教育、理论学习、业务培训、工作交流和纪律约束等多种形式的教育培训活动，提高流动人员人事档案工作人员政治素质、政策水平和业务能力。要开展流动人员人事档案服务窗口作风建设活动，建立作风建设长效机制，不断提升服务水平和质量。

附件：1. 流动人员人事档案基本公共服务内容

2. 流动人员人事档案转递通知单及存根（略）

2014 年 12 月 10 日

附件 1

流动人员人事档案基本公共服务内容

1	档案的接收和转递	档案接收
		档案转出
2	档案材料的收集、鉴别和归档	档案材料收集
		档案材料鉴别
		档案材料归档
3	档案的整理和保管	档案整理装订
		档案保管
		档案数字化、电子化
4	为符合相关规定的单位提供档案查（借）阅服务	档案查阅
		档案借阅
5	依据档案记载出具相关证明	存档证明
		经历证明
		亲属关系证明
		无犯罪记录证明
		其他证明
6	为相关单位提供政审（考察）服务	参军政审
		录用考察
		入党政审
		出国（境）政审
		升学政审
		其他政审
7	存档人员党员组织关系的接转	

人力资源社会保障部　国家发展改革委
财政部关于加快发展
人力资源服务业的意见

人社部发［2014］104号

各省、自治区、直辖市及新疆生产建设兵团人力资源社会保障厅（局）、发展改革委、财政（财务）厅（局），副省级市人力资源社会保障局、发展改革委、财政局：

为贯彻落实《国家中长期人才发展规划纲要（2010—2020年）》（中发［2010］6号）和《国务院关于加快发展生产性服务业促进产业结构调整升级的指导意见》（国发［2014］26号）等文件的部署和要求，促进人力资源服务业持续健康发展，现提出如下意见。

一、重要意义

人力资源服务业是为劳动者就业和职业发展，为用人单位管理和开发人力资源提供相关服务的专门行业，主要包括人力资源招聘、职业指导、人力资源和社会保障事务代理、人力资源培训、人才测评、劳务派遣、高级人才寻访、人力资源外包、人力资源管理咨询、人力资源信息软件服务等多种业务形态。伴随着人力资源配置市场化改革进程，我国人力资源服务业从无到有，取得长足发展，多元化、多层次的人力资源服务体系初步形成。但总体看，规模偏小、实力不强、专业化程度不高、支撑保障能力不足，还难以有效满足产业结构调整升级的需要，以及经济社会发展对人力资源服务的需求，亟待加快发展。

人力资源服务业具有高技术含量、高人力资本、高成长性和辐射带动作用强等特点，关系各类劳动者就业创业和职业发展，关系企事业单位的人力资源管理和创新能力提升，是国家确定的生产性服务业重点领域。加快发展人力资源服务业，是优先开发与优化配置人力资源，建设人力资源强国的内在要求，是实现更加充分和更高质量就业的重要举措，对于推动经济发展方式向主要依靠科技进步、劳动者素质提高、管理创新转变具有重要意义。

二、总体要求

（一）指导思想

全面落实党的十八大和十八届三中、四中全会精神，以邓小平理论、“三个代表”重要思想、科学发展观为指导，深入贯彻习近平总书记系列重要讲话精神，按照党中央、国务院关于实施人才强国战略、就业优先战略和大力发展服务业的决策部署，紧紧围绕转变经济发展方式、实现产业结构优化升级对人力资源开发配置的需要，以产业引导、政策扶持和环境营造为重点，不断完善人力资源服务体系，提升人力资源开发配置水平，激发市场主体活力，为经济社会可持续发展提供强有力的人力资源支撑保障。

（二）基本原则

市场主导，需求引领。发挥市场在人力资源配置中的决定性作用和更好发挥政府作用，面向多样化、多层次人力资源服务需求，鼓励各类人力资源服务机构提供专业化、规范化、标准化优质高效的人力资源服务。

鼓励创新，提升服务。强化科技支撑，鼓励发展新兴服务业态，开发服务产品，拓展服务内容，创新服务方式，提升人力资源服务供给水平。

深化改革，增强活力。加快人力资源市场体制改革，处理好政府与市场的关系，增强行业发展的内生动力。

依法管理，规范发展。加大政策支持力度，加强宣传引导，坚持促进发展与规范管理两手抓，在鼓励发展的同时，保障市场规范运行。

（三）发展目标

到2020年，建立健全专业化、信息化、产业化、国际化的人力资源服务体系，实现公共服务充分保障，市场经营性服务逐步壮大，高端服务业务快速发展，服务社会就业创业与人力资源开发配置能力明显提升。

——规模逐步壮大。人力资源服务业结构更加合理，服务主体进一步多元化，各类业态发展协同性进一步增强，从业人员达到50万人，产业规模超过2万亿元。

——服务能力明显提升。人力资源服务市场化水平和国际竞争力大幅提升，服务产品日益丰富，服务质量显著提升，规模化、品牌化和网络化水平不断提高。

——发展环境不断优化。统一规范灵活的人力资源市场进一步健全，体制机制充满活力，政策法规体系、诚信服务体系、服务标准体系基本建立，监管机制规范高效。

三、重点任务

（一）发展各类人力资源服务机构。坚持政府引导、市场运作、科学规划、合理布局，构建多层次、多元化的人力资源服务机构集群，增加人力资源服务供给。支持通过兼并、收购、重组、联盟、融资等方式，重点培育一批有核心产品、成长性好、竞争力强的人力资源服务企业集团，发挥大型人力资源服务机构的综合性服务功能。鼓励发展有市场、有特色、有潜力的中小型专业人力资源服务机构，积极发展小型微型人力资源服务企业。到2020年，重点培育形成20家左右在全国具有示范引领作用的龙头企业和行业领军企业。

（二）增强人力资源服务创新能力。实施人力资源服务能力提升计划，推进人力资源服务领域的管理创新、服务创新和产品创新。鼓励人力资源服务企业设立研发机构，加强人力资源服务理论、商业模式、关键技术等方面的研发和应用，丰富服务渠道和服务模式。加强人力资源服务业信息化建设，鼓励运用云计算和大数据等技术，推动人力资源服务业务应用和移动互联网的进一步结合。培育服务需求，鼓励用人单位通过人力资源服务企业引进高端急需紧缺人才和购买专业化的人力资源服务。引导人力资源服务企业打破“大而全”“小而全”的格局，细化专业分工，向价值链高端延伸，重点鼓励人力资源外包、高级人才寻访、人才测评、人力资源管理咨询等新兴业态快速发展。

（三）培育人力资源服务品牌。鼓励企业注册和使用自主人力资源服务商标，开展自主品牌建设，形成一批知名企业和著名品牌。支持人力资源服务企业参选本地区服务业重点企业名录。建立人力资源服务机构分类和评估指标体系，组织开展人力资源服务水平等级认证工作。举办人力资源服务供需对接、服务产品推介等活动，搭建人力资源服务品牌推广平台。

（四）推进人力资源服务业集聚发展。加强人力资源服务产业园的统筹规划和政策引导，依托重大项目和龙头企业，培育创新发展、符合市场需求的人力资源服务产业园，形成人力资源公共服务枢纽型基地和产业创新发展平台。加强园区建设，完善和落实产业园扶持政策，加大招商力度，充分发挥园区培育、孵化、展示、交易功能，促进人力资源服务业集聚发展和产业链延伸。加强园区管理，制定完善园区管理办法。重点在全国范围内建设一批有规模有影响，布局合理、功能完善的人力资源服务产业园。

（五）加强人力资源服务业人才队伍建设。加大人力资源服务业高层次人才的培养引进力度，将其纳入相关人才计划和人才引进项目，享受相关优惠政策。实施人力资源服务业领军人才培养计划，加强人力资源服务机构经营管理人员研修培训，依托著名高校、跨国公司，建立人力资源服务培训基地和实训基地，多层次、多渠道培养和引进人力资源服务业急需的高层次人才。开展人力资源服务业专业技术人员继续教育，纳入专业技术人才知识更新工程。完善人力资源服务业从业人员和相关服务领域的职业水平评价制度，加大职业培训力度，提高从业人员专业化、职业化水平，打造一支素质优良、结构合理的人力资源服务业人才队伍。

（六）加强人力资源服务业管理。依法实施人力资源服务行政许可，加强事中事后监管，将设立人力资源服务机构许可由工商登记前置审批改为后置审批，优化流程，提高效率。探索建立企业年度报告公示和经营异常名录等制度。深入推进人力资源服务机构诚信体系建设，健全诚信管理制度。加快人力资源服务标准化建设，建立健全包括基础术语、机构评价、服务规范、人员资质、服务技术在内的人力资源服务标准体系。鼓励各地和行业协会开展人力资源服务新兴业态标准的研究工作。建立人力资源市场信息共享和综合执法制度，充分利用信息跟踪、市场巡查、受理投诉举报等监管手段，加大监管力度。

（七）推进公共服务与经营性服务分离改革。深化人力资源市场体制改革，实现人力资源市场领域的管办分离、政企分开、事企分开、公共服务与经营性服务分离。推进政府所属公共就业和人才服务机构设立的人力资源服务企业脱钩，鼓励以委托经营、公司性改造、吸引社会资本等多种方式，推行产权制度改革，完善法人治理结构，真正成为自主经营实体，加快社会化、市场化改制步伐。对具有经营优势的，要注意保持服务品牌，鼓励其做大做强，发挥示范带动作用。

（八）夯实人力资源服务业发展基础。完善行业统计调查制度，逐步建立科学、统一、全面的人力资源服务业统计制度，建立覆盖各级的人力资源服务机构数据库，加强数据的分析与应用。定期发布人力资源服务业行业发展报告，引导行业发展。培育发展人力资源服务行业协会组织，充分发挥行业协会在行业代表、行业自律、行业协调等方面的功能。加强人力资源服务业的理论研究和宣传，扩大人力资源服务业的知名度、美誉度和社会影响力。

四、政策措施

（一）加大财政支持力度。研究通过中央财政服务业发展专项资金、国家服务业发展引导资金对人力资源服务业发展重点领域、薄弱环节和生产性服务业创新团队给予支持。有条件的地方也应通过现有资金渠道，加大对人力资源服务业发展的支持力度，并探索采取政府股权投入、建立产业基金等市场化方式，切实提高资金使用效率。

（二）落实税收优惠政策。加快推进营业税改征增值税改革，消除人力资源服务中间环节的重复征税问题。人力资源服务企业的总、分机构不在同一县（市），但在同一省（区、市）范围内的，经省财政、税务部门批准，可由总机构汇总申报缴纳增值税。符合离岸服务外包业务免税条件的人力资源服务企业，提供离岸服务外包业务免征增值税。在国务院批准的21个中国服务外包示范城市内的人力资源服务企业，符合现行税收政策规定的技术先进型服务企业条件的，经认定后，可按规定享受税收优惠政策。

（三）拓宽投融资渠道。鼓励符合条件的人力资源服务企业进入资本市场融资，支持符合条件的人力资源服务企业上市或发行集合信托以及公司债、企业债、集合债、中小企业私募债等公司信用类债券融资。进一步放宽人力资源服务业的市场准入，鼓励各类社会资本以独资、合资、收购、参股、联营等多种形式，进入人力资源服务领域，提高人力资源服务领域的社会资本参与程度。

（四）完善政府购买人力资源公共服务政策。各地要从实际出发，逐步将适合社会力量承担的人力资源服务交给社会力量。要稳步推进政府向社会力量购买人力资源服务，研究将人力资源服务纳入政府购买服务的指导目录，明确政府购买人力资源服务种类、性质和内容，并在总结经验的基础上及时进行动态调整。通过竞争择优的方式选择承接政府购买人力资源服务的社会力量，确保具备条件的社会力量平等参与竞争。要建立健全政府向社会力量购买人力资源服务各项制度，切实提高财政资金使用效率，加强监督检查和科学评估。

（五）扩大对外开放与交流。加强国际交流合作，稳步推进人力资源市场对外开放，积极构建公平稳定、透明高效、监管有力、与国际接轨的人力资源服务业外商投资管理体制。深入推进与香港、澳门、台湾地区的人力资源服务合作。鼓励有条件的本土人力资源服务机构“走出去”，与国际知名人力资源服务机构开展合作，在境外设立分支机构，大力开拓国际市场，积极参与国际人才竞争与合作。

（六）健全法律法规体系。加快制定人力资源市场条例及配套规章，完善体现权利公平、机会公平、规则公平的人力资源市场法律法规体系。依法全面履行政府职能，着力打破人力资源市场中存在的地区封锁、市场分割等各种壁垒，纠正设置行政壁垒、分割市场、妨碍公平竞争的做法。鼓励各地按照建立统一规范灵活的人力资源市场要求，制定完善相关法规。建设专业化、职业化的高素质人力资源市场执法队伍，提升市场执法和监管水平。加大人力资源市场法律法规宣传力度，营造良好舆论氛围。

促进人力资源服务业发展是一项综合性工作，涉及面广，各地要加强人力资源服务业发展的组织领导，建立健全促进人力资源服务业发展的工作机制，协同配合，形成合力。要探索建立由政府分管领导牵头的工作协调机制，进一步加强人力资源服务业的统筹规划，及时研究解决人力资源服务业发展中的重大问题。

要研究制定本地区推进人力资源服务业发展配套政策，将人力资源服务业发展纳入本地区服务业和人才工作综合考核评价体系，确保促进人力资源服务业发展的各项举措落到实处。

2014 年 12 月 25 日

人力资源社会保障部关于确定全国人力资源诚信服务示范机构的通报

人社部函［2014］207号

各省、自治区、直辖市及新疆生产建设兵团人力资源社会保障厅（局），部分中央和国家机关部委、中央企业人事部门：

为推进人力资源服务机构诚信体系建设，推动人力资源服务机构诚信自律、不断提升行业诚信服务水平，2012年8月以来，我部在全国人力资源服务机构中组织开展了以“诚信服务树品牌、规范管理促发展”为主题的诚信体系建设活动。各地高度重视，精心组织，统筹推进各项工作，行业协会积极配合，服务机构踊跃参与，活动取得显著成效，涌现出一批依法经营、规范服务、公平竞争、诚实守信的人力资源服务机构典型。按照党的十八届三中全会关于“建立健全社会征信体系，褒扬诚信，惩戒失信”要求，为发挥典型引路、示范带动作用，在各地推荐的基础上，经专家审核并面向社会公示，我部确定106家机构为“全国人力资源诚信服务示范机构”。

被确定为全国诚信服务示范机构的单位，要珍惜荣誉，再接再厉，进一步树立诚信服务意识，不断提升诚信服务水平。各类人力资源服务机构要以示范机构为榜样，恪守诚信服务准则，践行诚信服务制度，争创诚信服务品牌。各级人力资源社会保障部门要认真总结宣传全国诚信服务示范机构的事迹和经验，让人力资源服务机构学有榜样、赶有目标，使诚实守信成为人力资源服务行业的自觉追求。要深入推进人力资源服务机构诚信体系建设工作，健全诚信管理制度，构建守信激励和失信惩戒机制，推进人力资源服务机构诚信体系建设规范化、制度化、长效化，促进人力资源服务行业不断提升服务水平，更好地服务于经济社会发展需要。

附件：全国人力资源诚信服务示范机构名单

2014 年 12 月 15 日

附件

全国人力资源诚信服务示范机构名单

北京市人才服务中心
北京双高人才发展中心
北京外企人力资源服务有限公司
北京智联三珂人才服务有限公司
科锐国际人力资源（北京）有限公司
北京市东城区职业介绍服务中心
北京市海淀区人才服务中心
中国北方人才市场
天津人力资源开发服务中心
河北省人力资源市场
河北搜才人力资源有限公司
廊坊市人力资源市场
山西省外国企业服务总公司

内蒙古自治区人力资源公共服务中心
沈阳人才交流服务经营管理中心
抚顺市人才技术咨询服务中心
大连易才人力资源顾问有限公司
大连泰兰特人力资源有限公司
吉林大姐家庭服务有限责任公司
吉林小棉袄集团有限责任公司
黑龙江外商企业咨询服务有限责任公司
哈尔滨外国企业服务有限公司
上海市对外服务有限公司
万宝盛华人力资源（中国）有限公司
上海诺姆人才服务有限公司
前锦网络信息技术（上海）有限公司
上海巾帼社会服务有限公司
中国四达国际经济技术合作有限公司上海分公司
上海厂长经理人才有限公司
苏州市人力资源开发有限公司
南京领航人才派遣有限公司
江苏省外事服务中心
无锡政和职业介绍所
镇江市劳务公司
盐城神州人力资源服务有限公司
常州人才派遣有限公司
南通伯乐人力资源有限公司
苏州高新区人力资源开发有限公司
浙江省人才市场
浙江省职业介绍服务指导中心（浙江省人力资源市场）
杭州人才市场
宁波市人才服务中心（中国宁波人才市场）

义乌市人才市场
宁波市外国企业服务贸易有限公司
安徽网才信息技术有限公司（新安人才网人才服务中心）
安徽省工商联职业介绍中心
福建省建设人力资源股份有限公司
厦门高新人才开发有限公司
江西省人才市场
江西省同济人力资源有限公司
济南万家盛世人力资源管理咨询有限公司
德州德仁人力资源有限公司
青岛金前程人力资源顾问有限公司
临沂市沂水大众劳务有限公司
聊城市鲁西人力资源开发有限公司
东营新世纪人才开发中心
河南天基咨询有限责任公司
河南鹏劳人力资源管理有限公司
郑州鑫博人才资源咨询有限公司
湖北省人才市场
湖北省职业介绍中心
湖北方阵人力资源集团有限公司
湖北华盛人力资源有限公司
湖南省人才流动服务中心
岳阳市人才服务中心
衡阳市人力资源市场
邵阳市人才市场
长沙高新区人才服务中心
中国南方人才市场
广东智通人才连锁股份有限公司
深圳市人才交流服务中心有限公司

广东南油对外服务有限公司
广州红海人力资源集团股份有限公司
广东辉煌人力资源管理有限公司
广东纳邦人力资源有限公司
广东南方人力资源服务有限公司
广东省友谊国际企业服务有限公司
广西四方汇通人才服务有限责任公司
广西锦绣前程人力资源有限公司
三亚市人力资源市场
重庆市重点产业人力资源服务有限公司
重庆外商服务有限公司
重庆市忠县人才交流服务中心
重庆市江北区人力资源市场
四川川南人力资源市场
四川省人才交流中心
中国成都人才市场管理委员会办公室
贵州省人才大市场
贵阳市人力资源市场
普洱宝力管理服务有限公司
云南外服人力资源有限公司
西安外国企业服务有限公司
陕西军工人力资源有限责任公司
陕西世纪智通人才服务有限公司
陕西雨伸实业有限公司
甘肃省人力资源市场（甘肃省高新技术人才市场）
甘肃人力资源服务股份有限公司
西宁市人才开发交流中心
宁夏合众人力资源管理咨询有限公司
宁夏厚合通人力资源管理咨询有限公司

新疆维吾尔自治区人力资源市场
新疆乌苏市人力资源服务中心
新疆兵团第二师铁门关市职业介绍服务中心
中国科学院人才交流开发中心
中国国际人才开发中心
中国国际技术智力合作公司

职业能力建设

国务院关于加快发展现代职业教育的决定

国发［2014］19号

各省、自治区、直辖市人民政府，国务院各部委、各直属机构：

近年来，我国职业教育事业快速发展，体系建设稳步推进，培养培训了大批中高级技能型人才，为提高劳动者素质、推动经济社会发展和促进就业做出了重要贡献。同时也要看到，当前职业教育还不能完全适应经济社会发展的需要，结构不尽合理，质量有待提高，办学条件薄弱，体制机制不畅。加快发展现代职业教育，是党中央、国务院作出的重大战略部署，对于深入实施创新驱动发展战略，创造更大人才红利，加快转方式、调结构、促升级具有十分重要的意义。现就加快发展现代职业教育作出以下决定。

一、总体要求

（一）指导思想。以邓小平理论、“三个代表”重要思想、科学发展观为指导，坚持以立德树人为根本，以服务发展为宗旨，以促进就业为导向，适应技术进步和生产方式变革以及社会公共服务的需要，深化体制机制改革，统筹发挥好政府和市场的作用，加快现代职业教育体系建设，深化产教融合、校企合作，培养数以亿计的高素质劳动者和技术技能人才。

（二）基本原则。

——政府推动，市场引导。发挥好政府保基本、促公平作用，着力营造制度环境、制定发展规划、改善基本办学条件、加强规范管理和监督指导等。充分发挥市场机制作用，引导社会力量参与办学，扩大优质教育资源，激发学校发展活力，促进职业教育与社会需求紧密对接。

——加强统筹，分类指导。牢固确立职业教育在国家人才培养体系中的重要位置，统筹发展各级各类职业教育，坚持学校教育和职业培训并举。强化省级人民政府统筹和部门协调配合，加强行业部门对本部门、本行业职业教育的指导。推动公办与民办职业教育共同发展。

——服务需求，就业导向。服务经济社会发展和人的全面发展，推动专业设置与产业需求对接，课程内容与职业标准对接，教学过程与生产过程对接，毕业证书与职业资格证书对接，职业教育与终身学习对接。重点提高青年就业能力。

——产教融合，特色办学。同步规划职业教育与经济社会发展，协调推进人力资源开发与技术进步，推动教育教学改革与产业转型升级衔接配套。突出职业院校办学特色，强化校企协同育人。

——系统培养，多样成才。推进中等和高等职业教育紧密衔接，发挥中等职业教育在发展现代职业教育中的基础性作用，发挥高等职业教育在优化高等教育结构中的重要作用。加强职业教育与普通教育沟通，为学生多样化选择、多路径成才搭建“立交桥”。

（三）目标任务。到 2020 年，形成适应发展需求、产教深度融合、中职高职衔接、职业教育与普通教育相互沟通，体现终身教育理念，具有中国特色、世界水平的现代职业教育体系。

——结构规模更加合理。总体保持中等职业学校和普通高中招生规模大体相当，高等职业教育规模占高等教育的一半以上，总体教育结构更加合理。到 2020 年，中等职业教育在校生达到 2 350 万人，专科层次职业教育在校生达到 1 480 万人，接受本科层次职业教育的学生达到一定规模。从业人员继续教育达到

3.5亿人次。

——院校布局和专业设置更加适应经济社会需求。调整完善职业院校区域布局，科学合理设置专业，健全专业随产业发展动态调整的机制，重点提升面向现代农业、先进制造业、现代服务业、战略性新兴产业和社会管理、生态文明建设等领域的人才培养能力。

——职业院校办学水平普遍提高。各类专业的人才培养水平大幅提升，办学条件明显改善，实训设备配置水平与技术进步要求更加适应，现代信息技术广泛应用。专兼结合的“双师型”教师队伍建设进展显著。建成一批世界一流的职业院校和骨干专业，形成具有国际竞争力的人才培养高地。

——发展环境更加优化。现代职业教育制度基本建立，政策法规更加健全，相关标准更加科学规范，监管机制更加完善。引导和鼓励社会力量参与的政策更加健全。全社会人才观念显著改善，支持和参与职业教育的氛围更加浓厚。

二、加快构建现代职业教育体系

（四）巩固提高中等职业教育发展水平。各地要统筹做好中等职业学校和普通高中招生工作，落实好职普招生大体相当的要求，加快普及高中阶段教育。鼓励优质学校通过兼并、托管、合作办学等形式，整合办学资源，优化中等职业教育布局结构。推进县级职教中心等中等职业学校与城市院校、科研机构对口合作，实施学历教育、技术推广、扶贫开发、劳动力转移培训和社会生活教育。在保障学生技术技能培养质量的基础上，加强文化基础教育，实现就业有能力、升学有基础。有条件的普通高中要适当增加职业技术教育内容。

（五）创新发展高等职业教育。专科高等职业院校要密切产学研合作，培养服务区域发展的技术技能人才，重点服务企业特别是中小微企业的技术研发和产品升级，加强社区教育和终身学习服务。探索发展本科层次职业教育。建立以职业需求为导向、以实践能力培养为重点、以产学结合为途径的专业学位研究生培养模式。研究建立符合职业教育特点的学位制度。原则上中等职业学校不升格为或并入高等职业院校，专科高等职业院校不升格为或并入本科高等学校，形成定位清晰、科学合理的职业教育层次结构。

（六）引导普通本科高等学校转型发展。采取试点推动、示范引领等方式，引导一批普通本科高等学校向应用技术类型高等学校转型，重点举办本科职业教育。独立学院转设为独立设置高等学校时，鼓励其定位为应用技术类型高等学校。建立高等学校分类体系，实行分类管理，加快建立分类设置、评价、指导、拨款制度。招生、投入等政策措施向应用技术类型高等学校倾斜。

（七）完善职业教育人才多样化成长渠道。健全“文化素质＋职业技能”、单独招生、综合评价招生和技能拔尖人才免试等考试招生办法，为学生接受不同层次高等职业教育提供多种机会。在学前教育、护理、健康服务、社区服务等领域，健全对初中毕业生实行中高职贯通培养的考试招生办法。适度提高专科高等职业院校招收中等职业学校毕业生的比例、本科高等学校招收职业院校毕业生的比例。逐步扩大高等职业院校招收有实践经历人员的比例。建立学分积累与转换制度，推进学习成果互认衔接。

（八）积极发展多种形式的继续教育。建立有利于全体劳动者接受职业教育和培训的灵活学习制度，服务全民学习、终身学习，推进学习型社会建设。面向未升学初高中毕业生、残疾人、失业人员等群体广泛开展职业教育和培训。推进农民继续教育工程，加强涉农专业、课程和教材建设，创新农学结合模式。推动一批县（市、区）在农村职业教育和成人教育改革发展方面发挥示范作用。利用职业院校资源广泛开展职工教育培训。重视培养军地两用人才。退役士兵接受职业教育和培训，按照国家有关规定享受优待。

三、激发职业教育办学活力

（九）引导支持社会力量兴办职业教育。创新民办职业教育办学模式，积极支持各类办学主体通过独资、合资、合作等多种形式举办民办职业教育；探索发展股份制、混合所有制职业院校，允许以资本、知识、技术、管理等要素参与办学并享有相应权利。探索公办和社会力量举办的职业院校相互委托管理和购买服务的机制。引导社会力量参与教学过程，共同开发课程和教材等教育资源。社会力量举办的职业院校与公办职业院校具有同等法律地位，依法享受相关教育、财税、土地、金融等政策。健全政府补贴、购买服务、助学贷款、基金奖励、捐资激励等制度，鼓励社会力量参与职业教育办学、管理和评价。

（十）健全企业参与制度。研究制定促进校企合作办学有关法规和激励政策，深化产教融合，鼓励行业和企业举办或参与举办职业教育，发挥企业重要办学主体作用。规模以上企业要有机构或人员组织实施职工教育培训、对接职业院校，设立学生实习和教师实践岗位。企业因接受实习生所实际发生的与取得收入有关的、合理的支出，按现行税收法律规定在计算应纳税所得额时扣除。多种形式支持企业建设兼具生产与教学功能的公共实训基地。对举办职业院校的企业，其办学符合职业教育发展规划要求的，各地可通过政府购买服务等方式给予支持。对职业院校自办的、以服务学生实习实训为主要目的的企业或经营活动，按照国家有关规定享受税收等优惠。支持企业通过校企合作共同培养培训人才，不断提升企业价值。企业开展职业教育的情况纳入企业社会责任报告。

（十一）加强行业指导、评价和服务。加强行业指导能力建设，分类制定行业指导政策。通过授权委托、购买服务等方式，把适宜行业组织承担的职责交给行业组织，给予政策支持并强化服务监管。行业组织要履行好发布行业人才需求、推进校企合作、参与指导教育教学、开展质量评价等职责，建立行业人力资源需求预测和就业状况定期发布制度。

（十二）完善现代职业学校制度。扩大职业院校在专业设置和调整、人事管理、教师评聘、收入分配等方面的办学自主权。职业院校要依法制定体现职业教育特色的章程和制度，完善治理结构，提升治理能力。建立学校、行业、企业、社区等共同参与的学校理事会或董事会。制定校长任职资格标准，推进校长聘任制改革和公开选拔试点。坚持和完善中等职业学校校长负责制、公办高等职业院校党委领导下的校长负责制。建立企业经营管理和技术人员与学校领导、骨干教师相互兼职制度。完善体现职业院校办学和管理特点的绩效考核内部分配机制。

（十三）鼓励多元主体组建职业教育集团。研究制定院校、行业、企业、科研机构、社会组织等共同组建职业教育集团的支持政策，发挥职业教育集团在促进教育链和产业链有机融合中的重要作用。鼓励中央企业和行业龙头企业牵头组建职业教育集团。探索组建覆盖全产业链的职业教育集团。健全联席会、董事会、理事会等治理结构和决策机制。开展多元投资主体依法共建职业教育集团的改革试点。

（十四）强化职业教育的技术技能积累作用。制定多方参与的支持政策，推动政府、学校、行业、企业联动，促进技术技能的积累与创新。推动职业院校与行业企业共建技术工艺和产品开发中心、实验实训平台、技能大师工作室等，成为国家技术技能积累与创新的重要载体。职业院校教师和学生拥有知识产权的技术开发、产品设计等成果，可依法依规在企业作价入股。

四、提高人才培养质量

（十五）推进人才培养模式创新。坚持校企合作、工学结合，强化教学、学习、实训相融合的教育教学活动。推行项目教学、案例教学、工作过程导向教学等教学模式。加大实习实训在教学中的比重，创新顶岗实习形式，强化以育人为目标的实习实训考核评价。健全学生实习责任保险制度。积极推进学历证书和职业资格证书“双证书”制度。开展校企联合招生、联合培养的现代学徒制试点，完善支持政策，推进校企一体化育人。开展职业技能竞赛。

（十六）建立健全课程衔接体系。适应经济发展、产业升级和技术进步需要，建立专业教学标准和职业标准联动开发机制。推进专业设置、专业课程内容与职业标准相衔接，推进中等和高等职业教育培养目标、专业设置、教学过程等方面的衔接，形成对接紧密、特色鲜明、动态调整的职业教育课程体系。全面实施素质教育，科学合理设置课程，将职业道德、人文素养教育贯穿培养全过程。

（十七）建设“双师型”教师队伍。完善教师资格标准，实施教师专业标准。健全教师专业技术职务（职称）评聘办法，探索在职业学校设置正高级教师职务（职称）。加强校长培训，实行五年一周期的教师全员培训制度。落实教师企业实践制度。政府要支持学校按照有关规定自主聘请兼职教师。完善企业工程技术人员、高技能人才到职业院校担任专兼职教师的相关政策，兼职教师任教情况应作为其业绩考核评价的重要内容。加强职业技术师范院校建设。推进高水平学校和大中型企业共建“双师型”教师培养培训基地。地方政府要比照普通高中和高等学校，根据职业教育特点核定公办职业院校教职工编制。加强职业教育科研教研队伍建设，提高科研能力和教学研究水平。

（十八）提高信息化水平。构建利用信息化手段扩大优质教育资源覆盖面的有效机制，推进职业教育资源跨区域、跨行业共建共享，逐步实现所有专业的优质数字教育资源全覆盖。支持与专业课程配套的虚拟仿真实训系统开发与应用。推广教学过程与生产过程实时互动的远程教学。加快信息化管理平台建设，加强现代信息技术应用能力培训，将现代信息技术应用能力作为教师评聘考核的重要依据。

（十九）加强国际交流与合作。完善中外合作机制，支持职业院校引进国（境）外高水平专家和优质教育资源，鼓励中外职业院校教师互派、学生互换。实施中外职业院校合作办学项目，探索和规范职业院校到国（境）外办学。推动与中国企业和产品“走出去”相配套的职业教育发展模式，注重培养符合中国企业海外生产经营需求的本土化人才。积极参与制定职业教育国际标准，开发与国际先进标准对接的专业标准和课程体系。提升全国职业院校技能大赛国际影响。

五、提升发展保障水平

（二十）完善经费稳定投入机制。各级人民政府要建立与办学规模和培养要求相适应的财政投入制度，地方人民政府要依法制定并落实职业院校生均经费标准或公用经费标准，改善职业院校基本办学条件。地方教育附加费用于职业教育的比例不低于30％。加大地方人民政府经费统筹力度，发挥好企业职工教育培训经费以及就业经费、扶贫和移民安置资金等各类资金在职业培训中的作用，提高资金使用效益。县级以上人民政府要建立职业教育经费绩效评价制度、审计监督公告制度、预决算公开制度。

（二十一）健全社会力量投入的激励政策。鼓励社会力量捐资、出资兴办职业教育，拓宽办学筹资渠道。通过公益性社会团体或者县级以上人民政府及其部门向职业院校进行捐赠的，其捐赠按照现行税收法律规定在税前扣除。完善财政贴息贷款等政策，健全民办职业院校融资机制。企业要依法履行职工教育培训和足额提取教育培训经费的责任，一般企业按照职工工资总额的1.5％足额提取教育培训经费，从业人员技能要求高、实训耗材多、培训任务重、经济效益较好的企业可按2.5％提取，其中用于一线职工教育培训的比例不低于60％。除国务院财政、税务主管部门另有规定外，企业发生的职工教育经费支出，不超过工资薪金总额2.5％的部分，准予扣除；超过部分，准予在以后纳税年度结转扣除。对不按规定提取和使用教育培训经费并拒不改正的企业，由县级以上地方人民政府依法收取企业应当承担的职业教育经费，统筹用于本地区的职业教育。探索利用国（境）外资金发展职业教育的途径和机制。

（二十二）加强基础能力建设。分类制定中等职业学校、高等职业院校办学标准，到2020年实现基本达标。在整合现有项目的基础上实施现代职业教育质量提升计划，推动各地建立完善以促进改革和提高绩效为导向的高等职业院校生均拨款制度，引导高等职业院校深化办学机制和教育教学改革；重点支持中等职业学校改善基本办学条件，开发优质教学资源，提高教师素质；推动建立发达地区和欠发达地区中等职业教育合作办学工作机制。继续实施中等职业教育基础能力建设项目。支持一批本科高等学校转型发展为应用技术类型高等学校。地方人民政府、相关行业部门和大型企业要切实加强所办职业院校基础能力建设，支持一批职业院校争创国际先进水平。

（二十三）完善资助政策体系。进一步健全公平公正、多元投入、规范高效的职业教育国家资助政策。逐步建立职业院校助学金覆盖面和补助标准动态调整机制，加大对农林水地矿油核等专业学生的助学力度。有计划地支持集中连片特殊困难地区内限制开发和禁止开发区初中毕业生到省（区、市）内外经济较发达地区接受职业教育。完善面向农民、农村转移劳动力、在职职工、失业人员、残疾人、退役士兵等接受职业教育和培训的资助补贴政策，积极推行以直补个人为主的支付办法。有关部门和职业院校要切实加强资金管理，严查“双重学籍”“虚假学籍”等问题，确保资助资金有效使用。

（二十四）加大对农村和贫困地区职业教育支持力度。服务国家粮食安全保障体系建设，积极发展现代农业职业教育，建立公益性农民培养培训制度，大力培养新型职业农民。在人口集中和产业发展需要的贫困地区建好一批中等职业学校。国家制定奖补政策，支持东部地区职业院校扩大面向中西部地区的招生规模，深化专业建设、课程开发、资源共享、学校管理等合作。加强民族地区职业教育，改善民族地区职业院校办学条件，继续办好内地西藏、新疆中职班，建设一批民族文化传承创新示范专业点。

（二十五）健全就业和用人的保障政策。认真执行就业准入制度，对从事涉及公共安全、人身健康、生命财产安全等特殊工种的劳动者，必须从取得相应学历证书或职业培训合格证书并获得相应职业资格证书的人员中录用。支持在符合条件的职业院校设立职业技能鉴定所（站），完善职业院校合格毕业生取得相应职业资格证书的办法。各级人民政府要创造平等就业环境，消除城乡、行业、身份、性别等一切影响平等就业的制度障碍和就业歧视；党政机关和企事业单位招用人员不得歧视职业院校毕业生。结合深化收入分配制度改革，促进企业提高技能人才收入水平。鼓励企业建立高技能人才技能职务津贴和特殊岗位津贴制度。

六、加强组织领导

（二十六）落实政府职责。完善分级管理、地方为主、政府统筹、社会参与的管理体制。国务院相关部门要有效运用总体规划、政策引导等手段以及税收金融、财政转移支付等杠杆，加强对职业教育发展的统筹协调和分类指导；地方政府要切实承担主要责任，结合本地实际推进职业教育改革发展，探索解决职业教育发展的难点问题。要加快政府职能转变，减少部门职责交叉和分散，减少对学校教育教学具体事务的干预。充分发挥职业教育工作部门联席会议制度的作用，形成工作合力。

（二十七）强化督导评估。教育督导部门要完善督导评估办法，加强对政府及有关部门履行发展职业教育职责的督导；要落实督导报告公布制度，将督导报告作为对被督导单位及其主要负责人考核奖惩的重要依据。完善职业教育质量评价制度，定期开展职业院校办学水平和专业教学情况评估，实施职业教育质量年度报告制度。注重发挥行业、用人单位作用，积极支持第三方机构开展评估。

（二十八）营造良好环境。推动加快修订职业教育法。按照国家有关规定，研究完善职业教育先进单位和先进个人表彰奖励制度。落实好职业教育科研和教学成果奖励制度，用优秀成果引领职业教育改革创新。研究设立职业教育活动周。大力宣传高素质劳动者和技术技能人才的先进事迹和重要贡献，引导全社会确立尊重劳动、尊重知识、尊重技术、尊重创新的观念，促进形成“崇尚一技之长，不唯学历凭能力”的社会氛围，提高职业教育社会影响力和吸引力。

2014年5月2日

国务院办公厅关于转发教育部等部门特殊教育提升计划（2014—2016年）的通知

国办发〔2014〕1号

各省、自治区、直辖市人民政府，国务院各部委、各直属机构：

教育部、发展改革委、民政部、财政部、人力资源社会保障部、卫生计生委、中国残联《特殊教育提升计划（2014—2016年）》已经国务院同意，现转发给你们，请认真贯彻执行。

2014年1月8日

特殊教育提升计划（2014—2016年）

教育部　发展改革委　民政部　财政部

人力资源社会保障部　卫生计生委　中国残联

为贯彻落实党的十八大和十八届二中、三中全会精神，深入实施《国家中长期教育改革和发展规划纲要（2010—2020年）》，加快推进特殊教育发展，大力提升特殊教育水平，切实保障残疾人受教育权利，特制定本计划。

一、重要意义

发展特殊教育是推进教育公平、实现教育现代化的重要内容，是坚持以人为本理念、弘扬人道主义精神的重要举措，是保障和改善民生、构建社会主义和谐社会的重要任务。新世纪以来特别是近年来，我国特殊教育事业取得较大发展，各级政府投入明显增加，残疾儿童少年义务教育普及水平显著提高，非义务教育阶段特殊教育办学规模不断扩大，基本实现了30万人口以上的县独立设置一所特殊教育学校的目标，残疾学生在国家助学体系中得到优先保障。但总体上看，我国特殊教育整体水平不高，发展不平衡。农村残疾儿童少年义务教育普及率不高，非义务教育阶段特殊教育发展水平偏低，特殊教育学校办学条件有待改善，特殊教育教师和康复专业人员数量不足、专业水平有待提高。因此，必须加快推进特殊教育发展，提升特殊教育水平，进一步保障残疾人受教育权利，帮助残疾人全面发展和更好融入社会，使广大残疾人共享改革发展成果，在全面建成小康社会、实现“两个百年”目标和中国梦的进程中实现幸福人生。

二、总体目标和重点任务

（一）总体目标。

全面推进全纳教育，使每一个残疾孩子都能接受合适的教育。经过三年努力，初步建立布局合理、学段衔接、普职融通、医教结合的特殊教育体系，办学条件和教育质量进一步提升。建立财政为主、社会支持、全面覆盖、通畅便利的特殊教育服务保障机制，基本形成政府主导、部门协同、各方参与的特殊教育工作格局。到2016年，全国基本普及残疾儿童少年义务教育，视力、听力、智力残疾儿童少年义务教育入学率达到90%以上，其他残疾人受教育机会明显增加。

（二）重点任务。

1. 提高普及水平。针对实名登记的未入学残疾儿童少年残疾状况和教育需求，采用多种形式，逐一安排其接受义务教育。积极发展残疾儿童学前教育，大力发展以职业教育为主的残疾人高中阶段教育，加快发展残疾人高等教育，逐步提高非义务教育阶段残疾人接受教育的比例。

2. 加强条件保障。提高特殊教育学校生均预算内公用经费标准。建立健全覆盖全体残疾学生的资助体系。改善特殊教育办学条件，加强残疾学生学习和生活无障碍设施建设。

3. 提升教育教学质量。研究制定盲、聋和培智三类特殊教育学校课程标准。健全适合残疾学生学习特点的教材体系。扩大特殊教育教师培养规模，加大特殊教育教师培训力度，提高特殊教育教师的专业化水平。逐步建立特殊教育质量监测评价体系。

三、主要措施

（一）扩大残疾儿童少年义务教育规模。

扩大普通学校随班就读规模。尽可能在普通学校安排残疾学生随班就读，加强特殊教育资源教室、无障碍设施等建设，为残疾学生提供必要的学习和生活便利。有条件的儿童福利机构可设立特教班。

提高特殊教育学校招生能力。国家支持建设的中西部地区特殊教育学校，要在2014年秋季开学前全部开始招生。支持现有特殊教育学校扩大招生规模、增加招生类别。

组织开展送教上门。县（市、区）教育行政部门要统筹安排特殊教育学校和普通学校教育资源，为确实不能到校就读的重度残疾儿童少年提供送教上门或远程教育等服务，并将其纳入学籍管理。

（二）积极发展非义务教育阶段特殊教育。

学前教育。各地要将残疾儿童学前教育纳入当地学前教育发展规划，列入国家学前教育重大项目。支持普通幼儿园创造条件接收残疾儿童。支持特殊教育学校和有条件的儿童福利机构增设附属幼儿园（学前教育部）。

高中阶段教育。普通高中和中等职业学校要积极招收残疾学生。鼓励特殊教育学校根据需要举办残疾人高中部（班）。扩大残疾人中等职业学校招生规模，紧密结合经济社会发展需求和残疾人特点合理调整专业结构，为残疾学生提供更多选择。

高等教育。各地要根据需要，有计划地在高等学校设置特殊教育学院或相关专业，满足残疾人接受高等教育的需求。高等学校要按照有关法律法规和政策，努力创造条件，积极招收符合录取标准的残疾考生，不得因其残疾而拒绝招收。要为残疾人接受成人高等学历教育提供便利。加强残疾人职业培训，提高就业创业能力。

（三）加大特殊教育经费投入力度。

切实保障特殊教育学校正常运转。义务教育阶段特殊教育学校生均预算内公用经费标准要在三年内达到每年 6 000 元，有条件的地区可进一步提高。目前标准高于每年 6 000 元的地区不得下调。随班就读、特教班和送教上门的义务教育阶段生均公用经费参照上述标准执行。

进一步提高残疾学生资助水平。针对义务教育阶段残疾学生的特殊需要，在“两免一补”基础上进一步提高补助水平。各地可根据实际对残疾学生提供交通费补助，纳入校车服务方案统筹解决。完善非义务教育阶段残疾学生资助政策，积极推进高中阶段残疾学生免费教育。

各级财政支持的残疾人康复项目优先资助残疾儿童。安排一定比例的残疾人就业保障金，支持特殊教育学校开展劳动技能教育。中央专项彩票公益金继续支持特殊教育发展。鼓励企事业单位、社会团体和公民个人捐资助学。

（四）加强特殊教育基础能力建设。

继续实施特殊教育学校建设项目。合理布局，科学规划，支持残疾人中等职业学校和高等院校新建或改扩建一批急需的基础设施，扩大残疾人接受中、高等教育的规模。支持高等学校特殊教育师范专业建设，扩建教学设施，提高特教教师培养培训能力。鼓励有条件的地区试点建设孤独症儿童少年特殊教育学校（部）。

继续实施改善特殊教育办学条件项目。支持承担随班就读残疾学生较多的普通学校设立特殊教育资源教室（中心），配备基本的教育教学和康复设备，为残疾学生提供个别化教育和康复训练。支持特殊教育学校配备必要的教育教学、康复训练等仪器设备，开展“医教结合”实验，探索教育与康复相结合的特殊教育模式。加大对薄弱特殊教育学校配备教育教学和康复设施的支持力度。

（五）加强特殊教育教师队伍建设。

完善教师管理制度。各省（区、市）要落实特殊教育学校开展正常教学和管理工作所需编制，配足配齐教职工。针对特殊教育学校学生少、班额小、寄宿生多、残疾差异大、康复类专业人员需求多、承担随班就读巡回指导任务等特点，可结合地方实际出台特殊教育学校教职工编制标准。全面落实国家规定的特殊教育津贴等特殊教育教师工资待遇倾斜政策。对在普通学校承担残疾学生随班就读教学和管理工作的教师，在绩效考核中给予倾斜。各地要为送教教师和承担“医教结合”实验的相关医务人员提供工作和交通补贴。

提高教师专业水平。研究建立特殊教育教师专业证书制度，逐步实行特殊教育教师持证上岗。制定特殊教育学校教师专业标准。推动地方确定随班就读教师、送教上门指导教师和康复训练人员等的岗位条件。将特殊教育相关内容纳入教师资格考试。教师职务（职称）评聘向特殊教育教师倾斜，将儿童福利机构特教班教师职务（职称）评聘工作纳入当地教师职务（职称）评聘规划。加大特殊教育教师培养力度，鼓励各省（区、市）择优选择师范类院校和其他高校增设特殊教育专业。鼓励高校在师范类专业中开设特殊教育课程，培养师范生的全纳教育理念和指导残疾学生随班就读的教学能力。加大国家级教师培训计划中特殊教育教师培训的比重。采取集中培训和远程培训相结合的方式，逐级开展特殊教育教师全员培训和校长、骨干教师培训。加强普通学校随班就读、资源指导、送教上门等特殊教育教师培训。

（六）深化特殊教育课程教学改革。

健全课程教材体系。根据国家义务教育课程标准，结合残疾学生特点和需求，制定盲、聋和培智三类特殊教育学校课程标准。加强特殊教育教材建设，新编和改编盲、聋和培智三类特殊教育学校的义务教育阶段课程教材，覆盖所有学科所有年级。注重培养学生自尊、自信、自立、自强的精神，注重学生的潜能开发和功能补偿。增加必要的职业教育内容，强化生活技能和社会适应能力培养。

改革教育教学方法。加强个别化教育，增强教育的针对性与有效性。开展“医教结合”实验，提升残疾学生的康复水平和知识接受能力。探索建立特殊教育学校与普通学校定期举行交流活动的制度，促进融合教育。以培养就业能力为导向，强化残疾人中、高等职业学校专业特色，建好实习实训基地，进一步加强对残疾学生的就业指导。

四、组织领导

（一）加强统筹规划。各地要将发展特殊教育作为落实教育规划纲要和办好人民满意教育的重要任务，明确各级政府责任，结合本地实际制定特殊教育提升计划实施方案，明确路线图和时间表。要本着特教特办、重点扶持的原则，统筹安排相关资金，合理配置特殊教育和康复资源，切实解决制约特殊教育事业发展的瓶颈问题。

（二）建立工作机制。各地要建立政府领导负责、相关部门协同推进计划实施的工作机制，落实目标任务和主要措施，确保计划如期完成。教育部门要统筹制定特殊教育计划实施方案，加强对承担特殊教育工作学校的指导，开展特殊教育教师培养培训，依托全国中小学生学籍信息管理系统等平台，加强残疾儿童少年教育信息监测服务和动态管理。发展改革部门要把特殊教育纳入当地经济社会发展规划，加强特殊教育学校建设。财政部门要完善特殊教育投入政策，支持改善特殊教育办学条件，加大对特殊教育学生资助力度。民政部门要做好福利机构孤残儿童抚育工作。人力资源社会保障部门要完善和落实工资待遇、职称评定等方面对特殊教育教师的支持政策。卫生计生部门要做好对残疾儿童少年的医疗与康复服务。残联要继续做好未入学适龄残疾儿童少年实名调查登记工作，加强残疾儿童少年康复训练和辅具配发等工作。

（三）加强督导检查和评估验收。各地要以县（市、区）为单位，对基本普及残疾儿童少年义务教育进行评估验收，将残疾儿童少年入学率、特殊教育教师专业化水平和特殊教育保障水平等作为评估验收的主要指标，评估结果向社会公布。国家有关部门组织开展对特殊教育提升计划实施情况的专项督导检查。残疾儿童少年义务教育入学率不达标的县（市、区），不得申报全国义务教育基本均衡县。

人力资源社会保障部关于印发《农民工职业技能提升计划——“春潮行动”实施方案》的通知

人社部发［2014］26号

各省、自治区、直辖市和新疆生产建设兵团人力资源社会保障厅（局）：

为贯彻落实中央经济工作会议和中央城镇化工作会议精神，进一步提高农村转移就业劳动者就业创业能力，根据《国家新型城镇化规划（2013—2020年）》和《国务院关于加强职业培训促进就业的意见》（国发［2010］36号），按照国务院要求，今年开始在全国开展农民工职业技能提升计划——“春潮行动”。现将《农民工职业技能提升计划——“春潮行动”实施方案》印发给你们，请结合本地实际，落实目标任务，抓好组织实施，做好相关工作。

2014年3月31日

农民工职业技能提升计划——“春潮行动”实施方案

为贯彻落实中央经济工作会议和中央城镇化工作会议精神，进一步提高农村转移就业劳动者就业创业能力，加快推动农业转移人口市民化，根据《国家新型城镇化规划（2013—2020年）》和《国务院关于加强职业培训促进就业的意见》（国发〔2010〕36号），特制定农民工职业技能提升计划——“春潮行动”实施方案。

一、指导思想

贯彻落实党的十八大和十八届三中全会精神，适应新型工业化、信息化、城镇化的发展方向，坚持服务就业和经济社会发展，大力开展面向农村转移就业劳动者的职业技能培训，以农村新成长劳动力为重点，以提升劳动者职业素质和就业创业能力为目标，充分发挥政府、行业企业、社会团体、院校和职业培训机构等各方面作用，加快构建劳动者终身职业培训体系，促进农村转移就业劳动者实现就业和稳定就业，为推进国家新型城镇化做出贡献。

二、基本原则

（一）统筹规划，分工负责。开展“春潮行动”是当前及今后一个时期人力资源社会保障工作的重点任务。各地人力资源社会保障部门要科学统筹，制定工作规划，全面部署安排。要加强与相关部门协调配合，建立任务明确、分工负责、政策共享、运转协调的工作机制。

（二）突出重点，分类实施。“春潮行动”实施的重点是农村新成长劳动力。要根据不同类型农村转移就业劳动者的需求，分类组织实施各具特色的职业培训，大力开展就业技能培训、岗位技能提升培训、高技能人才培训和创业培训。

（三）市场引导，政府支持。发挥市场在农村转移就业劳动者培训中的导向作用，适应企业岗位要求和劳动者就业需求，探索培训新模式和新方法，增强培训的针对性和有效性，提升培训后的就业率。发挥政府支持作用，加大政策支持力度，完善公共就业和人才服务。

（四）广泛动员，形成合力。综合运用各类激励政策和措施，充分调动社会各方面的积极性，整合职业培训资源，引导行业企业、社会团体、院校和各类职业培训机构广泛开展农村转移就业劳动者培训。

三、目标任务

适应农村转移就业劳动者实现就业和稳定就业的需要，通过开展培训将农村转移就业劳动者培养成为符合经济社会发展需求的高素质技能劳动者。到 2020 年，力争使新进入人力资源市场的农村转移就业劳动者都有机会接受一次相应的就业技能培训；力争使企业技能岗位的农村转移就业劳动者得到一次岗位技能提升培训或高技能人才培训；力争使具备一定创业条件或已创业的农村转移就业劳动者有机会接受创业培训。

——就业技能培训。每年面向农村新成长劳动力和拟转移就业劳动者开展政府补贴培训 700 万人次，培训合格率达到 90%以上，就业率达到 80%以上。

——岗位技能提升培训。每年面向在岗农民工开展政府补贴培训 300 万人次，培训合格率达到 90%以上。

——创业培训。每年面向有创业意愿的农村转移就业劳动者开展创业培训 100 万人次，培训合格率达到 80%以上，创业成功率达到 50%以上。

四、主要内容

（一）就业技能培训。对农村新成长劳动力和拟转移到非农产业务工经商的农村劳动者开展专项技能或初级技能培训。依托技工院校、职业院校、企业培训机构、就业训练中心、民办职业培训机构等教育培训机构，采取政府购买服务培训方式，坚持以就业为导向，强化实际操作技能训练和职业素质培养，使他们达到上岗要求或掌握初级以上职业技能，着力提高培训后的就业率。对少数民族农村转移就业劳动者，可根据其需要在开展职业技能培训的同时，开展国家通用语言培训。对符合条件的，按规定给予职业培训补贴和职业技能鉴定补贴。

劳动预备制培训。对农村未继续升学并准备进入非农产业就业或进城务工的应届初高中毕业生、农业户籍退役士兵开展储备性专业技能培训。依托技工院校，采取政府购买服务培训方式，对其开展1～2个学期的储备性专业技能培训，基本消除农村新成长劳动力无技能从业现象。对符合条件的，按规定给予职业培训补贴、职业技能鉴定补贴和生活费补贴。

（二）岗位技能提升培训。对与企业签订6个月以上期限劳动合同的在岗农民工开展提高技能水平的培训。由企业依托所属培训机构或政府认定的培训机构，根据行业特点和岗位技能需求，结合技术进步和产业升级对职工技能水平的要求，对新录用农村转移就业劳动者开展岗前培训或学徒培训，对已在岗农民工开展岗位技能提升培训。培训经费由企业职工教育经费列支。对符合条件的，按规定给予企业一定比例的职业培训补贴和职业技能鉴定补贴。

高技能人才培训。对具备中级以上职业技能等级的在岗农民工开展高技能人才培训。人力资源社会保障部门根据区域经济社会发展需求和产业发展要求制定高技能人才培养规划，鼓励符合条件的企业在岗农民工参加高技能人才培训，提升其技能水平和职业技能等级。培训经费由企业职工教育经费列支。对符合条件的，按规定给予技师培训补贴。

（三）创业培训。对有创业意愿并具备一定创业条件的农村转移就业劳动者开展提高其创业能力的创业培训。依托创业培训机构，结合当地产业发展和创业项目，根据培训对象特点和需求组织开展创业培训，重点开展创业意识教育、创业项目指导和企业经营管理培训，提高培训对象的创业能力。对符合条件的，按规定给予创业培训补贴。

五、保障措施

（一）加强组织领导。各地要贯彻国务院要求，建立在政府统一领导下，人力资源社会保障部门统筹协调，相关部门各司其职、密切配合，工会、共青团、妇联等人民团体广泛参与的工作机制，共同推动“春潮行动”的实施。各级人力资源社会保障部门要加大工作力度，履行牵头部门职责，确保“春潮行动”的顺利实施。

（二）加大政策落实力度。各地人力资源社会保障部门要按照《国务院关于加强职业培训促进就业的意见》（国发［2010］36号）、《国务院办公厅关于进一步做好农民工培训工作的指导意见》（国办发［2010］11号）和《财政部、人力资源社会保障部关于进一步加强就业专项资金管理有关问题的通知》（财社［2011］64号）要求，严格执行职业培训补贴和职业技能鉴定补贴政策，落实补贴资金；加大政府用于职业培训的各项资金的整合力度，具备条件的地区，统一纳入就业专项资金，提高资金使用效益；加大投入，调整就业专项资金支出结构，逐步提高职业培训支出比重；指导企业按照有关法律法规足额提取职工教育经费，增加企业在岗农民工培训经费投入。

（三）加强培训监管和评估考核。各地人力资源社会保障部门要严格按照程序和标准，将优质培训资源公开遴选确定为定点培训机构，承担政府补贴培训任务。执行开班申请、过程检查、结业审核制度，加强培训过程管理。对培训结果如实记录汇总，开展绩效评估，以确保培训质量和效果。建立和完善农村转移就业劳动者培训实名制信息管理系统，对培训过程进行实时监测。会同财政等相关部门开展考核检查，加强资金监管工作，确保项目任务按时完成。

（四）加强就业服务和权益保障。加强公共就业和人才服务体系建设，为农村转移就业劳动者提供职业培训政策信息咨询、职业指导和职业介绍等服务，促进其实现就业和稳定就业。加强对农村转移就业劳动者的创业指导和创业服务，强化创业培训与小额担保贷款、税费减免等扶持政策及创业咨询、创业孵化等服务手段的衔接，提升其创业成功率。指导和督促用人单位与农民工依法签订并履行劳动合同，保障农民工劳动报酬权益，扩大农民工参加社会保险覆盖面，加强农民工职业健康保护，畅通农民工维权通道，加强对农民工的法律援助和法律服务。

（五）加强基础能力建设。结合区域经济发展，围绕农村转移就业劳动者集中的产业行业，选择现有技工院校、职业院校、企业培训机构、就业训练中心、民办职业培训机构等教育培训机构，择优确定承担政府补贴性职业培训任务的定点培训机构。依托定点培训机构建设农村转移就业劳动者职业技能实训基地和创业培训基地。

（六）加强舆论宣传。要创新宣传方式，充分运用各类新闻媒体，采取群众喜闻乐见的形式，通过集中宣传与日常宣传相结合的方式，深入开展宣传活动，扩大“春潮行动”知名度和影响力。要强化典型示范，突出导向作用，大力宣传各地农村转移就业劳动者培训工作的经验做法，大力宣传农村转移劳动者技能就业、技能成才的先进典型，进一步营造全社会关心尊重技能人才、重视支持职业培训工作的良好社会氛围。

教育部　民政部　国家发展改革委 财政部　人力资源社会保障部 国家卫生计生委　中央文明办 共青团中央　全国老龄办关于加快 推进养老服务业人才培养的意见

教职成〔2014〕5号

各省、自治区、直辖市教育厅（教委）、民政厅（局）、发展改革委、财政厅（局）、人力资源社会保障厅（局）、卫生计生委（卫生厅、局）、文明办、团委、老龄办，新疆生产建设兵团教育局、民政局、发展改革委、财务局、人力资源社会保障局、卫生局、计生委、文明办、团委、老龄办：

加快发展养老服务业是应对人口老龄化、保障和改善民生的重要举措，对促进社会和谐，推动经济社会持续健康发展具有重要意义。现阶段我国养老服务业人才培养存在规模小、层次单一、质量参差不齐等问题，一定程度上制约了养老服务业的快速发展。为贯彻落实《国家中长期教育改革和发展规划纲要（2010—2020年）》和《国务院关于加快发展养老服务业的若干意见》，加快推进养老服务业人才培养，现提出以下意见。

一、总体思路

以邓小平理论、“三个代表”重要思想、科学发展观为指导，坚持以服务发展为宗旨、以促进就业为导向，按照“积极发展、多种形式、全面加强、突出重点”的原则，大力发展养老服务相关专业，不断扩大人才培养规模，加强养老服务相关专业建设，加快建立养老服务人才培养培训体系，全面提高养老服务业人才培养质量，适应养老服务业发展需求。

二、工作目标

到2020年，基本建立以职业教育为主体，应用型本科和研究生教育层次相互衔接，学历教育和职业培训并重的养老服务人才培养培训体系。培养一支数量充足、结构合理、质量较好的养老服务人才队伍，以适应和满足我国养老服务业发展需求。

——人才培养规模显著扩大。优化专业结构与布局，增设养老服务相关专业点，逐年扩大招生规模，为我国养老服务业培养和输送一大批各层次齐全的专门人才。

——人才培养质量不断提升。创新养老服务相关专业人才培养模式，推进课程改革和教材建设，加强师资队伍和实训基地建设，建成一批改革创新示范专业点，带动养老服务相关专业人才培养质量提升。

——从业人员素质明显提高。推进实施养老服务相关专业“双证书”制度，基本实现职业院校学生取得学历证书的同时获得相应职业资格证书。积极发展面向养老服务从业人员的各类学历和非学历继续教育，大力提升养老服务从业人员的受教育水平和职业能力。

三、任务措施

（一）加快推进养老服务相关专业教育体系建设

1. 扩大养老服务职业教育人才培养规模。发布养老服务业人才需求预测与专业设置指导报告，引导和鼓励职业院校增设老年服务与管理、社会工作、健康管理、康复治疗技术、康复辅助器具应用与服务等养老服务相关专业点。通过实行单独招生、增加招生计划等，逐步扩大人才培养规模。通过国家奖助学金、社会捐助等资金支持，吸引学生就读养老服务相关专业。鼓励社会资本举办养老服务类职业院校，规范并加快培养养老服务专门人才。

2. 加快发展养老服务本科教育。加大养老服务应用型本科人才培养工作力度，积极探索养老服务本科层次职业教育。鼓励引导高校主动适应国家经济社会发展需要，设置康复治疗学、护理学、应用心理学和社会工作等养老服务相关本科专业，开设老年社会工作、老年护理、老年人保健与营养、老年医学、老年心理学、生命伦理学等课程。

3. 积极发展养老服务研究生教育。适当增加社会工作等硕士专业学位授权点数量，鼓励和支持有条件的高校在社会学、老年学、人口学、康复治疗学、家庭发展等学科领域招收培养研究生，为养老机构和职业院校等输送业务骨干和高层次教学科研人员。鼓励高校加强相关学科建设，提升理论研究水平，为社会养老服务事业发展提供理论支撑与智力支持。

（二）全面提高养老服务相关专业教育教学质量

4. 支持养老服务实训基地建设。依托职业院校和养老机构重点建设一批养老服务实训基地。开发与行业企业技术要求、工作流程、管理规范同步的实训指导方案。强化实践性教学环节，促进教学过程与生产过程对接，提高学生的实际操作能力。推进实训装备的合理配置与共享，提高实训基地使用效益。

5. 推进养老服务相关专业点建设。重点支持一批有条件的学校开展养老服务相关专业改革试点。鼓励和引导学校在人才培养模式、课程、教材、教学方式、师资队伍等重点环节进行改革，建成一批教育观念先进、改革成效显著、特色鲜明的专业点，充分发挥示范引领作用，提升养老服务相关专业建设整体水平。

6. 加强养老服务相关专业教材建设。在国家规划教材建设等项目中，加大养老服务相关专业教材建设支持力度。组织遴选、开发一批养老服务相关专业职业教育改革创新示范教材。鼓励相关院校与行业、企事业单位联合编写养老服务相关专业特色校本教材。引入行企真实项目和案例，开发多种形式的数字化教学资源。

7. 加强养老服务相关专业师资队伍建设。在有行业特色的高等学校和行业、养老机构、企业建立一批养老服务相关专业师资培养培训基地。在职业院校教师素质提高计划中开展养老服务相关专业教师培训，并逐步扩大培训规模。开展养老服务相关专业带头人专题培训，促进教师之间教学改革、专业建设、课程开发等方面的交流，培养造就一批业务水平高、敬业精神强、创新能力突出的教学领军人才。

8. 广泛开展国际交流与合作。积极开展与养老服务业发达国家或地区教育合作，通过互派师生、交流研讨等形式，学习借鉴国外的先进经验。引进国外优秀课程和教材，结合国内养老服务业实际，合作开发一批具有国际水准的专业课程和教材，促进我国养老服务相关专业教育教学水平提高。

（三）大力加强养老服务从业人员继续教育

9. 提升养老服务从业人员整体素质。重点依托相关职业院校、开放大学和本科院校，开展多样化的学历和非学历继续教育；鼓励养老服务业业务骨干在职攻读相关专业学位。开放大学要充分发挥办学优势，开设养老服务相关专业，加快信息化学习资源和平台建设，积极发展现代远程教育，探索建立面向养老服务从业人员的教学及支持服务模式。积极开展养老机构从业人员、社区养老服务人员和社区工作者培训，提高从业人员专业能力和服务水平。

10. 推行养老服务相关专业“双证书”制度。推动职业院校与养老服务相关职业技能鉴定机构深入合作，实行专业相关课程的考试考核与职业技能鉴定统筹进行，推动职业院校学生在取得毕业证书的同时，获得相关职业资格证书。对于已取得养老服务业相关职业资格证书，且符合条件的从业人员，可由职业院校按相关规定择优免试录取，经考核合格后可获取相应学历证书。

（四）积极引导学生从事养老服务业

11. 推动开展社会养老事业志愿服务。积极组织职业院校、本科院校在校生到养老机构和城乡社区、家庭等进行志愿服务，开展社会实践活动，增强学生的社会责任意识，激发从事养老服务事业的热情。采取学校与城乡社区对口服务等形式，组织学生关爱、帮扶孤寡老人、空巢老人、农村留守老人。

12. 鼓励专业对口毕业生从事养老服务业。相关职业院校、本科院校要加强就业指导和就业服务，鼓励养老服务相关专业的高校和中等职业学校毕业生到养老机构就业。有关部门要将符合条件的高校和中等职业学校毕业生纳入现行就业服务和就业政策扶持范围，按规定落实相关优惠政策。积极改善养老服务从业人员工作条件，加强劳动保护和职业保护，逐步提高工资福利待遇，稳定养老服务从业人员队伍。

四、组织保障

（一）加强组织领导

建立教育部、民政部牵头，国家发展改革委、财政部、人力资源社会保障部、国家卫生计生委、中央文明办、共青团中央、全国老龄办等部门协同配合、各负其责的工作机制，加强养老服务业人才培养的宏观指导和政策保障。各地有关部门和有关单位要结合实际，高度重视养老服务业人才培养工作，做好养老服务业专业建设、人才培养、科学研究、基地建设、继续教育等有关工作。

（二）拓宽投入渠道

积极拓宽养老服务业人才培养投入渠道，建立政府、用人单位、社会筹措等多元化的投入机制。积极鼓励社会各界参与养老服务业人才培养或对养老服务业人才培养提供捐助或其他支持。

（三）制定配套政策

各地教育、民政、发展改革、财政、人力资源社会保障等部门要加大对养老服务业人才培养的政策支持力度，根据本地实际和养老服务业的特点，在专业建设、师资培训、招生就业、学生奖助、基地建设等方面制定并落实相应的优惠政策。

（四）健全监督机制

建立各项目标任务落实责任制，完善意见实施监督激励机制，切实推动各项任务按时保质完成。各地教育部门、民政部门要建立实施过程跟踪、执行监督、信息反馈机制和定期评估制度，对实施情况进行监督和指导。要根据反馈信息以及监督评估情况，对实施中出现的新情况、新问题及时采取有效措施加以应对。

（五）强化舆论宣传

通过各级各类媒体，广泛宣传养老服务业人才培养的重要性，积极引导社会舆论，营造全社会关心、尊重、认同和支持养老服务业人才培养的氛围，形成全社会尊重养老服务从业人员、支持养老服务业人才培养的良好环境。

2014 年 6 月 10 日

教育部　国家发展改革委　财政部
人力资源社会保障部　农业部
国务院扶贫办关于印发
《现代职业教育体系建设规划（2014—2020年）》的通知

教发［2014］6号

各省、自治区、直辖市教育厅（教委）、发展改革委、财政厅（局）、人力资源社会保障厅（局）、农业（农牧、农村经济）厅（委、局）、扶贫办（局），新疆生产建设兵团教育局、发展改革委、财务局、人力资源社会保障局、农业局，有关部门（单位）教育司（局）：

为贯彻落实党的十八大和十八届三中全会精神，贯彻落实《国家中长期教育改革和发展规划纲要（2010—2020年）》《国务院关于加快发展现代职业教育的决定》，加快发展现代职业教育，建设现代职业教育体系，服务实现全面建成小康社会目标，教育部、国家发展改革委、财政部、人力资源社会保障部、农业部、国务院扶贫办组织编制了《现代职业教育体系建设规划（2014—2020年）》。现印发给你们，请结合本地区、本部门的实际情况，认真组织实施。

2014年6月16日

现代职业教育体系建设规划（2014—2020年）

为全面贯彻党的十八大和十八届三中全会精神，依据《国民经济和社会发展第十二个五年规划纲要》《国家中长期教育改革和发展规划纲要（2010—2020年）》《国家中长期人才发展规划纲要（2010—2020年）》《国务院关于加快发展现代职业教育的决定》和各产业、行业规划，特制定本规划。

一、规划背景

加快发展现代职业教育是党中央、国务院作出的重大战略决策。现代职业教育是服务经济社会发展需要，面向经济社会发展和生产服务一线，培养高素质劳动者和技术技能人才并促进全体劳动者可持续职业发展的教育类型。建立现代职业教育体系，是促进现代职业教育服务转方式、调结构、促改革、保就业、惠民生和工业化、信息化、城镇化、农业现代化同步发展的制度性安排，对打造中国经济升级版，创造更大人才红利，促进就业和改善民生，加强社会建设和文化建设，满足人民群众生产生活多样化的需求，实现中华民族伟大复兴的中国梦都具有重要意义。

随着新型工业化的推进和科学技术的发展，现代职业教育体系越来越成为国家竞争力的重要支撑。特别是国际金融危机以来，美、欧、日、俄、印等国家和地区都将完善现代职业教育体系作为增强国家竞争力特别是发展实体经济的战略选择，力求在新一轮国际竞争中建立巩固的、可持续的人才和技术竞争优势。

改革开放以来，我国职业教育改革发展取得了巨大成就，中高等职业教育快速发展，职业院校基础能力显著提高，产教结合、校企合作不断深入，行业企业参与不断加强，中高职衔接呈现良好势头。但是，必须清醒地看到，我国职业教育仍然存在着社会吸引力不强、发展理念相对落后、行业企业参与不足、人才培养模式相对陈旧、基础能力相对薄弱、层次结构不合理、基本制度不健全、国际化程度不高等诸多问题，并集中体现在职业教育体系不适应加快转变经济发展方式的要求上。抓住发展机遇，站在经济、社会和教育发展全局的高度，以战略眼光、现代理念和国际视野建设现代职业教育体系，加快发展现代职业教育，是促进教育公平、基本实现教育现代化和建设人力资源强国的必然选择。

二、总体要求

（一）指导思想。

以邓小平理论、“三个代表”重要思想、科学发展观为指导，按照“五位一体”社会主义现代化建设总体布局和加快经济发展方式转变的总体要求，坚持以立德树人为根本，以服务发展为宗旨，以促进就业为导向，深化体制机制改革，统筹发挥好政府和市场的作用，系统设计现代职业教育的体系框架、结构布局和运行机制，推动教育制度创新和结构调整，培养数以亿计的工程师、高级技工和高素质职业人才，传承技术技能，促进就业创业，为建设人力资源强国和创新型国家提供人才支撑。

（二）建设目标。

总体目标是：牢固确立职业教育在国家人才培养体系中的重要位置，到2020年，形成适应发展需求、产教深度融合、中职高职衔接、职业教育与普通教育相互沟通，体现终身教育理念，具有中国特色、世界水平的现代职业教育体系，建立人才培养立交桥，形成合理教育结构，推动现代教育体系基本建立、教育现代化基本实现。具体分两步走：

——2015年，初步形成现代职业教育体系框架。现代职业教育的理念得到广泛宣传，职业教育体系建设的重大政策更加完备，人才培养层次更加完善，专业结构更加符合市场需求，中高等职业教育全面衔接，产教融合、校企合作的体制基本建立，现代职业院校制度基本形成，职业教育服务国家发展战略的能力进一步提升，职业教育吸引力进一步增强。

——2020年，基本建成中国特色现代职业教育体系。现代职业教育理念深入人心，行业企业和职业院校（中等职业学校和高等职业学校的统称，下同）共同推进的技术技能积累创新机制基本形成，职业教育体系的层次、结构更加科学，院校布局和专业设置适应经济社会需求，现代职业教育的基本制度、运行机制、重大政策更加完善，社会力量广泛参与，建成一批高水平职业院校，各类职业人才培养水平大幅提升。

专栏1　　现代职业教育体系建设量化目标

目标	单位	2012年	2015年	2020年
中等职业教育在校生数	万人	2 114	2 250	2 350
专科层次职业教育在校生数	万人	964	1 390	1 480
继续教育参与人次	万人次	21 000	29 000	35 000
职业院校职业教育集团参与率	%	75	85	90
高职院校招收有实际工作经验学习者比例	%	5	10	20
职业院校培训在校生（折合数）相当于学历职业教育在校生的比例	%	14	20	30
实训基地骨干专业覆盖率	%	35	50	80
有实践经验的专兼职教师占专业教师总数的比例	%	35	45	60
职业院校校园网覆盖率	%	90	100	100
数字化资源专业覆盖率	%	70	80	100

（三）基本原则。

坚持政府统筹规划。以提高质量、促进就业、服务发展为导向，发挥政府在职业教育体系建设中的引导、规范和督导作用，深化重要领域和关键环节的改革。中央政府加强职业教育体系的顶层设计，完善体系建设、管理、运行的法律法规和基本制度。

扩大省级政府统筹权，鼓励各地根据区域经济社会发展需要，探索体系建设模式，推动职业教育多样化、多形式发展。

坚持市场需求导向。充分发挥市场在资源配置中的决定性作用，扩大职业院校办学自主权，推动学校面向社会需求办学，增强职业教育体系适应市场经济的能力。充分调动社会力量，吸引更多资源向职业教育汇聚，促进政府办学、企业办学和社会办学共同发展。进一步发挥行业、企业、学校和社会各方面的积极作用，激发职业教育办学活力，最大限度释放改革红利。

坚持产教融合发展。走开放融合、改革创新的中国特色现代职业教育体系建设道路，推动职业教育融入经济社会发展和改革开放的全过程，推动专业设置与产业需求、课程内容与职业标准、教学过程与生产过程对接，实现职业教育与技术进步和生产方式变革以及社会公共服务相适应，促进经济提质增效升级。

坚持各级各类教育协调发展。统筹职业教育和普通教育、继续教育发展，建立学分积累和转换制度，畅通人才成长通道。优化职业教育体系结构和空间布局，形成普通教育与职业教育相互沟通、全日制与非全日制协调发展，学历教育与非学历培训沟通衔接，公办民办共同发展的现代职业教育新格局。

三、体系的基本架构

按照终身教育的理念，形成服务需求、开放融合、纵向流动、双向沟通的现代职业教育的体系框架和总体布局。

（一）职业教育的层次结构。

初等职业教育。在有需要的地方继续办好初等职业教育学校。各类职业院校、培训机构和用人单位内部开展实用技术技能培训，使学习者获得基本的工作和生活技能。

中等职业教育。中等职业教育在现代职业教育体系中具有基础作用，为初高中毕业生开展基础性的知识、技术和技能教育，培养技能人才。中等职业教育是职业教育发展的重点，今后一个时期总体保持普通高中和中等职业学校招生规模大体相当。

专栏2　教育体系基本框架示意图

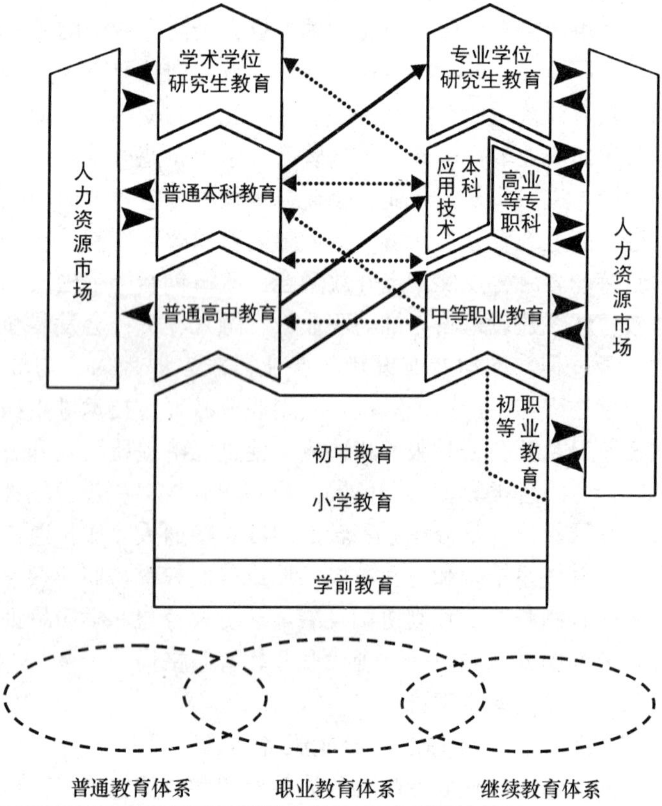

高等职业教育。在办好现有专科层次高等职业（专科）学校的基础上，发展应用技术类型高校，培养本科层次职业人才。应用技术类型高等学校是高等教育体系的重要组成部分，与其他普通本科学校具有平等地位。高等职业教育规模占高等教育的一半以上，本科层次职业教育达到一定规模。建立以提升职业能力为导向的专业学位研究生培养模式。根据高等学校设置制度规定，将符合条件的技师学院纳入高等学校序列。

（二）职业教育的终身一体。

职业辅导教育。普通教育学校为在校生和未升学毕业生提供多种形式职业发展辅导。普通高中根据需要适当增加职业技术教育内容。职业院校和普通教育学校开展以职业道德、职业发展、就业准备、创业指导等为主要内容的就业教育和服务。

职业继续教育。各类职业院校是继续教育的重要主体，通过多种教育形式为所有劳动者提供终身学习机会。企事业单位举办职工教育，建立制度化的岗位培训体系。社会培训机构是职业继续教育的重要组成部分，依法自主开展职业培训和承接政府组织的职业培训。

劳动者终身学习。增强职业教育体系的开放性和多样性，使劳动者能够在职业发展的不同阶段通过多次选择、多种方式灵活接受职业教育和培训，促进学习者为职业发展而学习，使职业教育成为促进全体劳动者可持续发展的教育。

（三）职业教育的办学类型。

政府办学、企业办学和社会办学。建立政府、企业和其他社会力量共同发挥办学主体作用，公办和民办职业院校共同发展的职业教育办学体制。政府实行统一的准入制度，办好骨干职业院校，支持社会力量办学。各类主体兴办的职业院校具有同等法律地位，依法公平、公开竞争。

全日制职业教育与非全日制职业教育。增加非全日制职业教育在职业教育中的比重，发展工学交替、双元制、学徒制、半工半读、远程教育等各种灵活学习方式的职业教育。通过改革学制、学籍和学分管理制度，实现全日制职业教育和非全日制职业教育的统筹管理。

学历职业教育与非学历职业教育。职业院校同时开展学历职业教育和非学历职业教育，满足行业、企业和社区的多样化需求。职业院校和职业培训机构开展的非学历职业教育可以通过质量认证体系、学分积累和转换制度、学分银行和职业资格考试进行学历认证。

（四）职业教育的开放沟通。

职业教育体系内部。系统构建从中职、专科、本科到专业学位研究生的培养体系，满足各层次技术技能人才的教育需求，服务一线劳动者的职业成长。拓宽高等职业学校招收中等职业学校毕业生、应用技术类型高等学校招收职业院校毕业生通道，打开职业院校学生的成长空间。在确有需要的职业领域，可以实行中职、专科、本科贯通培养。

职业教育与普通教育。建立职业教育和普通教育双向沟通的桥梁。普通学校和职业院校可以开展课程和学分互认。学习者可以通过考试在普通学校和职业院校之间转学、升学。普通高等学校可以招收职业院校毕业生，并与职业院校联合培养高层次应用型人才。

职业教育与人力资源市场。职业院校按照经济社会发展的需求确定人才培养的规格层次、专业体系、培养方式和质量标准。畅通一线劳动者继续学习深造的路径，增加有工作经验的技术技能人才在职业院校学生中的比重，建立在职人员学习—就业—再学习的通道，实现优秀人才在职业领域与教育领域的顺畅转换。

四、体系建设的重点任务

以现代教育理念为先导，加强现代职业教育体系建设的重点领域和薄弱环节。

（一）优化职业教育服务产业布局。

大力发展现代农业职业教育。以培养新型职业农民为重点，建立公益性农民培养培训制度。推进农民继续教育工程，创新农学结合模式。以农业职业院校为主体，构建覆盖全国、服务完善的现代职业农民教育网络。依托农业高等学校、职业院校组建农业教育集团，培养多层次农业技术人才，参与农业技术推广体系建设。鼓励企业、行业协会、农业合作社举办或参与举办农业职业院校，参与涉农专业、课程和人才培养模式改革。提高农村基础教育、职业教育和成人继续教育统筹水平，促进农科教结合。推动一批县（区）在农村职业教育和成人教育改革发展方面发挥示范作用。

提升服务工业转型升级能力。根据国家发展先进制造业的战略部署，按照现代生产方式和产业技术进步要求，重点培养掌握新技术、具备高技能的高素质技术技能人才。适应战略性新兴产业、现代能源产业、海洋产业、综合交通运输体系、生态环境保护等领域的发展需要，优先发展相关新兴专业，提高中国制造和中国装备的市场竞争力，加快完善人才支撑体系。

加快培养服务现代服务业人才。根据服务业加快发展的趋势，逐步提高面向服务业的职业教育比重。重点加强服务金融、物流、商务、医疗、健康和高技术服务等现代服务业的职业教育，培养具有较高文化素质和技术技能素质的新型服务人才。深化文化艺术类职业教育改革，重点培养文化创意人才、基层文化人才，传承创新民族文化和民族工艺，推动文化产业成为国民经济支柱性产业。

加紧满足社会建设和社会管理人才需求。发挥职业教育植根社区、服务社区的重要作用，推动职业院校面向基层，积极开设城镇管理、乡村建设、社会保障、社区工作、文化体育、环境卫生、老龄服务等专业，培养下得去、留得住的有文化、懂技术、善沟通的高素质社会管理和服务工作者。

专栏3　经济和社会重点领域与技术技能人才培养

现代农业	加强农业职业教育，培养适应农业产业化和科技进步的新型职业农民。加强适应现代农业生产方式的技术人才、流通人才、经营和管理人才培养，支持农业结构战略性调整
制造业	加快培养适应工业转型升级需要的技术技能人才，使劳动者素质的提升与制造技术、生产工艺和流程的现代化保持同步，实现产业核心技术技能的传承、积累和创新发展，促进制造业由大变强

续表

服务业	面向金融服务、现代物流、商务服务、社会工作服务和高技术服务领域，培养具备高尚职业道德、较高人文素养、通晓国际标准和高超技术技能的专门人才，通过人才专业化提升服务业的竞争力。适应老龄服务事业和产业发展需要，加快相关人才培养
战略性新兴产业	坚持自主创新带动与技术技能人才支撑并重的人才发展战略，加强战略性新兴产业相关专业建设，培养、储备应用先进技术、使用先进装备和具有工艺创新能力的高层次技术技能人才
能源产业	适应现代能源产业体系建设需要，加强新能源、可再生能源相关专业建设，加快节能环保、污染物防治与安全处置、资源回收与循环利用等相关产业技术技能人才培养
交通运输	服务综合交通运输体系建设，改造提升交通运输相关专业，优化人才培养结构，加快轨道交通、民航、公共交通等急需技术技能人才培养，提高从业人员素质
海洋产业	加强海洋类职业院校和专业建设，加快海洋油气业、海洋渔业、海洋船舶业等海洋传统产业，海洋交通运输业、海洋旅游业等海洋服务业，以及海洋装备制造业等海洋新兴产业急需的技术技能人才培养，为发展壮大海洋经济和增强海洋开发利用能力提供人才支撑
社会建设与社会管理	支持职业院校围绕城乡发展、社会管理、社区服务、基层文化建设，培养基层管理和公共服务人才
文化产业	适应文化产业的发展需要，加强文化创意、影视制作、出版发行等重点文化产业技术技能人才的培养。依托职业教育体系保护、传承和创新民族传统工艺与非物质文化遗产，培养各民族文艺人才

（二）统筹职业教育区域发展布局。

优化职业教育区域布局。各地从本区域实际出发，规划职业教育体系布局结构。东部地区和大中城市要根据经济转型升级的需要，提高中等职业教育的核心竞争力和高等职业教育的现代化水平。中西部地区要多渠道筹措资金增强职业教育基础能力，以中等职业教育为重点普及高中阶段教育，提高服务当地特色优势产业的高等职业教育质量。民族地区要从加快区域经济社会发展和促进各民族交流交融的要求出发，加快职业教育发展步伐，着力优化结构、提高质量，加强双语、“双师型”教师队伍建设，提升职业教育服务当地特色优势产业、民族文化和民族工艺、基本公共服务、社会管理和贫困家庭脱贫致富的能力。

优化职业教育城乡布局。充分发挥职业教育就业导向作用，引导农村剩余劳动力向城镇和非农产业有序转移。重点加强农民工、农民工子女和城市转岗就业人员的职业教育和培训。在城镇化建设中科学规划职业教育，院校布局更加贴近所服务的产业和社区。新增高等职业学校主要向中小城市布局。根据各主体功能区的定位，推动区域内职业院校科学定位，使每一所职业院校集中力量办好当地经济社会需要的特色优势专业（集群）。推动县区职业教育中心（中等职业学校）成为区域学历教育、技术推广、扶贫开发、劳动力转移培训和社会生活教育的开放平台，将服务网络延伸到社区、村庄、合作社、农场、企业。

（三）加快民办职业教育发展步伐。

完善鼓励社会力量办学的政策环境。充分发挥社会力量举办职业教育对加快建立现代职业教育体系、激发职业教育发展活力的重要作用。完善各类职业院校设置标准，建立公开透明规范的民办职业教育准入、审批制度，稳步扩大优质民办教育规模。鼓励企业举办或参与举办职业院校，到 2020 年，大中型企业参与职业教育办学的比例达到 80%以上。各地要把社会力量举办的职业院校纳入教育发展规划，推动民办职业院校分类管理试点，健全政府补贴、购买服务、助学贷款、基金奖励、捐资激励等制度，鼓励社会力量参与职业教育办学。对办学规范、管理严格的民办职业院校，逐步实行在核定办学规模内自主确定招生范围和年度招生计划的制度。

创新民办职业教育办学模式。支持发展一批品牌化、连锁化和中高职衔接的民办职业教育集团。积极支持各类办学主体通过独资、合资、合作等多种形式举办民办职业教育，探索发展股份制、混合所有制职业院校。开展社会力量参与公办职业院校改革建立混合所有制职业院校试点，允许社会力量通过购买、承租、委托管理等方式改造办学活力不足的公办职业院校。鼓励民间资本与公办优质教育资源嫁接合作在经济欠发达地区扩大优质职业教育资源。鼓励企业和公办职业院校合作举办混合所有制性质的二级学院。允许社会力量以资本、知识、技术、管理等要素参与办学并享有相应权利，探索在民办职业院校实行职工持股。鼓励专业技术人才、高技能人才在职业院校建设股份合作制的工作室。

（四）推动职业教育集团化发展。

科学规划职业教育集团发展。职业教育集团化发展是政府主导、行业指导、企业参与的职业教育办学体制的重要实现形式，对促进教育链和产业链有机融合有重要作用。完善现有职业教育集团的治理结构、发展机制，逐步扩大各类职业院校参与率，到2020年基本覆盖所有职业院校，初步建成300个富有活力和引领作用的骨干职业教育集团。开展多元投资主体依法共建职业教育集团的改革试点。

创新职业教育集团的发展机制。按照市场导向、利益共享、合作互赢的原则，吸引各类主体参与职业教育集团建设。通过中央企业和行业龙头企业牵头、骨干职业院校牵头、行业和职业院校联合、地方政府整合职业教育资源、区域内职业院校资源共享等方式多样化发展职业教育集团。鼓励各地在重大产业建设工程中，同步规划覆盖全产业链的职业教育集团。

提升职业教育集团的发展活力。研究制定促进职业教育集团发展的支持政策。支持符合条件的职业教育集团统筹中高职衔接、专业课程建设、实训基地建设、教师队伍建设。鼓励通过领导干部交叉任职、共建技术创新平台和生产性实训基地、建立混合所有制职业院校等方式强化集团内部的利益纽带。鼓励行业特色明显的普通高等学校参与职业教育集团。鼓励职业教育集团与跨国企业、境外教育机构等开展合作。

（五）加强中等职业教育基础地位。

巩固提高中等职业教育。中等职业教育是公共服务体系的重要组成部分。将普及高中阶段教育重点放在中等职业教育。坚持以就业为导向办好中等职业教育，按照系统培养、全面培养、终身教育的理念，加强思想道德和职业道德教育，强化基础文化和体育、艺术课程，加强新技术教育和技能训练，为学生全面成才、持续发展奠定扎实基础。继续探索举办职业教育和普通教育融通的综合高中。

调整优化中等职业教育布局。各地要根据本地产业、人口、教育实际和城镇化进程提出中等职业教育规划布局指导意见，指导各地从实际出发逐步优化中等职业教育学校布局和专业。鼓励优质学校通过兼并、托管、合作办学等形式，整合办学资源；对定位不明确、办学质量低、服务能力弱的学校实行调整改造或兼并重组。推动各项要素资源优化整合，逐步提高中等职业学校办学水平。

（六）优化高等职业教育结构。

推进高等学校分类管理。建立高等学校分类体系，探索对研究类型高校、应用技术类型高校、高等职业学校等不同类型的高等学校实行分类设置、评价、指导、评估、拨款制度。鼓励举办应用技术类型高校，将其建设成为直接服务区域经济社会发展，以举办本科职业教育为重点，融职业教育、高等教育和继续教育于一体的新型大学。原则上现有专科高等职业学校不升格为或并入普通高等学校。各地科学规划区域内高等教育布局结构，根据国家的有关规定设置专科阶段高等学校。

引导一批本科高等学校转型发展。支持定位于服务行业和地方经济社会发展的本科高等学校实行综合改革，向应用技术类型高校转型发展。鼓励独立学院转设为独立设置的学校时定位为应用技术类型高校。鼓励本科高等学校与示范性高等职业学校通过合作办学、联合培养等方式培养高层次应用技术人才。应用技术类型高校同时招收在职优秀技术技能人才、职业院校优秀毕业生和普通高中、综合高中毕业生。各地采取计划、财政、评估等综合性调控政策引导地方本科高等学校转型发展。

加快高等职业学校改革步伐。深化高等职业学校治理结构、专业体系、培养模式、招生入学制度等关键领域改革，提升办学活力和人才培养质量。根据区域发展需要设立的高等职业学校，要强化服务社区导向，为社区提供职业教育、继续教育和普通高等学校基础课程。行业特色明显的高等职业学校，要增强服务产业导向，发挥提升产业竞争力的作用。

探索举办特色学院。鼓励大型企业、科研机构和行业协会举办或参与举办以服务产业链为目标，主要依托企业开展教学实训，人才培养和职工培训融为一体，产教、科教融合发展，专业特色明显的特色学院，新增一批优质高等职业教育资源。

（七）完善职业人才衔接培养体系。

加强中高职衔接。推进中等和高等职业教育培养目标、专业设置、课程体系、教学过程等方面的衔接。探索对口合作、集团化发展等多形式的衔接方式。逐步扩大职业院校自主招生权和学习者自主选择权，形成多种方式、多次选择的衔接机制和衔接路径。充分发挥开放大学在中高职衔接中的重要作用。

完善五年制高职。以初中为起点的五年制高等职业学校，主要面向学前教育、护理、健康服务、社区服务等特殊专业领域，培养兼具较高文化素质和专业技术技能的专门人才。国家发布五年制高职专业目录。支持办好重点培养产业发展和社会建设急需人才的五年制高等职业学校。

强化学历、学位和职业资格衔接。研究探索符合职业教育特点的学位制度。完善学历学位证书和资格证书“双证书”制度，逐步实现职业教育学历学位证书体系、专业学位研究生教育与职业资格证书体系的有机衔接，探索建立各级职业教育与普通教育相衔接的制度。完善职业院校合格毕业生取得相应职业资格证书的办法。

（八）建立职业教育质量保障体系。

完善校企合作、工学结合的人才培养体系。将工学结合贯穿职业教育教学全过程，学生从入学开始就接受相应的动手和实践课程，并根据培养目标同步深化文化、技术和技能学习与训练，逐步实现就业需求和人才培养的有机衔接。加强科学素养、技术思维和实践能力教育，加强实验、实训、实习和研究性学习环节。加强工程实践中心、实训基地和企业实习基地的建设，保障学习者有质量的实习实训需求。强化实习实训环节的评价考核。在有条件的企业试行职业院校和企业联合招生、联合培养的学徒制，企业根据用工需求与职业院校实行联合招生（招工）、联合培养。完善支持政策，通过政府、企业、社会、家庭等多渠道筹集学生（学徒）培养培训经费。

加强职业院校德育工作。积极培育和践行社会主义核心价值观。弘扬民族优秀文化和现代工业文明，传承民族工艺文化中以德为先、追求技艺、重视传承的优良传统。推进产业文化进教育、企业文化进校园、职业文化进课堂，将生态环保、绿色节能、清洁生产、循环经济等理念融入教育过程，开展丰富多彩的校园文化活动，建设融合产业文化的校园文化。切实加强职业道德教育，注重用优秀毕业生先进事迹教育引导在校学生，培养具有现代职业理念和良好职业操守的高素质人才。鼓励企业与职业院校开展多种形式的文化实践活动。

健全职业教育质量评价制度。以学习者的职业道德、技术技能水平和就业质量为核心，建立职业教育质量评价体系。完善学校、行业、企业、研究机构和其他社会组织共同参与的职业教育质量评价机制。各地要加强对职业教育的督导和评估，开展以人才培养质量和服务贡献为主要内容的职业院校绩效考核。职业院校要建立内部质量评价制度，强化质量保障体系建设。注重发挥行业作用，支持行业协会开展职业院校人才培养质量评估，提高人才培养质量和结构与行业需求的匹配度。鼓励企业、用人单位开展毕业生就业质量、满意度等评价。积极支持各类专业组织等第三方机构开展质量评估。

（九）改革职业教育专业课程体系。

建立产业结构调整驱动专业改革机制。办好特色优势专业，压缩供过于求的专业，调整改造办学层次、办学质量与需求不对接的专业，建立面向市场、优胜劣汰的专业设置机制。职业院校可以在政府和行业的指导下对接职业和岗位需求自主设置专业。支持职业院校设置反映未来产业变革和技术进步趋势的新专业。到 2015 年，基本完成新一轮专业设置改革，学校特色优势专业集中度显著提高。扩大学生选专业、转专业的自主权。建立专业设置信息发布平台和动态调整预警机制。探索建立区域中高职专业设置管理的宏观协调机制。

建立产业技术进步驱动课程改革机制。适应经济发展、产业升级和技术进步需要，建立国家职业标准与专业教学标准联动开发机制。按照科技发展水平和职业资格标准设计课程结构和内容。通过用人单位直接参与课程设计、评价和国际先进课程的引进，提高职业教育对技术进步的反应速度。到 2020 年，基本形成对接紧密、特色鲜明、动态调整的职业教育课程体系。

建立真实应用驱动教学改革机制。职业院校按照真实环境真学真做掌握真本领的要求开展教学活动。推动教学内容改革，按照企业真实的技术和装备水平设计理论、技术和实训课程；推动教学流程改革，依据生产服务的真实业务流程设计教学空间和课程模块；推动教学方法改革，通过真实案例、真实项目激发学习者的学习兴趣、探究兴趣和职业兴趣。

（十）完善“双师型”教师培养培训体系。

改革教师资格和编制制度。根据职业教育的特点完善教师资格标准、专业技术职务（职称）评聘办法。探索在职业学校设置正高级教师职务（职称）。各地要比照普通高中和普通高等学校，根据职业教育特点核定公办职业院校教职工编制。新增教师编制主要用于引进有实践经验的专业教师，到2020年，有实践经验的专兼职教师占专业教师总数的比例达到60%以上。

改革职业院校用人制度。落实职业院校用人自主权，鼓励职业院校按照国家相关规定聘请企业管理人员、工程技术人员和能工巧匠担任专兼职教师。建立符合职业院校特点的教师绩效评价标准，绩效工资内部分配向“双师型”教师适当倾斜。探索建立行业企业举办的职业院校和民办职业院校教师年金制度。

完善教师培养制度。加强职业技术师范院校建设。依托高水平学校和大中型企业建立“双师型”职业教育师资培养基地。探索职业教育师资定向培养制度和“学历教育＋企业实训”的培养办法。加强职业教育教师队伍师德建设，增强教师从事职业教育的荣誉感和责任感。

完善教师培训制度。建立职业院校教师轮训制度，促进职业院校教师专业化发展。建立一批职业教育教师实践企业基地，实行新任教师先实践、后上岗和教师定期实践制度，专业教师每两年专业实践的时间累计不少于两个月。鼓励职业院校教师加入行业协会组织。

（十一）加速数字化、信息化进程。

推进信息化平台体系建设。将信息化作为现代职业教育体系建设的基础，实现“宽带网络校校通”“优质资源班班通”“网络学习空间人人通”。加强职业院校信息化基础设施建设，到2015年宽带和校园网覆盖所有职业院校。加强职业教育信息化管理平台建设，到2015年基本建成职业教育信息化管理系统，并与全国公共就业信息服务平台联通，实现资源共享。加强职业教育数字化资源平台建设，到2020年，数字化资源覆盖所有专业。建立全国职业教育数字资源共建共享联盟，制定职业教育数字资源开发规范和审查认证标准，推动建设面向全社会的优质数字化教学资源库。提高开放大学信息化建设水平，到2020年信息技术应用达到世界先进水平。

加快数字化专业课程体系建设。加紧用信息技术改造职业教育专业课程，使每一个学生都具有与职业要求相适应的信息技术素养。与各行业、产业信息化进程紧密结合，将信息技术课程纳入所有专业。在专业课程中广泛使用计算机仿真教学、数字化实训、远程实时教育等技术。加快发展数字农业、智能制造、智慧服务等领域的相关专业。加强对教师信息技术应用能力的培训，将其作为教师评聘考核的重要标准。办好全国职业院校信息化教学大赛。

（十二）建设开放型职业教育体系。

扩大引进优质职业教育资源。有计划地学习和引进国际先进、成熟适用的人才培养标准、专业课程、教材体系和数字化教育资源。大力引进国外智力，支持职业院校申办聘请外国专家（文教类）许可。实施跟踪和赶超战略，鼓励职业院校与国外高水平院校建立一对一合作关系。鼓励职业院校举办高水平中外合作办学机构和项目。鼓励职业院校以团队方式派遣访问学者系统学习国外先进办学模式。加强同联合国教科文组织、世界银行等国际组织和职业教育先进国家开展职业教育领域的合作和交流。

鼓励骨干职业院校走出去。服务国家对外开放战略，培育一批具有国际竞争力的职业院校。加快培养适应我国企业走出去要求的技术技能人才。积极扩大职业院校招收海外留学生的规模，探索和规范职业院校到国（境）外办学。支持承揽海外大型工程的企业与职业院校联合建立国际化人才培养基地。鼓励沿边地区的职业院校加强与周边国家的合作，提高我国教育对周边国家的辐射力、影响力。

五、体系建设的制度保障和机制创新

以产教融合为主线，建立各级政府、行业、企业、学校和社会各方面共同参与的制度创新平台，为现代职业教育体系建设提供制度保障。

（一）完善职业教育法律体系和标准体系。

推动加快修订《职业教育法》。依法确立现代职业教育体系基本架构，明确各级政府的职责，规范职业院校、行业、企业等主体的权利、义务，将职业教育体系建设的成果法制化。完善促进校企合作和职业教育集团化发展的法律法规。在修订教育法、民办教育促进法、高等教育法、教师法、学位条例以及劳动、社会保障、外国专家等方面的法律法规时，按照现代职业教育体系建设的要求修订完善相关条款。

建立健全职业教育标准体系。加快制定符合职业教育特点、适应经济发展和产业升级要求的各类职业院校办学标准。完善各项标准的实施和检验制度。各地要制定规划和实施方案，到2020年，使各类职业院校基本达到国家规定的办学标准。

（二）推进职业教育管办评分离改革。

转变政府管理方式。完善分级管理、地方为主、政府统筹、社会参与的管理体制，加快政府职能转变，减少部门职责交叉和分散，减少对学校教育教学具体事务的干预。各级政府加强发展战略、规划、政策、标准等制定和实施，统筹区域职业教育发展，落实职业教育投入责任，创设有利于产教融合、校企合作和社会力量参与办学的良好制度环境。赋予省级政府更大权限，扩大省级政府在现代职业教育体系建设中的统筹权。

加强行业指导、企业参与。构建职业教育行业指导体系，发挥行业在提供政策咨询服务、发布行业人才需求、推进校企合作、参与指导教育教学、开展质量评价等方面的重要作用。加强行业指导能力建设，各地和有关部门将适宜行业组织承担的职责通过授权委托、购买服务等方式交给行业组织，给予政策支持并强化服务监管。加强职业教育行业指导委员会和教学指导委员会建设。通过法制建设、政策引导、考核评价等多种途径进一步落实企业参与校企合作、支持学生实习实训、开展职工继续教育的责任。用人单位要为职工的职业继续教育和终身学习提供条件。将国有大中型企业支持职业教育列入企业履行社会责任考核内容。

扩大职业院校办学自主权。实行“负面清单”制度，深化行政审批制度改革，推动政校分开，扩大职业院校在专业设置和调整、人事管理、教师评聘、收入分配等方面的自主权。完善职业院校治理结构、内外部约束和激励机制，确保职业院校用好办学自主权。坚持和完善中等职业学校校长负责制、公办高等职业学校党委领导下的校长负责制。完善体现职业院校办学和管理特点的绩效考核内部分配机制。

健全职业教育督导评估制度。完善中等职业教育督导评估办法，制定高等职业教育督导评估办法。建立职业教育定期督导评估和专项督导评估制度。完善督导报告制度、公报制度、约谈制度、限期整改制度、奖惩制度等制度，将督导评估结果作为地方各级政府和有关部门、职业院校绩效考核的重要内容。

（三）深化职业教育招生考试制度改革。

建立符合职业教育特点的招生考试制度。根据高等教育招生考试制度改革总体方案，制定高等学校考试招生制度改革的实施意见和改革方案，加快推进高等职业教育分类招考，建立符合技术技能人才成长规律的选拔机制。重点探索“知识＋技能”、单独招生、自主招生和技能拔尖人才免试等考试招生办法，为学生接受不同层次高等职业教育提供多样化入学形式。加快专业学位研究生入学考试制度改革，扩大招收有一定工作经历和实践经验的一线劳动者的比例。完善职业院校教学比赛制度，办好全国职业院校技能大赛，提升国际影响力，将学生比赛成绩作为升入高一级学校的重要依据。

扩大职业院校毕业生升学机会。扩大学校招生自主权，适度提高专科高等职业学校招收中等职业学校毕业生的比例、本科高等学校招收职业院校毕业生的比例，逐步扩大高等职业学校招收有实践经历人员的比例。对不同类型的学生实行不同的选拔方式，为不同来源学生、不同学习方式制定不同培养方案。积极探索非户籍生源在流入地参加考试升入高等职业学校的办法。鼓励农民工采取灵活多样的学习方式接受职业教育与培训。

（四）完善校企合作的现代职业院校治理结构。

完善校企合作各项制度。制定促进校企合作办学法规。建立健全校企合作规划、合作治理、合作培养机制，使人才培养融入企业生产服务流程和价值创造过程。职业院校和合作企业要不断完善知识共享、课程更新、订单培养、顶岗实习、生产实训、交流任职、员工培训、协同创新等制度。推动学校把实训实习基地建在企业，企业把人才培养和培训基地建在学校。探索引校进厂、引厂进校、前店后校等校企一体化的合作形式。

推动行业、企业和社区参与职业院校治理。职业院校设立理（董）事会，50%以上的成员要来自企业、行业和社区。设立专业指导委员会，50%以上的成员要来自用人单位。完善体现职业教育特色的职业院校章程和制度，明确理（董）事会、校（院）长、专业指导委员会和教职工代表大会的职权，提高职业院校治理能力。制定符合职业教育特点的校长（院长）任职资格标准，积极推进校长聘任制改革和公开选拔试点，鼓励企业家、创业家担任校长（院长），培养和造就一批职业教育家。

（五）创新校企协同的技术技能积累机制。

建立重点产业技术积累创新联合体。制定多方参与的支持政策，推动政府、学校、行业、企业的联动，促进技术技能的积累和创新。在关系国家竞争力的重要产业部门，规划建立一批企业和职业院校紧密合作的技术技能积累创新平台，促进新技术、新材料、新工艺、新装备的应用，加快先进技术转化和产业转型升级步伐。推动企业将职业院校纳入技术创新体系，强化协同创新，促进劳动者素质与技术创新、技术引进、技术改造同步提高，实现新技术产业化与新技术应用人才储备同步。推动职业院校和职业教育集团通过多层次人才培养体系和技术推广体系，主动参与企业技术创新，积极推动技术成果扩散，为科技型小微企业创业提供人才、科技服务。

支持职业教育传承民族工艺和文化。将民族特色产品、工艺、文化纳入现代职业教育体系，将民族文化融入学校教育全过程，着力推动民间传统手工艺传承模式改革，逐步形成民族工艺职业院校传承创新的现代机制。积极发展集民族工艺传承创新、文化遗产保护、高技能人才培养、产业孵化于一体的职业教育。鼓励民间艺人、技艺大师和非物质文化遗产传承人参与职业教育办学。

（六）构建适应现代职业教育体系的投入机制。

落实财政性职业教育经费投入。通过调整优化财政支出结构、加强规划、制定标准等措施，加大各级政府对职业教育的投入。地方政府加强职业教育布局结构、基本建设、专业建设和教师队伍建设规划，加大对体系建设重点领域和薄弱环节的投入。2015 年年底前，各地依法出台职业院校生均经费标准或公用经费标准。县级以上政府要建立职业教育经费绩效评价制度、审计监督公告制度、预决算公开制度。加强职业院校办学条件、人才培养质量、培训经费使用等方面的信息公开。加大中央财政对经济欠发达地区职业教育的转移支付力度。

充分利用社会资本发展现代职业教育。完善民办职业教育收费制度，在完善民办职业教育信息公开和质量评价标准的基础上，逐步形成主要由市场决定的收费价格形成机制。加强企业落实足额提取职工教育培训经费政策的监督检查。加大职业教育捐赠的优惠政策、典型案例、社会效益的舆论宣传。鼓励社会力量通过资金、土地、装备、技术、人才等多种要素投资职业教育。完善财政贴息贷款等政策，健全民办职业院校融资机制。鼓励发展实习实训设备融资租赁业务。支持营利性职业教育机构通过金融手段和资本市场融资。支持境内外企业积极参与职业教育中外合作办学。

加强职业教育基础能力建设。建立政府、行业、企业、个人、社会共同参与的基础能力建设多元投资机制。实施现代职业教育质量提升计划，加大“十二五”期间规划项目的推进和实施力度，启动编制“十三五”职业院校基础能力建设规划并纳入各地经济社会发展规划，重点加大对现代农业、装备制造业、现代服务业、战略性新兴产业、民族工艺和基本公共服务等领域的急需专业（集群）的支持力度。积极推进以部分地方本科高等学校为重点的转型发展试点，支持一批本科高等学校转型发展为应用技术类型高等学校，形成一批支持产业转型升级、加速先进技术转化应用、对区域发展有重大支撑作用的高水平应用技术人才培养专业集群。地方政府、相关行业部门和大型企业要切实加强所办职业院校基础能力建设，支持一批职业院校争创国际先进水平。

（七）健全促进职业教育公平的体制机制。

推动职业教育面向全社会、面向人人。广泛开展面向未升学初高中毕业生、农民、新生代农民工、退役军人、失业人员等群体的职业教育和培训。重视残疾人职业教育，充分考虑各类残疾人员的特点和社会需求，注重拓展专业教育范围，为学习者提高生活质量和就业质量服务。

加快贫困地区职业教育发展。充分发挥职业教育在扶贫开发中的重要作用，围绕贫困地区产业发展和基本公共服务需求，提高职业教育扶贫的精准度。中央和省级政府、发达地区加大对贫困地区、革命老区、民族地区、边疆地区职业教育的扶持、支援力度。改善民族地区职业院校办学条件。有计划地支持集中连片特殊困难地区内限制开发和禁止开发区初中毕业生到省（区、市）内外经济较发达地区接受职业教育。

完善职业教育资助政策体系。健全公平公正、多元投入、规范高效的职业教育国家资助政策体系。逐步建立职业院校助学金覆盖面和补助标准动态调整机制，加大对农林水地矿油核等专业学生的助学力度。推行以直补个人为主的资助经费支付办法，完善直补个人的政策设计、台账管理和监督检查机制，确保资助资金让真正需要资助的受教育者受益。综合考虑经济社会发展和职业教育改革要求，适时调整职业院校收费标准。

（八）创新职业教育区域合作机制。

完善东中西部对口支援机制。将职业教育作为东部地区对口支援中西部地区的优先领域。鼓励东部地区职业教育集团吸纳中西部地区职业院校成员，东部地区职业院校（集团）对口支援中西部地区职业院校。推动建立发达地区和欠发达地区中等职业教育合作办学工作机制。国家制定奖补政策，支持东部地区职业院校特别是示范性职业院校扩大面向中西部地区的招生规模。完善东中西部对口支援机制，扩大合作办学招生规模，组建跨区域职业教育集团，总结推广“9＋3”免费职业教育模式。改进内地西藏班、新疆中职班的招生计划安排、教学管理工作，统筹安排毕业生就业，加强民族团结教育。

深化区域内职业教育合作。鼓励各地打破行政区划限制，建立区域职业教育合作平台，协调职业教育发展政策。率先在京津冀、长三角、珠三角等地区推动职业院校跨省域合作培养人才、合作培训教师、合作开发课程、共享数字化教学资源、共享教学科研成果。

（九）建立职业教育服务社区机制。

推动职业院校社区化办学。各类职业院校要发挥社区文化中心、教育中心的作用，举办各种形式短期职业教育、继续教育和文化生活类课程，向社会免费开放服务设施和数字化教育资源。到 2015 年，所有职业院校都要开设 10 门以上社区课程。

建立社区与职业院校联动机制。建立社区和职业院校联席会议制度，支持社区参与制订职业院校发展规划、校园建设规划、专业建设规划和社区服务计划，协调社区企事业单位为职业院校提供实习实践场所，加强校园周边环境综合治理。

六、保障实施

以完善工作机制和政策配套为重点，建立保障现代职业教育体系建设的政策体系和实施机制。

（一）加强组织领导。

落实政府责任。中央政府负责制定职业教育体系建设法律法规、重大政策和总体发展规划。充分发挥职业教育工作部门联席会议制度的作用。加强省级政府统筹规划，赋予省级政府在学校布局规划、招生考试等方面更多的权限。加强地市级政府对区域内职业教育的统筹规划与管理。县级政府根据农村经济社会发展需要，完善县域职业教育与职业培训网络。

明确部门职责。国务院有关部门要有效运用总体规划、政策引导等手段以及税收金融、财政转移支付等杠杆，加强对职业教育的统筹协调和分类指导。教育、人力资源社会保障、发展改革、财政部门以及行业部门根据各自职责分别负责有关工作，共同推进现代职业教育体系建设。

设立专家咨询委员会。专家咨询委员会由行业、教育、人力资源社会保障等领域的专家组成，对现代职业教育体系建设的重大问题提出意见和建议。

（二）完善支持政策。

将职业教育纳入产业发展和城乡建设规划。科学预测经济社会发展对各类人才的需求，推动职业教育层次和专业结构调整与区域产业结构调整相适应，职业教育课程和实训基地建设与产业技术进步相适应，适度超前储备新兴产业急需人才。完善人社部门与有关部门、行业组织联合发布年度分行业、分岗位的人才就业状况和需求预测制度。建立紧缺人才培养能力调查制度。新建城市、城市新区和各类产业集聚区建设要科学规划职业教育布局，统筹教育和产业资源，推动产教融合发展。

提高一线劳动者地位待遇。深化收入分配制度改革，提高劳动报酬在初次分配中的比重，健全国有企业、科研院校和高等学校分配激励机制。各地要创造各类人才平等就业环境，改革用人制度，取消用人和人才流动中的城乡、行业、身份、性别等限制。政府部门和企事业单位招收人员不得歧视职业院校毕业生。落实一线劳动者医疗、养老、就业等政策。鼓励企业建立高技能人才职务津贴和特殊岗位津贴制度，按照国家现行法律法规的有关规定对符合条件的高技能人才给予股份和期权等激励措施。提高相关表彰奖励中一线劳动者的比例。鼓励企业和其他用人单位按照国家有关规定建立一线劳动者表彰奖励制度。按照国家有关规定制定国家高技能人才评选标准和办法，选拔出各级各类一线能工巧匠和技术能手，鼓励其在一线岗位建功立业和带徒传承技艺。

完善税收金融支持政策。鼓励企事业单位、社会团体和公民个人通过公益性社会团体或者县级以上人民政府及其部门向职业院校进行捐赠，其捐赠支出按照现行税收法律规定在税前扣除。企业因接受实习生所发生的与取得收入有关的合理的支出，按照税收法律法规的规定在计算应纳税所得额时扣除。对职业院校自办的、以服务学生实习实训为主要目的的企业或经营活动，按照国家有关规定享受税收等优惠。完善金融支持政策。完善职业院校实习学生的实习、见习责任保险制度，完善职业院校学生实习安全管理和劳动保护制度。

完善毕业生就业创业政策。坚持“先培训、后就业”“先培训、后上岗”原则，对从事涉及公共安全、人身健康、生命财产安全等特殊工种的劳动者，严格落实就业准入法规和政策。规范清理影响职业院校毕业生公平就业的政策。人力资源社会保障、教育部门和职业院校要加强毕业生就业的政策指导和信息服务。各级公共就业服务机构、高校毕业生就业指导服务机构要免费提供就业服务，并加大对技术技能人才的宣传和推荐。加强职业院校就业指导机构的建设，加强就业、创业教育和服务。引导毕业生转变就业观念，鼓励多渠道多形式就业，允许学生休学创业，促进创业带动就业。各地要改善创业环境，充分利用国家现有政策对职业院校毕业生创业加大支持力度。

（三）营造良好氛围。

在全社会树立重视职业教育的理念。加大现代职业教育宣传力度，引导全社会树立尊重劳动、尊重知识、尊重技术、尊重创新的观念，树立劳动最光荣、劳动最崇高、劳动最伟大、劳动最美丽的观念，树立依靠辛勤劳动、诚实劳动、创造性劳动开创美好未来的观念，促进形成“劳动光荣、技能宝贵、创造伟大”的社会氛围，激发年轻人学习职业技能的积极性。大力宣传新中国成立以来涌现的优秀工人群体和“爱岗敬业、争创一流、艰苦奋斗、勇于创新、淡泊名利、甘于奉献”的劳模精神。研究设立职业教育活动周，每年开展宣传教育活动。

（四）加强监测评估。

加强规划宣传。组织动员各类媒体广泛宣传本规划的主要政策，及时总结和宣传各地、各部门、各行业企业推进职业教育体系建设的典型经验和做法，形成全社会关心、支持职业教育体系建设的舆论环境和良好氛围。

建立规划实施目标责任制。各级政府要积极推进落实本规划，制定规划各项目标任务的分解落实方案，明确实施单位和实施部门，落实责任分工。各有关部门要制定工作方案，行业主管部门要指导行业企业制定实施办法。各地要围绕规划确定的战略目标、主要任务和制度安排，编制并组织实施本地区职业教育体系建设规划和行动计划，出台相关配套政策，明确时间表、路线图。

加强规划实施情况的监测和督导评估。各地要对规划实施情况进行跟踪指导检查，及时研究规划实施过程中的新情况和新问题。教育督导部门要加强对规划实施情况的督导评估，积极支持第三方机构开展评估。鼓励社会各界对规划实施情况进行监督。

人力资源社会保障部关于贯彻落实全国职业教育工作会议精神的通知

人社部发［2014］49号

各省、自治区、直辖市及新疆生产建设兵团人力资源社会保障厅（局）：

今年6月，国务院召开全国职业教育工作会议，印发了《国务院关于加快发展现代职业教育的决定》。习近平总书记对职业教育工作作出重要批示，李克强总理接见会议代表并发表重要讲话，刘延东副总理、马凯副总理出席会议并作重要讲话。会议对加快发展现代职业教育作出了全面部署。为贯彻落实会议精神，现就有关事项通知如下：

一、深入学习和领会全国职业教育工作会议精神

职业教育是国民教育体系和人力资源开发的重要组成部分，是广大青年打开通往成功成才大门的重要途径，肩负着培养多样化人才、传承技术技能、促进就业创业的重要职责。会议明确了职业教育工作的指导思想、基本原则、目标任务和具体措施，体现了新时期党中央、国务院对职业教育形势的新判断和对职业教育工作的新部署，为推进职业教育改革发展指明了方向，同时也为推进职业培训发展提供了强大动力。加快发展现代职业教育，对于深入实施创新驱动发展战略和人才强国战略，实现经济转型升级，改善民生和促进就业创业，具有十分重要的意义。各级人力资源社会保障部门要认真学习、深刻领会习近平总书记批示、李克强总理讲话和刘延东、马凯副总理讲话精神，按照会议部署要求，进一步统一思想，提高认识，增强做好工作的责任感和使命感。要将贯彻落实会议精神与促进就业创业工作紧密衔接，与推动技能人才队伍建设工作有效对接，要根据会议确定的目标任务，结合人力资源和社会保障工作实际，围绕大力推进技能人才队伍建设、职业培训、技工教育等工作作出全面部署安排，切实抓好贯彻落实。

二、加快推进技能人才队伍建设

各级人力资源社会保障部门要将贯彻会议精神与落实《高技能人才队伍建设中长期规划（2010—2020年）》有机衔接，进一步完善技能人才培养使用、考核评价、竞赛选拔、表彰激励政策体系，坚持面向基层、面向生产服务一线，以服务发展为宗旨，以促进就业为导向，大力加强技能人才队伍建设工作。深入实施国家高技能人才振兴计划，持续推进国家级高技能人才培训基地项目、国家级技能大师工作室项目和技师培训项目，全面提升高技能人才培养能力。加快开发和完善职业标准，健全职业资格证书制度，推进国家技能人才培养标准编制工作，推动技能人才培养的科学化、标准化、规范化建设，提升技能人才培养质量。要依托人力资源市场供求信息，定期开展技能人才需求分析预测并对外发布。

引导企业加强青年技工培养，健全劳动者岗位成才途径。改革传统的以师带徒的培训方式，探索建立“招工即招生、入企即入校、企校双师共同培养”为主要内容的企业新型学徒制度。按照政府引导、企业为主、院校支持的原则，制定配套政策，开展企业新型学徒制度试点。健全完善以企业岗位练兵为基础、以国内竞赛为主体、以世界技能大赛为龙头、国内竞赛与国际竞赛相衔接的技能竞赛体系，统筹推进中国技能大赛和第43届世界技能大赛备战工作，为更多优秀技能人才脱颖而出搭建平台。进一步完善技能人才表彰激励制度，加大对高技能人才的奖励力度。推动技术技能按贡献参与分配，促进企业建立技术技能业绩与待遇挂钩制度，进一步提升技能人才的经济待遇和社会地位。

三、加快构建劳动者终身职业培训体系

职业培训是解决就业总量矛盾、缓解就业结构性矛盾最有效的举措，是实现经济转型升级重要的基础，是促进农民工就业创业、实现生活改善现实的途径。坚持职业培训与职业教育并重，促进职业培训与职业教育协同发展，是推动我国由人力资源大国向人力资源强国迈进的重要保障。要按照党的十八届三中全会要求，加快建立健全覆盖城乡全体劳动者，贯穿劳动者从学习到工作的各个阶段，适应劳动者多样化、差异化需求的职业培训体系。

大规模开展职业培训，把高校毕业生等新成长劳动力、失业人员、在职职工、退役士兵、农民工等城乡全体劳动者纳入职业培训范围，实现培训对象广覆盖，基本消除劳动者无技能从业现象。推进培训类型多样化，大力开展就业技能培训、岗位技能提升培训和创业培训，兼顾短期、中期和长期培训，提高培训的针对性和有效性。完善从初、中、高级工到技师、高级技师不同层次的职业技能培训，实现培训等级多层次，畅通技能劳动者职业发展通道。充分发挥市场机制在资源配置中的决定性作用，坚持公办、民办并举，形成以企业为主体、职业院校为基础、社会多方参与的大培训格局，促进各类优质资源向职业培训集聚。完善职业培训管理制度，改进政府购买培训成果机制，加强信息系统建设，加强对培训对象、培训过程、培训质量、资金使用的全方位监管，实现培训管理规范化。

进一步完善培训政策，逐步提高职业培训支出在就业专项资金中的比重，着力做好农村转移劳动者、失业人员、高校毕业生、企业高技能人才等重点人群的培训。依据国家职业标准，制定开发集培养目标、培训要求、课程内容、培训方法、考核评估为一体的职业培训规范，探索“职业培训包”培训模式，规范培训活动，提高培训质量。组织实施好农民工职业技能提升计划——“春潮行动”、百城技能振兴专项行动、离校未就业高校毕业生技能就业专项活动等重点行动计划，推动职业培训工作全面开展。

四、加快推动技工院校改革发展

技工院校是技能人才培养的重要基地，是职业教育的重要组成部分，技工院校改革是职业教育改革发展的重要内容。当前和今后一个时期，技工院校要围绕实施就业优先战略和人才强国战略，以促进高质量就业为目标，以服务经济发展为宗旨，以培养职业精神和职业能力为核心，坚持“校企双制、工学一体、多元办学、内涵发展”的办学理念，适应人力资源市场规律、职业教育规律、技能人才成长规律要求，创新技工教育培养模式，强化培养特色，提高人才培养与经济发展需求的契合度，全面提升面向先进制造业、现代服务业、战略性新兴产业等领域的人才培养能力，基本形成规划布局完善、结构规模合理、专业设置科学、办学水平领先、发展环境优化的现代技工教育体系，为经济社会发展提供技能人才支撑。

大力推进技工院校多元办学，指导技工院校由注重学制教育向多元化技工教育培训转变。完善支持技工院校多元办学的政策措施，建立有利于劳动者接受技工教育和职业培训的灵活学习制度，进一步扩大非全日制学制教育和各类职业培训规模。技工院校要把校企合作作为办学基本制度，在招工招生、专业建设、课程开发、师资培养、教学管理、质量评估、职业培训等方面与企业深层次合作，实现教师所教、学生所学、企业所用紧密对接。推动技工院校以校际资源整合为基础，以校企合作为平台，以专业建设为纽带开展集团化办学。大力推进一体化课程教学改革和创新，扩大试点院校数量和试点专业范围，建设全国一体化教学资源网。

五、进一步完善就业、人事人才和劳动保障等相关政策

人力资源社会保障部门要充分发挥职能作用，进一步健全完善就业、人事人才和劳动保障等政策，为职业教育改革发展提供政策支撑。积极研判人力资源市场供求状况，及时将就业需求信息传导到职业院校，指导职业院校开发适应需求、特色鲜明的专业体系并建立动态调整机制。创造平等就业环境，消除城乡、行业、身份、性别等一切影响平等就业的制度障碍和就业歧视。规范招人用人制度，党政机关和企事业单位招用人员不得歧视技工院校等职业院校毕业生。充分发挥市场机制在人才配置中的决定性作用，促进技能人才合理流动和有效配置。建立以业绩为重点，由品德、知识、能力等要素构成的人才评价指标体系，完善专业技术人才职业水平评价办法和职业院校职业资格认证办法。深化职业院校人事制度改革，加强职业教育教师队伍建设。健全职业院校教师专业技术职务（职称）评聘办法，探索在技工院校等职业院校设置正高级教师职务（职称）。加强教师继续教育工作，不断提高教师专业水平和教学能力。按照国家规定实施岗位绩效工资制度，深化职业院校内部收入分配改革，完善教师分配激励约束机制。创新顶岗实习形式。完善劳动和社会保障政策，解决好校企合作、学徒实训等工作中的责、权、利问题。

各级人力资源社会保障部门要按照全国职业教育工作会议确定的目标、任务、要求，根据各自实际，抓紧制定实施意见。要加强与教育、财政等有关部门的协调配合，共同推动职业教育培训工作的发展。要加强组织领导，加大资金投入和政策保障力度，着力解决技工教育办学条件、办学资金、毕业生待遇等问题，落实好技工院校享受各项职业教育财政支持政策，提升技能人才培养能力。要利用广播、电视、网络、报纸、杂志等各种媒体，开展多种形式的宣传活动，在全社会营造“崇尚一技之长，不唯学历凭能力”的良好氛围，不断提升技工教育和职业培训的社会影响力和吸引力。

2014年7月22日

教育部 中央文明办 国家发展改革委 民政部 财政部 人力资源社会保障部 文化部关于推进学习型城市建设的意见

教职成〔2014〕10号

各省、自治区、直辖市教育厅（教委）、文明办、发展改革委、民政厅（局）、财政厅（局）、人社厅（局）、文化厅（局），新疆生产建设兵团教育局、文明办、发展改革委、民政局、财务局、人社局、文化局：

建设学习型社会是实现“两个一百年”奋斗目标和中华民族伟大复兴中国梦的重要内容和有力支撑。建设学习型城市是实现学习型社会的重要基石。20世纪末以来，我国已有近百个市（地）级以上城市先后提出建设学习型城市的目标并进行了实践探索，积累了宝贵的经验，取得了可喜的成绩，受到国际社会高度关注。但就全国而言，学习型城市建设刚刚起步，还存在认识不到位、任务不明确、职责不清晰等问题。建设学习型城市，对于培育和践行社会主义核心价值观，提升国家核心竞争力和社会文明程度；对于推动城市经济发展、产业结构升级，服务新型城镇化建设、促进城市建设管理创新；对于满足人民群众学有所教的终身学习需求、促进人的全面发展等具有重要意义。教育部、中央文明办、国家发展改革委、民政部、财政部、人力资源社会保障部、文化部等七部门现就推进学习型城市建设提出以下意见。

一、总体要求

（一）指导思想

全面贯彻党的十八大和十八届三中全会精神，着力培育和践行社会主义核心价值观，以服务全面建成小康社会和满足人民群众对美好生活的新期盼为宗旨，把全民终身学习作为城市发展的重要基础，以改革创新为动力，以信息技术为支撑，努力构建灵活、开放的终身教育体系，积极推进城市各类学习资源的建设与共享，创造人人皆学、时时能学、处处可学的社会环境，促进全民学习、终身学习，促进城市的包容、繁荣与可持续发展。

（二）总体目标

在全国各类城市广泛开展学习型城市创建工作，形成一大批终身教育体系基本完善、各级各类教育协调发展、学习机会开放多样、学习资源丰富共享的学习型城市，充分发挥这些城市在学习型社会建设中的引领和示范作用。到2020年，东中西部地区市（地）级以上城市开展创建学习型城市工作覆盖率分别达到90％、80％和70％；各区域都要有一大批县级城市开展创建工作。

（三）基本原则

坚持特大型城市和区域中心城市引领，重点向地（市）级和县级城市拓展，城乡一体，以城带乡，全面推进。坚持示范带动，分类指导，鼓励百花齐放和突出地方特色。坚持探索和总结相结合，创建与交流相促进，构建开放、有序、务实的长效机制。

二、主要任务

（一）大力培育和践行社会主义核心价值观，凝聚全社会价值共识

全面系统、分层次、有重点地开展社会主义核心价值观宣传教育，引导人们不断加深理解认同，成为精神追求和自觉行动。率先抓好党员干部特别是领导干部的教育，把社会主义核心价值观学习教育纳入地方各级党委（党组）中心组学习计划和目标考

核。深化青少年思想道德建设，把核心价值观纳入国民教育总体规划，贯穿于基础教育、职业教育、高等教育、继续教育各领域，落实到教育教学和管理服务各环节，推动社会主义核心价值观进教材、进课堂、进头脑。不断巩固壮大积极健康向上的主流思想舆论，积极发挥城市各类新闻媒体作用，生动形象地宣传阐释核心价值观，使之家喻户晓，深入人心。积极开展各类先进典型学习宣传、学雷锋志愿服务、公益广告宣传以及群众性精神文明创建等涵养社会主义核心价值观的实践活动，形成弘扬核心价值理念的生活情境和社会氛围。

（二）构建终身教育体系，促进各类教育融合开放

通过深化教育综合改革，推进学历教育与非学历教育协调发展，职业教育与普通教育相互沟通，职前教育与职后教育有效衔接，有效发挥学校教育在全民终身学习中的基础作用。在基础教育阶段加强学生终身学习意识和能力的培养；发挥高等教育在人才培养、科学研究、社会服务等方面的重要作用；发挥职业教育和继续教育在提高社会成员素质以及满足终身学习需求中的核心和骨干作用。引导和支持各类学校向社会开放学习资源，与社区融合。

（三）加强企事业单位职工教育培训，提高从业人员能力素质

建立完善现代企业职工教育培训制度，全面加强人力资源开发。鼓励支持行业企业在职工教育培训中发挥主渠道作用，将职工教育培训纳入行业企业发展规划和年度工作计划。支持企业内设教育培训机构建设。充分发挥学校特别是职业院校在职工教育培训中的服务功能。鼓励社会力量举办各类职业培训，促进社会化培训健康发展。加大对农民工、失业者、低技能者、残疾人等弱势群体职业培训的扶持。

（四）广泛开展城乡社区教育，推动社会治理创新

总结推广社区教育实验区建设成果，发挥社区教育示范区辐

射作用，建立健全以城带乡、城乡一体的社区教育协调发展机制。培育多元社区教育主体，支持社区居民自主学习、自我教育，进一步激发城乡社区教育活力。建立社区教育联席会议、社区教育理事会等制度，完善社区教育多元参与协商、合作机制，提高社区治理能力，推动社会治理创新。加快推进面向“三农”的公民教育、农村实用技术培训和社会文化生活教育。积极开展农民工教育培训，促进农民工融入城市社区。

（五）推进各类学习型组织建设，增进社会组织活力

积极推进学习型机关、企事业单位、社会团体等各类学习型组织建设，增强社会组织的学习能力，充分发挥学习对组织发展的促进作用。加强对学习型组织建设的引导支持，分类研究制定各类学习型组织的建设标准，依托社会第三方建立各类学习型组织评价机制，培育积极向上的组织文化，增强各类组织的凝聚力和创新力。鼓励发展民间学习共同体。

（六）统筹开发社会学习资源，促进学习资源开放共享

统筹区域内各类学习资源，推进学习资源的社会化。建立有效的协调机制，促进各部门、各系统的学习资源开放共享。进一步发挥公共文化设施的社会教育功能，深入推进公共图书馆、文化馆（站）、博物馆、美术馆、科技馆等各类公共设施面向社会免费开放。鼓励机关、企事业单位、社会团体等向市民开放学习场所和设施，为市民终身学习提供便利。积极利用报纸、杂志、广播、电视以及网络媒体等各类传播媒体提供多种形式的学习服务。

（七）有效应用现代信息技术，拓展学习时空

将促进全民终身学习纳入城市信息化建设，建立互联网、移动电话、数字电视、卫星等多网合一、优势互补的远程学习网络、服务平台和学习资源库，拓展优质教育资源覆盖面。加强终身学习网站、数字图书馆、数字文化馆等公共学习服务平台建设，办好开放大学，加强对农村、边远地区现代远程教育的服务

与支持，缩小数字鸿沟。降低在线学习成本，优化数字学习环境，加强学习质量保障，满足广大学习者的个性化学习需求。

三、政策措施

（一）建立健全领导管理体制

各地要进一步提高对学习型城市建设重要性和紧迫性的认识，将学习型城市建设列入当地经济社会发展规划，明确和细化学习型城市建设的目标、任务、路径及步骤。要建立多部门共同参与的学习型城市建设领导协调机制，指导和推进相关工作，广泛动员社会力量，形成党委领导、政府统筹、行业部门联动、社会协同、全民参与的学习型城市建设工作格局。教育部门要积极构建终身教育体系，统筹学校教育资源服务学习型城市建设。精神文明建设指导部门要将学习型城市建设与本地区文明城市建设相结合，着力提升社会道德水平。发展改革部门要将学习型城市建设纳入相关发展规划，明确相应阶段性目标。民政部门要将学习型城市建设与社区建设相结合，把社区教育工作纳入社区服务体系建设规划，提高居民能力素质，促进社会和谐。财政部门要加大学习型城市建设的支持力度。人力资源和社会保障部门要将学习型城市建设与区域人力资源开发结合起来，积极开展继续教育活动，不断提升劳动者素质。文化部门要将学习型城市建设同公共文化服务体系建设结合起来，积极探索公共文化资源服务社会的有效途径，不断满足人民群众多样化的精神文化需求。

（二）推进法规制度建设

推进终身学习立法进程，进一步明确政府、企事业单位和个人在终身教育方面的权利、义务和责任。推动地方政府根据实际情况，研究出台学习型城市建设和终身学习的相关地方法规与政策。推进各级各类学校（教育培训机构）实行学分制，积极开展终身学习成果积累与转换工作试点，拓宽终身学习通道。建立健全与就业准入、工作考核、岗位聘用、职业注册等制度相衔接的终身学习、继续教育激励机制。

（三）加强队伍建设

加强参与学习型城市建设相关工作的社会工作者队伍建设。培育一支结构合理、素质高的继续教育专兼职教师队伍，扩大一支热心参与终身学习服务的志愿者队伍，组建一支水平高、责任心强的咨询指导专家队伍。加强队伍培养培训，不断提高业务水平和服务能力。

（四）加大多渠道投入力度

拓宽学习型城市建设经费投入渠道。各地应根据财力状况，加大对学习型城市建设的支持力度。企业依法履行职工教育培训和足额提取教育培训经费的责任。鼓励社会资金积极投入学习型城市建设。逐步形成政府、用人单位和学习者分担学习成本、多渠道筹措经费的投入机制。

（五）营造终身学习文化氛围

积极培育终身学习文化，营造全社会关心、支持、参与学习型城市建设的浓郁氛围，使学习风尚融入城市文化，提升城市的文化特色和品位。各地要利用各种媒体及其他途径，广泛宣传终身学习理念和学习型城市建设的重要意义。积极举办“全民终身学习活动周”“市民大讲堂”等群众喜闻乐见的学习活动，倡导和支持全民阅读。

（六）开展评价、监测与国际交流

加强学习型城市建设的科学研究，形成具有中国特色的学习型城市建设理论。建立健全终身学习的统计信息体系，研制监测评估指标体系，支持社会组织等第三方开展学习型城市建设与发展状况评价和监测活动。加强与国际组织及世界各国在相关领域的交流与合作，共同推进国际学习型城市建设。

2014 年 8 月 11 日

人力资源社会保障部关于推进技工院校改革创新的若干意见

人社部发［2014］96 号

各省、自治区、直辖市及新疆生产建设兵团人力资源社会保障厅（局）：

近年来，我国技工教育事业稳步发展，技工院校办学实力和办学水平逐步提高，培养了大批高素质技能人才，在促进就业和服务经济社会发展中发挥了重要作用。但同时也要看到，当前技工教育还不能完全适应经济社会发展的需要，办学条件薄弱，发展不均衡，培养能力和质量有待提高。为贯彻落实全国职业教育工作会议精神和《国务院关于加快发展现代职业教育的决定》（国发［2014］19 号，以下简称《决定》）要求，加快培养高素质技能人才，促进实现更高质量就业，服务经济社会发展，现就推进技工院校改革创新提出如下意见：

一、贯彻《决定》精神，坚持技工教育发展方向

（一）充分认识技工教育改革创新的重要性。全国职业教育工作会议和《决定》对加快发展现代职业教育作出全面部署，提出了发展现代职业教育的指导思想、基本原则、目标任务和具体措施，为做好职业教育工作指明了方向，也为技工教育改革发展创造了良好机遇。各级人力资源社会保障部门和技工院校要按照党中央国务院决策部署，充分认识加快推进技工教育改革创新的重要意义，将发展技工教育作为构建现代职业教育体系和劳动者终身职业培训体系的重要内容，作为改善民生和促进就业的重要举措，作为加强人才队伍建设和建设人力资源强国的重要途径，进一步增强责任感和使命感，完善支持政策，采取有效措施，加大工作力度，推动技工院校创新发展。各级人力资源社会保障部门要指导技工院校根据《决定》精神，围绕转变经济发展方式、调整产业结构和人力资源市场需求变化，对学校发展进行战略谋划，制定学校五年发展规划，推动学校新一轮改革创新，实现高水平可持续发展，在技能人才队伍建设工作中发挥主力军作用。

（二）明确技工院校改革发展的目标任务。当前和今后一个时期，技工院校改革发展的目标任务是：围绕实施人才强国战略、就业优先战略和创新驱动发展战略，以提高质量、促进就业、服务发展为导向，以立德树人和培养职业精神为根本，以提高职业技能为核心，以适应市场需求为目标，坚持“高端引领、校企合作、多元办学、内涵发展”的办学理念，坚持学制教育与职业培训并举，深化办学体制机制改革，创新技能人才培养模式，全面提升技能人才培养能力。到 2020 年，基本形成专业结构适应产业发展、校企融合贯穿培养过程、课程教学体现工学结合、技能人才培养层次和规模与经济社会发展更加匹配的现代技工教育体系。

（三）进一步明确技工院校办学定位。技工院校是国民教育体系和人力资源开发的重要组成部分。技师学院主要承担通过学制教育培养高级工以上技能人才任务，属职业教育高层次技能人才培养范畴。高级技工学校主要承担中级工、高级工培养任务，普通技工学校主要承担中级工培养任务，属中等职业教育。技工院校是构建劳动者终身职业培训体系的重要载体，是培养技能人才的重要平台，是承担技工教育、职业培训、技能鉴定、竞赛集训、公共实训、就业服务等工作的综合性技工教育培训基地。

二、突出高端引领，加大高技能人才培养力度

（四）推进优质技工院校建设。支持一批办学定位准确、专业特色鲜明、就业质量高、服务能力强、办学整体实力领先的优质技工院校，率先进行各项技工教育改革试点，完善机制体制，提升创新能力，提高对区域经济发展的贡献度。在地级以上城市要建设一批服务主导产业发展的技师学院和高级技工学校；在县市要继续发挥现有技工院校区域性技能人才培养作用。到2020年，在全国建设100所办学特色突出、高技能人才培养能力强，社会影响力大的国家级示范性技师学院，建设200所国家级重点技师学院和高级技工学校。鼓励技工院校教师参与企业技术革新，积极引进高新技术进课堂，提升技能人才培养的先进性。鼓励技工院校积极参加和承办各级各类职业技能竞赛活动，发挥中国技能大赛及世界技能大赛引领作用，促进技工院校师资培养、课程标准、教学要求与世界先进标准对接。注重借鉴国际职业教育先进标准和办学经验，加强国际交流与合作。

（五）加大高技能人才培养力度。支持技师学院、高级技工学校扩大高级工以上学制教育规模，技师学院、高级技工学校高级工以上在校生规模要分别保持在60％、50％以上。省级人力资源社会保障部门可选择部分一体化课程教学工作扎实、校企深度融合的技师学院，在专家评审论证基础上，通过工学交替、校企双师联合培养等方式，开展学制教育培养技师试点。鼓励技工院校与企业通过共建技能大师工作室、组织技师研修、联合开展科技攻关和技术革新项目等方式，面向企业职工开展技师、高级技师培训。支持技师学院、高级技工学校建立国家级（或省级）高技能人才培训基地。

三、深化校企合作，推动集团化办学

（六）完善校企合作制度。坚持技工院校校企合作基本办学制度。支持行业企业特别是大型企业参与举办或直接举办技工院校，将其纳入当地职业教育整体规划，切实保障企业办学与公办学校享有同等待遇。推广技工院校自办企业和实习工厂模式。健全校企合作法规政策，明确政府、企业和学校责任。完善校企联合育人机制，支持技工院校与企业在专业建设、课程改革、师资培养、技术研发、办学质量评价、招生就业等方面探索有效的校企合作模式，推进专业设置与产业需求对接、课程内容与职业标准对接、教学过程与工作过程对接，形成校企利益共同体，推动学校提升办学质量，实现校企合作可持续发展。实施以“招工即招生、入企即入校、企校双师共同培养”为主要内容的企业新型学徒制试点，鼓励技工院校与企业共同合作开展学徒培训，加快培养企业青年技能人才。组织开展“技能大师进校园”活动，发挥优秀高技能人才在技工院校人才培养中的作用。

（七）推进技工院校集团化发展。集团化办学是密切校企合作、整合技工教育资源、提升办学实力的重要举措。支持行业企业、技工院校、社会组织按照“平等自愿、优势互补、资源共享、骨干带动”的原则，采取联合、兼并、股份制、纵向合作等多种方式，积极探索组建行业性、区域性技工教育集团。促进技工教育与产业发展紧密结合。在保持现有管理体制和学校性质的前提下，充分发挥骨干技工院校的引领辐射作用，通过推动技工教育集团化办学，对区域内教育培训资源进行统筹规划，整合薄弱学校，以强带弱，扩大优质资源，提升区域技能人才培养能力，增强技工院校整体实力。

四、坚持多元办学，激发技工院校办学活力

（八）推动办学功能多元化。各类技工院校要面向城乡各类劳动者，大力开展从初级工到高级技师等不同层次的职业技能培训，积极承担农民工职业技能提升计划、离校未就业高校毕业生技能就业专项行动、技师培训等政府补贴性培训和企业职工培训任务，为构建劳动者终身职业培训体系提供服务。学校招收企业职工等人员参加非全日制学习，可实行弹性学制教学。建立学分积累和转换制度，学生修满规定学分即可毕业，取得技工院校毕业证书。符合条件的学生，可按照规定享受职业培训和职业技能鉴定补贴。技工院校非全日制学生可按教学时数或学分数折合成全日制学生，计入学校在校生人数（具体办法另行制定）。支持高级技工学校和技师学院建设成集技工教育、公共实训、技师研修、竞赛集训、技能评价、就业服务等功能于一体的职业训练院，成为公共职业培训服务体系重要组成部分。技工院校每年开展职业培训规模应逐步高于学制教育在校生规模，实现职业培训规模逐年增长、质量稳步提升。

（九）推动办学主体多元化。发挥市场机制作用，鼓励社会各方面力量兴办技工教育。创新民办技工院校办学模式，支持各类办学主体通过独资、合资、合作等多种形式举办民办技工院校。探索发展股份制、混合所有制技工院校，允许以资本、知识、技术、管理等要素参与办学并享有相应权利。坚持依法治校，完善监管制度，规范民办技工院校办学行为，促进民办技工教育提高水平，办出特色。民办技工院校具有与公办技工院校同等法律地位。要优化民办技工教育发展环境，形成民办技工院校和公办技工院校公平竞争、共同发展的良好格局。

五、强化内涵发展，创新技能人才培养模式

（十）着力加强专业建设。技工院校要以市场需求为导向，适应现代农业、先进制造业、现代服务业、战略性新兴产业发展需要，按照技工院校专业目录自主设置专业，建立专业动态调整机制。鼓励并支持举办与养老服务、文化创意、家庭服务等国家大力发展的产业相适应的专业。根据岗位技能需求和新知识、新技术、新工艺的发展特点，完善课程标准，更新课程内容。各级人力资源社会保障部门要支持建设一批与当地主导产业发展相匹配的特色优势专业，实现差异化、特色化的专业建设布局。坚持能力本位教学理念，加强学生职业素养、专业技能和通用能力培养，积极开展职业指导、创业教育，提高学生综合职业能力和就业创业能力。

（十一）全面推进一体化课程教学改革。遵循技能人才培养规律，组织开发国家技能人才培养标准和一体化课程规范，构建国家技能人才培养标准体系框架。认真总结一体化课程教学改革试点经验，在全国进一步推广一体化课程教学，不断创新技能人才培养模式，切实提高技能人才培养质量。开展一体化课程教学的院校，其一体化专业课程的毕业生学习成绩合格，视同职业技能鉴定合格，直接取得相应职业和等级的职业资格证书。技工院校要及时将一体化专业班级学生信息、教学计划安排、课程设置、过程化考核计划等材料报职业技能鉴定机构备案，职业技能鉴定机构要积极做好技术指导和技能鉴定服务，对实施一体化教学的专业进行课程认证和过程化考核。

（十二）健全教职工培训制度。从 2015 年起，实施三年一周期的全国技工院校校长轮训计划。各级人力资源社会保障部门要重视技工院校领导班子成员培训工作，制定并落实培训计划，加强班子成员能力建设。要将技工院校教师纳入专业技术人员继续教育范围，举办技工院校师资高级研修班。支持建设一批全国技工院校师资研修中心，承担全国技工院校师资研修交流等任务。依托全国技工院校一体化师资培训基地和一体化课程教学改革教学资源网，大规模开展一体化师资培训。落实教师企业实践制度。利用职业能力建设工作座谈会、技工院校校长轮训、教师全员培训等多种形式，广泛开展改革创新经验交流，推动技工教育创新发展。

六、加强基础能力建设，规范技工院校办学活动

（十三）扎实做好技工院校招生工作。各级人力资源社会保障部门要与教育部门加强协调配合，加大对技工院校招生工作的组织领导和统筹协调，将技师学院纳入高等职业院校招生平台，落实高级技工学校、技工学校与中等职业学校“统一招生政策、统一招生计划、统一招生代码、统一招生平台”的要求，稳定全日制招生规模，扩大非全日制招生规模。各级人力资源社会保障部门要充分发挥职能优势，每年集中举办技工院校招生宣传活动，全力支持技工院校到初中、高中开展招生宣传，充分利用街道社区、乡镇劳动保障平台和公共就业服务机构，建立技工院校招生信息员队伍。推动建立发达地区和欠发达地区技工院校合作办学工作机制。建立完善职业技能竞赛优秀选手注册升学制度，在国家级职业技能竞赛中获得优异成绩的学生可直接推荐进入技师学院学习深造。人力资源社会保障部官方网站开通全国技工院校专栏，建立全国技工院校招生和毕业生信息服务系统。

（十四）加强技工院校教材建设。教材是确保技工院校教育教学质量的重要基础。我部职业培训教材工作委员会要充分发挥对教材建设工作的统筹协调指导作用，切实加大教材内容、形式的研发和创新力度，重点开发一体化教材，不断完善和提高教材质量。我部每年组织编制和公布优质技工教育和职业培训教材目录，供技工院校选用。鼓励技工院校进行教学模式、教学内容改革探索，学校自编教改教材可用于本校教学补充，优质教材经部教材工作委员会论证，可推广使用。技工院校德育课等公共课教材由我部统筹规划并组织编写。各级人力资源社会保障部门要加强技工院校教材规范使用和管理，坚决杜绝使用盗版教材。

（十五）加强科研教研和督导评估工作。各级人力资源社会保障部门要加强技工教育科研教研机构和队伍建设，提高科研能力和教研水平。组建技工教育专家咨询委员会和课程专家队伍，推动技工教育课程研究中心建设。组织开展专业建设、课程开发、教学实施和技能人才评价等研究，定期组织开展技工教育优秀科研成果评选活动，按照国家有关规定对优秀科研成果给予奖励。建立以就业为导向的技工院校办学质量评估制度，继续组织开展国家重点技工院校评估工作，支持第三方机构建立技工院校毕业生就业状况年度报告发布制度。落实各级技工院校学生资助工作专职管理人员配备和工作经费保障，做好技工院校学生学籍注册工作，落实好助学金、免学费等资助政策，加强资助工作规范管理和监督检查。

七、加大政策支持，提升技工院校办学实力

（十六）加大对技工院校资金政策支持。各级人力资源社会保障部门要协调有关部门落实“地方教育附加费用于职业教育的比例不低于30%”的要求，确保技工院校按在校生比例享受地方教育附加费政策。加大经费统筹力度，发挥好企业职工教育培训经费、就业经费、扶贫和移民安置资金等各类资金的作用，支持技工院校开展职业培训和企业职工的弹性学制学习。各级人力资源社会保障部门要积极协调财政、发展改革等部门，建立与办学规模和培养要求相适应的技工院校财政投入制度，高级技工学校、技工学校按照中等职业学校生均经费标准或公用经费标准落实办学经费。积极协调有关部门将技师学院列入高等学校序列，按照高职生均经费标准落实办学经费。有条件地区可设立技工院校专项资金，用于技工院校专业建设、课程改革、师资培训、教研课改、企业职工的弹性学制教育等工作。支持技工院校将购买学生实习实训责任保险纳入公用经费支出范围，推动建立学生实习责任和校方责任相统一的人身伤亡保障制度。配合相关部门，实施好现代职业教育质量提升计划。继续实施中等职业教育基础能力建设项目。鼓励各类社会组织、企业、公益性社会团体通过捐赠、设立奖助学金等方式，支持技工院校发展。

（十七）加强教师队伍建设。各级人力资源社会保障部门要积极协调机构编制等有关部门，比照普通高中和高等学校，根据技工教育特点核定公办技工院校教职工编制。落实技工院校在人事管理、教师评聘、绩效工资分配等方面的办学自主权。技工院校可按事业单位公开招聘有关规定，自主招聘专业课和生产实习指导教师。改革技工院校教师招聘方式，重点面向具有一线工作经验的企业工程技术人员、高技能人才招聘专职教师，重点考查应聘者职业技能、专业知识和实际授课水平。技工院校从企业招聘具有相应专业技术职务和职业资格人员，可按职称评聘有关规定，参加技工院校相应专业教师系列职称评聘。鼓励技工院校依

据有关规定，聘请有实践经验的专业技术人员、高技能人才担任兼职教师。到2020年，有实践经验的专兼职教师占专业教师总数比例达到60%以上。完善技工院校教师职称制度，积极探索开展技工院校教师正高级职称改革试点工作。按照国家有关规定通报表扬技工院校优秀教师和优秀教育工作者。建立符合技工院校特点的教师绩效评价标准，绩效工资内部分配向一体化教师适当倾斜。

（十八）落实技工院校毕业生待遇政策。技师学院高级工班、预备技师（技师）班毕业生，参加企事业单位招聘、确定工资起点标准、职称评定、职位晋升等方面，按照全日制大专学历享受相应待遇政策，并按国家有关规定享受高校毕业生就业创业政策。技师学院取得高级工以上职业资格的工程技术类专业毕业生，可按有关规定参加专业技术人员职称评聘，构建技能人才成长“立交桥”。

八、加强组织领导，营造良好发展环境

（十九）加强组织领导。各级人力资源社会保障部门要高度重视技工院校改革发展工作，要主动向各级党委、政府汇报技工教育在推动区域经济发展、促进就业创业和加强人才队伍建设中发挥的重要作用，充分发挥综合管理技工院校的职能作用，加强监督管理和业务指导，狠抓技工院校党风廉政建设，推动技工院校持续、健康发展。要充分发挥人力资源社会保障部门职能优势，加大对技工院校的整体支持力度。要根据本意见要求，结合当地实际，制定实施方案，细化工作内容，落实任务目标，确保各项措施落到实处。

（二十）做好宣传工作。各级人力资源社会保障部门要在充分利用报纸、广播、电视等传统媒体的基础上，积极探索使用微博、微信、手机客户端等新媒体宣传方式，开展全方位、立体式的宣传工作。大力宣传“劳动光荣、技能宝贵、创造伟大”的观念。持续开展“技能中国”“走基层、技校行”等主题宣传活动。

组织优秀技能人才到技工院校宣讲并形成制度，扩大技工院校社会影响力。调动社会各方面力量共同推进技工院校改革创新发展，大力营造“崇尚一技之长，不唯学历凭能力”的良好社会氛围。

2014年12月23日

人力资源社会保障部办公厅关于印发中式烹调师等4个国家职业技能标准的通知

人社厅发［2014］62号

各省、自治区、直辖市及新疆生产建设兵团人力资源社会保障厅（局），国务院有关部门（行业组织、集团公司）人事劳动保障工作机构：

根据《中华人民共和国劳动法》，我部会同有关部门修订了中式烹调师等4个国家职业技能标准，现印发施行，原标准相应废止。

附件：国家职业技能标准目录

2014年5月9日

附件

国家职业技能标准目录

序号	职业编码	职业（工种）名称	备注
1	4-03-01-01	中式烹调师	2014年修订
2	4-04-02-04	插花花艺师	2014年修订，原名：插花员
3	4-07-12-02	家政服务员	2014年修订
4	6-06-01-02	汽车修理工	2014年修订

交通运输部办公厅　教育部办公厅　公安部办公厅　人力资源社会保障部办公厅关于开展大客车驾驶人职业教育试点工作的通知

厅运字〔2014〕100号

江苏、安徽、云南省交通运输厅、教育厅、公安厅、人力资源社会保障厅：

为进一步贯彻落实《国务院关于加强道路交通安全工作的意见》（国发〔2012〕30号）的有关要求，“将大客车驾驶人培养纳入国家职业教育体系，努力解决高素质客运驾驶人短缺问题”，经交通运输部、教育部、公安部、人力资源社会保障部共同研究，决定在江苏、安徽、云南三省各选取一至两所具备资质的职业技术学院、高级技工学校，开展大客车驾驶人职业教育试点工作。现就有关事项通知如下：

一、充分认识开展大客车驾驶人职业教育试点工作的重要意义

将大客车驾驶人培养纳入职业教育体系，是新形势下对高素质大客车驾驶人培养的改革和探索，是不断提升大客车驾驶人整体素质的有效途径，是持续推动道路客运事业健康发展、安全发展的重要保障，也是当前道路客运事业转型发展的必然需求。开展好大客车驾驶人职业教育试点工作，积累经验，总结规律，对

于下一步全面开展此项工作具有十分重要的意义。试点地区要充分认识开展大客车驾驶人职业教育试点工作的重要意义，思想上高度重视，工作上精心组织，结合地方实际，制定切实可行的试点方案，探索出大客车驾驶人职业教育的新路子。要细化各项工作措施，建立协调合作机制，确保大客车驾驶人职业教育试点工作顺利开展。

二、加强审验，严把招生院校资质关和生源质量关

试点院校应具备经公安和交通部门审验合格的大客车实际操作培训场地、设备和人员，保证大客车驾驶人培养质量，确保学生能够全面掌握大客车驾驶技能。试点院校不得委托或者以合作形式，将教学任务交给驾校等其他培训机构承担，违反规定的，取消招生资格。

招生对象须年满 18 周岁，具有高中（含中等职业学校）及以上文化程度，身体条件符合《机动车驾驶证申领和使用规定》（公安部令第 123 号，以下简称公安部 123 号令）有关申领大型客车驾驶证的要求，并通过驾驶适宜性测试。

开展全日制学历教育试点的职业技术学院应采用定向、单独编班方式，从本校自愿报名的高职公路运输类或汽车类专业新生中选拔进行培养。开展试点的高级技工学校应通过汽车驾驶专业（专业代码：0401-3）进行培养，其招生计划纳入学校年度招生计划总规模。

试点院校在组织招生宣传时，应向学生和家长说明人才培养目标定位、专业方向、就业岗位、工作性质等情况。试点院校在完成试点专业招生后，将招生情况报交通运输、公安部门备案，不得再面向社会招收学生或在本校范围内随意调剂学生进入试点专业学习，不得跨院校或跨专业招收选修学生。

三、精心组织，合理制定培养方案

试点院校要创新大客车驾驶人人才培养模式，科学合理制定人才培养方案。要将交通运输部、公安部联合印发的《机动车驾驶培训教学与考试大纲》要求融入原有课程体系和教学内容当中，并根据优化后的教学内容组织编写或选用教材。开展全日制学历教育试点的职业技术学院要按照相关专业培养目标组织实施教学，要在保证高职人才培养规格的基础上，强化大客车驾驶实践技能培养。

大客车驾驶相关课程设置应根据初学驾驶者的心理生理特点，采取针对性的教育实践，从培养高素质职业驾驶人的要求出发，突出驾驶人职业道德教育，牢固树立安全第一的思想理念，训练出扎实过硬的驾驶技能。在第一学年安排专业基础课，应注重道路交通法规、安全文明节能驾驶、事故预防和应急处理、驾驶心理学、车辆运用技术、职业道德等方面的知识学习和素质培养；按照《机动车驾驶培训教学与考试大纲》要求，进行小型汽车驾驶培训教学，并组织学生通过考试取得小型汽车驾驶证。在第二学年进行大客车驾驶操作培训。培训内容除公安部123号令规定的考试项目外，要安排足够的山区道路、城市道路、雨雾天气及夜间等实际驾驶教学培训，驾驶里程不得少于5 000公里，第二学年后期参加申领大客车驾驶证的考试。第三学年进入道路客运企业跟车实习。培养学习期间，试点院校应安排防御性驾驶体系教学和考核，详细记录每名学生的实际驾驶训练及跟车实习情况。

四、加强管理，规范考试程序

学生经培训学习通过学校规定的科目考试和技能培训后，准予参加申领大客车驾驶证考试。在校期间发生严重违纪受到处分尚在处分期内的或学驾过程中发生责任事故的，取消在校申请大客车驾驶证考试的资格。申领驾驶证考试应根据学生在校期间的综合表现，采取考试与平时考核相结合的方法。申领驾驶证考试应提前向公安部门预约，按顺序依次进行科目一、二、三考试，考试内容和标准按照公安部123号令要求执行。公安部门应当核查学生学籍、所学专业等相关资料，对未在指定院校学习、未取得学籍、未在规定专业学习的，不予安排考试；符合规定的，在安排考试时应予提供相关便利。科目二、三考试可连续进行，科目二、三考试不及格的，可当场补考一次；当场补考仍不及格的，暂缓剩余科目考试，30 天后重新进行该科目考试；仍不合格的，取消在校申领大客车驾驶证资格，及时变更到其他适当的专业方向学习；全部科目考试合格的，公安部门核发大客车驾驶证。同时，由相关职业技能鉴定机构根据培训目标对学生进行职业技能鉴定，合格者颁发相应等级的国家职业资格证书。

五、协同合作，强化实习期间管理

学生取得大客车驾驶证后，进入试点省内道路客运企业进行为期一年的跟车驾驶实习。实习企业应优先选择公司化经营规范的道路客运企业。客运企业要安排学生跟随营运里程 200 公里以内的省内中短途班线客车实习，实习总里程不得少于 2 万公里，实习期满由实习单位安全管理部门作出书面鉴定。鉴定合格，并经道路运输管理部门考核合格的，核发道路旅客运输驾驶员从业资格证；鉴定不合格的或经运管部门考核不合格的，跟班实习期延长半年，再次鉴定考核。

六、合理确定招生规模，确保学生就业

试点地区道路运输管理机构要提前做好大客车驾驶人市场需求调查，根据市场需求，会同其他有关部门共同确定招生规模。鼓励采取订单培养模式，根据道路客运企业需求制订试点招生计划，保证培训考试合格的学生直接进入定向企业工作。试点地区有关部门要建立学生档案库，对学生就业后的交通违法、事故率等进行跟踪分析，评估试点效果。

七、加强督导，定期总结汇报工作进程

试点地区各部门对试点工作中遇到的问题要及时汇报，每学年结束时要报送试点工作的开展情况及下一学年的教学安排，及时总结经验做法，不断规范教学内容，完善教学计划，提升教育质量，积极探索大客车驾驶人培养新模式，为全面推行大客车驾驶人职业教育培养积累经验。交通运输部、教育部、公安部、人力资源社会保障部将适时对试点工作进行检查。

2014年7月4日

人力资源社会保障部办公厅 公安部办公厅关于印发保安员国家职业技能标准的通知

人社厅发［2014］88号

各省、自治区、直辖市及新疆生产建设兵团人力资源社会保障厅（局）、公安厅（局）：

根据《中华人民共和国劳动法》，人力资源社会保障部、公安部共同制定了保安员国家职业技能标准，现印发施行。

此次颁布的保安员国家职业技能标准系重新修订，原国家职业标准相应废止。

附件：国家职业技能标准目录

2014年7月25日

附件

国家职业技能标准目录

职业编码	职业（工种）名称	备注
3-02-02-01	保安员	2014年修订

人力资源社会保障部办公厅关于继续实施离校未就业高校毕业生技能就业专项活动的通知

人社厅函〔2014〕189号

各省、自治区、直辖市及新疆生产建设兵团人力资源社会保障厅（局）：

按照《国务院办公厅关于做好2014年全国普通高等学校毕业生就业创业工作的通知》（国办发〔2014〕22号）提出的深入实施“离校未就业高校毕业生就业促进计划”要求，为提高高校毕业生技能水平和就业创业能力，促进其实现技能就业、素质就业和稳定就业，我部定于2014年继续实施离校未就业高校毕业生技能就业专项活动。

一、目标任务

在全国范围内组织一批国家级重点以上的技工院校和培训实力雄厚的职业培训机构，对有就业创业和培训意愿的离校未就业高校毕业生开展就业技能培训、企业上岗前培训和创业培训，使其掌握就业或创业的专项技能和实际能力，培训合格率力争达到90%以上，培训后的就业率达到90%以上，引导其适应人力资源市场需求，促进其在生产和服务一线实现就业创业，为建设技能强国提供人才支撑。

二、主要内容

（一）做好组织动员。各级人力资源社会保障部门要确定一批符合条件的技工院校和职业培训机构，承担离校未就业高校毕业生技能培训和创业培训任务。要指导培训单位加强与公共就业人才服务机构和基层就业服务平台的联系与对接，及时掌握高校毕业生的培训需求，确定社会需求大、就业前景好、高校毕业生认可度高的培训专业，特别是要着力开发对高校毕业生需求比较集中的生产性服务业、生活性服务业、战略性新兴产业、装备制造业等领域的培训项目。要加强与本地区教育部门和高等院校的协调配合，积极宣传培训政策措施，并通过地方人力资源社会保障门户网站、公共就业人才服务网站、基层就业服务平台等，及时发布面向离校未就业高校毕业生所开设的培训专业目录、承担培训任务的机构名单、培训鉴定补贴报销的经办主体和办理流程等信息，广泛动员有就业创业和培训愿望的离校未就业高校毕业生自主选择适合的培训项目。

（二）开展技能培训。各级人力资源社会保障部门要指导承担培训任务的技工院校和职业培训机构，对有培训需求的高校毕业生开展有针对性的技能培训。对离校未就业的高校毕业生，重点开展以定向培训为主的就业技能培训。对企业拟录用的高校毕业生，重点开展以定岗培训为主的上岗前培训。要指导技工院校和职业培训机构利用优质教学资源、设施设备和师资力量，制定专门的培训方案，强化技能操作训练，切实提高高校毕业生的技能水平、就业能力和工作能力。

（三）开展创业培训。各级人力资源社会保障部门要组织研发适合高校毕业生特点的创业培训课程，指导承担创业培训任务的培训机构，对有创业意愿和培训需求的未就业高校毕业生开展创业培训。创业培训机构要制定符合高校毕业生特点的培训方案，重点采用“创办和改善你的企业（SIYB)”培训模式，规范使用大学生版创业培训教材，提升其创业意识和创业能力。鼓励有条件的高校、教育培训机构、创业服务企业、行业协会、群团组织等开发适合大学生的创业培训项目，经评审认定后，纳入专项活动安排和培训补贴范围。

（四）开展职业技能鉴定。对参加就业技能培训和上岗前培训的高校毕业生，各级职业技能鉴定机构要主动提供职业技能鉴定服务，对其职业能力进行客观评价。对职业技能鉴定合格的，按规定发放相应的职业资格证书或专项职业能力证书。对参加创业培训并通过考核的，发放创业培训合格证书，方便其持证求职，实现就业和创业。

三、保障措施

（一）加强组织领导。各地人力资源社会保障部门要高度重视离校未就业高校毕业生技能就业专项活动，要成立由培训、就业、鉴定等部门共同参加的工作领导机构，负责工作的协调和组织推动。要将实施离校未就业高校毕业生技能就业专项活动作为构建劳动者终身职业培训体系的重要内容，作为促进高校毕业生就业、解决就业结构性矛盾的重要措施，作为转变工作作风、强化为民服务、开展群众路线教育实践活动的重要体现。开展技能振兴专项活动的百家城市要发挥示范作用，切实将离校未就业高校毕业生作为重点培训群体。要研究制定具体的工作方案，精心组织实施。要切实提高培训质量，确保培训后的就业率，防止走过场。

（二）落实补贴政策。各地人力资源社会保障部门要积极协调财政部门，对参加培训的离校未就业高校毕业生，按照《国务院办公厅关于做好2014年全国普通高等学校毕业生就业创业工作的通知》（国办发〔2014〕22号）和《财政部、人力资源社会保障部关于进一步加强就业专项资金管理有关问题的通知》（财社〔2011〕64号）的有关规定，落实职业培训补贴政策和职业技能鉴定补贴政策。

（三）提高培训质量。各地人力资源社会保障部门要指导培训机构依照相应的国家职业标准、专项职业能力考核要求组织开展培训，突出职业能力培养。在高校毕业生集中的城市，要提升改造一批适应高校毕业生特点的职业技能公共实训基地。要创新培训方式方法，充分运用一体化教学、网络培训、学徒制培训等新模式，提高培训的针对性、有效性。培训过程中尽量将高校毕业生单独组班，并根据其特点开展培训教学活动，切实提高培训后的就业和创业效果。

（四）加大宣传力度。各地人力资源社会保障部门要综合利用广播、电视、报纸等传统媒体，以及青年受众使用率较高的微博、微信、手机客户端等新兴媒体，广泛宣传政府支持高校毕业生参加职业培训的政策措施，深入宣传高校毕业生技能成才、技能就业的先进典型，引导广大高校毕业生牢固树立劳动光荣、创造伟大的观念，到生产和服务一线建功立业，形成“崇尚一技之长，不唯学历凭能力”的社会氛围。

各地贯彻落实情况请及时报告我部职业能力建设司。

2014 年 5 月 23 日

专业技术人员管理

共青团中央　中央综治委预防青少年违法犯罪专项组　中央综治办　民政部　财政部　人力资源社会保障部关于印发《关于加强青少年事务社会工作专业人才队伍建设的意见》的通知

中青联发［2014］1号

各省、自治区、直辖市、新疆生产建设兵团团委，综治委预防青少年违法犯罪专项组（领导小组），综治办，民政厅（局），财政厅（局），人力资源社会保障厅（局）：

为深入贯彻党的十八大、十八届三中全会精神，切实加强青少年事务社会工作专业人才队伍建设，服务青少年健康成长，发展青少年社会事业，为构建社会主义和谐社会提供有力的人才支撑，经中央人才工作协调小组办公室同意，共青团中央、中央综治委预防青少年违法犯罪专项组、中央综治办、民政部、财政部、人力资源社会保障部共同制定了《关于加强青少年事务社会工作专业人才队伍建设的意见》。现将文件印发给你们，请结合工作实际，认真贯彻落实。

2014年1月10日

关于加强青少年事务社会工作专业人才队伍建设的意见

为深入贯彻党的十八大、十八届三中全会精神，全面落实《关于加强社会工作专业人才队伍建设的意见》（中组发［2011］25号）和《社会工作专业人才队伍建设中长期规划（2011—2020年）》（中组发［2012］7号）的要求，努力造就一支高素质的青少年事务社会工作专业人才队伍，服务青少年健康成长，发展青少年社会事业，为构建社会主义和谐社会提供有力的人才支撑，现就加强青少年事务社会工作专业人才队伍建设提出如下意见。

一、加强青少年事务社会工作专业人才队伍建设的意义

随着我国经济社会快速发展，当代青少年在学习工作生活条件总体改善的同时，在成长成才、身心健康、就业创业、社会融入、婚恋交友等方面也面临着新的困难和问题。特别是我国每年有600万左右的高校毕业生，有大量城乡贫困家庭青少年、残疾青少年、在城市和乡间流动的农村青年，有几千万的农村留守儿童，他们面对着很多难题，迫切需要帮助。解决青少年成长发展的困难和问题，必须大力加强青少年事务社会工作专业人才队伍建设，建立健全青少年事务社会工作服务体系和网络，广泛在青少年工作中引入专业社会工作，有效满足青少年的个性化社会服务需求。

2007年，团中央联合中央综治办、民政部、人事部、中央综治委预防青少年违法犯罪工作领导小组下发了《关于开展青少年事务社会工作者试点工作的意见》（中青联发［2007］41号），确定了13个城市（城区）作为全国首批青少年事务社会工作者试点城市（城区）。各试点城市（城区）紧密结合自身实际，围绕成立机构、投入经费、购买服务、建设队伍、构建机制等环节开展了大量实践探索，青少年事务社会工作专业人才队伍在组织青少年、引导青少年、服务青少年和维护青少年合法权益方面的作用日益突显。但从全国层面看，青少年事务社会工作专业人才队伍建设还存在政策制度不健全、岗位职责不明确、人才数量不充足、人才队伍不稳定、专业化水平不强、职业化程度不高等问题，与青少年社会服务需求不相适应，一定程度上制约了青少年社会事业的发展。

各地要从促进青少年健康成长、深化平安中国建设的高度，深刻认识加强青少年事务社会工作专业人才队伍建设的重要性和紧迫性，在创新社会治理的整体格局中，进一步加强调查研究，采取有力措施，切实加强青少年事务社会工作专业人才队伍建设。

二、加强青少年事务社会工作专业人才队伍建设的指导思想、工作原则和主要目标

1. 指导思想。以邓小平理论、“三个代表”重要思想和科学发展观为指导，建设一支数量足、结构优、能力强、素质高的青少年事务社会工作专业人才队伍，发挥社会工作专业优势，积极开展青少年事务领域服务工作，有效满足青少年发展需要、有效维护青少年合法权益、有效解决青少年问题，最大限度增加和谐因素，增强社会发展活力，提高社会治理水平，团结和带领广大青少年为实现中华民族伟大复兴的中国梦而努力奋斗。

2. 工作原则。坚持党委领导、政府负责，相关部门本着青少年利益优先的原则，切实履行依法规范、政策引导、资金投入等方面的职责，确保青少年事务社会工作专业人才队伍建设的正确政治方向；坚持社会参与、多方协作，鼓励相关社会组织、企事业单位和社会公众支持青少年事务社会工作专业人才队伍建设，合理配置人才，促进人岗相适、人尽其才；坚持突出重点、立足基层，加强基层社会治理领域与青少年事务相关的专业服务平台建设，引导青少年事务社会工作服务资源向基层倾斜，推动青少年事务社会工作专业人才向基层合理流动。

3. 主要目标。梳理青少年事务领域的社会服务工作，以政府购买服务等方式交由社会力量承担，逐步实现政府从对社会事务的直接管理向间接管理转变。承揽和办理好青少年事务，服务青少年成长发展，维护青少年合法权益，做好青少年特别是重点青少年群体的服务管理和预防犯罪工作。探索完善青少年事务社会工作专业人才队伍建设机制、管理机制、运行机制、政策措施，总结提炼符合我国国情和发展需要的青少年事务社会工作专业人才队伍建设经验和模式。到 2020 年，全国重点扶持发展 10 家培养青少年事务社会工作专业人才的高等教育机构，建立 30 家具有青少年事务社会工作继续教育资质的培训机构，建立 50 家青少年事务社会工作重点实训基地，建立 100 个青少年事务社会工作服务标准化示范单位，初步建立 20 万人的青少年事务社会工作专业人才队伍，并形成运行管理机制和配套政策制度框架。

三、青少年事务社会工作专业人才的主要服务领域

1. 服务青少年成长发展领域。思想引导：为青少年提供思想道德教育辅导，引导青少年积极践行社会主义核心价值体系，形成正确的世界观、人生观、价值观。习惯养成：为青少年提供正确的行为指导和良好的习惯训练，帮助青少年形成正确的生活、学习和行为习惯。职业指导：帮助青年培养正确的就业意识，提供就业信息服务，组织开展就业技能培训。婚恋服务：引导青年树立正确的婚恋观，帮助解决思想上、情绪上的困扰，为有需要的青年组织开展婚恋交友活动。社交指导：培养青少年良好的交往动机和交往品质，提高青少年的合作意识和能力、沟通交往技巧和能力，对社会交往有障碍的青少年进行社会关系调适，帮助其融入社会。

2. 维护青少年合法权益领域。困难帮扶：对贫困家庭青少年、残疾青少年，帮助他们获得政府救济和保障以及社会资助和帮扶，同时培养自强自助的生活态度。权益保护：为青少年提供个案维权服务，耐心解答青少年的求助咨询，及时跟进并协调解决家庭虐待、人身伤害、吸食毒品、沉迷网络等侵害未成年人合法权益的案（事）件。法律服务：为青少年提供法制宣传教育和法律咨询服务，帮助青少年增强学法尊法守法用法意识，提高自我保护意识和能力，必要时帮助联系法律援助部门给予援助。心理疏导：缓解或消除青少年的心理问题，帮助青少年提高情绪自我管控能力，促进健康人格的形成，特别关注农村留守儿童、服刑人员未成年子女、流浪乞讨未成年人等特殊群体的心理关爱问题。

3. 预防青少年违法犯罪领域。正面联系：通过个案、小组和社区工作等社会工作方法，加强对闲散青少年的接触联系，提供有针对性的引导和帮扶；加强对流动青少年群体的服务管理，进驻大型商企、市场、城中村等流动人员高度密集区域开展工作。临界预防：关注普通青少年向有不良行为青少年转化的边界，重视偷拿财物、逃学、抽烟喝酒、夜不归宿等早期典型行为，及时采取有针对性预防工作；防止青少年与家庭和学校关系紧张、联系断裂，避免青少年受外界不良行为影响产生不正常的社会化倾向。行为矫治：对有不良行为或有严重不良行为青少年，通过进驻社区、学校、戒毒所、拘留所、看守所等工作项目，加强制度规则意识教育和法制底线教育，纠正和改变不良行为习惯。社会观护：协助公安、法院、检察院等单位开展取保候审观护帮教、附条件不起诉监督考察、合适成年人参与未成年人刑事诉讼、社会调查等工作，帮助掌握未成年犯罪嫌疑人的基本情况，减少涉罪未成年人再犯罪。

四、加强青少年事务社会工作专业人才队伍建设的主要任务

1. 研究制定青少年事务社会工作专业岗位设置标准。各地要按照科学合理、精简效能、按需设置、循序渐进的原则，研究青少年事务社会工作专业岗位设置。重点在各级团组织特别是基层团组织以及12355青少年服务台、青少年宫、青年志愿者协会、少年司法机构、青少年维权岗、维权类组织、青年中心、社区青年汇、青年家园等青少年服务组织和机构开发设置社会工作岗位，纳入专业技术岗位管理范围。综合衡量不同社会工作岗位要求、服务对象、工作难易程度等因素，研究设定相应岗位等级、岗位数量以及与之相适应的青少年事务社会工作专业人才配置比例。建立健全青少年事务社会工作岗位岗前培训制度。

2. 发展青少年事务社会工作服务机构。各地要根据国家有关政策，积极培育、扶持青少年事务社会工作服务机构发展，为政府和社会购买社会工作服务提供承接平台，为社会工作专业人才提供就业渠道和专业提升的载体。通过改进登记服务方式等措施，鼓励社会工作专业人才创办民办青少年事务社会工作服务机构。通过落实税收优惠政策、拓展政府购买服务项目等方式，鼓励民办社会工作服务机构介入青少年事务领域工作。要加强对青少年事务社会工作服务机构的指导，帮助其提升专业化服务、规范化管理和社会化运作水平。

3. 构建青少年事务社会工作专业人才培养体系。要研究制定青少年事务社会工作专业人才教育培养规划，加快培养社会工作专业人才。推动大专院校设置青少年事务社会工作专业课程，完善相关理论研究、学科体系、教学规范，依托大专院校就业服务指导机构做好社会工作专业学生的就业服务工作。建立在职培训机制，通过进修、实习、短训、函授等方式，有计划、分层次地对实际从事青少年事务社会工作的在职人员进行培训。落实继续教育政策，定期对取得职业资格的青少年事务社会工作者开展政策法规、职业伦理、专业理论和实务技能等方面培训。依托国家专业技术人员继续教育基地、社会工作专业人才培训基地、大专院校特别是各级团校推动建立一批具有青少年事务社会工作继续教育资质的培训机构，逐步形成高等教育、继续教育互为补充、相互促进的青少年事务社会工作综合教育培训网络。鼓励支持现有青少年工作从业人员参加全国社会工作者职业水平考试。

4. 建立青少年事务社会工作专业人才考核评估制度。各地要研究制定青少年事务社会工作岗位职责规范和考核评估标准。以所属单位为主体，以岗位职责为依据，以思想品德、能力业绩、职业操守为核心，定期对青少年事务社会工作专业人才履行职责、学习进修、职业发展等情况进行动态考核评估，激励其爱岗敬业、开拓进取。通过职业水平考试和岗位考核评价，逐步健全青少年社会工作专业人才考核评估体系。

5. 建立青少年事务社会工作专业人才薪酬保障机制。事业单位聘用的青少年事务社会工作专业人才，根据所聘岗位，执行相应的工资待遇；在基层群众自治组织、社会组织工作的青少年事务社会工作专业人才，其薪酬以学历、资历、资格、业绩、岗位等多种指标为依据，按照以岗定薪、以绩定奖、按劳取酬的原则，由用人单位合理确定。用人单位应按照国家有关规定，为青少年事务社会工作专业人员按时足额交纳相应的社会保险费用。

6. 建立青少年事务社会工作专业人才与志愿者队伍联动服务体系。各地要建立健全青少年事务社会工作专业人才和青年志愿者相互协作、共同开展服务的机制，充分发挥青少年事务社会工作专业人才在组建团队、规范服务、拓展项目、培训策划等方面的专业优势，引导青年志愿者组织设置一定数量的社会工作岗位，将青年志愿者、少先队志愿辅导员等的培训纳入社会工作教育培训规划。广泛普及志愿服务理念，倡导广大青年参加志愿服务，鼓励符合条件的青年志愿者通过学习、培训、考证等方式进入社会工作岗位。

7. 建立青少年事务社会工作专业人才合理流动机制。各地、各相关部门在制定专业技术人员招聘和遴选计划中，要注意选拔基层青少年事务社会工作专业人才和社会工作、少年儿童组织与思想意识教育专业毕业生，在同等条件下可优先录（聘）用具有丰富基层实践经验、善于做群众工作的青少年事务社会工作专业人才。社会工作专业人才服务边远贫困地区、边疆民族地区和革命老区计划要重点向农村青少年事务社会工作服务倾斜。

五、加强青少年事务社会工作专业人才队伍建设的工作要求

1. 形成工作合力。各地要将青少年事务社会工作专业人才队伍建设纳入本地区经济社会发展规划和社会工作专业人才队伍建设规划，为青少年事务社会工作提供更有力的政策和机制保障。按照组织部门牵头抓总、民政部门具体负责、有关部门密切配合、社会力量广泛参与的社会工作专业人才队伍建设工作格局的总体要求，合力推进青少年事务社会工作专业人才队伍建设。组织部门要做好青少年事务社会工作专业人才队伍建设的宏观指导、综合协调。共青团组织要统筹规划青少年事务社会工作服务范围和规模，科学设置工作岗位，合理编制录（聘）用计划，强化日常管理和激励机制建设，努力推动形成社会力量广泛参与青少年事务的工作格局，推动中国社会工作协会设立青少年事务社会工作委员会。民政部门要切实履行好推进社会工作专业人才队伍建设的有关职能，统筹推进青少年事务社会工作实务发展及队伍建设。财政部门要贯彻落实《关于进一步支持和推动共青团基层组织建设和基层工作的意见》（中青联发［2012］20号）的精神，切实加强对团的基层组织建设和工作的财力保障，将由政府负担的青少年事务社会工作专业人才队伍建设经费纳入财政预算。人力资源社会保障部门要做好岗位设置及配套措施的实施与保障，明确相关事业单位社会工作专业岗位。综治组织要将青少年事务社会工作专业人才队伍建设纳入综治工作考评，推动各项工作任务落到实处。

2. 加大资金投入。要建立健全财政资金、社会资金等共同参与的多元化投入机制，引导社会资金投向青少年事务社会工作服务领域。要按照《关于政府向社会力量购买服务的指导意见》

(国办发〔2013〕96号)、《关于政府购买社会工作服务的指导意见》(民发〔2012〕196号)的要求，将青少年事务社会工作服务纳入政府购买支持范围，逐步加大财政投入力度。筹集社会资金设立“中国青少年事务社会工作专业人才基金”，支持各地青少年事务社会工作服务机构发展和专业人才队伍建设。利用好各地青少年发展基金，鼓励和支持有条件的企业和个人设立非公募基金会。符合条件的青少年事务社会工作服务机构，按照国家税收法律法规的统一规定享受相关税收优惠政策。

3. 广泛宣传引导。积极宣传加强青少年事务社会工作及其专业人才队伍建设的方针政策，提高各地、各相关部门对发展青少年事务社会工作、加强青少年事务社会工作专业人才队伍建设必要性和重要性的认识。及时宣传、交流和总结、推广各地、各相关部门青少年事务社会工作专业人才队伍建设的新思路、新举措、新经验，积极营造关心支持、理解尊重青少年事务社会工作专业人才的良好社会氛围。对工作成绩突出、群众满意、社会反响良好的先进典型和先进人物，加大宣传报道力度，按照国家有关规定予以表彰奖励。

财政部　人力资源社会保障部关于印发《专业技术人才知识更新工程国家级继续教育基地补助经费管理办法》的通知

财行［2014］6号

党中央有关部门，国务院有关部委、有关直属机构，各省、自治区、直辖市、计划单列市财政厅（局）、人力资源社会保障厅（局）、新疆生产建设兵团财务局、人力资源社会保障局，有关行业协会、企业、事业单位：

为了贯彻落实《国家中长期人才发展规划纲要（2010—2020年）》精神，做好专业技术人才知识更新工程实施工作，进一步加强国家级专业技术人员继续教育基地中央补助经费的管理，我们制定了《专业技术人才知识更新工程国家级继续教育基地补助经费管理办法》。现印发给你们，执行中有何问题，请及时向我们反映。

附件：专业技术人才知识更新工程国家级继续教育基地补助经费管理办法

2014年3月21日

附件

专业技术人才知识更新工程国家级继续教育基地补助经费管理办法

第一章　总　　则

第一条　为了贯彻落实《国家中长期人才发展规划纲要（2010—2020年）》和专业技术人才知识更新工程实施方案，进一步做好专业技术人才继续教育工作，规范和加强专业技术人才知识更新工程国家级继续教育基地补助经费管理，厉行节约、反对浪费，根据预算管理有关规定，制定本办法。

第二条　专业技术人才知识更新工程国家级继续教育基地（以下简称继续教育基地），是指人力资源社会保障部、财政部等部门确定的，承担国家专业技术人才知识更新业务，面向专业技术人才开展补充更新知识、拓展知识结构、提高综合素质和创新能力等培养培训工作的机构，是国家培养培训高层次、急需紧缺和骨干专业技术人才的服务平台。

第三条　专业技术人才知识更新工程国家级继续教育基地补助经费，是指中央财政对符合条件的继续教育基地所给予的一次性补助经费（以下简称补助经费）。

第四条　补助经费坚持"统一管理、厉行节约、专款专用、注重绩效"的原则。

统一管理是指补助经费应当由继续教育基地财务部门统一管理、单独核算。

厉行节约是指科学合理地编制和安排支出预算，避免经费使用的随意性和浪费行为。

专款专用是指严格控制补助经费使用范围，建立健全经费使用和管理机制。

注重绩效是指根据专业技术人才继续教育工作需要，强化经费使用绩效管理，提高财政资金使用效益。

第二章　管理机构及职责

第五条　财政部是补助经费的主管部门。其主要职责是：

（一）会同人力资源社会保障部制定补助经费管理办法；

（二）参与继续教育基地的确定；

（三）及时批复下达补助经费；

（四）会同有关部门对补助经费使用情况进行监督检查。

第六条　人力资源社会保障部是继续教育基地的综合管理部门，会同财政部等部门制定继续教育基地的总体规划，协调和指导继续教育基地的相关工作。其主要职责是：

（一）制定继续教育基地管理的规划、规章和相关政策；

（二）确定、调整和撤销继续教育基地；

（三）组织国家级继续教育基地之间的学习交流；

（四）监督指导继续教育基地的专项培训业务管理；

（五）协助财政部做好补助经费的监管工作。

第七条　各省、自治区、直辖市、计划单列市财政部门、有关中央单位财务部门依据有关规定负责本地区、本单位补助经费的拨付和监管工作。其主要职责是：

（一）会同人力资源社会保障（人事）部门制定本地区、本单位补助经费管理具体办法；

（二）及时向继续教育基地拨付补助经费；

（三）对本地区、本单位继续教育基地补助经费的使用管理进行监督检查，并及时向财政部反映监督检查中发现的问题。

第八条　各省、自治区、直辖市、计划单列市力资源社会保障部门、有关中央单位人事部门协助同级财政（财务）部门做好本地区、本单位补助经费相关管理工作。其主要职责是：

（一）按照规定做好本地区、本单位继续教育基地的遴选、申报工作；

（二）加强对本地区、本单位继续教育基地的培训业务指导；

（三）协助同级财政（财务）部门对补助经费进行监督检查。

第九条 按规定设立继续教育基地的高等院校、科研院所和其他施教机构，是补助经费的具体使用管理单位，应当建立健全单位内控机制，制定本单位补助经费的使用管理办法，加强单位财务和人事部门之间的协同配合，提高补助经费使用效益。

第三章 经费管理

第十条 在专业技术人才知识更新工程实施期间，通过竞争择优的方式，中央财政对经专家评审确定的继续教育基地给予一次性补助，每个最高不超过500万元。

第十一条 继续教育基地应当根据承担的继续教育任务和教学培训的实际情况，按照经费开支范围和标准，分年度、有计划地使用补助经费。

第十二条 补助经费主要用于以下方面：

（一）教学培训及辅助场所设施设备的购置和运行维护支出，包括教学培训设备、网络教学平台以及培训管理软件等；

（二）教学培训课程开发和制作支出，包括资料费、外文资料翻译费、培训需求调研费、专家咨询费、专用培训教材以及课件开发、制作费用等；

（三）人力资源社会保障部交办的专业技术人才继续教育相关专题研究；

（四）专家授课劳务费、差旅费以及食宿费；

（五）根据专业技术人才知识更新继续教育的需要，开展必要的师资培训、交流学习等支出；

（六）经财政部批准的其他支出。

第十三条 上述支出范围中有制度规定支出标准的，包括差旅费、食宿费、培训费、会议费、劳务费等，中央单位应当执行财政部确定的相关标准；地方单位应当执行同级财政部门确定的相关标准。

尚未制定支出标准的，应当本着厉行节约、经济适用的原则，严格控制支出。

第十四条 继续教育基地应当充分利用现有资源，严格控制设施设备购置。确需购置培训所需设施设备的，应当按照政府采购有关规定办理。

第十五条 补助经费不得用于以下方面：

（一）基本建设性质（包括维修改造）支出；

（二）工资福利性支出；

（三）因公出国（境）费、公务用车购置及运行费、公务接待费等支出；

（四）其他与专业技术人才继续教育工作无关的支出。

第四章 绩效管理

第十六条 继续教育基地应当按照预算绩效管理要求，建立全过程预算绩效管理机制，强化支出责任，不断提高资金使用绩效。

第十七条 继续教育基地申报单位应当根据工作任务，结合资金安排情况，编制预算绩效计划，合理设定绩效目标，作为继续教育基地评审的重要依据。

第十八条 继续教育基地应当建立绩效运行监督机制，当绩效运行情况与预期目标发生偏离时，要及时采取措施予以纠正，确保预期目标的实现。

第十九条 继续教育基地应当在每年预算执行结束后，及时对预算资金的产出和结果进行绩效评价，根据绩效评价结果完善管理制度，改进管理措施，稳步推进评价结果公开，并把绩效评价结果作为绩效问责的重要依据。项目实施完成后，继续教育基地应当对补助经费使用情况进行总体绩效评价。

第五章 监督检查

第二十条 财政（财务）部门、人力资源社会保障（人事）部门及其他相关部门要合理分工、密切合作，确保补助经费拨付及时、使用合理、管理高效。

第二十一条 继续教育基地在补助经费使用期间，应当于每年12月10日前将经费使用情况报送同级财政（财务）部门和人力资源社会保障（人事）部门。

地方财政部门、人力资源社会保障部门应当于每年12月31日前，将经费使用情况分别上报财政部和人力资源社会保障部；中央有关单位应当于每年12月31日前将经费使用情况上报人力资源社会保障部，人力资源社会保障部审核汇总后，于下年1月31日前报送财政部。

第二十二条 财政部、人力资源社会保障部直接或者委托有关部门，对补助经费的使用情况进行定期或者不定期检查。

财政部驻各地财政监察专员办事处对补助经费使用情况实施监督检查。

第二十三条 对在补助经费监督检查中发现的违法行为，应当及时予以纠正，并依照《财政违法行为处罚处分条例》等有关规定追究责任。

第六章 附 则

第二十四条 各省、自治区、直辖市、计划单列市财政部门、有关中央单位财务部门和人力资源社会保障部门，可以根据本办法，结合实际情况，制定补助经费具体实施办法。

第二十五条 本办法由财政部会同人力资源社会保障部负责解释。

第二十六条 本办法自印发之日起施行。

人力资源社会保障部　国家工商行政管理总局关于印发广告专业技术人员职业资格制度规定和助理广告师、广告师职业资格考试实施办法的通知

人社部发［2014］25号

各省、自治区、直辖市及新疆生产建设兵团人力资源社会保障厅（局）、工商行政管理局，国务院各部委、各直属机构人事部门，中央管理的企业：

为加强广告专业技术人员队伍建设，提高广告专业技术人员素质，适应广告业发展需要，在总结广告专业技术人员职业资格制度实施情况的基础上，人力资源社会保障部、国家工商行政管理总局修订了《广告专业技术人员职业资格制度规定》和《助理广告师、广告师职业资格考试实施办法》，现印发给你们，请遵照执行。

自本通知施行之日起，原人事部、国家工商行政管理总局发布的《关于印发〈广告专业技术人员职业水平评价暂行规定〉和〈助理广告师、广告师职业水平考试实施办法〉的通知》（国人部发［2007］116号）同时废止。

2014年3月27日

广告专业技术人员职业资格制度规定

第一章　总　　则

第一条　为加强广告专业技术人员队伍建设，适应广告业发展需要，提高广告专业技术人员素质，根据《中华人民共和国广告法》和国家职业资格证书制度的有关规定，制定本规定。

第二条　广告专业技术人员是指在广告主、广告经营者、广告发布者等机构，或者在其他经济组织中从事广告专业活动的技术人员。

第三条　国家设立广告专业技术人员水平评价类职业资格制度，纳入全国专业技术人员职业资格证书制度统一规划。广告专业技术人员职业资格制度面向全社会广告专业技术人员提供能力水平评价服务，与经济系列相应级别职称有效衔接，为用人单位科学使用广告专业技术人才提供依据。

第四条　广告专业技术人员职业资格分为助理广告师、广告师和高级广告师3个级别。助理广告师和广告师职业资格实行考试的评价方式；高级广告师职业资格评价的具体办法另行规定。

第五条　通过助理广告师、广告师职业资格考试，取得相应级别职业资格证书的人员，表明其已具备从事广告专业相应级别专业技术岗位工作的职业水平和能力。

第六条　人力资源社会保障部、国家工商行政管理总局共同负责广告专业技术人员职业资格制度的政策制定，并按职责分工对广告专业技术人员职业资格制度的实施进行指导、监督和检查。中国广告协会具体承担广告专业技术人员职业资格评价工作。

第二章　考　　试

第七条　助理广告师、广告师职业资格实行全国统一大纲、统一命题、统一组织的考试制度。原则上每年举行1次考试。

第八条　中国广告协会负责助理广告师、广告师职业资格考试的组织和实施工作。组织成立广告专业技术人员职业资格考试专家委员会，研究拟定助理广告师和广告师职业资格考试科目、考试大纲、考试试题和考试合格标准。

第九条　人力资源社会保障部、国家工商行政管理总局对中国广告协会实施的考试工作进行监督和检查，指导中国广告协会确定助理广告师和广告师职业资格考试科目、考试大纲、考试试题和考试合格标准。

第十条　遵守国家法律、法规，恪守职业道德，并符合助理广告师、广告师职业资格考试报名条件的人员，均可申请参加相应级别职业资格的考试。

第十一条　助理广告师职业资格考试报名条件：

（一）取得中专学历，累计从事广告专业工作满3年。

（二）取得文学类、艺术学类、管理学类专业大专学历，从事广告专业工作满1年；或者取得其他类专业大专学历，累计从事广告专业工作满2年。

（三）文学类、艺术学类、管理学类专业大学本科应届毕业生；或者取得其他类专业大学本科学历，从事广告专业工作满1年。

第十二条　广告师职业资格考试报名条件：

（一）取得文学类、艺术学类、管理学类专业大学专科学历，累计从事广告专业工作满6年；

（二）取得文学类、艺术学类、管理学类专业大学本科学历或者学位，累计从事广告专业工作满4年；

（三）取得含文学类、艺术学类、管理学类专业在内的双学士学位或者文学类专业研究生班毕业，累计从事广告专业工作满2年；

（四）取得文学类、艺术学类、管理学类专业硕士学位，累计从事广告专业工作满1年；

（五）取得文学类、艺术学类、管理学类专业博士学位；

（六）取得其他学科门类专业的上述学历或者学位人员，累计从事广告专业工作年限相应增加1年。

第十三条 广告专业技术人员职业资格考试合格，由中国广告协会颁发人力资源社会保障部、国家工商行政管理总局监制，中国广告协会用印的相应级别《中华人民共和国广告专业技术人员职业资格证书》（以下简称广告专业职业资格证书）。该证书在全国范围有效。

第十四条 对以不正当手段取得广告专业职业资格证书的，按照《专业技术人员资格考试违纪违规行为处理规定》（人力资源社会保障部令第12号）处理。

第三章 职业能力

第十五条 取得广告专业职业资格证书的人员，应当遵守国家法律和相关法规，维护国家和社会公共利益，恪守职业道德。

第十六条 取得助理广告师职业资格证书的人员，应当具备的职业能力：

（一）了解与广告管理相关的法律法规和各项规章制度，遵守广告行业管理的各项规定；

（二）有一定的广告专业知识，能够解决广告专业一般性技术问题；

（三）具有独立完成一般性广告专业技术工作的能力。

第十七条 取得广告师职业资格证书的人员，应当具备的职业能力：

（一）熟悉广告行业的法律法规以及广告行业管理规定，有较丰富的广告专业工作经验；

（二）了解国内外广告市场的发展趋势，有较强的开拓创新能力，在广告专业领域具有完成较为复杂的技术工作和独立解决疑难问题的能力；

（三）能够指导助理广告师和协助高级广告师工作。

第十八条 取得广告专业职业资格证书的人员，应当自觉接受继续教育，更新专业知识，不断提高职业素质和广告专业工作能力。

第四章 登 记

第十九条 广告专业职业资格证书实行登记服务制度。登记服务的具体工作由中国广告协会负责。

第二十条 中国广告协会定期向社会公布广告专业职业资格证书的登记情况，建立持证人员的诚信档案，并为用人单位提供取得广告专业职业资格证书人员的信息查询服务。

第二十一条 取得广告专业职业资格证书的人员，在工作中违反相关法律、法规、规章或者职业道德，造成不良影响的，由中国广告协会取消登记，并收回其职业资格证书。

第二十二条 各地广告专业职业资格考试机构和登记服务机构在工作中，应当严格遵守本行业的各项管理规定和协会章程。

第五章 附 则

第二十三条 通过考试取得广告专业职业资格证书，且符合《经济专业人员职务试行条例》中助理经济师或者经济师任职条件的人员，用人单位可根据工作需要聘任其相应级别经济专业职务。

第二十四条 本规定施行前，依据原人事部、国家工商行政管理总局印发的《〈广告专业技术人员职业水平评价暂行规定〉和〈助理广告师、广告师职业水平考试实施办法〉》（国人部发

［2007］116号）要求，通过考试取得的相应级别广告专业职业水平证书，与按照本规定要求取得的相应级别广告专业职业资格证书的效用等同。

第二十五条 本规定自2014年5月1日起施行。

助理广告师、广告师职业资格考试实施办法

第一条 人力资源社会保障部、国家工商行政管理总局按照职责分工负责指导、监督和检查助理广告师、广告师职业资格考试的实施工作。

第二条 中国广告协会具体负责助理广告师、广告师职业资格考试的实施工作，研究确定承担助理广告师、广告师职业资格考试考务实施的机构。

第三条 助理广告师、广告师职业资格考试均设《广告专业综合能力》和《广告专业实务》2个科目。两个级别的考试均分2个半天进行。

第四条 助理广告师职业资格各科目的考试时间均为150分钟。广告师职业资格《广告专业综合能力》科目的考试时间为150分钟，《广告专业实务》科目的考试时间为180分钟。

第五条 助理广告师、广告师职业资格考试成绩均实行2年为一个周期的滚动管理办法。在连续的2个考试年度内，参加全部（2个）科目的考试并合格，可取得相应级别广告专业职业资格证书。

第六条 符合《广告专业技术人员职业资格制度规定》规定的助理广告师、广告师职业资格考试报名条件者均可申请参加相应级别的考试。

第七条 参加考试由本人提出申请，按规定携带相关证明材

料，到当地考试管理机构报名。考试管理机构按照规定的程序和报名条件审核合格后，核发准考证。参加考试人员凭准考证和有效证件在指定的日期、地点和时间参加考试。

中央和国务院各部门及所属单位、中央管理企业的人员按属地原则报名参加考试。

第八条 申请参加助理广告师职业资格考试的文学类、艺术学类或者管理学类专业大学本科应届毕业生，在报名时应提交有效证件（如学生证等）和所在学校出具的本专业大学本科应届毕业生证明。

第九条 助理广告师、广告师职业资格考试的考点原则上设在直辖市和省会城市的中、高等学校或者高考定点学校。如确需在其他城市设置考点，须经中国广告协会批准。考试日期原则上为每年的第四季度。

第十条 坚持考试与培训分开的原则。凡参与考试工作（包括命题、审题与组织管理等）的人员，不得参加考试，也不得参加或者举办与考试内容相关的培训工作。应考人员参加培训坚持自愿原则。

第十一条 考试实施机构应当严格执行考试工作的各项规章制度，遵守考试工作纪律，切实做好从考试试题的命制到使用等各环节的安全保密工作，严防泄密。

第十二条 对违反考试工作纪律和有关规定的人员，按照《专业技术人员资格考试违纪违规行为处理规定》（人力资源社会保障部令第 12 号）处理。

教育部　国家卫生计生委　国家中医药管理局　国家发展改革委　财政部　人力资源社会保障部关于医教协同深化临床医学人才培养改革的意见

教研［2014］2号

各省、自治区、直辖市教育厅（教委）、卫生计生委（卫生厅局）、中医药管理局、发展改革委、财政厅（局）、人力资源社会保障厅（局），新疆生产建设兵团教育局、卫生局、发展改革委、财务局、人力资源社会保障局，教育部、国家卫生计生委直属有关高等学校：

为深入贯彻党的十八大和十八届三中全会精神，全面落实教育规划纲要，建立适应行业特点的人才培养制度，更好地服务医药卫生体制改革和卫生计生事业发展，现就深化临床医学（含口腔、中医等，下同）人才培养改革提出如下意见。

一、指导思想

以邓小平理论、“三个代表”重要思想、科学发展观为指导，立足基本国情，借鉴国际经验，遵循医学教育规律，以“服务需求、提高质量”为主线，医教协同，深化改革，强化标准，加强建设，全面提高临床医学人才培养质量，为卫生计生事业发展和提高人民健康水平提供坚实的人才保障。

二、总体目标

到2020年，基本建成院校教育、毕业后教育、继续教育三阶段有机衔接的具有中国特色的标准化、规范化临床医学人才培养体系。院校教育质量显著提高，毕业后教育得到普及，继续教育实现全覆盖。

近期任务，加快构建以“5＋3”（5年临床医学本科教育＋3年住院医师规范化培训或3年临床医学硕士专业学位研究生教育）为主体、以“3＋2”（3年临床医学专科教育＋2年助理全科医生培训）为补充的临床医学人才培养体系。

三、主要举措

（一）深化院校教育改革，提高人才培养质量。

1. 建立临床医学人才培养与卫生计生行业人才需求的供需平衡机制。国家和各省级卫生计生行政部门（含中医药管理部门，下同）根据卫生计生事业发展需要，研究提出全国和本地区不同层次各专业人才需求规划、计划；国家和各省级教育行政部门及高等医学院校，根据人才需求及医学教育资源状况，合理确定临床医学专业招生规模及结构，对临床医学专业招生规模过大或教育资源不能满足现有培养规模的地区和高等医学院校，调减招生规模。加强对医学院校设置、区域布局、专业结构、招生规模、教学资源配置的宏观调控。提升人才培养质量，重点加大对中西部地区高等医学院校的支持，缩小区域、院校和学科专业之间培养水平的差距。大力支持中医（含中西医结合、民族医）人才培养。

2. 深化临床医学专业五年制本科生培养改革。加大教学改革力度，加强医学人文教育和职业素质培养，推进医学基础与临床课程整合，完善以能力为导向的评价体系，严格临床实习实训管理，强化临床实践教学环节，提升医学生临床思维和临床实践能力。过渡期内，在有条件的地区和高校，探索举办临床医学（儿科方向）、临床医学（精神医学方向）等专业，加强儿科、精神科等急需紧缺人才培养力度。鼓励各地和高等医学院校制定相关政策，采取有效措施，加大力度吸引优秀生源。

3. 推进临床医学硕士专业学位研究生培养改革。逐步扩大临床医学硕士专业学位研究生招生规模，加快临床医学硕士专业学位研究生考试招生制度改革。2015 年起，所有新招收的临床医学硕士专业学位研究生，同时也是参加住院医师规范化培训的住院医师，其临床培养按照国家统一制定的住院医师规范化培训要求进行。入学前未取得《执业医师资格证书》的临床医学硕士专业学位研究生，在学期间可按照国家有关规定以相关本科学历报名参加国家医师资格考试。按照住院医师规范化培训标准内容进行培训并考核合格的临床医学硕士专业学位研究生，可取得《住院医师规范化培训合格证书》。2015 年起，将七年制临床医学专业招生调整为“5＋3”一体化临床医学人才培养模式；转入硕士生学习阶段时，纳入招生单位当年硕士生招生计划及管理；在招生计划管理上，对招生单位临床医学硕士专业学位研究生予以积极支持。

4. 探索临床医学博士专业学位人才培养模式改革。推进临床医学博士专业学位研究生教育与专科医师规范化培训有机衔接。在具备条件的地区或高等医学院校，组织开展“5＋3＋X”（X 为专科医师规范化培训或临床医学博士专业学位研究生教育所需年限）临床医学人才培养模式改革试点。

改革创新八年制临床医学人才培养模式，鼓励举办八年制医学教育的高等医学院校积极探索有效途径，培养多学科背景的高层次医学拔尖创新人才。

5. 推进临床医学高职（专科）人才培养改革。加强专业理论知识基础教育，强化临床实践教学。建立高职院校与基层医疗卫生机构的合作机制，合理安排学生到有条件的社区卫生服务中心和乡镇卫生院进行实习、实践，提升基本医疗卫生服务能力。推进临床医学高职（专科）教育教学标准与助理全科医生培训标准有机衔接。积极开展面向农村基层的订单定向免费医学教育。

（二）建立健全毕业后教育制度，培养合格临床医师。

1. 建立住院医师规范化培训制度。落实《关于建立住院医师规范化培训制度的指导意见》，全面实施住院医师规范化培训。加强培训体系建设及培训过程管理，严格培训考核，不断提高培训能力和培训质量，积极扩大全科及儿科、精神科等急需紧缺专业的培训规模。到2015年，各省（区、市）全面启动住院医师规范化培训，鼓励有条件的地区在确保培训质量的基础上加快推进；到2020年，在全国范围内基本建立住院医师规范化培训制度，所有未取得《住院医师规范化培训合格证书》的新进医疗岗位的本科及以上学历临床医师均须接受住院医师规范化培训。取得《住院医师规范化培训合格证书》并达到学位授予标准的临床医师，可以研究生毕业同等学力申请并授予临床医学硕士专业学位。

2. 建立专科医师规范化培训制度。积极研究建立专科医师规范化培训制度，在培训对象、专科设置、培训标准、培训基地、培训师资、考核监督、经费保障等方面作出统一制度安排，并做好与住院医师规范化培训制度的衔接，完善政策、稳步推进，不断提升培训质量。到2020年，基本建立专科医师规范化培训制度，所有符合条件应参加培训的临床医师均接受专科医师规范化培训。

3. 开展助理全科医生培训。贯彻落实《国务院关于建立全科医生制度的指导意见》《全国乡村医生教育规划（2011—2020年）》，作为过渡期的补充措施，面向经济欠发达的农村地区乡镇卫生院和村卫生室，开展助理全科医生培训，培养高职（专科）起点的“3＋2”执业助理医师，提高基层适用人才教育培训层次，努力提高基层医疗水平。

（三）完善继续教育体系，提升卫生计生人才队伍整体素质。

1. 开展面向全员的继续医学教育。以岗位职责为依据，以个人实际素质能力为基础，以岗位胜任能力为核心，通过适宜方式，有针对性地开展面向全体卫生计生人员的职业综合素质教育和业务技术培训，不断提升全体卫生计生人员的职业素质能力。

2. 优化继续教育实施方式。加强培训工作的统筹管理，充分利用高等医学院校、医疗卫生机构教学资源，发挥卫生计生专业学会、行业协会组织的优势和作用，创新教育模式及管理方法，将传统教育培训方式与网络、数字化学习相结合，加快课件、教材开发，提高继续教育的针对性、有效性和便捷性。

3. 强化继续教育基地和师资队伍建设。集成各类优势资源，探索完善多元筹资机制，构建专业覆盖广泛、区域布局合理、满足各级各类卫生计生人员培训需求的继续教育基地体系。鼓励优秀卫生计生人才承担继续教育教学工作，加强项目负责人和教学骨干培养，重点培养一批高素质的全科医学师资，提高继续教育质量。

四、保障措施

（一）加强组织领导。健全有关部门之间、中央和地方之间、教育和卫生计生系统内部的医学教育工作协调机制，加强对临床医学人才培养的宏观规划、政策保障、工作指导和检查评估。各级教育、卫生计生行政部门及高等医学院校、医疗卫生机构要高度重视临床医学人才培养工作，加强组织领导。教育、卫生计生行政部门要积极主动协调发展改革、财政、人力资源社会保障等相关部门，加大相关配套政策的支持力度，为各级各类卫生计生人才培养提供必要的政策支持和制度保障。积极推进教育部、国家卫生计生委、国家中医药管理局等与地方省级人民政府共建高等医学院校。

（二）完善教育培训体系建设。修订完善各阶段临床医学人才培养标准和临床实践教学、培训基地标准，逐步规范临床医学人才培养培训工作。加快认定一批住院医师规范化培训基地（含全科医生规范化培养基地）、专科医师规范化培训基地及继续医学教育基地；对达到基地标准的高等医学院校附属医院、教学医院及实习医院等医疗卫生机构，优先认定。加强临床医学专业学位授权点建设，优先支持高等医学院校增列临床医学硕士专业学位授权点；在具备条件的地区和高等医学院校，积极推进临床医学博士专业学位授权点建设。

（三）健全投入机制。统筹利用政府、学校、医院、社会等各方面资源，健全多渠道筹措经费的机制。各地要根据临床医学人才培养的特点，进一步加大对医学教育的投入力度。落实普通高校本专科生和研究生奖助政策，加大对临床医学专业学生奖助力度。政府对按规划建设设置的住院医师规范化培训基地基础设施建设、设备购置、教学实践活动以及面向社会招收和单位委派培训对象给予必要补助，中央财政通过专项转移支付予以适当支持。临床医学硕士专业学位研究生参加住院医师规范化培训，培训基地可根据培训考核情况向其发放适当生活补助。

（四）强化激励措施。积极推动完善医疗技术劳务价格、人事分配等相关政策，改善医生职业发展前景，多途径切实提高卫生计生岗位吸引力。完善基层和急需紧缺专业岗位卫生计生人才收入分配激励约束机制，向全科医生和到中西部农村地区就业的人员倾斜。通过学费补偿、助学贷款代偿等措施，吸引临床医学专业毕业生到中西部、基层医疗卫生机构就业。面向农村地区的订单定向免费医学教育毕业生，参加住院医师规范化培训、助理全科医生培训的时间可计入基层服务时间。

2014 年 6 月 30 日

人力资源社会保障部关于减少职业资格许可和认定有关问题的通知

人社部发［2014］53号

各省、自治区、直辖市人民政府，国务院各部委、各直属机构：

为贯彻落实《国务院机构改革和职能转变方案》的有关要求，切实做好减少职业资格许可和认定工作，经国务院同意，现就有关问题通知如下：

一、减少职业资格许可和认定的原则要求

减少职业资格许可和认定，严格按照行政许可法和《国务院办公厅关于清理规范各类职业资格相关活动的通知》（国办发［2007］73号）规定，取消国务院部门设置的没有法律、法规或国务院决定作为依据的准入类职业资格，行业管理确有需要且涉及人数较多的职业，可报国务院人力资源社会保障部门批准后设置为水平评价类职业资格；国务院部门设置实施的有法律法规依据的准入类职业资格，与国家安全、公共安全、公民人身财产安全关系并不密切或不宜采取职业资格方式进行管理的，按程序提请修订有关法律法规后予以取消；取消国务院部门和全国性行业协会、学会自行设置的水平评价类职业资格，确有必要保留的，经国务院人力资源社会保障部门批准后纳入国家统一规划管理；取消地方各级人民政府及有关部门自行设置的职业资格，确有必要的，经国务院人力资源社会保障部门批准后作为职业资格试点，逐步纳入国家统一的职业资格管理。

二、进一步加大职业资格清理力度

按照《国务院机构改革和职能转变方案》及任务分工安排，进一步减少职业资格许可和认定，在第一批取消职业资格的基础上，2014年年内再集中取消一批职业资格，重点清理国务院部门、行业协会、学会以及其他中央单位面向社会自行设立的各类职业资格，特别是那些计划经济色彩浓厚、矛盾比较集中、行业基础薄弱的职业资格。到2015年，进一步完善工作措施，健全常态化工作机制，基本完成减少职业资格许可和认定工作，相应加强监督管理。争取到2017年，初步形成科学设置、规范运行、依法监管的职业资格管理体系。

三、推进行业协会、学会有序承接水平评价类职业资格具体认定工作

水平评价类职业资格由国务院部门依法制定职业标准或评价规范，按照有序承接、规范管理、平稳过渡的原则，具体认定工作逐步由有关行业协会、学会承担。相关行业协会、学会提出承担具体认定工作申请，国务院人力资源社会保障部门和行业主管部门综合评估认定行业协会、学会是否具有承接能力，优先选择较为成熟的行业协会、学会开展水平评价类职业资格具体认定试点，积累经验。国务院人力资源社会保障部门会同国务院相关行业主管部门，做好行业协会、学会认定水平评价类职业资格的监督指导工作，制定行业协会、学会有序承接水平评价类职业资格具体认定工作的管理办法，修订《职业技能鉴定规定》，明确认定规则，严格认定标准，规范认定程序，定期开展评估检查，加强宏观管理，建立退出机制，确保移交后水平评价类职业资格具体认定工作平稳有序开展。

四、切实加强职业资格设置实施的监督管理

国务院人力资源社会保障部门作为国家职业资格的政府综合管理部门，定期向社会公布国家职业资格目录，加强国家职业资格的统一规划和规范管理；会同国务院相应行业主管部门，进一

步完善国家职业分类体系，研究制定职业标准和评价规范，切实加强对国家职业资格制度实施的监督管理。今后，凡新设国家职业资格，须报国务院人力资源社会保障部门纳入国家职业资格统一规划和管理，各地区、各部门不得自行设置国家职业资格。加强职业资格设置管理立法工作，实现职业资格设置的依法规范管理。各地区负责取消本地区自行设置的专业技术人员职业资格和技能人员职业资格。

减少资格许可和认定是推进政府职能转变的一项重要工作，涉及面广，政策性强，情况复杂，各地区、各部门要高度重视，切实做好本地区、本部门取消职业资格有关工作。国务院人力资源社会保障部门要加强督导和检查，指导各地区、各部门做好取消职业资格和后续相关工作，确保平稳有序。

2014 年 8 月 13 日

人力资源社会保障部关于做好国务院取消部分准入类职业资格相关后续工作的通知

人社部函〔2014〕144号

各省、自治区、直辖市及新疆生产建设兵团人力资源社会保障厅（局），国务院各部委、各直属机构人事部门：

7月22日，《国务院关于取消和调整一批行政审批项目等事项的决定》（国发〔2014〕27号）公布取消一批准入类职业资格，为切实落实国务院决定，搞好政策衔接和平稳过渡，维护专业技术人才的合法权益，现就有关事宜通知如下：

一、根据《国务院办公厅关于清理规范各类职业资格相关活动的通知》（国办发〔2007〕73号）和《人力资源社会保障部关于减少职业资格许可和认定有关问题的通知》（人社部发〔2014〕53号），取消国务院部门设置的没有法律法规或国务院决定作为依据的准入类职业资格，行业管理确有需要且涉及人数较多的职业，可报国务院人力资源社会保障部门批准后设置为水平评价类职业资格。经与住房城乡建设部、税务总局、国土资源部、财政部等国务院相关行业主管部门研究，决定将取消的房地产经纪人、注册税务师、土地登记代理人、矿业权评估师、注册资产评估师等5项准入类职业资格调整为水平评价类职业资格。

二、调整为水平评价类的职业资格不再实行执业准入控制，不得将取得职业资格证书与从事相关职业强制挂钩；对取得职业资格证书的人员不再实行注册管理；取得资格人员按照专业技术人员管理规定参加继续教育，不再将职业资格管理与特定继续教育和培训硬性挂钩。请各相关行业主管部门按照建立水平评价类职业资格的规定，抓紧修订各项职业资格制度文件，并报我部审核发布。

三、质量专业人员职业资格取消后，国家将结合工程技术人员职称制度改革，研究建立质量工程技术人员新的人才评价制度，原有职业资格可继续作为聘任工程系列质量专业技术职务的依据。企业法律顾问职业资格取消后，国家将按照党的十八届三中全会提出的普遍建立法律顾问制度的要求，统筹研究完善企业法律顾问人员的评价办法，原有职业资格可继续作为企业聘任相应专业技术职务的依据。

四、我部将会同行业主管部门，对涉及的职业资格项目调整、政策衔接、考试日期、报名缴费等具体事宜，另行下发通知，提出具体过渡办法。各地人力资源社会保障部门要加强对减少职业资格许可和认定工作的督导和检查，指导和配合行业主管部门做好取消职业资格和后续工作，确保平稳有序。

有关情况请及时通报我部。

2014年8月13日

人力资源社会保障部办公厅关于印发《专业技术人才知识更新工程高级研修项目管理的办法》的通知

人社厅发［2014］70号

各省、自治区、直辖市及新疆生产建设兵团人力资源社会保障厅（局），国务院各部委、直属机构人事部门，有关行业协会、企业、事业单位：

为保障专业技术人才知识更新工程实施，加强专业技术人才知识更新工程高级研修项目管理，根据《国家中长期人才发展规划纲要（2010—2020年）》和《专业技术人才知识更新工程实施方案》，我部制定了《专业技术人才知识更新工程高级研修项目管理办法》。现印发给你们，请结合实际认真贯彻落实。

2014年6月3日

专业技术人才知识更新工程高级研修项目管理办法

第一章　总　　则

第一条　为保障专业技术人才知识更新工程实施，加强专业技术人才知识更新工程高级研修项目（以下简称高级研修项目）管理，根据《国家中长期人才发展规划纲要（2010—2020年）》和《专业技术人才知识更新工程实施方案》，制定本办法。

第二条　本办法所称高级研修项目是指经人力资源社会保障部批准，纳入全国高级研修项目计划，旨在提高高层次专业技术人才专业水平和创新能力的示范性继续教育研修项目。

第三条　人力资源社会保障部是高级研修项目的综合管理部门，负责高级研修项目的年度计划制定发布、宏观指导、组织协调、质量监督、效益评估等工作；各地区、各部门和有关单位人力资源社会保障部门负责高级研修项目的选题申报、业务指导、组织实施、监督检查等工作；承办机构在申报单位的指导下，负责高级研修项目的计划安排、学员选派、课程设置、教学管理、经费使用等具体实施工作。

第二章　组 织 实 施

第四条　人力资源社会保障部于每年年底向各地区、各部门和有关单位人力资源社会保障部门征集下一年度高级研修项目选题。各地区、各部门和有关单位人力资源社会保障部门应当按照通知要求在规定的时间内组织申报。

第五条 人力资源社会保障部按照服务经济社会发展、突出重点领域、兼顾地方特色的原则，结合各地各部门以往高级研修项目组织实施情况，对征集的选题进行遴选，制定下发年度高级研修项目计划。

第六条 各地区、各部门和有关单位人力资源社会保障部门在收到高级研修项目年度计划后，应在项目举办前1个月将高级研修项目实施方案和招收学员通知报送人力资源社会保障部专业技术人员管理司备案。

第七条 承办机构要严格按照审定通过的高级研修项目实施方案开展研修活动。研修学员完成规定的课程后，要对其进行考核。合格者颁发统一印制的全国专业技术人才知识更新工程高级研修项目结业证书，相关情况记入专业技术人员继续教育证书，并登记相应学时，各单位可将培训证书作为专业技术人员考核、职称评聘、岗位聘任（聘用）、职业注册的重要依据。

第八条 高级研修项目结束后，各地区、各部门和有关单位人力资源社会保障部门应在1个月内将高级研修项目的总结报告、学员名单、加盖财务章及单位公章的经费决算表、学员满意度测评统计表等有关材料报送人力资源社会保障部专业技术人员管理司。

第九条 为增强高级研修项目的示范性功能，扩大受益面，人力资源社会保障部将选取高级研修项目中具有推广价值的研修内容，征得授课人同意后，制作成网络课件，在国家专业技术人才知识更新工程网站上面向专业技术人员开展公益性学习活动。

第三章 研修要求

第十条 承办机构应当面向全国招收学员，学员一般应当是具有高级专业技术职务（或职称）的专业技术人员或管理人员。

第十一条 高级研修项目应符合经济社会发展需要，围绕我国经济结构调整、高新技术产业发展和自主创新能力的提高，以专业技术人才知识更新工程确定的 12 个重点领域和 9 个现代服务业领域为重点遴选研修主题。

第十二条 承办机构要按照高水平、小规模、重特色的要求，精心设置高级研修项目课程，邀请权威专家授课，采取主题报告、专题研讨、学术交流、现场教学等多种有效方式进行研修。

第十三条 学员在研修期间，要按照《关于在干部教育培训中进一步加强学员管理的规定》要求，严格遵守各项学习培训管理规定，认真研修并参加考核，确保研修活动取得实效。

第十四条 高级研修项目经费由中央财政专项资助，主要用于支付高级研修项目的住宿费、伙食费、场地费、讲课费、资料费、交通费等。各地区、各部门和有关单位人力资源社会保障部门要严格执行《中央和国家机关培训经费管理办法》等有关规定，严格控制培训活动经费开支范围和标准，加强管理，专款专用。除往返交通费由学员承担外，一般不得向学员收取任何费用。

第四章 管理监督

第十五条 人力资源社会保障部直接或委托有关部门对高级研修项目的组织实施，以及资助经费使用情况进行定期检查或不定期抽查。

第十六条 各地区、各部门和有关单位人力资源社会保障部门应严格按照计划公布的研修选题、举办时间和地点实施高级研修项目。如有特殊情况需要更改举办时间和地点的，应当报请人力资源社会保障部批准同意。

第十七条 举办单位不得随意变更项目时间、地点、内容，禁止乱收费，严禁截留、挪用、虚报培训费及其他弄虚作假行为。上述情况一经查实，要视情节追回所拨付的部分或全部经费，取消其申报高级研修项目的资格。情节严重的，依法移交有关部门处理。

第十八条 对研修质量高、效果好、组织规范、管理严格的有关单位，人力资源社会保障部将定期宣传推广经验做法，并在制定下年度高级研修项目计划时予以支持。

第五章 附 则

第十九条 地方人力资源社会保障部门和行业主管部门可参照本办法，结合各自实际，制定具体的管理办法。

第二十条 本办法由人力资源社会保障部负责解释。

第二十一条 本办法自印发之日起施行。

人力资源社会保障部办公厅关于印发《专家服务基地建设管理办法》的通知

人社厅发［2014］72 号

各省、自治区、直辖市及新疆生产建设兵团人力资源社会保障厅（局），各副省级市人力资源社会保障局：

为推进万名专家服务基层行动计划深入实施，健全专家服务基层长效机制，根据十八届三中全会“健全人才向基层流动、在一线创业的机制”和《专业技术人才队伍建设中长期规划（2010—2020 年）》有关要求，我部制定了《专家服务基地建设管理办法》。现印发给你们，请结合实际认真贯彻落实。

2014 年 6 月 9 日

专家服务基地建设管理办法

第一章　总　　则

第一条　为推动创新驱动发展，加快经济转型，更好发挥专家智力资源对基层经济社会发展的引领支撑作用，促进专家服务基地建设和发展，根据《专业技术人才队伍建设中长期规划

（2010—2020年）》，制定本办法。

第二条 专家服务基地作为组织专家与基层需要对接、引导专家服务基层的重要载体和平台，旨在创新高层次人才柔性流动机制，组织引导广大专家利用专业优势，帮助基层集聚创新资源、突破关键技术、优化产业结构、培养急需人才，为基层加快实现创新驱动发展提供人才和智力支撑。

第三条 专家服务基地是专家服务基层工作体系的重要组成部分。通过加强专家服务基地建设，创新服务方式，丰富服务内容，健全服务体系，逐步建立专家服务基层长效机制，将专家服务基层工作推向深入。

第二章 设 立

第四条 专家服务基地坚持"政府引导、依需设立、协同创新、注重实效"原则，根据国家和地区战略发展布局以及基层创新发展和人才队伍建设需要设立，充分发挥政府引导示范作用，以促进基层创新发展为核心，创新机制，整合资源，引导支持专家在基层充分发挥作用。

第五条 专家服务基地主要依托高新技术开发区、经济技术开发区、产业园区、创业园区、技术示范基地、产业化示范基地、高新技术企业以及地市以下基层科研单位、专业技术协会、农村合作组织和技术中介服务组织等设立。支持确有需要的其他基层单位，结合本地区特色产业、优势行业和战略性新兴产业发展实际，设立专家服务基地。

第六条 专家服务基地可根据基层创新发展总体需要，组织协调各相关行业领域专家，建设综合型服务基地；也可针对特定领域、特定行业、特殊产业发展需要，组织协调对口专家，建设专业型服务基地。

第七条 专家服务基地围绕本地区战略发展布局、重点产业领域发展需要，根据本地区经济社会发展和人才队伍建设实际情况设立，应具有一定承载能力和示范带动效应。具体设立标准、条件由本级人力资源社会保障部门研究确定。

第八条 鼓励和支持各地区、各部门和各行业领域结合实际，建设区域性、行业性专家服务基地，形成上下衔接、优势互补、资源共享的专家服务基地工作体系。

第九条 专家以基地为平台进行科研成果推广转化，可通过技术转让、技术承包、技术入股等自办或合办高新技术企业，可进行技术推广、产品示范、项目合作、联合攻关，可开展决策咨询、技术培训、人才培养、中介服务，可举办科普宣传、支农支教、巡回义诊义演、扶贫服务等公益性服务活动，还可依托基地设立项目试验田、示范推广区、产学研联盟等。鼓励支持基层单位和专家结合实际，探索创新各种务实有效的服务形式。

第十条 服务专家一般应具有副高级以上专业技术职称，有较高的学术造诣和扎实的业务能力，具有服务基层的良好意愿，身体健康，能适应基层环境。专家开展服务基层活动应经本人工作单位同意，不影响本职工作。鼓励入选国家和省部级重大人才工程、承担重大科研工程项目的专家依托基地开展服务。充分发挥离退休专家作用，鼓励和支持他们在身体健康、本人自愿基础上，依托基地开展服务。

第三章 管　　理

第十一条 专家服务基地实行分级管理制度，坚持因地制宜，积极探索符合市场规律、适应基层需要、契合专家特点的基地管理模式。

第十二条 人力资源社会保障部是专家服务基地的综合管理部门，负责研究制定专家服务基地建设管理的宏观规划、政策措施，指导全国专家服务基地建设和发展，负责国家级专家服务基地的设立、指导和管理等。

第十三条 各级人力资源社会保障部门按照国家专家服务基

地建设管理的方针政策，结合本地实际情况，制定本地区专家服务基地建设管理的配套政策措施，负责本地区专家服务基地建设发展的组织实施、协调指导等。

第十四条 基地依托单位负责专家服务基地建设具体工作，制定完善专家服务基地建设管理细则和发展计划，加强基地软硬件环境建设，配备相应管理和技术人员，保障合作项目资金投入，为专家在基层顺利开展工作创造良好条件。

第十五条 专家与基地或其依托单位在平等自愿、互惠互利的基础上签订合作协议，按照国家有关规定，明确双方的权利、义务，明确专家服务时间、方式和知识产权归属等。

第十六条 加强专家服务基地动态管理，对经济社会效益显著、基层和专家认可、为当地经济社会发展做出突出贡献的，按照国家有关规定予以表彰或奖励；对组织专家推进基层创新发展作用发挥不好的，提出整改意见，限期整改。

第四章 保 障

第十七条 充分发挥人力资源社会保障部门政府人才工作和专家工作综合管理部门职能作用，调动发挥各方面积极性、主动性、创造性，加强政策、人才、资金、信息、服务支持，推进专家服务基地建设，为组织引导专家服务基层创造良好的政策环境。

第十八条 积极构建多元化的投入保障机制。国家给予国家级专家服务基地一定经费支持，用于补贴专家服务，开展相关工作。鼓励各省市结合实际设立专项经费或通过购买服务、场地补贴、项目补助等多种方式，支持专家服务基地建设发展和专家服务基层工作。创新投融资机制，积极引导、充分吸收社会资金参与专家服务基层工作。

第十九条 完善支持专家服务基层的政策措施。制定完善双向挂职、短期工作、项目合作等灵活多样的柔性流动政策，对服务基层专家在项目申报、课题申请、继续教育、职称评聘、学术休假以及入选各类重点人才选拔培养奖励项目等方面予以适当倾斜。

第二十条 推动产学研用有机融合。鼓励专家服务基地与科研院所、高等院校、高新技术企业等建立创新联盟，逐步健全资源共享、合作研发、联合培养人才等融合互动机制，完善优势互补、合作双赢的产学研合作机制，逐步构建体制创新与技术创新有机融合的创新平台。

第二十一条 促进高新技术成果转化。支持专家以专利、专有技术、科研成果等在基地创办高新技术企业，符合条件的享受国家有关高新技术、产业税收、支农优惠和企业研发费用加计扣除等政策，按照国家有关规定给予期权、股权激励。鼓励有条件的基地或其依托单位设立创业扶持资金、风险投资基金等，加大税收优惠、财政贴息力度，健全创业服务体系，营造良好的创业环境。

第二十二条 积极探索协同创新的合作机制。鼓励和支持专家服务基地结合实际，进行有利于成果转化、项目对接和基地高效运转的政策创新、机制创新、管理创新和运行模式创新。鼓励各高等院校、科研院所、大型企业等高层次人才聚集的单位，依托各级专家服务基地，主动深入基层开展多种形式的服务活动。推进协同创新，凝聚各方资源，激发专家服务基层、融入经济社会发展主战场的内生动力。

第二十三条 充分发挥专家服务基地的桥梁纽带和平台载体作用。建立完善专家信息库、基层需求库、科技成果转化数据库等，搭建基层单位与专家资源对接平台，加大专家服务基地横向交流和资源共享，推进专家智力资源与基层需求有效对接，畅通合作渠道。

第二十四条 加强专家服务基地的联系与服务。加大基地工作人员培训力度，不断更新观念，创新工作方法，提高工作效率和服务水平。加强专家服务基地信息交流和舆论宣传工作，及时跟踪了解基地建设面临的新情况新问题，总结交流基地建设典型经验，宣传推广专家服务基层的典型事迹和突出贡献，推动专家服务基地健康发展。

第五章　国家级专家服务基地

第二十五条　国家级专家服务基地由人力资源社会保障部审核认定。国家级专家服务基地围绕国家发展战略、重点行业领域、战略性新兴产业发展需要，应具有较强承载能力和良好示范带动效应，能够引领带动全国各级各类专家服务基地科学发展。

第二十六条　国家级专家服务基地一般从各地区设立的专家服务基地中遴选产生，应具备下列条件：

（一）所在省市人民政府高度重视专家服务基地建设工作，对服务基地有一定投入，建设单位能够提供相应匹配资金，具备开展专家服务活动的软硬件条件。

（二）基地依托单位及周边地区有较密集的智力资源，具有较好的技术创新实力和科研基础，在技术攻关、项目合作、成果转化、技术咨询、人才培养等方面需求较强，具有较强的辐射效应。

（三）有扎实的专家服务基层工作基础，与对口专家建立了良好联系，组织开展专家服务活动取得良好经济社会效益，能定期组织开展专家服务活动，具有较好示范带动效应。

（四）基地建设规章制度较为完备，具有配套的管理机构、服务体系和管理服务人员队伍，能为专家开展技术攻关、项目合作、成果转化、技术咨询、人才培养等提供支持措施和服务平台。

第二十七条　人力资源社会保障部根据国家专家服务基地建设规划和工作安排，统一部署国家级专家服务基地申报工作。符合条件的专家服务基地，按照行政隶属关系向各地人力资源社会保障部门逐级申报，并由副省级城市以上人力资源社会保障部门审核推荐。人力资源社会保障部对各地区推荐的专家服务基地进行综合评估，对认定的国家级基地颁发“国家级专家服务基地”标牌。

第二十八条 人力资源社会保障部对国家级专家服务基地给予一定经费资助，在宏观指导、部门协调、政策倾斜、信息交流、专家推荐、舆论宣传等方面给予支持。

第六章 附 则

第二十九条 各地区人力资源社会保障部门可依据本办法，制定本地区专家服务基地建设管理办法。

第三十条 本办法自发布之日起施行。

人力资源社会保障部办公厅　国资委办公厅司法部办公厅关于做好取消企业法律顾问职业资格后续工作的通知

人社厅发〔2014〕122号

各省、自治区、直辖市及新疆生产建设兵团人力资源社会保障厅（局）、国资委、司法厅（局）：

7月22日，《国务院关于取消和调整一批行政审批项目等事项的决定》（国发〔2014〕27号）公布取消企业法律顾问准入类职业资格。根据《人力资源社会保障部关于做好国务院取消部分准入类职业资格相关后续工作的通知》（人社部函〔2014〕144号）精神，为切实落实国务院决定精神，做好政策衔接和后续工作，现就有关具体事宜通知如下：

一、企业法律顾问准入类职业资格取消后，国家将按照党的十八届三中全会提出的普遍建立法律顾问制度的要求，统筹研究完善企业法律顾问专业人员评价办法。

二、原企业法律顾问职业资格证书不再实行注册管理。原注册管理机构应当按照有关要求，及时调整做好企业法律顾问队伍的引导和服务工作。原有证书继续作为具有相应专业技术能力和水平的凭证，原有资格可继续作为聘任经济系列相应专业技术职务的依据。

三、针对2013年度参加考试部分科目成绩合格的人员和2014度已经报名考试的人员，人力资源社会保障部、国资委、司法部将制定过渡性政策措施。过渡性政策措施出台前，原定考试日期推迟，具体考试日期另行通知。2013 年考试部分科目成绩合格的，合格成绩有效期顺延。

各地人社厅（局）、国资委、司法厅（局）和考试考务管理机构要认真落实国务院决定，以高度负责的态度做好取消企业法律顾问准入类职业资格各项后续工作，搞好政策衔接，做好政策宣传解释工作，维护考生合法权益，确保社会稳定。

2014 年 10 月 24 日

人力资源社会保障部办公厅　国土资源部办公厅关于做好取消土地登记代理人职业资格后续工作的通知

人社厅函［2014］349号

各省、自治区、直辖市及新疆生产建设兵团人力资源社会保障厅（局）、国土资源厅（局）：

7月22日，《国务院关于取消和调整一批行政审批项目等事项的决定》（国发［2014］27号）公布取消土地登记代理人等11项准入类职业资格。为切实落实国务院决定，人力资源社会保障部印发《关于减少职业资格许可和认定有关问题的通知》（人社部发［2014］53号）和《关于做好国务院取消部分准入类职业资格相关后续工作的通知》（人社部函［2014］144号），将土地登记代理人职业资格调整为水平评价类职业资格，并就取消准入类职业资格的后续工作作了原则性规定。为做好政策衔接和过渡工作，现就有关具体事宜通知如下：

一、土地登记代理人资格调整为水平评价类职业资格后，考试组织、考试科目、考试报名条件、免试部分科目条件保持不变。

二、土地登记代理人资格调整为水平评价类职业资格后不再实行执业准入控制，不得将取得职业资格证书与从事相关职业强制挂钩；取得资格人员按照专业技术人员管理规定参加继续教育，不再将职业资格管理与特定继续教育和培训硬性挂钩。

三、已取得原土地登记代理人职业资格证书的人员，原有证书继续作为具有相应专业技术能力和水平的凭证，原有资格仍可以作为聘任经济系列相应专业技术职务的依据。

四、人力资源社会保障部、国土资源部将抓紧修订相关政策规定，新修订的政策文件颁布前，原人事部、国土资源部《关于印发〈土地登记代理人职业资格制度暂行规定〉和〈土地登记代理人职业资格考试实施办法〉的通知》（人发［2002］116号）有关规定与本通知不符之处，以本通知为准。

各地区人社部门、国土资源部门和考试考务管理机构要认真落实国务院决定，以高度负责的态度做好取消土地登记代理人准入类职业资格各项后续工作，搞好政策衔接，做好政策宣传解释工作，维护考生合法权益，确保社会稳定。

2014年9月18日

人力资源社会保障部办公厅　国土资源部办公厅关于做好取消矿业权评估师职业资格后续工作的通知

人社厅函［2014］350号

各省、自治区、直辖市及新疆生产建设兵团人力资源社会保障厅（局）、国土资源厅（局）：

7月22日，《国务院关于取消和调整一批行政审批项目等事项的决定》（国发［2014］27号）公布取消矿业权评估师等11项准入类职业资格。为切实落实国务院决定，人力资源社会保障部印发《关于减少职业资格许可和认定有关问题的通知》（人社部发［2014］53号）和《关于做好国务院取消部分准入类职业资格相关后续工作的通知》（人社部函［2014］144号），将矿业权评估师职业资格调整为水平评价类职业资格，并就取消准入类职业资格的后续工作作了原则性规定。为做好政策衔接和过渡工作，现就有关具体事宜通知如下：

一、矿业权评估师资格调整为水平评价类职业资格后，考试组织、考试科目、考试报名条件保持不变。

二、矿业权评估师资格调整为水平评价类职业资格后不再实行执业准入控制，不得将取得职业资格证书与从事相关职业强制挂钩；对取得职业资格证书的人员不再实行注册管理；取得资格人员按照专业技术人员管理规定参加继续教育，不再将职业资格管理与特定继续教育和培训硬性挂钩。

三、已取得原矿业权评估师职业资格证书的人员，原有证书继续作为具有相应专业技术能力和水平的凭证，原有资格仍可以作为具备相应矿业权评估能力和水平的依据。

四、2014 年度原定考试日期推迟，具体考试日期另行通知。

五、人力资源社会保障部、国土资源部将抓紧修订原矿业权评估师相关政策规定，新修订的政策规定颁布前，原人事部、国土资源部《关于印发〈矿业权评估师执业资格制度暂行规定〉的通知》（人发［2000］82 号）有关规定与本通知不符之处，以本通知为准。

各地区人社部门、国土资源部门和考试考务管理机构要认真落实国务院决定，以高度负责的态度做好取消矿业权评估师准入类职业资格各项后续工作，搞好政策衔接，做好政策宣传解释工作，维护考生合法权益，确保社会稳定。

2014 年 9 月 18 日

人力资源社会保障部办公厅　国家税务总局办公厅关于做好取消注册税务师职业资格许可和认定事项后续工作的通知

人社厅函［2014］374号

各省、自治区、直辖市及新疆生产建设兵团人力资源社会保障厅（局）、国家税务局、地方税务局：

2014年7月22日，《国务院关于取消和调整一批行政审批项目等事项的决定》（国发［2014］27号）公布取消注册税务师等11项准入类职业资格。为切实落实国务院决定，人力资源社会保障部印发了《关于减少职业资格许可和认定有关问题的通知》（人社部发［2014］53号）和《关于做好国务院取消部分准入类职业资格相关后续工作的通知》（人社部函［2014］144号），就取消准入类职业资格的后续工作作了原则性规定。为做好政策衔接和过渡工作，现就涉及注册税务师的有关具体事宜通知如下：

一、将注册税务师职业资格由准入类职业资格调整为水平评价类职业资格。

二、人力资源社会保障部与国家税务总局正在研究修订相关制度文件，新修订的制度文件出台后，按照新的制度文件开展相关工作。

三、已取得注册税务师职业资格证书的人员，原有证书继续作为具有相应专业技术能力和水平的凭证，原有资格仍作为聘任经济系列相应专业技术职务的依据。

四、税务部门在此期间要切实加强行业监管，行业协会应继续做好行业自律相关工作。

2014年9月28日

人力资源社会保障部办公厅　国家质量监督检验检疫总局办公厅关于做好取消质量专业技术人员职业资格后续工作的通知

人社厅函〔2014〕377号

各省、自治区、直辖市及新疆生产建设兵团人力资源社会保障厅（局）、质量技术监督局：

7月22日，《国务院关于取消和调整一批行政审批项目等事项的决定》（国发〔2014〕27号）公布取消质量专业技术人员职业资格。根据《人力资源社会保障部关于做好国务院取消部分准入类职业资格相关后续工作的通知》（人社部函〔2014〕144号）精神，为切实落实国务院决定，做好政策衔接和后续工作，现就有关具体事宜通知如下：

一、对取得质量专业技术人员职业资格证书的人员不再实行注册管理，原有证书继续作为具有相应专业技术能力和水平的凭证，原质量专业技术人员职业资格可继续作为聘任工程系列相应专业技术职务的依据。

二、质量专业技术人员职业资格取消后，国家将结合工程技术人员职称制度改革，研究建立质量工程技术人员新的人才评价制度。

各地区人社部门、质量技术监督部门和考试考务管理机构要认真落实国务院决定，以高度负责的态度做好取消质量专业技术人员职业资格各项后续工作，搞好政策衔接，做好政策宣传解释工作，维护考生合法权益，确保社会稳定。

2014 年 9 月 30 日

人力资源社会保障部办公厅　财政部办公厅关于做好取消注册资产评估师职业资格后续工作的通知

人社厅函［2014］380号

各省、自治区、直辖市及新疆生产建设兵团人力资源社会保障厅（局）、财政厅（局）：

7月22日，《国务院关于取消和调整一批行政审批项目等事项的决定》（国发［2014］27号）公布取消注册资产评估师等11项准入类职业资格。为切实落实国务院决定，人力资源社会保障部印发《关于减少职业资格许可和认定有关问题的通知》（人社部发［2014］53号）和《关于做好国务院取消部分准入类职业资格相关后续工作的通知》（人社部函［2014］144号），就取消准入类职业资格的后续工作作了原则性规定。为做好政策衔接和过渡工作，现就有关具体事宜通知如下：

一、将注册资产评估师职业资格调整为水平评价类职业资格。

二、已取得注册资产评估师职业资格证书的人员，原有资格仍可以作为聘任经济系列相应专业技术职务的依据。

三、2014年度全国统一考试日期推迟至2015年上半年，具体考试日期另行通知。凡已报名参加2014年度注册资产评估师考试的考生，均可参加考试。2014年以前参加考试的各科目合格成绩有效期顺延。

四、人力资源社会保障部、财政部将抓紧修订原注册资产评估师相关制度文件。待新修订的制度文件出台后，按照新的制度文件开展相关工作。

各地区人社部门、财政部门和考试考务管理机构要认真落实国务院决定，以高度负责的态度做好取消注册资产评估师准入类职业资格各项后续工作，搞好政策衔接，做好政策宣传解释工作，维护考生合法权益，确保社会稳定。

2014 年 10 月 10 日

事业单位人事管理

中华人民共和国国务院令

第652号

《事业单位人事管理条例》已经2014年2月26日国务院第40次常务会议通过，现予公布，自2014年7月1日起施行。

总　理　李克强
2014年4月25日

事业单位人事管理条例

第一章　总　　则

第一条　为了规范事业单位的人事管理，保障事业单位工作人员的合法权益，建设高素质的事业单位工作人员队伍，促进公共服务发展，制定本条例。

第二条　事业单位人事管理，坚持党管干部、党管人才原则，全面准确贯彻民主、公开、竞争、择优方针。

国家对事业单位工作人员实行分级分类管理。

第三条 中央事业单位人事综合管理部门负责全国事业单位人事综合管理工作。

县级以上地方各级事业单位人事综合管理部门负责本辖区事业单位人事综合管理工作。

事业单位主管部门具体负责所属事业单位人事管理工作。

第四条 事业单位应当建立健全人事管理制度。

事业单位制定或者修改人事管理制度，应当通过职工代表大会或者其他形式听取工作人员意见。

第二章 岗位设置

第五条 国家建立事业单位岗位管理制度，明确岗位类别和等级。

第六条 事业单位根据职责任务和工作需要，按照国家有关规定设置岗位。

岗位应当具有明确的名称、职责任务、工作标准和任职条件。

第七条 事业单位拟订岗位设置方案，应当报人事综合管理部门备案。

第三章 公开招聘和竞聘上岗

第八条 事业单位新聘用工作人员，应当面向社会公开招聘。但是，国家政策性安置、按照人事管理权限由上级任命、涉密岗位等人员除外。

第九条 事业单位公开招聘工作人员按照下列程序进行：

（一）制定公开招聘方案；

（二）公布招聘岗位、资格条件等招聘信息；

（三）审查应聘人员资格条件；

（四）考试、考察；

（五）体检；

（六）公示拟聘人员名单；

（七）订立聘用合同，办理聘用手续。

第十条 事业单位内部产生岗位人选，需要竞聘上岗的，按照下列程序进行：

（一）制定竞聘上岗方案；

（二）在本单位公布竞聘岗位、资格条件、聘期等信息；

（三）审查竞聘人员资格条件；

（四）考评；

（五）在本单位公示拟聘人员名单；

（六）办理聘任手续。

第十一条 事业单位工作人员可以按照国家有关规定进行交流。

第四章 聘 用 合 同

第十二条 事业单位与工作人员订立的聘用合同，期限一般不低于 3 年。

第十三条 初次就业的工作人员与事业单位订立的聘用合同期限 3 年以上的，试用期为 12 个月。

第十四条 事业单位工作人员在本单位连续工作满 10 年且距法定退休年龄不足 10 年，提出订立聘用至退休的合同的，事业单位应当与其订立聘用至退休的合同。

第十五条 事业单位工作人员连续旷工超过 15 个工作日，或者 1 年内累计旷工超过 30 个工作日的，事业单位可以解除聘用合同。

第十六条 事业单位工作人员年度考核不合格且不同意调整工作岗位，或者连续两年年度考核不合格的，事业单位提前 30 日书面通知，可以解除聘用合同。

第十七条 事业单位工作人员提前 30 日书面通知事业单位，可以解除聘用合同。但是，双方对解除聘用合同另有约定的除外。

第十八条 事业单位工作人员受到开除处分的，解除聘用合同。

第十九条 自聘用合同依法解除、终止之日起，事业单位与被解除、终止聘用合同人员的人事关系终止。

第五章 考核和培训

第二十条 事业单位应当根据聘用合同规定的岗位职责任务，全面考核工作人员的表现，重点考核工作绩效。考核应当听取服务对象的意见和评价。

第二十一条 考核分为平时考核、年度考核和聘期考核。

年度考核的结果可以分为优秀、合格、基本合格和不合格等档次，聘期考核的结果可以分为合格和不合格等档次。

第二十二条 考核结果作为调整事业单位工作人员岗位、工资以及续订聘用合同的依据。

第二十三条 事业单位应当根据不同岗位的要求，编制工作人员培训计划，对工作人员进行分级分类培训。

工作人员应当按照所在单位的要求，参加岗前培训、在岗培训、转岗培训和为完成特定任务的专项培训。

第二十四条 培训经费按照国家有关规定列支。

第六章 奖励和处分

第二十五条 事业单位工作人员或者集体有下列情形之一的，给予奖励：

（一）长期服务基层，爱岗敬业，表现突出的；

（二）在执行国家重要任务、应对重大突发事件中表现突出的；

（三）在工作中有重大发明创造、技术革新的；

（四）在培养人才、传播先进文化中做出突出贡献的；

（五）有其他突出贡献的。

第二十六条 奖励坚持精神奖励与物质奖励相结合、以精神奖励为主的原则。

第二十七条 奖励分为嘉奖、记功、记大功、授予荣誉称号。

第二十八条 事业单位工作人员有下列行为之一的，给予处分：

（一）损害国家声誉和利益的；

（二）失职渎职的；

（三）利用工作之便谋取不正当利益的；

（四）挥霍、浪费国家资财的；

（五）严重违反职业道德、社会公德的；

（六）其他严重违反纪律的。

第二十九条 处分分为警告、记过、降低岗位等级或者撤职、开除。

受处分的期间为：警告，6个月；记过，12个月；降低岗位等级或者撤职，24个月。

第三十条 给予工作人员处分，应当事实清楚、证据确凿、定性准确、处理恰当、程序合法、手续完备。

第三十一条 工作人员受开除以外的处分，在受处分期间没有再发生违纪行为的，处分期满后，由处分决定单位解除处分并以书面形式通知本人。

第七章 工资福利和社会保险

第三十二条 国家建立激励与约束相结合的事业单位工资制度。

事业单位工作人员工资包括基本工资、绩效工资和津贴补贴。

事业单位工资分配应当结合不同行业事业单位特点，体现岗位职责、工作业绩、实际贡献等因素。

第三十三条 国家建立事业单位工作人员工资的正常增长机制。

事业单位工作人员的工资水平应当与国民经济发展相协调、与社会进步相适应。

第三十四条 事业单位工作人员享受国家规定的福利待遇。

事业单位执行国家规定的工时制度和休假制度。

第三十五条 事业单位及其工作人员依法参加社会保险，工作人员依法享受社会保险待遇。

第三十六条 事业单位工作人员符合国家规定退休条件的，应当退休。

第八章 人事争议处理

第三十七条 事业单位工作人员与所在单位发生人事争议的，依照《中华人民共和国劳动争议调解仲裁法》等有关规定处理。

第三十八条 事业单位工作人员对涉及本人的考核结果、处分决定等不服的，可以按照国家有关规定申请复核、提出申诉。

第三十九条 负有事业单位聘用、考核、奖励、处分、人事争议处理等职责的人员履行职责，有下列情形之一的，应当回避：

（一）与本人有利害关系的；

（二）与本人近亲属有利害关系的；

（三）其他可能影响公正履行职责的。

第四十条 对事业单位人事管理工作中的违法违纪行为，任何单位或者个人可以向事业单位人事综合管理部门、主管部门或者监察机关投诉、举报，有关部门和机关应当及时调查处理。

第九章 法 律 责 任

第四十一条 事业单位违反本条例规定的，由县级以上事业单位人事综合管理部门或者主管部门责令限期改正；逾期不改正的，对直接负责的主管人员和其他直接责任人员依法给予处分。

第四十二条 对事业单位工作人员的人事处理违反本条例规定给当事人造成名誉损害的，应当赔礼道歉、恢复名誉、消除影响；造成经济损失的，依法给予赔偿。

第四十三条 事业单位人事综合管理部门和主管部门的工作人员在事业单位人事管理工作中滥用职权、玩忽职守、徇私舞弊的，依法给予处分；构成犯罪的，依法追究刑事责任。

第十章 附 则

第四十四条 本条例自 2014 年 7 月 1 日起施行。

国务院办公厅关于印发文化体制改革中经营性文化事业单位转制为企业和进一步支持文化企业发展两个规定的通知

国办发［2014］15号

各省、自治区、直辖市人民政府，国务院各部委、各直属机构：

中央宣传部会同中央外宣办、中央编办、发展改革委、科技部、财政部、人力资源社会保障部、国土资源部、商务部、文化部、人民银行、税务总局、工商总局、新闻出版广电总局等有关部门和单位拟定的《文化体制改革中经营性文化事业单位转制为企业的规定》和《进一步支持文化企业发展的规定》已经国务院同意，现印发给你们，请认真贯彻执行。

2014年4月2日

文化体制改革中经营性文化事业单位转制为企业的规定

为进一步深化文化体制改革，继续推进国有经营性文化事业单位转企改制，特制定以下规定：

一、关于国有文化资产管理

（一）按照政企分开、政事分开原则，推动政府部门由办文化向管文化转变，推动党政部门与其所属的文化企事业单位进一步理顺关系。建立党委和政府监管国有文化资产的管理机构，实行管人管事管资产管导向相统一。

（二）经营性文化事业单位转制为企业，要认真做好资产清查、资产评估、产权登记等基础工作，依法落实原有债权债务。资产变动事项经主管部门审核同意后，报同级国有文化资产管理机构审批，并按有关规定办理；其中，涉及重大国有文化资产变动事项的，应由文化行政主管部门审核后报请党委宣传部门审查把关。国有资产监督管理机构监管企业所属的经营性文化事业单位转制为企业，应当报该国有资产监督管理机构审批，并按有关规定办理资产变动等事项。

二、关于资产和土地处置

（三）经营性文化事业单位在转制过程中，对于清查出的资产损失按规定报经批准后进行核销；切实维护银行合法债权安全，严肃处理各类借转制之名逃废银行债务行为，维护金融安全稳定。转制后财务制度应执行《企业财务通则》，会计制度应执行《企业会计准则》或《小企业会计准则》。

（四）转制为企业的出版、发行单位，转制时可按规定对其库存积压待报废的出版物进行资产处置，对经确认的损失可以在净资产中予以扣除；对于出版、发行单位处置库存呆滞出版物形成的损失，允许据实在企业所得税前扣除。

（五）经营性文化事业单位转制涉及的原划拨土地，转制后用途符合《划拨用地目录》的，可继续以划拨方式使用；不符合《划拨用地目录》的，应当依法实行有偿使用。经省级以上人民政府批准，经营性文化事业单位转制为授权经营或国有控股企业的，原生产经营性划拨用地，经批准可采用国家出资（入股）方式配置；经营性文化事业单位转制为一般竞争性企业的，原生产经营性划拨用地可采用协议出让或租赁方式进行土地资产处置。

三、关于收入分配

（六）转制后执行企业的收入分配制度。职工工资收入与岗位责任、个人贡献以及企业效益密切挂钩，参照劳动力市场价位，合理拉开差距。加强对转制后的国有文化企业收入分配的指导和调控，合理确定工资总额。

（七）国有控股企业和国有独资企业的负责人收入分配按国家有关规定执行，建立并完善国有文化企业负责人薪酬管理机制。

四、关于社会保障

（八）转制后自工商注册登记的次月起按企业办法参加社会保险。转制时在职人员按国家规定计算的连续工龄，视同缴费年限，不再补缴基本养老保险费。

（九）转制前已经离退休的人员，原国家规定的离退休费待遇标准不变，转制后这类人员离退休待遇支付和调整的具体办法，按原劳动和社会保障部、原国家经济贸易委员会、科技部、财政部《关于国家经贸委管理的10个国家局所属科研机构转制后有关养老保险问题的通知》（劳社部发［2000］2号）和原劳动和社会保障部、原人事部、财政部、科技部、原建设部《关于转制科研机构和工程勘察设计单位转制前离退休人员待遇调整等问题的通知》（劳社部发［2002］5号）相关政策执行。

（十）转制前参加工作、转制后退休的人员，基本养老金的计发和调整，按企业办法执行。在转制后5年过渡期内，按企业办法计发的基本养老金，如低于按原事业单位退休办法计发的退休金，其差额部分采取加发补贴的办法解决，所需费用从基本养老保险基金中支付，具体办法按劳社部发［2000］2号文件的相关规定执行。各地在做好社会保障政策衔接的同时，应结合本地实际，采取切实可行的措施，解决好企业与事业单位退休待遇差问题。

（十一）离休人员的医疗保障继续执行现行办法，也可按照所在统筹地区相关规定纳入离休人员医药费单独统筹，所需资金按原渠道解决；转制前已退休人员中，原享受公费医疗的，在享受基本医疗保险待遇的基础上，可以参照国家公务员医疗补助办法，实行医疗补助。

（十二）转制后具备条件的企业可按照有关规定为职工建立企业年金和补充医疗保险，并通过企业年金等方式妥善解决转制后退休人员的养老待遇问题。企业根据国家有关政策规定，为在本企业任职或者受雇的全体员工支付的补充养老保险费、补充医疗保险费，分别在不超过职工工资总额5%标准内的部分，在计算应纳税所得额时准予扣除；超过的部分，不予扣除。

（十三）中央各部门各单位设在地方的出版单位、中央各部门各单位出版单位在地方的派出（分支）机构的人员，转制后按规定纳入当地社会保障体系。

五、关于人员分流安置

（十四）对转制时距国家法定退休年龄5年以内的人员，在与本人协商一致的基础上，可以提前离岗，离岗期间的工资福利等基本待遇不变，单位和个人继续按规定缴纳各项社会保险费，达到国家法定退休年龄时，按企业办法办理退休手续，按转制过渡期退休人员办法享受退休待遇。

（十五）转制时，要按照《中华人民共和国劳动合同法》的规定，自工商注册登记之日起与在职职工全部签订劳动合同。职工在事业单位的工作年限合并计算为转制后企业的工作年限。转制后根据经营方向确需分流人员的，应按照《中华人民共和国劳动合同法》第四十条、第四十一条、第四十二条规定处理劳动关系，对符合支付经济补偿条件的，应依法支付经济补偿。

（十六）转制企业应当切实保障职工的合法权益。转制时，对提前离岗人员所需的基本待遇及各项社会保险费、分流人员所需的经济补偿金，可从评估后的净资产中预留或从国有产权转让收入中优先支付。净资产不足的，财政部门也可给予一次性补助。

六、关于财政税收

（十七）财税部门应认真落实适用于转制企业的现行财税优惠政策。

（十八）原事业编制内职工的住房公积金、住房补贴中由财政负担部分，转制后继续由财政部门在预算中拨付；转制前人员经费由财政负担的离退休人员的住房补贴尚未解决的，转制时由财政部门一次性拨付解决；转制前人员经费自理的离退休人员以及转制后离退休人员和在职职工住房补贴资金，由转制单位按照所在地市、县级人民政府有关企业住房分配货币化改革政策以及企业财务会计制度的规定，从本单位相应资金渠道列支。转制后原有的正常事业费继续拨付，主要用于解决转制前已经离退休人员的社会保障问题。

（十九）为确保转制工作顺利进行，同级财政可一次性拨付一定数额的资金，主要用于资产评估、审计、政策法律咨询等。

（二十）经营性文化事业单位转制为企业后，免征企业所得税。

（二十一）由财政部门拨付事业经费的经营性文化事业单位转制为企业，对其自用房产免征房产税。

（二十二）对经营性文化事业单位转制中资产评估增值、资产转让或划转涉及的企业所得税、增值税、营业税、城市维护建设税、契税等，符合现行规定的享受相应税收优惠政策。

（二十三）党报、党刊将其发行、印刷业务及相应的经营性资产剥离组建的文化企业，所取得的党报、党刊发行收入和印刷收入免征增值税。

七、关于法人登记

（二十四）转制后的企业名称，应当符合企业名称登记管理的规定。原单位名称中冠以“中国”“中华”“全国”“国家”“国际”等字样的，按有关规定经批准可继续注册使用。

（二十五）转制后须核销事业编制，注销事业单位法人，并依法办理企业工商注册登记。

八、关于党的建设

（二十六）根据中央要求，经营性文化事业单位在转制过程中，要按照党章规定，根据转制后企业的实际情况和工作需要，经上级党组织批准，同步组建、改建或更名党的基层组织，选配好党组织负责人。转制后企业内部的党组织设置，也要随着企业组织结构和党员分布状况的变化，及时进行充实调整，充分发挥转制后企业党组织和党员的作用。转制后企业党组织的领导关系要按照有利于加强党的领导和开展党的工作，有利于促进企业改革和发展的原则确定。

上述政策适用于开展文化体制改革的地区和转制企业。中央所属转制文化企业的认定，由中央宣传部会同财政部、税务总局确定并发布名单；地方所属转制文化企业的认定，按照登记管理权限，由地方各级宣传部门会同同级财政、税务部门确定和发布名单，并按程序抄送中央宣传部、财政部和税务总局。执行期限为 2014 年 1 月 1 日至 2018 年 12 月 31 日。

进一步支持文化企业发展的规定

为进一步深化文化体制改革，促进文化企业发展，特制定以下规定：

一、关于财政税收

（一）中央财政和地方财政应安排文化产业发展专项资金，有条件的应扩大专项资金规模，创新资金投入方式，完善政策扶持体系，采取贴息、补助、奖励等方式，支持文化企业发展。

（二）对电影制片企业销售电影拷贝（含数字拷贝）、转让版权取得的收入，电影发行企业取得的电影发行收入，电影放映企业在农村的电影放映收入免征增值税。一般纳税人提供的城市电影放映服务，可以按现行政策规定，选择按照简易计税办法计算缴纳增值税。

（三）2014年1月1日至2016年12月31日，对广播电视运营服务企业收取的有线数字电视基本收视维护费和农村有线电视基本收视费，免征增值税。

（四）落实和完善有利于文化内容创意生产、非物质文化遗产项目经营的税收优惠政策。

（五）对国家重点鼓励的文化产品出口实行增值税零税率。对国家重点鼓励的文化服务出口实行营业税免税。结合营业税改征增值税改革试点，逐步将文化服务行业纳入改革试点范围，对纳入增值税征收范围的上述文化服务出口实行增值税零税率或免税。享受上述税收优惠政策的国家重点鼓励的文化产品和服务的具体范围由财政部、税务总局会同有关部门确定。为承担国家鼓励类文化产业项目而进口国内不能生产的自用设备及配套件、备件，在政策规定范围内，免征进口关税。

（六）在国务院批准的中国服务外包示范城市从事服务外包业务的文化企业，符合现行税收优惠政策规定的技术先进型服务企业相关条件的，经认定后，可享受有关税收优惠政策。

（七）对从事文化产业支撑技术等领域的文化企业，按规定认定为高新技术企业的，减按15%的税率征收企业所得税；开发新技术、新产品、新工艺发生的研究开发费用，允许按国家税法规定，在计算应纳税所得额时加计扣除。文化产业支撑技术等领域的具体范围和认定工作由科技部、财政部、税务总局商中央宣传部等部门另行明确。

（八）经认定并符合软件企业相关条件的动漫企业，可申请享受国家现行鼓励软件产业发展的所得税优惠政策；2017年年底前，符合条件的动漫企业，按规定享受增值税优惠政策；经认定的动漫企业自主开发、生产动漫直接产品，确需进口的商品可按现行规定享受免征进口关税和进口环节增值税的优惠政策。

（九）加大财政对文化科技创新的支持，将文化科技纳入国家相关科技发展规划和计划，积极鼓励文化与科技深度融合，促进文化企业、文化产业转型升级，发展新型文化业态。

（十）通过政府购买、消费补贴等途径，引导和支持文化企业提供更多文化产品和服务，鼓励出版适应群众购买能力的图书报刊，鼓励在商业演出和电影放映中安排低价场次或门票，鼓励网络文化运营商开发更多低收费业务。加大对文化消费基础设施建设、改造投资力度，完善政府投入方式，建立健全社会力量、社会资本参与机制，促进多层次多业态文化消费设施发展。

（十一）认真落实支持现代服务业、中小企业特别是小微企业等发展的有关优惠政策，促进中小文化企业发展。

二、关于投资和融资

（十二）对投资兴办文化企业的，有关行政主管部门应当提高行政审批效率，并不得收取国家规定之外的任何附加费用。

（十三）在国家许可范围内，鼓励和引导社会资本以多种形式投资文化产业，参与国有经营性文化事业单位转企改制，参与重大文化产业项目实施和文化产业园区建设，在投资核准、银行贷款、土地使用、税收优惠、上市融资、发行债券、对外贸易和申请专项资金等方面给予支持。

（十四）鼓励国有文化产业投资基金作为文化领域的战略投资者，对重点领域的文化企业进行股权投资。创新基金投资模式，更好地发挥基金的引导和杠杆作用，推动文化企业跨地区、跨行业、跨所有制兼并重组，切实维护国家文化安全。

（十五）进一步促进文化与金融对接，鼓励文化企业充分利用金融资源，投资开发战略性、先导性文化项目，进行文化资源整合，推动文化出口，中央财政和地方财政可给予一定的贴息。

（十六）针对文化企业的特点，研究制定知识产权、文化品牌等无形资产的评估、质押、登记、托管、投资、流转和变现等办法，完善无形资产和收益权抵（质）押权登记公示制度，鼓励金融机构积极开展金融产品和服务方式创新。在风险可控、商业可持续原则下，进一步推广知识产权质押融资、供应链融资、并购融资、订单融资等贷款业务，加大对文化企业的有效信贷投入。鼓励和支持政策性金融充分发挥扶持、引导作用，加大对重点企业和项目的信贷支持。鼓励开发文化消费信贷产品。

（十七）通过公司制改建实现投资主体多元化的文化企业，符合条件的可申请上市。鼓励已上市文化企业通过公开增发、定向增发等再融资方式进行并购和重组。鼓励文化企业进入中小企业板、创业板、“新三板”融资。鼓励符合条件的文化企业通过发行企业债券、公司债券、非金融企业债务融资工具等方式扩大融资，实现融资渠道多元化。

（十八）探索国有文化企业股权激励机制，经批准允许有条件的国有控股上市文化公司按照国家有关规定开展股权激励试点。

（十九）对按规定转制的重要国有传媒企业探索实行特殊管理股制度，经批准可开展试点。

（二十）探索建立符合文化企业特点的信用评级制度。鼓励各类担保机构对文化企业提供融资担保，通过再担保、联合担保以及担保与保险相结合等方式分散风险。探索设立文化企业融资担保基金。

三、关于资产和土地处置

（二十一）发生分立、合并、重组、改制、撤销等经济行为涉及国有资产或产权结构重大变动的文化企业，应当按照国家有关规定进行清产核资，清产核资工作中发现的资产损失经确认后应当依次冲减未分配利润、盈余公积、资本公积、实收资本。

（二十二）对于出版、发行单位处置库存呆滞出版物形成的损失，允许据实在企业所得税前扣除。

（二十三）文化企业改制涉及的原划拨土地，改制后用途符合《划拨用地目录》的，可继续以划拨方式使用；不符合《划拨用地目录》的，应当依法实行有偿使用。经省级以上人民政府批准，国有文化企业改制为授权经营或国有控股企业的，原生产经营性划拨用地，经批准可采用国家出资（入股）方式配置。文化企业改制为一般竞争性企业的，原生产经营性划拨用地可采用协议出让或租赁方式进行土地资产处置。

（二十四）利用划拨方式取得的存量房产、土地兴办文化产业的，其用地手续办理符合《划拨用地目录》的，可按划拨方式办理；不符合《划拨用地目录》的，在符合国家有关规定的前提下可采取协议出让方式办理。

四、关于工商管理

（二十五）允许投资人以知识产权等无形资产评估作价出资组建文化企业，具体按国家法律规定执行。

国有文化企业要加快公司制股份制改造，推进董事会、监事会建设，规范总会计师管理，健全协调运转、有效制衡的公司法人治理结构，形成符合现代企业制度要求、体现文化企业特点的资产组织形式和经营管理模式，确保把社会效益放在首位，实现社会效益和经济效益相统一。

上述政策适用于所有文化企业，凡未注明具体期限的，执行期限为 2014 年 1 月 1 日至 2018 年 12 月 31 日。

中共中央组织部　人力资源社会保障部关于印发《事业单位工作人员申诉规定》的通知

人社部发［2014］45号

各省、自治区、直辖市党委组织部、政府人力资源社会保障厅（局），中央和国家机关各部委、各人民团体组织人事部门，新疆生产建设兵团党委组织部、人力资源社会保障局，部分高等学校党委：

为贯彻实施《事业单位人事管理条例》，中央组织部、人力资源社会保障部共同研究制定了《事业单位工作人员申诉规定》，现印发给你们，请认真贯彻执行。

2014年6月27日

事业单位工作人员申诉规定

第一章　总　　则

第一条　为保障事业单位工作人员合法权益，依法处理事业单位工作人员的申诉，促进事业单位及其主管部门依法行使职权，根据《事业单位人事管理条例》，制定本规定。

第二条 事业单位工作人员对涉及本人的人事处理不服的，可以依照本规定申请复核；对复核结果不服的，可以依照本规定提出申诉、再申诉。

法律法规对事业单位工作人员申诉另有规定的，从其规定。

各级党委管理的事业单位领导人员的申诉，依照干部人事管理权限，按照有关规定办理。

第三条 处理事业单位工作人员申诉，应当坚持合法、公正、公平、及时的原则，依照规定的权限、条件和程序进行。

第四条 事业单位工作人员提出申诉，应当以事实为依据，不得捏造事实，诬告、陷害他人。

第五条 复核、申诉、再申诉期间不停止人事处理的执行。

事业单位工作人员不因申请复核或者提出申诉、再申诉而被加重处理。

第六条 复核、申诉、再申诉应当由事业单位工作人员本人申请。本人丧失行为能力、部分丧失行为能力或者死亡的，可以由其近亲属或监护人代为申请。

第二章 管　　辖

第七条 事业单位工作人员对人事处理不服申请复核的，由原处理单位管辖。

第八条 事业单位工作人员对中央和地方直属事业单位作出的复核决定不服提出的申诉，由同级事业单位人事综合管理部门管辖。

事业单位工作人员对中央和地方各部门所属事业单位作出的复核决定不服提出的申诉，由主管部门管辖。

事业单位工作人员对主管部门或者其他有关部门作出的复核决定不服提出的申诉，由同级事业单位人事综合管理部门管辖。

事业单位工作人员对乡镇党委和人民政府作出的复核决定不服提出的申诉，由县级事业单位人事综合管理部门管辖。

第九条 事业单位工作人员对主管部门作出的申诉处理决定不服提出的再申诉，由同级事业单位人事综合管理部门管辖。

事业单位工作人员对市级、县级事业单位人事综合管理部门作出的申诉处理决定不服提出的再申诉，由上一级事业单位人事综合管理部门管辖。

第十条 事业单位工作人员对中央垂直管理部门省级以下机关作出的复核决定不服提出的申诉，由上一级机关管辖；对申诉处理决定不服提出的再申诉，由作出申诉处理决定机关的同级事业单位人事综合管理部门或者上一级机关管辖。

第三章 申请与受理

第十一条 事业单位工作人员对涉及本人的下列人事处理不服，可以申请复核或者提出申诉、再申诉：

（一）处分；

（二）清退违规进人；

（三）撤销奖励；

（四）考核定为基本合格或者不合格；

（五）未按国家规定确定或者扣减工资福利待遇；

（六）法律、法规、规章规定可以提出申诉的其他人事处理。

第十二条 申请复核或者提出申诉、再申诉的时效期间为三十日。复核的时效期间自申请人知道或者应当知道人事处理之日起计算；申诉、再申诉的时效期间自申请人收到复核决定、申诉处理决定之日起计算。

因不可抗力或者有其他正当理由，当事人不能在本条规定的时效期间内申请复核或者提出申诉、再申诉的，经受理机关批准可以延长期限。

第十三条 申请人申请复核和提出申诉、再申诉，应当提交申请书，同时提交原人事处理决定、复核决定或者申诉处理决定等材料的复印件。申请书可以通过当面提交、邮寄或者传真等方式提出。

申请人当面递交申请书的，受理单位应当场出具收件回执。

第十四条 申请书应当载明下列内容：

（一）申请人的姓名、出生年月、单位、岗位、政治面貌、联系方式、住址及其他基本情况；

（二）原处理单位的名称、地址、联系方式；

（三）复核、申诉、再申诉的事项、理由和要求；

（四）申请日期。

第十五条 受理单位应当对申请人提交的申请书是否符合受理条件进行审查，在接到申请书之日起十五日内，作出受理或者不予受理的决定，并以书面形式通知申请人。不予受理的，应当说明理由。

第十六条 符合以下条件的复核、申诉、再申诉，应予受理：

（一）申请人符合本规定第六条的规定；

（二）复核、申诉、再申诉事项属于本规定第十一条规定的受理范围；

（三）在规定的期限内提出；

（四）属于受理单位管辖范围；

（五）材料齐备。

凡不符合上述条件之一的，不予受理。申请材料不齐备的，应当一次性告知申请人所需补正的全部材料，申请人按照要求补正全部材料的，应予受理。

第十七条 在处理决定作出前，申请人可以以书面形式提出撤回复核、申诉、再申诉的申请。

受理单位在接到申请人关于撤回复核、申诉、再申诉的书面申请后，可以决定终结处理工作。

终结复核决定应当以书面形式告知申请人；终结申诉处理决

定应以书面形式告知申请人和原处理单位；终结再申诉处理决定应当以书面形式告知申请人、申诉受理单位和原处理单位。

第四章 审理与决定

第十八条 受理复核申请的单位应当自接到申请书之日起三十日内作出维持、撤销或者变更原人事处理的复核决定，并以书面形式通知申请人。

受理申诉、再申诉申请的单位应当自决定受理之日起六十日内作出处理决定。案情复杂的，可以适当延长，但是延长期限不得超过三十日。

第十九条 受理申诉、再申诉的单位应当组成申诉公正委员会审理案件。

申诉公正委员会由受理申诉、再申诉的单位相关工作人员组成，必要时可以吸收其他相关人员参加。申诉公正委员会组成人数应当是单数，不得少于三人。申诉公正委员会负责人一般由主管申诉、再申诉工作的单位负责人或者负责申诉、再申诉的工作机构负责人担任。

第二十条 受理申诉、再申诉的单位有权要求有关单位提交答辩材料，有权对申诉、再申诉事项进行相关调查。

调查应当由两名以上工作人员进行，接受调查的单位或者个人有配合调查的义务，应当如实提供情况和证据。

第二十一条 申诉公正委员会应当根据调查情况对下列事项进行审议：

（一）原人事处理认定的事实是否存在、清楚，证据是否确实充分；

（二）原人事处理适用的法律、法规、规章和有关规定是否正确；

（三）原人事处理的程序是否符合规定；

（四）原人事处理是否显失公正；

（五）被申诉单位有无超越或者滥用职权的情形；

（六）其他需要审议的事项。

在审理对复核决定、申诉处理决定不服的申诉、再申诉时，申诉公正委员会还应当对复核决定、申诉处理决定进行审议。

审理期间，申诉公正委员会应当允许申请人进行必要的陈述或者申辩。

第二十二条 申诉公正委员会应当按照客观公正和少数服从多数的原则，提出审理意见。

第二十三条 受理单位应当根据申诉公正委员会的审理意见，区别不同情况，作出下列申诉处理决定：

（一）原人事处理认定事实清楚，适用法律、法规、规章和有关规定正确，处理恰当、程序合法的，维持原人事处理；

（二）原人事处理认定事实不存在的，或者超越职权、滥用职权做出处理的，按照管理权限责令原处理单位撤销或者直接撤销原人事处理；

（三）原人事处理认定事实清楚，但认定情节有误，或者适用法律、法规、规章和有关规定有错误，或者处理明显不当的，按照管理权限责令原处理单位变更或者直接变更原人事处理；

（四）原人事处理认定事实不清，证据不足，或者违反规定程序和权限的，责令原处理单位重新处理。

再申诉处理决定应当参照前款规定作出。

事业单位工作人员对重新处理后作出的处理决定不服，可以提出申诉或者再申诉。

第二十四条 作出申诉处理决定后，应当制作申诉处理决定书。申诉处理决定书应当载明下列内容：

（一）申诉人的姓名、出生年月、单位、岗位及其他基本情况；

（二）原处理单位的名称、地址、联系方式、人事处理和复核决定所认定的事实、理由及适用的法律、法规、规章和有关规定；

（三）申诉的事项、理由及要求；

（四）申诉公正委员会认定的事实、理由及适用的法律、法规、规章和有关规定；

（五）申诉处理决定；

（六）作出决定的日期；

（七）其他需要载明的内容。

再申诉处理决定作出后，应当制作再申诉处理决定书。再申诉处理决定书除前款规定内容外，还应当载明申诉处理决定的内容和作出申诉处理决定的日期。

申诉、再申诉处理决定书应当加盖受理申诉、再申诉单位或者申诉公正委员会的印章。

第二十五条　复核决定应当及时送达申请人。

申诉处理决定书应当及时送达申请人和原处理单位。

再申诉处理决定书应当及时送达申请人、申诉受理单位和原处理单位。

第二十六条　复核决定、申诉处理决定书、再申诉处理决定书按照下列规定送达：

（一）直接送达申请人本人，受送达人在送达回证上签名或者盖章，签收日期为送达日期。

（二）申请人本人不在的，可以由其同住的具有完全民事行为能力的近亲属在送达回证上签名或者盖章，视为送达，签收日期为送达日期。

（三）申请人或者其同住的具有完全民事行为能力的近亲属拒绝接收或者拒绝签名、盖章的，送达人应当邀请有关基层组织的代表或者其他有关人员到场，见证现场情况，由送达人在送达回证上记明拒收事由和日期，由送达人、见证人签名或者盖章，将处理决定留在申请人的住所或者所在单位，视为送达。送达人、见证人签名或者盖章日期为送达日期。

（四）直接送达确有困难的，可以通过邮寄送达。以回执上注明的收件日期为送达日期。

（五）上述规定的方式无法送达的，可以在相关媒体上公告送达，并在案卷中记明原因和经过。自公告发布之日起，经过六十日，即视为送达。

第二十七条 原处理单位应当将复核决定、申诉处理决定书、再申诉处理决定书存入申请人的个人档案。

第五章 执行与监督

第二十八条 处理决定应当在发生效力后三十日内执行。

下列处理决定是发生效力的最终决定：

（一）已过规定期限没有提出申诉的复核决定；

（二）已过规定期限没有提出再申诉的申诉处理决定；

（三）中央和省级事业单位人事综合管理部门作出的申诉处理决定；

（四）再申诉处理决定。

第二十九条 除维持原人事处理外，原处理单位应当在申诉、再申诉决定执行期满后三十日内将执行情况报申诉、再申诉受理单位备案。

原处理单位逾期不执行的，申请人可以向作出发生效力的决定的单位提出执行申请。接到执行申请的单位应当责令原处理单位执行。

第三十条 对事业单位工作人员处理错误的，应当及时予以纠正；造成名誉损害的，应当赔礼道歉、恢复名誉、消除影响；造成经济损失的，应当根据有关规定给予赔偿。

第三十一条 参与复核、申诉、再申诉审理的工作人员有下列情形之一的，应当提出回避申请：

（一）与申请人或者原处理单位主要负责人、承办人员有夫妻关系、直系血亲、三代以内旁系血亲关系或者近姻亲关系的；

（二）与原人事处理及案件有利害关系的；

（三）与申请人或者原处理单位主要负责人、承办人员有其他关系，可能影响案件公正处理的。

有前款规定的情形的，申请人、与原人事处理及案件有利害关系的公民、法人或者其他组织有权要求其回避。

复核案件审理工作人员的回避，由受理复核单位负责人决定。申诉或再申诉案件审理工作组织负责人的回避由受理单位负责人员集体决定；其他工作人员的回避，由申诉或再申诉案件审理工作组织负责人决定。回避决定作出前，相关人员应当暂停参与案件的调查和审理。

第三十二条 因下列情形之一侵害事业单位工作人员合法权益的，对相关责任人员和直接责任人员，应当根据有关规定，视情节轻重，给予批评教育、调离岗位或者处分；涉嫌犯罪的，移送司法机关处理：

（一）对申请复核或者提出申诉、再申诉的事业单位工作人员打击报复的；

（二）超越或者滥用职权的；

（三）适用法律、法规、规章错误或者违反规定程序的；

（四）在复核、申诉、再申诉工作中应当作为而不作为的；

（五）拒不执行发生效力的申诉、再申诉处理决定的；

（六）违反本规定的其他情形。

第三十三条 申请复核、提出申诉的事业单位工作人员弄虚作假、捏造事实、诬陷他人的，根据情节轻重，给予批评教育或者处分；涉嫌犯罪的，移送司法机关处理。

第六章 附 则

第三十四条 机关工勤人员申请复核或者提出申诉、再申诉，参照本规定执行。

第三十五条 本规定自2014年7月1日起施行。

教育部　财政部　人力资源社会保障部关于推进县（区）域内义务教育学校校长教师交流轮岗的意见

教师〔2014〕4号

各省、自治区、直辖市教育厅（教委）、财政厅（局）、人力资源社会保障厅（局），新疆生产建设兵团教育局、财务局、人力资源社会保障局：

深入推进义务教育均衡发展，教师资源配置是关键。为贯彻党的十八届三中全会关于校长教师交流轮岗的决策部署，全面落实《国家中长期教育改革和发展规划纲要（2010—2020年）》《国务院关于加强教师队伍建设的意见》，按照率先实现县（区）域内义务教育均衡发展的要求，经征得中央组织部、中央编办同意，现就推进县（区）域内义务教育学校校长教师交流轮岗工作提出如下意见。

一、加快实现校长教师交流轮岗的工作目标

近年来，义务教育教师队伍建设取得了显著成绩，整体素质不断提升，但城乡之间、校际之间义务教育师资水平总体上仍存在明显差距，已经成为制约义务教育均衡发展的突出问题。校长教师交流轮岗是加强农村学校、薄弱学校校长教师补充配备，破解择校难题，促进教育公平，推进义务教育均衡发展的重要举措。各地要充分认识校长教师交流轮岗工作的重要性紧迫性，加快建立和不断完善义务教育校长教师交流轮岗制度，推进校长教

师优质资源的合理配置，重点引导优秀校长和骨干教师向农村学校、薄弱学校流动。力争用3～5年时间实现县（区）域内校长教师交流轮岗的制度化、常态化，率先实现县（区）域内校长教师资源均衡配置，支持鼓励有条件的地区在更大范围内推进，为义务教育均衡发展提供坚强的师资保障。

二、合理确定校长教师交流轮岗的人员范围

教师交流轮岗的人员范围为义务教育阶段公办学校在编在岗教师。在同一所学校连续任教达到地方教育行政部门规定年限的专任教师均应交流轮岗。对教师在同一所学校连续任教年限的规定，应与中小学学制学段相衔接。城镇学校、优质学校每学年教师交流轮岗的比例不低于符合交流条件教师总数的10%，其中骨干教师交流轮岗应不低于交流总数的20%。对于教师每次参加交流轮岗的具体年限由各地根据实际情况确定。教师在农村学校、薄弱学校连续任教时间可根据工作需要予以延长。

校长交流轮岗的人员范围为义务教育阶段公办学校校长、副校长。校长、副校长在同一所学校连续任满两届后，原则上应交流。每次交流的年限按照校长管理权限，由主管部门确定。校长、副校长在农村学校、薄弱学校连续任职时间可根据工作需要予以延长。

三、不断创新校长教师交流轮岗的方式方法

根据各地经验和做法，校长教师交流轮岗可采取定期交流、跨校竞聘、学区一体化管理、学校联盟、名校办分校、集团化办学、对口支援、乡镇中心学校教师走教等多种途径和方式。各地也可结合本地实际，创新其他方式方法。校长教师交流轮岗的重点是推动优秀校长和骨干教师到农村学校、薄弱学校任职任教并发挥示范带动作用。有镇区和乡村学校的县（区），重点推动城镇学校向乡村学校交流轮岗；没有乡村学校的市辖区，重点推动优质学校向薄弱学校交流轮岗；乡镇范围内，重点推动中心学校向村小学、教学点交流轮岗。

各地可采取设立名师名校长交流特聘岗等形式，支持优秀校长、特级教师和省级教学名师到中西部边远贫困地区农村学校任职任教，引导优秀校长和骨干教师向农村学校、薄弱学校有序流动。各地要继续实施好农村教师特岗计划、“三支一扶”计划、“三区”人才支持计划教师专项等国家级专项计划，加强边远贫困地区乡村学校骨干教师配备。

四、建立健全校长教师交流轮岗的激励保障机制

交流轮岗是国家赋予校长教师的重要责任和光荣使命。既要对校长教师参加交流轮岗提出明确要求，又要通过激励保障机制进行政策引导，激发校长教师参与交流轮岗的积极性和主动性。各地要在编制核定、岗位设置、职务（职称）晋升、聘用管理、业绩考核、培养培训、评优表彰等方面制定优惠政策，保障工作顺利开展。要树立正确用人导向，把到艰苦边远地区和薄弱学校工作作为培养锻炼校长教师的重要平台，与校长教师职业发展进行全过程、全方位有机衔接。

在编制管理和岗位设置工作中，要在核定的教职工编制总量内，按照“严控总量、盘活存量、优化结构、增减平衡”的要求，采取互补余缺、有增有减的办法，统筹安排县（区）域内校长教师交流轮岗。及时调整义务教育学校岗位设置方案，适应和满足教师交流到农村和薄弱学校岗位聘用的需要。积极探索在农村学校、薄弱学校设立一批中小学正高级教师岗位，逐步提高农村学校中级、高级教师岗位比例，推动县（区）域城乡学校教师岗位结构比例的总体均衡。

在职务（职称）评聘工作中，要将教师到农村学校、薄弱学校任教1年以上的工作经历作为申报评审高级教师职务（职称）和特级教师的必备条件。在乡村学校任教3年以上（含城镇学校交流、支教教师）、经考核表现突出并符合具体评价标准条件的教师，同等条件下优先评聘。教师交流到新的学校后，按原有的教师职务及岗位细分等级聘用。优先任（聘）用具有农村学校或薄弱学校管理岗位任职经历的人员担任校长。扩大中小学校长职级制改革试点，为推进校长交流轮岗提供制度保障。

在薪酬福利、评优表彰等工作中，要切实保障参加交流轮岗校长教师的工资待遇，在绩效工资分配中予以倾斜，优先使用教师周转房。要加强对交流轮岗校长教师的针对性培训，培训工作纳入各级校长教师培训计划和项目，并予以优先安排。对参加交流轮岗并做出突出贡献的校长教师，要在各级评优表彰工作中予以倾斜，按照国家有关规定予以表彰奖励。

五、全面推进义务教育教师队伍“县管校聘”管理改革

加强县（区）域内义务教育教师的统筹管理，推进“县管校聘”管理改革，打破教师交流轮岗的管理体制障碍。县级教育行政部门会同有关部门制定本县（区）域内教师岗位结构比例标准、公开招聘和聘用管理办法、培养培训计划、业绩考核和工资待遇方案，规范人事档案管理和退休管理服务。学校依法与教师签订聘用合同，负责教师的使用和日常管理。教师交流轮岗经历纳入其人事档案管理。

国家层面推动义务教育教师队伍“县管校聘”示范区建设，总结推广各地成功经验，全面推进“县管校聘”管理改革，为教师交流轮岗工作提供制度保障。各地也要从本地实际情况出发，大胆探索教师队伍管理新机制。

六、切实落实校长教师交流轮岗工作的责任主体

校长教师交流轮岗实行“省级统筹、以县为主”的工作机制。在党委政府统一领导下，各级教育、组织、编制、财政、人力资源社会保障等部门要形成联动机制，加强统筹规划、政策指导和督导检查，共同推进校长教师交流轮岗工作。教育部门要科学制定校长教师交流轮岗实施办法，指导和协调交流轮岗工作。组织部门要按照校长管理权限，会同教育部门全力推进校长交流轮岗工作。机构编制部门要会同有关部门根据义务教育事业发展规划、生源变化和学校布局调整等情况，切实加强教职工编制动态管理。财政部门对校长教师交流轮岗给予必要的经费支持。人力资源社会保障部门要在“县管校聘”管理改革、岗位设置、聘用管理、职务（职称）评聘等方面对校长教师交流轮岗给予政策支持。

各县（区）要根据县域内义务教育校长教师队伍的实际情况，合理制定校长教师交流轮岗工作实施方案，科学编制校长教师交流轮岗中长期规划和年度交流计划，并落实到校、到人。要明确校长教师交流轮岗的具体要求和支持政策，加强对优秀校长和教学名师的培养，建立校长教师交流轮岗工作长效机制。建立校长教师交流轮岗政策的信息公开制度，切实维护参与交流轮岗的校长教师合法权益。县级教育行政部门研究制定的本地校长教师交流轮岗工作实施方案须经县级人民政府批准后实施。

各地要做好校长教师交流轮岗的政策宣传和思想教育工作，着力形成正确的舆论导向和良好的工作氛围，进一步激发校长教师的积极性、主动性，确保校长教师交流轮岗取得实效。要将实施校长教师交流轮岗工作作为推进义务教育均衡发展的关键举措，与全面改善贫困地区义务教育薄弱学校基本办学条件、义务教育学校标准化建设、义务教育学校免试就近入学等举措有机衔接，形成整体合力，标本兼治推进均衡发展。要将校长教师交流轮岗工作纳入党政领导干部教育工作督导考核体系，并作为认定全国义务教育发展基本均衡县（区）的重要指标。对校长教师交流轮岗工作推进不力、范围不广、成效不大，达不到规定要求的，不接受全国义务教育发展基本均衡县（区）认定申请。

各省、自治区、直辖市要根据文件要求，尽快制定校长教师交流轮岗实施办法并全面部署，切实把工作落到实处。

2014年8月13日

国家卫生计生委　国家发展改革委
人力资源社会保障部　国家中医药管理局
中国保监会关于印发推进和规范医师
多点执业的若干意见的通知

国卫医发［2014］86号

各省、自治区、直辖市卫生计生委、发展改革委、人力资源社会保障厅（局）、中医药管理局，各保监会，新疆生产建设兵团卫生局、发展改革委、人力资源社会保障局：

国家卫生计生委、国家发展改革委、人力资源社会保障部、国家中医药管理局、中国保监会制定了《关于推进和规范医师多点执业的若干意见》，现印发给你们，请结合实际认真贯彻落实。各地在工作中的重要情况和问题，请及时向国家卫生计生委和相关部门报告。

2014年11月5日

关于推进和规范医师多点执业的若干意见

为贯彻落实党的十八大和十八届三中全会精神，深入实施

《中共中央、国务院关于深化医药卫生体制改革的意见》(中发［2009］6号)和《国务院关于促进健康服务业发展的若干意见》(国发［2013］40号)，促进优质医疗资源平稳有序流动和科学配置，更好地为人民群众提供医疗卫生服务，经国务院同意，现就推进和规范医师多点执业提出以下意见：

一、总体要求

(一)推进医师合理流动。加快转变政府职能，放宽条件、简化程序，优化医师多点执业政策环境。发挥政策导向作用，鼓励医师到基层、边远地区、医疗资源稀缺地区和其他有需求的医疗机构多点执业。

(二)规范医师多点执业。坚持放管结合，制定完善医师多点执业管理政策，明确相关各方权利义务，促进医师多点执业有序规范开展，逐步建立符合国情的医师执业和管理制度，维护正常工作秩序。

(三)确保医疗质量安全。强化卫生计生行政部门和医疗机构对医师多点执业的监督管理，严格医师岗位管理，加强行业自律和社会监督，确保医疗服务的安全性、有效性和连续性。

二、医师多点执业的资格条件和注册管理

(一)医师多点执业的资格条件。医师多点执业是指医师于有效注册期内在两个或两个以上医疗机构定期从事执业活动的行为。医师参加慈善或公益性巡回医疗、义诊、突发事件或灾害事故医疗救援工作，参与实施基本和重大公共卫生服务项目，不属于本意见规定的医师多点执业。医师外出会诊按照《医师外出会诊管理暂行规定》等有关规定执行。

允许临床、口腔和中医类别医师多点执业。多点执业的医师应当具有中级及以上专业技术职务任职资格，从事同一专业工作满5年；身体健康，能够胜任医师多点执业工作；最近连续两个周期的医师定期考核无不合格记录。

(二)医师多点执业的注册管理。医师多点执业实行注册管理，相应简化注册程序，同时探索实行备案管理的可行性。条件成熟的地方可以探索实行区域注册，以促进区域医疗卫生人才充分有序流动，具体办法由各省（区、市）卫生计生行政部门制定。

医师在参加城乡医院对口支援、支援基层，或在签订医疗机构帮扶或托管协议、建立医疗集团或医疗联合体的医疗机构间多点执业时，不需办理多点执业相关手续。其中在公立医院担任院级领导职务的，除前述情形外一般不能从事其他形式的多点执业。

医师在第一执业地点医疗机构外的其他医疗机构执业，执业类别应当与第一执业地点医疗机构一致，执业范围涉及的专业应当与第一执业地点医疗机构二级诊疗科目相同。经全科医师培训合格的医师到基层医疗卫生机构多点执业的，在执业类别不变情况下，可增加注册全科医学专业。医师变更执业类别、执业范围，以及变更第一执业地点医疗机构的，应当按照《医师执业注册暂行办法》的规定办理，变更后原多点执业注册同时失效。

三、医师多点执业的人事（劳动）管理和医疗责任

（一）医师多点执业的人事（劳动）关系。医师与第一执业地点医疗机构在协商一致的基础上，签订聘用（劳动）合同，明确人事（劳动）关系和权利义务，并按照国家有关规定参加社会保险；与拟多点执业的其他医疗机构分别签订劳务协议，鼓励通过补充保险或商业保险等方式提高医师的医疗、养老保障水平。

（二）医师多点执业的劳务协议。医师与执业的医疗机构在协议中应当约定执业期限、时间安排、工作任务、医疗责任、薪酬、相关保险等。多点执业医师的薪酬，根据实际工作时间、工作量和工作业绩等因素，由执业地点医疗机构与医师协商确定。其中，医师在第一执业地点医疗机构的工作时间和工作量未达到全职医师要求的，不能领取全职薪酬。拟多点执业的医师应当获得第一执业地点医疗机构的同意，选择有条件的地方探索医师向第一执业地点医疗机构履行知情报备手续即可开展多点执业试点。

（三）医师多点执业医疗责任承担。医师多点执业过程中发生医疗损害或纠纷，应当由发生医疗损害或纠纷的当事医疗机构和医师按照有关法律法规处理，其他非当事医疗机构均不承担相关的医疗损害或纠纷处理责任。医疗机构和医师应当通过合同或协议明确发生医疗损害或纠纷时各自应当承担的责任及解决方法。支持医疗机构和医师个人购买医疗责任保险等医疗执业保险，医师个人购买的医疗执业保险适用于任一执业地点。

（四）医师多点执业的管理。第一执业地点医疗机构应当支持医师多点执业并完善内部管理。医疗机构同意医师多点执业后，应当及时根据实际合理规定医师岗位职责，完善考核、奖励、处分、竞聘上岗等的具体管理办法，不因医师多点执业而影响其职称晋升、学术地位等。多点执业医师应当根据合同或协议合理安排在各执业地点医疗机构的执业时间，保证履行合同和协议，确保各执业地点医疗质量和医疗安全。在特殊情况下，如处理突发公共卫生事件、紧急医疗救治等，多点执业医师应当服从第一执业地点医疗机构的工作安排。卫生计生行政部门和中医药管理部门及行业协会应当按照《中华人民共和国执业医师法》《医师定期考核管理办法》等对多点执业医师进行考核。多点执业医师不得为谋取不当利益损害各执业地点医疗机构及患者的合法权益。

医师多点执业过程中出现违反法律、法规、规章等情形的，由卫生计生行政部门及有关部门依法依规处理。第一执业地点医疗机构为公立医院的医师，在其他医疗机构执业过程中出现违规违纪情形的，由当事医疗机构通报第一执业地点医疗机构，由第一执业地点医疗机构或者有关部门和单位按照《事业单位工作人员处分暂行规定》等进行处分。多点执业医师在执业过程中出现违反医疗机构内部规定情形的，由当事医疗机构依据本医疗机构相关规定和合同或协议进行处理。

四、组织实施

（一）加强组织领导。全面推进医师多点执业是优化医疗资源配置、推动医疗卫生事业加快发展的重要举措，事关医药卫生体制改革和事业单位改革的深入推进。各地区、各有关部门要高度重视，进一步解放思想，转变观念，及时完善政策措施，坚决破除阻碍医疗卫生人才合理流动的束缚和障碍，加快推进医师多点执业。有关部门要根据本意见要求，加强沟通协调，密切协作配合，抓紧制定并落实相关配套政策措施。各省（区、市）人民政府要结合实际制定具体实施方案，针对重点难点问题，进一步转变职能，创新管理，加强监管，抓好落实。

（二）推进试点工作。各地要根据实际，对开展医师多点执业涉及的人事管理、收入分配、社会保险等工作尽快研究制定试点方案，积极开展试点，取得经验后逐步推开。国家选择若干重点联系省份，加强跟踪指导。各省（区、市）可结合本地区实际确定省级联系试点城市。

（三）完善政策措施。加强公立医院医师多点执业与事业单位人事制度和社会保障制度改革的衔接。支持各地结合实际改革创新，探索简化注册审批手续，促进人才流动。鼓励支持大医院医师到基层医疗卫生机构、社会办医疗机构多点执业。坚持强化基层，对到基层医疗卫生机构多点执业的，要明确政策给予支持和鼓励。健全医师多点执业的执业风险保险制度。完善多点执业医师职称晋升办法。建立健全医师多点执业监管制度。提高医师执业管理信息化水平，实行医师多点执业信息公开。积极发挥行业协会作用，加强行业自律。及时总结实践经验，完善医师执业管理的政策法规。

（四）创造良好环境。医师多点执业政策性强，社会关注度高，各地区、各有关部门要切实做好政策解读和舆论引导，宣传医师多点执业的重要意义和政策措施，争取广大医务人员、医疗机构和社会各界的理解和支持，努力营造有利于推进改革的良好舆论氛围。

农民工工作

国务院关于进一步做好为农民工服务工作的意见

国发［2014］40号

各省、自治区、直辖市人民政府，国务院各部委、各直属机构：

农民工已成为我国产业工人的主体，是推动国家现代化建设的重要力量，为经济社会发展做出了巨大贡献。党中央、国务院高度重视农民工工作，《国务院关于解决农民工问题的若干意见》（国发［2006］5号）印发以来，出台了一系列政策措施，推动农民工转移就业规模持续扩大，职业技能不断提高，工资收入大幅增加，参加社会保险人数较快增长，劳动保障权益维护明显加强，享受基本公共服务范围逐步扩大，关心关爱农民工的社会氛围正在形成。但目前农民工就业稳定性不强，劳动保障权益受侵害的现象还时有发生，享受基本公共服务的范围仍然较小，大量长期在城镇就业的农民工还未落户。为深入贯彻落实党的十八大、十八届三中全会、中央城镇化工作会议精神和国务院的决策部署，进一步做好新形势下为农民工服务工作，切实解决农民工面临的突出问题，有序推进农民工市民化，现提出如下意见：

一、进一步做好为农民工服务工作的总体要求

（一）指导思想。以邓小平理论、“三个代表”重要思想、科学发展观为指导，全面贯彻落实党的十八大、十八届三中全会、中央城镇化工作会议精神和国务院的决策部署，按照工业化、信息化、新型城镇化、农业现代化同步发展的要求，积极探索中国特色农业劳动力转移道路，着力稳定和扩大农民工就业创业，着力维护农民工的劳动保障权益，着力推动农民工逐步实现平等享受城镇基本公共服务和在城镇落户，着力促进农民工社会融合，有序推进、逐步实现有条件有意愿的农民工市民化。

（二）基本原则。

——坚持以人为本、公平对待。推进以人为核心的城镇化，公平保障农民工作为用人单位职工、作为城镇常住人口的权益，帮助农民工解决最关心最直接最现实的利益问题，实现改革发展成果共享。

——坚持统筹兼顾、优化布局。按照区域发展总体战略和国家新型城镇化规划，逐步完善生产力布局和城镇化布局，引导农民工在东中西不同区域、大中小不同城市和小城镇以及城乡之间合理分布。

——坚持城乡一体、改革创新。适应推动城乡发展一体化的需要，着力改革城乡二元体制机制，逐步建立完善有利于农民工市民化的基本公共服务、户籍、住房、土地管理、成本分担等制度。

——坚持分类推进、逐步实施。按照自愿、分类、有序的要求，因地制宜、存量优先，尽力而为、量力而行，重点促进长期在城镇居住、有相对稳定工作的农民工有序融入城镇，循序渐进地推进农民工市民化。

（三）总体目标。到 2020 年，转移农业劳动力总量继续增加，每年开展农民工职业技能培训 2 000 万人次，农民工综合素质显著提高、劳动条件明显改善、工资基本无拖欠并稳定增长、参加社会保险全覆盖，引导约 1 亿人在中西部地区就近城镇化，努力实现 1 亿左右农业转移人口和其他常住人口在城镇落户，未落户的也能享受城镇基本公共服务，农民工群体逐步融入城镇，为实现农民工市民化目标打下坚实基础。

二、着力稳定和扩大农民工就业创业

（四）实施农民工职业技能提升计划。加大农民工职业培训工作力度，对农村转移就业劳动者开展就业技能培训，对农村未升学初高中毕业生开展劳动预备制培训，对在岗农民工开展岗位技能提升培训，对具备中级以上职业技能的农民工开展高技能人才培训，将农民工纳入终身职业培训体系。加强农民工职业培训工作的统筹管理，制定农民工培训综合计划，相关部门按分工组织实施。加大培训资金投入，合理确定培训补贴标准，落实职业技能鉴定补贴政策。改进培训补贴方式，重点开展订单式培训、定向培训、企业定岗培训，面向市场确定培训职业（工种），形成培训机构平等竞争、农民工自主参加培训、政府购买服务的机制。鼓励企业组织农民工进行培训，符合相关规定的，对企业给予培训补贴。鼓励大中型企业联合技工院校、职业院校，建设一批农民工实训基地。将国家通用语言纳入对少数民族农民工培训的内容。[人力资源社会保障部、国务院农民工工作领导小组办公室（以下简称农民工办）会同发展改革委、教育部、科技部、财政部、住房城乡建设部、农业部、安全监管总局、统计局、扶贫办、全国总工会、共青团中央、全国妇联负责]

（五）加快发展农村新成长劳动力职业教育。努力实现未升入普通高中、普通高等院校的农村应届初高中毕业生都能接受职业教育。全面落实中等职业教育农村学生免学费政策和家庭经济困难学生资助政策。鼓励各地根据需要改扩建符合标准的主要面向农村招生的职业院校、技工院校，支持没有职业院校或技工院校的边远地区各市（地、州、盟）因地制宜建立主要面向农村招生的职业院校或技工院校。加强职业教育教师队伍建设，创新办学模式，提高教育质量。积极推进学历证书、职业资格证书双证书制度。（教育部、人力资源社会保障部会同发展改革委、财政部、扶贫办负责）

（六）完善和落实促进农民工就业创业的政策。引导农民工有序外出就业、鼓励农民工就地就近转移就业、扶持农民工返乡创业。进一步清理针对农民工就业的户籍限制等歧视性规定，保障城乡劳动者平等就业权利。实现就业信息全国联网，为农民工提供免费的就业信息服务。完善城乡均等的公共就业服务体系，有针对性地为农民工提供政策咨询、职业指导、职业介绍等公共就业服务。加强农民工输出输入地劳务对接，输出地可在本地农民工相对集中的输入地设立服务工作站点，输入地应给予支持。组织开展农民工就业服务“春风行动”，加强农村劳动力转移就业工作示范县建设。大力发展服务业特别是家庭服务业和中小微企业，开发适合农民工的就业岗位，建设减免收费的农贸市场和餐饮摊位，满足市民生活需求和促进农民工就业。积极支持农产品产地初加工、休闲农业发展，引导有市场、有效益的劳动密集型产业优先向中西部转移，吸纳从东部返乡和就近转移的农民工就业。将农民工纳入创业政策扶持范围，运用财政支持、创业投资引导和创业培训、政策性金融服务、小额担保贷款和贴息、生产经营场地和创业孵化基地等扶持政策，促进农民工创业。做好老少边穷地区、牧区、库区、渔区农牧渔民转移就业工作和农民工境外就业服务工作。（人力资源社会保障部会同发展改革委、教育部、民政部、财政部、住房城乡建设部、农业部、商务部、人民银行、税务总局、工商总局、扶贫办、全国总工会、共青团中央、全国妇联负责）

三、着力维护农民工的劳动保障权益

（七）规范使用农民工的劳动用工管理。指导和督促用人单位与农民工依法普遍签订并履行劳动合同，在务工流动性大、季节性强、时间短的农民工中推广简易劳动合同示范文本。对小微企业经营者开展劳动合同法培训。依法规范劳务派遣用工行为，清理建设领域违法发包分包行为。完善适应家政服务特点的劳动用工政策和劳动标准。整合劳动用工备案及就业失业登记、社会保险登记，实现对企业使用农民工的动态管理服务。（人力资源社会保障部会同住房城乡建设部、工商总局、全国总工会负责）

（八）保障农民工工资报酬权益。在建设领域和其他容易发生欠薪的行业推行工资保证金制度，在有条件的市县探索建立健全欠薪应急周转金制度，完善并落实工程总承包企业对所承包工程的农民工工资支付全面负责制度、劳动保障监察执法与刑事司法联动治理恶意欠薪制度、解决欠薪问题地方政府负总责制度，推广实名制工资支付银行卡。落实农民工与城镇职工同工同酬原则。在经济发展基础上合理调整最低工资标准，推动农民工参与工资集体协商，促进农民工工资水平合理增长。（人力资源社会保障部会同公安部、住房城乡建设部、人民银行、高法院、全国总工会负责）

（九）扩大农民工参加城镇社会保险覆盖面。依法将与用人单位建立稳定劳动关系的农民工纳入城镇职工基本养老保险和基本医疗保险，研究完善灵活就业农民工参加基本养老保险政策，灵活就业农民工可以参加当地城镇居民基本医疗保险。完善社会保险关系转移接续政策。努力实现用人单位的农民工全部参加工伤保险，着力解决未参保用人单位的农民工工伤保险待遇保障问题。推动农民工与城镇职工平等参加失业保险、生育保险并平等享受待遇。对劳务派遣单位或用工单位侵害被派遣农民工社会保险权益的，依法追究连带责任。实施"全民参保登记计划"，推进农民工等群体依法全面持续参加社会保险。整合各项社会保险经办管理资源，优化经办业务流程，增强对农民工的社会保险服务能力。（人力资源社会保障部会同发展改革委、财政部、卫生计生委、工商总局、法制办、全国总工会负责）

（十）加强农民工安全生产和职业健康保护。强化高危行业和中小企业一线操作农民工安全生产和职业健康教育培训，将安全生产和职业健康相关知识纳入职业技能教育培训内容。严格执行特殊工种持证上岗制度、安全生产培训与企业安全生产许可证审核相结合制度。督促企业对接触职业病危害的农民工开展职业健康检查、建立监护档案。建立重点职业病监测哨点，完善职业病诊断、鉴定、治疗的法规、标准和机构。重点整治矿山、工程建设等领域农民工工伤多发问题。实施农民工职业病防治和帮扶行动，深入开展粉尘与高毒物品危害治理，保障符合条件的无法追溯用人单位及用人单位无法承担相应责任的农民工职业病患者享受相应的生活和医疗待遇。（安全监管总局、卫生计生委分别会同发展改革委、教育部、公安部、民政部、财政部、人力资源社会保障部、住房城乡建设部、交通运输部、国资委、法制办、全国总工会负责）

（十一）畅通农民工维权渠道。全面推进劳动保障监察网格化、网络化管理，加强用人单位用工守法诚信管理，完善劳动保障违法行为排查预警、快速处置机制，健全举报投诉制度，依法查处用人单位侵害农民工权益的违法行为。按照“鼓励和解、强化调解、依法仲裁、衔接诉讼”的要求，及时公正处理涉及农民工的劳动争议。畅通农民工劳动争议仲裁“绿色通道”，简化受理立案程序，提高仲裁效率。建立健全涉及农民工的集体劳动争议调处机制。大力加强劳动保障监察机构、劳动人事争议仲裁院和基层劳动争议调解组织建设，完善服务设施，增强维护农民工权益的能力。（人力资源社会保障部会同发展改革委、公安部、司法部、国资委、高法院、全国总工会负责）

（十二）加强对农民工的法律援助和法律服务工作。健全基层法律援助和法律服务工作网络，加大法律援助工作力度，使符合条件的农民工及时便捷地获得法律援助。简化法律援助申请受理审查程序，完善异地协作机制，方便农民工异地申请获得法律援助。畅通法律服务热线，加大普法力度，不断提高农民工及用人单位的法治意识和法律素质，引导农民工合法理性维权。（司法部会同财政部、高法院、全国总工会负责）

四、着力推动农民工逐步实现平等享受城镇基本公共服务和在城镇落户

（十三）逐步推动农民工平等享受城镇基本公共服务。深化基本公共服务供给制度改革，积极推进城镇基本公共服务由主要对本地户籍人口提供向对常住人口提供转变，努力实现城镇基本公共服务覆盖在城镇常住的农民工及其随迁家属，使其逐步平等享受市民权利。各地区、各有关部门要逐步按照常住人口配置基本公共服务资源，明确农民工及其随迁家属可以享受的基本公共服务项目，并不断提高综合承载能力、扩大项目范围。农民工及其随迁家属在输入地城镇未落户的，依法申领居住证，持居住证享受规定的基本公共服务。在农民工输入相对集中的城市，主要依托社区综合服务设施、劳动就业社会保障服务平台等现有资源，建立农民工综合服务平台，整合各部门公共服务资源，为农民工提供便捷、高效、优质的“一站式”综合服务。（农民工办会同发展改革委、教育部、公安部、民政部、财政部、人力资源社会保障部、住房城乡建设部、文化部、卫生计生委、法制办负责）

（十四）保障农民工随迁子女平等接受教育的权利。输入地政府要将符合规定条件的农民工随迁子女教育纳入教育发展规划，合理规划学校布局，科学核定公办学校教师编制，加大公办学校教育经费投入，保障农民工随迁子女平等接受义务教育权利。公办义务教育学校要普遍对农民工随迁子女开放，与城镇户籍学生混合编班，统一管理。积极创造条件着力满足农民工随迁子女接受普惠性学前教育的需求。对在公益性民办学校、普惠性民办幼儿园接受义务教育、学前教育的，采取政府购买服务等方式落实支持经费，指导和帮助学校、幼儿园提高教育质量。各地要进一步完善和落实好符合条件的农民工随迁子女接受义务教育后在输入地参加中考、高考的政策。开展关爱流动儿童活动。（教育部会同发展改革委、公安部、财政部、人力资源社会保障部、住房城乡建设部、共青团中央、全国妇联负责）

（十五）加强农民工医疗卫生和计划生育服务工作。继续实施国家免疫规划，保障农民工适龄随迁子女平等享受预防接种服务。加强农民工聚居地的疾病监测、疫情处置和突发公共卫生事件应对，强化农民工健康教育、妇幼健康和精神卫生工作。加强农民工艾滋病、结核病、血吸虫病等重大疾病防治工作，落实“四免一关怀”等相关政策。完善社区卫生计生服务网络，将农民工纳入服务范围。鼓励有条件的地方将符合条件的农民工及其随迁家属纳入当地医疗救助范围。巩固完善流动人口计划生育服务管理全国“一盘棋”工作机制，加强考核评估，落实输入地和输出地责任。开展流动人口卫生计生动态监测和“关怀关爱”活动。（卫生计生委会同发展改革委、民政部、财政部负责）

（十六）逐步改善农民工居住条件。统筹规划城镇常住人口规模和建设用地面积，将解决农民工住房问题纳入住房发展规划。支持增加中小户型普通商品住房供给，规范房屋租赁市场，积极支持符合条件的农民工购买或租赁商品住房，并按规定享受购房契税和印花税等优惠政策。完善住房保障制度，将符合条件的农民工纳入住房保障实施范围。加强城中村、棚户区环境整治和综合管理服务，使居住其中的农民工住宿条件得到改善。农民工集中的开发区、产业园区可以按照集约用地的原则，集中建设宿舍型或单元型小户型公共租赁住房，面向用人单位或农民工出租。允许农民工数量较多的企业在符合规划和规定标准的用地规模范围内，利用企业办公及生活服务设施用地建设农民工集体宿舍，督促和指导建设施工企业改善农民工住宿条件。逐步将在城镇稳定就业的农民工纳入住房公积金制度实施范围。（住房城乡建设部会同发展改革委、财政部、国土资源部、税务总局负责）

（十七）有序推进农民工在城镇落户。进一步推进户籍制度改革，实施差别化落户政策，促进有条件有意愿、在城镇有稳定就业和住所（含租赁）的农民工及其随迁家属在城镇有序落户并依法平等享受城镇公共服务。各类城镇要根据国家户籍制度改革的部署，统筹考虑本地区综合承载能力和发展潜力，以就业年限、居住年限、城镇社会保险参保年限等为基准条件，制定具体落户标准，向社会公布。（公安部、发展改革委、人力资源社会

保障部会同教育部、民政部、财政部、国土资源部、住房城乡建设部、农业部、卫生计生委、统计局、法制办、中央农办负责）

（十八）保障农民工土地承包经营权、宅基地使用权和集体经济收益分配权。做好农村土地承包经营权和宅基地使用权确权登记颁证工作，切实保护农民工土地权益。建立健全土地承包经营权流转市场，加强流转管理和服务。完善土地承包经营纠纷的调解仲裁体系和调处机制。深化农村集体产权制度改革，探索农村集体经济多种有效实现形式，保障农民工的集体经济组织成员权利。完善相关法律和政策，妥善处理好农民工及其随迁家属进城落户后的土地承包经营权、宅基地使用权、集体经济收益分配权问题。现阶段，不得以退出土地承包经营权、宅基地使用权、集体经济收益分配权作为农民进城落户的条件。（农业部、国土资源部分别会同法制办、中央农办、高法院负责）

五、着力促进农民工社会融合

（十九）保障农民工依法享有民主政治权利。重视从农民工中发展党员，加强农民工中的党组织建设，健全城乡一体、输入地党组织为主、输出地党组织配合的农民工党员教育管理服务工作制度。积极推荐优秀农民工作为各级党代会、人大、政协的代表、委员，在评选劳动模范、先进工作者和报考公务员等方面与城镇职工同等对待。创造新办法、开辟新渠道，支持农民工在职工代表大会和社区居民委员会、村民委员会等组织中依法行使民主选举、民主决策、民主管理、民主监督的权利。（农民工办会同民政部、人力资源社会保障部、国资委、全国总工会负责）

（二十）丰富农民工精神文化生活。把农民工纳入城市公共文化服务体系，继续推动图书馆、文化馆、博物馆等公共文化服务设施向农民工同等免费开放。推进“两看一上”（看报纸、看电视，有条件的能上网）活动，引导农民工积极参与全民阅读活动。在农民工集中居住地规划建设简易实用的文化体育设施。利用社区文化活动室、公园、城市广场等场地，经常性地开展群众文体活动，促进农民工与市民之间交往、交流。举办示范性农民工文化活动。鼓励企业开展面向农民工的公益性文化活动，鼓励文化单位、文艺工作者和其他社会力量为农民工提供免费或优惠的文化产品和服务。（文化部、农民工办会同发展改革委、民政部、财政部、中央宣传部、全国总工会、共青团中央、全国妇联负责）

（二十一）加强对农民工的人文关怀。关心农民工工作、生活和思想状况，加强思想政治工作和科普宣传教育，引导农民工树立社会主义核心价值观。开展“人文关怀进企业、进一线”活动。通过依托各类学校开设农民工夜校等方式，开展新市民培训，培养诚实劳动、爱岗敬业的作风和文明、健康的生活方式。对有需要的农民工开展心理疏导。努力推进农民工本人融入企业、子女融入学校、家庭融入社区、群体融入城镇。（农民工办会同教育部、卫生计生委、全国总工会、共青团中央、全国妇联负责）

（二十二）建立健全农村留守儿童、留守妇女和留守老人关爱服务体系。实施“共享蓝天”关爱农村留守儿童行动，完善工作机制、整合资源、增加投入，依托中小学、村民委员会普遍建立关爱服务阵地，做到有场所、有图书、有文体器材、有志愿者服务。继续实施学前教育行动计划，加快发展农村学前教育，着力解决留守儿童入园需求。全面改善贫困地区薄弱学校基本办学条件，加快农村寄宿制学校建设，优先满足留守儿童寄宿需求，落实农村义务教育阶段家庭经济困难寄宿生生活补助政策。实施农村义务教育学生营养改善计划，开展心理关怀等活动，促进学校、家庭、社区有效衔接。加强农村“妇女之家”建设，培育和扶持妇女互助合作组织，帮助留守妇女解决生产、生活困难。全面实施城乡居民基本养老保险制度，建立健全农村老年社会福利和社会救助制度，发展适合农村特点的养老服务体系，努力保障留守老人生活。加强社会治安管理，保障留守儿童、留守妇女和留守老人的安全，发挥农村社区综合服务设施关爱留守人员功能。（民政部、全国妇联会同发展改革委、教育部、公安部、财政部、人力资源社会保障部、共青团中央负责）

六、进一步加强对农民工工作的领导

（二十三）完善农民工工作协调机制。各级人民政府要把农民工工作列入经济社会发展总体规划和政府目标考核内容，建立健全考核评估机制，落实相关责任。国务院已成立农民工工作领导小组，办公室设在人力资源社会保障部。县级以上地方人民政府也要成立农民工工作领导小组，加强统筹协调和工作指导。（农民工办会同国务院农民工工作领导小组各成员单位负责）

（二十四）加大农民工公共服务等经费投入。深化公共财政制度改革，建立政府、企业、个人共同参与的农民工市民化成本分担机制和财政转移支付同农民工市民化挂钩机制。中央和地方财政部门要按照推进基本公共服务均等化的要求，统筹考虑农民工培训就业、社会保障、公共卫生、随迁子女教育、住房保障、公共文化等基本公共服务的资金需求，加大投入力度，为农民工平等享受基本公共服务提供经费保障。各级财政部门要将农民工工作经费纳入公共财政预算支出范围。（财政部、农民工办会同发展改革委、教育部、民政部、人力资源社会保障部、住房城乡建设部、文化部、卫生计生委负责）

（二十五）创新和加强工青妇组织对农民工的服务。积极创新工会组织形式和农民工入会方式，将农民工组织到工会中来。以输入地团组织为主、输出地团组织配合，逐步建立农民工团员服务和管理工作制度，积极从新生代农民工中发展团员。各级工会、共青团、妇联组织要切实履行维护农民工权益的职责，通过开展志愿者活动等方式关心关爱农民工及其子女，努力为农民工提供服务。（全国总工会、共青团中央、全国妇联分别负责）

（二十六）发挥社会组织服务农民工的积极作用。按照培育发展和管理监督并重的原则，对为农民工服务的社会组织正确引导、给予支持，充分发挥他们为农民工提供服务、反映诉求、协同社会管理、促进社会融合的积极作用。改进对服务农民工的社会组织的管理，完善扶持政策，通过开展业务培训、组织经验交流、政府购买服务等方式，引导和支持其依法开展服务活动。（民政部会同发展改革委、教育部、公安部、司法部、财政部、人力资源社会保障部、文化部、卫生计生委、工商总局、全国总工会负责）

（二十七）夯实做好农民工工作的基础性工作。加大投入，建立输入地与输出地相结合、综合统计与部门统计相结合、标准统一、信息共享的农民工统计调查监测体系，做好农民工市民化进程动态监测工作。深入开展农民工工作的理论和政策研究，为党和政府相关决策提供依据。（统计局、农民工办会同国务院农民工工作领导小组其他成员单位负责）

（二十八）进一步营造关心关爱农民工的社会氛围。坚持正确导向，组织引导新闻媒体运用多种方式，加强政策阐释解读，积极宣传农民工工作的好经验、好做法和农民工中的先进典型，对相关热点问题开展及时有效的舆论引导。对优秀农民工和农民工工作先进集体及个人按规定进行表彰奖励，努力使尊重农民工、公平对待农民工、让农民工共享经济社会发展成果成为全社会的自觉行动。（中央宣传部、农民工办会同国务院农民工工作领导小组其他成员单位负责）

各地区、各有关部门要按照本意见要求，结合实际抓紧制定和完善配套政策措施，积极研究解决工作中遇到的新问题。国务院农民工工作领导小组每年要针对重点工作和突出问题进行督察，及时向国务院报告农民工工作情况。

2014 年 9 月 12 日

人力资源社会保障部　国家发展改革委　民政部　财政部　商务部　全国总工会　共青团中央　全国妇联关于开展家庭服务业规范化职业化建设的通知

人社部发［2014］98号

各省、自治区、直辖市及新疆生产建设兵团人力资源社会保障厅（局）、发展改革委、民政厅（局）、财政厅（局）、商务厅（局）、总工会、团委、妇联：

推动以家政服务、养老服务、病患陪护服务为重点的家庭服务行业规范化、家庭服务从业人员职业化，是保障家庭服务供给、提高家庭服务质量、促进家庭服务行业健康发展的重要基础性工作。为贯彻落实党的十八届三中、四中全会精神和习近平总书记在视察济南农民工综合服务中心时指出的要坚持诚信为本、提高家政服务职业化水平的重要指示精神，进一步落实《国务院办公厅关于发展家庭服务业的指导意见》（国办发［2010］43号），现就开展家庭服务业规范化和职业化建设（以下简称“两化”建设）通知如下：

一、“两化”建设的总体目标和具体要求

（一）总体目标。

贯彻党中央、国务院决策部署，适应家庭服务业发展需要，不断加大工作力度，到2020年，努力实现家庭服务行业规范化、家庭服务从业人员职业化的目标。

（二）具体要求。

1. 规范化建设。

（1）依法经营，诚信为本。从事家庭服务的企业（单位）依法登记或注册，遵循合法、平等自愿、诚实信用的原则开展经营活动，公平参与市场竞争，为家庭提供安全、便利、优质的家庭服务，依法保障家庭服务从业人员合法权益。家庭服务企业（单位）建有健全的企业管理制度，有条件地推进现代企业制度建设，创新管理和服务模式，实行连锁化、规模化、网络化、品牌化经营。

（2）标准服务，顺畅对接。家庭服务标准体系完备，家庭服务企业（单位）依据家庭服务标准提供家庭服务，推行服务承诺、服务公约、服务规范，努力创建服务品牌，不断提高服务质量。家庭服务业公益性信息服务平台普遍建立，健全供需对接、信息咨询、服务监督等功能，实现家庭与家庭服务企业（单位）顺畅对接。

（3）充分自律，有效监管。家庭服务行业协会覆盖面稳步扩大，行业协会的服务、协调、自律作用得到充分发挥，行业组织化程度高。家庭服务市场监管法规规章完备，执法严格有效，市场行业规范，各方主体权利得到维护，行业有序健康发展。

2. 职业化建设。

（1）职业认同得到确立。家庭服务从业人员普遍树立“家服人”职业形象和职业道德，践行“把爱心送到家，把服务做到家”的理念，职业文化健康发展，家庭服务职业受到社会广泛认同和尊重。

（2）职业技能显著提高。家庭服务从业人员普遍接受职业技能培训，具备较高的职业素质和技能，能够提供专业化的家庭服务。

（3）职业队伍不断扩大。越来越多的劳动者进入家庭服务领域就业和创业，包括一大批高素质、高技能的家庭服务从业人员、专业职业培训人员和专业研究人员组成的家庭服务业职业队伍不断壮大。

（4）合法权益得到保障。劳动用工合法规范，维护家庭服务从业人员权益的法规政策进一步完善，建立多渠道权益维护机制，家庭服务从业人员劳动报酬、休息休假等权益得到保障。

二、以诚信建设为重点推进家庭服务业规范化建设

（一）完善家庭服务业企业（单位）经营行为规范。针对家政服务、养老服务、病患陪护服务等业态的行业特点，研究制定并不断完善法规规章，规范家庭服务企业（单位）的经营行为。

（二）强化企业经营和市场行为监管。定期开展家庭服务业市场清理整顿，加强市场日常监管，严肃查处违法经营行为。

（三）加强家庭服务诚信建设。大力开展家庭服务机构诚信经营教育、家庭服务从业人员职业道德教育和家庭守信教育。将职业道德作为从业人员岗前培训的内容。建立健全守信激励和失信惩戒制度，建立家庭服务机构和从业人员信用记录，纳入国家统一的信用信息平台，对严重违法失信的机构和从业人员建立“黑名单”并依法公开曝光。探索建立家庭服务机构和从业人员诚信服务承诺制，要求以规范格式向社会公开承诺。

（四）推行家庭服务标准和服务规范。大力推行家庭服务国家标准和行业标准，积极研究制定新的业态服务标准和规范。对暂未制定国家标准或行业标准的，鼓励各地探索制定地方标准，积极探索指导督促企业执行标准的有效途径和办法。鼓励企业实行更高水平的服务标准和规范，推动家庭服务向高标准、高质量、高水平发展。

（五）提高家庭服务业公益信息服务能力。依托家庭服务信息网络、社区公共服务综合信息平台、公共就业信息平台等，理顺关系，健全功能，加强家庭服务业公益性信息服务，扩大信息服务覆盖面，促进信息服务向农村社区覆盖，实现家庭服务供需信息对接和共享。积极争取电信管理部门的支持，设立家庭服务业公益性服务号码。支持通讯、互联网企业设立家庭服务业公益性信息服务网站、呼叫中心，为家庭和家庭服务企业（单位）提供供需对接服务。

（六）充分发挥家庭服务业行业协会作用。通过政府转变职能、购买服务、税收优惠等措施，积极扶持发展家庭服务业行业协会。加强与行业协会的联系，重要会议可邀请行业协会参加，重要课题可委托行业协会开展研究，重要政策文件要征求行业协会的意见。鼓励行业协会及时报告家庭服务行业发展情况，提出促进家庭服务业发展的意见和建议。鼓励行业协会通过推动诚信体系建设和倡导实施行规行约，进一步发挥行业自律作用，维护公平竞争的市场秩序和相关各方合法权益，促进行业健康稳定发展。

三、以培训工作为重点加强家庭服务业职业化建设

（一）加大家庭服务业职业培训工作力度。把家庭服务从业人员培训纳入本地区职业技能培训规划和农民工职业技能提升计划，确保家庭服务从业人员培训的规模和质量。按照《国务院关于加强职业培训促进就业的意见》（国发［2010］36号）精神，针对家政服务行业特点，进一步完善并落实职业培训政策，对城乡有意愿的劳动者（含家庭自雇的家政服务员）申请参加家政服务技能培训的，做到应训尽训；对参加家政服务技能培训的，按规定给予职业培训补贴，做到应补尽补。按照家庭服务业相关职业（工种）不同等级要求、市场需求紧缺程度以及培训平均成本，科学合理地确定培训补贴基本标准，并根据实际情况定期予以调整。在组织开展培训工作中药注重发挥工会、共青团、妇联组织的独特优势和重要作用。

（二）建立家庭服务从业人员职业发展通道。加强家庭服务从业人员的职业技能标准制（修）订工作，构建完善家庭服务从业人员从初级工到技师的职业发展通道。落实职业技能鉴定补贴政策，鼓励家庭服务从业人员参加职业技能鉴定。发布不同职业技能等级家庭服务从业人员市场工资指导价位，引导家庭服务从业人员通过提高技能水平增加工资收入。

（三）强化家庭服务业专门人才培养。推动支持有条件的技工院校、职业院校和普通高等院校开设家政学等社会急需的家庭服务类专业，扩大招生规模，加快培养家政服务、养老服务等专业人才。积极鼓励校企合作，形成实习培训、合作讲学、兼职任教等形式多样的学科专业人才培养机制。推动高等院校建立家庭服务专业研究中心，为家庭服务业发展提供理论支撑。支持家庭服务专业教学指导委员会工作，加强校际交流。开展家庭服务业职业经理人培训，培养经营管理人才，提高家庭服务企业（单位）科学管理的能力。

（四）提高家庭服务从业人员职业培训基础能力。充分发挥现有职业培训资源作用，鼓励社会力量尤其是“千户百强”家庭服务企业（单位）和工会、妇联组织举办的大中型家政服务机构依法兴办职业培训机构，支持工会、共青团、妇联组织依托所属职业培训机构开展家庭服务培训。结合中心城市家庭服务体系建设，在家庭服务需求大、从业人员多的区域性中心城市，利用现有培训机构和资源，建设家庭服务职业技能实训基地。支持各省、自治区、直辖市发展1～2个家庭服务职业培训示范基地。加强家庭服务业职业培训课程体系、培训大纲以及培训教材开发，推广家庭服务业规范化系列培训教材。大力推进家庭服务业职业培训师资队伍建设，依托有条件的培训机构开展师资培训，逐步建立师资库。

（五）积极宣传推广“中国家庭服务”行业标识。指导家庭服务业行业协会向依法登记、合法经营的家庭服务企业（单位）推广使用“中国家庭服务”标识，大力宣传“把爱心送到家，把服务做到家”服务理念。在使用标识时，要严格按照标识标准制图数据制作标识，将标识悬挂在办公经营场所或活动场所的显著位置，妥善维护标识，确保标识图形的完整性。

（六）努力维护家庭服务从业人员劳动保障权益。积极促进家庭服务从业人员稳定就业，依法保障其各项劳动保障权益。制定适应家政服务特点的劳动用工政策及劳动标准，保障家政服务员劳动报酬、休息休假、劳动条件、社会保险等方面的合法权益。

四、加强组织领导

各级人力资源社会保障部门要充分发挥在发展家庭服务业促进就业联席会议中的牵头作用，积极履行推动家庭服务业规范化和职业化建设的统筹协调职责，会同有关部门和单位研究制定本地家庭服务业“两化”建设实施方案，制定切实可行的政策措施，有计划、有步骤地推进家庭服务业“两化”建设。各级发展改革、民政、财政、商务、总工会、共青团、妇联等部门（单位）要按照《中央机构编制委员会办公室关于建立推动家庭服务业发展促进就业部门协调机制的通知》（中央编办发〔2009〕14号）和各地职责分工要求，认真履行各自职责，加强协作配合，共同推动家庭服务业“两化”建设，确保各项政策措施落到实处。

各地区、各有关部门要及时分析掌握新情况、研究解决新问题，每年年初向上级部门和同级发展家庭服务业促进就业工作协调机构报告工作情况。

2014年12月24日

国务院农民工工作领导小组办公室关于印发国务院关于进一步做好为农民工服务工作的意见宣传提纲的通知

国农工办发［2014］3号

各省、自治区、直辖市及新疆生产建设兵团农民工工作议事协调机构，国务院农民工工作领导小组各成员单位：

2014年9月30日，《国务院关于进一步做好为农民工服务工作的意见》（国发［2014］40号，以下简称《意见》）公布。这是继《国务院关于解决农民工问题的若干意见》（国发［2006］5号）印发实施以来，国务院印发的第二个全面系统地指导做好农民工工作的综合性文件。《意见》的印发实施，对于维护农民工权益、有序推进农民工市民化、促进从根本上解决农民工问题，具有十分重要的意义。为做好《意见》的宣传和贯彻落实工作，我们组织起草了《〈国务院关于进一步做好为农民工服务工作的意见〉宣传提纲》，现印发给你们，请结合实际，广泛开展对《意见》的宣传。

2014年10月14日

《国务院关于进一步做好为农民工服务工作的意见》宣传提纲

2014年9月12日，《国务院关于进一步做好为农民工服务工作的意见》（国发［2014］40号，以下简称《意见》）印发实施。这是继《国务院关于解决农民工问题的若干意见》（国发［2006］5号）印发实施以来，国务院印发的第二个全面系统地指导做好农民工工作的综合性文件，是进一步做好为农民工服务工作的指南。

一、《意见》出台的背景和重要意义

农村富余劳动力逐步转变为二三产业工人、转变为城镇市民，是世界各国工业化、城镇化、农业现代化发展进程中的客观规律。改革开放以来，随着我国工业化、城镇化的快速发展，大量农村富余劳动力转移到二三产业和城镇就业成为农民工，并逐步成为我国产业工人的主体，是推动国家现代化建设的重要力量，为经济社会发展做出了巨大贡献。党中央、国务院高度重视农民工工作，国发［2006］5号文件实施以来，建立了农民工工作协调机制，出台了一系列政策措施，农民工工作取得显著成效。农民工就业规模持续扩大，2013年农民工总量达2.69亿人，其中外出就业农民工1.66亿人；职业技能不断提高，工资收入大幅增加，参加社会保险人数较快增长，劳动保障权益维护明显加强，享受基本公共服务范围逐步扩大，关心关爱农民工的社会氛围正在形成。但目前农民工就业稳定性不强，劳动保障权益受侵害的现象还时有发生，享受基本公共服务的项目范围和人数比例仍然较小，大量长期在城镇就业的农民工还未落户，与广大农民工尤其是新生代农民工期望融入城镇、共享经济社会发展成果、实现自身全面发展的诉求不相适应。

面对新的形势，迫切需要进一步做好农民工工作，将农民工培养成为稳定就业的新型产业工人、发展成为在城镇常住并平等享受公共服务的新市民。这是推进以人为核心的城镇化、全面提高城镇化质量的首要任务，是提高劳动者素质和扩大内需、加快转变经济发展方式的迫切需要，是统筹解决“三农”问题、推动城乡发展一体化的重要内容，是加强和创新社会治理、促进社会和谐稳定的重要举措。

党的十八大和十八届三中全会、中央城镇化工作会议提出了“有序推进农业转移人口市民化”的发展方向，强调新型城镇化的核心是“人的城镇化”，要把有序推进农业转移人口市民化作为新型城镇化的首要任务。《国家新型城镇化规划（2014—2020年）》用专篇对有序推进农业转移人口市民化作出了部署。为了贯彻落实党中央、国务院决策部署，国务院农民工工作领导小组组织起草了《意见》，报请国务院常务会议审议后印发。《意见》的印发实施，对于维护农民工权益、有序推进农民工市民化、促进从根本上解决农民工问题，具有十分重要的意义。各地区、各部门要从巩固党的执政基础和全面建成小康社会、推进社会主义现代化、实现中华民族伟大复兴中国梦的战略高度，充分认识进一步做好农民工工作的重要性，切实把农民工工作摆在更加突出的位置，采取有力措施抓好《意见》的落实。

二、《意见》提出的进一步做好农民工工作的总体目标、基本思路和基本原则

（一）总体目标。

到 2020 年，转移农业劳动力总量继续增加，每年开展农民工职业技能培训 2 000 万人次，农民工综合素质显著提高、劳动条件明显改善、工资基本无拖欠并稳定增长、参加社会保险全覆盖，引导约 1 亿人在中西部地区就近城镇化，努力实现 1 亿左右农业转移人口和其他常住人口在城镇落户，未落户的也能享受城镇基本公共服务，农民工群体逐步融入城镇，为实现农民工市民化目标打下坚实基础。

（二）基本思路。

按照工业化、信息化、新型城镇化、农业现代化同步发展的要求，积极探索中国特色农业劳动力转移道路，通过着力做好四方面工作（“四个着力”），有序推进、逐步实现有条件有意愿的农民工市民化。“四个着力”包括：一是着力稳定和扩大农民工就业创业，这是农民工市民化的基础。二是着力维护农民工的劳动保障权益，这是农民工市民化的基本。三是着力推动农民工逐步实现平等享受城镇基本公共服务和在城镇落户，这是农民工市民化的关键。四是着力促进农民工社会融合，使农民工本人融入企业、子女融入学校、家庭融入社区、群体融入城镇，这是农民工市民化的支撑。

（三）基本原则。

一是坚持以人为本、公平对待。推进以人为核心的城镇化，公平保障农民工作为用人单位职工、作为城镇常住人口的权益，帮助农民工解决最关心最直接最现实的利益问题，实现改革发展成果共享。二是坚持统筹兼顾、优化布局。按照区域发展总体战略和国家新型城镇化规划，逐步完善生产力布局和城镇化布局，引导农民工在东中西不同区域、大中小不同城市和小城镇以及城乡之间合理分布。最终期望形成这样一种局面：大部分农业人口有序转移成为二三产业工人和城镇市民，小部分农业人口在农村从事适度规模经营的现代农业、通过新农村建设过上与城镇市民同等水平的生活；转移成为市民的人口根据各地综合承载能力，均衡地分布在东中西不同区域、大中小不同城市和小城镇。三是坚持城乡一体、改革创新。适应推动城乡发展一体化的需要，着力改革城乡二元体制机制，逐步建立完善有利于农民工市民化的基本公共服务、户籍、住房、土地管理、成本分担等制度。四是坚持分类推进、逐步实施。按照自愿、分类、有序的要求，因地制宜、存量优先，尽力而为、量力而行，重点促进长期在城镇居住、有相对稳定工作的农民工有序融入城镇，循序渐进地推进农民工市民化。

三、《意见》提出的政策措施

《意见》围绕有序推进农民工市民化，在总结国发［2006］5号文件实施以来各地创造的新鲜经验和行之有效的政策措施基础上，针对当前的突出问题和发展趋势，从四个方面提出了今后一个时期的政策措施。主要有：

（一）着力稳定和扩大农民工就业创业。

1. 努力提高农民工职业技能水平。这既是促进农民工稳定就业、提高农民工收入水平、推动农民工市民化的重要基础，也是适应经济结构调整、加快转变经济发展方式的需要。为此，一是要充分发挥人力资源社会保障部门的职业培训主管职能和主体作用，加大农民工职业培训工作力度，实施农民工职业技能提升计划。对农村转移就业劳动者开展就业技能培训，对在岗农民工开展岗位技能提升培训，对具备中级以上职业技能的农民工开展高技能人才培训，将农民工纳入终身职业培训体系。二是要充分发挥扶贫、科技、教育、住房城乡建设等部门在农民工职业培训中的重要作用，制定农民工职业技能培训综合计划，相关部门按分工组织实施，加强农民工职业培训工作的统筹管理。三是要改进农民工职业培训工作。加大培训资金投入，合理确定培训补贴标准，落实职业技能鉴定补贴政策。改进培训补贴方式，重点开展订单式培训、定向培训、企业定岗培训，面向市场确定培训职业（工种），形成培训机构平等竞争、农民工自主参加培训、政府购买服务的机制。

2. 加快发展农村新成长劳动力职业教育。为了从源头上提高农民工职业技能水平，要努力实现未升入普通高中、普通高等院校的农村应届初高中毕业生都能接受职业教育或参加劳动预备制培训。为此，一是要全面落实中等职业教育农村学生免学费政策和家庭经济困难学生资助政策。二是鼓励各地根据需要改扩建符合标准的主要面向农村招生的职业院校、技工院校，支持没有职业院校或技工院校的边远地区各市（地、州、盟）因地制宜建立主要面向农村招生的职业院校或技工院校。三是加强职业教育教师队伍建设，创新办学模式，提高教育质量。四是积极推进学历证书、职业资格证书双证书制度。

3. 完善和落实促进农民工就业创业的政策。针对目前制约农民工就业创业的问题，《意见》提出，一是要进一步清理针对农民工就业的户籍限制等歧视性规定，保障城乡劳动者平等就业权利。二是要完善农民工就业服务。实现就业信息全国联网，方便农民工异地求职；完善城乡均等的公共就业服务体系，有针对性地为农民工提供政策咨询、职业指导、职业介绍等公共就业服务；加强农民工输出输入地劳务对接，输出地可在本地农民工相对集中的输入地设立服务工作站点，输入地应给予支持；组织开展农民工就业服务“春风行动”。三是要开发适合农民工的就业岗位。大力发展服务业特别是家庭服务业和中小微企业；积极支持农产品产地初加工、休闲农业发展；引导有市场、有效益的劳动密集型产业优先向中西部转移，吸纳从东部返乡和就近转移的农民工就业。针对一些地方农民工流动摊贩与城市管理之间存在的矛盾，要建设减免收费的农贸市场和餐饮摊位，满足市民生活需求和促进农民工就业。四是要促进农民工创业。将农民工纳入创业政策扶持范围，运用财政支持、创业投资引导和创业培训、政策性金融服务、小额担保贷款和贴息、生产经营场地和创业孵化基地等扶持政策，促进农民工创业。五是要做好老少边穷地区、牧区、库区、渔区农牧渔民转移就业工作和农民工境外就业服务工作。

（二）着力维护农民工的劳动保障权益。

1. 规范使用农民工的劳动用工管理。依法建立用人单位与劳动者之间规范的劳动关系，是维护劳动者权益的首要环节。一些用人单位与农民工的劳动关系不规范，直接影响到农民工的工资支付、社会保险参保缴费、工伤赔偿等劳动保障权益。为此，一是要指导和督促用人单位与农民工依法普遍签订并履行劳动合同，在务工流动性大、季节性强、时间短的农民工中推广简易劳动合同示范文本，对小微企业经营者开展劳动合同法培训。二是要依法规范劳务派遣用工行为。三是要清理建设领域违法发包分包行为。四是要完善适应家政服务特点的劳动用工政策和劳动标准。五是要整合劳动用工备案及就业失业登记、社会保险登记，实现对企业使用农民工的动态管理服务。

2. 保障农民工工资报酬权益。按时足额获得工资报酬并实现工资水平的合理增长，是大多数农民工最关心的权益。为了解决目前仍然存在的拖欠农民工工资的顽疾，并且让农民工能够合理分享发展成果，一是要推行“一卡两金三制”，即推广实名制工资支付银行卡，在建设领域和其他容易发生欠薪的行业推行工资保证金制度，在有条件的市县探索建立健全欠薪应急周转金制度，完善并落实工程总承包企业对所承包工程的农民工工资支付全面负责制度、劳动保障监察执法与刑事司法联动治理恶意欠薪制度、解决欠薪问题地方政府负总责制度。二是要落实农民工与城镇职工同工同酬原则。三是要在经济发展基础上合理调整最低工资标准，推动农民工参与工资集体协商，促进农民工工资水平合理增长。

3. 扩大农民工参加城镇社会保险覆盖面。将农民工依法纳入社会保险覆盖范围，既能应对当前发生工伤、疾病等风险，更能解除年老后的后顾之忧。为了推动用人单位依法为农民工参保缴费，一是要实施“全民参保登记计划”，推进农民工等群体依法全面持续参加社会保险。二是要完善制度。研究完善灵活就业农民工参加基本养老保险政策，灵活就业农民工可以参加当地城镇居民基本医疗保险；完善社会保险关系转移接续政策；推动农民工与城镇职工平等参加失业保险、生育保险并平等享受待遇。三是要依法保障农民工社会保险权益。依法将与用人单位建立稳定劳动关系的农民工纳入城镇职工基本养老保险和基本医疗保险；努力实现用人单位的农民工全部参加工伤保险；着力解决未参保用人单位的农民工工伤保险待遇保障问题；对劳务派遣单位或用工单位侵害被派遣农民工社会保险权益的，依法追究连带责任。

4. 维护农民工的安全生产和职业健康权益。党中央、国务院领导多次强调，发展决不能以牺牲人的生命为代价，这是一条不可逾越的红线；并指出所有企业必须做到安全培训到位。但是，当前农民工伤亡事故和职业病仍然多发，不少农民工安全意识淡薄，既是事故的受害者，也是造成事故的责任者。据统计，工矿商贸企业发生的伤亡事故，80％以上发生在农民工比较集中的中小企业，伤亡人员大多是农民工；每年报告的职业病新发病人员，也有超过半数是农民工。在生产作业场所，保护好农民工生命安全和职业健康，已成为当前维护农民工权益的重点工作之一。为此，一是要加强安全生产培训和职业健康教育。强化高危行业和中小企业一线操作农民工安全生产和职业健康教育培训，将安全生产和职业健康相关知识纳入职业技能教育培训内容。严格执行特殊工种持证上岗制度、安全生产培训与企业安全生产许可证审核相结合制度。二是要对职业病早发现、早诊断、早治疗。督促企业对接触职业病危害的农民工开展职业健康检查、建立监护档案。建立重点职业病监测哨点，完善职业病诊断、鉴定、治疗的法规、标准和机构。三是要加大工伤职业病预防工作力度。重点整治矿山、工程建设等领域农民工工伤多发问题。四是要实施农民工职业病防治和帮扶行动。深入开展粉尘与高毒物品危害治理，保障符合条件的无法追溯用人单位及用人单位无法承担相应责任的农民工职业病患者享受相应的生活和医疗待遇。

5. 畅通农民工维权渠道。维护农民工劳动保障权益需要有效的维权渠道提供保障。为此，一是要加强劳动保障监察执法。全面推进劳动保障监察网格化、网络化管理，加强用人单位用工守法诚信管理，完善劳动保障违法行为排查预警、快速处置机制，健全举报投诉制度，依法查处用人单位侵害农民工权益的违法行为。二是要加强劳动争议调解仲裁。按照“鼓励和解、强化调解、依法仲裁、衔接诉讼”的要求，及时公正处理涉及农民工的劳动争议。畅通农民工劳动争议仲裁“绿色通道”，简化受理立案程序，提高仲裁效率。建立健全涉及农民工的集体劳动争议调处机制。三是要加强法律援助和法律服务。简化法律援助申请受理审查程序，完善异地协作机制，方便农民工异地申请获得法律援助。畅通法律服务热线，加大普法力度，不断提高农民工及用人单位的法治意识和法律素质，引导农民工合法理性维权。四是要加强维权能力建设。大力加强劳动保障监察机构、劳动人事争议仲裁院和基层劳动争议调解组织建设，完善服务设施；健全基层法律援助和法律服务工作网络。

（三）着力推动农民工逐步实现平等享受城镇基本公共服务和在城镇落户。

1. 从两方面同步推进农民工逐步平等享有市民权利。农民工市民化的本质含义是农民工能够平等享有以城镇基本公共服务为主要内容的市民权利。为此，一方面要进一步推进户籍制度改革，实施差别化落户政策，促进有条件有意愿、在城镇有稳定就业和住所（含租赁）的农民工及其随迁家属在城镇有序落户并依法平等享受城镇公共服务；另一方面要深化基本公共服务供给制度改革，积极推进城镇基本公共服务由主要对本地户籍人口提供向对常住人口提供转变，努力实现城镇基本公共服务覆盖在城镇未落户但常住的农民工及其随迁家属，使其逐步平等享受市民权利。《国务院关于进一步推进户籍制度改革的意见》（国发［2014］25 号）对有序推进农民工在城镇落户已经作出了规定，因此《意见》仅提出衔接性的原则要求，同时着重对推动未落户的农民工逐步平等享受城镇基本公共服务提出了要求。

2. 完善农民工享受基本公共服务的相关制度和方式。一是各地区、各有关部门要逐步按照常住人口配置基本公共服务资源，明确农民工及其随迁家属可以享受的基本公共服务项目，并不断提高综合承载能力、扩大项目范围。二是实行居住证制度。农民工及其随迁家属在输入地城镇未落户的，依法申领居住证，持居住证享受规定的基本公共服务。三是推行“一站式”综合服务。在农民工输入相对集中的城市，主要依托社区综合服务设施、劳动就业社会保障服务平台等现有资源，建立农民工综合服务平台，整合各部门公共服务资源，为农民工提供便捷、高效、优质的“一站式”综合服务。

3. 保障农民工随迁子女平等接受教育的权利。随迁子女接受教育问题是农民工的重要关切，解决好这个问题，不仅有益于农民工及其子女，而且有益于常住地城镇提高人口素质、维护社会安全和稳定，有益于国家经济社会发展和全面进步。为了保障农民工随迁子女平等接受教育的权利，一是要保障平等接受义务教育权利。公办义务教育学校要普遍对农民工随迁子女开放，与城镇户籍学生混合编班，统一管理。二是要积极创造条件着力满足农民工随迁子女接受普惠性学前教育的需求。三是要进一步完善和落实好符合条件的农民工随迁子女接受义务教育后在输入地参加中考、高考的政策。四是要做好保障工作。输入地政府要将符合规定条件的农民工随迁子女教育纳入教育发展规划，合理规划学校布局，科学核定公办学校教师编制，加大公办学校教育经费投入；对在公益性民办学校、普惠性民办幼儿园接受义务教育、学前教育的，采取政府购买服务等方式落实支持经费，指导和帮助学校、幼儿园提高教育质量。五是要针对农民工随迁子女因居住条件差、父母文化程度不高等原因而存在的学习和成长中的难题，开展关爱流动儿童活动。

4. 加强农民工医疗卫生和计划生育服务工作。一是要落实农民工获得基本公共卫生服务方面的权利，加强农民工疾病预防控制。继续实施国家免疫规划，保障农民工适龄随迁子女平等享受预防接种服务。加强农民工聚居地的疾病监测、疫情处置和突发公共卫生事件应对，强化农民工健康教育、妇幼健康和精神卫生工作。加强农民工艾滋病、结核病、血吸虫病等重大疾病防治工作，落实“四免一关怀”等相关政策。二是为了缓解农民工“看病难、看病贵”问题，要完善社区卫生计生服务网络，将农民工纳入服务范围。鼓励有条件的地方将符合条件的农民工及其随迁家属纳入当地医疗救助范围。三是要做好农民工计划生育工作。巩固完善流动人口计划生育服务管理全国“一盘棋”工作机制，加强考核评估，落实输入地和输出地责任。开展流动人口卫生计生动态监测和“关怀关爱”活动。

5. 逐步改善农民工居住条件。住有所居是农民工进城就业的基本生活要求，更是转变为市民的基础条件。解决数以亿计农民工的居住问题，需要与城镇户籍人口住房问题统筹考虑，将市场的决定性作用与政府作用相结合，区别各类农民工的不同情况，综合采取多种途径。为此，一是要改变在住房发展规划中只考虑城镇户籍人口的做法，统筹规划城镇常住人口规模和建设用地面积，将解决农民工住房问题纳入住房发展规划。二是要支持多数农民工主要依靠市场解决住房问题。支持增加中小户型普通商品住房供给，规范房屋租赁市场，积极支持符合条件的农民工购买或租赁商品住房，并按规定享受购房契税和印花税等优惠政策。逐步将在城镇稳定就业的农民工纳入住房公积金制度实施范围。三是要完善住房保障制度，将符合条件的农民工纳入住房保障实施范围。加强城中村、棚户区环境整治和综合管理服务，使居住其中的农民工住宿条件得到改善。农民工集中的开发区、产业园区可以按照集约用地的原则，集中建设宿舍型或单元型小户型公共租赁住房，面向用人单位或农民工出租。四是要改善未租购住房的农民工居住条件。允许农民工数量较多的企业在符合规划和规定标准的用地规模范围内，利用企业办公及生活服务设施用地建设农民工集体宿舍，督促和指导建设施工企业改善农民工住宿条件。

6. 保障农民工土地承包经营权、宅基地使用权和集体经济收益分配权。土地承包经营权和宅基地使用权是法律赋予农民工家庭的用益物权，集体经济收益分配权是农民工作为集体经济组织成员应当享受的合法财产权利。《意见》根据党中央、国务院有关决策精神，综合提出了要求。一是要做好农村土地承包经营权和宅基地使用权确权登记颁证工作，切实保护农民工土地权益。二是要建立健全土地承包经营权流转市场，加强流转管理和服务。完善土地承包经营纠纷的调解仲裁体系和调处机制。三是要深化农村集体产权制度改革，探索农村集体经济多种有效实现形式，保障农民工的集体经济组织成员权利。四是要完善相关法律和政策，妥善处理好农民工及其随迁家属进城落户后的土地承包经营权、宅基地使用权、集体经济收益分配权问题。现阶段，不得以退出土地承包经营权、宅基地使用权、集体经济收益分配权作为农民进城落户的条件。

（四）着力促进农民工社会融合。

1. 保障农民工依法享有民主政治权利。一是要重视从农民工中发展党员，加强农民工中的党组织建设，健全城乡一体、输入地党组织为主、输出地党组织配合的农民工党员教育管理服务工作制度。二是要积极推荐优秀农民工作为各级党代会、人大、政协的代表、委员，在评选劳动模范、先进工作者和报考公务员等方面与城镇职工同等对待。三是要创造新办法、开辟新渠道，支持农民工在职工代表大会和社区居民委员会、村民委员会等组织中依法行使民主选举、民主决策、民主管理、民主监督的权利。

2. 丰富农民工精神文化生活。一是要发挥政府作用。把农民工纳入城市公共文化服务体系，继续推动图书馆、文化馆、博物馆等公共文化服务设施向农民工同等免费开放。推进“两看一上”（看报纸、看电视，有条件的能上网）活动，引导农民工积极参与全民阅读活动。举办示范性农民工文化活动。二是要发挥社区的作用。在农民工集中居住地规划建设简易实用的文化体育设施。利用社区文化活动室、公园、城市广场等场地，经常性地开展群众文体活动，促进农民工与市民之间交往、交流。三是要发挥社会和企业的作用。鼓励企业开展面向农民工的公益性文化活动，鼓励文化单位、文艺工作者和其他社会力量为农民工提供免费或优惠的文化产品和服务。

3. 加强对农民工的人文关怀。进城就业农民工面临着生产方式和生活方式的双重转变，如果不能尽快建立新的行为规范和生活习惯，将会影响农民工融入企业、融入城镇，对农民工本人的心理健康也会造成冲击。为此，一是要关心农民工工作、生活和思想状况，加强思想政治工作和科普宣传教育，引导农民工树立社会主义核心价值观。开展“人文关怀进企业、进一线”活动。二是要借鉴发达国家和地区的有效做法，通过依托各类学校开设农民工夜校等方式，开展新市民培训，培养诚实劳动、爱岗敬业的作风和文明、健康的生活方式。三是要对有需要的农民工开展心理疏导。

4. 建立健全农村留守儿童、留守妇女和留守老人关爱服务体系。在伴随工业化、城镇化、农业现代化而出现的农业人口大转移潮流中，既涌现出千百万“弄潮儿”，也有部分群体承受着发展的代价，尤其是因青壮年农民工进城就业但将孩子、妻子、父母留在农村从而出现的“三留守”群体。很多留守儿童面临着学业失教、生活失助、情感失落、心理失衡、安全失保等问题，一些留守妇女、留守老人在生产、生活、情感、安全等方面也面临着困难。能否做好“三留守”群体关爱服务工作，考验着社会的良心、关系着国家的未来。为此，一是要实施“共享蓝天”关爱农村留守儿童行动。完善工作机制、整合资源、增加投入，依托中小学、村民委员会普遍建立关爱服务阵地，做到有场所、有图书、有文体器材、有志愿者服务。继续实施学前教育行动计划，加快发展农村学前教育，着力解决留守儿童入园需求。全面改善贫困地区薄弱学校基本办学条件，加快农村寄宿制学校建设，优先满足留守儿童寄宿需求，落实农村义务教育阶段家庭经济困难寄宿生生活补助政策。实施农村义务教育学生营养改善计划，开展心理关怀等活动，促进学校、家庭、社区有效衔接。二是要关爱留守妇女。加强农村“妇女之家”建设，培育和扶持妇女互助合作组织，帮助留守妇女解决生产、生活困难。三是要关爱留守老人。全面实施城乡居民基本养老保险制度，建立健全农村老年社会福利和社会救助制度，发展适合农村特点的养老服务体系，努力保障留守老人生活。四是要加强社会治安管理，保障留守儿童、留守妇女和留守老人的安全，发挥农村社区综合服务设施关爱留守人员功能。

四、进一步加强对农民工工作的领导

农民工市民化是个历史过程，解决农民工面临的突出问题，涉及多方面，需要全社会形成合力才能有序推进、有效解决。为此，《意见》对加强领导、提供保障、动员各方面力量等提出了要求。

（一）完善农民工工作协调机制。

一是各级人民政府要把农民工工作列入经济社会发展总体规划和政府目标考核内容，建立健全考核评估机制，落实相关责任。二是国务院已成立农民工工作领导小组，办公室设在人力资源社会保障部。领导小组每年要针对重点工作和突出问题进行督察，及时向国务院报告农民工工作情况。县级以上地方人民政府也要成立农民工工作领导小组，加强统筹协调和工作指导。

（二）加大农民工公共服务等经费投入。

在推进农民工逐步平等享有市民权利的过程中，一个主要制约因素是“钱从哪里来”。《意见》提出，一是要深化公共财政制度改革，建立政府、企业、个人共同参与的农民工市民化成本分担机制和财政转移支付同农民工市民化挂钩机制。这是进一步明确各主体的成本分担责任。二是中央和地方财政部门要按照推进基本公共服务均等化的要求，统筹考虑农民工培训就业、社会保障、公共卫生、随迁子女教育、住房保障、公共文化等基本公共服务的资金需求，加大投入力度，为农民工平等享受基本公共服务提供经费保障。三是各级财政部门要将农民工工作经费纳入公共财政预算支出范围。

（三）创新和加强工青妇组织对农民工的服务。

工青妇组织在农民工工作中一直发挥着重要作用。下一步，一是要扩大对农民工的覆盖面。积极创新工会组织形式和农民工入会方式，将农民工组织到工会中来。以输入地团组织为主、输出地团组织配合，逐步建立农民工团员服务和管理工作制度，积极从新生代农民工中发展团员。二是要加强服务。各级工会、共青团、妇联组织要切实履行维护农民工权益的职责，通过开展志愿者活动等方式关心关爱农民工及其子女，努力为农民工提供服务。

（四）发挥社会组织服务农民工的积极作用。

在为农民工服务工作中，一些社会组织发挥了积极作用。下一步，一是要按照培育发展和管理监督并重的原则，对为农民工服务的社会组织正确引导、给予支持，充分发挥他们为农民工提供服务、反映诉求、协同社会管理、促进社会融合的积极作用。二是要改进对服务农民工的社会组织的管理，完善扶持政策，通过开展业务培训、组织经验交流、政府购买服务等方式，引导和支持其依法开展服务活动。

（五）夯实做好农民工工作的基础性工作。

统计调查、理论研究是做好农民工工作的重要基础。2008年以来，国家统计局以农民工输出地为基础建立了农民工监测调查制度，有关农民工工作的理论研究也广泛开展。下一步，一是要加大投入，建立输入地与输出地相结合、综合统计与部门统计相结合、标准统一、信息共享的农民工统计调查监测体系，做好农民工市民化进程动态监测工作。二是要继续深入开展农民工工作的理论和政策研究，为党和政府相关决策提供依据。

（六）进一步营造关心关爱农民工的社会氛围。

一是要坚持正确导向，组织引导新闻媒体运用多种方式，加强政策阐释解读，积极宣传农民工工作的好经验、好做法和农民工中的先进典型，对相关热点问题开展及时有效的舆论引导。二是要对优秀农民工和农民工工作先进集体及个人按规定进行表彰奖励，努力使尊重农民工、公平对待农民工、让农民工共享经济社会发展成果成为全社会的自觉行动。

在党中央、国务院的高度重视和坚强领导下，在全社会的共同努力下，随着我国工业化、信息化、新型城镇化、农业现代化的不断推进，农民工问题将逐步从根本上得到解决。

劳动关系

中华人民共和国人力资源和社会保障部令

第22号

《劳务派遣暂行规定》已于2013年12月20日经人力资源社会保障部第21次部务会审议通过，现予公布，自2014年3月1日起施行。

部　长　尹蔚民

2014年1月24日

劳务派遣暂行规定

第一章　总　　则

第一条　为规范劳务派遣，维护劳动者的合法权益，促进劳动关系和谐稳定，依据《中华人民共和国劳动合同法》（以下简称劳动合同法）和《中华人民共和国劳动合同法实施条例》（以下简称劳动合同法实施条例）等法律、行政法规，制定本规定。

第二条　劳务派遣单位经营劳务派遣业务，企业（以下称用工单位）使用被派遣劳动者，适用本规定。

依法成立的会计师事务所、律师事务所等合伙组织和基金会以及民办非企业单位等组织使用被派遣劳动者，依照本规定执行。

第二章　用工范围和用工比例

第三条　用工单位只能在临时性、辅助性或者替代性的工作岗位上使用被派遣劳动者。

前款规定的临时性工作岗位是指存续时间不超过6个月的岗位；辅助性工作岗位是指为主营业务岗位提供服务的非主营业务岗位；替代性工作岗位是指用工单位的劳动者因脱产学习、休假等原因无法工作的一定期间内，可以由其他劳动者替代工作的岗位。

用工单位决定使用被派遣劳动者的辅助性岗位，应当经职工代表大会或者全体职工讨论，提出方案和意见，与工会或者职工代表平等协商确定，并在用工单位内公示。

第四条　用工单位应当严格控制劳务派遣用工数量，使用的被派遣劳动者数量不得超过其用工总量的10％。

前款所称用工总量是指用工单位订立劳动合同人数与使用的被派遣劳动者人数之和。

计算劳务派遣用工比例的用工单位是指依照劳动合同法和劳动合同法实施条例可以与劳动者订立劳动合同的用人单位。

第三章　劳动合同、劳务派遣协议的订立和履行

第五条　劳务派遣单位应当依法与被派遣劳动者订立2年以上的固定期限书面劳动合同。

第六条　劳务派遣单位可以依法与被派遣劳动者约定试用期。劳务派遣单位与同一被派遣劳动者只能约定一次试用期。

第七条　劳务派遣协议应当载明下列内容：

（一）派遣的工作岗位名称和岗位性质；

（二）工作地点；

（三）派遣人员数量和派遣期限；

（四）按照同工同酬原则确定的劳动报酬数额和支付方式；

（五）社会保险费的数额和支付方式；

（六）工作时间和休息休假事项；

（七）被派遣劳动者工伤、生育或者患病期间的相关待遇；

（八）劳动安全卫生以及培训事项；

（九）经济补偿等费用；

（十）劳务派遣协议期限；

（十一）劳务派遣服务费的支付方式和标准；

（十二）违反劳务派遣协议的责任；

（十三）法律、法规、规章规定应当纳入劳务派遣协议的其他事项。

第八条 劳务派遣单位应当对被派遣劳动者履行下列义务：

（一）如实告知被派遣劳动者劳动合同法第八条规定的事项、应遵守的规章制度以及劳务派遣协议的内容；

（二）建立培训制度，对被派遣劳动者进行上岗知识、安全教育培训；

（三）按照国家规定和劳务派遣协议约定，依法支付被派遣劳动者的劳动报酬和相关待遇；

（四）按照国家规定和劳务派遣协议约定，依法为被派遣劳动者缴纳社会保险费，并办理社会保险相关手续；

（五）督促用工单位依法为被派遣劳动者提供劳动保护和劳动安全卫生条件；

（六）依法出具解除或者终止劳动合同的证明；

（七）协助处理被派遣劳动者与用工单位的纠纷；

（八）法律、法规和规章规定的其他事项。

第九条 用工单位应当按照劳动合同法第六十二条规定，向被派遣劳动者提供与工作岗位相关的福利待遇，不得歧视被派遣劳动者。

第十条 被派遣劳动者在用工单位因工作遭受事故伤害的，劳务派遣单位应当依法申请工伤认定，用工单位应当协助工伤认定的调查核实工作。劳务派遣单位承担工伤保险责任，但可以与用工单位约定补偿办法。

被派遣劳动者在申请进行职业病诊断、鉴定时，用工单位应当负责处理职业病诊断、鉴定事宜，并如实提供职业病诊断、鉴定所需的劳动者职业史和职业危害接触史、工作场所职业病危害因素检测结果等资料，劳务派遣单位应当提供被派遣劳动者职业病诊断、鉴定所需的其他材料。

第十一条 劳务派遣单位行政许可有效期未延续或者《劳务派遣经营许可证》被撤销、吊销的，已经与被派遣劳动者依法订立的劳动合同应当履行至期限届满。双方经协商一致，可以解除劳动合同。

第十二条 有下列情形之一的，用工单位可以将被派遣劳动者退回劳务派遣单位：

（一）用工单位有劳动合同法第四十条第三项、第四十一条规定情形的；

（二）用工单位被依法宣告破产、吊销营业执照、责令关闭、撤销、决定提前解散或者经营期限届满不再继续经营的；

（三）劳务派遣协议期满终止的。

被派遣劳动者退回后在无工作期间，劳务派遣单位应当按照不低于所在地人民政府规定的最低工资标准，向其按月支付报酬。

第十三条 被派遣劳动者有劳动合同法第四十二条规定情形的，在派遣期限届满前，用工单位不得依据本规定第十二条第一款第一项规定将被派遣劳动者退回劳务派遣单位；派遣期限届满的，应当延续至相应情形消失时方可退回。

第四章　劳动合同的解除和终止

第十四条　被派遣劳动者提前30日以书面形式通知劳务派遣单位，可以解除劳动合同。被派遣劳动者在试用期内提前3日通知劳务派遣单位，可以解除劳动合同。劳务派遣单位应当将被派遣劳动者通知解除劳动合同的情况及时告知用工单位。

第十五条　被派遣劳动者因本规定第十二条规定被用工单位退回，劳务派遣单位重新派遣时维持或者提高劳动合同约定条件，被派遣劳动者不同意的，劳务派遣单位可以解除劳动合同。

被派遣劳动者因本规定第十二条规定被用工单位退回，劳务派遣单位重新派遣时降低劳动合同约定条件，被派遣劳动者不同意的，劳务派遣单位不得解除劳动合同。但被派遣劳动者提出解除劳动合同的除外。

第十六条　劳务派遣单位被依法宣告破产、吊销营业执照、责令关闭、撤销、决定提前解散或者经营期限届满不再继续经营的，劳动合同终止。用工单位应当与劳务派遣单位协商妥善安置被派遣劳动者。

第十七条　劳务派遣单位因劳动合同法第四十六条或者本规定第十五条、第十六条规定的情形，与被派遣劳动者解除或者终止劳动合同的，应当依法向被派遣劳动者支付经济补偿。

第五章　跨地区劳务派遣的社会保险

第十八条　劳务派遣单位跨地区派遣劳动者的，应当在用工单位所在地为被派遣劳动者参加社会保险，按照用工单位所在地的规定缴纳社会保险费，被派遣劳动者按照国家规定享受社会保险待遇。

第十九条　劳务派遣单位在用工单位所在地设立分支机构的，由分支机构为被派遣劳动者办理参保手续，缴纳社会保险费。

劳务派遣单位未在用工单位所在地设立分支机构的，由用工单位代劳务派遣单位为被派遣劳动者办理参保手续，缴纳社会保险费。

第六章　法 律 责 任

第二十条　劳务派遣单位、用工单位违反劳动合同法和劳动合同法实施条例有关劳务派遣规定的，按照劳动合同法第九十二条规定执行。

第二十一条　劳务派遣单位违反本规定解除或者终止被派遣劳动者劳动合同的，按照劳动合同法第四十八条、第八十七条规定执行。

第二十二条　用工单位违反本规定第三条第三款规定的，由人力资源社会保障行政部门责令改正，给予警告；给被派遣劳动者造成损害的，依法承担赔偿责任。

第二十三条　劳务派遣单位违反本规定第六条规定的，按照劳动合同法第八十三条规定执行。

第二十四条　用工单位违反本规定退回被派遣劳动者的，按照劳动合同法第九十二条第二款规定执行。

第七章　附　　则

第二十五条　外国企业常驻代表机构和外国金融机构驻华代表机构等使用被派遣劳动者的，以及船员用人单位以劳务派遣形式使用国际远洋海员的，不受临时性、辅助性、替代性岗位和劳务派遣用工比例的限制。

第二十六条　用人单位将本单位劳动者派往境外工作或者派往家庭、自然人处提供劳动的，不属于本规定所称劳务派遣。

第二十七条　用人单位以承揽、外包等名义，按劳务派遣用工形式使用劳动者的，按照本规定处理。

第二十八条　用工单位在本规定施行前使用被派遣劳动者数

量超过其用工总量10%的，应当制定调整用工方案，于本规定施行之日起2年内降至规定比例。但是，《全国人民代表大会常务委员会关于修改〈中华人民共和国劳动合同法〉的决定》公布前已依法订立的劳动合同和劳务派遣协议期限届满日期在本规定施行之日起2年后的，可以依法继续履行至期限届满。

用工单位应当将制定的调整用工方案报当地人力资源社会保障行政部门备案。

用工单位未将本规定施行前使用的被派遣劳动者数量降至符合规定比例之前，不得新用被派遣劳动者。

第二十九条 本规定自2014年3月1日起施行。

人力资源社会保障部　全国总工会
中国企业联合会　全国工商联关于
推进实施集体合同制度攻坚计划的通知

人社部发〔2014〕30号

各省、自治区、直辖市及新疆生产建设兵团人力资源社会保障厅（局）、总工会、企业联合会/企业家协会、工商联：

近年来，各地按照国家协调劳动关系三方会议的部署，大力推进集体合同制度实施“彩虹计划”，推动集体协商和集体合同覆盖范围不断扩大，集体合同制度建设取得了明显成效，为促进劳动关系和谐稳定发挥了重要作用。但实践中这项工作开展不平衡，还存在有的集体协商实效性不强、部分集体合同质量不高等问题，集体协商作用尚未得到充分发挥。为贯彻落实党的十八大和十八届三中全会精神，进一步推进集体协商和集体合同工作，构建和谐劳动关系，国家协调劳动关系三方会议研究决定，从2014年至2016年，在全国范围内推进实施集体合同制度攻坚计划（以下简称攻坚计划）。现就有关事项通知如下。

一、明确目标任务

攻坚计划的总目标是，不断扩大集体协商和集体合同覆盖范围，确保2015年年末集体合同签订率达到80％，2016年继续巩固和提高；着力提升集体协商质量、增强集体合同实效，逐步形成规范有效的集体协商机制，畅通职工利益诉求表达渠道，促进企业发展、维护职工权益，更好地发挥集体协商和集体合同制度对调整劳动关系的基础性作用。

二、完善工作措施

（一）加强集体协商工作分类指导。继续以非公有制企业为重点对象，积极推进工资集体协商；同时，引导女职工较多和职业危害较大的企业开展专项协商，签订女职工特殊保护或劳动安全卫生保护专项集体合同。实施分类指导，做到因企制宜、分企施策，努力增强集体协商针对性和实效性。对生产经营正常的企业，推动其与职工重点就工资增长幅度、津贴补贴、奖金分配办法、福利和劳动条件等进行协商，推动建立健全企业工资决定和正常增长机制，努力实现劳动报酬增长与劳动生产率提高同步；对生产经营困难的企业，推动其与职工重点围绕工资按时支付以及稳岗增效措施等内容进行协商，促进双方共克时艰、共谋发展；对实行工资总额管理的国有企业，重点就企业内部分配制度、分配形式和分配差距进行协商，发挥好职工的民主参与作用。

（二）加大行业集体协商推进力度。在积极推进企业集体协商的基础上，把行业集体协商作为深入推进集体合同制度建设的重点形式和主攻方向。在县级以下区域内大力推进建筑业、采矿业、餐饮服务业、服装制造业等劳动密集型行业开展集体协商，重点就行业最低工资标准、主要工种计件单价、劳动定额及工资调整幅度等职工普遍关心的事项签订行业集体合同。从推动本地经济社会发展出发，将行业集体协商逐步向知识密集型产业、新兴产业拓展。具备条件的地区，可以继续稳妥探索在县级以上区域内开展行业集体协商工作。

（三）积极开展集体协商要约行动。每年适时集中部署开展协商要约行动，大力支持工会提出要约，引导企业或企业代表组织主动提出要约。基层工会要主动提出要约，对提出要约尚有困难的，上级工会要给予帮助和指导，必要时可依法代替基层工会行使要约权。在尚未建立工会的企业，上级工会要指导职工依法推举协商代表，并向企业提出协商要约。开展行业集体协商的，由行业工会组织向相应的行业性企业组织或直接向行业所属企业提出协商要约。可针对重点行业以及国有企业、世界500强在华企业中未建制企业开展专项要约。一方提出集体协商要约的，另一方应当在法律规定时间内及时给予回应。一方不按时回应的，另一方可以提请当地人力资源社会保障部门责令其限期改正。

（四）严格规范集体协商程序。将依法规范协商程序作为增强集体协商和集体合同实效的有力举措抓细抓实。规范协商代表产生程序，企业集体协商要重点规范职工代表产生程序，行业集体协商要重点规范企业方代表产生程序，民主推选要公开透明，授权委托要依法合规。规范集体协商程序，指导协商双方代表认真做好协商前收集资料、征求意见、拟定议题等准备工作，并召开集体协商会议进行充分讨论。准备过程中要广泛征求协商双方，尤其是职工方的意愿和诉求，将双方最关心的突出问题纳入协商议题；要督促企业经营者向职工方及时提供企业劳动生产率、经济效益、财务状况等与协商有关的真实资料和信息，确保协商有效开展。规范审议备案公布程序，集体合同草案应依法提交职代会或者全体职工大会审议通过，企业或企业组织应将签订的集体合同在规定时间内报送人力资源社会保障部门审查备案，生效的集体合同应及时向全体职工公布。

（五）强化对集体协商的指导、服务和管理。组织力量深入企业、深入基层，对集体协商提供全程指导，制定推广企业和行业集体合同示范文本、要约示范文本及指导手册，为集体协商双方提供参考。积极创造条件加强集体协商专家指导机构和指导员队伍建设，不断扩大由专业人员担任的专兼职指导员队伍，充分发挥集体协商指导员在参与协商、宣传指导、业务培训、技术支持等方面的积极作用。适时合理调整最低工资标准，及时发布工资指导线、市场工资指导价位、行业人工成本等指导信息，为开展集体协商提供参考依据。探索完善集体协商争议调处机制，及时协调处理协商过程中发生的争议，确保集体协商规范有序开展。加强对履行集体合同情况的监督检查和争议处理工作，督促企业通过职工代表大会、厂务公开、开展集体协商指导员调查走访等形式，向全体职工公开集体合同履行情况，接受职工监督。对企业违反集体合同、侵犯职工权益的行为，要督促企业限时整改。对因履行集体合同发生的争议，引导双方依法通过协商、申请仲裁和提起诉讼解决。建立健全集体合同管理台账制度，改进和加强集体合同统计基础工作，统一规范统计口径。

（六）着力推进集体协商主体建设。进一步加强基层工会组织建设，大力推进非公有制企业建立工会，在中小企业比较集中的乡镇（街道）和工业园区，加快行业工会组织建设，加强和创新基层工会干部队伍职业化建设。加大对基层工会干部和职工方协商代表合法权益的保护，通过健全制度机制、明确救济渠道和措施等解除其后顾之忧，对侵犯其合法权益的行为坚决依法予以纠正和查处。进一步加强县级以下行业协会、商会等企业组织建设，大力培育企业方行业集体协商主体。加强对职工代表、企业负责人、工会和企业组织相关工作人员的培训，建立常态化培训机制，将集体协商法律法规、策略技巧等理论培训与案例分析、模拟协商、现场观摩等实务操作学习相结合，不断提高协商代表的政策水平和协商能力。

（七）增强宣传工作的针对性和实效性。拓宽宣传渠道，创新宣传形式，在继续充分利用广播、电视、报刊等各类新闻媒体的同时，注重借助微博、微信、手机短信等新兴媒介，广泛深入宣传实施集体协商和集体合同制度的重要性和必要性，宣传开展集体协商签订集体合同的先进典型，为推进实施攻坚计划营造良好社会氛围。主动深入企业和工业园区、街道（社区），通过现场咨询、以案说法、举办专题讲座等方式释疑解惑，重点宣传社会主义市场经济条件下集体协商和集体合同制度的性质，宣传开展集体协商对促进企业发展、维护职工权益、构建和谐劳动关系的重要作用，最大限度地凝聚社会共识，增强企业和工会组织参与集体协商的自觉性、主动性。

三、狠抓工作落实

各级协调劳动关系三方要把实施攻坚计划摆上重要议事日程，争取当地党委、政府的重视和支持，切实加强领导，落实责任，进一步形成党委领导、政府主导、三方协同、工会力推、企业和职工积极参与的工作格局，采取有力有效措施狠抓计划落实。各地人力资源社会保障部门要会同工会、企业联合会和工商联，全面摸清本地区企业数量、职工人数和已开展集体协商签订集体合同情况，从当地实际出发，制定切实可行的工作规划和实施方案，明确年度目标任务、具体措施和时间进度。要争取将工作任务完成情况列入当地政府目标责任考核内容，加强督促检查和考核，形成层层抓落实的目标责任制。

各级协调劳动关系三方要各司其职，密切配合，进一步形成工作合力。人力资源社会保障部门要发挥好主导作用，加强宏观调控和指导，重点做好规划协调、完善政策、信息引导、集体合同审查和协商争议调处等工作。工会组织要重点做好宣传发动职工、指导协商要约、培训职工协商代表、监督集体合同履行和加强基层工会组织建设等工作；企业联合会、工商联要重点做好引导企业经营管理者树立协商理念、督促企业切实履行社会责任、指导企业提出要约和应约、督促履行集体合同和加强基层企业组织建设等工作。各级协调劳动关系三方办公室要具体承担组织实施工作，建立健全沟通协调机制，组织三方共同开展调查研究，共同推广典型经验，共同加强监督检查，及时研究解决推进工作中的问题，合力推进攻坚计划顺利实施。

2014 年 4 月 14 日

人力资源社会保障部办公厅关于做好劳务派遣暂行规定贯彻实施工作的通知

人社厅发〔2014〕13号

各省、自治区、直辖市及新疆生产建设兵团人力资源社会保障厅（局）：

为贯彻落实新修订的劳动合同法，增强法律规定的操作性，进一步规范劳务派遣，维护被派遣劳动者合法权益，促进劳动关系和谐稳定，我部制定公布了《劳务派遣暂行规定》（以下简称"暂行规定"）。各地人力资源社会保障部门要充分认识制定暂行规定的重要意义，采取切实有效措施做好贯彻实施工作。现就有关事项通知如下：

一、大力抓好学习培训和宣传引导工作

各地要在开展新修订劳动合同法和劳务派遣行政许可实施办法培训的基础上，继续通过举办培训班等多种方式，组织系统干部职工对暂行规定开展有针对性的学习培训，帮助干部职工正确理解和准确把握精神实质和主要内容，进一步提高劳务派遣监管能力和水平。要主动联合当地国资委、工会、企业联合会、工商联等部门和组织，加强对本地区劳务派遣单位和用工单位有关负责人、工会工作者培训，进一步增强各方遵守法律法规和规章的自觉性。要积极加强正面宣传引导，充分利用各种主流媒体和新兴媒体广泛宣传暂行规定的内容，重点宣传解读拟使用被派遣劳动者的辅助性岗位确定程序、用工比例及其过渡期、劳务派遣单位和用工单位的义务、跨地区劳务派遣的社会保险以及法律责任等规定，为贯彻实施暂行规定创造良好舆论氛围。要加强舆情监测研判，对社会关注的热点问题及时作出正面回应，必要时可采取专家权威解读等方式进行释疑解惑。

二、积极稳妥实施劳务派遣用工比例规定

各地要认真落实暂行规定关于劳务派遣用工比例的要求，督促本地区各类用工单位严格在规定比例内使用被派遣劳动者。要抓紧对辖区内的用工单位基本情况进一步开展摸底调查，全面掌握各用工单位在暂行规定施行前使用被派遣劳动者的数量及其比例情况，建立健全管理台账。对劳务派遣用工数量超过用工总量10%以上、短期内达到规定比例要求存在困难的用工单位，要指导督促其尽快根据生产经营实际制定实施调整用工方案，在两年内逐步降至规定比例。对用工单位将劳务派遣用工转为直接用工的，要指导其与劳务派遣单位协商处理好被派遣劳动者的原有劳动关系问题，依法与劳动者订立劳动合同；对用工单位通过业务外包、承揽等方式减少劳务派遣用工的，要指导其依照有关法律和政策规范发包等活动，依法做好已使用被派遣劳动者的劳动关系转移接续工作，防止出现“假外包、真派遣”等问题损害被派遣劳动者的合法权益。要按照暂行规定统筹规范用工单位退工行为和劳务派遣单位解除劳动合同行为，避免出现大规模退工或裁减人员，确保过渡期内用工调整平稳有序进行。

三、加大对劳务派遣和用工行为的规范指导力度

各地要将贯彻实施暂行规定与贯彻实施新修订的劳动合同法和劳务派遣行政许可实施办法结合起来，全面规范劳务派遣单位的经营行为和用工单位的用工行为，进一步促进劳务派遣规范有序发展。要指导和督促劳务派遣单位建立健全劳动合同管理台账，依法规范劳动合同的订立、变更、解除和终止行为，按照规定和劳务派遣协议约定履行合同义务，严格执行试用期规定，做好相关经济补偿的支付工作，落实被派遣劳动者工伤认定和职业病诊断、鉴定中的相关责任。对退出经营的劳务派遣单位，要指导其依法处理与被派遣劳动者的劳动关系，并与用工单位协商妥善安置被派遣劳动者。对用工单位被依法宣告破产等法定情形下将被派遣劳动者退回劳务派遣单位的，要督促劳务派遣单位依法做好劳动合同继续履行或解除工作。要指导用工单位建立健全符合新修订劳动合同法和暂行规定要求的岗位管理、劳动报酬、保险福利等规章制度，督促其严格在“三性”岗位使用被派遣劳动者，对被派遣劳动者与本单位同类岗位的劳动者实行相同的劳动报酬分配办法，落实被派遣劳动者平等享受社会保险和相关福利待遇的权利。要充分发挥劳务派遣行业组织的作用，加强行业指导服务和监督自律。

四、做好跨地区劳务派遣的社会保险工作

各地要指导开展跨地区派遣业务但未在用工单位所在地设立分支机构的劳务派遣单位按照暂行规定要求，与用工单位通过劳务派遣协议明确约定社会保险参保缴费相关事宜。社会保险经办机构要研究制定相应办法，为用工单位代劳务派遣单位为被派遣劳动者办理参保缴费手续畅通渠道，提供有针对性的服务。对已在劳务派遣单位所在地参保或委托用工单位所在地其他单位办理参保的，劳务派遣单位应当与用工单位协商处理好代为办理参保手续的交接工作，社会保险经办机构要认真做好被派遣劳动者的社会保险转移接续和权益记录。要按规定支付相应的社会保险待遇，确保劳动者的社会保险权益落到实处。

五、加强对劳务派遣的执法检查和劳动争议处理

各地劳动保障监察机构要将劳务派遣情况作为监察执法的重点，适时组织开展专项检查，严肃查处劳务派遣单位和用工单位违反新修订劳动合同法和暂行规定的行为，切实维护被派遣劳动者的合法权益。对用工单位以承揽、外包等名义，按劳务派遣用工形式使用劳动者的，要按规定坚决予以纠正。各地劳动争议调解仲裁机构要对劳务派遣领域可能出现的劳动争议加强预判，对发生涉及劳务派遣的争议，要及时受理，依据新修订的劳动合同法和暂行规定公正及时处理，切实维护当事人的合法权益。

各地人力资源社会保障部门要切实加强对贯彻实施暂行规定的组织领导，增强工作预见性，及时掌握并研究解决暂行规定施行中出现的新情况、新问题。各省级人力资源社会保障部门要将本地区贯彻实施中出现的重大情况及时向部里报告。

附件：劳务派遣情况汇总表（略）

2014年1月26日

养老保险

国务院关于建立统一的城乡居民基本养老保险制度的意见

国发［2014］8号

各省、自治区、直辖市人民政府，国务院各部委、各直属机构：

按照党的十八大精神和十八届三中全会关于整合城乡居民基本养老保险制度的要求，依据《中华人民共和国社会保险法》有关规定，在总结新型农村社会养老保险（以下简称新农保）和城镇居民社会养老保险（以下简称城居保）试点经验的基础上，国务院决定，将新农保和城居保两项制度合并实施，在全国范围内建立统一的城乡居民基本养老保险（以下简称城乡居民养老保险）制度。现提出以下意见：

一、指导思想

高举中国特色社会主义伟大旗帜，以邓小平理论、“三个代表”重要思想、科学发展观为指导，贯彻落实党中央和国务院的各项决策部署，按照全覆盖、保基本、有弹性、可持续的方针，以增强公平性、适应流动性、保证可持续性为重点，全面推进和不断完善覆盖全体城乡居民的基本养老保险制度，充分发挥社会保险对保障人民基本生活、调节社会收入分配、促进城乡经济社会协调发展的重要作用。

二、任务目标

坚持和完善社会统筹与个人账户相结合的制度模式，巩固和拓宽个人缴费、集体补助、政府补贴相结合的资金筹集渠道，完善基础养老金和个人账户养老金相结合的待遇支付政策，强化长缴多得、多缴多得等制度的激励机制，建立基础养老金正常调整机制，健全服务网络，提高管理水平，为参保居民提供方便快捷的服务。“十二五”末，在全国基本实现新农保和城居保制度合并实施，并与职工基本养老保险制度相衔接。2020年前，全面建成公平、统一、规范的城乡居民养老保险制度，与社会救助、社会福利等其他社会保障政策相配套，充分发挥家庭养老等传统保障方式的积极作用，更好保障参保城乡居民的老年基本生活。

三、参保范围

年满16周岁（不含在校学生），非国家机关和事业单位工作人员及不属于职工基本养老保险制度覆盖范围的城乡居民，可以在户籍地参加城乡居民养老保险。

四、基金筹集

城乡居民养老保险基金由个人缴费、集体补助、政府补贴构成。

（一）个人缴费。

参加城乡居民养老保险的人员应当按规定缴纳养老保险费。缴费标准目前设为每年100元、200元、300元、400元、500元、600元、700元、800元、900元、1 000元、1 500元、2 000元12个档次，省（区、市）人民政府可以根据实际情况增设缴费档次，最高缴费档次标准原则上不超过当地灵活就业人员参加职工基本养老保险的年缴费额，并报人力资源社会保障部备案。人力资源社会保障部会同财政部依据城乡居民收入增长等情况适时调整缴费档次标准。参保人自主选择档次缴费，多缴多得。

（二）集体补助。

有条件的村集体经济组织应当对参保人缴费给予补助，补助标准由村民委员会召开村民会议民主确定，鼓励有条件的社区将集体补助纳入社区公益事业资金筹集范围。鼓励其他社会经济组织、公益慈善组织、个人为参保人缴费提供资助。补助、资助金额不超过当地设定的最高缴费档次标准。

（三）政府补贴。

政府对符合领取城乡居民养老保险待遇条件的参保人全额支付基础养老金，其中，中央财政对中西部地区按中央确定的基础养老金标准给予全额补助，对东部地区给予50%的补助。

地方人民政府应当对参保人缴费给予补贴，对选择最低档次标准缴费的，补贴标准不低于每人每年30元；对选择较高档次标准缴费的，适当增加补贴金额；对选择500元及以上档次标准缴费的，补贴标准不低于每人每年60元，具体标准和办法由省（区、市）人民政府确定。对重度残疾人等缴费困难群体，地方人民政府为其代缴部分或全部最低标准的养老保险费。

五、建立个人账户

国家为每个参保人员建立终身记录的养老保险个人账户，个人缴费、地方人民政府对参保人的缴费补贴、集体补助及其他社会经济组织、公益慈善组织、个人对参保人的缴费资助，全部记入个人账户。个人账户储存额按国家规定计息。

六、养老保险待遇及调整

城乡居民养老保险待遇由基础养老金和个人账户养老金构成，支付终身。

（一）基础养老金。中央确定基础养老金最低标准，建立基础养老金最低标准正常调整机制，根据经济发展和物价变动等情况，适时调整全国基础养老金最低标准。地方人民政府可以根据实际情况适当提高基础养老金标准；对长期缴费的，可适当加发基础养老金，提高和加发部分的资金由地方人民政府支出，具体办法由省（区、市）人民政府规定，并报人力资源社会保障部备案。

（二）个人账户养老金。个人账户养老金的月计发标准，目前为个人账户全部储存额除以139（与现行职工基本养老保险个人账户养老金计发系数相同）。参保人死亡，个人账户资金余额可以依法继承。

七、养老保险待遇领取条件

参加城乡居民养老保险的个人，年满60周岁、累计缴费满15年，且未领取国家规定的基本养老保障待遇的，可以按月领取城乡居民养老保险待遇。

新农保或城居保制度实施时已年满60周岁，在本意见印发之日前未领取国家规定的基本养老保障待遇的，不用缴费，自本意见实施之月起，可以按月领取城乡居民养老保险基础养老金；距规定领取年龄不足15年的，应逐年缴费，也允许补缴，累计缴费不超过15年；距规定领取年龄超过15年的，应按年缴费，累计缴费不少于15年。

城乡居民养老保险待遇领取人员死亡的，从次月起停止支付其养老金。有条件的地方人民政府可以结合本地实际探索建立丧葬补助金制度。社会保险经办机构应每年对城乡居民养老保险待遇领取人员进行核对；村（居）民委员会要协助社会保险经办机构开展工作，在行政村（社区）范围内对参保人待遇领取资格进行公示，并与职工基本养老保险待遇等领取记录进行比对，确保不重、不漏、不错。

八、转移接续与制度衔接

参加城乡居民养老保险的人员，在缴费期间户籍迁移、需要跨地区转移城乡居民养老保险关系的，可在迁入地申请转移养老保险关系，一次性转移个人账户全部储存额，并按迁入地规定继续参保缴费，缴费年限累计计算；已经按规定领取城乡居民养老保险待遇的，无论户籍是否迁移，其养老保险关系不转移。

城乡居民养老保险制度与职工基本养老保险、优抚安置、城乡居民最低生活保障、农村五保供养等社会保障制度以及农村部分计划生育家庭奖励扶助制度的衔接，按有关规定执行。

九、基金管理和运营

将新农保基金和城居保基金合并为城乡居民养老保险基金，

完善城乡居民养老保险基金财务会计制度和各项业务管理规章制度。城乡居民养老保险基金纳入社会保障基金财政专户，实行收支两条线管理，单独记账、独立核算，任何地区、部门、单位和个人均不得挤占挪用、虚报冒领。各地要在整合城乡居民养老保险制度的基础上，逐步推进城乡居民养老保险基金省级管理。

城乡居民养老保险基金按照国家统一规定投资运营，实现保值增值。

十、基金监督

各级人力资源社会保障部门要会同有关部门认真履行监管职责，建立健全内控制度和基金稽核监督制度，对基金的筹集、上解、划拨、发放、存储、管理等进行监控和检查，并按规定披露信息，接受社会监督。财政部门、审计部门按各自职责，对基金的收支、管理和投资运营情况实施监督。对虚报冒领、挤占挪用、贪污浪费等违纪违法行为，有关部门按国家有关法律法规严肃处理。要积极探索有村（居）民代表参加的社会监督的有效方式，做到基金公开透明，制度在阳光下运行。

十一、经办管理服务与信息化建设

省（区、市）人民政府要切实加强城乡居民养老保险经办能力建设，结合本地实际，科学整合现有公共服务资源和社会保险经办管理资源，充实加强基层经办力量，做到精确管理、便捷服务。要注重运用现代管理方式和政府购买服务方式，降低行政成本，提高工作效率。要加强城乡居民养老保险工作人员专业培训，不断提高公共服务水平。社会保险经办机构要认真记录参保人缴费和领取待遇情况，建立参保档案，按规定妥善保存。地方人民政府要为经办机构提供必要的工作场地、设施设备、经费保障。城乡居民养老保险工作经费纳入同级财政预算，不得从城乡居民养老保险基金中开支。基层财政确有困难的地区，省市级财政可给予适当补助。

各地要在现有新农保和城居保业务管理系统基础上，整合形成省级集中的城乡居民养老保险信息管理系统，纳入“金保工程”建设，并与其他公民信息管理系统实现信息资源共享；要将信息网络向基层延伸，实现省、市、县、乡镇（街道）、社区实时联网，有条件的地区可延伸到行政村；要大力推行全国统一的社会保障卡，方便参保人持卡缴费、领取待遇和查询本人参保信息。

十二、加强组织领导和政策宣传

地方各级人民政府要充分认识建立城乡居民养老保险制度的重要性，将其列入当地经济社会发展规划和年度目标管理考核体系，切实加强组织领导；要优化财政支出结构，加大财政投入，为城乡居民养老保险制度建设提供必要的财力保障。各级人力资源社会保障部门要切实履行主管部门职责，会同有关部门做好城乡居民养老保险工作的统筹规划和政策制定、统一管理、综合协调、监督检查等工作。

各地区和有关部门要认真做好城乡居民养老保险政策宣传工作，全面准确地宣传解读政策，正确把握舆论导向，注重运用通俗易懂的语言和群众易于接受的方式，深入基层开展宣传活动，引导城乡居民踊跃参保、持续缴费、增加积累，保障参保人的合法权益。

各省（区、市）人民政府要根据本意见，结合本地区实际情况，制定具体实施办法，并报人力资源社会保障部备案。

本意见自印发之日起实施，已有规定与本意见不一致的，按本意见执行。

2014 年 2 月 21 日

人力资源社会保障部　财政部关于印发《城乡养老保险制度衔接暂行办法》的通知

人社部发［2014］17号

各省、自治区、直辖市人民政府，新疆生产建设兵团：

经国务院同意，现将《城乡养老保险制度衔接暂行办法》印发给你们，请认真贯彻执行。

实现城乡养老保险制度衔接，是贯彻落实党的十八届三中全会精神和社会保险法规定，进一步完善养老保险制度的重要内容。做好城乡养老保险制度衔接工作，有利于促进劳动力的合理流动，保障广大城乡参保人员的权益，对于健全和完善城乡统筹的社会保障体系具有重要意义。各地区要高度重视，加强组织领导，明确职责分工，密切协同配合，研究制定具体实施办法，深入开展政策宣传解释和培训，全力做好经办服务，抓好信息系统建设，确保城乡养老保险制度衔接工作平稳实施。

2014年2月24日

城乡养老保险制度衔接暂行办法

第一条 为了解决城乡养老保险制度衔接问题，维护参保人员的养老保险权益，依据《中华人民共和国社会保险法》和《实施〈中华人民共和国社会保险法〉若干规定》（人力资源和社会保障部令第13号）的规定，制定本办法。

第二条 本办法适用于参加城镇职工基本养老保险（以下简称城镇职工养老保险）、城乡居民基本养老保险（以下简称城乡居民养老保险）两种制度需要办理衔接手续的人员。已经按照国家规定领取养老保险待遇的人员，不再办理城乡养老保险制度衔接手续。

第三条 参加城镇职工养老保险和城乡居民养老保险人员，达到城镇职工养老保险法定退休年龄后，城镇职工养老保险缴费年限满15年（含延长缴费至15年）的，可以申请从城乡居民养老保险转入城镇职工养老保险，按照城镇职工养老保险办法计发相应待遇；城镇职工养老保险缴费年限不足15年的，可以申请从城镇职工养老保险转入城乡居民养老保险，待达到城乡居民养老保险规定的领取条件时，按照城乡居民养老保险办法计发相应待遇。

第四条 参保人员需办理城镇职工养老保险和城乡居民养老保险制度衔接手续的，先按城镇职工养老保险有关规定确定待遇领取地，并将城镇职工养老保险的养老保险关系归集至待遇领取地，再办理制度衔接手续。

参保人员申请办理制度衔接手续时，从城乡居民养老保险转入城镇职工养老保险的，在城镇职工养老保险待遇领取地提出申请办理；从城镇职工养老保险转入城乡居民养老保险的，在转入城乡居民养老保险待遇领取地提出申请办理。

第五条 参保人员从城乡居民养老保险转入城镇职工养老保险的，城乡居民养老保险个人账户全部储存额并入城镇职工养老保险个人账户，城乡居民养老保险缴费年限不合并计算或折算为城镇职工养老保险缴费年限。

第六条 参保人员从城镇职工养老保险转入城乡居民养老保险的，城镇职工养老保险个人账户全部储存额并入城乡居民养老保险个人账户，参加城镇职工养老保险的缴费年限合并计算为城乡居民养老保险的缴费年限。

第七条 参保人员若在同一年度内同时参加城镇职工养老保险和城乡居民养老保险的，其重复缴费时段（按月计算，下同）只计算城镇职工养老保险缴费年限，并将城乡居民养老保险重复缴费时段相应个人缴费和集体补助退还本人。

第八条 参保人员不得同时领取城镇职工养老保险和城乡居民养老保险待遇。对于同时领取城镇职工养老保险和城乡居民养老保险待遇的，终止并解除城乡居民养老保险关系，除政府补贴外的个人账户余额退还本人，已领取的城乡居民养老保险基础养老金应予以退还；本人不予退还的，由社会保险经办机构负责从城乡居民养老保险个人账户余额或者城镇职工养老保险基本养老金中抵扣。

第九条 参保人员办理城乡养老保险制度衔接手续时，按下列程序办理：

（一）由参保人员本人向待遇领取地社会保险经办机构提出养老保险制度衔接的书面申请。

（二）待遇领取地社会保险经办机构受理并审核参保人员书面申请，对符合本办法规定条件的，在 15 个工作日内，向参保人员原城镇职工养老保险、城乡居民养老保险关系所在地社会保险经办机构发出联系函，并提供相关信息；对不符合本办法规定条件的，向申请人作出说明。

（三）参保人员原城镇职工养老保险、城乡居民养老保险关系所在地社会保险经办机构在接到联系函的15个工作日内，完成制度衔接的参保缴费信息传递和基金划转手续。

（四）待遇领取地社会保险经办机构收到参保人员原城镇职工养老保险、城乡居民养老保险关系所在地社会保险经办机构转移的资金后，应在15个工作日内办结有关手续，并将情况及时通知申请人。

第十条 健全完善全国县级以上社会保险经办机构联系方式信息库，并向社会公布，方便参保人员办理城乡养老保险制度衔接手续。建立全国统一的基本养老保险参保缴费信息查询服务系统，进一步完善全国社会保险关系转移系统，加快普及全国通用的社会保障卡，为参保人员查询参保缴费信息、办理城乡养老保险制度衔接提供便捷有效的技术服务。

第十一条 本办法从2014年7月1日起施行。各地已出台政策与本办法不符的，以本办法规定为准。

人力资源社会保障部关于印发建立统一的城乡居民基本养老保险制度宣传提纲的通知

人社部函［2014］22号

各省、自治区、直辖市及新疆生产建设兵团人力资源社会保障厅（局）：

国务院近日印发了《关于建立统一的城乡居民基本养老保险制度的意见》（国发［2014］8号），决定在基本实现新型农村和城镇居民社会养老保险制度全覆盖的基础上，依法将这两项制度合并实施，在全国范围内建立统一的城乡居民基本养老保险制度，进一步明确了城乡居民基本养老保险的指导思想、任务目标和制度模式。建立统一的城乡居民基本养老保险制度是实现党的十八大“全面建成覆盖城乡居民的社会保障体系”目标的重要措施，是落实党的十八届三中全会关于社会保障领域重点改革任务重大部署的实际行动，也是我国经济社会发展的必然要求和推进“新四化”建设的需要，对促进人口纵向流动、增强社会安全感，稳定人民群众对改善民生的预期，拉动消费、鼓励创新创业，都具有重要意义。为做好建立统一的城乡居民基本养老保险政策宣传工作，我们编写了《关于建立统一的城乡居民基本养老保险制度宣传提纲》，经商中央宣传部同意，现将《关于建立统一的城乡居民基本养老保险制度宣传提纲》印发给你们，请结合实际，在各级党委宣传部门的支持下，认真做好宣传和舆论引导工作。

2014年2月25日

关于建立统一的城乡居民基本养老保险制度宣传提纲

2014年2月21日，国务院印发《关于建立统一的城乡居民基本养老保险制度的意见》（国发［2014］8号，以下简称《意见》），决定将新型农村社会养老保险（以下简称新农保）和城镇居民社会养老保险（以下简称城居保）两项制度合并实施，在全国范围内建立统一的城乡居民基本养老保险制度（以下简称城乡居民养老保险）。

一、城乡居民养老保险制度建设取得突破性进展

党中央、国务院高度重视养老保险制度建设，在不断完善城镇职工基本养老保险制度基础上，于2009年和2011年，先后启动实施新农保和城居保试点，并于2012年在全国所有地区全面推开，基本实现了两项制度全覆盖。这标志着我国覆盖全民的基本养老保险制度体系全面建立。几年来，养老保险政策不断完善，基金管理总体规范，经办能力逐步加强，参保覆盖面持续扩大。截至2013年年底，全国参加基本养老保险的总人数达到8.2亿人（其中城乡居民参保4.98亿人），领取基本养老金待遇的2.18亿人（其中城乡老年居民1.38亿人）。基本养老保险制度的建立健全使亿万群众直接受益，对于保障和改善民生、促进社会和谐稳定、应对人口老龄化挑战发挥了积极作用，受到广大人民群众的拥护。

2013年以来，各地在扩大新农保和城居保覆盖面的同时，积极推进两项制度合并实施，目前已有15个省份建立了城乡统一的居民养老保险制度，为在全国范围推进两项制度合并实施积

累了实践经验。

二、建立统一的城乡居民养老保险制度的重大意义

（一）是贯彻落实党中央决策部署和依法行政的重大举措。党的十八大提出要统筹推进城乡社会保障体系建设。党的十八届三中全会决定把整合城乡居民基本养老保险制度列为全面深化改革的重要任务之一。社会保险法规定了新农保和城居保合并实施的方向。合并实施两项制度、建立统一的城乡居民养老保险制度，是实现党的十八大提出的“全面建成覆盖城乡居民的社会保障体系”目标的重要措施，是落实党的十八届三中全会部署的社会保障领域重点改革任务的实际行动，也是贯彻实施社会保险法的重要任务。

（二）是推进中国特色新型城镇化和城乡基本公共服务均等化的重大举措。党的十八届三中全会要求“推进农村转移人口市民化”，“在农村参加的养老保险和医疗保险规范接入城镇社保体系”。中央城镇化工作会议和中央农村工作会议对推进以人为核心的城镇化、推进城乡基本公共服务均等化作出了明确部署。建立统一的城乡居民养老保险制度，有利于加快社会保障城乡统筹步伐，从制度上消除影响劳动力和人口合理流动的障碍，逐步缩小城乡差距，实现基本公共服务均等化，促进社会和谐稳定。

（三）是建立更加公平可持续社会保障制度的重大举措。试点初期，依据农村和城镇的不同情况，分别建立新农保和城居保制度，对于及时总结实践经验、加快制度普及是必要的；而且当时也考虑了两项制度基本框架的一致性，为今后的统一合并预做了准备。随着两项制度的全覆盖，针对城乡相关政策不尽一致、标准高低错落、管理资源分散等矛盾，有必要将两项制度合并实施，相关条件也已经具备。建立统一的城乡居民基本养老保险制度，可以使城乡居民共享同一的政策标准，共用统一的基本公共服务平台，有利于在更高层面上实现城乡统筹、制度平等和分享社会经济发展成果，从而推动建立更加公平可持续的社会保障制度。

三、建立统一的城乡居民养老保险制度的指导思想和任务目标

建立统一的城乡居民养老保险制度的指导思想是：高举中国特色社会主义伟大旗帜，以邓小平理论、“三个代表”重要思想、科学发展观为指导，按照全覆盖、保基本、有弹性、可持续的方针，以增强公平性、适应流动性、保证可持续性为重点，全面推进和不断完善覆盖全体城乡居民的基本养老保险制度，充分发挥社会保险对保障人民基本生活、调节社会收入分配、促进城乡经济社会协调发展的重要作用。

建立统一的城乡居民养老保险制度的任务目标是：坚持和完善社会统筹与个人账户相结合的制度模式，巩固和拓宽个人缴费、集体补助、政府补贴相结合的资金筹集渠道，完善基础养老金和个人账户养老金相结合的待遇支付政策，强化长缴多得、多缴多得等激励机制，建立基础养老金正常调整机制，健全服务网络，提高管理水平，为参保居民提供方便快捷的服务。到“十二五”末，在全国基本实现新农保和城居保制度合并实施，并与职工基本养老保险制度相衔接，2020 年前，全面建成公平、统一、规范的城乡居民养老保险制度，与社会救助、社会福利等其他社会保障政策相配套，充分发挥家庭养老等传统保障方式的积极作用，更好保障参保城乡居民的老年基本生活。

这一指导思想和任务目标的确定，符合我国基本国情和城乡经济社会发展实际，体现了社会保障的基本规律，突出了现阶段的特点，既注重城乡居民养老保险制度自身的建立完善，又兼顾与相关社会保障制度的协调配合关系，还强调发挥中华民族优良文化传统的积极作用。

通过合并实施新农保和城居保，将形成“四个统一”：

（一）统一制度名称。依据党的十八大和十八届三中全会决定精神和社会保险法规定，合并后的新农保和城居保统一称为“城乡居民基本养老保险制度”，并与城镇职工基本养老保险制度

并行，共同构成我国基本养老保险制度体系。

（二）统一政策标准。在新农保、城居保原来分别设置的每年缴费 5 个档次和 10 个档次的基础上，统一归并为 100 元至 2 000 元 12 个档次，城乡居民缴费有更多自主选择权。城乡居民基础养老金最低标准由中央统一确定。

（三）统一管理服务。科学整合现有公共服务资源和社会保险经办管理资源，建立健全统一的城乡居民养老保险经办机构；将新农保基金和城居保基金合并为城乡居民养老保险基金，逐步推进省级管理，按国家统一规定投资运营。

（四）统一信息系统。在新农保和城居保现有业务管理系统基础上，整合形成省级集中的城乡居民养老保险信息管理系统，并与其他公民信息管理系统实现信息资源共享。

四、统一的城乡居民养老保险制度的主要政策

（一）参保范围。《意见》规定，年满 16 周岁（不含在校学生），非国家机关和事业单位工作人员及不属于职工基本养老保险制度覆盖范围的城乡居民，可以在户籍地参加城乡居民养老保险。这一规定包含了三个含义：一是把原来没有被基本养老保险制度覆盖的人员全部纳入城乡居民养老保险的覆盖范围，有利于实现党的十八大提出的“社会保障全民覆盖”目标；二是维持了新农保、城居保自愿参保的原则，但鼓励符合条件的居民从年轻时起就参保缴费，以利于其年老后获得更加可靠的保障；三是明确了在户籍地参保。

（二）基金筹集。《意见》规定，城乡居民养老保险实行个人缴费、集体补助、政府补贴相结合的筹资方式。

个人缴费。参加城乡居民养老保险的人员应当按规定缴纳养老保险费。缴费标准目前设为每年 100 元至 2 000 元 12 个档次。省（自治区、直辖市）人民政府可以根据实际情况增设缴费档次，最高缴费档次标准原则上不超过当地灵活就业人员参加职工基本养老保险的年缴费额。参保人自主选择缴费档次，多缴多得。这一规定包含了三个含义：一是按照社会保险制度的普遍原则，明确参加城乡居民养老保险的人员履行缴费义务是其获得基本养老保险待遇的前提，多缴可以多得。二是把原来新农保和城居保分别设置的100元至500元5个缴费档次和100元至1 000元10个缴费档次，统一归并为100元至2 000元12个档次，给予城乡居民平等的自主选择权；其中增设1 500元、2 000元2个档次，为有更高缴费意愿和能力的居民提供了更多选择。三是明确个人缴费上限，主要是体现“保基本”要求，并保持与城镇职工基本养老保险制度的合理关系。

集体补助和其他资助。《意见》规定，有条件的村集体经济组织应当对参保人缴费给予补助，补助标准由村民委员会召开村民会议民主确定。鼓励其他社会经济组织、公益慈善组织、个人为参保缴费提供资助。这一规定，基本维持了新农保、城居保试点的政策，并增加了公益慈善组织的资助，鼓励多渠道筹集资金，提高参保人员的待遇水平。

政府补贴。《意见》规定，政府对符合领取城乡居民养老保险待遇条件的参保人全额支付基础养老金，其中中央财政对中西部地区按中央确定的基础养老金标准给予金额补助，对东部地区给予50%的补助。地方政府应当对参保人缴费给予补贴，对选择最低缴费档次的，补贴标准不低于每人每年30元；对选择较高缴费档次的，适当增加补贴金额；对选择500元及以上缴费档次的，补贴标准不低于每人每年60元。对重度残疾人等缴费困难群体，地方政府为其代缴部分或全部最低标准的养老保险费。这一规定，在保留了新农保、城居保试点政府补贴政策的基础上，进一步明确了地方政府对选择500元及以上缴费档次的，补贴标准不低于每人每年60元，强化了多缴多补的激励机制，有利于引导有意愿和能力的参保居民选择较高档次缴费。

（三）建立个人账户

《意见》总结新农保、城居保试点经验，进一步明确规定，国家为每个参保人员建立终身记录的养老保险个人账户，个人缴费、地方政府对参保人的缴费补贴、集体补助及其他社会经济组织、公益慈善组织、个人对参保人的缴费资助，全部记入个人账户。个人账户储存额按国家规定计息。围绕这一规定，对群众宣传中可突出三点：一是养老保险个人账户一经建立，终身不变，无论在哪缴费，也无论是否间断性缴费，个人账户都累计记录参保人权益；二是除个人缴费外，政府补贴、集体补助和其他资助也都计入个人账户，体现了国家对参保缴费的支持；三是将原来新农保、城居保“个人账户储存额目前每年参考中国人民银行公布的金融机构人民币一年期存款利率计息”改为“按国家规定计息”，有利于更好维护参保人权益。

（四）养老保险待遇

领取条件。《意见》规定，参加城乡居民养老保险的个人，年满 60 周岁、累计缴费满 15 年，且未领取国家规定的基本养老保障待遇的，可以按月领取城乡居民养老保险待遇。针对各个年龄组的具体情况，又细化规定：参保人在新农保或城居保制度实施时，已年满 60 周岁，在本意见发布之日前未领取国家规定的基本养老保障待遇的，不用缴费，自本意见实施之月起，可以按月领取城乡居民养老保险基础养老金；距规定领取年龄不足 15 年的，应逐年缴费，也允许补缴，累计缴费不超过 15 年；距规定领取年龄超过 15 年的，应按年缴费，累计缴费不少于 15 年。

基本养老金待遇。城乡居民养老保险待遇由基础养老金和个人账户养老金组成，支付终身。

基础养老金仍由中央确定最低标准，同时提出要建立正常调整机制，根据经济发展和物价变动等情况，适时调整基础养老金最低标准。地方政府可根据实际情况提高当地基础养老金标准，特别强调对长期缴费的，可适当加发基础养老金，以鼓励长缴多得。

个人账户养老金，继续维持新农保、城居保试点的政策，即按个人账户全部储存额除以139计算每月领取标准；同时对参保人死亡后个人账户余额继承政策进行了完善，规定全部余额都可以依法继承，而不再剔除政府补贴。

丧葬补助金。《意见》规定，城乡居民养老保险待遇领取人员死亡的，从次月起停止支付其养老金。有条件的地方政府可以结合本地实际探索建立丧葬补助金制度。这是总结新农保、城居保试点经验，依据社会保险法做出的政策完善。有条件的地方政府探索建立丧葬补助金制度，有助于及时核查参保人领取待遇的信息，也有助于减轻参保居民家庭的丧葬费用负担。社会保险经办机构应每年对城乡居民养老保险待遇领取人员进行核对，村（居）民委员会要协助社会保险经办机构开展工作，在行政村（社区）范围内对参保人待遇领取资格进行公示，并与职工基本养老保险待遇等领取记录进行比对，确保不重、不漏、不错。这是保证社会保险公平公正的必要措施。

（五）养老保险关系转移接续

《意见》规定，参加城乡居民养老保险的人员，在缴费期间户籍迁移、需要跨地区转移城乡居民养老保险关系的，可在迁入地申请转移养老保险关系，一次性转移个人账户全部储存额，并按迁入地规定继续参保缴费，缴费年限累计计算。对已经按规定领取居民养老保险待遇的，无论户籍是否迁移，其养老保险关系不转移。这是总结新农保、城居保试点经验，并根据城镇化进程中人口流动的实际情况作出的补充规定，有利于维护参保居民在流动过程中的累计权益。

五、城乡居民养老保险基金管理、监督和运营

《意见》规定，将新农保基金和城居保基金合并为城乡居民养老保险基金，完善城乡居民养老保险基金财务会计制度和各项业务管理规章制度。城乡居民养老保险基金纳入社会保障基金财政专户，实行收支两条线管理，单独记账、独立核算，任何地区、部门、单位和个人均不得挤占挪用、虚报冒领。要积极探索有村（居）民代表参加的社会监督的有效方式。逐步推进城乡居民养老保险基金省级管理，并按照国家统一规定投资运营，实现保值增值。在对群众的宣传中应突出三点：一是将新农保基金和城居保基金合并为城乡居民养老保险基金，并推进省级管理，有利于形成更大的养老保险“资金池”，更好保障城乡居民的公平权益；二是城乡居民养老保险基金是广大居民的“养命钱”，必须确保安全完整，除了各级政府部门要认真履责、加强监管外，参保居民都应积极参与社会监督，促进基金公开透明、制度在阳光下运行；三是国家将统一规定城乡居民养老保险基金投资运营政策，实现保值增值，增进参保人利益。

六、城乡居民养老保险的经办管理服务与信息化建设

《意见》要求省级人民政府切实加强城乡居民养老保险经办能力建设，结合本地实际，科学整合现有公共服务资源和社会保险经办管理资源，充实加强基层经办力量，做到精确管理，便捷服务。要注重运用现代管理方式和政府购买服务方式，降低行政成本，提高工作效率。地方政府要为经办机构提供必要的工作场地、设施设备、经费保障，城乡居民养老保险工作经费纳入同级财政预算，不得从城乡居民养老保险基金中开支。基层财政确有困难的地区，省市级财政可给予适当补助。《意见》还提出，各地要在现有新农保和城居保业务管理系统基础上，整合形成省级集中的城乡居民养老保险信息管理系统，纳入“金保工程”建设，并与其他公民信息管理系统实现信息资源共享；要将信息网络向基层延伸，实现省、市、县、乡镇（街道）、社区实时联网，有条件的地区可延伸到行政村；要大力推行全国统一的社会保障卡，方便参保人持卡缴费、领取待遇和查询本人参保信息。这些要求，主要是针对城乡居民人口数量大、居住分散的实际情况，强调以人为本、以基层为重点，打造服务型政府，实现对所有参保居民记录一生、服务一生、保障一生。

七、加强组织领导和政策宣传

建立统一的城乡居民养老保险制度是在新农保、城居保试点基础上的改革创新，对全面建成覆盖城乡居民的社会保障体系意义重大。各地要按照《意见》的要求，将这项工作列入当地经济社会发展规划和年度目标管理考核体系，切实加强组织领导。各级人力资源社会保障部门要切实履行主管部门职责，会同有关部门做好城乡居民养老保险工作的统筹规划和政策制定、统一管理、综合协调、监督检查等工作。

各地要依据本宣传提纲，结合本地实际，认真做好城乡居民养老保险政策宣传工作，全面准确地宣传解读政策，正确把握舆论导向，注重运用通俗易懂的语言和群众喜闻乐见的方式，深入基层开展宣传活动。宣传重点：第一，城乡居民养老保险是国家建立的适合我国国情的基本养老保险制度，积极参保是解决城乡居民养老后顾之忧的重要途径。第二，城乡居民养老保险作为社会保险制度，遵循权利与义务相对应的原则，有能力的居民多缴费、持续缴费，政府就多补贴，可以增加个人账户积累，更好保障老年生活。第三，我国是发展中国家，长期处于社会主义初级阶段，国家确定社会保障水平必须与经济社会发展阶段相适应，并随经济发展逐步提高保障水平。第四，政府已经采取并将进一步完善各种监管措施，确保各项社会保障基金的安全，确保参保人的合法权益，广大城乡居民也应积极主动参与社会监督。

各地在宣传中的好经验好做法，请及时报送人力资源社会保障部。

人力资源社会保障部办公厅关于贯彻实施《城乡养老保险制度衔接暂行办法》有关问题的通知

人社厅发［2014］25号

各省、自治区、直辖市、新疆生产建设兵团人力资源社会保障厅（局）：

近日，人力资源社会保障部、财政部印发了《关于印发〈城乡养老保险制度衔接暂行办法〉的通知》（人社部发［2014］17号）（以下简称《暂行办法》）。为做好《暂行办法》的贯彻落实工作，现就有关问题通知如下：

一、充分认识《暂行办法》的重要性。近年来，随着我国城乡养老保险制度全面实施，覆盖范围不断扩大，加上城乡劳动力流动就业加速，城乡养老保险制度的衔接问题迫切需要解决。对此，党中央、国务院高度重视。《暂行办法》的出台实施，顺应民意，利于民生，是一项重大的惠民政策。全面贯彻落实《暂行办法》，有利于健全和完善统筹城乡的社会保障体系，有利于促进劳动力的合理流动，有利于更好地保障城乡参保人员特别是广大农民工的养老保险权益。各级人力资源社会保障部门要认真学习和准确把握《暂行办法》的政策要点，从党和国家工作大局出发，从更好地保障和改善民生、促进社会公平正义出发，充分认识做好城乡养老保险制度衔接工作的重要意义，统一思想，提高认识，切实做好《暂行办法》的贯彻落实工作。

二、深入开展宣传培训工作。《暂行办法》政策性和操作性都很强，及时开展政策宣传和业务培训工作十分重要。各地要配合宣传部门，集中一段时间开展专项宣传活动。要突出重点，采取更灵活的方式，深入到企业基层、乡镇社区和广大劳动者中间，帮助参保人员特别是农民工全面准确了解政策、释疑解惑。要加强与媒体沟通联络，正确引导舆论，营造良好的社会氛围。要制定相关工作预案，积极妥善地应对可能出现的热点舆情，确保社会稳定。部里将举办《暂行办法》培训班，对省级以上人力资源社会保障部门及社会保险经办机构的业务骨干进行培训。各地也要结合实际，进行相应的培训，使各级管理和经办人员准确理解、全面掌握政策和经办业务流程，确保《暂行办法》落实到位。

三、全力做好经办服务工作。为保障《暂行办法》实施到位，部里制定了城乡养老保险制度衔接经办规程。各地要严格按照经办规程的要求，精心设计，周密安排，分工负责，制定具体工作方案。要根据统一规范、及时准确的原则，按照简化操作、方便群众的要求，及时调整完善本地区的经办管理程序，做好相关流程的对接。要切实加强社保经办机构之间的沟通配合，增强服务意识，简化办理手续，缩短办理时间，努力提高服务水平。

四、认真抓好信息系统建设和统计工作。部里将进一步完善社会保险关系转移信息系统，增加城乡养老保险制度衔接有关功能，统一有关电子化流程和接口规范。各地要按照要求，做好本地业务管理系统调整工作，与部社会保险关系转移信息系统实现无缝衔接，构建全国统一的经办服务信息化工作网络，提高城乡养老保险制度衔接电子化应用水平。要切实组织好所属地区的数据统计、核实、汇总和上报工作，确保数据真实、及时和准确。

五、切实加强组织领导。做好城乡养老保险制度衔接工作，直接关系到广大参保人员特别是农民工的切身利益，事关改革发展稳定大局。各级人力资源社会保障部门要高度重视，加强领导，精心组织，认真实施。各地要严格按照《暂行办法》的要求，研究制定贯彻落实工作的实施方案，对组织领导、任务分工、配套措施等作出具体部署，并请于5月底前将实施方案报人力资源社会保障部备案。要及时研究解决《暂行办法》实施工作中出现的新情况、新问题，重要情况和重大问题请及时报告人力资源社会保障部。

附件：1. 城乡养老保险制度衔接暂行办法宣传提纲
2. 城乡养老保险制度衔接经办规程（试行）

2014年2月24日

附件1

城乡养老保险制度衔接暂行办法宣传提纲

一、充分认识贯彻实施《暂行办法》的重要意义

党中央、国务院十分重视社会保障体系建设。党的十八大报告提出，要统筹推进城乡社会保障体系建设，以增强公平性、适应流动性、保证可持续性为重点，全面建成覆盖城乡居民的社会保障体系。党的十八届三中全会提出，建立更加公平可持续的社会保障制度，完善社会保险关系转移接续政策。《中华人民共和国社会保险法》规定，要做好城镇职工基本养老保险与新型农村社会养老保险制度、城镇居民社会养老保险制度的衔接。为此，人力资源社会保障部、财政部在深入调查研究，反复论证，广泛听取意见的基础上，拟定了《城乡养老保险制度衔接暂行办法》，业经国务院同意印发，于2014年7月1日起实施。《暂行办法》

的出台实施，充分体现了党中央、国务院对人民群众切身利益问题的高度重视，是一件利民生的好事、顺民意的实事。

（一）有利于健全和完善统筹城乡的社会保障体系

2009年国务院办公厅颁布的城镇企业职工基本养老保险关系转移接续暂行办法，解决了参保人员在城镇职工养老保险制度内跨地区流动转移接续的问题。随着城镇化的发展和城乡养老保险制度基本实现全覆盖，越来越多的劳动者特别是农民工在城乡间流动就业，城镇职工养老保险和城乡居民养老保险制度之间的衔接问题迫切需要解决。《暂行办法》填补了制度间衔接政策的空白，解决了参保人员特别是农民工在城镇职工养老保险和城乡居民养老保险之间的制度衔接问题，对于提高劳动者参保缴费的积极性，扩大养老保险覆盖范围具有积极的推动作用。《暂行办法》是贯彻落实十八大报告提出“适应流动性”的具体措施，是建立更加公平可持续的社会保障制度的重要内容，对全面建成覆盖城乡居民的社会保障体系，促进社会公平与和谐意义重大。

（二）有利于推动城镇化的健康发展

城乡二元结构是制约我国城乡发展一体化的主要障碍。党的十八大和十八届三中全会提出了完善城镇化健康发展的任务。农业转移人口是推进城镇化的重要群体，随着经济社会的发展，会有越来越多的农村劳动力向城镇转移就业。《暂行办法》规定，只要在城镇职工养老保险制度缴费满15年，就可以将城乡居民养老保险转入城镇职工养老保险，享受城镇职工养老保险待遇。缴费不满15年的，允许延长缴费至满15年后再办理制度衔接手续，享受相应的待遇。这样处理，在政策导向上鼓励参保人员特别是农民工长缴费多缴费，从而享受较高的待遇；在制度安排上体现了对农民工的生活保障，有利于促进人口和劳动力流动，有利于推动我国城镇化的健康发展。

（三）有利于保障参保人员特别是农民工的养老保险权益

随着工业化、城镇化发展，各类人员在城乡间的流动规模将不断扩大。当前，我国农民工已超过了2.6亿人，他们在长达几十年的劳动阶段，可能会在同时段或不同时段参加两种养老保险制度。解决好城乡养老保险制度之间的衔接问题，就可以保障他们参保缴费权益完整性。《暂行办法》规定，对于个人缴费形成的个人账户资金（包括政府补助个人部分），在进行城乡养老保险制度衔接时个人账户储存额全部转移，并累计计算权益，确保参保者个人利益的完整。对于少数因各种原因终止城镇职工养老保险缴费且不满15年的，从城镇职工养老保险转入城乡居民养老保险时，参加城镇职工养老保险缴费年限合并计算为城乡居民养老保险的缴费年限，从而保障了参保人员的养老保险权益。

二、全面领会《暂行办法》的基本原则和重点问题

《暂行办法》充分考虑城镇职工养老保险和城乡居民养老保险两大制度的不同特点和差异性，遵循了四个基本原则：一是保持制度大格局不变。我国养老保险制度基本上形成了职工养老保险和城乡居民养老保险两大制度平台。由于我国仍处于并将长期处于社会主义初级阶段，职工养老保险制度与城乡居民养老保险制度在筹资渠道、缴费水平、支付结构、待遇计发办法上有很大不同，因而待遇水平也相应有所差别，实行职工与城乡居民既有衔接、又有区别的基本养老保险制度符合现阶段我国国情，城乡养老保险制度衔接政策应在保持这一基本制度格局基础上，加强制度之间的衔接。二是顺应发展大趋势。十八届三中全会提出，推进以人为核心的城镇化。2013年中央经济工作会议强调，积极稳妥推进城镇化，着力提高城镇化质量。随着城镇化的发展，将会有越来越多的农民转变为市民并在城镇就业参保，农村人口从乡村转入城市是社会结构发展变化的大趋势，城乡养老保险制度衔接政策要顺应这一发展大趋势。三是照顾大多数。社会群体的利益需求是多方面的，衔接政策应要考虑多数人的利益需求。《暂行办法》应从维护大多数参保人员的权益出发，鼓励参保人员通过参保缴费甚至延长缴费的形式享受到较高的养老保险待遇。四是构建政策大框架。我国养老保险制度还处于不断完善的过程中，城乡养老保险制度间相互衔接要考虑未来的发展。城乡养老保险制度衔接政策应具有一定的弹性，首先搭建起一个大的政策框架，并为今后进一步完善养老保险制度留有空间。

按照上述原则，《暂行办法》重点解决了以下几方面的问题。

（一）实现两种制度衔接。目前，随着我国城乡养老保险制度的全面建立，在解决了跨地区流动就业养老保险关系转移接续之后，尽快解决城乡养老保险制度之间的衔接问题成为重点。《暂行办法》通过明确规定全国统一的衔接方式、衔接条件、资金转移、待遇领取等政策和统一衔接经办规程，实现劳动者特别是农民工在城乡养老保险制度间的顺畅衔接。

（二）保障个人权益。无论是从城乡居民养老保险转入城镇职工养老保险，还是从城镇职工养老保险转入城乡居民养老保险，都将个人账户储存额（含政府、集体补助部分）全部转移，并累计计算个人账户养老金。从城镇职工养老保险转入城乡居民养老保险的，将城镇职工养老保险缴费年限计算为城乡居民养老保险缴费年限。对缴费年限不足15年的，也允许延长缴费后再衔接，最大限度地保障参保人员的养老保险权益。

（三）妥善处理重复参保与重复领取待遇。在实际工作中，由于城乡养老保险制度对参保缴费的时间规定不同等原因，城乡流动就业人员在同一年度某个时段重复参保缴费的现象目前仍然存在。《暂行办法》从维护参保人员权益出发，对重复参保及重复领取待遇问题作出了明确规定，总体要求是优先保留待遇水平较高的城镇职工养老保险关系和待遇，对于个人因重复缴费而产生的城乡居民养老保险个人账户金额退还本人。

（四）提高管理服务水平。城乡养老保险制度衔接，既涉及城乡之间，也涉及不同地区之间，有的跨度大、时间长，为方便参保人员办理，避免参保人员往返不同地区办理手续，《暂行办法》强调优化服务，规定由参保人员提出制度衔接的申请，主要手续由相关社保经办机构办理，减少参保人员的往返奔波。

三、准确把握《暂行办法》的主要政策

（一）适用范围

《暂行办法》适用于在城镇职工养老保险与城乡居民养老保险这两种制度之间办理衔接手续的人员；在某一种制度中跨地区转移的参保人员，应按照各制度自身的规定转移接续养老保险关系；已经按照国家规定按月领取养老保险待遇的人员，不再办理城乡养老保险制度衔接手续。

（二）衔接时点

参加城镇职工养老保险和城乡居民养老保险人员在达到城镇职工养老保险规定的法定退休年龄后，可以申请办理城乡养老保险衔接手续；参保人员达到城镇职工养老保险法定退休年龄前，不办理城乡养老保险制度衔接手续；参保人员达到城镇职工养老保险法定退休年龄后，不符合按月享受城镇职工养老保险待遇条件，又不愿申请办理城乡养老保险制度衔接手续的，也可以按照城镇职工养老保险规定延长缴费后再申请办理城乡养老保险制度衔接手续。

（三）衔接条件

考虑到城乡养老保险制度都规定缴费年限满 15 年为按月享受基本养老金的条件，为引导参保人员长期参保、持续缴费，并享受城镇职工养老保险待遇，《暂行办法》规定参加城镇职工养老保险缴费年限满 15 年（含延长缴费至 15 年）的，可以申请从城乡居民养老保险转入城镇职工养老保险；城镇职工养老保险缴费年限不足 15 年的，可以申请从城镇职工养老保险转入城乡居民养老保险。

（四）待遇领取地确定

考虑到城乡养老保险制度参保人员可能在多地流动就业和参保，参保地与待遇领取地可能不是同一个统筹地区，甚至可能有在多个地区存在养老保险关系的情形，《暂行办法》规定，参保

人员在办理城乡养老保险制度衔接之前，要先按城镇职工养老保险关系转移接续的有关规定确定待遇领取地，并将养老保险关系归集至待遇领取地，再按照有关规定办理制度衔接手续。

（五）资金转移

参保人员从城乡居民养老保险转入城镇职工养老保险，或者从城镇职工养老保险转入城乡居民养老保险，都将个人账户储存额全部转移，合并累计计算。

《暂行办法》对城镇职工养老保险向城乡居民养老保险转移的，没有规定转移城镇职工养老保险统筹基金。主要考虑：一是统筹基金是国家对城镇职工养老保险制度的专门安排，既是为了解决已退休人员的养老保障，也是为了均衡单位的养老负担，体现的是社会保险的互济功能，与个人账户功能和权益归属不同，不属于个人所有。二是现行城镇职工养老保险跨地区转移接续办法规定划转12%的统筹基金，主要是为了适当平衡转出与转入地区的基金支出负担，不影响参保人员个人养老保险权益，因而在参保人员转入城乡居民养老保险制度时，不转这部分资金，不影响其应有的养老金水平。三是按照现行政策规定，参加城镇职工养老保险人员缴费年限不足15年申请终止基本养老保险关系的，仅将其个人账户储存额一次性支付给本人，如果城镇职工养老保险向城乡居民养老保险转移统筹基金并计入其个人账户，会造成两类制度在政策上的不平衡。四是社会保险法规定，城镇职工养老保险缴费不足15年的，可以延长缴费至满15年，从趋势上看，应引导、激励农民工等群体从城乡居民养老保险转入城镇职工养老保险，并享受相应的待遇。

（六）缴费年限计算

《暂行办法》规定，参保人员从城镇职工养老保险转入城乡居民养老保险，其参加城镇职工养老保险的缴费年限，可合并累加计算为城乡居民养老保险的缴费年限。参保人员从城乡居民养老保险转入城镇职工养老保险，其参加城乡居民养老保险的缴费年限不折算为城镇职工养老保险缴费年限。主要考虑：城镇职工养老保险与城乡居民养老保险制度间的缴费标准差异很大，如果采取一年折算一年的方法，会导致低缴费换取高额待遇的不合理情况；如果采取按缴费额度折算的办法，会出现城乡居民养老保险缴费一年仅能折算为城镇职工养老保险十分之一甚至几十分之一年，而按照对等原则，城镇职工养老保险转入城乡居民养老保险将会出现缴费一年折算为十年甚至几十年的情况，这也是不恰当的。

（七）重复参保处理

参保人员办理城镇职工养老保险与城乡居民养老保险制度衔接手续时，若在同一年度内出现重复参加城镇职工养老保险与城乡居民养老保险的，按月退还城乡居民养老保险重复时段缴费，将重复时段相应个人缴费和集体补助金额退还本人。

（八）重复领取待遇处理

根据养老保险关系唯一性的原则，参保人员应只有一个基本养老保险待遇。对于参保人员重复领取待遇的，优先保留待遇水平较高的城镇职工养老保险关系，终止并解除城乡居民养老保险关系，对于重复领取的城乡居民基础养老金要予以退还或抵扣。

（九）经办流程

为避免参保人员因办理制度衔接手续而在城乡之间、两地之间往返奔波，《暂行办法》规定了统一的经办流程。参保人员只需向待遇领取地社会保险经办机构提出养老保险制度衔接的书面申请，其他的审核、确认、转移衔接等程序，主要由社保经办机构之间沟通协调办理，并确定了办理时限。相关参保人员应积极提供必要的证明和信息，以使相关手续办理更加及时、顺畅。

（十）信息查询

建立全国县级以上社保经办机构联系方式信息库，向社会公布相关信息，方便参保人员咨询和办理城乡养老保险制度衔接手续，并便利各地社保经办机构协调办理相应手续。进一步完善部级社会保险关系转移系统，支持电子化转移业务模式，提升为民服务水平。建立全国统一的基本养老保险参保缴费信息查询服务系统，发行全国通用的社会保障卡，为参保人员查询本人参保缴费信息提供更方便快捷的服务。

附件 2

城乡养老保险制度衔接经办规程（试行）

第一条 为统一和规范城乡养老保险制度衔接业务经办程序，根据《城乡养老保险制度衔接暂行办法》，制定本规程。

第二条 本规程适用于参加城镇职工基本养老保险（以下简称城镇职工养老保险）、城乡居民基本养老保险（以下简称城乡居民养老保险）两种制度的人员办理跨制度衔接养老保险关系。

第三条 县级以上社会保险经办机构（以下简称社保机构）负责城乡养老保险制度衔接业务经办。

第四条 参保人员达到城镇职工养老保险法定退休年龄，如有分别参加城镇职工养老保险、城乡居民养老保险情形，在申请领取养老保险待遇前，向待遇领取地社保机构申请办理城乡养老保险制度衔接手续。

（一）城镇职工养老保险缴费年限满 15 年（含延长缴费至 15 年）的，应向城镇职工养老保险待遇领取地社保机构申请办理从城乡居民养老保险转入城镇职工养老保险。

（二）城镇职工养老保险缴费年限不足 15 年或按规定延长缴费仍不足 15 年的，应向城乡居民养老保险待遇领取地社保机构申请办理从城镇职工养老保险转入城乡居民养老保险。

第五条 办理参保人员城镇职工养老保险和城乡居民养老保险制度衔接手续的，社保机构应首先按照《国务院办公厅关于转发人力资源社会保障部、财政部城镇企业职工基本养老保险关系跨省转移接续暂行办法的通知》（国办发［2009］66号）等有关规定，确定城镇职工养老保险待遇领取地，由城镇职工养老保险待遇领取地（即城镇职工养老保险关系归集地）负责归集参保人员城镇职工养老保险关系，告知参保人员办理相关手续，并为其开具包含各参保地缴费年限的《城镇职工基本养老保险参保缴费凭证》（附件1，以下简称《参保缴费凭证》）。

第六条 参保人员办理城乡居民养老保险转入城镇职工养老保险，按以下程序办理相关手续：

（一）参保人员向城镇职工养老保险待遇领取地社保机构提出转入申请，填写《城乡养老保险制度衔接申请表》（附件2，以下简称《申请表》），出示社会保障卡或居民身份证并提交复印件。

参保人员户籍地与城镇职工养老保险待遇领取地为不同统筹地区的，可就近向户籍地负责城乡居民养老保险的社保机构提出申请，填写《申请表》，出示社会保障卡或居民身份证，并提交复印件。户籍地负责城乡居民养老保险的社保机构应及时将相关材料传送给其城镇职工养老保险待遇领取地社保机构。

（二）城镇职工养老保险待遇领取地社保机构受理并审核《申请表》及相关资料，对符合制度衔接办法规定条件的，应在15个工作日内，向参保人员城乡居民养老保险关系所在地社保机构发出《城乡养老保险制度衔接联系函》（附件3，以下简称《联系函》）。不符合制度衔接办法规定条件的，应向参保人员作出说明。

（三）城乡居民养老保险关系所在地社保机构在收到《联系函》之日起的15个工作日内办结以下手续：

1. 核对参保人员有关信息并生成《城乡居民基本养老保险

信息表》(附件 4)，传送给城镇职工养老保险待遇领取地社保机构；

2. 办理基金划转手续；

3. 终止参保人员在本地的城乡居民养老保险关系。

(四) 城镇职工养老保险待遇领取地社保机构在收到《城乡居民基本养老保险信息表》和转移基金后的 15 个工作日内办结以下手续：

1. 核对《城乡居民基本养老保险信息表》及转移基金额；

2. 录入参保人员城乡居民养老保险相关信息；

3. 确定重复缴费时段及金额，按规定将城乡居民养老保险重复缴费时段相应个人缴费和集体补助（含社会资助，下同）予以清退；

4. 合并记录参保人员个人账户；

5. 将办结情况告知参保人员。

第七条 参保人员办理城镇职工养老保险转入城乡居民养老保险，按以下程序办理相关手续：

(一) 参保人员向城乡居民养老保险待遇领取地社保机构提出申请，填写《申请表》，出示社会保障卡或居民身份证并提交复印件，提供城镇职工养老保险关系归集地开具的《参保缴费凭证》。

(二) 城乡居民养老保险待遇领取地社保机构受理并审核《申请表》及相关资料，对符合制度衔接办法规定条件的，应在 15 个工作日内，向城镇职工养老保险关系归集地社保机构发出《联系函》。对不符合制度衔接办法规定条件的，应向参保人员作出说明。

(三) 城镇职工养老保险关系归集地社保机构收到《联系函》之日起的 15 个工作日内，办结以下手续：

1. 生成《城镇职工基本养老保险信息表》(附件 5)，传送给城乡居民养老保险待遇领取地社保机构；

2. 办理基金划转手续；

3. 终止参保人员在本地的城镇职工养老保险关系。

（四）城乡居民养老保险关系所在地社保机构在收到《城镇职工基本养老保险信息表》和转移基金后的15个工作日内办结以下手续：

1. 核对《城镇职工基本养老保险信息表》及转移基金额；

2. 录入参保人员城镇职工养老保险相关信息；

3. 确定重复缴费时段及金额，按规定予以清退；

4. 合并记录参保人员个人账户；

5. 将办结情况告知参保人员。

第八条 参保人员存在同一年度内同时参加城镇职工养老保险和城乡居民养老保险情况的，由转入地社保机构清退城乡居民养老保险重复缴费时段相应的个人缴费和集体补助，按以下程序办理：

（一）进行信息比对，确定重复缴费时段。重复时段为城乡居民养老保险各年度与城镇职工养老保险重复缴费的月数。

（二）确定重复缴费清退金额，生成并打印《城乡养老保险重复缴费清退表》（附件6）。重复缴费清退金额计算方法：

年度重复缴费清退金额＝（年度个人缴费本金＋年度集体补助本金）/12×重复缴费月数

清退总额＝各年度重复缴费清退金额之和

（三）将重复缴费清退金额退还参保人员，并将有关情况通知本人。

第九条 参保人员同时领取城镇职工养老保险和城乡居民养老保险待遇的，由城乡居民养老保险待遇领取地社保机构负责终止其城乡居民养老保险关系，核定重复领取的城乡居民养老保险基础养老金金额，通知参保人员退还。参保人员退还后，将其城乡居民养老保险个人账户余额（扣除政府补贴，下同）退还本人。

参保人员不退还重复领取的城乡居民养老保险基础养老金的，城乡居民养老保险待遇领取地社保机构从其城乡居民养老保险个人账户余额中抵扣，抵扣后的个人账户余额退还本人。

参保人员个人账户余额不足抵扣的，城乡居民养老保险待遇领取地社保机构向其领取城镇职工养老保险待遇的社保机构发送《重复领取养老保险待遇协助抵扣通知单》（附件7），通知其协助抵扣。

参保人员城镇职工养老保险待遇领取地社保机构完成抵扣后，应将协助抵扣款项全额划转至城乡居民养老保险待遇地社保机构指定银行账户，同时传送《重复领取养老保险待遇协助抵扣回执》（见附件7）。

第十条 负责城镇职工养老保险、城乡居民养老保险的社保机构办理参保人员城乡养老保险制度衔接手续后，应将参保人员有关信息予以保留和备份。

第十一条 人力资源和社会保障部建立健全完善全国县级以上社保机构联系方式信息库，并向社会公布相关信息。同时，进一步完善全国社会保险关系转移信息系统，各地社保机构应积极应用该系统开展城乡养老保险制度衔接业务。建立全国统一的基本养老保险参保缴费查询服务系统，加快普及全国通用的社会保障卡，为参保人员查询参保缴费信息、办理制度衔接提供便捷、高效的服务。

第十二条 本规程从2014年7月1日起施行。

第十三条 本规程由人力资源社会保障部负责解释。

人力资源社会保障部办公厅关于进一步做好企业年金方案备案工作的意见

人社厅发［2014］60 号

各省、自治区、直辖市及新疆生产建设兵团人力资源社会保障厅（局）：

为贯彻落实党的十八届三中全会决定关于加快发展企业年金、构建多层次社会保障体系的要求，推动用人单位按照国家有关规定建立企业年金，解决目前企业年金方案备案工作中存在的格式不统一、重点内容审核要求不一致、缴费证明出具不规范等问题，不断提高企业年金方案备案工作效率和管理水平，现就进一步做好企业年金方案备案工作提出以下意见：

一、统一企业年金方案范本

针对用人单位建立企业年金计划、下属单位加入集团公司企业年金计划等两种情形，分别实施统一的企业年金方案范本（附件 1）和企业年金方案实施细则范本（附件 2）。各地要指导用人单位按照统一的范本制定企业年金方案（实施细则）。范本的主要内容包括：参加人员、资金筹集与分配、账户管理、权益归属、基金管理、待遇计发和支付方式、方案的调整和终止、组织管理和监督。

用人单位企业年金方案（实施细则）重要条款发生变更的，要修订企业年金方案（实施细则）并重新备案。重要条款变更主要是指用人单位名称、职工参加条件、缴费及分配、权益归属、待遇领取方式等内容发生变化。

二、规范企业年金方案备案材料

各地要指导用人单位按照企业年金备案所需材料（附件3）的要求准备相应的备案材料，并按照规定的期限进行备案。企业年金备案所需材料，是根据用人单位建立企业年金计划、下属单位加入集团公司企业年金计划、企业年金方案（实施细则）重要条款变更、终止企业年金计划等四种情形，分别提出的具体内容要求。

三、明确企业年金方案备案地

各地要按照以下要求确定用人单位企业年金方案的备案地：中央所属大型企业在人力资源社会保障部备案，其他跨省（自治区、直辖市）用人单位在总部所在地省级人力资源社会保障部门备案，省（自治区、直辖市）内跨地区用人单位在总部所在地地市级以上人力资源社会保障部门备案。

用人单位为集团公司的，其下属单位加入集团公司企业年金计划、企业年金方案（实施细则）重要条款变更等，由集团公司在原备案地人力资源社会保障部门备案。

四、把握企业年金方案审核要点

（一）参加人数。参加企业年金职工人数以及占本单位职工总数的比例，比例偏低的应由用人单位作出说明；集团公司下属单位可分批参加集团公司企业年金计划。

（二）用人单位和个人缴费。用人单位和个人的缴费基数及缴费比例；暂停缴费、恢复缴费和补缴的规定；用人单位建立企业年金的时间，不应早于参加企业职工基本养老保险的时间。

（三）用人单位缴费的分配。用人单位缴费划入职工个人账户的分配办法，用人单位可适当向关键岗位和优秀人才等倾斜，但差距不宜过大；企业账户余额的分配方式，应经过集体协商。

（四）待遇的归属和领取。用人单位缴费划入职工个人账户的部分完全归属职工个人的归属期，企业年金的领取条件和方式。

（五）方案调整和终止。企业年金方案（实施细则）调整或终止的规定；对终止的程序、企业账户未归属权益分配、个人账户转移和保留等事宜的规定。

五、规范出具基本养老保险缴费证明

各级社会保险经办机构应在接到用人单位申请出具缴费证明之日起10个工作日内，按照规范的样式（附件5）出具基本养老保险缴费证明；要及时公开经办人姓名、联系方式、受理时间等信息，方便用人单位办理基本养老保险缴费证明。

跨地区用人单位建立企业年金的，其下属单位基本养老保险缴费证明由参保缴费地的社会保险经办机构分别出具。

六、加大企业年金方案备案工作指导力度

各地要高度重视，切实把规范企业年金方案备案工作作为促进企业年金健康发展的重要内容来抓，增强工作的主动性和针对性，加强沟通协调；要通过各类媒体或网络平台等解读企业年金政策，普及建立企业年金的方法和程序，使广大用人单位及其职工了解相关政策和办理流程，引导符合条件的用人单位逐步建立企业年金；要改进工作作风，组织业务培训，不断提高各级管理和经办人员的业务水平；要充分运用网络等形式开展企业年金方案备案工作，鼓励创新工作方式；要结合本地区实际，强化逐级指导，明确要求，落实责任，共同做好企业年金方案备案工作。

七、建立健全企业年金方案备案工作廉政风险防控机制

各地要按照《社会保险工作人员纪律规定》（人社部发〔2012〕99号）要求，建立企业年金方案备案工作风险防控机制，针对企业年金方案备案过程中的风险点，制定有效措施，明确相关责任，杜绝腐败行为。同时，加强廉政教育，做好廉政风险防控工作，树立社会保险工作人员良好形象。

各地要及时掌握本地区企业年金方案备案工作情况，遇到新情况、新问题，要加强研究分析，及时沟通汇报，并于每年1月31日前将上年度工作情况报送人力资源社会保障部养老保险司。

附件：1.（××单位）企业年金方案（范本）

2.（××单位）企业年金方案实施细则（范本）

3. 企业年金方案备案所需材料

4.（××单位）企业年金方案基本情况简表（样式）（略）

5. 基本养老保险参保缴费证明（样式）（略）

2014年5月16日

附件 1

（××单位）企业年金方案
（范本）

（××单位并盖章）

企业首席代表
签章：
日期：

职工首席代表
签章：
日期：

目　　录

释　　义

企业年金：指已参加企业职工基本养老保险的单位及其职工，为更好保障职工退休后的生活而建立的补充养老保险制度。

委托人：指建立企业年金计划的单位及其职工。

受益人：参加企业年金计划的职工及其他享有企业年金计划受益权的自然人。

受托人：指受托管理本单位企业年金基金的符合国家规定的法人受托机构或企业年金理事会。

账户管理人：指接受受托人委托管理企业年金基金账户的专业机构。

托管人：指接受受托人委托保管企业年金基金财产的商业银行。

投资管理人：指接受受托人委托投资管理企业年金基金财产的专业机构。

个人账户：指以职工个人名义开立的账户，用于记录分配给职工个人的单位缴费、职工个人缴费及其投资收益。

企业账户：指以单位名义开立的账户，用于记录暂时未分配至职工个人账户的单位缴费及其投资收益。

第一章　总　　则

第一条　为保障和提高职工退休后的待遇水平，调动职工的劳动积极性，建立人才长效激励机制，增强单位的凝聚力，促进单位健康持续发展，根据《中华人民共和国劳动法》（中华人民共和国主席令第28号）、《集体合同规定》（劳动和社会保障部令第22号）、《企业年金试行办法》（劳动和社会保障部令第20号）、《企业年金基金管理办法》（人力资源和社会保障部令第11号）、__________等法律、法规及政策，××单位决定建立企业年金计划（以下简称本计划），并结合实际情况，制定企业年金方案（以下简称本方案）。

第二条　建立企业年金遵循的原则

（一）有利于单位发展。通过建立企业年金增强单位的凝聚力和吸引力，激励职工长期稳定地工作，促进单位与职工共同发展。

（二）公平与效率相结合。企业年金应覆盖大多数职工，对不同类别的职工可以在单位缴费分配上区别对待，但差距不宜过大，在体现公平、普惠的同时兼顾效率。

（三）自愿平等协商。单位及其职工通过集体协商确定建立企业年金并制定企业年金方案，职工自愿选择是否参加。

（四）保障安全、适度收益。企业年金基金的管理严格按照国家有关规定执行，按照规定的投资范围进行投资运作，在保障安全的前提下获取适度收益。

（五）适时调整原则。企业年金发展水平应与单位的经营状况相适应，在符合国家相关规定的前提下，根据单位经营状况的变化适时调整企业年金方案。

第三条　单位建立企业年金的基本条件①

---

① 集团公司可根据自身情况增加下属单位建立企业年金需要满足的其他条件。

（一）依法参加企业职工基本养老保险并履行缴费义务；

（二）单位与工会或者职工代表通过集体协商确定建立企业年金；

（三）其他条件：________________________。

第四条 实施范围[①]

本方案适用于××单位所属______________单位（以下统称本单位）。

第二章 参加人员

第五条 职工参加本方案的条件[②]

（一）依法参加企业职工基本养老保险并履行缴费义务；

（二）其他条件：________________________。

第六条 职工参加本方案的程序

符合上述参加条件的职工填写《职工参加企业年金申请表》（附件①），经本单位审核通过后参加本方案。在本方案实施后加入本单位的新职工，可在满足上述参加条件的（□本月、□次月）起参加本方案。

第七条 职工退出本方案的条件

（一）职工与本单位终止或解除劳动合同；

（二）职工达到本方案规定的企业年金待遇领取条件；

（三）其他条件：________________________。

第八条 职工退出本方案的程序

职工达到上述退出条件后自动退出本方案，单位停止其企业年金缴费，按照本方案第十八条处理其个人账户或按照本方案第二十九条支付企业年金待遇。

---

① 集团公司企业年金方案可适用于所有或部分下属单位，非集团型企业可删除本条。

② 参加企业年金职工人数原则上应占本单位职工总数的大多数，集团公司下属单位可分批参加集团企业年金计划。参加计划职工比例偏低的应书面说明原因。

第九条 职工的权利和义务

（一）职工的权利

1. 职工对个人账户信息拥有知情权。

2. 在满足本方案规定的权益归属条件后，职工对个人账户中已经归属的权益拥有所有权。

3. 在满足本方案规定的领取条件后，职工享有领取企业年金待遇的权利。

4. 由于个人原因，职工可以申请暂停缴费；暂停缴费后，职工可根据个人情况申请恢复缴费。

（二）职工的义务

1. 授权本单位根据本方案规定从职工工资中代扣代缴个人缴费；

2. 授权本单位和本计划管理机构按国家有关规定代扣代缴个人所得税；

3. 授权××单位[①]选择受托人并签订受托管理合同；

4. 授权本单位代表职工对企业年金计划进行管理监督；

5. 当个人基本信息发生变动时，须在七个工作日之内向本单位提供变动情况。

第三章 资金筹集与分配

第十条 企业年金所需费用由单位和职工共同承担。单位缴费的列支渠道按照国家有关规定执行；职工个人缴费由单位从职工工资中代扣代缴。

第十一条 单位缴费及分配[②]

单位缴费按方式______缴纳。

---

① 指代表职工与受托人签订受托管理合同的单位。

② 内容包括但不限于单位缴费总额、当期划入职工个人账户的比例、企业账户留存比例。如果设置补偿机制，还需明确补偿缴费留存比例、补偿缴费分配办法、补偿缴费划入职工个人账户的方式。

方式1：单位缴费为职工个人缴费基数的______%，职工个人（□月、□季度、□年度）缴费基数为________________。单位缴费总额为单位为参加计划职工缴费的合计金额。

方式2：单位年缴费总额为上年度工资总额的______%，按照职工个人缴费基数全额、等比例分配至职工个人账户，职工个人（□月、□季度、□年度）缴费基数为________________。

方式3：单位年缴费总额为上年度工资总额的______%，按照职工个人缴费基数的______%分配至职工个人账户，职工个人（□月、□季度、□年度）缴费基数为________________，剩余部分记入企业账户，用于对本计划建立时临近退休职工的补偿性缴费。补偿范围为：____________________，补偿缴费分配办法为：________________，补偿缴费划入职工个人账户的方式为：________________。补偿结束后，单位应根据实际情况调整单位缴费分配办法，履行本方案第三十三条规定程序后实施。

方式4：单位年缴费总额为上年度工资总额的______%，按照职工个人缴费基数的______%分配至职工个人账户，职工个人（□月、□季度、□年度）缴费基数为________________，剩余部分记入企业账户。

方式5[①]：单位年缴费总额不超过上年度工资总额的___%。下属单位可根据实际情况，在实施细则中明确具体缴费比例及分配办法。

方式6：（其他方式）________________。

第十二条 企业账户余额的分配办法可通过集体协商另行制定，并经民主程序审议通过后实施，但不得用于抵缴未来年度单位缴费。

---

① 集团公司企业年金方案中，单位缴费比例可以为范围，单位缴费分配办法也可仅作原则性要求，由各下属单位在实施细则中明确具体比例和单位缴费分配办法，但每年缴费不得超过上年度职工工资总额的1/12。

第十三条 个人缴费[①]

个人缴费按方式______缴纳。

方式1：职工个人缴费为职工个人缴费基数的______%；

方式2：职工个人缴费为单位为其缴费的______%；

方式3：<u>（其他方式）　　　　　</u>。

第十四条 单位按<u>（□月、□季度、□年度）</u>将全部缴费款项按时、足额汇至托管人开立的企业年金基金受托财产托管专户。

第十五条 企业年金缴费的暂停、恢复和补缴

（一）单位出现亏损、停业等特殊情况无法履行缴费义务时，可暂停缴费，职工同时暂停缴费；单位情况好转后恢复缴费，职工同时恢复缴费。因单位原因暂停缴费的，恢复缴费后单位可以视经济情况予以补缴，职工个人<u>（□补缴、□不补缴）</u>暂停缴费期间个人缴费。补缴年限不得超过实际暂停缴费年限。

（二）职工个人可以申请暂停或恢复缴费。申请暂停缴费的条件是__________，恢复缴费的条件是__________，同时填写《职工暂停（恢复）企业年金缴费申请表》（附件②），并经本单位确认后执行。个人暂停缴费期间，单位缴费也相应暂停，个人账户继续在本计划中管理；个人恢复缴费时单位缴费也同时恢复；不弥补暂停缴费期间的单位和个人缴费。

第四章 账 户 管 理

第十六条 本计划实行完全积累制度，采用个人账户方式进行管理，为参加职工开立个人账户，同时建立企业账户用于记录暂未分配至个人账户的单位缴费及其投资收益。

第十七条 个人账户下设单位缴费子账户和个人缴费子账户，分别记录单位缴费分配给职工个人的部分及其投资收益、职

---

① 集团公司企业年金方案中，个人缴费比例可以为范围，由各下属单位在实施细则中明确具体比例。

工个人缴费及其投资收益。

第十八条 个人账户的转移和保留

职工与本单位终止、解除劳动合同的，其个人账户转移或保留。

（一）职工与本单位终止、解除劳动合同，新就业单位已建立企业年金或职业年金的，其个人账户应当转入新就业单位的企业年金计划或职业年金计划管理。

（二）职工与本单位终止、解除劳动合同，未就业、新就业单位没有建立企业年金或职业年金的，其个人账户按方式______处理：

方式1：转入本计划法人受托机构发起的集合计划设置的保留账户统一管理。保留账户的账户管理费从职工个人账户中扣除。

方式2：作为保留账户在本计划中继续管理。保留账户的账户管理费（□由本单位负担、□从职工个人账户中扣除）。

方式3：（理事会受托管理的企业年金计划）转入由本单位与职工协商选定的法人受托机构发起的集合计划设置的保留账户统一管理。保留账户的账户管理费从职工个人账户中扣除。

方式4：（其他方式）________________。

（三）在集团公司[①]内部调动新单位未实行企业年金制度的，其个人账户作为保留账户由原单位继续管理。保留账户的账户管理费（□由原单位负担、□从职工个人账户中扣除）。

第十九条 满足下列条件之一时，个人账户注销：

（一）职工领取完其个人账户资金；

（二）职工身故，其个人账户余额由指定受益人或法定继承人全部领取完毕；

（三）个人账户转移至新单位的企业年金计划或职业年金计划。

---

① 非集团公司和将内部调动视同外部调动的集团公司删除本款。

第五章　权 益 归 属

第二十条　职工个人缴费部分及其投资运营收益全部归属职工个人。

第二十一条　单位缴费部分权益归属规则①

单位缴费划入个人账户部分形成的权益，按以下规则归属于职工个人，未归属于职工个人的部分，划入企业账户。

权益归属核算时点	N	归属比例
职工与本单位终止、解除劳动合同	N<____年	××%
	____年≤N<____年	××%
	…	…
	N≥____年	××%
退休或在职身故	—	××%
（其他特殊情况）②	—	××%

备注：

1. N是指在（本单位的工作年限、参加本方案的年限）③。
2. （其他需要说明的事项）____________。

第二十二条　补偿缴费归属规则④

补偿缴费按照方式______归属。

方式1：职工退休前归属比例为0%，退休后100%归属；

---

① 集团公司可对归属条件、归属比例、最长归属期等权益归属规则中的要素进行原则性规定，具体归属规则由下属单位在实施细则中确定。

② 用人单位可列明其他特殊情况的归属比例，例如由于用人单位原因解除劳动合同或劳动合同不续签造成职工离职时，归属比例为100%；集团公司内部调动时，归属比例为100%。

③ 用人单位可以自行确定个人账户中单位缴费累计权益的归属条件，例如在本单位的工作年限、参加本方案的年限或其他条件。

④ 未设置补偿缴费的用人单位，删除本条。

方式 2：与单位正常缴费归属规则一致；

方式 3：(其他方式)＿＿＿＿＿＿＿＿。

第六章 基 金 管 理

第二十三条 企业年金基金由单位缴费、职工个人缴费和投资收益组成。

第二十四条 本计划采取（□理事会受托、□法人受托）管理模式。本方案所归集的企业年金基金由××单位①委托受托人进行受托管理并签署企业年金基金受托管理合同。由企业年金基金受托人委托具备企业年金管理资格的托管人、账户管理人、投资管理人提供统一的相关服务。

第二十五条 企业年金基金的投资收益，根据企业年金基金单位净值，按周或者日足额分别记入个人账户和企业账户。

第二十六条 企业年金基金管理运营的所需费用，按照国家有关法律法规及企业年金基金管理合同中的相关条款确定。其中正常账户的账户管理费由本单位缴纳，保留账户管理费按本细则第十八条规定执行，退休职工个人账户的账户管理费由（□个人、□单位）负担，其他费用由本单位和个人共同承担，从企业年金基金中扣除。

第二十七条 企业年金基金实行专户管理，与委托人、受托人、账户管理人、投资管理人和托管人的自有资产或其他资产分开管理，分别记账，不得挪作他用。

第七章 待遇计发和支付方式

第二十八条 本方案参加职工符合下列条件之一时，可以享受本方案规定的企业年金待遇：

（一）达到国家规定的退休年龄；

---

① 指代表职工与受托人签订受托管理合同的单位。

（二）未达到国家规定退休年龄时，经劳动能力鉴定委员会鉴定，因病（残）完全丧失劳动能力办理病退；

（三）退休前身故；

（四）出国（境）定居。

第二十九条 企业年金的支付方式

职工达到本方案第二十八条规定的企业年金待遇领取条件后，可根据个人账户余额、个人所得税税负等情况选择一次性或分期领取企业年金待遇。

第三十条 受益人的指定和修改

职工参加本方案时，应在申请表中以书面形式指定受益人作为本人身故后企业年金个人账户已归属权益的继承人。本方案参加人可以提出书面申请修改指定受益人。

第八章 方案的调整和终止

第三十一条 本单位有权根据国家政策法规和实际情况的变化，经集体协商对本方案进行调整。

第三十二条 出现下列情况之一，可对本方案进行调整：

（一）国家相关政策法规发生重大变化；

（二）单位的经营状况出现重大变化；

（三）其他：____________________。

第三十三条 调整本方案的程序

（一）本单位企业年金经办部门提出企业年金方案调整方案；

（二）调整方案经集体协商讨论通过；

（三）报送人力资源和社会保障部门备案①；

（四）通知方案参加职工及受托人。

---

① 中央所属大型企业在人力资源社会保障部备案，其他跨省用人单位在总部所在地省级人力资源社会保障部门备案，省内跨地区用人单位在总部所在地地市级以上人力资源社会保障部门备案。

第三十四条 出现下列情况之一时，本方案可以终止：

（一）本单位发生依法解散、被依法撤销或者被依法宣告破产等情况；

（二）国家有关政策法规发生重大变化，导致本方案无法继续实施；

（三）其他：________________________。

第三十五条 终止本方案的程序

（一）制定终止企业年金计划方案。方案内容应包括终止原因、企业账户和个人账户处理办法等。

（二）经集体协商讨论通过。

（三）报送人力资源和社会保障部门备案。

（四）由受托人组织清算组对企业年金基金财产进行清算，对所有个人账户权益进行全部归属，并按照集体协商讨论通过的处理办法进行企业账户未归属权益分配。

（五）对所有个人账户进行保留或者转移。如果方案参加职工未能提出转移书面申请，作保留处理。保留后的账户管理费从个人账户中扣除。

（六）通知本方案参加职工及受托人。

第九章　组织管理和监督

第三十六条 本单位的企业年金基金管理接受人力资源社会保障部门等国家相关部门的监督检查。本单位依照国家相关法律、法规对受托人进行监督。

第三十七条 在接受国家相关部门监督的基础上，由本单位的纪检、工会和审计部门对本企业年金计划的运作管理进行内部监督。

第十章　附　　则

第三十八条 本方案自××年×月×日起开始实施。

第三十九条 因订立或者履行企业年金方案发生争议的，根据《集体合同规定》处理。

第四十条 因履行企业年金基金管理合同发生争议的，可以通过调解和民事诉讼处理。

第四十一条 本方案涉及的相关财税问题，按照国家相关规定执行。

第四十二条 本单位拥有对本方案的最终解释权。

附件①： **职工参加企业年金申请表**

<table>
<tr><td>申请人姓名</td><td></td></tr>
<tr><td>申请人身份证号码</td><td></td></tr>
<tr><td>受益人姓名</td><td></td></tr>
<tr><td>受益人身份证号码</td><td></td></tr>
<tr><td colspan="2">参加企业年金的申请
本人已参加基本养老保险并履行缴费义务。
本人已认真阅读并同意接受《<u>××单位</u>企业年金方案》。
本人经慎重考虑，自愿申请（□加入、□不加入）<u>××单位</u>企业年金计划，并愿意承担由此带来的一切投资风险。
本人承诺遵守<u>××单位</u>企业年金方案的有关规定，并授权<u>××单位</u>：
1. 从本人工资中代扣代缴职工个人缴费；
2. 按照国家有关税收政策代扣代缴个人所得税。
申请人：
年 月 日</td></tr>
<tr><td>单位意见</td><td>经审核，该职工符合参加企业年金的条件，同意其参加企业年金计划。
签字（盖章）：
年 月 日</td></tr>
</table>

附件②：　　职工暂停（恢复）企业年金缴费申请表

<table>
<tr><td>申请人姓名</td><td colspan="2"></td></tr>
<tr><td>身份证号码</td><td colspan="2"></td></tr>
<tr><td colspan="3">

暂停企业年金缴费的申请

本人经慎重考虑，自愿申请暂停企业年金缴费，并愿意承担由此带来的损失。暂停缴费期间为：

□ ________年____月____日至________年____月____日；

□ 至本人申请恢复缴费为止；

□ 至退出本企业年金计划为止。

申请人：

年　　月　　日

</td></tr>
<tr><td colspan="3">

恢复企业年金缴费的申请

本人申请自________年____月____日起恢复企业年金缴费。

申请人：

年　　月　　日

</td></tr>
<tr><td rowspan="2">单位意见</td><td colspan="2">

经审核，同意该职工暂停企业年金缴费。

签字（盖章）：

年　　月　　日

</td></tr>
<tr><td colspan="2">

经审核，同意该职工恢复企业年金缴费。

签字（盖章）：

年　　月　　日

</td></tr>
</table>

附件 2

（××单位）企业年金方案实施细则
（范本）

（××单位并盖章）

企业首席代表

签章：

日期：

职工首席代表

签章：

日期：

目　　录

释　　义

企业年金：指已参加企业职工基本养老保险的单位及其职工，为更好保障职工退休后的生活而建立的补充养老保险制度。

委托人：指建立企业年金的单位及其职工。

受益人：参加企业年金计划的职工及其他享有企业年金计划受益权的自然人。

受托人：指受托管理本单位企业年金基金的符合国家规定的法人受托机构或企业年金理事会。

账户管理人：指接受受托人委托管理企业年金基金账户的专业机构。

托管人：指接受受托人委托保管企业年金基金财产的商业银行。

投资管理人：指接受受托人委托投资管理企业年金基金财产的专业机构。

个人账户：指以职工个人名义开立的账户，用于记录分配给职工个人的单位缴费、职工个人缴费及其投资收益。

企业账户：指以单位名义开立的账户，用于记录暂时未分配至职工个人账户的单位缴费及其投资收益。

第一章 总 则

第一条 为保障和提高职工退休后的待遇水平，调动职工的劳动积极性，建立人才长效激励机制，增强单位的凝聚力，促进单位健康持续发展，根据《中华人民共和国劳动法》（中华人民共和国主席令第28号）、《集体合同规定》（劳动和社会保障部令第22号）、《企业年金试行办法》（劳动和社会保障部令第20号）、《企业年金基金管理办法》（人力资源和社会保障部令第11号）、____________等法律、法规及政策，××单位（以下简称本单位）决定参加××单位[①]企业年金计划（以下简称本计划），在《××单位企业年金方案》框架下，结合实际情况，制定本单位企业年金方案实施细则（以下简称本细则）。

第二条 建立企业年金遵循的原则

（一）有利于单位发展。通过建立企业年金增强单位的凝聚力和吸引力，激励职工长期稳定地工作，促进单位与职工共同发展。

（二）公平与效率相结合。企业年金应覆盖大多数职工，对不同类别的职工可以在单位缴费分配上区别对待，但差距不宜过大，在体现公平、普惠的同时兼顾效率。

（三）自愿平等协商。单位及其职工通过集体协商确定建立企业年金并制定企业年金方案，职工自愿选择是否参加。

（四）保障安全、适度收益。企业年金基金的管理严格按照国家有关规定执行，按照规定的投资范围进行投资运作，在保障安全的前提下获取适度收益。

（五）适时调整原则。企业年金发展水平应与单位的经营状况相适应，在符合国家相关规定的前提下，根据单位经营状况的变化适时调整企业年金方案。

---

① 指代表职工与受托人签订受托管理合同的单位。

第三条 单位建立企业年金的基本条件

（一）依法参加企业职工基本养老保险并履行缴费义务；

（二）单位与工会或者职工代表通过集体协商确定建立企业年金；

（三）其他条件：____________________。

第四条 实施范围[①]

本细则适用于××单位下属________单位（以下统称本单位）。

第二章 参 加 人 员

第五条 符合以下条件的职工，可参加本细则[②]：

（一）按规定参加基本养老保险并履行缴费义务；

（二）其他条件：____________________。

第六条 职工参加本细则的程序

符合上述参加条件的职工填写《职工参加企业年金申请表》（附件①），经本单位审核通过后参加本细则。在本细则实施后加入本单位的新职工，可在满足上述参加条件的（□本月、□次月）起参加本细则。

第七条 职工退出本细则的条件

（一）职工与本单位终止或解除劳动合同；

（二）职工达到本细则规定的企业年金待遇领取条件；

（三）其他条件：____________________。

第八条 职工退出本细则的程序

职工达到上述退出条件后自动退出本细则，单位停止其企业年金缴费，按照本细则第十八条处理其个人账户或按照本细则第二十九条支付企业年金待遇。

---

① 集团公司所属集团公司的企业年金方案实施细则可适用于所有或部分下属单位，非集团公司可删除本条。

② 参加企业年金职工人数原则上应占本单位职工总数的大多数，集团公司下属单位可分批参加集团企业年金计划。参加计划职工比例偏低的应书面说明原因。

第九条 职工的权利和义务

（一）职工的权利

1. 职工对个人账户信息拥有知情权。

2. 在满足本细则规定的权益归属条件后，职工对个人账户中已经归属的权益拥有所有权。

3. 在满足本细则规定的领取条件后，职工享有领取企业年金待遇的权利。

4. 由于个人原因，职工可以申请暂停缴费；暂停缴费后，职工可根据个人情况申请恢复缴费。

（二）职工的义务

1. 授权本单位根据本细则规定从职工工资中代扣代缴个人缴费；

2. 授权本单位和本计划管理机构按国家有关规定代扣代缴个人所得税；

3. 授权××单位[①]选择受托人并签订受托管理合同；

4. 授权本单位代表职工对企业年金基金进行管理监督；

5. 当个人基本信息发生变动时，须在七个工作日之内向本单位提供变动情况。

第三章 资金筹集与分配

第十条 企业年金缴费由单位和职工共同承担。单位缴费的列支渠道按照国家有关规定执行；职工个人缴费由单位从职工工资中代扣代缴。

第十一条 单位缴费及分配[②]

---

① 指代表职工与受托人签订受托管理合同的单位。

② 内容包括但不限于单位缴费总额、当期划入职工个人账户的比例、企业账户留存比例。如果设置补偿机制，还需明确补偿缴费留存比例、补偿缴费分配办法、补偿缴费划入职工个人账户的方式。其中单位缴费比例必须为确定的数值，不得以范围代替。

单位缴费按方式______缴纳。

方式1：单位缴费为职工个人缴费基数的______%，职工个人（□月、□季度、□年度）缴费基数为____________。单位缴费总额为单位为参加计划职工缴费的合计金额。

方式2：单位缴费总额每年为上年度工资总额的______%，按照职工个人缴费基数全额分配至职工个人账户，职工个人（□月、□季度、□年度）缴费基数为____________。

方式3：单位缴费总额每年为上年度工资总额的______%，按照职工个人缴费基数的______%分配至职工个人账户，职工个人（□月、□季度、□年度）缴费基数为____________，剩余部分记入企业账户，用于对计划建立时临近退休职工的补偿性缴费。补偿范围为：__________________，补偿缴费分配办法为：__________________，补偿缴费划入职工个人账户的方式为：__________________。补偿结束后，单位应根据实际情况调整单位缴费分配办法，履行本细则第三十三条规定程序后实施。

方式4：单位缴费总额每年为上年度工资总额的______%，按照职工个人缴费基数的______%分配至职工个人账户，职工个人（□月、□季度、□年度）缴费基数为____________，剩余部分记入企业账户。

方式5：（其他方式）______________。

第十二条　企业账户余额的分配办法可通过集体协商另行制定，并经民主程序审议通过后实施，但不得用于抵缴未来年度单位缴费。

第十三条　个人缴费

个人缴费按方式______缴纳。

方式1：职工个人缴费为职工个人缴费基数的______%；

方式2：职工个人缴费为单位为其缴费的______%；

方式3：（其他方式）______________。

第十四条　单位按（□月、□季度、□年度）将全部缴费款项按时、足额汇至托管人开立的企业年金基金受托财产托管专户。

第十五条 企业年金缴费的暂停、恢复和补缴

（一）单位出现亏损、停业等特殊情况无法履行缴费义务时，可暂停缴费，职工同时暂停缴费；单位情况好转后恢复缴费，职工同时恢复缴费。因单位原因暂停缴费的，恢复缴费后单位可以视经济情况予以补缴，职工个人（□补缴、□不补缴）暂停缴费期间个人缴费。补缴年限不得超过实际暂停缴费年限。

（二）职工个人可以申请暂停或恢复缴费。申请暂停缴费的条件是____________，恢复缴费的条件是____________，同时填写《职工暂停（恢复）企业年金缴费申请表》（附件②），并经本单位确认后执行。个人暂停缴费期间，单位缴费也相应暂停，个人账户继续在本计划中管理；个人恢复缴费时单位缴费也同时恢复；不弥补暂停缴费期间的单位和个人缴费。

第四章 账 户 管 理

第十六条 本企业年金基金实行完全积累制度，采用个人账户方式进行管理，为参加职工开立个人账户，同时建立企业账户用于记录暂未分配至个人账户的单位缴费及其投资收益。

第十七条 个人账户下设单位缴费子账户和个人缴费子账户，分别记录单位缴费分配给职工个人的部分及其投资收益、职工个人缴费及其投资收益。

第十八条 个人账户的转移和保留

职工与本单位终止、解除劳动合同的，其个人账户转移或保留。

（一）职工与本单位终止、解除劳动合同，新就业单位已建立企业年金或职业年金的，其个人账户应当转入新就业单位的企业年金计划或职业年金计划管理。

（二）职工与本单位终止、解除劳动合同，未就业、新就业单位没有建立企业年金或职业年金的，其个人账户按方式______

处理：

方式1：转入本计划法人受托机构发起的集合计划设置的保留账户统一管理。保留账户的账户管理费从职工个人账户中扣除。

方式2：作为保留账户在本计划中继续管理。保留账户的账户管理费（□由本单位负担、□从职工个人账户中扣除）。

方式3：（理事会受托管理的企业年金计划）转入由本单位与职工协商选定的法人受托机构发起的集合计划设置的保留账户统一管理。保留账户的账户管理费从职工个人账户中扣除。

方式4：（其他方式）＿＿＿＿＿＿＿＿＿＿。

（三）在集团公司[①]内部调动新单位未实行企业年金制度的，其个人账户作为保留账户由原单位继续管理。保留账户的账户管理费（□由原单位负担、□从职工个人账户中扣除）。

第十九条　满足下列条件之一时，个人账户注销：

（一）职工领取完其个人账户资金；

（二）职工身故，其个人账户余额由指定受益人或法定继承人全部领取完毕；

（三）个人账户转移至新单位的企业年金计划或职业年金计划。

第五章　权益归属

第二十条　职工个人缴费部分及其投资运营收益全部归属职工个人。

第二十一条　单位缴费部分权益归属规则[②]

单位缴费划入个人账户部分形成的权益，按以下规则归属于职工个人，未归属于职工个人的部分，划入企业账户。

---

① 非集团公司和将内部调动视同外部调动的集团公司删除本款。

② 应按照集团公司企业年金方案要求确定具体归属规则。

权益归属核算时点	N	归属比例
职工与本单位终止、解除劳动合同	N<____年	××%
	____年≤N<____年	××%
	…	…
	N≥____年	××%
退休或在职身故	—	××%
(其他特殊情况)①	—	××%

备注：

1. N是指在（本单位的工作年限、参加本方案的年限)②。
2. (其他需要说明的事项)________________。

第二十二条　补偿缴费归属规则③

补偿缴费按照方式______归属。

方式1：职工退休前归属比例为0%，退休后100%归属；

方式2：与单位正常缴费归属规则一致；

方式3：(其他方式)________________。

第六章　基金管理

第二十三条　企业年金基金由单位缴费、职工个人缴费和投资收益组成。

第二十四条　本企业年金基金采取（□理事会受托、□法人

---

① 用人单位可列明其他特殊情况的归属比例，例如由于用人单位原因解除劳动合同或劳动合同不续签造成职工离职时，归属比例为100%；集团公司内部调动时，归属比例为100%。

② 用人单位可以自行确定个人账户中单位缴费累计权益的归属条件，例如在本单位的工作年限、参加本方案的年限或其他条件。

③ 未设置补偿缴费的用人单位删除本条。

受托）管理模式。本细则所归集的企业年金基金由××单位[①]委托受托人进行受托管理并签署企业年金基金受托管理合同。由企业年金基金受托人委托具备企业年金管理资格的托管人、账户管理人、投资管理人提供统一的相关服务。

第二十五条 企业年金基金的投资收益，根据企业年金基金单位净值，按周或者日足额分别记入个人账户和企业账户。

第二十六条 企业年金基金管理运营所需费用，按照国家有关法律法规及企业年金基金管理合同中的相关条款确定，其中正常账户的账户管理费由本单位缴纳，保留账户管理费按本细则第十八条规定执行，退休职工个人账户的账户管理费由（□个人、□单位）负担，其他费用由本单位和个人共同承担，从企业年金基金中扣除。

第二十七条 企业年金基金实行专户管理，与委托人、受托人、账户管理人、投资管理人和托管人的自有资产或其他资产分开管理，分别记账，不得挪作他用。

第七章 待遇计发和支付方式

第二十八条 本细则参加职工符合下列条件之一时，可以享受本细则的企业年金待遇：

（一）达到国家规定的退休年龄；

（二）未达到国家规定退休年龄时，经劳动能力鉴定委员会鉴定，因病（残）完全丧失劳动能力办理病退；

（三）退休前身故；

（四）出国（境）定居。

第二十九条 企业年金的支付方式

职工达到本细则第二十八条规定企业年金待遇领取条件后，可根据个人账户余额、个人所得税税负等情况选择一次性或分期

---

① 指代表职工与受托人签订受托管理合同的单位。

领取企业年金待遇。

第三十条 受益人的指定和修改

职工参加本细则时，应在申请表中以书面形式指定受益人作为本人死亡后企业年金个人账户已归属权益的继承人。本细则参加人可以随时提出撤回或修改指定受益人的书面申请。

第八章 细则的调整和终止

第三十一条 本单位有权根据国家政策法规和实际情况的变化，经集体协商对本细则进行调整。

第三十二条 出现下列情况之一，可对本细则进行调整：

（一）国家相关政策法规发生重大变化；

（二）单位的经营状况出现重大变化；

（三）其他：____________________。

第三十三条 调整本细则的程序

（一）本单位企业年金经办部门提出对本细则的调整方案并报××集团公司核准；

（二）调整方案经集体协商讨论通过；

（三）由××集团公司向人力资源和社会保障部门备案；

（四）通知细则参加职工及受托人；

（五）每次调整后，调整前的细则所规定的单位和细则参加职工应履行的义务如果还未履行完毕，单位和细则参加职工应履行完毕该义务后再适用调整后的新细则。

第三十四条 出现下列情况之一时，本细则终止：

（一）本单位发生依法解散、被依法撤销或者被依法宣告破产等情况；

（二）国家有关政策法规发生重大变化，导致本方案无法继续实施；

（三）其他：____________________。

第三十五条 终止本细则的程序

（一）本单位向××集团公司提出终止本细则申请，并对企业账户中未归属权益提出处理办法，报××集团公司核准。

（二）经集体协商讨论通过。

（三）由××集团公司报人力资源和社会保障部门备案。

（四）由受托人组织清算组对企业年金基金财产进行清算，对所有个人账户权益进行全部归属，并按照集体协商讨论通过的处理办法进行企业账户未归属权益分配。

（五）对所有个人账户进行保留或者转移。如果细则参加职工未能提出转移书面申请，作保留处理，账户管理费从个人账户中扣除。

（六）通知本细则参加职工及受托人。

第九章　组织管理和监督

第三十六条　本单位的企业年金基金管理接受人力资源社会保障部门等国家相关部门的监督检查。本单位依照国家相关法律、法规对受托人进行监督。

第三十七条　在接受国家相关部门监督的基础上，由本单位的纪检、工会和审计部门对本企业年金基金的运作管理进行内部监督。

第十章　附　　则

第三十八条　本细则自××年×月×日起开始实施。

第三十九条　因订立或者履行企业年金方案实施细则发生争议的，根据《集体合同规定》处理。

第四十条　因履行企业年金基金管理合同发生争议的，可以通过调解和民事诉讼处理。

第四十一条　本细则涉及的相关财税问题，按照国家相关规定执行。

第四十二条　本单位拥有对本细则的最终解释权。

附件①：

职工参加企业年金申请表

<table>
<tr><td>申请人姓名</td><td></td></tr>
<tr><td>申请人身份证号码</td><td></td></tr>
<tr><td>受益人姓名</td><td></td></tr>
<tr><td>受益人身份证号码</td><td></td></tr>
<tr><td colspan="2">参加企业年金的申请
本人已参加基本养老保险并履行缴费义务。
本人已认真阅读并同意接受《××单位企业年金方案实施细则》。
本人经慎重考虑，自愿申请（□加入、□不加入）××单位企业年金计划，并愿意承担由此带来的一切投资风险。
本人承诺遵守××单位企业年金方案实施细则的有关规定，并授权××单位：
1. 从本人工资中代扣代缴职工个人缴费；
2. 按照国家有关税收政策代扣代缴个人所得税。

申请人：
年　月　日</td></tr>
<tr><td>单位意见</td><td>经审核，该职工符合参加企业年金的条件，同意其参加企业年金计划。

签字（盖章）：
年　月　日</td></tr>
</table>

附件②：　　**职工暂停（恢复）企业年金缴费申请表**

<table>
<tr><td colspan="2">申请人姓名</td><td></td></tr>
<tr><td colspan="2">身份证号码</td><td></td></tr>
<tr><td colspan="3">暂停企业年金缴费的申请
本人经慎重考虑，自愿申请暂停企业年金缴费，并愿意承担由此带来的损失。暂停缴费期间为：
□ ________年____月____日至________年____月____日；
□ 至本人申请恢复缴费为止；
□ 至退出本企业年金计划为止。
申请人：
年　　月　　日</td></tr>
<tr><td colspan="3">恢复企业年金缴费的申请
本人申请自________年____月____日起恢复企业年金缴费。
申请人：
年　　月　　日</td></tr>
<tr><td rowspan="2">单位意见</td><td colspan="2">经审核，同意该职工暂停企业年金缴费。
签字（盖章）：
年　　月　　日</td></tr>
<tr><td colspan="2">经审核，同意该职工恢复企业年金缴费。
签字（盖章）：
年　　月　　日</td></tr>
</table>

附件 3

企业年金方案备案所需材料

情形	所需材料
用人单位建立企业年金计划	备案函、企业年金方案（实施细则）、基本情况简表（附件 4）、重点情况说明、职工（代表）大会决议、职工基本养老保险缴费证明
下属单位加入集团公司企业年金计划	备案函、企业年金方案实施细则、基本情况简表、重点情况说明、职工（代表）大会决议、职工基本养老保险缴费证明
企业年金方案（实施细则）重要条款变更	备案函、调整后的企业年金方案（实施细则）、调整对照说明、职工（代表）大会决议
终止企业年金计划	备案函、终止企业年金计划方案、职工（代表）大会决议
备注	1. 方案正本、副本各 1 份，电子版 1 份 2. 重点情况说明包括单位基本情况、重要条款说明、方案与范本不一致情况的说明

失 业 保 险

人力资源社会保障部　财政部　国家发展和改革委员会　工业和信息化部关于失业保险支持企业稳定岗位有关问题的通知

人社部发［2014］76号

各省、自治区、直辖市及新疆生产建设兵团人力资源社会保障厅（局）、财政厅（局）、发展改革委、工业和信息化主管部门：

为贯彻落实《国务院关于进一步优化企业兼并重组市场环境的意见》（国发［2014］14号）有关要求，在调整优化产业结构中更好地发挥失业保险预防失业、促进就业作用，激励企业承担稳定就业的社会责任，现就失业保险支持企业稳定岗位有关问题通知如下：

一、政策范围

对采取有效措施不裁员、少裁员，稳定就业岗位的企业，由失业保险基金给予稳定岗位补贴（以下简称“稳岗补贴”）。补贴政策主要适用以下企业：

（一）实施兼并重组企业。指在日常经营活动之外发生法律结构或经济结构重大改变的交易，并使企业经营管理控制权发生转移，包括实施兼并、收购、合并、分立、债务重组等经济行为的企业。

（二）化解产能严重过剩企业。指按《国务院关于化解产能严重过剩矛盾的指导意见》(国发〔2013〕41号)等相关规定，对钢铁、水泥、电解铝、平板玻璃、船舶等产能严重过剩行业淘汰过剩产能的企业。

(三)淘汰落后产能企业。指按《国务院关于进一步加强淘汰落后产能工作的通知》(国发〔2010〕7号)等规定，对电力、煤炭、钢铁、水泥、有色金属、焦炭、造纸、制革、印染等行业淘汰落后产能的企业。

(四)经国务院批准的其他行业、企业。

二、基本条件

(一)失业保险统筹地区实施稳岗补贴应同时具备以下条件：上年失业保险基金滚存结余具备一年以上支付能力；失业保险基金使用管理规范。

(二)企业申请稳岗补贴应同时具备以下条件：生产经营活动符合国家及所在区域产业结构调整政策和环保政策；依法参加失业保险并足额缴纳失业保险费；上年度未裁员或裁员率低于统筹地区城镇登记失业率；企业财务制度健全，管理运行规范。

三、资金使用

各地区对符合上述政策范围和基本条件的企业，在兼并重组、化解产能过剩以及淘汰落后产能期间，可按不超过该企业及其职工上年度实际缴纳失业保险费总额的50%给予稳岗补贴，所需资金从失业保险基金中列支。稳岗补贴主要用于职工生活补助、缴纳社会保险费、转岗培训、技能提升培训等相关支出。稳岗补贴的具体比例由省级人力资源社会保障和财政部门确定。稳岗补贴政策执行到2020年年底。

四、审核认定

符合条件的企业可向人力资源社会保障部门申请稳岗补贴。人力资源社会保障部门会同行业主管部门对企业类型认定后，对申请稳岗补贴企业的基本条件进行审定，确定补贴企业名单和补贴数额，并公开相关信息，接受社会监督。财政部门根据人力资源社会保障部门审定的企业名单和补贴数额，及时拨付补贴资金。

五、组织实施

（一）加强组织领导。失业保险支持企业稳定岗位是产业结构调整优化过程中一项重要政策。各地区要高度重视，加强组织领导，人力资源社会保障、财政、发展改革、工业和信息化等部门要加强协调配合、各司其职，并督促企业在实施兼并重组、化解产能过剩、淘汰落后产能过程中采取切实有效措施稳定职工队伍，维护社会稳定。

（二）强化基金管理。各地区要充分考虑基金支付能力，按照“突出重点、总量控制、严格把握、动态监管”的原则，将稳岗补贴支出纳入失业保险基金预算管理，合理制定失业保险基金使用计划，加强监管，规范运作，切实保证基金有效使用和支付可持续。

（三）加强跟踪监测。各地区人力资源社会保障部门要将享受稳岗补贴的企业纳入失业动态监测范围，及时跟踪了解企业岗位变化动态，监测企业职工队伍稳定情况，评估稳岗补贴政策效果。财政部门要对辖区内失业动态监测工作给予必要经费支持。人力资源社会保障部、财政部适时组织开展政策绩效评估，根据实际调整完善政策。

各省级人力资源社会保障、财政、发展改革、工业和信息化等部门要尽快制定本地区失业保险稳岗补贴具体实施办法，报人力资源社会保障部、财政部备案。政策执行中遇到的重大问题要及时向人力资源社会保障部、财政部报告。

2014 年 11 月 6 日

医 疗 保 险

国务院办公厅关于印发深化医药卫生体制改革2014年重点工作任务的通知

国办发〔2014〕24号

各省、自治区、直辖市人民政府，国务院有关部门：

《深化医药卫生体制改革2014年重点工作任务》已经国务院同意，现印发给你们，请结合实际，认真组织实施。

2014年5月13日

深化医药卫生体制改革2014年重点工作任务

2014年是贯彻落实党的十八届三中全会精神、全面深化改革的开局之年，也是深化医药卫生体制改革的关键之年。要按照今年《政府工作报告》的部署和保基本、强基层、建机制的要求，深入实施“十二五”期间深化医药卫生体制改革规划暨实施方案，坚持以群众反映突出的重大问题为导向，以公立医院改革为重点，深入推进医疗、医保、医药三医联动，巩固完善基本药物制度和基层医疗卫生机构运行新机制，统筹推进相关领域改革，用中国式办法破解医改这个世界性难题。

一、加快推动公立医院改革

重点解决公立医院规划布局不合理、公益性不强、管理制度不健全、就医秩序不规范以及综合改革不配套等问题。把县级公立医院综合改革作为公立医院改革的重中之重，系统评估试点经验，梳理总结试点模式并加以推广。启动实施第二批县级公立医院综合改革试点，新增县级公立医院改革试点县（市）700个，使试点县（市）的数量覆盖50%以上的县（市），覆盖农村5亿人口。扩大城市公立医院综合改革试点，研究制定城市公立医院综合改革试点实施方案，2014年每个省份都要有1个改革试点城市。重点任务是：

（一）推进公立医院规划布局调整。编制《全国卫生服务体系规划纲要（2015—2020年）》，各地要按照国家卫生服务体系规划以及卫生资源配置标准，制定区域卫生规划与医疗机构设置规划，并向社会公布。将区域内各级各类医疗机构统一纳入规划，每千常住人口医疗卫生机构床位数达到4张的，原则上不再扩大公立医院规模。进一步明确公立医院保基本的职能，优化结构布局，严格控制公立医院床位规模和建设标准。（卫生计生委、发展改革委、财政部、中医药局负责。排在第一位的部门为牵头部门，分别负责为各部门分别牵头，下同）

（二）建立科学补偿机制。破除以药补医，公立医院取消药品加成减少的合理收入通过调整医疗技术服务价格和增加政府投入，以及医院加强成本控制管理、节约运行成本等多方共担，由各省（区、市）制定具体的补偿办法。落实政府对县级公立医院符合规划和卫生资源配置要求的投入政策。落实对中医医院的投入倾斜政策。充分发挥医疗保险补偿作用，医保基金通过购买服务对医院提供的基本医疗服务予以及时补偿。（卫生计生委、财政部、发展改革委、人力资源社会保障部分别负责，中医药局参与）

（三）理顺医疗服务价格。按照“总量控制、结构调整、有升有降、逐步到位”的原则，综合考虑取消药品加成、医保支付能力、群众就医负担以及当地经济社会发展水平等因素，提高护理、手术、床位、诊疗和中医服务等项目价格，逐步理顺医疗服务比价关系，体现医务人员技术劳务价值。降低药品和高值医用耗材价格，降低大型医用设备检查、治疗价格，已贷款或集资购买的大型设备原则上由政府回购，回购有困难的限期降低价格。价格调整政策要与医保支付政策相衔接。公立医院综合改革试点地区要制定价格调整的具体方案，明确时间表并组织实施。（发展改革委、人力资源社会保障部、卫生计生委、中医药局负责）

（四）建立适应医疗行业特点的人事薪酬制度。研究拟定适应医疗行业特点的公立医院人事薪酬制度政策，建立健全收入分配激励约束机制。严禁向医务人员下达创收指标，严禁将医务人员奖金、工资等收入与药品、医学检查等业务收入挂钩。（人力资源社会保障部、财政部、卫生计生委负责）

（五）完善县级公立医院药品采购机制。县级公立医院使用的药品（不含中药饮片）要依托省级药品集中采购平台，以省（区、市）为单位，采取招采合一、量价挂钩等办法开展集中招标采购，同时允许地方根据实际进行不同形式的探索。进一步增强医疗机构在药品招标采购中的参与度。鼓励跨省联合招标采购，保证药品质量安全，切实降低药品价格，有条件的地区要建立与基层基本药物采购联动的机制。逐步规范集中采购药品的剂型、规格和包装。推进高值医用耗材公开透明、公平竞争网上阳光采购。药品和高值医用耗材采购数据实行部门和区域共享。（卫生计生委、中医药局负责）

（六）建立和完善现代医院管理制度。加快推进政府职能转变，推进管办分开，完善法人治理结构，落实公立医院法人主体地位。合理界定政府和公立医院在人事、资产、财务等方面的责权关系，建立决策、执行、监督相互分工、相互制衡的权力运行机制。完善公立医院院长选拔任用制度，明确院长的任职资格和条件，推进院长职业化、专业化，强化院长任期目标管理，建立问责机制。推动公立医院去行政化，逐步取消公立医院行政级别，到2014年年底卫生计生行政部门负责人一律不得兼任公立医院领导职务。严格执行医院财务会计制度和内部控制制度。（卫生计生委、中央编办、人力资源社会保障部、财政部、教育部、中医药局负责）

（七）健全分级诊疗体系。制定分级诊疗办法，综合运用医疗、医保、价格等手段引导患者在基层就医，推动形成基层首诊、分级诊疗、双向转诊的就医秩序。通过技术合作、人才流动、管理支持等多种方式推动建立基层医疗卫生机构、县级医院和城市大医院之间分工协作机制。各省（区、市）要按照分类指导、管理与技术并重的原则，统筹安排本省（区、市）内各项对口支援工作。国家选择部分城市开展基层首诊试点，鼓励有条件的地区开展试点工作。研究完善方便流动人口参保和就医的政策。（卫生计生委、人力资源社会保障部、发展改革委、中医药局负责）

（八）完善中医药事业发展政策和机制。研究完善鼓励中医药服务提供和使用的政策，加强县中医院和县医院中医科基本条件和能力建设，积极引导医疗机构开展成本相对较低、疗效相对较好的中医药诊疗服务。继续实施基层中医药服务能力提升工程。研究制定中医药发展战略规划，提出加快中医药发展的政策措施。（中医药局、发展改革委、卫生计生委、财政部、人力资源社会保障部负责）

二、积极推动社会办医

重点解决社会办医在准入、人才、土地、投融资、服务能力等方面政策落实不到位和支持不足的问题。优先支持社会资本举办非营利性医疗机构，努力形成以非营利性医疗机构为主体、营利性医疗机构为补充的社会办医体系。重点任务是：

（九）放宽准入条件。修订中外合资、合作医疗机构管理暂行办法，减少外资在合资合作医疗机构的持股比例限制。按照逐步放开、风险可控的原则，将香港、澳门和台湾地区服务提供者在内地设立独资医院的地域范围扩大到全国市（地）级以上城市，其他具备条件的境外资本可在中国（上海）自由贸易试验区等特定区域设立独资医疗机构，逐步扩大试点。清理社会资本举办医疗机构的相关行政审批事项，进行取消或合并，减少审批环节，公开审批程序和条件，提高审批效率。（卫生计生委、发展改革委、商务部、人力资源社会保障部、中医药局负责）

（十）优化社会办医政策环境。各地要集中清理不合理规定，加快落实对非公立医疗机构和公立医疗机构在市场准入、社会保险定点、重点专科建设、职称评定、学术地位、等级评审、技术准入、科研立项等方面同等对待的政策。研究制定在人才流动、土地、投融资、财税、产业政策等方面进一步支持社会办医政策，并向社会资本举办非营利性医疗机构和投向医疗资源稀缺及满足多元需求服务领域倾斜，放宽对营利性医院的数量、规模、布局以及大型医用设备配置的限制。非公立医疗机构医疗服务价格实行市场调节。完善按照经营性质分类的监管和评价政策，逐步建立符合卫生行业和医务人员执业特点的管理制度。依法加强行业监管。（发展改革委、卫生计生委、财政部、人力资源社会保障部、中医药局负责）

（十一）加快推进医师多点执业。出台推进医师多点执业的意见，进一步简化程序，推动医务人员保障社会化管理，消除阻碍医师有序流动的不合理规定，完善鼓励多点执业的政策措施。（卫生计生委、人力资源社会保障部、发展改革委、中医药局负责）

（十二）推动社会办医联系点和公立医院改制试点工作。创新社会资本办医机制，支持社会办医国家联系点在人才流动、土地、规划和投资补助等政策方面大胆探索创新，率先形成多元办医格局。健全与社会办医国家联系点的沟通联系评价机制，及时总结推广有益经验。推进政府办医院改制试点和国有企业医院改制试点，着力在调整存量、体制机制创新方面取得突破。（发展改革委、卫生计生委分别负责，财政部、人力资源社会保障部、国资委、中医药局参与）

三、扎实推进全民医保体系建设

重点解决筹资机制不健全、重特大疾病保障机制不完善、医疗服务监管尚需加强、支付方式改革有待深化等问题，进一步巩固完善全民医保体系。2014 年职工基本医疗保险、城镇居民基本医疗保险（以下简称城镇居民医保）和新型农村合作医疗（以下简称新农合）三项基本医保参保（合）率稳定在 95%以上，城镇居民医保和新农合人均政府补助标准提高 40 元，达到 320 元；个人缴费同步新增 20 元。城镇居民医保和新农合政策范围内住院费用支付比例分别达到 70%以上和 75%左右，进一步缩小与实际住院费用支付比例之间的差距。适当提高城镇居民医保和新农合门诊统筹待遇水平。重点任务是：

（十三）推进城乡居民基本医保制度整合和完善筹资机制。指导地方进一步推进城乡居民基本医保制度整合，完善管理服务，确保保障水平不降低。完善政府、单位和个人合理分担的基本医保筹资机制，根据经济社会发展和城乡居民收入水平逐步提高筹资标准，强化个人缴费责任和意识。研究建立稳定可持续、动态调整的筹资机制，在逐步提高整体筹资标准的同时，按照积极稳妥、逐步到位的原则，逐步提高个人缴费占整体筹资的比重。（人力资源社会保障部、卫生计生委分别负责）

（十四）改革医保支付制度。总结地方开展医保支付制度改革的经验，完善医保付费总额控制，加快推进支付方式改革，建立健全医保对医疗服务行为的激励约束机制。重点配合试点县（市）和试点城市的公立医院改革完善支付制度改革。积极推动建立医保经办机构与医疗机构、药品供应商的谈判机制和购买服务的付费机制。（人力资源社会保障部、卫生计生委分别负责）

（十五）健全重特大疾病保障制度。在全国推行城乡居民大病保险，规范委托商业保险机构承办。完善城镇职工补充医保政策。做好儿童白血病等新农合重大疾病保障向大病保险过渡工作。加强城乡医疗救助、疾病应急救助，各省（区、市）、市（地）政府都要通过财政投入和社会各界捐助等多渠道建立疾病应急救助基金，制定具体的实施方案和操作细则。推动城乡医疗救助制度整合。加快推进重特大疾病医疗救助工作，进一步扩大试点范围。继续提高医疗救助水平，救助对象政策范围内住院自付医疗费用救助比例达到60%。全面推进医疗救助“一站式”即时结算服务，提升信息化管理水平。做好基本医保、城乡居民大病保险、疾病应急救助和医疗救助等制度间的衔接，发挥好各项制度的整体合力。（卫生计生委、人力资源社会保障部、民政部分别负责，财政部、保监会、全国总工会参与）

（十六）推进异地就医结算管理和服务。加快提高基本医保的统筹层次，提高统筹质量，鼓励实行省级统筹。在规范省级异地就医结算平台建设的基础上，启动国家级结算平台建设试点。以异地安置退休人员为重点，积极推进跨省（区、市）异地就医即时结算服务。各统筹地区医保经办机构也可以探索通过自主协商、委托商业保险经办等方式，解决跨省（区、市）异地就医结算问题。（人力资源社会保障部、卫生计生委分别负责，保监会参与）

（十七）发展商业健康保险。研究制定鼓励健康保险发展的指导性文件，推进商业保险机构参与各类医保经办。加快发展医疗责任保险、医疗意外保险，积极开发儿童保险、长期护理保险以及与健康管理、养老等服务相关的商业健康保险产品。（保监会、人力资源社会保障部、卫生计生委负责）

四、巩固完善基本药物制度和基层运行新机制

重点解决基层医改政策落实不平衡、部分药物配送不及时和短缺、服务能力不足等问题。全面抓好《国务院办公厅关于巩固完善基本药物制度和基层运行新机制的意见》（国办发［2013］14号）的贯彻落实。继续支持村卫生室、乡镇卫生院、社区卫生服务机构建设，加快乡镇卫生院周转宿舍建设。继续为中西部地区招录5 000名农村订单定向免费医学生。重点任务是：

（十八）巩固完善基本药物制度。全面实施国家基本药物目录（2012年版），严格规范地方增补药品。政府办的基层医疗卫生机构全部配备使用基本药物，提高二级、三级医院基本药物使用比例。完善政策措施，有序推进村卫生室和非政府办基层医疗卫生机构逐步实行基本药物制度。进一步稳固基本药物集中采购机制，把是否通过《药品生产质量管理规范（2010年修订）》（GMP）认证作为质量评价的重要指标。加强基本药物配送和回款管理，严格落实市场清退制度，对配送不及时的企业加大处罚力度，保障基层用药需求。（卫生计生委、食品药品监管总局负责）

（十九）建立短缺药品供应保障机制。对临床必需但用量小、市场供应短缺的药物，通过招标采取定点生产等方式确保供应。完善短缺药品储备制度，重点做好传染病预防、治疗药品和急救药品类基本药物供应保障。（工业和信息化部、卫生计生委负责）

（二十）进一步改革人事分配制度。强化基层医疗卫生机构的法人主体地位，切实落实用人自主权。全面落实聘用制度和岗位管理制度，建立能上能下、能进能出的竞争性用人机制。在平稳实施绩效工资的基础上，适当提高奖励性绩效工资比例，合理拉开收入差距，调动医务人员积极性。完善基层医疗卫生机构绩效考核办法，依托信息化手段加强量化考核和效果考核，鼓励引入第三方考核，考核结果与绩效工资总量、财政补助、医保支付等挂钩，体现多劳多得、优绩优酬。（人力资源社会保障部、卫生计生委分别负责）

（二十一）稳定乡村医生队伍。原则上将40%左右的基本公共卫生服务任务交由村卫生室承担，考核合格后将相应的基本公共卫生服务经费拨付给村卫生室，不得挤占、截留和挪用。加快将符合条件的村卫生室纳入新农合定点，全面实施一般诊疗费政策。基层医疗卫生机构在同等条件下可优先聘用获得执业（助理）医师资格的乡村医生。研究制定提高偏远、艰苦以及少数民族等特殊地区执业乡村医生待遇的相关政策措施。落实乡村医生养老政策，采取多种方式，妥善解决好老年乡村医生的养老保障和生活困难问题，同步建立乡村医生退出机制。适时组织对乡村医生政策落实情况进行专项督查。充分发挥基层计生工作者在普及健康知识、提高公民健康素养中的积极作用。（卫生计生委、人力资源社会保障部负责）

五、规范药品流通秩序

重点解决药品流通领域经营不规范、竞争失序、服务效率不高等问题。充分发挥市场机制的作用，建立药品流通新秩序。重点任务是：

（二十二）规范药品流通经营行为。针对药品购销领域中的突出问题，开展专项整治，严厉打击药品生产经营企业挂靠经营、租借证照、销售假劣药品、商业贿赂以及伪造、虚开发票等违法违规行为，严厉打击“医药代表”非法销售药品行为，有效遏制药品流通领域的腐败行为和不正之风。实施医药购销领域商业贿赂不良记录的规定。（食品药品监管总局、卫生计生委分别负责，工业和信息化部、商务部参与）

（二十三）提升药品流通服务水平和效率。加快清理和废止阻碍药品流通行业公平竞争的政策规定，构建全国统一市场。采取多种形式推进医药分开，鼓励零售药店发展和连锁经营，增强基层和边远地区的药品供应保障能力。（商务部、发展改革委、卫生计生委、人力资源社会保障部、食品药品监管总局负责）

（二十四）改革完善药品价格形成机制。健全药品价格信息监测制度，推动建立药品零售价格、采购价格、医保支付标准信息共享机制，加强药品价格信息采集、分析和披露，引导形成药

品合理价格。改进药品定价方法。完善进口药品、高值医用耗材的价格管理。(发展改革委、人力资源社会保障部、卫生计生委负责)

六、统筹推进相关改革工作

针对部分公共卫生服务项目效率不高、信息化建设滞后、医疗卫生行业监管能力不强、考核评价机制不健全等问题，加大相关领域改革力度，着力增强改革的整体性、系统性和协同性，形成推进改革的合力。重点任务是：

(二十五)完善公共卫生服务均等化制度。继续实施国家基本公共卫生服务项目，人均基本公共卫生服务经费标准提高到35元，细化、优化服务项目和服务内容。健全专业公共卫生机构与基层医疗卫生机构间的分工协作机制，加强项目绩效考核和日常管理，规范资金管理和使用，注重服务效果。重点做好流动人口以及农村留守儿童和老人的基本公共卫生服务。优化整合妇幼保健和计划生育技术服务资源，推进国家免费孕前优生健康检查项目，进一步强化出生缺陷综合防治。落实国家重大公共卫生服务项目。进一步加强食品安全风险监测能力和重大疾病防治设施建设。适龄儿童国家免疫规划疫苗接种率保持在90%以上，高血压、糖尿病患者规范化管理人数分别达到8 000万和2 500万以上，严重精神障碍患者管理率达到65%以上。(卫生计生委、财政部、发展改革委、中医药局负责)

(二十六)加强卫生信息化建设。推进医疗卫生信息技术标准化，推行使用居民电子健康档案和电子病历。充分利用现有资源，加强面向基层、偏远地区的远程医疗服务。制定推进远程医疗服务的政策措施。县级公立医院综合改革试点地区要加快推进信息化建设。50%的区域信息平台实现全员人口信息、电子健康档案和电子病历三大数据库资源整合，实现公共卫生、计划生育、医疗服务、医疗保障、药品管理、综合管理等信息资源互联互通。在15个省份、45所大型医院开展示范，逐步建立居民健

康医疗信息跨机构、跨区域共享机制。（卫生计生委、发展改革委、工业和信息化部、中医药局负责）

（二十七）建立适应行业特点的人才培养机制。推进住院医师规范化培训制度，加强全科医生培养。政府对按规划建设和设置的培训基地基础设施建设、设备购置、教学实践活动以及面向社会招收和单位委派的培训对象给予必要补助，中央财政通过专项转移支付予以适当支持。各地在医学人才培养中要充分发挥现有资源的作用。继续安排中西部地区乡镇卫生院在职执业医师参加全科医生转岗培训。继续推进全科医生执业方式和服务模式改革试点，启动试点监测评估。重点抓好第一批 1 000 名全科医生特岗计划试点。研究实施县级公立医院专科特设岗位计划，引进急需高层次人才。深化医学教育改革，建立医学人才培养规模和结构与医药卫生事业发展需求有效衔接的调控机制。实施中医药传承与创新人才工程。（卫生计生委、人力资源社会保障部、财政部、教育部、中医药局负责）

（二十八）加强医疗卫生全行业监管。所有医疗卫生机构均由所在地卫生计生行政部门实行统一准入、统一监管。优化监管机制、完善监管制度、创新监管手段，加强医疗卫生综合监督体系顶层设计，提高综合监督能力，加大监督执法力度。进一步整顿医疗秩序，打击非法行医。落实医疗卫生行风建设“九不准”，严格规范诊疗服务行为，纠正诊疗服务中的不正之风，严肃查处收受“红包”、回扣和过度医疗等行为。加快发展医疗纠纷人民调解等第三方调解机制，完善医疗纠纷处理和医疗风险分担机制，依法打击涉医违法犯罪行为，努力构建平等、健康、和谐的医患关系。发挥社会组织作用，建立信息公开、社会多方参与的监管制度，主动接受人民群众和社会各界监督。制定控制医疗费用不合理过快增长的指导性文件。（卫生计生委、发展改革委、工业和信息化部、财政部、人力资源社会保障部、食品药品监管总局、中医药局、保监会负责）

（二十九）建立健全考核评估机制。开展“十二五”期间深化医药卫生体制改革规划暨实施方案中期评估和年度医改监测，抓好医改政策落实。制定县级公立医院综合改革效果评价指标体系，加强对试点地区的监测、评估和指导。研究制定医疗卫生机构绩效评价的指导性文件。（卫生计生委、人力资源社会保障部、财政部、发展改革委、中医药局负责）

（三十）加强科技和产业支撑。开展主要重大慢病防治研究网络的试点示范工作。进一步加大医药产品研发的组织推进力度，重点做好基本药物品质提升和基本医疗器械产品国产化工作。加强医疗卫生科技创新成果在基层的集成应用和示范推广。支持开展医改战略性、方向性、支撑性重大政策研究。制定支持老年人、残疾人专用保健品等自主研发制造和国产化的政策措施，推动一批量大面广、临床价值高的生物技术药物与疫苗、医疗器械提高产业化水平，扩大市场运用。（科技部、发展改革委分别负责，工业和信息化部、卫生计生委、食品药品监管总局、中医药局参与）

（三十一）加强组织领导。国务院医改领导小组与省级医改领导小组、各成员单位要加强统筹协调，共同做好医改各项任务的组织实施工作。加强对医改中重点、难点问题的调查研究，完善政策措施，做好顶层设计。及时评估和总结推广各地好的做法和经验，对成熟的改革举措要总结提炼、适时制定相应的制度法规。加强医改宣传，做好舆情监测，引导群众合理预期，回应社会关切。各地各部门要继续支持军队卫生系统参与深化医改。（卫生计生委、中央宣传部、国研室、法制办、总后勤部卫生部等负责）

国务院办公厅关于加快发展商业健康保险的若干意见

国办发〔2014〕50号

各省、自治区、直辖市人民政府，国务院各部委、各直属机构：

为贯彻落实《中共中央、国务院关于深化医药卫生体制改革的意见》、《国务院关于促进健康服务业发展的若干意见》（国发〔2013〕40号）、《国务院关于加快发展现代保险服务业的若干意见》（国发〔2014〕29号）等有关文件要求，加快发展商业健康保险，经国务院同意，现提出以下意见：

一、充分认识加快发展商业健康保险的重要意义

商业健康保险是由商业保险机构对因健康原因和医疗行为导致的损失给付保险金的保险，主要包括医疗保险、疾病保险、失能收入损失保险、护理保险以及相关的医疗意外保险、医疗责任保险等。

加快发展商业健康保险，有利于与基本医疗保险衔接互补、形成合力，夯实多层次医疗保障体系，满足人民群众多样化的健康保障需求；有利于促进健康服务业发展，增加医疗卫生服务资源供给，推动健全医疗卫生服务体系；有利于处理好政府和市场的关系，提升医疗保障服务效率和质量；有利于创新医疗卫生治理体制，提升医疗卫生治理能力现代化水平；有利于稳增长、促改革、调结构、惠民生。

二、加快发展商业健康保险的总体要求

（一）指导思想和目标。

加快发展商业健康保险要以邓小平理论、“三个代表”重要思想、科学发展观为指导，深入贯彻党的十八大和十八届三中全会精神，认真落实党中央、国务院决策部署，充分发挥市场机制作用和商业健康保险专业优势，扩大健康保险产品供给，丰富健康保险服务，使商业健康保险在深化医药卫生体制改革、发展健康服务业、促进经济提质增效升级中发挥“生力军”作用。

到2020年，基本建立市场体系完备、产品形态丰富、经营诚信规范的现代商业健康保险服务业。实现商业健康保险运行机制较为完善、服务能力明显提升、服务领域更加广泛、投保人数大幅增加，商业健康保险赔付支出占卫生总费用的比重显著提高。

（二）基本原则。

坚持以人为本，丰富健康保障。把提升人民群众健康素质和保障水平作为发展商业健康保险的根本出发点、落脚点，充分发挥商业健康保险在满足多样化健康保障和服务方面的功能，建设符合国情、结构合理、高效运行的多层次医疗保障体系。

坚持政府引导，发挥市场作用。强化政府的制度建设、政策规划和市场监管等职责，通过财税、产业等政策引导，发挥市场在资源配置中的决定性作用，鼓励商业保险机构不断增加健康保障供给，提高服务质量和效率。

坚持改革创新，突出专业服务。深化商业健康保险体制机制改革，运用现代科技，创新管理服务，拓宽服务领域，延长服务链条，推进健康保险同医疗服务、健康管理与促进等相关产业融合发展。

三、扩大商业健康保险供给

（一）丰富商业健康保险产品。大力发展与基本医疗保险有机衔接的商业健康保险。鼓励企业和个人通过参加商业保险及多种形式的补充保险解决基本医保之外的需求。鼓励商业保险机构积极开发与健康管理服务相关的健康保险产品，加强健康风险评估和干预，提供疾病预防、健康体检、健康咨询、健康维护、慢性病管理、养生保健等服务，降低健康风险，减少疾病损失。支持商业保险机构针对不同的市场设计不同的健康保险产品。根据多元化医疗服务需求，探索开发针对特需医疗、药品、医疗器械和检查检验服务的健康保险产品。开发药品不良反应保险。发展失能收入损失保险，补偿在职人员因疾病或意外伤害导致的收入损失。适应人口老龄化、家庭结构变化、慢性病治疗等需求，大力开展长期护理保险制度试点，加快发展多种形式的长期商业护理保险。开发中医药养生保健、治未病保险产品，满足社会对中医药服务多元化、多层次的需求。积极开发满足老年人保障需求的健康养老产品，实现医疗、护理、康复、养老等保障与服务的有机结合。鼓励开设残疾人康复、托养、照料和心智障碍者家庭财产信托等商业保险。

（二）提高医疗执业保险覆盖面。加快发展医疗责任保险、医疗意外保险，探索发展多种形式的医疗执业保险，分担医疗执业风险，促进化解医疗纠纷，保障医患双方合法权益，推动建立平等和谐医患关系。支持医疗机构和医师个人购买医疗执业保险，医师个人购买的医疗执业保险适用于任一执业地点。鼓励通过商业保险等方式提高医务人员的医疗、养老保障水平以及解决医疗职业伤害保障和损害赔偿问题。

（三）支持健康产业科技创新。促进医药、医疗器械、医疗技术的创新发展，在商业健康保险的费用支付比例等方面给予倾斜支持，加快形成战略性新兴产业。探索建立医药高新技术和创新型健康服务企业的风险分散和保险保障机制，帮助企业解决融资难题，化解投融资和技术创新风险。

四、推动完善医疗保障服务体系

（一）全面推进并规范商业保险机构承办城乡居民大病保险。认真总结试点经验，从城镇居民医保基金、新农合基金中划出一定比例或额度作为大病保险资金，在全国推行城乡居民大病保险制度。遵循收支平衡、保本微利的原则，全面推进商业保险机构受托承办城乡居民大病保险，发挥市场机制作用，提高大病保险的运行效率、服务水平和质量。规范商业保险机构承办服务，规范招投标流程和保险合同，明确结余率和盈利率控制标准，与基本医保和医疗救助相衔接，提供“一站式”服务。逐步提高城乡居民大病保险统筹层次，建立健全独立核算、医疗费用控制等管理办法，增强抗风险能力。

（二）稳步推进商业保险机构参与各类医疗保险经办服务。加大政府购买服务力度，按照管办分开、政事分开要求，引入竞争机制，通过招标等方式，鼓励有资质的商业保险机构参与各类医疗保险经办服务，降低运行成本，提升管理效率和服务质量。规范经办服务协议，建立激励和约束相结合的评价机制。要综合考虑基金规模、参保人数、服务内容等因素，科学确定商业保险机构经办基本医保费用标准，并建立与人力成本、物价涨跌等因素相挂钩的动态调整机制。

（三）完善商业保险机构和医疗卫生机构合作机制。鼓励各类医疗机构与商业保险机构合作，成为商业保险机构定点医疗机构。利用商业健康保险公司的专业知识，发挥其第三方购买者的作用，帮助缓解医患信息不对称和医患矛盾问题。发挥商业健康保险费率调节机制对医疗费用和风险管控的正向激励作用，有效降低不合理的医疗费用支出。在开展城乡居民大病保险和各类医疗保险经办服务的地区，强化商业保险机构对定点医疗机构医疗费用的监督控制和评价，增强医保基金使用的科学性和合理性。

五、提升管理和服务水平

（一）加强管理制度建设。完善健康保险单独核算、精算、风险管理、核保、理赔和数据管理等制度。商业保险机构要建立独立的收入账户和赔付支出账户，加强独立核算，确保资金安全。加强行业服务评价体系建设，规范健康保险服务标准，尽快建立以保障水平和参保群众满意度为核心的考核评价制度，建立健全商业保险机构诚信记录制度，加强信用体系建设。

（二）切实提升专业服务能力。商业保险机构要加强健康保险管理和专业技术人才队伍建设，强化从业人员职业教育，持续提升专业能力。根据经办基本医疗保险和承办城乡居民大病保险的管理和服务要求，按照长期健康保险的经营标准，完善组织架构，健全规章制度，加强人员配备，提升专业经营和服务水平。

（三）努力提供优质服务。商业保险机构要精心做好参保群众就诊信息和医药费用审核、报销、结算、支付等工作，提供即时结算服务，简化理赔手续，确保参保群众及时、方便享受医疗保障待遇。发挥统一法人管理和机构网络优势，开展异地转诊、就医结算服务。通过电话、网络等多种方式，提供全方位的咨询、查询和投诉服务。运用现代技术手段，发挥远程医疗和健康服务平台优势，共享优质医疗资源，不断创新和丰富健康服务方式。

（四）提升信息化建设水平。鼓励商业保险机构参与人口健康数据应用业务平台建设。支持商业健康保险信息系统与基本医疗保险信息系统、医疗机构信息系统进行必要的信息共享。政府相关部门和商业保险机构要切实加强参保人员个人信息安全保障，防止信息外泄和滥用。支持商业保险机构开发功能完整、安全高效、相对独立的全国性或区域性健康保险信息系统，运用大数据、互联网等现代信息技术，提高人口健康数据分析应用能力和业务智能处理水平。

（五）加强监督管理。完善多部门监管合作机制，按照职责分工加强对商业保险机构的监督检查，依法及时处理处罚有关违法违规行为，确保有序竞争。保险监管机构要不断健全商业健康保险经营管理法规制度，完善专业监管体系。加大商业健康保险监督检查力度，强化销售、承保、理赔和服务等环节的监管，严肃查处销售误导、非理性竞争等行为，规范商业健康保险市场秩序。完善城乡居民大病保险和各类医疗保障经办业务市场准入退出、招投标、理赔服务等制度。商业保险机构要主动接受和配合政府有关职能部门的监督。加大对泄露参保人员隐私、基金数据等违法违规行为的处罚力度，情节严重的取消经办资格，在全国范围内通报。涉嫌构成犯罪、依法需要追究刑事责任的，移送司法机关查处。

六、完善发展商业健康保险的支持政策

（一）加强组织领导和部门协同。各地区、各有关部门要提高认识，统筹谋划，将加快发展商业健康保险纳入深化医药卫生体制改革和促进健康服务业发展的总体部署，在国务院和地方各级深化医药卫生体制改革领导小组的统筹协调下，加强沟通和配合，完善政策，创新机制，协调解决商业健康保险发展中的重大问题。有关部门要根据本意见要求，及时制定配套措施。各省（区、市）人民政府要结合实际制定具体实施意见，促进本地区商业健康保险服务业持续健康发展。

（二）引导投资健康服务产业。发挥商业健康保险资金长期投资优势，鼓励商业保险机构遵循依法、稳健、安全原则，以出资新建等方式新办医疗、社区养老、健康体检等服务机构，承接商业保险有关服务。各地区要统筹健康服务业发展需要，加强对具有社会公益性的商业健康保险用地保障工作。

（三）完善财政税收等支持政策。借鉴国外经验并结合我国国情，完善健康保险有关税收政策。研究完善城乡居民大病保险业务保险保障基金政策。落实和完善企业为职工支付的补充医疗保险费有关企业所得税政策。坚持市场配置资源，鼓励健康服务产业资本、外资健康保险公司等社会资本投资设立专业健康保险公司，支持各种类型的专业健康保险机构发展。

（四）营造良好社会氛围。大力普及商业健康保险知识，增强人民群众的健康保险意识。以商业健康保险满足人民群众非基本医疗卫生服务需求为重点，加大宣传力度，积极推广成功经验。完善商业健康保险信息公开渠道和机制，建立社会多方参与的监督制度，自觉接受社会监督。加强行业自律，倡导公平竞争与合作，共同营造发展商业健康保险的良好氛围。

2014年10月27日

卫生计生委　财政部　中央编办 发展改革委　人力资源社会保障部 关于印发推进县级公立医院 综合改革意见的通知

国卫体改发［2014］12号

各省、自治区、直辖市人民政府，新疆生产建设兵团：

卫生计生委、财政部、中央编办、发展改革委和人力资源社会保障部《关于推进县级公立医院综合改革的意见》已经国务院同意，现印发给你们，请结合本地实际认真贯彻落实。

2014年3月26日

关于推进县级公立医院综合改革的意见

公立医院改革是深化医药卫生体制改革的一项重点任务，县级公立医院（含中医医院，下同）改革是全面推进公立医院改革的重要内容，是解决群众“看病难、看病贵”问题的关键环节。国务院办公厅印发《关于县级公立医院综合改革试点的意见》（国办发［2012］33号）以来，经过一年多的试点，改革取得了初步成效，积累了有益经验，同时一些深层次的矛盾和问题逐渐凸显。为贯彻落实中央关于全面深化改革的总体部署，进一步推进医药卫生体制改革，指导各地加快县级公立医院改革步伐，巩固扩大改革成效，现就推进县级公立医院综合改革提出如下意见：

一、总体要求

贯彻落实党的十八大和十八届三中全会精神，深入推动实施《中共中央、国务院关于深化医药卫生体制改革的意见》（中发［2009］6号）和《国务院关于印发“十二五”期间深化医药卫生体制改革规划暨实施方案的通知》（国发［2012］11号），按照政事分开、管办分开、医药分开、营利性和非营利性分开的要求，坚持保基本、强基层、建机制的基本原则，坚持公立医院公益性质，以破除以药补医机制为关键环节，更加注重改革的系统性、整体性和协同性，更加注重体制机制创新和治理体系与能力建设，更加注重治本与治标、整体推进与重点突破的统一，全面深化县级公立医院管理体制、补偿机制、价格机制、药品采购、人事编制、收入分配、医保制度、监管机制等综合改革，建立起维护公益性、调动积极性、保障可持续的运行新机制；坚持以改革促发展，加强以人才队伍为核心的能力建设，不断提高县级公立医院医疗卫生服务水平。

二、改革管理体制

（一）明确功能定位。县级公立医院是公益二类事业单位，是县域内的医疗卫生服务中心、农村三级医疗卫生服务网络的龙头和城乡医疗卫生服务体系的纽带，是政府向县域居民提供基本医疗卫生服务的重要载体。承担县域居民的常见病、多发病诊疗，危急重症抢救与疑难病转诊，农村基层医疗卫生机构人员培训指导，以及部分公共卫生服务、自然灾害和突发公共卫生事件应急处置等工作。

（二）建立和完善法人治理结构。加快推进政府职能转变，积极探索管办分开的有效形式。合理界定政府和公立医院在人事、资产、财务等方面的责权关系，建立决策、执行、监督相互分工、相互制衡的权力运行机制，落实县级公立医院独立法人地位和自主经营管理权。推进县级公立医院去行政化，逐步取消医院的行政级别，县级卫生计生行政部门负责人不得兼任县级公立医院领导职务。

（三）合理配置资源。2014 年年底前，国家和省（区、市）制定卫生服务体系规划以及卫生资源配置标准，各市（地）要制定区域卫生规划与医疗机构设置规划，并向社会公布。每个县（市）要办好 1～2 所县级公立医院。按照“填平补齐”原则，继续推进县级医院建设，30 万人口以上的县（市）至少有一所医院达到二级甲等水平。采取有效措施，鼓励县级公立医院使用国产设备和器械。研究完善鼓励中医药服务提供和使用的政策，加强县中医院和县医院中医科基本条件和能力建设，积极引导医疗机构开展成本相对较低、疗效相对较好的中医药诊疗服务。严格控制县级公立医院床位规模和建设标准，严禁举债建设和举债购置大型医用设备。对超规模、超标准和举债建设的地方和机构，严肃追究政府和医疗机构负责人的相关责任。研究制定国有企业所办医院的改革政策措施。

三、建立科学补偿机制

（一）破除以药补医，完善补偿机制。县级公立医院补偿由服务收费、药品加成收入和政府补助三个渠道改为服务收费和政府补助两个渠道，取消药品加成政策。医院由此减少的合理收入，通过调整医疗技术服务价格和增加政府投入，以及医院加强核算、节约运行成本等多方共担。各省（区、市）制定具体的补偿办法，明确分担比例。中央财政给予补助，地方财政要调整支出结构，切实加大投入，增加的政府投入要纳入财政预算。充分发挥医疗保险补偿作用，医保基金通过购买服务对医院提供的基本医疗服务予以及时补偿，缩小医保基金政策内报销比例与实际报销比例的差距。

（二）理顺医疗服务价格。按照“总量控制、结构调整、有升有降、逐步到位”的原则，体现医务人员技术劳务价值，综合考虑取消药品加成、医保支付能力、群众就医负担以及当地经济社会发展水平等因素合理调整价格，逐步理顺医疗服务比价关系。提高诊疗、手术、护理、床位和中医服务等项目价格。降低药品和高值医用耗材价格，降低大型医用设备检查、治疗价格。鼓励医院通过提供优质服务获得合理收入。已贷款或集资购买的大型设备原则上由政府回购，回购有困难的2015年前限期降低价格。价格调整政策与医保支付政策相互衔接。

（三）落实政府投入责任。县级人民政府是举办县级公立医院的主体，要在严格控制公立医院建设规模、标准的基础上，全面落实政府对县级公立医院符合规划的基本建设及大型设备购置、重点学科发展、人才培养、符合国家规定的离退休人员费用、政策性亏损、承担公共卫生任务和紧急救治、支边、支农公共服务等政府投入政策。中央财政和省级财政给予适当补助。落实对中医的投入倾斜政策。

四、完善药品供应保障制度

（一）改革药品集中采购办法。县级公立医院使用的药品，要依托省级药品集中采购平台，以省（区、市）为单位，按照质量优先、价格合理原则，采取招采合一、量价挂钩、双信封制等办法开展集中招标采购，同时允许地方根据实际进行不同方式的探索。进一步增强医疗机构在药品招标采购中的参与度；鼓励跨省联合招标采购，保证药品质量安全，切实降低药品价格，有效遏制药品购销领域的腐败行为和不正之风。对临床必需但用量小、市场供应短缺的药物，可通过招标采取定点生产等方式确保供应。逐步建立基本药物与非基本药物采购衔接机制。县级公立医院要按照规定优先使用基本药物。坚持公开透明、公平竞争，推进高值医用耗材网上阳光采购，县级公立医院和高值医用耗材生产经营企业必须通过省级集中采购平台开展网上交易。在保证质量的前提下，鼓励采购国产高值医用耗材。加强省级药品集中采购平台能力建设，保障药品采购工作的实际需要。提高采购透明度，药品和高值医用耗材采购数据实行部门和区域共享。

（二）保障药品供应。药品配送原则上由中标企业自行委托药品经营企业配送或直接配送，减少流通环节，规范流通秩序。严格采购付款制度，制定具体付款流程和办法。无正当理由未能按时付款的，采购机构要向企业支付违约金。省级卫生计生和财政部门负责监督货款支付情况，严厉查处拖延付款行为。建立全国统一的药品采购供应信息系统，逐步完善低价、短缺药品的供应保障机制。

（三）建立严格的诚信记录和市场清退制度。加强药品集中采购及配送工作的监督管理，建立不良记录。对采购中提供虚假证明文件，蓄意抬高价格或恶意压低价格，中标后拒不签订合同，供应质量不达标药品，未按合同规定及时配送供货，向采购机构、县级公立医院和个人进行贿赂或变相贿赂的，一律记录在案并进行处理，由省级卫生计生行政部门将违法违规企业、法人代表名单及违法违规情况向社会公布，并在公布后1个月内报送国家卫生计生委，由其在政务网站转载，所有省（区、市）在一定期限内不得允许该企业及其法人代表参与药品招标采购或配送。违反相关法律法规的，要依法惩处。

五、改革医保支付制度

（一）深化支付方式改革。在开展医保付费总额控制的同时，加快推进按病种、按人头付费等为主的付费方式改革。严格临床路径管理，保证医疗服务质量。科学合理确定付费标准，建立医疗保险经办机构和定点医疗机构之间谈判协商机制和风险分担机制。医保经办机构要根据协议约定按时足额结算并拨付资金。

（二）加强医保对医疗服务的监督和制约。充分发挥各类医疗保险对医疗服务行为和费用的调控引导与监督制约作用。利用信息化手段，逐步健全医保对医务人员用药、检查等医疗服务行为的监督。加强对基本医保目录外药品使用率、药占比、次均费用、参保人员负担水平、住院率、平均住院日、复诊率、人次人头比、转诊转院率、手术和择期手术率等指标的监控。

六、深化人事、分配制度改革

（一）合理核定编制。各地可结合实际研究制定县级公立医院人员编制标准，合理核定县级公立医院人员编制总量，并进行动态调整，逐步实行编制备案制。

（二）改革人事制度。落实县级公立医院用人自主权，新进人员实行公开招聘。优化人员结构，按标准合理配置医师、护士、药师和技术人员、管理人员以及必要的后勤保障人员。全面推行聘用制度和岗位管理制度，坚持按需设岗、竞聘上岗、按岗聘用、合同管理，实行定编定岗不固定人员，变身份管理为岗位管理，建立能进能出、能上能下的灵活用人机制。结合实际妥善安置未聘人员。完善县级公立医院医务人员参加社会保险制度，为促进人才合理流动创造条件。

（三）建立适应行业特点的薪酬制度。结合医疗行业特点，建立公立医院薪酬制度，完善收入分配激励约束机制。根据绩效考核结果，做到多劳多得、优绩优酬、同工同酬，重点向临床一线、关键岗位、业务骨干和做出突出贡献的人员倾斜，合理拉开收入差距。严禁给医务人员设定创收指标，严禁将医务人员收入与医院的药品、检查、治疗等收入挂钩。允许公立医院医生通过多点执业获取合规报酬。

（四）建立科学的绩效评价机制。制定县级公立医院绩效考核办法，将医院的公益性质、运行效率、群众满意度等作为考核的重要指标，考核结果与医保支付、财政补助、工资水平等挂钩，并向社会公开。把医务人员提供服务的数量、质量、技术难度和患者满意度等作为重要指标，建立以社会效益、工作效率为核心的人员绩效考核制度。

七、加强医院管理

（一）落实院长负责制。完善公立医院院长选拔任用制度，强化院长任期目标管理，建立问责机制。完善院长激励和约束机制，严禁将院长收入与医院的经济收入直接挂钩。加强院长管理能力培训，探索建立院长任职资格管理制度。

（二）优化内部运行管理。健全医院内部决策执行机制。完善以安全、质量和效率为中心的管理制度，加强成本核算，建立健全成本责任制度，强化成本控制意识。严格执行医院财务会计制度，探索实行总会计师制。健全财务分析和报告制度，对医院经济运行和财务活动实施会计监督，加强经济运行分析与监测、国有资产管理等工作。健全内部控制制度，建立健全医院财务审计和医院院长经济责任审计制度。实施院务公开，发挥职工代表大会的作用，加强民主决策，推进民主管理。

（三）规范医疗服务行为。完善公立医院用药管理、处方审核制度，加强抗菌药物临床应用管理，促进合理用药，保障临床用药安全、经济、有效。鼓励探索医药分开的多种形式。鼓励患者自主选择在医院门诊药房或凭处方到零售药店购药。加强临床路径和诊疗规范管理，严格控制高值医用耗材的不合理使用，加大对异常、高额医疗费用的预警和分析。加强医疗行风建设，促进依法执业、廉洁行医。强化问责制，严肃查处工作严重不负责任或失职渎职行为。

八、提升服务能力

（一）建立适应行业特点的人才培养制度。建立健全住院医师规范化培训制度，到 2020 年新进入县级公立医院的医生必须经过住院医师规范化培训。加强县级公立医院骨干医师培训，研究实施专科特设岗位计划，引进急需高层次人才。

（二）推进信息化建设。在国家统一规划下，加快推进县级医药卫生信息资源整合，逐步实现医疗服务、公共卫生、计划生育、医疗保障、药品供应保障和综合管理系统的互联互通、信息共享。加快县级公立医院信息化建设，着重规范医院诊疗行为和提高医务人员绩效考核管理能力。充分利用现有资源，开展远程医疗系统建设试点，推进远程医疗服务。强化信息系统运行安全，保护群众隐私。

（三）落实支持和引导社会资本办医政策。完善社会办医在土地、投融资、财税、价格、产业政策等方面的鼓励政策，优先支持举办非营利性医疗机构，支持社会资本投向资源稀缺及满足多元需求服务领域。放宽社会资本办医准入范围，清理取消不合理的规定，加快落实在市场准入、社会保险定点、重点专科建设、职称评定、学术地位、医院评审、技术准入等方面对非公立医疗机构和公立医疗机构实行同等对待政策。支持社会资本举办的医疗机构提升服务能力。非公立医疗机构医疗服务价格实行市场调节价。研究公立医院资源丰富的县（市）推进公立医院改制政策，鼓励有条件的地方探索多种方式引进社会资本。

九、加强上下联动

（一）促进医疗资源纵向流动。以多种方式建立长期稳定的县级公立医院与基层医疗卫生机构、城市医院分工协作机制。县级公立医院要加强对基层医疗卫生机构的技术帮扶指导和人员培训，健全向乡镇卫生院轮换派驻骨干医师制度，建立长效机制。可采取推荐优秀管理人才参加乡镇卫生院选聘等形式，提升乡镇卫生院管理水平。全面落实城市三级医院对口支援县级公立医院制度，提高县级医院技术和管理水平。采取政策支持、授予荣誉等措施，引导城市大医院在职学科带头人、医疗骨干全职或兼职到县级公立医院工作，并为其长期在县级公立医院工作创造条件。鼓励已退休的学科带头人、业务骨干到县级公立医院服务。

（二）完善合理分级诊疗模式。制定分级诊疗的标准和办法，综合运用医疗、医保、价格等手段，逐步建立基层首诊、分级医疗、双向转诊的就医制度。建立县级公立医院与基层医疗卫生机构之间的便捷转诊通道，县级公立医院要为基层转诊患者提供优先就诊、优先检查、优先住院等便利。充分发挥医保的杠杆作用，支付政策进一步向基层倾斜，拉开不同级别定点医疗机构间的报销比例差别。完善县外转诊和备案制度，力争2015年年底实现县域内就诊率达到90%左右的目标。

十、强化服务监管

（一）严格行业管理。卫生计生行政部门要完善机构、人员、技术、设备的准入和退出机制。加强县级公立医院医疗质量安全、费用控制、财务运行等监管，严格控制医药费用不合理过快增长。做好医疗费用增长情况的监测与控制，加强对高额医疗费用、抗菌药物、贵重药品以及高值医用耗材使用等的回溯检查力度，及时查处为追求经济利益的不合理用药、用材和检查检验等行为。

（二）发挥社会监督和行业自律作用。推进医院信息公开，定期公开财务状况、绩效考核、质量安全等信息。加强医疗行业协会（学会）在县级公立医院自律管理监督中的作用。建立完善医务人员管理信息系统和考核档案，记录医务人员各项基本信息、年度考核结果以及违规情况等。建立社会监督评价体系，充分听取社会各方面意见。改革完善医疗质量、技术、安全和服务评估认证制度。探索建立第三方评价机制，全面、客观地评价医疗质量、服务态度、行风建设等。

（三）促进医患关系和谐。强化医务人员人文素质教育，进一步加强医德医风建设。加强舆论宣传和引导，营造全社会尊医重卫的良好氛围。加强医疗纠纷调处，完善第三方调解机制，保障医患双方的合法权益。依法维护正常的医疗服务秩序，严厉打击伤害医务人员和“医闹”等违法犯罪行为。积极发展医疗责任保险和医疗意外保险，探索建立医疗风险共担机制。

十一、加强组织实施

（一）编制行动计划。2014年县级公立医院综合改革试点覆盖50%以上的县（市），2015年全面推开。制定县级公立医院综合改革任务具体分工方案，进一步细化分解改革任务，落实牵头部门和进度安排，明确时间表、路线图，切实抓好组织实施。

（二）落实相关责任。各地、各有关部门要建立工作推进机制，严格落实责任制。县级人民政府是改革实施主体，要落实责任、健全制度，切实做好实施工作。各省（区、市）深化医改领导小组要建立督促检查、考核问责机制，确保综合改革的各项举措落到实处。国务院深化医改领导小组办公室要会同有关部门制定县级公立医院综合改革效果评价指标体系，加强跟踪评估，对县级公立医院改革行动计划进展情况进行专项督查，定期考核，适时通报。考核结果与中央财政补助资金挂钩。

（三）做好宣传培训。开展对各级政府和相关部门领导干部的政策培训，加强政策解读。深入细致做好医务人员的宣传动员，充分发挥其改革主力军作用。大力宣传改革进展成效和典型经验，开展舆情监测，及时解答和回应社会各界关注的热点问题，合理引导社会预期。

国家发展改革委　国家卫生计生委 人力资源社会保障部关于非公立医疗机构医疗服务实行市场调节价有关问题的通知

发改价格〔2014〕503号

各省、自治区、直辖市发展改革委、物价局，卫生计生委（卫生厅局），人力资源社会保障厅（局）：

为贯彻落实党的十八届三中全会精神，按照《国务院关于促进健康服务业发展的若干意见》（国发〔2013〕40号）要求，充分发挥市场机制作用，运用价格杠杆鼓励社会办医，扩大医疗服务供给、提高医疗服务效率，促进医疗卫生领域有序竞争和健康发展，现就非公立医疗机构医疗服务价格有关问题通知如下：

一、非公立医疗机构医疗服务价格实行市场调节。各地要对辖区内医疗机构进行梳理。县级以上地方卫生计生行政部门应根据审批权限于2014年6月底前向社会发布辖区内公立医疗机构名录，并依据公立医疗机构开业、更名、停业等变化情况及时进行调整。名录之外所有医疗机构均为非公立医疗机构，其提供的所有医疗服务价格实行市场调节。各地要督促落实非公立医疗机构医疗服务价格实行市场调节的相关政策，不得以任何方式对非公立医疗机构医疗服务价格进行不当干预。

二、规范非公立医疗机构医疗服务价格行为。各地要加强对非公立医疗机构价格行为的监督，研究制定价格行为规范，督促医疗机构建立健全内部价格管理制度。相关医疗机构应按照公平、合法和诚实信用的原则合理制定价格，并保持一定时期内价格水平相对稳定；要按规定执行明码标价和医药费用明细清单制度，通过多种方式向患者公示医疗服务和药品价格，自觉接受社会监督。价格主管部门要加强监督检查，对医疗机构价格违法行为依法严肃处理。

三、鼓励非公立医疗机构提供形式多样的医疗服务。鼓励非公立医疗机构依据自身特点，提供特色服务，满足群众多元化、个性化的医疗服务需求。属于营利性质的非公立医疗机构，可自行设立医疗服务价格项目；属于非营利性质的非公立医疗机构，应按照《全国医疗服务价格项目规范》设立服务项目。鼓励非公立医疗机构积极探索实行有利于控制费用、公开透明、方便操作的医疗服务收费方式。

四、建立医疗保险经办机构与定点非公立医疗机构的谈判机制。凡符合医保定点相关规定的非公立医疗机构，应按程序将其纳入职工基本医疗保险、城镇居民医疗保险、新型农村合作医疗、工伤保险、生育保险等社会保险的定点服务范围，并执行与公立医院相同的支付政策。医疗保险经办机构应按照医保付费方式改革的要求，与定点非公立医疗机构通过谈判确定具体付费方式和标准，提高基金使用效率。

各省（区、市）价格、卫生计生和人力资源社会保障部门要加强督促指导和价格监测，既要促进非公立医疗机构发展，又要控制总体医疗费用水平，保障群众权益。工作中出现的新情况、新问题，应及时报告国家发展改革委、卫生计生委和人力资源社会保障部。

2014 年 3 月 25 日

国家卫生计生委　国家发展改革委　工业和信息化部　财政部　人力资源社会保障部　商务部　食品药品监管总局　国家中医药局关于印发做好常用低价药品供应保障工作意见的通知

国卫药政发［2014］14号

各省、自治区、直辖市和新疆生产建设兵团卫生计生委（卫生厅局）、发展改革委（物价局）、工业和信息化主管部门、财政厅（局）、人力资源社会保障厅（局）、商务厅（局）、食品药品监管局、中医药局：

为保障人民群众常用低价药品供应，国家卫生计生委、国家发展改革委、工业和信息化部、财政部、人力资源社会保障部、商务部、食品药品监管总局、中医药局制定了《关于做好常用低价药品供应保障工作的意见》，已经国务院深化医药卫生体制改革领导小组同意。现印发给你们，请遵照执行。

2014年4月1日

关于做好常用低价药品供应保障工作的意见

保障群众基本用药、安全用药，维护人民健康权益是深化医药卫生体制改革的重要目标和任务，是重大民生工程。一直以来，部分常用低价药品出现供应不足甚至断供的情况，不能满足患者用药需求。为做好常用低价药品供应保障工作，现提出以下意见。

一、加强部门协作

做好常用低价药品供应保障工作涉及面广、政策性强，需要多部门协作配合。国家建立由国家卫生计生委、工业和信息化部、发展改革委、财政部、人力资源社会保障部、商务部、食品药品监管总局、中医药局等部门共同参加的工作协调机制，明确任务分工，各司其职，及时研究解决常用低价药品供应保障工作中存在的问题，防止和避免药品供应不及时甚至断供情况的发生。各有关部门从原料生产、注册审批、价格管理、采购供应、临床使用、医保支付、质量监管、监督检查等多个环节，健全和完善常用低价药品供应保障政策，调动企业和医疗机构生产供应、配备使用常用低价药品的积极性。地方政府相关部门也要建立相应的工作协调机制，做好本地区常用低价药品供应保障工作。

二、改进价格管理

国家发展改革委从政府定价范围内遴选确定国家低价药品清单，并实行动态调整。改进低价药品价格管理方式，取消针对每一个具体品种的最高零售限价，允许生产经营者在日均费用标准（另行制定）内，根据药品生产成本和市场供求状况自主制定或调整零售价格，保障合理利润。各地可根据日均费用标准，确定本省（区、市）定价范围内的低价药品清单。对因成本上涨或用法、用量发生变化导致日均费用突破低价药品控制标准的，要退出低价药品清单，重新制定最高零售指导价格。对用量小、市场供应短缺的药品试点国家定点生产、统一定价。

三、完善采购办法

对纳入低价药品清单的药品实行以省（区、市）为单位的集中采购。省级药品集中采购机构将具备相应资质条件的生产企业直接挂网，由医疗机构网上采购交易。优先从通过《药品生产质量管理规范（2010 年版）》（GMP）认证的企业采购药品。生产企业应当从符合资质的配送企业中选择规模大、覆盖面广、配送率高、服务好的企业承担统一配送任务，保证配送企业经营利益。对纳入国家定点生产的药品，要加强政策引导，提高配送集中度。各地要定期在采购平台上公布本地区注册的药品配送企业名单，包括通过新修订《药品经营质量管理规范》（GSP）认证、供货能力、配送到位率和信誉等指标，为药品购销双方选择和评价配送企业提供服务，完善社会监督。

四、建立常态短缺药品储备

进一步完善医药储备制度，建立中央和地方两级常态短缺药品储备。中央医药储备以用量不确定的短缺药品为主，地方医药储备以用量确定的短缺药品为主。卫生计生、工业和信息化、财政、中医药等部门组织筛选储备品种、合理确定储备数量，安排收储资金，保障短缺药品储备及时到位。

五、加大政策扶持

工业和信息化部门积极引导常用低价药品生产企业进行技术改造，提高供应保障能力，加快通过新版 GMP 认证。食品药品监管总局对批准数量不足的临床急需的仿制药注册申请予以优先审评。卫生计生和中医药管理部门要采取措施，鼓励各级医疗机构提高常用低价药品使用量，并将使用情况纳入绩效考核内容。人力资源社会保障、卫生计生部门应当加快推进医保付费方式改革，调动医疗机构和医务人员主动节约成本、优先使用低价药品的积极性。

六、开展短缺药品动态监测

各级卫生计生部门会同工业和信息化、商务等部门，整合现有资源，加快推进药品供应保障信息化建设，以全民健康保障信息化工程为支撑，进一步拓展省级药品集中采购平台功能，建立常用低价药品从生产、流通、库存到使用全过程实时更新、动态监测和分析的药品生产供应信息系统，重点监测易短缺药品原料和制剂生产供应情况，及时分析研判药品供应保障形势，做好供需衔接。各省（区、市）卫生计生部门应当建立健全短缺药品信息报告制度，完善低价药品短缺预警机制，确保信息共享，互联互通。国家卫生计生委协调相关部门对不能保证临床需求的药品及时组织生产、保障供应。

七、加强综合监管

各级卫生计生部门要强化低价药品采购、配送、使用和支付监管，严格执行诚信记录和市场清退制度，确保配送及时，合理使用。各级价格主管部门要加强市场价格行为监管，做好低价药品生产成本及实际购销价格监测工作，对违法违规企业、医疗机构加大惩处力度。各级食品药品监管部门要对低价药品进行全品种电子监管，保证用药安全。其他相关部门应当根据职责分工，加强对低价药品生产流通、医保支付等环节的监督管理。

八、做好社会宣传

做好常用低价药品供应保障工作，关系广大人民群众切身利益，必须坚持正确的舆论导向，通过电视、广播、报刊、网络等多种形式，广泛宣传做好常用低价药品供应保障工作的重要意义和主要政策措施，积极回应社会关切，取得社会各方的理解和支持，努力营造良好舆论氛围。

国家卫生计生委　教育部　民政部　财政部　人力资源社会保障部　食品药品监管总局　中国残联　中国红十字会总会关于进一步做好预防接种异常反应处置工作的指导意见

国卫疾控发［2014］19号

各省、自治区、直辖市卫生计生委（卫生厅局、人口计生委）、教育厅（教委）、民政厅（局）、财政厅（局）、人力资源社会保障厅（局）、食品药品监管局、残联、红十字会，新疆生产建设兵团卫生局、人口计生委、教育局、民政局、财务局、人力资源社会保障局、食品药品监管局、残联、红十字会，中国疾病预防控制中心、中华医学会：

预防接种是预防控制传染病最经济、安全、有效的措施，是《传染病防治法》确定的一项重要制度，是贯彻党和政府执政为民理念、促进社会和谐发展、保障群众身体健康和生命安全的重要工作，已经取得消灭天花、实现无脊髓灰质炎目标等巨大成就。但是由于个体差异等多种原因，极少数受种者可能会发生严重预防接种异常反应，对受种者及其家庭造成严重影响。近年来，社会和公众愈加关注预防接种异常反应。各地积极采取措施，加强了预防接种异常反应调查诊断、鉴定、补偿、医疗、康复、教育、就业等处置工作，但仍有部分地区存在政策不完善、措施落实不到位等问题。为妥善做好预防接种异常反应处置工作，确保预防接种工作顺利开展，维护社会和谐稳定，特提出以下意见：

一、加强对预防接种异常反应处置工作的组织领导

地方各级卫生计生、教育、民政、财政、人力资源社会保障、食品药品监管、残联、红十字会等部门和组织应当充分认识做好预防接种异常反应处置工作的重要意义，在同级人民政府领导下，在补偿、医疗康复、生活救助、入学就业、残疾照顾等方面制定并落实相关政策，建立协同工作机制，及时沟通交流信息，加强联合督导检查，定期召开会议研究解决工作中遇到的问题，使病例及其家庭充分得到党和政府的关爱。

地方各级卫生计生行政部门要指定人员专门负责疑似预防接种异常反应政策解释、教育疏导和信息沟通工作。规范信访工作，畅通信访渠道，倾听群众意见、建议和诉求，及时掌握相关情况，依法妥善处理，努力把矛盾化解在基层。

二、进一步加强疑似预防接种异常反应监测和应急处置工作

地方各级卫生计生部门要加强疑似预防接种异常反应报告和调查工作，并与食品药品监管部门共享监测信息。经专家组调查诊断怀疑引起疑似预防接种异常反应的疫苗有质量问题的，地方各级食品药品监管部门应当组织开展相关调查，对相关疫苗质量进行检验，依法采取相应处理措施。各级疾病预防控制机构和药品不良反应监测机构应当实时跟踪疑似预防接种异常反应监测信息，对报告信息实行日审核、定期分析报告制度。针对发现的重大不良事件或疫苗安全性相关问题，卫生计生行政部门和食品药品监管部门要及时沟通信息，建立沟通交流机制和联合调查处置机制，妥善做好处置工作。

省级卫生计生行政部门和食品药品监管部门要定期发布本省份预防接种异常反应监测信息并及时公布重大不良事件处理信息。要建立媒体沟通机制，及时通报相关信息并做好沟通和解释工作。

三、切实做好预防接种异常反应病例救治和康复工作

地方各级卫生计生行政部门可确定1～2家具备条件的二级以上医院作为预防接种异常反应病例的医疗救治和康复定点医院并报省级卫生计生行政部门备案。各医疗救治和康复定点医院要配备相应的专业人员和设备设施，加强技术培训，为预防接种异常反应病例制定治疗和康复方案，确保病例得到高质量的治疗和康复服务。鼓励各地积极探索符合实际情况的预防接种异常反应病例的医疗、护理和康复服务模式，努力将预防接种异常反应给病例及其家庭带来的不幸降至最低程度。

参加职工基本医疗保险、城镇居民基本医疗保险和新型农村合作医疗的受种者，无论是疑似还是确诊预防接种异常反应相关疾病（不包括原发病），发生的医疗费用要按照规定及时予以报销。鼓励具备条件的地方，将符合大病医疗保障和重特大疾病医疗救助条件的预防接种异常反应相关疾病纳入保障范围并予以报销和救助。各地要按照原卫生部、人力资源社会保障部、民政部、财政部、中国残联等五部门《关于将部分医疗康复项目纳入基本医疗保障范围的通知》（卫农卫发［2010］80号）等有关规定，把残疾病例的畸残矫治手术和部分医疗康复项目纳入职工基本医疗保险、城镇居民基本医疗保险和新型农村合作医疗报销范围。

四、进一步规范完善预防接种异常反应调查诊断和鉴定工作

省级卫生计生行政部门要依法完善疑似预防接种异常反应处置工作程序，确保处置工作及时稳妥、规范有序进行。中华医学会要统一制定规范的预防接种异常反应鉴定书格式，中国疾病预防控制中心要统一制定规范的预防接种异常反应调查诊断书格式。

调查诊断工作要坚持分级负责，对《预防接种异常反应鉴定办法》第十一条规定的3种疑似预防接种异常反应情形，调查诊断应当由设区的市级或省级专家组进行，其他需要调查诊断的，由县级疾病预防控制机构组织专家开展。必要时，省级或设区的市级卫生计生行政部门可提供技术指导，避免对同一例疑似预防接种异常反应重复进行诊断。各地要加强对调查诊断及鉴定专家的培训，提高其业务能力，确保调查诊断及鉴定工作科学、准确。任何医疗机构或个人均不得作出预防接种异常反应诊断。

食品药品监管部门要加强疫苗质量和流通监管。对疫苗质量原因或者疫苗检验结果有争议的，按照《药品管理法》的有关规定处理。

五、依法落实预防接种异常反应补偿政策

省级财政部门要按照《疫苗流通和预防接种管理条例》规定，足额安排预防接种异常反应补偿经费预算并及时拨付到位。尚未制定补偿办法的省份，地方各有关部门要主动向省级人民政府报告情况，争取 2014 年公布施行。

鼓励和推进地方通过商业保险解决预防接种异常反应补偿问题。

六、扎实做好预防接种异常反应病例后续关怀救助工作

卫生计生行政部门要落实相关政策规定，对符合政策的预防接种异常反应残疾儿童的父母，依据各省（区、市）人口与计划生育条例的有关规定，批准再生育。

教育部门要依法解决预防接种异常反应致残适龄儿童的义务教育阶段就近入学问题，落实学前教育、免费义务教育和高中教育阶段政策，加大对家庭经济困难残疾学生资助力度，保障预防接种异常反应致残儿童享有同等接受教育的权利。

人力资源社会保障部门和残联要将有劳动能力和劳动意愿的预防接种异常反应残疾人纳入各级政府就业帮扶工作范围，用人单位应当遵守按比例安排残疾人就业的规定，为其提供适宜的工种、岗位。预防接种异常反应残疾人符合规定条件的，享受鼓励自主创业和灵活就业等扶持政策。

民政部门要将符合条件的预防接种异常反应患儿家庭按规定

纳入城乡最低生活保障、特困人员供养、临时救助范围，对其中的重度残疾病例，根据当地政策给予重点保障。

残联要及时为符合条件的预防接种异常反应残疾病例办理残疾人证，保障其合法权益。对符合条件的进行康复救助。对0～6岁的残疾儿童病例优先提供康复服务，并根据实际适配基本型辅助器具。

红十字会对预防接种异常反应病例特殊困难家庭实施必要的人道救助。

各地要按照本指导意见，结合实际进一步细化完善预防接种异常反应处置措施，提高操作性，确保各项工作落到实处。

2014年4月4日

国家卫生计生委　国家发展改革委
工业和信息化部　人力资源社会保障部
食品药品监管总局　国家中医药局
关于保障儿童用药的若干意见

国卫药政发［2014］29号

各省、自治区、直辖市人民政府，新疆生产建设兵团：

保障儿童基本用药需求，促进儿童用药安全科学合理使用，对于防治儿童疾病、提升儿童健康水平具有重要意义。当前，我国儿童用药适宜品种少、适宜剂型和规格缺乏、药物临床试验基础薄弱、不规范处方行为和不合理用药等问题仍比较突出，亟待采取措施予以解决。为进一步做好保障儿童用药工作，经国务院同意，现提出以下意见：

一、加快申报审评，促进研发创制

（一）建立申报审评专门通道。针对国外已上市使用但国内缺乏且临床急需的儿童适宜品种、剂型、规格，加快申报审评进度。

（二）建立鼓励研发创新机制。根据我国儿童疾病防治需求，借鉴国际经验，逐步建立鼓励研发的儿童药品目录，并将其纳入国家“重大新药创制”科技重大专项、蛋白类生物药和疫苗重大创新发展工程，整合优势单位协同创新研发，提升产业自主创新能力，引导和鼓励企业优先研发生产。

（三）鼓励开展儿童用药临床试验。加强儿童用药临床试验管理，推动临床试验平台建设和研究团队能力建设，提高受试者参与度。探索建立新药申请时提供相关儿童临床试验数据及用药信息的制度。对已上市品种，要求药品生产企业及时补充完善儿童临床试验数据。

二、加强政策扶持，保障生产供应

（一）对儿童用药价格给予政策扶持，儿童专用剂型可单列代表品，不受成人药品定价水平影响；对儿童适宜剂型，研究规定较为宽松的剂型比价系数。对部分临床必需但尚在专利保护期内的进口儿童用药，探索建立价格谈判机制，推动降低药品价格，满足临床需求。发挥医疗保险对儿童用药的保障功能，按规定及时将儿童适宜剂型、规格纳入基本医疗保险支付范围。

（二）优先支持儿童用药生产企业开展产品升级、生产线技术改造，推动企业完善质量管理体系，提升产品质量水平，保障用药安全。

（三）加强儿童用药供应使用情况监测，对临床必需、易短缺的药品采取价格、采购等扶持政策，调动企业生产和配送积极性；对其中用量小的品种，研究采取定点生产或储备的方式保障供应。

（四）各地要建立健全短缺药品供应保障预警机制，及时掌握短缺儿童用药生产动态，积极协调解决生产企业存在的突出问题和困难，提高生产供应保障能力。

三、完善体系建设，提高临床使用综合评价能力

（一）完善用药指南。发挥专业协会学术优势，组织专家总结临床用药经验及安全用药数据，形成行业共识，推动建立科学规范的儿童用药指南，引导企业研发申报，指导企业组织生产。

（二）加强药品说明书管理。对部分已临床使用多年但药品说明书缺乏儿童用药数据的药品，发挥专业协会作用，组织论证、补充完善儿童用药数据，引导企业修订药品说明书。

（三）开展临床使用综合评价。在全国范围内遴选具有医、教、研、防综合优势的儿童专科医院和儿科中医药诊疗水平较高的中医医院，建立健全儿童临床用药综合评价体系。以基本药物为重点，建立儿童用药临床数据库，整理分析各地儿童用药用法用量、疗效、药代动力学及配伍相互作用数据，定期开展综合评价。

（四）推动人才队伍建设。完善儿科教育培训内容，制订专科培训计划，重点加强基层医务人员儿科专项培训，提高专业水平和服务能力，调动医务人员积极性。

四、强化监督管理，确保质量安全

（一）加强药品质量监管。做好安全性、有效性和质量可控性审核，严格技术要求，完善研发评估标准，严格生产流通和使用全过程监管，严厉打击制售假冒伪劣药品的行为，强化责任追究。不断完善药品不良反应监测和应急机制。

（二）规范处方行为，引导合理使用。各级各类医疗机构要参照国家处方集、基本药物临床应用指南和处方集，规范处方行为，推进药品使用管理信息化，提高科学诊疗和合理用药水平。发挥药师作用，加强抗菌素等重点药品应用管理和评价，建立用药处方、医嘱点评制度，将点评结果作为医师定期考核和绩效管理依据，确保儿童用药合理使用。

五、坚持中西药并重，发挥中医药特色优势

充分发挥中医药在儿童用药方面的特色优势。总结中医儿科临床用药经验，加大儿科中成药和中药院内制剂研发力度，完善临床评价标准，加快审评进度，推动完善儿科中药安全性、有效性、经济性的再研究、再评价及相应技术标准。逐步规范儿科中药产品的功能主治、用法、用量、配伍及不良反应警示，进一步促进儿科中药临床合理应用，推动中医药事业快速健康发展。

六、加强合理用药宣传，提高全民健康意识

加大新闻宣传和健康教育力度，坚持正确的舆论导向，积极开展形式多样的儿童合理用药宣传和健康教育活动。普及医学科学及安全用药知识，引导公众形成良好用药观念和习惯，提高社会安全用药意识，最大限度保障儿童用药安全，维护儿童健康权益。

各地区各有关部门要充分认识保障儿童用药工作的重要性，统筹推进，抓好落实。有关部门要加强沟通协作、政策衔接和对地方的指导。各地要结合实际细化工作措施，推动各项工作顺利开展。

2014 年 5 月 21 日

财政部　国家卫生和计划生育委员会
人力资源社会保障部关于提高2014年
新型农村合作医疗和城镇居民
基本医疗保险筹资标准的通知

财社［2014］14号

各省、自治区、直辖市、计划单列市财政厅（局）、卫生计生委（卫生厅局）、人力资源社会保障厅（局），新疆生产建设兵团财务局、卫生局、人力资源社会保障局：

根据《国务院办公厅关于印发深化医药卫生体制改革2014年重点工作任务的通知》（国办发［2014］24号）的规定，现对2014年新型农村合作医疗（以下简称“新农合”）和城镇居民基本医疗保险（以下简称“居民医保”）筹资问题通知如下：

一、各级财政对新农合和居民医保人均补助标准在2013年的基础上提高40元，达到320元。其中，中央财政对原有120元的补助标准不变，对200元部分按照西部地区80％和中部地区60％的比例安排补助，对东部地区各省份分别按一定比例补助。

二、农民和城镇居民个人缴费标准在2013年的基础上提高20元，全国平均个人缴费标准达到每人每年90元左右。个人缴费应在参保（合）时按年度一次性缴清。

三、地方各级财政部门要按照标准足额安排预算，并按要求及时拨付财政补助资金。各级卫生计生和人力资源社会保障部门要加大对农民和城镇居民个人缴费的征缴力度，确保个人缴费及时足额到位。要加大对新农合和居民医保基金的监督管理，确保基金安全。

2014年4月25日

国家卫生计生委　人力资源社会保障部财政部关于进一步做好基本医疗保险异地就医医疗费用结算工作的指导意见

人社部发［2014］93号

各省、自治区、直辖市及新疆生产建设兵团人力资源社会保障厅（局）、财政（财务）厅（局）、卫生计生委：

2009年《关于基本医疗保险异地就医结算服务工作的意见》（人社部发［2009］190号）印发以来，各地积极探索推进异地就医结算工作，为参保群众提供便捷服务。目前，在全国范围内，基本医疗保险市级统筹基本实现，大多数省份建立了省内异地就医结算平台并开展了直接结算，一些地区还进行了“点对点”跨省结算的尝试。但此项工作与群众期盼还存在差距，异地就医结算手续依然比较复杂，异地医疗服务监管尚不到位。根据党的十八届三中全会决定精神，现就进一步做好基本医疗保险异地就医医疗费用结算（以下简称异地就医结算）工作，提升基本医疗保险管理服务水平，提出以下意见：

一、进一步明确推进异地就医结算工作的目标任务

（一）总体思路。完善市（地）级（以下简称市级）统筹，规范省（自治区、直辖市，以下简称省）内异地就医结算，推进跨省异地就医结算，着眼城乡统筹，以异地安置退休人员和异地住院费用为重点，依托社会保险信息系统，分层次推进异地就医结算服务。要根据分级诊疗的要求，做好异地转诊病人的医疗费用结算管理。要不断提高医疗保险管理服务水平，完善医疗服务监控机制，在方便参保人员异地就医结算的同时，严防欺诈骗保行为，维护广大参保人合法权益。

（二）近期目标。2014年，在现有工作基础上，完善基本医疗保险市级统筹，基本实现市级统筹区内就医直接结算，规范和建立省级异地就医结算平台；2015年，基本实现省内异地住院费用直接结算，建立国家级异地就医结算平台；2016年，全面实现跨省异地安置退休人员住院医疗费用直接结算。有条件的地区可以加快工作节奏，积极推进。

二、完善市级统筹，实现市域范围内就医直接结算

以全面实现市域范围内医疗费用直接结算为目标，推进和完善基本医疗保险市级统筹。首先做到基本医疗保险基金预算和筹资待遇政策、就医管理的统一和信息系统的一体化衔接，逐步提升基本医疗保险服务便利性。实现城乡基本医疗保险制度整合的地区，要同步推动城乡居民医保实现市级统筹。

已经实行市级统筹的地区要进一步提高市级统筹质量。采取统收统支模式的，要明确地市和区县级社会保险经办机构（以下简称经办机构）职责，落实分级管理责任；采取调剂金模式的，要规范调剂金的收取和调剂管理办法，以逐步实现制度政策、基金管理、就医结算、经办服务、信息系统方面的统一。有条件的地方要加快推进省级统筹。

三、规范省内异地就医直接结算

各省要按照国家统一规范，建立完善省级异地就医结算平台，支持省内统筹地区之间就医人员信息、医疗服务数据以及费用结算数据等信息的交换，并通过平台开展省内异地就医直接结算工作。

各省人力资源社会保障部门要加强对各统筹地区医疗保险政策的指导，按照国家要求建立统一的药品目录、诊疗项目和医疗服务设施信息标准库，完善与异地就医相关的结算办法和经办流程。要完善定点医疗机构管理，建立并维护支持异地就医直接结算的定点医疗机构数据库。定点医疗机构名单应向社会公布。

异地就医人员的医疗保险待遇执行参保地政策。各统筹地区要建立规范的异地就医报送办法。符合条件的参保人员经同意异地就医后，参保地经办机构应将人员信息通过省级平台传送给就医地经办机构。就医地经办机构负责为异地就医人员提供经办服务，对相关医疗服务行为进行监管，并将相关信息及时如实传送给参保地经办机构。

四、完善跨省异地就医人员政策

加强跨省异地就医的顶层设计，统筹考虑各类跨省异地就医人员需求，逐步推进跨省异地就医直接结算。当前重点解决跨省异地安置退休人员的住院费用，有条件的地方可以在总结经验的基础上，结合本地户籍和居住证制度改革，探索将其他长期跨省异地居住人员纳入住院医疗费用直接结算范围。

跨省异地安置退休人员是指离开参保统筹地区长期跨省异地居住，并根据户籍管理规定已取得居住地户籍的参保退休人员。这部分人员可自愿向参保地经办机构提出异地医疗费用直接结算申请，经审核同意并由居住地经办机构登记备案后，其住院医疗费用可以在居住地实行直接结算。

跨省异地安置退休人员在居住地发生的住院医疗费用，原则上执行居住地规定的支付范围（包括药品目录、诊疗项目和医疗服务设施标准）。医疗保险统筹基金的起付标准、支付比例和支付限额原则上执行参保地规定的本地就医时的标准，不按照转外就医支付比例执行。经本人申请，可以将个人账户资金划转给个人，供门诊就医、购药时使用。

五、做好异地就医人员管理服务

各统筹地区经办机构应当根据跨省异地安置退休人员、异地转诊人员、异地急诊人员等不同人群的特点，落实管理责任，加强医疗服务监管，做好服务。

对经登记备案的跨省异地安置退休人员，居住地的经办机构应一视同仁地将其纳入管理，在定点医疗机构和零售药店确定、医疗信息记录、医疗行为监控等方面提供与本地参保人相同的服务和管理。跨省异地安置退休人员发生的应由统筹基金支付的住院医疗费用，通过各省级异地就医结算平台实行跨省直接结算。

对于异地转诊的参保人员，经办机构要适应分级诊疗模式和转诊转院制度，建立参保地与就医地之间的协作机制，引导形成合理的就医秩序。就医地经办机构应协助参保地经办机构进行医疗票据核查等工作，保证费用的真实性，防范和打击伪造医疗票据和文书等欺诈行为。

对于异地急诊的参保人员，原则上在参保地按规定进行报销；需要通过医疗机构对费用真实性进行核查的，就医地经办机构应予以协助。

参保人员异地就医费用按规定实行直接结算的，应由医疗保险基金支付的部分，原则上先由就医地医疗保险基金垫付，再由参保地经办机构与就医地经办机构按月结算。

对异地就医造成的就医地经办机构增加的必要工作经费，由就医地经办机构同级财政统筹安排。鼓励各地探索委托商业保险机构经办等购买服务的方式，提高异地就医结算管理和服务水平。

六、大力提升异地就医信息化管理水平

按照国家电子政务建设和信息惠民工程建设的要求，着力推进社会保险业务信息管理系统省级集中，建立完善中央和省级异地就医费用结算平台，统一信息系统接口、操作流程、数据库标准和信息传输规则，推进《社会保险药品分类与代码》等技术标准的应用。通过省级异地就医结算平台或省级集中社会保险业务管理系统，支持省内统筹地区之间的异地就医结算数据传输和问题协调。国家级异地就医结算平台与各省级异地就医平台对接，逐步通过平台实现跨省异地就医数据交换等功能。

七、加强组织落实

各级人力资源社会保障部门负责异地就医结算的统筹协调工作。各省人力资源社会保障部门要按照国家统一要求，协调省内有关部门制订本省份推进异地就医结算的工作计划，要加强与其他省份的沟通，积极推进跨省异地就医结算工作。统筹地区人力资源社会保障部门要树立全局观念，积极为来本地就医的参保人员提供医疗保险管理服务。有条件的省要统筹考虑生育保险、工伤保险等其他涉及医疗服务的社会保险，制定统一的社会保险异地就医管理办法。

财政部门要结合异地就医结算工作的开展，完善有关会计核算办法，会同有关部门完善社会保险基金财务制度。根据经办机构用款计划，及时足额划拨异地就医结算资金。加大资金支持力度，确保异地就医工作经费的落实。

卫生计生部门要会同有关部门，研究制定分级诊疗办法，建立健全转诊转院制度，引导形成合理的就医流向。要加大监管力度，规范医疗行为，促进合理规范诊疗。

医疗保险异地就医费用结算工作是健全全民医保体系的重要任务之一，事关人民群众切身利益。各有关部门要高度重视，加强配合，密切协作，确保工作落到实处，同时注意全面准确地做好宣传工作，合理引导社会预期。各地在工作中遇有重要情况要及时报告，有关部门要加强专项督查，推动工作进展。

本意见适用于人力资源社会保障部门负责的基本医疗保险。

2014 年 11 月 18 日

工伤保险

中华人民共和国人力资源和社会保障部令

第 21 号

《工伤职工劳动能力鉴定管理办法》已经人力资源社会保障部部务会、国家卫生计生委主任会议讨论通过，现予公布，自 2014 年 4 月 1 日起施行。

人力资源社会保障部部长　尹蔚民
国家卫生计生委主任　李　斌
2014 年 2 月 20 日

工伤职工劳动能力鉴定管理办法

第一章　总　　则

第一条　为了加强劳动能力鉴定管理，规范劳动能力鉴定程序，根据《中华人民共和国社会保险法》《中华人民共和国职业病防治法》和《工伤保险条例》，制定本办法。

第二条　劳动能力鉴定委员会依据《劳动能力鉴定　职工工

伤与职业病致残等级》国家标准，对工伤职工劳动功能障碍程度和生活自理障碍程度组织进行技术性等级鉴定，适用本办法。

第三条 省、自治区、直辖市劳动能力鉴定委员会和设区的市级（含直辖市的市辖区、县，下同）劳动能力鉴定委员会分别由省、自治区、直辖市和设区的市级人力资源社会保障行政部门、卫生计生行政部门、工会组织、用人单位代表以及社会保险经办机构代表组成。

承担劳动能力鉴定委员会日常工作的机构，其设置方式由各地根据实际情况决定。

第四条 劳动能力鉴定委员会履行下列职责：

（一）选聘医疗卫生专家，组建医疗卫生专家库，对专家进行培训和管理；

（二）组织劳动能力鉴定；

（三）根据专家组的鉴定意见作出劳动能力鉴定结论；

（四）建立完整的鉴定数据库，保管鉴定工作档案50年；

（五）法律、法规、规章规定的其他职责。

第五条 设区的市级劳动能力鉴定委员会负责本辖区内的劳动能力初次鉴定、复查鉴定。

省、自治区、直辖市劳动能力鉴定委员会负责对初次鉴定或者复查鉴定结论不服提出的再次鉴定。

第六条 劳动能力鉴定相关政策、工作制度和业务流程应当向社会公开。

第二章 鉴定程序

第七条 职工发生工伤，经治疗伤情相对稳定后存在残疾、影响劳动能力的，或者停工留薪期满（含劳动能力鉴定委员会确认的延长期限），工伤职工或者其用人单位应当及时向设区的市级劳动能力鉴定委员会提出劳动能力鉴定申请。

第八条 申请劳动能力鉴定应当填写劳动能力鉴定申请表，

并提交下列材料：

（一）《工伤认定决定书》原件和复印件；

（二）有效的诊断证明、按照医疗机构病历管理有关规定复印或者复制的检查、检验报告等完整病历材料；

（三）工伤职工的居民身份证或者社会保障卡等其他有效身份证明原件和复印件；

（四）劳动能力鉴定委员会规定的其他材料。

第九条 劳动能力鉴定委员会收到劳动能力鉴定申请后，应当及时对申请人提交的材料进行审核；申请人提供材料不完整的，劳动能力鉴定委员会应当自收到劳动能力鉴定申请之日起5个工作日内一次性书面告知申请人需要补正的全部材料。

申请人提供材料完整的，劳动能力鉴定委员会应当及时组织鉴定，并在收到劳动能力鉴定申请之日起60日内作出劳动能力鉴定结论。伤情复杂、涉及医疗卫生专业较多的，作出劳动能力鉴定结论的期限可以延长30日。

第十条 劳动能力鉴定委员会应当视伤情程度等从医疗卫生专家库中随机抽取3名或者5名与工伤职工伤情相关科别的专家组成专家组进行鉴定。

第十一条 劳动能力鉴定委员会应当提前通知工伤职工进行鉴定的时间、地点以及应当携带的材料。工伤职工应当按照通知的时间、地点参加现场鉴定。对行动不便的工伤职工，劳动能力鉴定委员会可以组织专家上门进行劳动能力鉴定。组织劳动能力鉴定的工作人员应当对工伤职工的身份进行核实。

工伤职工因故不能按时参加鉴定的，经劳动能力鉴定委员会同意，可以调整现场鉴定的时间，作出劳动能力鉴定结论的期限相应顺延。

第十二条 因鉴定工作需要，专家组提出应当进行有关检查和诊断的，劳动能力鉴定委员会可以委托具备资格的医疗机构协助进行有关的检查和诊断。

第十三条 专家组根据工伤职工伤情，结合医疗诊断情况，依据《劳动能力鉴定 职工工伤与职业病致残等级》国家标准提出鉴定意见。参加鉴定的专家都应当签署意见并签名。

专家意见不一致时，按照少数服从多数的原则确定专家组的鉴定意见。

第十四条 劳动能力鉴定委员会根据专家组的鉴定意见作出劳动能力鉴定结论。劳动能力鉴定结论书应当载明下列事项：

（一）工伤职工及其用人单位的基本信息；

（二）伤情介绍，包括伤残部位、器官功能障碍程度、诊断情况等；

（三）作出鉴定的依据；

（四）鉴定结论。

第十五条 劳动能力鉴定委员会应当自作出鉴定结论之日起20日内将劳动能力鉴定结论及时送达工伤职工及其用人单位，并抄送社会保险经办机构。

第十六条 工伤职工或者其用人单位对初次鉴定结论不服的，可以在收到该鉴定结论之日起15日内向省、自治区、直辖市劳动能力鉴定委员会申请再次鉴定。

申请再次鉴定，除提供本办法第八条规定的材料外，还需提交劳动能力初次鉴定结论原件和复印件。

省、自治区、直辖市劳动能力鉴定委员会作出的劳动能力鉴定结论为最终结论。

第十七条 自劳动能力鉴定结论作出之日起1年后，工伤职工、用人单位或者社会保险经办机构认为伤残情况发生变化的，可以向设区的市级劳动能力鉴定委员会申请劳动能力复查鉴定。

对复查鉴定结论不服的，可以按照本办法第十六条规定申请再次鉴定。

第十八条 工伤职工本人因身体等原因无法提出劳动能力初次鉴定、复查鉴定、再次鉴定申请的，可由其近亲属代为提出。

第十九条 再次鉴定和复查鉴定的程序、期限等按照本办法第九条至第十五条的规定执行。

第三章 监督管理

第二十条 劳动能力鉴定委员会应当每3年对专家库进行一次调整和补充，实行动态管理。确有需要的，可以根据实际情况适时调整。

第二十一条 劳动能力鉴定委员会选聘医疗卫生专家，聘期一般为3年，可以连续聘任。

聘任的专家应当具备下列条件：

（一）具有医疗卫生高级专业技术职务任职资格；

（二）掌握劳动能力鉴定的相关知识；

（三）具有良好的职业品德。

第二十二条 参加劳动能力鉴定的专家应当按照规定的时间、地点进行现场鉴定，严格执行劳动能力鉴定政策和标准，客观、公正地提出鉴定意见。

第二十三条 用人单位、工伤职工或者其近亲属应当如实提供鉴定需要的材料，遵守劳动能力鉴定相关规定，按照要求配合劳动能力鉴定工作。

工伤职工有下列情形之一的，当次鉴定终止：

（一）无正当理由不参加现场鉴定的；

（二）拒不参加劳动能力鉴定委员会安排的检查和诊断的。

第二十四条 医疗机构及其医务人员应当如实出具与劳动能力鉴定有关的各项诊断证明和病历材料。

第二十五条 劳动能力鉴定委员会组成人员、劳动能力鉴定工作人员以及参加鉴定的专家与当事人有利害关系的，应当回避。

第二十六条 任何组织或者个人有权对劳动能力鉴定中的违法行为进行举报、投诉。

第四章　法律责任

第二十七条　劳动能力鉴定委员会和承担劳动能力鉴定委员会日常工作的机构及其工作人员在从事或者组织劳动能力鉴定时，有下列行为之一的，由人力资源社会保障行政部门或者有关部门责令改正，对直接负责的主管人员和其他直接责任人员依法给予相应处分；构成犯罪的，依法追究刑事责任：

（一）未及时审核并书面告知申请人需要补正的全部材料的；

（二）未在规定期限内作出劳动能力鉴定结论的；

（三）未按照规定及时送达劳动能力鉴定结论的；

（四）未按照规定随机抽取相关科别专家进行鉴定的；

（五）擅自篡改劳动能力鉴定委员会作出的鉴定结论的；

（六）利用职务之便非法收受当事人财物的；

（七）有违反法律法规和本办法的其他行为的。

第二十八条　从事劳动能力鉴定的专家有下列行为之一的，劳动能力鉴定委员会应当予以解聘；情节严重的，由卫生计生行政部门依法处理：

（一）提供虚假鉴定意见的；

（二）利用职务之便非法收受当事人财物的；

（三）无正当理由不履行职责的；

（四）有违反法律法规和本办法的其他行为的。

第二十九条　参与工伤救治、检查、诊断等活动的医疗机构及其医务人员有下列情形之一的，由卫生计生行政部门依法处理：

（一）提供与病情不符的虚假诊断证明的；

（二）篡改、伪造、隐匿、销毁病历材料的；

（三）无正当理由不履行职责的。

第三十条　以欺诈、伪造证明材料或者其他手段骗取鉴定结论、领取工伤保险待遇的，按照《中华人民共和国社会保险法》

第八十八条的规定，由人力资源社会保障行政部门责令退回骗取的社会保险金，处骗取金额2倍以上5倍以下的罚款。

第五章　附　　则

第三十一条　未参加工伤保险的公务员和参照公务员法管理的事业单位、社会团体工作人员因工（公）致残的劳动能力鉴定，参照本办法执行。

第三十二条　本办法中的劳动能力鉴定申请表、初次（复查）鉴定结论书、再次鉴定结论书、劳动能力鉴定材料收讫补正告知书等文书基本样式由人力资源社会保障部制定。

第三十三条　本办法自2014年4月1日起施行。

人力资源社会保障部　住房城乡建设部 安全监管总局　全国总工会关于进一步做好建筑业工伤保险工作的意见

人社部发［2014］103 号

各省、自治区、直辖市及新疆生产建设兵团人力资源社会保障厅（局）、住房城乡建设厅（委、局）、安全生产监督管理局、总工会：

改革开放以来，我国建筑业蓬勃发展，建筑业职工队伍不断发展壮大，为经济社会发展和人民安居乐业做出了重大贡献。建筑业属于工伤风险较高行业，又是农民工集中的行业。为维护建筑业职工特别是农民工的工伤保障权益，国家先后出台了一系列法律法规和政策，各地区、各有关部门积极采取措施，加强建筑施工安全生产制度建设和监督检查，大力推进建筑施工企业依法参加工伤保险，使建筑业职工工伤权益保障工作不断得到加强。但目前仍存在部分建筑施工企业安全管理制度不落实、工伤保险参保覆盖率低、一线建筑工人特别是农民工工伤维权能力弱、工伤待遇落实难等问题。

为贯彻落实党中央、国务院关于切实保障和改善民生的要求，依据《社会保险法》《建筑法》《安全生产法》《职业病防治法》和《工伤保险条例》等法律法规规定，现就进一步做好建筑业工伤保险工作、切实维护建筑业职工工伤保障权益提出以下意见：

一、完善符合建筑业特点的工伤保险参保政策，大力扩展建筑企业工伤保险参保覆盖面。建筑施工企业应依法参加工伤保险。针对建筑行业的特点，建筑施工企业对相对固定的职工，应按用人单位参加工伤保险；对不能按用人单位参保、建筑项目使用的建筑业职工特别是农民工，按项目参加工伤保险。房屋建筑和市政基础设施工程实行以建设项目为单位参加工伤保险的，可在各项社会保险中优先办理参加工伤保险手续。建设单位在办理施工许可手续时，应当提交建设项目工伤保险参保证明，作为保证工程安全施工的具体措施之一；安全施工措施未落实的项目，各地住房城乡建设主管部门不予核发施工许可证。

二、完善工伤保险费计缴方式。按用人单位参保的建筑施工企业应以工资总额为基数依法缴纳工伤保险费。以建设项目为单位参保的，可以按照项目工程总造价的一定比例计算缴纳工伤保险费。

三、科学确定工伤保险费率。各地区人力资源社会保障部门应参照本地区建筑企业行业基准费率，按照以支定收、收支平衡原则，商住房城乡建设主管部门合理确定建设项目工伤保险缴费比例。要充分运用工伤保险浮动费率机制，根据各建筑企业工伤事故发生率、工伤保险基金使用等情况适时适当调整费率，促进企业加强安全生产，预防和减少工伤事故。

四、确保工伤保险费用来源。建设单位要在工程概算中将工伤保险费用单独列支，作为不可竞争费，不参与竞标，并在项目开工前由施工总承包单位一次性代缴本项目工伤保险费，覆盖项目使用的所有职工，包括专业承包单位、劳务分包单位使用的农民工。

五、健全工伤认定所涉及劳动关系确认机制。建筑施工企业应依法与其职工签订劳动合同，加强施工现场劳务用工管理。施工总承包单位应当在工程项目施工期内督促专业承包单位、劳务分包单位建立职工花名册、考勤记录、工资发放表等台账，对项目施工期内全部施工人员实行动态实名制管理。施工人员发生工伤后，以劳动合同为基础确认劳动关系。对未签订劳动合同的，由人力资源社会保障部门参照工资支付凭证或记录、工作证、招工登记表、考勤记录及其他劳动者证言等证据，确认事实劳动关系。相关方面应积极提供有关证据；按规定应由用人单位负举证责任而用人单位不提供的，应当承担不利后果。

六、规范和简化工伤认定和劳动能力鉴定程序。职工发生工伤事故，应当由其所在用人单位在30日内提出工伤认定申请，施工总承包单位应当密切配合并提供参保证明等相关材料。用人单位未在规定时限内提出工伤认定申请的，职工本人或其近亲属、工会组织可以在1年内提出工伤认定申请，经社会保险行政部门调查确认工伤的，在此期间发生的工伤待遇等有关费用由其所在用人单位负担。各地社会保险行政部门和劳动能力鉴定机构要优化流程，简化手续，缩短认定、鉴定时间。对于事实清楚、权利义务关系明确的工伤认定申请，应当自受理工伤认定申请之日起15日内作出工伤认定决定。探索建立工伤认定和劳动能力鉴定相关材料网上申报、审核和送达办法，提高工作效率。

七、完善工伤保险待遇支付政策。对认定为工伤的建筑业职工，各级社会保险经办机构和用人单位应依法按时足额支付各项工伤保险待遇。对在参保项目施工期间发生工伤、项目竣工时尚未完成工伤认定或劳动能力鉴定的建筑业职工，其所在用人单位要继续保证其医疗救治和停工期间的法定待遇，待完成工伤认定及劳动能力鉴定后，依法享受参保职工的各项工伤保险待遇；其中应由用人单位支付的待遇，工伤职工所在用人单位要按时足额支付，也可根据其意愿一次性支付。针对建筑业工资收入分配的特点，对相关工伤保险待遇中难以按本人工资作为计发基数的，可以参照统筹地区上年度职工平均工资作为计发基数。

八、落实工伤保险先行支付政策。未参加工伤保险的建设项目，职工发生工伤事故，依法由职工所在用人单位支付工伤保险待遇，施工总承包单位、建设单位承担连带责任；用人单位和承担连带责任的施工总承包单位、建设单位不支付的，由工伤保险基金先行支付，用人单位和承担连带责任的施工总承包单位、建设单位应当偿还；不偿还的，由社会保险经办机构依法追偿。

九、建立健全工伤赔偿连带责任追究机制。建设单位、施工总承包单位或具有用工主体资格的分包单位将工程（业务）发包给不具备用工主体资格的组织或个人，该组织或个人招用的劳动者发生工伤的，发包单位与不具备用工主体资格的组织或个人承担连带赔偿责任。

十、加强工伤保险政策宣传和培训。施工总承包单位应当按照项目所在地人力资源社会保障部门统一规定的式样，制作项目参加工伤保险情况公示牌，在施工现场显著位置予以公示，并安排有关工伤预防及工伤保险政策讲解的培训课程，保障广大建筑业职工特别是农民工的知情权，增强其依法维权意识。各地人力资源社会保障部门要会同有关部门加大工伤保险政策宣传力度，让广大职工知晓其依法享有的工伤保险权益及相关办事流程。开展工伤预防试点的地区可以从工伤保险基金提取一定比例用于工伤预防，各地人力资源社会保障部门应会同住房城乡建设部门积极开展建筑业工伤预防的宣传和培训工作，并将建筑业职工特别是农民工作为宣传和培训的重点对象。建立健全政府部门、行业协会、建筑施工企业等多层次的培训体系，不断提升建筑业职工的安全生产意识、工伤维权意识和岗位技能水平，从源头上控制和减少安全事故。

十一、严肃查处谎报瞒报事故的行为。发生生产安全事故时，建筑施工企业现场有关人员和企业负责人要严格依照《生产安全事故报告和调查处理条例》等规定，及时、如实向安全监管、住房城乡建设和其他负有监管职责的部门报告，并做好工伤保险相关工作。事故报告后出现新情况的，要及时补报。对谎报、瞒报事故和迟报、漏报的有关单位和人员，要严格依法查处。

十二、积极发挥工会组织在职工工伤维权工作中的作用。各级工会要加强基层组织建设，通过项目工会、托管工会、联合工会等多种形式，努力将建筑施工一线职工纳入工会组织，为其提供维权依托。提升基层工会组织在职工工伤维权方面的业务能力和服务水平。具备条件的企业工会要设立工伤保障专员，学习掌握工伤保险政策，介入工伤事故处理的全过程，了解工伤职工需求，跟踪工伤待遇支付进程，监督工伤职工各项权益落实情况。

十三、齐抓共管合力维护建筑工人工伤权益。人力资源社会保障部门要积极会同相关部门，把大力推进建筑施工企业参加工伤保险作为当前扩大社会保险覆盖面的重要任务和重点工作领域，对各类建筑施工企业和建设项目进行摸底排查，力争尽快实现全面覆盖。各地人力资源社会保障、住房城乡建设、安全监管等部门要认真履行各自职能，对违法施工、非法转包、违法用工、不参加工伤保险等违法行为依法予以查处，进一步规范建筑市场秩序，保障建筑业职工工伤保险权益。人力资源社会保障、住房城乡建设、安全监管等部门和总工会要定期组织开展建筑业职工工伤维权工作情况的联合督查。有关部门和工会组织要建立部门间信息共享机制，及时沟通项目开工、项目用工、参加工伤保险、安全生产监管等信息，实现建筑业职工参保等信息互联互通，为维护建筑业职工工伤权益提供有效保障。

交通运输、铁路、水利等相关行业职工工伤权益保障工作可参照本文件规定执行。

各地人力资源社会保障、住房城乡建设、安全监管等部门和工会组织要依据国家法律法规和本文件精神，结合本地实际制定具体实施方案，定期召开有关部门协调工作会议，共同研究解决有关难点重点问题，合力做好建筑业职工工伤保险权益保障工作。

2014 年 12 月 29 日

社会保险基金监督

人力资源社会保障部关于进一步加强基本医疗保险医疗服务监管的意见

人社部发［2014］54号

各省、自治区、直辖市及新疆生产建设兵团人力资源社会保障厅（局），各副省级市人力资源社会保障局：

基本医疗保险制度建立以来，各地积极探索提高医疗保险基金使用效率的有效方式，医疗服务监管工作逐步加强。随着全民医保的基本实现以及即时结算等项工作的推进，医疗服务监管的形势出现了一些新特点，欺诈骗保等现象有所增多。为进一步加强医疗保险医疗服务监管，更好地保障参保人员权益，维护医疗保险基金安全，推进深化医改，在总结各地实践经验的基础上，根据《中华人民共和国社会保险法》和《国务院关于印发“十二五”期间深化医药卫生体制改革规划暨实施方案的通知》（国发［2012］11号）精神，现就有关问题提出如下意见：

一、强化医疗保险医疗服务监管，将监管对象延伸到医务人员

（一）进一步完善定点医疗机构服务协议。基本医疗保险经办机构（以下简称经办机构）要将医疗服务监管的内容纳入定点服务协议，依据协议审核向定点医疗机构支付的医疗费用，通过监管与考核相结合、考核结果与医疗费用结算支付相挂钩等方式，不断完善协议管理。重点监管参保人员就诊人数，医疗总费用和增长率，药品、医用耗材和检查总费用、增长率及占医疗费用比例等指标。在进一步做好住院医疗服务监管工作的同时，加强对门诊医疗服务的监管。

（二）积极探索将监管延伸到医务人员医疗服务行为的有效方式。对定点医疗机构医务人员建立诚信档案。在经办机构与医疗机构定点服务协议中约定医务人员的责任和义务，探索通过医疗机构将协议管理要求细化落实到医务人员的有效途径。采取将医务人员考评结果与定点医疗机构考核及医疗费用支付结算挂钩等方式，鼓励医疗机构强化医务人员管理的激励和约束机制。加强多层次、多形式培训，帮助医务人员及时、全面、准确掌握医疗保险政策，依规提供医疗服务。

（三）强化参保人员持卡就医的责任意识。进一步加大宣传力度，通过各种方式，在告知参保人员持卡就医权利的同时，明确告知其责任和义务，包括不得出借、转让或恶意使用社会保障卡，丢失社会保障卡应及时挂失，骗取或协助他人骗取医疗保险基金要承担法律责任等，规范参保人员的就医行为，逐步建立完善参保人员诚信记录制度。

二、优化信息化监控手段，建立医疗保险费用监控预警和数据分析平台

（四）完善医疗保险信息库，促进医疗服务信息及时准确传递。建立健全医疗保险信息库特别是药品库、门诊大病疾病库、医务人员数据库等，使用符合全国统一标准的信息代码，做好信息标准化工作。加强医疗保险管理信息系统与定点医疗机构的联网，进一步明确和细化接口信息规范，力争使定点医疗机构诊疗和用药原始数据实时上传，消除人为操作因素，保证上传数据的真实性和完整性。

（五）建立医疗保险监控系统，规范医疗服务信息监控标准。在做好社会保障卡发放和基本医疗保险即时结算服务的基础上，进一步完善各统筹地区医疗保险管理信息系统建设，扩展建设医疗保险医疗服务监控子系统，及时向定点医疗机构提供监控提示信息，实现事前提示、事中监控预警和事后责任追溯。经办机构要将定点医疗机构、医务人员的医疗服务信息和参保人员的就医购药信息纳入监控范围，根据协议管理要求和多发案件特点，建立和完善监控规则，设置监控指标，规范监控标准，通过设置不同的警戒线实现分级监控。

（六）加强数据分析研判，强化重点信息监控。经办机构要指定专人负责医疗保险费用数据分析工作，重点加强对异常数据的分析。对医务人员，要重点分析服务人数、人次和增长情况，药品处方情况，以及次均费用和总费用增长情况，对有违规记录，出现次均费用畸高、某种药品使用数量畸高等异常情况的医务人员进行重点检查。对参保人员，要重点对就医频次、购药数量和金额等信息进行分析，有针对性地进行监控。

三、明确医疗保险基金监管职责，充分发挥各方面的监督作用

（七）进一步加强经办审核稽核工作。经办机构要加强对医疗机构申报医疗费用的审核，逐步将对疑点的筛查从结算之后提前到结算过程之中。加大对医疗机构执行定点协议、医疗保险费用支付等情况的稽核力度。对网上监控发现的疑点和举报投诉的问题等，要及时组织核实情况。对重大案情，要查阅相关资料，询问相关人员，逐步形成程序化、规范化的稽核机制。

（八）严格医疗保险基金行政监督。社会保险行政部门要研究分析医疗保险基金管理和运行情况，逐步完善工作手段。加强对医疗保险基金预算和医疗保险医疗服务协议执行、各项监管制度落实等情况的监督，加大对违规支付和套取、骗取医疗保险基金等问题的查处力度。

（九）探索社会监督的有效途径。拓宽社会监督途径，创新社会监督方式，通过组织专家评议、聘请社会监督员等方式，动员社会各方面力量参与医疗保险监督工作，不断提高监督实效。进一步畅通举报投诉渠道，及时处理各类问题。

（十）促进医疗机构规范提供医疗服务。结合付费方式改革，建立和完善经办机构与医疗机构的风险分担机制，对定点医疗机构形成有效的激励约束。继续推进和完善定点医疗机构分级管理制度，促进医疗机构加强内部管理，提高自我管理的积极性，鼓励医务人员为参保患者提供合理必要的服务，控制医疗费用的不合理增长，减轻参保人员负担。

四、分类处理监管发现的问题，妥善解决争议

（十一）及时纠正不合理行为。对疑似不合理的诊疗、住院、用药、收费等行为，经办机构要查明实际情况，必要时可组织专家进行论证；确实存在问题的，可约谈相关定点医疗机构，提出改进管理的意见。

（十二）依规处置违约问题。对违反协议规定的定点医疗机构，经办机构要按照协议规定，根据违约情节的轻重，相应采取拒付费用、暂停结算限期整改、终止协议等措施。对违反协议规定的医务人员，情节较轻的，经办机构可建议其所属医疗机构进行诫勉谈话；情节较重或多次违约的，经办机构可直接约谈，责令改正；情节严重、主观故意性强且造成医疗保险基金损失的，经办机构可按照协议规定暂停其医疗保险实时结算资格或对其提供的医疗服务拒付费用等。

对暂停结算限期整改的定点医疗机构和暂停实时结算及拒付费用的医务人员，经办机构要督促及时整改，跟进了解整改情况，在确认问题已经解决、漏洞已经弥补、风险已经排除后，可恢复其医疗保险实时结算资格。经办机构在改变与定点医疗机构或医务人员的结算方式和终止协议时，要采取必要措施保护参保人员的合法权益。

（十三）坚决查处违规违法案件。对违反医疗保险法律法规，侵害医疗保险基金的问题，在经办机构追究违约责任的同时，违规行为发生地的社会保险行政部门要按照社会保险基金监管和基本医疗保险的有关规定，作出行政处罚等处理决定；涉及卫生计生、药监、物价等部门职责范围的，应及时书面通知并移交相关部门处置；对涉嫌构成犯罪的，由社会保险行政部门移送公安机关。社会保险行政部门、经办机构及其工作人员发现违法犯罪线索时，均可按规定向公安机关报案。

（十四）规范移交处理办法。社会保险行政部门发现涉嫌违约的问题，要责成经办机构按照协议规定处理。经办机构作出停止医务人员医疗保险实时结算资格、拒付费用，终止医疗机构定点协议等处理时，要及时报告同级社会保险行政部门。

经办机构发现涉嫌违规的问题，要及时向同级社会保险行政部门报告，并将调查资料形成正式材料一并移交。社会保险行政部门认为事实不清的，可组织补充调查或要求经办机构补充材料。

对移交处理的各类问题，社会保险行政部门和经办机构应及时沟通处理结果，并按规定向上级部门报告。

（十五）明确争议处理程序。定点医疗机构或医务人员对经办机构作出的处置有争议的，由同级社会保险行政部门协调处理；对同级社会保险行政部门协调处理结果不服的，由上级社会保险行政部门协调处理。省级社会保险行政部门是争议协调处理的最终单位。

对社会保险行政部门作出的行政处理决定有争议的，可以依法申请行政复议或者提起行政诉讼。行政处理决定生效以后，处理对象应当执行；逾期不执行的，由社会保险行政部门督促执行或依法申请人民法院强制执行。

五、加强配合，协同做好工作

（十六）加强组织领导。基本医疗保险医疗服务监管工作，是遏制不合理医疗费用增长、提高医疗保险基金使用效率、维护广大参保人员权益的重要措施。各级人力资源社会保障部门要高度重视，统一思想认识，认真落实。省级人力资源社会保障部门要结合实际制定具体办法，加强组织协调，明确相关部门责任，督促、指导省内各统筹地区开展工作，并加强对落实情况的检查评估。各统筹地区要积极创造条件，加大信息系统建设投入，建立并逐步完善医疗保险医疗服务网上监控。

（十七）加强协调配合。各级人力资源社会保障部门要建立健全内部协调机制，明确分工，加强配合，整合信息资源，分享通过群众举报、日常检查、专项检查、网上监控等途径发现的医疗服务异常情况，协同做好查处工作。要加强与公安、卫生计生等部门的外部协作，建立医疗保险联合反欺诈工作机制，积极协调相关部门开展联动联查联处，加大对违法违规行为的打击力度。

（十八）加强宣传教育。各地要及时总结经验，加大宣传力度，做好舆论引导工作，及时向社会传递打击医疗保险欺诈骗保的信息，支持新闻媒体开展舆论监督，加大对犯罪分子的威慑力度，减少医疗保险欺诈骗保行为的发生。要加强教育工作，形成正确的社会导向，提高全社会公民遵纪守法的自觉性，营造全社会诚信自律、合理就医、依规提供服务、维护医疗保险基金安全、自觉抵制违约违规违法行为的社会氛围。

部社会保险基金监督司、医疗保险司、社会保险事业管理中心、信息中心按各自职责，负责相关工作的指导和检查。

2014年8月13日

人力资源社会保障部关于开展社会保险基金安全评估试点的通知

人社部发［2014］66号

各省、自治区、直辖市及新疆生产建设兵团人力资源社会保障厅（局）：

社会保险基金是重要的社会公共资金，基金安全直接关系人民群众切身利益和社会保险事业持续健康发展。近年来，各级人力资源社会保障部门认真贯彻社会保险法，着力完善社会保险制度，健全基金监督管理机制，提升经办服务水平，基金总体安全、有效运行，对于保障和改善民生、维护社会和谐稳定发挥了重要作用。为进一步加强对基金安全状况的监测，增强政策制定、经办管理和基金监督的预见性和针对性，更好地防范和化解基金风险，提高监管效能，我部决定开展基金安全评估试点工作。现将有关事项通知如下：

一、开展基金安全评估工作的总体目标和基本原则

（一）总体目标。适应建立覆盖城乡居民、更加公平可持续发展的社会保障制度要求，构建符合我国国情和社会保险工作实际，能够全面、客观、系统反映基金安全状况的评估指标和方法体系，通过科学评估基金风险，有针对性地提出加强风险防控、强化监督管理的措施，推动完善政策制度，规范经办服务，提高精细化管理水平，提升基金安全程度，更好地保障社会保险制度平稳健康可持续发展。

（二）基本原则。

一是全面系统，突出重点。整体分析社会保险制度和基金运行面临的各类风险，合理确定各类风险对基金安全的影响程度，同时结合各级党委政府关注、社会公众关心的焦点问题，确定基金安全评估的内容和重点，形成科学的评估指标和方法体系。

二是注重客观，切合实际。开展基金安全评估要遵循社会保险制度改革发展和基金管理运行的规律，既要反映各险种和不同统筹层次的共性特征，也要体现其个性特点；既要关注确保当期待遇支付，也要着眼长远基金平衡，做到静态和动态相结合，定量和定性相结合。

三是以评促改，发挥实效。探索以风险为导向的基金监督模式，提高针对性和实效性，在评估基金安全状况的基础上，注重抓好对基金风险隐患的排查和整改，完善制度机制、强化监管措施，实现化解基金风险、维护基金安全的根本目的。

四是循序渐进，逐步完善。基金安全评估须试点先行，总结经验，稳步推开，根据评估试点情况并随着覆盖城乡居民社会保障制度的改革发展，不断完善和提高。

二、基金安全评估的对象和内容

（一）评估对象。按照不同险种和经办机构进行评估。可先行将企业职工基本养老保险基金、城镇职工基本医疗保险基金、失业保险基金、工伤保险基金作为评估对象，有条件的地区可以将其他社会保险基金纳入评估范围。

（二）评估内容。评估内容包括基金运行状况和风险管控状况两个方面（具体内容详见附件）。

1. 基金运行状况。主要评估基金支撑能力和资产管理质量。其中：基金支撑能力主要评估基金收入质量、收支匹配程度以及基金结余状况等；资产管理质量主要评估基金资产的安全性、收益性和流动性等。

2. 基金风险管控状况。主要评估经办机构内部控制情况和评估期内基金违法违规情况等。

三、基金安全评估工作组织和方法

（一）工作组织。评估工作由各级社会保险基金监督机构负责牵头组织，社会保险行政业务部门、经办机构以及规划财务、信息管理等部门共同参与配合。根据评估工作需要，可以聘请有关专业机构和人员提供专业支持。

（二）评估方式。原则上按年度对统筹地区或某一行政区域的基金安全状况进行评估，具体采取上级评估和本级自评相结合的方式，由本级进行自评、上级组织复评，评估结果应形成评估报告。有条件的地区可以探索建立社会评估机制，聘请社会专家和中介机构开展平行评估。

（三）评估分值。基金安全评估采取百分评分制，基金运行状况和风险管控状况的分值各为 100 分。基金运行状况中的基金支撑能力类指标 65 分、资产管理质量类指标 35 分；风险管控状况中的经办机构内控情况和基金违法违规情况各占 50 分。

（四）评估类别。按照评估分值由高到低评为 A、B、C、D 四类。其中，分值高于 90 分（含 90 分，下同）的为 A 类，分值高于 75 分低于 90 分的为 B 类，分值高于 60 分低于 75 分的为 C 类，分值低于 60 分的为 D 类。根据基金运行状况和风险管控状况分值分别确定对应评估类别，并根据基金运行状况和风险管控状况加权平均分值确定综合评估类别。基金运行状况和风险管控状况均为 A 类的，综合评估可确定为 A 类；综合评估类别应不高于基金风险管控状况对应类别。对故意隐瞒基金要情或其他重要信息、报送虚假材料的地区，评估类别下调一级，情节严重的直接评为 D 类。

四、基金安全评估结果的运用

（一）建立评估结果通报机制。年度基金安全评估得分、评估类别、评估排序等形成评估结果后，由社会保险行政部门在本辖区系统内进行通报，并报上级社会保险行政部门。

（二）实施分类监管。推行以风险为导向的基金监督模式，对不同评估类别的地区采取有针对性的差异化监管措施，合理配置监督资源，将评估分值较低的地区、险种列为重点监管对象，加大监督检查的频度和力度。

（三）加强基金安全形势分析。建立健全基金安全形势定期分析制度，加强纵向和横向对比分析，根据基金安全评估结果，深入分析影响基金安全的主要因素及风险动态走向，找准问题症结，提出整改措施，及时整改处理，促进完善政策制度，规范经办管理，有效化解基金风险，提高基金安全水平。

五、试点工作安排

（一）试点地区。为积极稳妥推进基金安全评估试点工作，根据工作基础和意愿，选择河北、江苏、山东、广东、贵州、云南、甘肃七省部分地区和重庆市九龙坡区作为部级试点地区。其他省（区、市）可根据实际情况，选择有条件的地区自行开展评估试点。

（二）试点内容。各试点地区要结合部里提出的评估指标，研究确定本地区评估指标、标准和评分规则，并通过试点对各项评估指标的代表性、评估内容的完整性、评估权重的合理性、评估结果的有效性等提出改进意见。要在健全机制、规范流程、发挥评估效能作用、改进基金监管方式方法等方面创新开展工作，确保试点工作取得实效。

（三）试点要求。各地要高度重视，精心组织，稳步推进。试点地区要结合实际制定具体实施方案，明确试点险种、范围、措施、时间安排等，健全工作机制，加强分工协作，并给予必要的人力和资金支持，确保试点工作有序进行。要认真总结积累经验，为全面推开奠定实践基础。各地要及时报送情况，加强沟通联系。试点方案请于11月底前报部里备案。

部基金监督司具体负责社会保险基金安全评估试点组织指导工作。

附件：社会保险基金安全评估指标表（参考）（略）

2014年9月22日

人力资源社会保障部关于企业年金基金管理机构资格延续的通告

人社部函［2014］135号

根据《企业年金基金管理机构资格认定暂行办法》（劳动和社会保障部令第24号）等规定，我部组织专家对企业年金基金管理资格有效期满、提出延续申请的机构进行评审，现将评审结果公布如下。

一、延续31个企业年金基金管理机构资格

（一）企业年金基金法人受托机构4家：华宝信托有限责任公司、中信信托有限责任公司、平安养老保险股份有限公司、太平养老保险股份有限公司。

（二）企业年金基金账户管理人7家：中国工商银行股份有限公司、交通银行股份有限公司、上海浦东发展银行股份有限公司、招商银行股份有限公司、中国光大银行股份有限公司、华宝信托有限责任公司、新华人寿保险股份有限公司。

（三）企业年金基金托管人6家：中国工商银行股份有限公司、中国建设银行股份有限公司、中国银行股份有限公司、交通银行股份有限公司、招商银行股份有限公司、中国光大银行股份有限公司。

（四）企业年金基金投资管理人14家：海富通基金管理有限公司、华夏基金管理有限公司、南方基金管理有限公司、易方达基金管理有限公司、嘉实基金管理有限公司、招商基金管理有限公司、富国基金管理有限公司、博时基金管理有限公司、银华基金管理有限公司、中国国际金融有限公司、中信证券股份有限公司、华泰资产管理有限公司、平安养老保险股份有限公司、太平养老保险股份有限公司。

二、注销1个企业年金基金管理机构资格

依中信集团公司申请，根据相关规定，中信信托有限责任公司账户管理人资格转移至中信银行股份有限公司，现注销中信信托有限责任公司企业年金基金账户管理人资格。

2014年8月1日

人力资源社会保障部办公厅关于印发扩大企业年金基金投资范围和企业年金养老金产品有关问题政策释义的通知

人社厅发［2014］35 号

各省、自治区、直辖市及新疆生产建设兵团人力资源社会保障厅（局），各计划单列市人力资源社会保障局，各企业年金基金管理机构：

《关于扩大企业年金基金投资范围的通知》（人社部发［2013］23 号，以下简称 23 号文件）和《关于企业年金养老金产品有关问题的通知》（人社部发［2013］24 号，以下简称 24 号文件）发布后，对拓宽企业年金基金投资渠道，提高投资效率发挥了重要作用。为进一步推动两个文件的贯彻执行，经商银监会、证监会和保监会同意，我们制定了《扩大企业年金基金投资范围和企业年金养老金产品有关问题政策释义》，现印发你们，请认真贯彻执行。

附件：扩大企业年金基金投资范围和企业年金养老金产品有关问题政策释义

2014 年 3 月 13 日

附件

扩大企业年金基金投资范围和企业年金养老金产品有关问题政策释义

一、23号文件第三条、第四条、第五条，24号文件第二条第（二）款3，专门投资组合的含义：

专门投资组合是指将80%以上非现金资产投资于商业银行理财产品、信托产品、基础设施债权投资计划、特定资产管理计划或者商业银行理财产品型、信托产品型、基础设施债权投资计划型、特定资产管理计划型养老金产品中的一类产品而专门设立的投资组合。

二、24号文件第二条第（一）款3，专门投资组合的属性：

专门投资组合属于固定收益类组合，不得投资于股票基金、混合基金、投资连结保险产品（股票投资比例高于30%）、二级市场股票、股指期货及股票型养老金产品等权益类产品。

三、23号文件第二条第（一）款，24号文件第二条第（一）款，养老金产品的流动性：

为了满足直接配置混合型、固定收益型养老金产品的需要，确保流动性符合规定比例，混合型、固定收益型（商业银行理财产品型、信托产品型、基础设施债权投资计划型、特定资产管理计划型除外）养老金产品，投资银行活期存款、中央银行票据、一年期以内（含一年）的银行存款、债券回购、货币市场基金的比例，合计不得低于产品资产净值的5%。其余类型养老金产品和专门投资组合主要用于大类资产配置，可以不受5%流动性资产的比例限制，但应确保赎回的需要，减少净值波动。

四、24号文件第五条第（二）款，企业年金计划资产投资养老金产品的流动性：

企业年金计划资产投资养老金产品的，应当按照11号令及23号文件的规定，确保流动性资产的比例不低于企业年金计划资产净值的5%。

五、23号文件第五条，24号文件第二条第（二）款2，单个企业年金计划基金资产投资比例：

单个企业年金计划基金资产，投资商业银行理财产品型、信托产品型、基础设施债权投资计划型、特定资产管理计划型养老金产品，以及专门投资组合的比例，合计不得高于企业年金计划基金资产净值的30%。其中，投资信托产品型养老金产品及信托产品型专门投资组合的比例，合计不得高于企业年金计划基金资产净值的10%。

六、23号文件第三条，24号文件第二条第（二）款3，单个投资组合委托投资资产投资比例：

单个投资组合的委托投资资产，投资商业银行理财产品型、信托产品型、基础设施债权投资计划型、特定资产管理计划型养老金产品，以及商业银行理财产品、信托产品、基础设施债权投资计划、特定资产管理计划的比例，合计不得高于投资组合委托投资资产净值的30%。其中，投资信托产品型养老金产品及信托产品的比例，合计不得高于投资组合委托投资资产净值的10%。专门投资组合可以不受此限制。

七、24号文件第六条第（六）款，资产配置比例合规要求：

企业年金计划受托人、投资管理人应当分别从计划和组合层面对企业年金资产进行合理安排，确保资产配置比例符合相关规定，资产流动性满足待遇支付等业务需要。企业年金计划托管人、养老金产品托管人应当做好相应监督工作。

八、23号文件第六条，发行主体：

企业年金基金管理机构的控股子公司，在符合相关金融监管部门规定的前提下，可以作为商业银行理财产品、信托产品、基础设施债权投资计划的发行主体。

九、23号文件第六条第（三）款，大型企业划分标准及投资备案要求：

大型企业划分标准，按照国家统计局《关于印发统计上大中小微型企业划分办法的通知》（国统字［2011］75号）执行。

大型企业自身或者其控股子公司的企业年金计划基金资产，投资于该企业或者其控股子公司发行的商业银行理财产品、信托产品、基础设施债权投资计划，投资事项应当事前由该企业向人力资源社会保障部基金监督司备案。备案材料应当包括：本企业属于大型企业的说明函；企业年金计划拟投资产品的合规性说明函；该产品简介及发行主体信息（包括但不限于公司治理、信用评级、投资业绩以及上个会计年度末经审计的净资产等信息）；企业年金计划确认函。

备案材料应当符合监管规定和要求，内容真实准确完整，不存在任何虚假记载、误导性陈述或重大遗漏。人力资源社会保障部基金监督司在收到备案材料10日内未提出异议，即视为通过。人力资源社会保障部基金监督司按照监管规定重点对企业及其子公司的主体资质合规性进行审核，不对该投资产品和投资事项做实质性审核和评估。企业年金受托人、投资管理人应按照法规及文件要求履行好各自职责，确保投资产品和投资事项合规有效，严控风险，托管人负责监督。

十、23号文件第十条第（二）款，企业年金基金投资特定资产管理计划：

企业年金基金投资特定资产管理计划时，不得投资除股指期货之外的商品期货及金融衍生品。

十一、24号文件第四条，养老金产品申购、赎回费用：

养老金产品应当免收申购费，可以收取一定的赎回费，赎回费应全部归入养老金产品资产。

十二、24 号文件第四条第（一）款，养老金产品净值计算和会计核算：

投资管理人是养老金产品资产净值计算和产品会计核算的主会计人。与养老金产品有关的会计问题，如投资管理人与托管人充分协商仍无法达成一致意见的，按照投资管理人对产品资产净值的计算结果对外公布，但应当注明该资产净值计算结果未经托管人复核一致。

十三、24 号文件第三条第（三）款、第五条，养老金产品投资人职责：

企业年金计划资产或者企业年金计划投资组合资产投资养老金产品，由企业年金计划受托人或者企业年金计划投资组合投资管理人代为行使养老金产品的投资人职责，作为养老金产品份额持有人。

十四、24 号文件第一条第（二）款，第四条第（五）款、第（六）款，养老金产品投资于产品管理人管理的金融产品的收费：

养老金产品投资于同一投资管理人自身管理的金融产品，如万能保险产品、投资连结保险产品、证券投资基金、基础设施债权投资计划、特定资产管理计划等，该部分投资资产在养老金产品层面不再收取投资管理费，投资管理人在养老金产品投资管理合同和托管合同中应当明确包含这一条款。

十五、24 号文件第四条第（四）款、第六条第（六）款，养老金产品合规时限要求：

投资管理人应当自养老金产品初始投资运作之日起 3 个月内使产品的投资范围及比例符合 11 号令、23 号文件、24 号文件等法规文件规定及产品合同的约定。因证券市场波动、上市公司合并、产品规模变动等投资管理人之外的因素致使产品投资不符合 11 号令、23 号文件、24 号文件等法规文件规定及合同约定的投资比例的，投资管理人应当在可上市交易之日起 10 个交易日内调整完毕。法律法规或监管部门另有规定的，从其规定。

十六、23 号文件第二条第（一）款，24 号文件第二条第（一）款 4，银行存款流动性界定：

存款期限在一年期以内（含一年）的银行存款（定期存款、协议存款）可视为流动性资产。

十七、24 号文件第五条第（二）款，企业年金计划资产投资养老金产品的账户要求：

法人受托机构将受托管理的企业年金基金资产直接分配给养老金产品时，托管人应当单独开立一个投资资产托管账户，专门用于根据法人受托机构的指令通过该账户进行投资养老金产品的资金划拨，法人受托机构和计划托管人分别对该账户的资产单独建账、独立核算，并进行信息报告，托管人应当定期与受托人核对该账户资产净值等账务，与账户管理人核对资产份额。

十八、23 号文件第七条、第八条、第九条，评级机构：

企业年金投资品种所涉及的评级机构，应当分别符合银监会、证监会、保监会对相关产品评级机构的监管规定。

人力资源社会保障部办公厅关于确定第二批社会保险基金社会监督试点地区的通知

人社厅发［2014］67号

各省、自治区、直辖市及新疆生产建设兵团人力资源社会保障厅（局）：

为贯彻落实《人力资源社会保障部关于开展社会保险基金社会监督试点的意见》（人社部发［2012］98号，以下简称《试点意见》），积极稳妥推进社会保险基金社会监督试点工作，2013年，我部在吉林、福建、河南、广东、贵州、新疆6个省（区）的17个市（州）开展社会保险基金社会监督试点工作。一年多来，试点地区高度重视，按照《试点意见》要求，制定试点方案，健全工作机制，结合实际创造性地开展试点工作，不断完善社会监督形式和内容，探索社会监督与行政监督有机结合的办法，取得初步成效。为推进社会监督工作的制度化、规范化建设，进一步总结经验，发挥引领示范作用，经研究，我部决定扩大试点范围，为全面推开打下良好基础。现将有关事项通知如下：

一、试点地区

确定吉林、江苏、浙江、江西、湖北、湖南、重庆7省（市）的19市（县）作为我部第二批开展社会保险基金社会监督试点地区（具体名单及内容见附件）。

二、工作要求

（一）统一思想，提高认识。各试点地区要充分认识社会保险基金社会监督工作的重要意义，将其摆在与行政监督同等重要的位置，高度重视，精心组织，稳步推进。要积极结合第二批党的群众路线教育实践活动以及人社系统窗口单位改进作风专项行动，把社会保险基金社会监督作为密切联系群众的重要途径，推进活动的重要抓手，评判工作的重要渠道，真正倾听群众呼声，了解群众意愿，有效发挥社会监督维护基金安全，保障群众合法权益的作用。

（二）健全机制，务求实效。各试点地区要按照《试点意见》要求，结合本地实际，制定实施方案，健全工作机制，明确牵头部门和职责分工，安排必要的人力和经费保障，确保试点工作顺利推进。要主动加强与工会、监察、财政、审计等部门的沟通协调，争取各方面的支持，合力推进试点工作。要健全社会监督反映问题处理机制，规范执法规程，强化监督执法，及时处理处罚违法违规行为，以广泛的社会监督提高行政监督效能，以严格的行政监督保障社会监督取得实效。

（三）加强宣传，扩大影响。各试点地区要采取多种形式，加大社会监督宣传力度，充分调动社会各方面的积极性，使社会公众知晓社会监督，支持社会监督，主动参与社会监督。要加强舆论引导，主动向社会发布社会监督试点情况，提高公信力和认可度，形成有利的社会氛围。要按照规定公布查处的社会保险基金重大违法违规案件，扩大公众的知情权，并发挥警示教育作用。

（四）及时总结，推广经验。各试点地区要及时总结试点经验，加强信息沟通交流，报告试点进展情况。已开展社会监督试点的地区，要在认真总结试点经验的基础上，结合实际深入推进社会监督试点工作，进一步扩大社会监督成效，推动建立行政监督与社会监督相结合的工作长效机制。部里将适时组织开展试点情况交流，总结推广试点经验做法，相互学习借鉴，共同提高。

请各试点省（市）于2014年7月底前，将试点市（县）具体实施方案报部备案。

试点工作中的问题及意见和建议请及时反馈部基金监督司。

附件：第二批开展社会保险基金社会监督试点地区及内容（略）

2014年5月21日

人力资源社会保障部办公厅关于开展社会保险基金管理情况检查的通知

人社厅函［2014］181号

各省、自治区、直辖市及新疆生产建设兵团人力资源社会保障厅（局）：

为切实掌握社会保险制度实施和基金管理运行状况，查处违法违规行为，提高基金治理能力，更好地维护基金安全，根据社会保险法及社会保险工作人员纪律规定，决定开展社会保险基金管理情况专项检查。现将有关事项通知如下：

一、检查对象和内容

对2013年度社会保险基金征缴、支付、财务、审批评审和经办服务管理情况以及相关管理制度执行情况进行检查，必要时延伸到其他年度。重点检查职工基本养老保险基金、基本医疗保险基金和社会保险经办机构，根据需要检（抽）查相关社会保险行政部门、社会保险费征收机构、基金财政专户管理机构、社会保险服务机构以及参保单位、参保和待遇享受人员。具体检查险种和检查内容由各地结合实际适当确定。

（一）征缴管理情况

主要包括：社会保险费申报、核定和按时足额征收、缴纳情况，社会保险费及时足额缴入基金收入户或财政专户情况等。

重点检查：有无擅自更改社会保险费缴费基数、费率，少收或者多收社会保险费；有无违规减免、缓收或核销应缴纳的社会保险费；有无通过伪造、变造申报证明材料或者采取其他欺骗、隐瞒手段，进行虚假缴费申报，少缴社会保险费；有无通过虚构劳动关系或者提供虚假证明材料骗取参保缴费资格；有无弄虚作假，违规为超龄、虚假身份等不符合条件人员办理社会保险登记和社会保险费补缴；有无隐匿、转移、侵占、挪用征收的社会保险费。

（二）支付管理情况

主要包括：社会保险待遇、基金支出的审核和及时足额支付情况，社会保险服务机构协议签订和结算情况，社会保障卡使用结算情况等。

重点检查：有无擅自扩大发放范围，变更支付标准，增减支付项目，违反审批程序，在手续和资料不全的情况下支付社会保险基金；有无违规决定定点（协议）服务机构费用结算标准；有无克扣或者拒不按时支付社会保险待遇和结算基金支出；有无通过虚列、虚报、虚增支付项目和金额，伪造证明材料、诊疗文书以及修改信息数据等手段骗取或者协助他人骗取基金支出；有无违规使用社会保障卡骗取、套取基金；有无将非社会保险定点（协议）服务机构纳入结算范围等。

（三）财务管理情况

主要包括：基金纳入财政专户，实行收支两条线管理情况，执行国家统一会计制度和会计基础规范情况，基金预算、决算编制、执行情况等。

重点检查：有无违规开立和使用收入户、支出户和财政专户；有无违规存储基金；有无未按规定对基金分别建账、分账核算；有无账证、账账、账表、账实不符；有无违规使用专用收据和票据；有无隐匿、转移、侵占、挪用基金；有无将基金用于平衡其他政府预算，或者用于兴建、改建办公场所和支付人员经费、运行费用、管理费用，或者违反法律、行政法规规定挪作其他用途等。

（四）审批评审管理情况

主要包括：提前退休审批管理情况，定点（协议）服务机构评审管理情况等。

重点检查：有无违规审批参加基本养老保险职工提前退休；有无违规决定定点医疗机构、定点零售药店、协议工伤康复机构和协议工伤辅助器具配置机构等资格审查事宜；有无违反保密规定泄露社会保险事项评审评定专家名单，干预专家评审意见等。

（五）经办服务管理情况

主要包括：内控制度建设和执行情况，个人账户管理情况，社会保险权益记录和档案管理情况，社会保险信息管理和披露情况等。

重点检查：有无未按规定建立业务、财务、信息安全和风险管理制度；有无未按规定建立个人账户，计算和记录个人账户信息；有无伪造、篡改、擅自销毁参保人员社会保险缴费记录、享受社会保险待遇记录、个人权益记录等社会保险数据资料；有无违反业务规程、信息系统操作流程规定以及岗位职责、审批权限，办理社会保险业务、修改社会保险信息；有无违背不相容职务相互分离原则和持证上岗要求，设置岗位、配备人员。

（六）监督管理情况

主要包括：社会保险举报投诉管理情况，社会保险稽核情况，社会保险基金监督检查情况等。

重点检查：有无隐瞒社会保险违法违规重要情况或案件线索，影响检查实施和问题处理；有无擅自改变社会保险稽核结论，违规提出稽核处理意见；有无擅自改变社会保险基金监督检查结论，违规作出行政处理处罚决定等。

二、检查方式和步骤

采取同级自查和上级抽查相结合的方式开展检查。分以下三个步骤：

（一）2014 年 6 月至 10 月，省（区、市）自查和抽查。

1. 开展省本级自查，组织所属市县开展自查。各地区在行政部门进行检查前，可先组织拟检查对象进行自查并提供自查报告。

2. 组织对市县进行抽查。各省（区、市）可根据市县自查情况，确定抽查地区和抽查重点。

（二）2014 年 6 月至 12 月，部随机检查。

部里组织对部分省（区、市）进行随机检查，具体检查地区、时间、内容等另行通知。

（三）2014 年 11 月至 2015 年 1 月，省（区、市）汇总报送检查情况。

各省（区、市）对本地区自查和抽查情况进行汇总，并于 2015 年 1 月底前将本地区检查汇总情况报部基金监督司。

三、工作要求

（一）精心组织实施，加强分工协作。各地要高度重视，结合实际制定具体实施方案，安排必要的人员和经费，保证工作顺利开展。要明确检查职责分工，由各级社会保险基金监督机构负责具体组织，相关社会保险行政业务部门和经办机构共同配合。要做好与财政、审计、公安等部门的沟通，加强部门协调和联动，确保检查取得实效。

（二）明确检查重点，深入查找问题。各地要按照本通知要求，结合举报投诉、网络监管、要情报告以及审计监督等实际情况，确定检查重点内容、环节和对象。要充分运用行政监督、经办稽核和社会监督力量，采取有针对性的措施，深入查找问题，确保检查质量。对于审计等部门已经进行审计和检查的，应当积极利用审计和检查结果，能够满足工作需要的，原则上不再重复检查。

（三）严格监督执法，依法整改处理。对于检查发现的问题，各地要认真查找原因，依法作出处理，及时整改纠正。对发现的以欺诈、伪造证明材料或者其他手段骗取基金支出或逃避缴费以及隐匿、转移、侵占、挪用基金等违法违规行为，各级社会保险基金监督机构要严格按照社会保险法和相关规定，依法进行行政处理处罚和案件移送。

（四）认真分析总结，完善制度机制。各地要深入分析社会保险制度实施和基金管理运行状况，针对存在的管理风险点和薄弱环节，进一步完善相关政策、制度和流程，不断提高基金征缴、支付、财务管理和经办服务水平，从源头上提高基金治理能力。要认真总结检查工作，完善检查方法，强化监督措施，推动建立监督检查长效机制，更好地维护基金安全，为社会保险事业改革发展提供有力支撑。

2014年5月21日

人力资源社会保障部办公厅关于第一批企业年金基金管理机构资格延续有关问题的通知

人社厅函［2014］193号

各企业年金基金管理机构：

根据《国务院对确需保留行政审批项目设定行政许可的决定》（国务院令第412号）、《企业年金基金管理办法》（人力资源和社会保障部令第11号）、《企业年金基金管理机构资格认定暂行办法》（劳动和社会保障部令第24号）等相关规定，2005年8月认定、2011年8月通过延续的32个企业年金基金管理机构资格，将于今年8月份到期。现就资格延续有关问题通知如下：

一、各有关机构应在收到本通知后认真做好资格延续的准备工作，如实填写报告内容（见附件），在规定的时间和地点提交申请报告。评审期间，我们将视情况对机构进行现场检查。

二、根据延续申请报告、现场检查结果、市场评价情况、日常监管记录、有关监管部门意见等，对机构做出相应资格延续、资格考察（1年）、资格注销的决定，同时在我部网站上公告。

（一）符合规定条件，遵守准入时承诺，合规开展业务，业务发展良好的，将允许资格延续。

（二）机构有下列情形之一的，将进行资格考察（1年）：

1. 近3年因企业年金业务存在违法违规行为受到监管部门行政处罚的；

2. 公司内部稽核监控制度和风险控制制度不完善的；

3. 正在被国家司法机关、有关监管部门调查，或者正处于整改期间的；

4. 公司股东会、董事会、监事会、经理层之间职责划分不清，法人治理结构不完善的。

被认定资格考察的机构，应提交业务整改或发展报告，考察期结束后根据事实情况确定资格延续或资格注销。

（三）机构有下列情形之一的，将注销资格：

1. 未按时提交申请报告的；

2. 申请报告有虚假陈述、隐瞒有关情况或者重大遗漏的；

3. 违反资格准入时的相关承诺，未设立专门机构、未配备一定数量专职人员，企业年金业务持续发展缓慢或持续负增长的；

4. 近3年，有三次以上违法记录或者一次以上经责令改正而不改正的。

三、申请报告一式6份，其中1份为原件。每份申请报告应控制在40页A4纸以内，申请材料要装订整齐，封面、封底及正文都使用普通白色复印纸。除报送纸质书面材料外，须同时报送电子文档。同一管理机构不同资格的申请材料要分别报送。

四、受理申请时间：2014年6月26日至27日，上午8:30—11:00，下午1:30—4:30。

地址：北京市东城区和平里北街和平里大酒店6306房间

五、为保证资格延续工作的顺利进行，各有关机构须指定经办人负责联系有关工作。经办人在提交申请材料的同时须提供所在单位授权委托书、本人身份证等证明文件的原件和复印件。

六、联系方式（略）

附件：企业年金基金管理机构资格延续申请报告（略）

2014 年 6 月 3 日

调解仲裁管理

人力资源社会保障部办公厅关于开展第二批国有企业劳动争议预防调解示范工作的通知

人社厅发［2014］24号

各省、自治区、直辖市及新疆生产建设兵团人力资源社会保障厅（局）：

按照党中央、国务院关于进一步促进劳动关系和谐稳定、加大劳动争议处理力度、提升企业自主解决争议能力的要求，我部于2010年在全国选择部分国有企业开展了劳动争议预防调解示范工作（以下简称示范工作）。示范工作开展以来，各地指导示范企业将构建和谐劳动关系作为发展的重要支撑，坚持以人为本，积极推行人力资源管理精细化，依法规范劳动用工，通过建立网络化调解组织和预防在先的工作机制、完善调解制度、落实保障条件等措施，健全企业内部劳动争议预防调解工作机制，加强与当地调解仲裁机构工作衔接，切实发挥了预防调解在化解劳动争议中的独特作用，为其他类型企业开展预防调解工作提供了借鉴。经检查验收，有63家企业完成了示范工作任务，现予以通报（见附件1）。

为进一步探索企业劳动争议预防调解工作规律，建立具有中国特色的企业劳动争议预防调解体系，在组织各地推荐的基础上，我部确定在全国65家国有企业开展第二批劳动争议预防调解示范工作（见附件2）。现将有关事项通知如下：

一、示范工作总体要求

认真贯彻落实劳动争议调解仲裁法和《企业劳动争议协商调解规定》，坚持"预防为主、基层为主、调解为主"的工作方针，按照以点带面、分类指导的要求，指导、推动第二批示范企业建立"有组织、有预防、有调解、有保障"的劳动争议预防调解工作机制，重点完善预防机制、提高调解工作规范化水平、加强调解员队伍建设，构建和谐劳动关系，促进企业发展，维护社会稳定。

二、示范工作主要内容

（一）建立以劳资协商为主要内容的争议预防机制。示范企业劳动争议调解委员会要采取劳资恳谈会或劳资协商会等方式，畅通企业经营管理者与职工之间的沟通交流渠道，参与制定涉及企业和职工权利义务的劳动规章制度，研究解决涉及职工切身利益的劳动条件、劳动报酬、保险福利等问题，建立企业内部劳动争议协商解决机制。要建立集体劳动争议预警机制，通过预测、预报和预防等措施，有效排查劳动争议隐患，及时将纠纷化解在萌芽状态。

（二）提高调解工作规范化水平。示范企业劳动争议调解委员会要建立健全调解登记、调解记录、督促履行、档案管理、统计报告等工作制度，促进预防调解制度与企业人力资源管理制度的融合，规范申请、受理、调解、结案等工作程序。根据企业自身特点，不断创新灵活有效的调解方法和技巧。

（三）加强调解员队伍建设。示范企业劳动争议调解委员会要配备一定数量的专兼职调解员，完善调解员选聘、业务培训、工作考评等管理制度。要建立调解员开展预防调解工作的激励和约束机制，采取多种方式调动调解员的积极性，稳定调解员队伍。

（四）搞好调解与仲裁工作的衔接。各地调解仲裁机构要建立便捷的调解协议仲裁审查确认机制、劳动争议调解建议书制度和案件反馈制度，定期向示范企业通报相关劳动争议案件及处理情况。要指导企业贯彻落实劳动保障法律法规，依法规范劳动用工，积极预防争议发生。示范企业要与当地调解仲裁机构建立日常沟通机制，主动接受工作指导。

三、示范工作实施步骤

（一）启动阶段（2014 年 4 月至 6 月）。各地要指导示范企业结合实际制定示范工作实施方案，包括工作目标任务、具体安排、保障措施等内容，并将实施方案于 2014 年 6 月底前报送我部调解仲裁管理司备案。

（二）实施阶段（2014 年 7 月至 2016 年 3 月）。各地要加大对示范企业调解人员的培训力度，努力提高调解人员的法律素养和工作能力，逐步实现调解员持证上岗。要对预防预警机制、调解工作规范化、调解员队伍建设等落实情况加强督促检查。及时总结宣传示范工作中的新鲜经验，扩大示范效应。

（三）总结验收阶段（2016 年 4 月至 9 月）。部里将制定量化考核验收标准，组织各地对第二批示范工作进行总结验收，对完成示范工作任务的企业予以通报。

四、示范工作组织领导

各地人力资源社会保障行政部门要高度重视第二批国有企业示范工作，加强对示范企业的指导，明确示范工作阶段性目标和主要任务。要确定责任单位和责任人负责联系示范企业，及时了解掌握示范工作进展情况，认真研究解决遇到的新问题，重要事项及时向部调解仲裁管理司报告。

附件：1. 第一批已完成示范工作任务的企业名单（略）

2. 第二批劳动争议预防调解工作示范企业名单（略）

2014 年 2 月 19 日

劳动监察

最高人民法院　最高人民检察院　人力资源社会保障部　公安部关于加强涉嫌拒不支付劳动报酬犯罪案件查处衔接工作的通知

人社部发［2014］100号

各省、自治区、直辖市高级人民法院、人民检察院、人力资源社会保障厅（局）、公安厅（局），新疆维吾尔自治区高级人民法院生产建设兵团分院，新疆生产建设兵团人民检察院、人力资源社会保障局、公安局：

为贯彻执行《中华人民共和国刑法》和《最高人民法院关于审理拒不支付劳动报酬刑事案件适用法律若干问题的解释》（法释［2013］3号）关于拒不支付劳动报酬罪的相关规定，进一步完善人力资源社会保障行政执法和刑事司法衔接制度，加大对拒不支付劳动报酬犯罪行为的打击力度，切实维护劳动者合法权益，根据《行政执法机关移送涉嫌犯罪案件的规定》（国务院2001年第310号令）及有关规定，现就进一步做好涉嫌拒不支付劳动报酬犯罪案件查处衔接工作通知如下：

一、切实加强涉嫌拒不支付劳动报酬违法犯罪案件查处工作

（一）由于行为人逃匿导致工资账册等证据材料无法调取或用人单位在规定的时间内未提供有关工资支付等相关证据材料的，人力资源社会保障部门应及时对劳动者进行调查询问并制作询问笔录，同时应积极收集可证明劳动用工、欠薪数额等事实的相关证据，依据劳动者提供的工资数额及其他有关证据认定事实。调查询问过程一般要录音录像。

（二）行为人拖欠劳动者劳动报酬后，人力资源社会保障部门通过书面、电话、短信等能够确认其收悉的方式，通知其在指定的时间内到指定的地点配合解决问题，但其在指定的时间内未到指定的地点配合解决问题或明确表示拒不支付劳动报酬的，视为刑法第二百七十六条之一第一款规定的“以逃匿方法逃避支付劳动者的劳动报酬”。但是，行为人有证据证明因自然灾害、突发重大疾病等非人力所能抗拒的原因造成其无法在指定的时间内到指定的地点配合解决问题的除外。

（三）企业将工程或业务分包、转包给不具备用工主体资格的单位或个人，该单位或个人违法招用劳动者不支付劳动报酬的，人力资源社会保障部门应向具备用工主体资格的企业下达限期整改指令书或行政处罚决定书，责令该企业限期支付劳动者劳动报酬。对于该企业有充足证据证明已向不具备用工主体资格的单位或个人支付了劳动者全部的劳动报酬，该单位或个人仍未向劳动者支付的，应向不具备用工主体资格的单位或个人下达限期整改指令书或行政处理决定书，并要求企业监督该单位或个人向劳动者发放到位。

（四）经人力资源社会保障部门调查核实，行为人拖欠劳动者劳动报酬事实清楚、证据确凿、数额较大的，应及时下达责令支付文书。对于行为人逃匿，无法将责令支付文书送交其同住成年家属或所在单位负责收件人的，人力资源社会保障部门可以在行为人住所地、办公地、生产经营场所、建筑施工项目所在地等地张贴责令支付文书，并采用拍照、录像等方式予以记录，相关影像资料应当纳入案卷。

二、切实规范涉嫌拒不支付劳动报酬犯罪案件移送工作

（一）人力资源社会保障部门向公安机关移送涉嫌拒不支付劳动报酬犯罪案件应按照《行政执法机关移送涉嫌犯罪案件的规定》的要求，履行相关手续，并制作《涉嫌犯罪案件移送书》，在规定的期限内将案件移送公安机关。移送的案件卷宗中应当附有以下材料：

1. 涉嫌犯罪案件移送书；

2. 涉嫌拒不支付劳动报酬犯罪案件调查报告；

3. 涉嫌犯罪案件移送审批表；

4. 限期整改指令书或行政处理决定书等执法文书及送达证明材料；

5. 劳动者本人或劳动者委托代理人调查询问笔录；

6. 拖欠劳动者劳动报酬的单位或个人的基本信息；

7. 涉案的书证、物证等有关涉嫌拒不支付劳动报酬的证据材料。

人力资源社会保障部门向公安机关移送涉嫌犯罪案件应当移送与案件相关的全部材料，同时应将案件移送书及有关材料目录抄送同级人民检察院。在移送涉嫌犯罪案件时已经作出行政处罚决定的，应当将行政处罚决定书一并抄送公安机关、人民检察院。

（二）公安机关收到人力资源社会保障部门移送的涉嫌犯罪案件，应当在涉嫌犯罪案件移送书回执上签字，对移送材料不全的，可通报人力资源社会保障部门按上述规定补充移送。受理后认为不属于本机关管辖的，应当及时转送有管辖权的机关，并书面告知移送案件的人力资源社会保障部门。对受理的案件，公安机关应当及时审查，依法作出立案或者不予立案的决定，并书面通知人力资源社会保障部门，同时抄送人民检察院。公安机关立案后决定撤销案件的，应当书面通知人力资源社会保障部门，同时抄送人民检察院。公安机关作出不立案决定或者撤销案件的，应当同时将案卷材料退回人力资源社会保障部门，并书面说明理由。

（三）人力资源社会保障部门对于公安机关不接受移送的涉嫌犯罪案件或者已受理的案件未依法及时作出立案或不立案决定

的，可以建议人民检察院依法进行立案监督。对公安机关受理后作出不予立案决定的，可在接到不予立案通知书后3日内向作出决定的公安机关提请复议，也可以建议人民检察院依法进行立案监督。

（四）人民检察院发现人力资源社会保障部门对应当移送公安机关的涉嫌拒不支付劳动报酬犯罪案件不移送或者逾期不移送的，应当督促移送。人力资源社会保障部门接到人民检察院提出移送涉嫌犯罪案件的书面意见后，应当及时移送案件。人民检察院发现相关部门拒不移送案件和拒不立案行为中存在职务犯罪线索的，应当认真审查，依法处理。

三、切实完善劳动保障监察行政执法与刑事司法衔接机制

（一）人力资源社会保障部门在依法查处涉嫌拒不支付劳动报酬犯罪案件过程中，对案情复杂、性质难以认定的案件可就犯罪标准、证据固定等问题向公安机关或人民检察院咨询；对跨区域犯罪、涉及人员众多、社会影响较大的案件，人力资源社会保障部门通报公安机关的，公安机关应依法及时处置。

（二）对于涉嫌拒不支付劳动报酬犯罪案件，公安机关、人民检察院、人民法院在侦查、审查起诉和审判期间提请人力资源社会保障部门协助的，人力资源社会保障部门应当予以配合。

（三）在办理拒不支付劳动报酬犯罪案件过程中，各级人民法院、人民检察院、人力资源社会保障部门、公安机关要加强联动配合，建立拒不支付劳动报酬犯罪案件移送的联席会议制度，定期互相通报案件办理情况，及时了解案件信息，研究解决查处拒不支付劳动报酬犯罪案件衔接工作中存在的问题，进一步完善监察行政执法与刑事司法衔接工作机制，切实发挥刑法打击拒不支付劳动报酬犯罪行为的有效作用。

2014年12月23日

社会保险事业管理

人力资源社会保障部关于印发城乡居民基本养老保险经办规程的通知

人社部发［2014］23号

各省、自治区、直辖市及新疆生产建设兵团人力资源社会保障厅（局）：

为做好城乡居民基本养老保险（以下简称“城乡居民养老保险”）的合并实施工作，按照《国务院关于建立统一的城乡居民基本养老保险制度的意见》（国发［2014］8号，以下简称《意见》）确定的基本原则和主要政策，现将《城乡居民基本养老保险经办规程》（以下简称《规程》）印发给你们，请认真抓好贯彻落实。

一、充分认识加强城乡居民养老保险经办管理服务工作的重要性和必要性

开展城乡居民养老保险合并实施工作，是深入贯彻落实党的十八大和十八届三中全会关于整合城乡居民养老保险制度的要求，加快建立覆盖城乡居民社会保障体系的重大举措，是列入国民经济和社会发展“十二五”规划纲要的重要工程，是促进城乡经济社会协调发展的重大民生政策。制定和施行统一规范的经办规程，是确保城乡居民养老保险制度顺利实施的重要基础性工作，对于规范经办行为、提高管理服务水平、加快推进信息系统建设具有重要意义。各地要认真组织学习《意见》的各项内容，深刻认识建立统一的城乡居民养老保险制度的重大意义，准确理解制度的基本原则和主要政策，熟悉掌握《意见》对经办管理服务工作提出的明确要求。各级社会保险经办机构（以下简称社保机构）和乡镇（街道）劳动保障工作平台的工作人员要充分认识统一和规范城乡居民养老保险经办流程的重要性和必要性，学习掌握《规程》的各项内容和具体要求，深入分析城乡居民参保特点，认真组织实施。要采取通俗易懂、灵活多样的形式，广泛宣传讲解城乡居民养老保险政策和经办规程的相关内容，对城乡居民普遍关注的参保缴费、政府补贴、待遇领取、关系转移、对账查询等问题，要深入乡镇（街道）、村（社区），通过多种形式进行有针对性的宣讲，营造良好氛围，帮助城乡居民了解相关政策和主要经办流程，打消思想顾虑，增强参保意识，引导其积极进行续保缴费，推动制度可持续发展。

二、准确把握《规程》的各项规定和要求

各地要以方便群众为着眼点，准确把握经办规程的各项规定和要求。认真执行参保登记、保费收缴、个人账户管理、待遇支付、关系转移接续、基金管理、统计管理、档案管理、稽核与内控、咨询公示及举报受理等业务环节的具体操作程序和标准。各地在贯彻落实《规程》的过程中，要结合本地实际，在保持统一规范的前提下，完善和细化业务流程，建立健全各项规章制度，明确岗位职责、权限和服务标准，保证经办管理服务工作有章可循，确保经办规范、管理科学、服务到位。

（一）及时合并基金账户。各地应按照《财政部、人力资源社会保障部关于印发〈新型农村社会养老保险基金财务管理暂行办法〉的通知》（财社［2011］16号）和《财政部关于印发〈新型农村社会养老保险基金会计核算暂行办法〉的通知》（财会［2011］3号）的规定，加强城乡居民养老保险基金管理。做好新农保和城居保基金账户的合并工作，原则上在一个基金管理层级单独设立一个城乡居民养老保险财政专户、一个收入户、一个支出户，单独记账，独立核算，实行收支两条线管理。

（二）实行保费集中收缴。各地可根据本地实际情况，每年设立两至三个月的集中缴费期，集中力量组织宣传和咨询活动，统一开展保费收缴工作。省级社保机构应指导所辖地区集中组织城乡居民在规定时间内及时办理续保缴费手续，引导经济条件较好的参保人员提高缴费档次，做到应保尽保、应收尽收。

（三）细化参保资源管理。各地要结合社会保险全民参保登记工作，依托行政村（居）民委员会和基层工作平台，自下而上定期开展城乡居民养老保险参保资源摸底调查，准确掌握本地区城乡居民养老保险有关基础数据，主要包括16周岁以下城镇和农村居民人数，16周岁至59周岁和60周岁以上的城镇非从业居民人数、农村居民人数（包括进城务工人数）以及其中包含的在校学生数、参加城镇企业职工养老保险人数、参加被征地农民基本生活保障人数、现役军人数等，指导基层工作平台建立规范的参保统计台账，加强参保资源动态管理与情况分析，有针对性地做好扩面工作。

（四）加强个人账户管理。各级社保机构应将个人账户建账、记账、实账管理、信息查询等内容作为经办管理服务工作的重点，加强社保个人权益记录及财务基础管理，做好业务与财务、社保机构与财政部门和金融机构之间的对账工作，定期开展个人账户管理情况专项检查，切实解决个人账户记账不规范、对账不及时、实账管理不落实、财务基础管理薄弱等问题，切实提升经办服务水平，增强政策公信力。

（五）开展重复领取待遇核查。各地要做好重复领取城乡养老保险待遇核查工作，建立待遇数据比对核查纠错处理机制和跨地区社保机构协查机制，加强不同险种经办机构之间的沟通协调，妥善处理重复领取城乡养老保险待遇问题。省级社保机构要切实加强组织指导，既要做好跨省重复领取待遇核查工作，也要做好省本级的数据清理和比对查询，认真组织所辖地区开展重复领取待遇数据比对、核查、纠错和处理等工作。对高龄、重病、重度残疾等行动不便的参保人员，社保机构要提供上门核查服务。

三、切实加强城乡居民养老保险经办能力建设

各地应按照经办服务方便快捷、管理运行顺畅高效、信息资源充分共享及精简效能的原则，建立健全统一、协调、顺畅的经办工作机制。各地要在现有社保机构和劳动保障工作平台的基础上，通过整合经办资源、适时调整补充人员、明确城乡居民养老保险协办员工作职责等措施，保证城乡居民养老保险经办管理服务工作的正常开展。要积极争取有关部门的支持，落实城乡居民养老保险经办管理服务必要的工作条件，做到机构、人员、经费、办公场地设施“四到位”，努力实现参保登记、保费缴纳、待遇领取和权益查询等手续的就近办理。要切实做好对城乡居民养老保险经办人员特别是基层平台工作人员的培训工作，加强培训的专业性、针对性和时效性，提高他们的政策和业务经办水平，运用现代管理方式，为参保人员提供方便、快捷、热情、周到的服务。要加强参保人员、社会各界对城乡居民养老保险经办管理服务工作的监督，确保经办规范、管理科学、服务到位。

四、大力推进全国统一的城乡居民养老保险信息系统建设

各地要利用金保工程一期建设成果，抓住二期建设有利时机，将新农保与城居保信息系统整合为统一的城乡居民养老保险信息系统，统一采集相关数据和信息，办理各项经办手续。要本着数据向上集中、服务向下延伸的原则，充分考虑社保机构创新管理方式、提升服务手段等方面的需求，及时进行系统调整和优化。要尽快实现业务与财务系统的一体化建设以及与金融机构信息系统的数据实时交换，逐步与城镇企业职工养老保险信息系统、城乡居民基本医疗保险信息系统进行对接，并与民政、公安、残联等其他相关部门的信息管理系统实现数据资源共享。要将网络向乡镇（街道）和村（社区）延伸，实现省、市、县

（区）、乡镇（街道）、社区实时联网，有条件的地区可延伸至行政村。大力推行社会保障卡，方便参保缴费、待遇领取和信息查询。乡镇（街道）劳动保障工作平台要根据工作需要，配备必要的软、硬件设备，切实提高经办信息化水平。

五、认真做好城乡居民养老保险统计工作

各地要高度重视城乡居民养老保险统计工作，严格按照人力资源社会保障统计报表制度的要求，按时汇总上报城乡居民养老保险基本情况月报表和基金月报表。城乡居民养老保险报表统一由省、自治区、直辖市、新疆生产建设兵团社保（城乡居民养老保险）机构负责向我部社保中心报送。各地人力资源和社会保障部门要进一步加强对城乡居民养老保险统计工作的指导，社保机构要把城乡居民养老保险统计工作列入重要工作日程，明确分工，专人负责，健全工作制度，确保统计工作正常运转。省级社保机构要加强对辖区内统计工作的组织、协调和指导，各级社保机构要认真履行统计工作职能，定期对本辖区、本部门的数据质量进行分析、评估，加强对统计工作的调度和检查考核，对数据质量不高或迟报、漏报的单位和个人，要及时进行帮助指导，限期改正。

各地要注意跟踪了解《规程》的施行情况，及时发现问题并研究提出意见和建议，有关情况及时向人力资源社会保障部社保中心反馈。

附件：城乡居民基本养老保险经办规程

2014年3月7日

附件

城乡居民基本养老保险经办规程

第一章　总　　则

第一条　为确保城乡居民基本养老保险（以下简称“城乡居民养老保险”）经办管理服务工作的顺利实施，规范和统一业务操作程序，根据《国务院关于建立统一的城乡居民基本养老保险制度的意见》（国发［2014］8号，以下简称《意见》），制定本规程。

第二条　城乡居民养老保险业务由社会保险经办机构（以下简称社保机构）、乡镇（街道）劳动保障事务所等［以下简称乡镇（街道）事务所］具体经办，行政村（居）民委员会协办人员［以下简称村（居）协办员］协助办理，实行属地化管理。

城乡居民养老保险经办工作包括参保登记、保险费收缴、基金申请和划拨、个人账户管理、待遇支付、保险关系注销、保险关系转移接续、基金管理、档案管理、统计管理、待遇领取资格核对（即资格认证）、内控稽核、宣传咨询、举报受理等环节。

第三条　省、自治区、直辖市、新疆生产建设兵团（以下简称省）和市地社保机构负责组织指导和监督考核本地区各级社保机构开展城乡居民养老保险经办管理服务工作，配合财政部门做好财政补助资金的结算和划拨工作；依据本规程制定本地区城乡居民养老保险业务经办管理办法；参与制定本地区城乡居民养老保险基金财务管理办法和基金会计核算办法实施细则；制定本地区城乡居民养老保险内控和稽核制度，并组织开展内控和稽核工作；规范、督导保险费收缴、养老金发放和社会化管理服务工作；编制、汇总、上报本级城乡居民养老保险基金预决算、财务和统计报表；参与城乡居民养老保险信息化建设和管理工作，负责城乡居民养老保险个人权益记录管理和数据应用分析工作；负责本地区全民登记管理；组织开展人员培训等工作。

县（市、区、旗，以下简称县）社保机构负责城乡居民养老保险的参保登记、保险费收缴、基金申请与划拨、基金管理、个人账户建立与管理、待遇核定与支付、保险关系注销、保险关系转移接续、待遇领取资格核对、制发卡证、内控管理、档案管理、个人权益记录管理、数据应用分析以及咨询、查询和举报受理，编制、上报本级城乡居民养老保险基金预决算、财务和统计报表，并对乡镇（街道）事务所的业务经办工作进行指导和监督考核（地市级直接经办城乡居民养老保险业务的参照执行，下同）。

乡镇（街道）事务所负责参保资源的调查和管理，对参保人员的参保资格、基本信息、缴费信息、待遇领取资格及关系转移资格等进行初审，将有关信息录入信息系统，并负责受理咨询、查询和举报、政策宣传、情况公示等工作。

村（居）协办员具体负责城乡居民养老保险参保登记、缴费档次选定与变更、待遇领取、保险关系注销、保险关系转移接续等业务环节所需材料的收集与上报，负责向参保人员发放有关材料，提醒参保人员按时缴费，通知参保人员办理补缴和待遇领取手续，并协助做好政策宣传与解释、待遇领取资格核对、摸底调查、居民基本信息采集、情况公示等工作。

第四条 城乡居民养老保险原则上在一个基金管理层级单独设立一个财政专户、一个收入户、一个支出户，单独记账，独立核算，纳入社会保障基金财政专户，实行收支两条线管理，专款专用，任何单位和个人不得挤占、挪用基金，基金结余按国家有关规定实现保值增值。

第五条 鼓励有条件的地区创新工作方式，采取网上服务大厅等信息化手段开展经办管理服务工作。对行动不便的参保人员，社保机构应会同乡镇（街道）事务所、村（居）委会为其提供上门服务。

第二章 参保登记

第六条 符合城乡居民养老保险参保条件的城乡居民，需携带户口簿和居民身份证原件及复印件（重度残疾人等困难群体应同时提供相关证明材料原件和复印件），到户籍所在地村（居）委会提出参保申请，选择缴费档次，填写《城乡居民基本养老保险参保登记表》（以下简称《参保表》）。

第七条 村（居）协办员负责检查登记人员的相关材料是否齐全，在符合条件的《参保表》上签字、加盖村（居）委会公章，并将《参保表》、户口簿和居民身份证复印件以及其他相关材料，按规定时限一并上报乡镇（街道）事务所。

居民本人也可携带相关材料直接到乡镇（街道）事务所或县社保机构办理参保登记手续。

第八条 乡镇（街道）事务所负责对登记人员的相关材料进行初审，无误后及时将参保登记信息录入城乡居民养老保险信息系统，在《参保表》上签字、加盖公章，并按规定时限将《参保表》、户口簿和居民身份证复印件以及其他相关材料一并上报县社保机构。

第九条 县社保机构应对登记人员的相关信息进行复核，可与公安、民政、计生、城镇职工养老保险等信息库进行信息比对，复核无误后，通过信息系统对登记信息进行确认，在《参保表》上签字、加盖公章，并及时将有关材料归档备案。

县社保机构应于每月月末前将当月新增登记人员的相关信息提供给合作金融机构（以下简称金融机构），登记社会保障卡加载的银行账户相关信息；如果登记人员未持有社会保障卡，由当地人力资源社会保障部门向登记人员制发社会保障卡。暂不具备使用社会保障卡条件的地区，可暂时使用城乡居民基本养老保险银行存折或银行卡［以下简称银行存折（卡）］，用于缴纳保险费或领取待遇。

第十条 参保变更登记的主要内容包括：姓名、公民身份证号码、缴费档次、银行账号、特殊参保群体类型、性别、民族、居住地址、联系电话、户籍性质、户籍所在地址等。以上内容之一发生变更时，参保人员应及时携带身份证及相关证件、材料的原件和复印件到村（居）委会申请办理变更登记手续，填写《城乡居民基本养老保险变更登记表》（以下简称《变更表》）。村（居）协办员按规定时限将相关材料及《变更表》上报乡镇（街道）事务所。参保人员本人也可到乡镇（街道）事务所或县社保机构直接办理变更登记手续。

乡镇（街道）事务所初审无误后，将变更信息及时录入信息系统，在《变更表》上签字，加盖公章，并按规定时限将相关材料及《变更表》上报县社保机构。

县社保机构复核无误后，对信息系统中的变更登记信息进行确认，在《变更表》上签字，加盖公章，并将有关材料归档备案。姓名、公民身份证号码等发生变更的人员，当地人力资源社会保障部门同步换发社会保障卡。

第十一条 参保人员可在办理完社会保障卡后再办理参保登记手续，社保机构应积极探索通过金融机构直接为参保人员办理缴费档次等变更手续。

第三章 保险费收缴

第十二条 城乡居民养老保险个人缴费实行银行预存代扣制，县社保机构委托合作金融机构办理养老保险费扣缴业务。

城乡居民养老保险费实行按年度（自然年度）缴纳，县社保机构结合本地实际确定集中缴费期，根据参保人员选定的缴费档次进行保费收缴。对于在集中缴费期内未能完成缴费的参保人员，应指导其及时办理缴费手续。

参保人员应自主选择缴费档次，确定缴费金额，于当地规定的缴费期内，将当年的养老保险费足额存入社会保障卡的银行账户或银行存折（卡）。参保人员若需调整缴费金额，应在进行当年缴费前办理缴费档次变更登记手续；当年未变更缴费档次的，按上年度选定的缴费档次进行扣款；当年已经完成缴费后变更的缴费档次将在下一年度扣款时生效。对于达到领取待遇年龄的参保人员，到龄当年可以缴纳本年度的养老保险费。

第十三条 县社保机构通过城乡居民养老保险信息系统定期生成扣款明细信息，并将信息传递至金融机构。

金融机构根据县社保机构提供的扣款明细信息从参保人员银行账户上足额划扣养老保险费（不足额不扣款）。金融机构在扣款后的3个工作日内将养老保险费转入收入户，并将扣款结果信息和资金到账凭证反馈至县社保机构。有条件的地区可实现金融机构与城乡居民养老保险信息系统接口实时传输扣款结果信息。

县社保机构应根据金融机构反馈的扣款结果信息和资金到账凭证核对扣款明细信息与实际到账金额是否一致。核对无误后，将扣款金额记入个人账户。县社保机构应按月打印《城乡居民基本养老保险个人缴费收入汇总表》（两联），并与金融机构当月出具的所有个人缴费资金到账凭证进行核对，确保核对无误。

县社保机构应及时提示乡镇（街道）事务所将未缴费人员名单反馈给村（居）协办员，村（居）协办员负责对参保人员进行缴费提醒。

县社保机构每年年底前应通过信息系统生成下一年度到达待遇领取年龄人员名单。乡镇（街道）事务所和村（居）协办员应提前通知需要补缴的人员办理补缴手续。

有条件的地区也可采取由参保人员到金融机构直接进行选档缴费、允许年内多次缴费等形式组织本地区的保费收缴工作。

第十四条 村（社区）集体和其他社会经济组织、公益慈善组织、个人对参保人员缴费给予补助或资助的，应向乡镇（街道）事务所提交《城乡居民基本养老保险补助/资助申报表》（以下简称《补助申报表》）。

乡镇（街道）事务所初审无误后，将《补助申报表》录入信息系统，并按规定时限将《补助申报表》上报县社保机构。

县社保机构复核无误后，打印《城乡居民基本养老保险补助/资助缴费通知单》，通过乡镇（街道）事务所发放给村（社区）集体或相关组织（个人），通知其在规定时限内将补助或资助金额存入县社保机构在金融机构开设的收入户。金融机构在收到款项的3个工作日内，将资金到账凭证反馈至县社保机构。

县社保机构收到到账凭证后，应及时将到账凭证与信息系统中的补助（资助）明细信息进行核对，核对无误后，对信息进行确认，将补助（资助）金额记入个人账户。

县社保机构应按月打印《城乡居民基本养老保险补助/资助汇总表》（两联），并与金融机构当月出具的所有补助（资助）资金到账凭证进行核对，确保核对无误。

第十五条 新型农村社会养老保险（以下简称“新农保”）或城镇居民社会养老保险（以下简称“城居保”）制度实施时，距领取年龄不足15年的参保人员，应按规定逐年缴费，并可补缴至满15年；对距领取年龄超过15年的参保人员，应按年缴费，累计缴费不少于15年。对于没有按规定逐年缴费的，可补缴中断年度的缴费部分，但不享受相应的缴费补贴。

补缴养老保险费人员应及时到村（居）委会办理补缴手续，填写《补缴城乡居民基本养老保险费申请表》（以下简称《补缴表》），并将需补缴的保险费存入社会保障卡的银行账户或银行存折（卡）。村（居）协办员应在规定时限内将《补缴表》上报至乡镇（街道）事务所。

乡镇（街道）事务所应对参保人员的补缴资格进行审核，审核无误后，将补缴信息录入信息系统，按规定时限将有关材料上报县社保机构。县社保机构复核无误后，通过信息系统生成补缴扣款明细清单，传递至金融机构。金融机构根据本规程第十三条第二款的有关规定进行扣款和信息反馈。

县社保机构应按照本规程第十三条第三款的有关规定进行到账信息核对，核对无误后，为参保人员记录个人账户，并按月打印《城乡居民基本养老保险补缴汇总表》（两联），与金融机构当月出具的所有补缴资金到账凭证进行核对，确保核对无误。

第十六条 对于暂不具备通过金融机构进行养老保险费扣缴条件的地区，可暂由县社保机构、乡镇（街道）事务所会同金融机构进行收费，并为参保人员开具财政部门统一印制的社会保险费专用收据。采用人工收取保费方式的地区，乡镇（街道）事务所和村（居）协办员应按当地规定时限将保费存入收入户。

第四章 个人账户管理

第十七条 县社保机构应为每位参保人员建立个人账户。个人账户用于记录个人缴费、补助、资助、地方政府补贴、其他补助及利息。参保人员缴纳的养老保险费作为“个人缴费”记入；村（社区）集体和其他社会经济组织、公益慈善组织、个人对参保人员缴纳养老保险费的补助或资助作为“补助（资助）”记入；地方各级财政对参保人员的缴费补助以及对重度残疾人等困难群体代缴的保费以“政府补贴”名义记入。个人账户记录项目应包括：个人基本信息、缴费信息、养老金支付信息、个人账户储存额信息、转移接续信息、终止注销信息等。

第十八条 参保人员个人缴费额到账后，县社保机构将个人缴费额和政府对个人缴费的补贴同时记入个人账户。政府对个人缴费的补贴未按时到账产生的利息差，由地方政府补足。个人缴费、补助、资助按到账时间记账，从次月开始计息。

第十九条 个人账户储存额应按国家规定计息，目前参考中国人民银行公布的当年1月1日金融机构人民币一年期存款利率计息。若中国人民银行在年内调整一年期存款利率，个人账户储存额计息标准不变。城乡居民养老保险基金存入各商业银行的活期存款按3个月整存整取定期存款利率计息，执行优惠利率。各地也可采取更加有利于维护参保人员权益的其他计息办法。

第二十条 每年的1月1日至12月31日为一个结息年度，社保机构应于一个结息年度结束后对上年度的个人账户储存额进行结息。

第二十一条 参保人员可到县社保机构、乡镇（街道）事务所打印《城乡居民基本养老保险个人账户明细表》。社保机构应当每年至少一次将参保人员个人权益记录单内容告知本人。同时，社保机构可通过政府网站、手机短信或电子邮件方式将个人账户记账明细、个人权益记录等相关信息提供参保人员。

第二十二条 参保人员对个人账户记录有异议的，可向社保机构提出核查申请，并提供相关证明材料。社保机构应及时受理并进行核实。经审核，确需调整的，应由县社保机构及时处理并将更改的信息录入信息系统。信息系统应保留处理前的记录，同时，县社保机构应及时将处理结果告知参保人员。

第二十三条 个人账户储存额只能用于个人账户养老金支付，除出现本规程第三十四条有关情况外，不得提前支取或挪作他用。

第五章 待遇支付

第二十四条 参保人员从符合待遇领取条件的次月起开始享受城乡居民养老保险待遇。

第二十五条 乡镇（街道）事务所按月通过信息系统查询生成下月到达领取待遇年龄参保人员的《城乡居民基本养老保险待遇领取通知表》（以下简称《通知表》），交村（居）协办员通知参保人员办理领取养老金手续或补缴手续。

第二十六条 参保人员应携带户口簿、居民身份证原件和复印件等材料，到户口所在地村（居）委会办理待遇领取手续，在《通知表》上签字、签章或留指纹确认。村（居）协办员负责检查参保人员提供的材料是否齐全，并于每月规定时限内将相关材料一并上报乡镇（街道）事务所。参保人员也可直接到乡镇（街道）事务所或县社保机构办理待遇领取手续。

第二十七条 乡镇（街道）事务所应审核参保人员的年龄、缴费等情况，并将符合待遇领取条件人员的相关材料上报县社保机构。

第二十八条 县社保机构应对有关材料进行复核，按有关规定进行疑似重复领取待遇数据比对，确认未领取职工基本养老保险待遇及政府规定的离退休费、退职生活费等养老保障待遇后，为参保人员核定城乡居民养老保险待遇，计算养老金领取金额，生成《城乡居民基本养老保险待遇核定表》。对不符合待遇领取条件的参保人员，县社保机构应通过乡镇（街道）事务所和村（居）协办员告知其原因。

城乡居民养老保险待遇实行社会化发放。县社保机构应根据领取城乡居民养老保险待遇、个人账户资金支付等情况，通过信息系统按月生成《城乡居民基本养老保险基金支付审批表》，送县财政部门申请资金。待县财政部门将城乡居民养老保险基金划转到支出户后，县社保机构应在养老金发放前3个工作日内将发放资金从支出户划拨至金融机构，并将待遇支付明细清单提供给金融机构，金融机构应及时将支付金额划入待遇领取人员银行账户，并于3个工作日内，向县社保机构反馈资金支付情况明细和支付回执凭证。有条件的地区可通过金融机构与城乡居民养老保险信息系统接口实时传输资金支付情况明细。

县社保机构应对金融机构反馈的资金支付情况明细和支付回执凭证进行核对，核对无误后，在信息系统中进行支付确认处理，并相应扣减待遇领取人员的个人账户记录额。发放不成功的，县社保机构应及时会同金融机构查找原因，及时解决，并进行再次发放。

县社保机构应按月打印《城乡居民基本养老保险基金支付汇总表》（两联），并与金融机构当月出具的所有支付回执凭证进行核对，确保核对无误。

第二十九条 对新农保或城居保制度实施时已年满60周岁、在《意见》发布之日前未领取国家规定的基本养老保障待遇的城乡居民，乡镇（街道）事务所应通知其在办理参保登记手续后，按照本规程第二十六条有关规定办理待遇领取手续，并于次月按规定发放基础养老金。

第三十条 待遇领取人员对待遇领取标准有异议的，可提出重新核定申请。县社保机构应对待遇领取标准重新进行核定，并将核定结果书面反馈待遇领取人员，确需调整的，经待遇领取人员签字、签章或留指纹确认后修改信息系统记录，系统保留处理前的记录。

第三十一条 待遇领取人员在领取养老金期间服刑的，县社保机构停止为其发放养老保险待遇。待服刑期满后，由本人提出待遇领取申请，社保机构于其服刑期满后的次月为其继续发放养老保险待遇，停发期间的待遇不予补发。

第三十二条 待遇领取人员自死亡次月起停止发放养老保险待遇。村（居）协办员应于每月初将上月死亡人员名单通过乡镇（街道）事务所上报至县社保机构。县社保机构对死亡人员进行暂停发放处理，待死亡人员指定受益人或法定继承人办理注销登记手续后，对死亡人员进行养老保险关系注销。

待遇领取人员死亡后被冒领的养老金应按照规定予以追回，追回后，县社保机构方可为其指定受益人或法定继承人办理个人账户资金余额和丧葬补助金（仅限于探索建立丧葬补助金制度的地区）等支付手续。

第三十三条 县社保机构每年应至少对城乡居民养老保险待

遇领取人员进行一次资格核对，定期向享受待遇人员发放资格核对通知，规定核对时间和方式以及要求提供的相关证明资料。没有通过资格核对的，社保机构应对其进行暂停发放处理，待其补办有关手续后，从暂停发放之月起补发并续发养老保险待遇。

第六章　注 销 登 记

第三十四条　参保人员出现死亡、出国（境）定居、保险关系转出或已享受城镇职工基本养老保险、机关事业单位养老保险等其他社会养老保障待遇的，应终止其城乡居民养老保险关系，并进行注销登记。

第三十五条　参保人员死亡的，村（居）协办员应通知其指定受益人或法定继承人在其死亡后及时办理注销登记手续。其指定受益人或法定继承人应在规定时限内到村（居）委会提出注销登记申请，填写《城乡居民基本养老保险注销登记表》（以下简称《注销表》），并提供以下材料：

（一）医院出具的参保人员死亡证明，或民政部门出具的火化证明（非火化区除外），或公安部门出具的户籍注销证明；人员失踪宣告死亡的，应提供司法部门出具的宣告死亡证明。

（二）指定受益人或法定继承人的户口簿、居民身份证原件和复印件，能够确定其继承权的法律文书、公证文书或公安机关及乡镇（街道）、村（居）委会等部门出具的有关证明材料等。

（三）参保人员个人账户余额无法通过原银行账户支取的，指定受益人或法定继承人还需提供指定金融机构的其他账户信息。

第三十六条　参保人员出国（境）定居并丧失国籍的，应携带本人户口簿、居民身份证原件和复印件，以及出国（境）定居证明材料，到村（居）委会提出注销登记申请，填写《注销表》。

第三十七条　参保人员已享受城镇职工基本养老保险等其他社会养老保障待遇的，应携带本人户口簿、居民身份证原件和复印件，以及其他社会养老保险待遇领取证明材料，到村（居）委会提出注销登记申请，填写《注销表》。

第三十八条 村（居）协办员应按规定时限将《注销表》及有关证明材料上报乡镇（街道）事务所。乡镇（街道）事务所初审无误后，将注销登记信息录入信息系统，并按规定时限将上述材料上报县社保机构。

县社保机构复核无误后，结算其个人账户资金余额（建立丧葬补助制度的地区，对符合丧葬补助领取条件的，应同时计算丧葬补助金额），按照本规程第二十八条有关规定，将个人账户资金余额（及丧葬补助金）支付给参保人员（或指定受益人、法定继承人），支付成功后，对注销信息进行确认，终止其城乡居民养老保险关系，在《注销表》上签字，加盖公章，并及时将有关材料归档备案。

第七章 关系转移接续

第三十九条 参保人员在缴费期间跨省、市地、县转移的，转出地县社保机构应将其城乡居民养老保险关系和个人账户储存额一次性转入新参保地，由新参保地为其办理参保缴费手续。同时，转出地社保机构应当按照规定保留原有记录备查。

在本县范围内迁移户籍的参保人员，不需转移城乡居民养老保险关系，应直接办理户籍地址变更登记手续。

第四十条 参保人员须持户籍关系转移证明以及居民身份证、户口簿原件和复印件等材料，到转入地村（居）委会提出申请，填写《参保表》和《城乡居民基本养老保险关系转入申请表》（以下简称《转入表》）。村（居）协办员负责检查其提供的材料是否齐全，并按规定时限将《参保表》和《转入表》及有关材料上报乡镇（街道）事务所。转入地乡镇（街道）事务所审核无误后，应按规定时限将《参保表》和《转入表》及有关材料上报县社保机构。转入地县社保机构复核无误后，应按规定时限向转出地县社保机构寄送《城乡居民基本养老保险关系转入接收函》（以下简称《接收函》）和户籍关系转移证明等相关材料的复印件。

第四十一条 转出地县社保机构接到《接收函》和相关材料后，应对申请转移人员相关信息进行核实，符合转移规定的，应及时通过信息系统为参保人员进行结息处理，打印《城乡居民养老保险关系转出审批表》（以下简称《审批表》），并按照第二十八条有关规定，于次月通过金融机构将参保人员个人账户储存额一次性划拨至转入地县社保机构指定的银行账户，将《审批表》寄送转入地县社保机构，并终止申请转移人员的城乡居民养老保险关系。

第四十二条 转入地县社保机构收到《审批表》，确认转入的个人账户储存额足额到账后，应及时进行实收处理，将参保、转移信息录入信息系统，为转入人员建立、记录个人账户，并通过乡镇（街道）事务所或村（居）委会告知转入人员。已经在转出地完成当年度缴费的人员，在转入地不再缴纳当年保费。

第四十三条 参保人员已经按规定领取城乡居民养老保险待遇的，无论户籍是否迁移，其养老保险关系不转移，继续在原参保地领取待遇，待遇领取资格核对工作由户籍迁入地社保机构协助完成。

第八章 基金管理

第四十四条 各级社保机构应按照《财政部、人力资源社会保障部关于印发〈新型农村社会养老保险基金财务管理暂行办法〉的通知》（财社［2011］16号）和《财政部关于印发〈新型农村社会养老保险基金会计核算暂行办法〉的通知》（财会［2011］3号）的规定，加强城乡居民养老保险基金管理。

第四十五条 各级社保机构应内设财务管理部门或相应专业工作岗位，配备专职会计和出纳，财务人员应具有会计专业资格，持证上岗。

第四十六条 城乡居民养老保险基金收入户、支出户、财政专户应在县人力资源社会保障部门、财政部门共同认定的金融机构开设。收入户用于归集城乡居民养老保险基金，暂存该账户的利息收入及其他收入，除向财政专户划转基金外，不得发生其他支付业务，实行月末零余额管理。支出户用于支付和转出城乡居民养老保险基金，除接收财政专户拨入的基金及该账户的利息收入外，不得发生其他收入业务。支出户应预留1～2个月的周转资金，确保城乡居民养老保险待遇按时足额发放。

第四十七条 每年四季度，社保机构应按基金管理层级编制下一年度城乡居民养老保险基金预算草案，该预算草案经同级人力资源社会保障部门审核汇总，财政部门审核后，由财政部门和人力资源社会保障部门联合报本级政府审批，并报上一级财政部门和人力资源社会保障部门。

各级社保机构应按照规定时限报送每季度的预算执行情况和分析报告。县社保机构编制及调整基金预算的情况，应及时报上级社保机构。

第四十八条 财政补助资金的结算和申请。每年年初，县社保机构应根据当地城乡居民养老保险实际参保人口数以及其中60周岁以上参保人口数和缴费补贴标准、基础养老金补贴标准等情况，据实填写《城乡居民基本养老保险补助资金结算申报表》，经同级人力资源社会保障部门会同财政部门审核后，上报至市地社保机构，经市地人力资源社会保障部门和财政部门汇总审核后，由市地社保机构上报至省社保机构，省社保机构向省人力资源社会保障部门和财政部门提出结算上年度补助资金并申请补足本年度补助资金。省财政部门根据各区市财政和人力资源社会保障部门报送的申请报告，按照各县上年度城乡居民养老保险实际符合补助条件的参保人数，市、县财政资金到位情况等，据实结算上年度省（含中央）财政应补助资金。

县社保机构应协调县财政部门及时将财政补助资金划拨至财政专户，相关单据提交社保机构记账。社保机构应按月与财政部门、金融机构对账，确保补助金额准确无误，及时足额下拨。

第四十九条 年度终了后，社保机构应按基金管理层级进行基金决算。社保机构应根据规定的表式、时间和要求编制年度基金财务报告，并在下一年度第一季度内经同级人力资源社会保障部门汇总、财政部门审核后，由财政部门和人力资源社会保障部门联合报本地人民政府审批，批准后的年度基金财务报告同时作为基金决算报告。

第九章 统计管理

第五十条 各级社保机构要设置统计工作岗位，明确工作人员职责，开展常规统计和专项统计调查等工作，按规定上报统计信息，及时准确地提供统计信息服务。

第五十一条 各级社保机构、乡镇（街道）事务所要按照统计报表制度，完成统计数据的采集和报表的编制、审核、汇总、上报等工作。统计报表要做到内容完整、数据准确、上报及时。

第五十二条 各级社保机构和乡镇（街道）事务所应定期整理、加工各类业务数据，建立统计台账，实现数据来源的可追溯查询。

第五十三条 各级统计工作人员应做好城乡居民养老保险统计数据定期和专项分析工作，形成运行分析报告，用于经办管理服务的评估与决策。

第十章 档案管理

第五十四条 城乡居民养老保险业务档案管理应按照《社会保险业务档案管理规定（试行）》进行科学分类，确定保管期限；按照村（社区）负责收集、乡镇（街道）负责整理和审核、县负责指导和保管的模式，形成“统一领导、分级负责、集中保存”

的管理机制，确保业务档案有效保管、安全完整。

第五十五条 县社保机构应配备专门的管理人员和必要的设施、场所，确保业务档案的安全，并根据需要配备适应档案现代化管理要求的技术设备。

第五十六条 县社保机构应按《社会保险业务档案管理规定（试行）》，对城乡居民养老保险业务档案进行档案利用、鉴定和销毁，对永久和长期保管的业务档案，应定期向同级档案管理部门移交。

有条件的地区应将城乡居民养老保险业务档案转换为电子档案等其他载体形式。

第十一章 稽核与内控

第五十七条 各级社保机构应按照《社会保险稽核办法》和《社会保险经办机构内部控制暂行办法》建立健全城乡居民养老保险稽核制度和内控制度。

第五十八条 上级社保机构要对下级社保机构的各项业务经办活动、基金收支行为等内部管理制度的执行情况进行有效监督，并对其执行制度的情况进行考评。

第五十九条 各级社保机构应重点稽核城乡居民养老保险的参保资格、待遇领取资格、财政补助资金到位、重复享受待遇等情况，认真核查虚报、冒领养老金情况和欺诈行为。

第六十条 各级社保机构要按照内控制度的要求，合理设置工作岗位，建立岗位之间、业务环节之间相互监督、相互制衡的机制，明确岗位职责，建立责任追究制度，做到业务、财务分离，经办、复核等不相容岗位相互分离。稽核部门应对各项业务的办理情况和基金管理、使用情况进行日常检查，督促各个岗位人员严格履行经办程序，准确、完整记录各类信息，并按照档案管理的要求进行归档。

第十二章　咨询、公示及举报受理

第六十一条　各级社保机构应通过新闻媒体及印发宣传手册等手段，采取各种通俗易懂、灵活多样的方式，有针对性地向城乡居民宣传城乡居民养老保险政策及业务办理流程。

第六十二条　各级社保机构和乡镇（街道）事务所要积极开展城乡居民养老保险政策咨询服务活动。实行首问负责制，及时受理咨询。对无法当场解答的问题，经办人员应将咨询人姓名、咨询内容及咨询人联系方式等内容记录在案，并尽快予以答复。

第六十三条　各级社保机构应建立举报奖励制度，所需资金列入同级财政预算。县社保机构每年应会同乡镇（街道）事务所和村（居）协办员在行政村（社区）范围内对参保人员待遇领取资格进行公示，公示期不少于10天。各级社保机构应公布举报电话和监督电话，及时受理举报，并对举报情况及时进行处理。属于冒领养老金行为的，县社保机构应按有关规定对当事人和相关责任人员进行处理。

第十三章　附　　则

第六十四条　城乡居民养老保险与城镇职工养老保险制度衔接的业务经办工作，参照《城乡养老保险制度衔接经办规程（试行）》（人社厅发〔2014〕25号）执行；与其他养老保险制度衔接的业务经办工作，待有关政策办法出台后再做具体规定。

第六十五条　本规程由人力资源社会保障部负责解释。

第六十六条　本规程从印发之日起实施。

人力资源社会保障部关于实施“全民参保登记计划”的通知

人社部发［2014］40号

各省、自治区、直辖市及新疆生产建设兵团人力资源社会保障厅（局）：

按照中央全面深化改革的总体部署，为加快推进社会保险全覆盖，实现建立更加公平可持续的社会保障制度的目标，我部决定于2014年至2017年在全国范围内逐步实施“全民参保登记计划”。现将有关问题通知如下：

一、实施“全民参保登记计划”的重要意义

“全民参保登记计划”是依据社会保险法等法律法规规定，以社会保险全覆盖为目标，通过信息比对、入户调查、数据集中管理和动态更新等措施，对各类群体参加社会保险情况进行记录、核查和规范管理，从而推进职工和城乡居民全面、持续参保的专项行动。

近年来，社会保险覆盖面不断扩大。2013年年底，基本养老、城镇基本医疗、失业、工伤、生育保险参保人数分别达到8.2亿人、5.7亿人、1.64亿人、1.99亿人、1.64亿人，社会保障卡持卡人数达到5.4亿。但目前仍有近2亿人尚未参加基本养老保险，中断缴费的现象仍较多，基本医疗保险未参保与重复参保现象并存，社会保险关系转移接续还不顺畅等问题，亟须在完善社会保障体系的进程中抓紧解决。

实施“全民参保登记计划”是贯彻落实党的十八大和十八届三中全会精神的重大举措，有利于加快实现社会保险全覆盖目标，推动加快建立健全全民共享、公平可及的社会保障体系；有利于适应城镇化进程和社会流动性特征，更好维护各类参保人员跨地区、跨制度转移接续社保关系的合法权益，促进人力资源合理流动；有利于加强基本公共服务，创新社会管理，避免和减少重复参保、重复补贴、重复领取待遇，提高公共资源使用效率，促进社会保险制度可持续发展。

二、实施“全民参保登记计划”的目标任务

实施“全民参保登记计划”的总体目标是，基本养老保险覆盖全体职工和适龄城乡居民，参保率达90%以上，基本医疗保险覆盖全民，失业保险、工伤保险、生育保险基本覆盖所有法定群体，实现各类人员参加社会保险制度的权利公平、机会公平、规则公平。具体目标任务是：

（一）持续扩大覆盖面。基本养老保险每年新增参保2 000万人，到2017年年底达到9亿人以上；基本医疗保险重点解决重复参保和漏保并存的矛盾，使人人享有基本医疗保障；失业保险、工伤保险、生育保险参保人数，2017年年底分别达到1.8亿人、2.3亿人、2亿人。

（二）全面开展参保登记工作。对法律法规和政策规定范围内的所有用人单位和个人进行参加城乡五项基本社会保险的登记，核查比对相关基本信息，建立全面、完整、准确的社会保险业务基础数据库，形成每个人唯一的社保标识，并实现全国联网和实时更新。

（三）落实和完善社保衔接转续政策。在养老保险、医疗保险搭建职工和城乡居民两个基本制度平台的框架下，加强制度内和制度之间、地区之间、城乡之间的统筹协调和政策衔接，推进社保城乡统筹，维护流动人员的合法权益，并引导有条件的参保人员转向可获得更好权益保障的制度。

（四）大力提升管理服务水平。将以单位为重点的社会保险经办理念、管理体制和服务方式转向以覆盖全民为目标的轨道，加强政策宣传和社会沟通，维护广大人民群众的社会保障知情权、参与权、享有权和监督权；理顺管理体制，整合服务资源，优化经办流程，提升信息化手段，实现对参保人的全员管理、动态管理、精确管理；推进标准化建设和数据信息跨业务、跨地区、跨部门共享。

三、实施“全民参保登记计划”的主要措施

（一）全面开展参保登记

1. 以目前覆盖人数最多的基本养老保险、基本医疗保险为基础，整合城乡各项社会保险参保信息，进行筛查比对，清理重复信息，剔除无效信息，纠正错误信息。对既有信息完整、准确的参保单位和参保人员，直接确认参保登记，无须重新申报、重复采集信息。

2. 对信息缺失、错误的单位和人员，以基层社保经办机构和街道、乡镇、社区劳动就业社保平台为主，通过逐个单位排查、重点入户调查以及向社会组织购买服务等方式，对其进行基本信息采集和补录，完成后确认参保登记；对依照自愿原则参保的项目，对相关人员是否参保进行标注。

3. 通过以上措施建立以全国统一的社会保障号码为每个参保人唯一的参保标识和全面覆盖的社会保险基础数据库；参保单位和个人基本信息变化，应按规定程序实时更新；推进数据管理省级集中，加快全国联网，完善全国统一的数据标准和核查比对规程，实现跨地区参保信息确认。

（二）强力推进参保扩面

1. 科学制订年度扩面计划，加强计划执行的督促检查、考核评估，强化计划约束。

2. 坚持依法行政，全面清理本地参保政策，废止各种以免除参保来吸引投资的不规范政策，加强稽核监督，努力做到应保尽保。

3. 突出重点，在城镇继续以中小微企业、灵活就业人员为重点扩大参保覆盖面；在农村以在城乡之间流动就业和居住农民为重点，鼓励持续参保；积极引导在城镇稳定就业的农民工参加职工社会保险制度。

4. 实施工伤保险扩面专项行动，继续强力推进建筑施工、矿山等高风险企业参保，同时积极向家庭服务企业、网络服务企业、农村地区企业扩大覆盖。

5. 探索对网络就业、创业群体实施适合其特点的社会保险参保方式。

（三）优化经办管理服务

1. 创新体制机制，大力推进城乡五险合一经办管理，暂不具备全面整合业务条件的地区，先实行统一参保登记和统一征缴社保费，简化程序，方便单位和个人参保。

2. 推进规范化管理，加快制定社会保险管理的国家标准、行业标准和地区标准，实施全国统一的社会保险经办规程，确保各项政策及时落实，参保群众公平享受社会保险权益。

3. 认真准确记录所有参保单位和人员的参保缴费和权益享受信息，确保业务档案的安全完整，完善对账、查询机制，对群众记录一生、服务一生、保障一生。

4. 大力推行网上经办、自助服务、手机查询和提示等新型服务平台建设，引导和帮助用人单位和个人依规主动更新自身信息。

（四）完善相关制度和政策

按照统一部署推进机关事业单位养老保险制度改革，将其工作人员纳入养老保险制度覆盖范围；加快合并实施新农保、城居保制度，并强化多缴多得、长缴多得的激励机制；继续推进城乡居民基本医疗保险制度整合；落实职工养老保险制度跨地区转移接续政策和城乡居民基本养老保险的衔接政策，健全异地就医医保结算政策；完善工伤保险行业差别费率和企业浮动费率机制；规范生育保险政策，把覆盖范围扩大到所有用人单位及其职工。

四、实施“全民参保登记计划”的进度安排

“全民参保登记计划”2014年启动，2017年基本完成，实施期为4年。2014年在部分地区进行试点；2015年完善方案和措施，将试点扩大到50%左右的地区；2016年至2017年在全国全面实施，完成确定的目标任务；2017年下半年进行总结评估。

五、全力做好“全民参保登记计划”的组织实施工作

（一）加强组织领导。各地人社部门要加强组织领导，按照本通知要求，结合本地实际，精心制定本地区“全民参保登记计划”的具体实施方案，完善相关政策措施，优化管理服务流程。要统筹安排工作力量，加强社保机构与就业、劳动关系、劳动监察、农民工工作、信息化综合管理等机构的协同配合，狠抓落实，确保“全民参保登记计划”顺利实施并取得预期成效。

（二）加强基础建设。各级人社部门要大力加强社保经办服务平台建设，整合资源，加强培训，加大投入，落实工作经费，为落实“全民参保登记计划”提供必要的人力、物力、财力保障。要抓住实施基层服务平台建设项目、全民社会保障信息化工程（金保工程二期）、信息惠民工程等重大举措的有利契机，不断提升社保信息化水平，确保信息采集和更新的全面、准确，信息传递和交换的及时、顺畅，信息系统运行的安全、可靠。

（三）加强部门协调。各级人社部门要加强与发改、公安、民政、财政、卫生计生等部门的沟通协调，增进共识，形成合力，积极参与并推动部门间信息资源共享，促进政府公共服务和社会管理能力全面提升。要加强与立法部门沟通，及时修订完善有关社会保险登记管理的地方法规规章，使“全民参保登记计划”得到更有力的法规、政策支持。

（四）加强宣传引导。各级人社部门要有针对性地制订宣传计划，通过组织召开相关会议、开展专题宣传、组织专家解读、印发宣传手册、深入基层宣讲以及开展社会监督等方式，凝聚社会共识，提升全民参保意识，营造良好氛围。

2014年5月27日

人力资源社会保障部办公厅关于印发社会保障卡发行管理流程的通知

人社厅发［2014］20号

各省、自治区、直辖市及新疆生产建设兵团人力资源社会保障厅（局）：

近年来，各地大力推进社会保障卡工作，在发行管理方面取得了一定成效。为进一步完善社会保障卡发行管理流程，保证各地社会保障卡工作更加规范、快速地推进，根据《中华人民共和国社会保障卡管理办法》（人社部发［2011］47号）的规定，我部制定了《社会保障卡发行管理流程》，现印发给你们，请遵照执行。

2014年2月14日

社会保障卡发行管理流程

第一章 总 则

第一条 为加强和规范社会保障卡发行管理，根据《中华人民共和国社会保障卡管理办法》（人社部发［2011］47号）的规定，制定本办法。

第二条 省（自治区、直辖市，以下简称省）、地市人力资源社会保障部门在按本流程完成注册审批、密钥申领、安全访问控制模块（社会保障 PSAM 卡）申领、通用测试后，方可发行社会保障卡。

第三条 省、地市人力资源社会保障部门在发行社会保障卡过程中，出现与注册审批方案不一致的情况时，须按本流程进行变更审批或变更备案。完成变更程序后，方可发行变更后的社会保障卡。

第四条 人力资源社会保障部信息化领导小组办公室（以下简称部信息办）负责社会保障卡注册审批、变更审批、变更备案等工作。人力资源社会保障部信息中心（以下简称部信息中心）负责受理社会保障卡密钥申领、社会保障 PSAM 卡申领和社会保障卡通用测试等工作。省、地市人力资源社会保障部门所属的信息化综合管理机构具体承担相关工作。

第五条 社会保障卡发行管理工作应遵循及时、规范、安全的原则。

第二章 社会保障卡注册审批

第六条 发行社会保障卡的地区（以下简称发卡地区）应建立规范的人力资源社会保障业务流程，保证社会保障卡的有效应用。同时，还应具备以下技术条件：

（一）建立为社会保障卡应用提供后台支持的业务管理系统、数据库和适于用卡方式的信息网络；

（二）具备支持社会保障卡管理和应用的技术力量，包括人员、设备等，能够快速完成社会保障卡应用的系统布局；

（三）制定规范可行的实施方案，包括应用设计方案、费用解决方案、信息采集方案和具体发行方案等；

（四）建立科学完善的社会保障卡发行、管理制度和明确的内部控制程序，并制定应对突发事件的预案；

（五）人力资源社会保障部规定的其他条件。

第七条 发卡地区申请发行社会保障卡，需提交下列材料：

（一）申请发行社会保障卡的正式文件；

（二）填写完备的《社会保障卡发行注册申请表》（附件1）；

（三）依据《社会保障卡发行筹备情况说明编制提纲》（附件2）要求编写的《社会保障卡发行筹备情况说明》；

（四）符合全国统一规范要求的应用领域和卡内应用文件结构（包括本地扩充的应用领域和指标）；

（五）按照统一要求设计的卡面样式；

（六）本地区社会保障卡管理办法和实施细则；

（七）填写完备的《社会保障卡选用产品情况表》（附件3），并提交拟选用卡内操作系统（COS）、读写机具产品的社会保障卡规范符合性检测报告；

（八）人力资源社会保障部要求提供的其他材料。

第八条 社会保障卡注册审批程序：

（一）省人力资源社会保障部门发行社会保障卡，需统一填报省内拟发卡地区的申请发行材料，其中《社会保障卡发行注册申请表》需按照地市分别填写，再将申请发行材料一式三份报部信息办审核。

（二）地市人力资源社会保障部门发行社会保障卡，需将申请发行材料一式三份报省人力资源社会保障部门进行初审。初审应在收到申请发行材料之日起10个工作日内完成。申请发行材料经初审同意后，由省人力资源社会保障部门在《社会保障卡发行注册申请表》上批示初审意见并加印公章后，报部信息办审核。

（三）部信息办应在收到申请发行材料之日起10个工作日内完成审核。审核批准的，统一为被批准发行社会保障卡的地区分配社会保障卡发行机构标识号，并将批准文件发给报送单位；未批准的，应将未批准原因反馈给报送单位。

（四）被批准发行社会保障卡的地区，社会保障卡发行机构标识号一经分配，不予变更。部信息办统一将社会保障卡发行机构标识号的分配和使用情况按国家有关规定向国家IC卡注册中心备案。

（五）被批准发行社会保障卡的地区应在被批准发卡之日起3个月内向部信息中心申领密钥；在被批准发卡之日起4个月内将样卡送部信息中心做通用测试；在被批准发卡之日起6个月内，按照注册审批时批准的方案发行社会保障卡。发卡时应严格遵守人力资源社会保障部统一制定的标准、规范和有关规定。对未按上述规定发卡的地区，部信息办有权收回为其分配的社会保障卡发行机构标识号。

第三章　社会保障卡变更审批与备案

第九条　发卡地区拟变更社会保障卡卡面、卡内文件结构的，须办理变更审批，提交下列材料：

（一）申请社会保障卡变更审批的正式文件；

（二）填写完备的《社会保障卡变更审批表》（附件4）；

（三）变更前后的社会保障卡卡面样式对照图（卡面变更时）；

（四）变更后的社会保障卡卡内文件结构（卡内文件结构变更时）。

第十条　发卡地区拟变更或增加供卡厂商和产品、扩大发卡人群、增加拟发卡数量、变更或增加加载金融功能的合作银行等，须办理变更备案，提交《社会保障卡变更备案表》（附件5）。变更或增加供卡厂商和产品的，须一并按照《社会保障卡选用产品情况表》（附件3）提交变更后产品选用情况，及新选用COS、读写机具产品的社会保障卡规范符合性检测报告。

第十一条　社会保障卡变更程序如下：

（一）省人力资源社会保障部门进行社会保障卡变更时，需将变更材料一式三份报部信息办审核。

（二）地市人力资源社会保障部门进行社会保障卡变更时，需将变更材料一式三份报省人力资源社会保障部门进行初审或报备。初审或报备应在收到申请发行材料之日起 5 个工作日内完成。变更材料经初审或报备同意后，由省人力资源社会保障部门在《社会保障卡变更审批表》或《社会保障卡变更备案表》上批示初审或报备意见并加印公章后，报部信息办审核。

（三）部信息办应在收到变更材料之日起 10 个工作日内完成审批或备案。变更审批通过的，将批准文件发给报送单位；未通过的，应将未批准原因反馈给报送单位。变更备案完成的，将《社会保障卡变更备案表》加印公章后反馈给报送单位。

第四章　社会保障卡密钥申领

第十二条　发卡地区在通过注册审批后，应向部信息中心申领社会保障卡密钥。

第十三条　社会保障卡国家级密钥（密钥清单见附件 6）由部信息中心负责生成并管理。社会保障卡地方密钥（密钥清单见附件 7）以及省、市发卡地区自行扩充的密钥由省人力资源社会保障部门负责生成并管理。

第十四条　发卡地区申领密钥，需委派相关工作人员（不少于 2 人）到部信息中心现场办理，并携带下列材料：

（一）《社会保障卡密钥申领委派书》（附件 8）；

（二）具有国家密码管理部门颁发的商用密码产品型号证书，并符合社会保障卡有关规范要求的社保专用数据加密机（以下简称加密机）的主控密钥卡。

第十五条　社会保障卡密钥申领程序如下：

（一）部信息中心在加密机的主控密钥卡中装载发卡地区主控密钥，并按照统一规则为发卡地区逐级分散国家级密钥，生成当地应用密钥并以母卡形式保存。

（二）部信息中心将下述设备移交给发卡地区：密钥母卡（2张）、传输密钥卡（2张）、全密钥PSAM卡（6张，仅供系统调试用）、社会保障卡密钥管理系统软件（1套）、密钥管理系统专用IC卡读写器（1个）、密钥管理系统操作员卡（每台加密机1张）、主控密钥卡（每台加密机1套）。

（三）部信息中心指定代表人与发卡地区委派代表共同签署《社会保障卡密钥交接备忘录》（附件9）一式两份，分别留存。

（四）发卡地区携带部信息中心交接的所有设备和资料，到省人力资源社会保障部门，按其有关规定申领社会保障卡本地方密钥。

第十六条　各发卡地区在完成密钥交接程序后，相关设备和资料的携带、运输和存放等应符合人力资源社会保障部关于社会保障卡密钥载体安全管理的相关要求。

第五章　社会保障PSAM卡申领

第十七条　发卡地区在申领社会保障卡密钥时，可同时申领社会保障PSAM卡，也可根据实际需要适时多次申领。

第十八条　发卡地区申领社会保障PSAM卡，需填写完备的《社会保障PSAM卡申领发放表》（附件10）申领栏和《社会保障PSAM卡密钥加载清单》（附件11），《社会保障PSAM卡密钥加载清单》可根据不同业务需求同时填写多份。

第十九条　社会保障PSAM卡申领程序如下：

（一）发卡地区将申领表单按一式两份以专人送达、邮寄或传真等方式，报省人力资源和社会保障部门审核确认后，交送部信息中心。同时委托供货商将本地区购置的符合社会保障卡有关规范要求的社会保障PSAM卡空白卡送至部信息中心。

（二）部信息中心在接到发卡地区申领材料和社会保障PSAM卡空白卡后10个工作日内，向社会保障PSAM卡中写入全国统一编制的 PSAM 卡终端机编号，并按照发卡地区提交的《社会保障 PSAM 卡密钥加载清单》加载密钥。

（三）部信息中心填写《社会保障 PSAM 卡申领发放表》发放栏。《社会保障 PSAM 卡申领发放表》一份由部信息中心留存，一份与加载密钥后的社会保障 PSAM 卡一同移交给发卡地区。

第二十条 发卡地区领回社会保障 PSAM 卡后，可根据需要到省人力资源社会保障部门加载本省密钥，也可以根据需要加载本地市密钥。

第二十一条 发卡地区领回社会保障 PSAM 卡后，社会保障 PSAM 卡的运输、发放、管理和使用等应符合人力资源社会保障部关于社会保障卡密钥载体安全管理的相关要求。

第六章 社会保障卡通用测试

第二十二条 发卡地区在通过注册审批并完成密钥申领后，须将拟发行的社会保障卡提交部信息中心进行通用测试，测试通过后才可正式发卡。

第二十三条 发卡地区进行通用测试，需提交下列资料：

（一）填写完备的《社会保障卡通用测试申请书》（附件 12）；

（二）通过拟使用的发卡系统制发、按实际应用要求建立文件结构、装载真实密钥、加载个人信息（可虚拟）并按照卡面规范要求完成印刷的社会保障卡（样卡）2 张；

（三）测试样卡 PIN 码说明。

第二十四条 社会保障卡通用测试程序如下：

（一）发卡地区将申请资料委托专人或以邮寄方式送至部信息中心。

（二）部信息中心在接到发卡地区通用测试申请资料后 5 个工作日内，完成以下测试工作：

1. 标准符合性审核：包括社会保障卡规范所定义的卡面设

计、卡内应用文件的建立情况等；

2. 安全性审核：包括全国通用的应用密钥加载情况，社会保障卡与社会保障 PSAM 卡间密钥的匹配情况等；

3. 跨地区通用性测试：包括全国通用的外部认证、数据读取、数据更新、内部认证、医疗消费交易等功能的实现情况。

（三）部信息中心在完成测试工作后出具测试报告。测试通过的，同时出具《社会保障卡通用测试通过通知书》（附件 13）；未通过的，发卡地区应对测试报告中的测试错误及时更正，调整后再重制 2 张样卡，送至部信息中心再次进行检测，直至测试成功。测试样卡用做测试记录留存，不予返回。

第二十五条 发卡地区提交测试的样卡须采用按本流程第七条或第十条填报的产品。同一发卡地区由不同供卡厂商提供的不同产品的样卡，均须进行通用测试。发卡地区在社会保障卡发行过程中，可根据本地产品管理情况不定期进行通用测试。

第二十六条 发卡地区社会保障卡所采用 COS 产品的应用命令和安全控制、卡片质量、卡面印刷等标准符合性情况，由部信息中心结合通用测试过程进行不定期抽测。

第七章 附 则

第二十七条 本流程自发布之日施行。《关于印发社会保障卡发行注册流程等 4 项工作流程的通知》（劳社信息函［2003］14 号）同时废止。

附件：1. 社会保障卡发行注册申请表（略）

2. 社会保障卡发行筹备情况说明编制提纲（略）

3. 社会保障卡选用产品情况表（略）

4. 社会保障卡变更审批表（略）

5. 社会保障卡变更备案表（略）

6. 国家级密钥清单（略）

7. 地方密钥清单（略）

8. 社会保障卡密钥申领委派书（略）
9. 社会保障卡密钥交接备忘录（略）
10. 社会保障PSAM卡申领发放表（略）
11. 社会保障PSAM卡密钥加载清单（略）
12. 社会保障卡通用测试申请书（略）
13. 社会保障卡通用测试通过通知书（略）

人力资源社会保障部办公厅关于做好重复领取城乡养老保险待遇核查工作的通知

人社厅发［2014］34号

各省、自治区、直辖市及新疆生产建设兵团人力资源社会保障厅（局）：

为贯彻执行《城乡养老保险制度衔接暂行办法》（以下简称《暂行办法》），做好城镇职工基本养老保险（以下简称城镇职工养老保险）和城乡居民基本养老保险（以下简称城乡居民养老保险）参保人员重复领取待遇问题的核查工作，维护养老保险基金安全完整，现就有关问题通知如下：

一、充分认识开展重复领取城乡养老保险待遇核查工作的重要性

做好重复领取城乡养老保险待遇核查工作是贯彻实施《暂行办法》的重要内容，是防止重复领取待遇的重要手段，是维护基金安全完整、增强养老保险基金支撑能力的必要措施，也是实现精确管理的必然要求。推动此项工作，对深化数据应用、提升经办服务信息化水平、构建统一高效的经办管理服务网络具有重要意义。各级人力资源社会保障部门一定要把核查工作作为重要任务抓紧抓好，抓出成效。要建立跨地区社会保险经办机构（以下简称社保机构）协查机制，召开专门会议研究部署待遇数据比对核查工作，制定切实可行的措施，明确职责分工，提出落实的保障条件和具体要求。要加大督导力度，做到数据比对核查工作事前有布置，事中有检查，事后有考评，确保落实到位。

二、认真履行数据比对和核查职责

各级社保机构要自上而下建立畅通的待遇数据比对和核查纠错处理机制。省人力资源社会保障部门要指导社保机构、信息等部门有计划、有步骤组织实施数据比对和核查工作，帮助所辖市县及时协调解决数据比对核查工作中遇到的困难和问题。省社保机构要组织所辖机构开展此项工作。部社保中心以各省（自治区、直辖市）上传的城乡居民养老保险、城镇职工养老保险数据作为比对的数据源，每季度通过部级信息数据交换库提取生成跨省《疑似重复领取待遇人员核查信息表》（附件 1，以下简称《核查信息表》），传送给各省社保机构进行核查。省、市社保机构负责做好辖区内重复领取待遇数据比对核查工作，收到上级移送的《核查信息表》后，应及时传送给所辖县社保机构（含省、市本级，下同），指导其开展核查工作，并按规定汇总、反馈核查情况。县社保机构负责核实疑似重复领取待遇人员信息和情况，对重复领取待遇行为进行处理，汇总上报核查和处理情况，及时反映核查中发现的问题及意见建议。各级社保机构要相互配合做好相关核查信息的确认和协助抵扣等工作。各级信息部门要做好数据实时更新、数据上传、批量数据比对等方面的技术支持工作。

三、严格规范数据比对和核查工作程序

各级社保机构应本着积极稳妥的原则，严格按照程序开展重复领取待遇核查工作。

（一）参保人员疑似同时领取城乡居民养老保险和城镇职工养老保险待遇的，城乡居民养老保险待遇领取地社保机构应主动与疑似重复领取待遇人员联系，5 个工作日内向其下达《告知书》（附件 2），并暂停发放其城乡居民养老保险待遇。

对于同时在不同地区领取城乡居民养老保险待遇的参保人员，负责城乡居民养老保险的社保机构按照户籍地管理、首次领

取待遇地优先的原则，确定其保留待遇领取地，非保留待遇领取地的社保机构负责与重复领取待遇人员联系，向其下达《告知书》，并暂停发放其城乡居民养老保险待遇。

（二）经核实，确认为重复领取待遇的，参保人员应在《告知书》上签字，社保机构注销其城乡居民养老保险关系，并按规定清算其城乡居民养老保险个人账户余额（扣除政府补贴，下同）和参保人员重复领取的养老金。在规定时间内，参保人员拒不签字、不能办理相关手续的，按重复领取待遇处理。经核实，暂不能确认其重复领取待遇的，负责核查的社保机构向同时为参保人员支付养老保险待遇的社保机构发送《疑似重复领取待遇人员信息协查函》（附件3，以下简称《协查函》）提请协查。收到《协查函》的社保机构应协助核实，并及时反馈《疑似重复领取待遇人员信息协查复函》（附件4，以下简称《复函》）。负责核查的社保机构收到《复函》后，确认属于重复领取的，按上述规定处理；确认不属于重复领取的，应恢复其养老保险待遇并补发暂停期间的养老保险待遇。

（三）对于核查中无法取得联系、户籍在辖区内的参保人员，负责核查的社保机构应会同其户籍所在地村（居）委员会进行告示；对于户籍不在辖区内的，应联系参保人员户籍地社保机构协助进行告示或送达《告知书》，告示之日起暂停发放其城乡居民养老保险待遇。

（四）对于《核查信息表》中公民身份证号码相同而姓名不同的参保人员，负责核查的社保机构应先核实、确认其身份信息，对身份信息错误的，按规定予以更正。

（五）参保人员因故不能亲自到社保机构办理核实手续的，可以委托合法代理人办理相关事项。受托人代办手续时，需出具委托人签字（或盖章、指印）的委托书。对高龄、重病、重度残疾等行动不便的参保人员，负责核查的社保机构可提供上门核实服务。

四、妥善处理重复领取待遇问题

本通知所称的城乡居民养老保险包括制度合并实施之前的新型农村社会养老保险、城镇居民社会养老保险和城乡居民社会养老保险。对于同时领取城乡居民养老保险和城镇职工养老保险待遇的参保人员，城乡居民养老保险待遇领取地社保机构负责终止其城乡居民养老保险关系，核定重复领取的城乡居民养老保险基础养老金金额，通知参保人员退还。参保人员退还后，将其城乡居民养老保险个人账户余额退还本人。参保人员不退还重复领取的城乡居民养老保险基础养老金的，城乡居民养老保险待遇领取地社保机构从其城乡居民养老保险个人账户余额中抵扣，抵扣后的个人账户余额退还本人。参保人员个人账户余额不足抵扣的，城乡居民养老保险待遇领取地社保机构向其领取城镇职工养老保险待遇的社保机构发送《重复领取养老保险待遇协助抵扣通知单》(附件 5)，通知其协助抵扣。参保人员城镇职工养老保险待遇领取地社保机构完成抵扣后，应将协助抵扣款项全额划转至城乡居民养老保险待遇地社保机构指定银行账户，同时传送《重复领取养老保险待遇协助抵扣回执》(附件 5)。对于在不同地区同时领取两份以上城乡居民养老保险待遇的参保人员，负责城乡居民养老保险的社保机构只保留其首次领取所在地区的城乡居民养老保险关系，停止并追回重复领取的待遇。以欺诈、伪造证明材料或其他手段骗取待遇的，应依据《社会保险法》给予处罚。

各地人力资源社会保障部门及社保机构要将重复领取待遇核查工作作为确保《暂行办法》顺利施行的重要工作来抓，认真组织所辖地区开展重复领取待遇数据比对、核查、纠错和处理等工作。对情况属实的，按规定及时终止重复领取待遇并追回多领的养老金；对情况不属实的，严格按照权限要求，修改信息系统信息数据，并做好相应处理工作。各省（自治区、直辖市）要将重复领取待遇人员的核查情况，重复领取待遇人数、金额（附件 6、附件 7)，追缴情况于每季度结束后的次月 30 日前报送我部社保中心，同时及时更新上报联网数据，其他有关情况可一并通过文字报告报送。

联系方式（略）

附件：1. 疑似重复领取待遇人员核查信息表（略）

2. 告知书（略）

3. 疑似重复领取待遇人员信息协查函（略）

4. 疑似重复领取待遇人员信息协查复函（略）

5. 重复领取养老保险待遇协助抵扣通知单（略）

6. 疑似重复领取养老保险待遇人员核查情况表（略）

7. 疑似重复领取养老保险待遇核查处理情况汇总表（略）

2014 年 3 月 13 日

公　务　员

中共中央组织部　人力资源社会保障部转发《关于江永县少数领导干部子女亲属违规调入事业单位问题处理结果的通报》的通知

组通字［2014］5号

各省、自治区、直辖市党委组织部、政府人力资源社会保障厅（局），中央和国家机关各部委、各人民团体组织人事部门，新疆生产建设兵团党委组织部、人力资源社会保障局，各中管金融企业党委，部分国有重要骨干企业党组（党委），部分高等学校党委：

最近，湖南省严肃查处了江永县少数领导干部子女亲属违规调入事业单位的问题，已将7名违规调入事业单位人员予以清退，对22名相关责任人员进行了严肃追责，并在全省通报了案件查处情况。这充分体现了湖南省委深入整治违规选人用人问题的坚定决心和严肃组织人事纪律的鲜明态度。现将湖南省纪委、省委组织部、省编办、省监察厅、省人力资源、社会保障厅《关于江永县少数领导干部子女亲属违规调入事业单位问题处理结果的通报》转发给你们，请结合本地区本单位实际，深入开展警示教育，切实采取有力措施，坚决防止此类问题的发生。

一、进一步强化纪律意识，严格执行干部人事政策法规

干部人事政策法规是做好组织人事工作的基本遵循，也是从源头上预防和治理选人用人不正之风的有力武器。各级党委（党组）及其组织人事部门要认真学习、大力宣传、严格执行新修订的《党政领导干部选拔任用工作条例》和《中华人民共和国公务员法》《事业单位公开招聘人员暂行规定》等干部人事政策法规。党政主要领导同志要增强政治纪律和组织人事纪律观念，带头遵守干部人事政策法规，规范行使选人用人权。组织人事部门要精通干部人事各项政策法规，坚持公道正派、按章办事，确保组织人事工作的公平公正。

二、进一步加大查处力度，严厉惩治违反组织人事纪律的行为

近年来，一些地方相继出现“近亲繁殖”“萝卜招聘”“因人画像”“绕道进人”等涉及领导干部违规提拔任用子女亲属的问题，这是典型的领导干部在选人用人上的以权谋私行为，严重损害了党的形象，干部群众对此反映强烈。各级组织人事部门要认真贯彻落实党要管党、从严治党的方针，坚持原则、敢抓敢管，做到有案必查、查实必处、失责必究。要进一步畅通“12380”举报受理渠道，加强舆情实时监控，充分发挥干部群众的监督作用。对反映违反组织人事纪律的问题，做到发现一起、查处一起、通报一起，以儆效尤。要加大对典型案例的公开曝光力度，通过曝光震慑那些想搞不正之风的人，让领导干部思想上敬畏权力，行动上自觉抵制以权谋私行为。

三、进一步加强警示教育，引导领导干部坚决反对和克服特权思想

防止和纠正选人用人上的不正之风和腐败现象，各级党组织和领导干部负有重要责任。领导干部特别是主要领导干部要模范遵守和带头执行干部人事工作各项政策法规，坚决杜绝选人用人上的以权谋私行为。各地各单位要以党的群众路线教育实践活动为契机，利用查处的违规违纪选人用人典型案例，在领导干部中深入开展警示教育，引导领导干部牢固树立宗旨意识，牢记自己永远是人民群众的普通一员，自觉摒弃特权思想，反对特权现象，除了法律和政策规定范围内的个人利益和工作职权外，不谋求任何私利和特权，以清廉的从政行为取信于民，以秉公的用权行为赢得人心。

2014 年 3 月 18 日

中共中央组织部　人力资源社会保障部 国家公务员局关于做好艰苦边远地区基层公务员考试录用工作的意见

人社部发［2014］61号

各省、自治区、直辖市及新疆生产建设兵团党委组织部，政府人力资源社会保障厅（局）、公务员局：

为贯彻落实党的十八届三中全会精神，完善基层公务员录用制度，现就做好艰苦边远地区县乡基层公务员考试录用工作提出如下意见。

一、高度重视基层公务员考录工作。近年来，一些基层机关由于地处边远、条件艰苦等原因，出现了“招人难”的情况，基层公务员队伍人员短缺、结构不合理等问题突出。党的十八届三中全会做出了“完善基层公务员录用制度，在艰苦边远地区适当降低进入门槛”的重要决定，对于加强基层公务员队伍建设，为艰苦边远地区经济社会发展提供坚强的人才保证，具有重要战略意义。各地要从党和国家事业长远发展的战略高度，充分认识做好艰苦边远地区基层公务员录用工作的重要性和紧迫性，不断健全和完善基层考录制度，扎实有序推进基层考录工作，使艰苦边远地区基层机关“招人难”问题得到有效解决。

二、适当降低基层公务员进入门槛。各地可以根据艰苦边远地区实际情况，单独或者综合采取下列六项措施降低进入门槛：（一）适当降低招考职位学历要求，最低可到高中、中专；（二）放宽招考专业限制，乡镇机关可不限专业；（三）适当调整报考职位年龄条件；（四）不限制工作年限和经历；（五）合理确定开考比例，报考人数较少的可降低开考比例；（六）单独划定笔试合格分数线。

各地根据工作实际和队伍建设需要，可以拿出一定数量的职位面向本市（地、州、盟）、县（市、区、旗）户籍或在本市（地、州、盟）、县（市、区、旗）长期生活工作的人员招考。

除上述政策外，在西藏和四川、云南、甘肃、青海四省藏区以及新疆南疆地区县乡可进一步采取以下政策：单设职位招考；设置一定数量职位面向当地县乡事业编制人员和退役士官士兵招考；必要时可不设开考比例。

三、拓宽基层公务员来源渠道。各地要积极引导和鼓励广大青年到艰苦边远地区建功立业。要加强招考政策宣传，到高校进行宣讲，吸引应届高校毕业生报考，提高基层机关录用高校毕业生比例。加大从大学生村官等服务基层项目人员中考录基层公务员的力度，经过3～5年，定向考录比例一般应达到当年乡镇公务员录用计划的30％以上。加大从优秀村干部中考录乡镇公务员的力度。积极开展从优秀工人、农民等生产一线人员中考录乡镇公务员试点工作。

四、保持基层新录用公务员稳定。各地要切实关心艰苦边远地区基层新录用的公务员，从实际出发，努力解决好他们工作生活等方面的困难和问题，做好相关服务保障工作，使他们热爱基层、扎根基层、安心本职工作。各地要明确艰苦边远地区新录用公务员最低服务年限，其中新录用的乡镇公务员在乡镇机关最低服务年限为5年（含试用期）。在此期间，不得转任交流到上级机关。上级机关一般不得以借用、帮助工作等方式抽调乡镇公务员，因工作特殊需要短期借调的，应征得借调单位同级党委组织部门同意，并明确借调时间。要加强新录用公务员的培训与管理，使他们尽快熟悉基层情况，提高服务基层的能力。

五、夯实基层公务员考录工作基础。各地要健全考录工作机构、充实考录工作力量，为做好艰苦边远地区基层公务员考录工作提供组织保证。要加强调研，全面了解艰苦边远地区基层公务员队伍情况，准确掌握“招人难”职位分布情况和特点，制定科学合理的招考计划。在确定艰苦边远地区基层公务员招考数量和报考资格条件时，要认真听取县乡基层的意见。要坚持县、乡行政编制分层级管理，以县为单位，乡镇机关总体空编的，要及时开展考试录用工作，为艰苦边远地区基层机关补充人员。要提高考录科学化水平，按照基层工作实际需要和基层行政执法特点，以能力测试为核心，科学设计县乡公务员录用考试内容，积极推进为基层单独命制笔试和面试试题工作。对履行职责有少数民族和本地语言能力要求的职位，可以进行相应的测试。

六、加强基层公务员考录工作领导。各省（区、市）公务员主管部门要在党委和政府的领导下，统一部署和组织实施艰苦边远地区基层公务员考试录用工作。要坚持依法考录，坚持“凡进必考”，确保基层公务员队伍整体素质。要严格控制降低进入门槛政策的适用范围，艰苦边远地区的界定和职位资格条件的设置要实事求是、科学规范、从严把握。不得简化考录程序，坚持全程公开透明，确保公平公正。要坚持德才兼备、以德为先和好干部标准，加强对考生政治素质和道德品行的考察，注重把好思想政治关。要严肃工作纪律，严禁针对特定人员设置与履职无关的资格条件。要做好艰苦边远地区基层公务员招考的宣传工作，树立正确的舆论导向，增强公务员考录工作的公信力。要加大监督检查力度，严肃处理违纪违规人员。

各地要根据本意见，结合当地实际，明确艰苦边远地区的范围及相关配套政策，制定具体实施办法。实施办法要报中央公务员主管部门备案。中央公务员主管部门将加强对各地降低门槛政策执行情况的监督检查。

2014 年 9 月 4 日

中共中央组织部　人力资源社会保障部 国家公务员局关于深入开展公务员平时考核试点工作的通知

组通字［2014］36号

各省、自治区、直辖市党委组织部、政府人力资源社会保障厅（局）、公务员局，中央和国家机关各部委、各人民团体组织人事部门，新疆生产建设兵团党委组织部、人力资源社会保障局、公务员局：

公务员平时考核是公务员考核制度的重要组成部分，对于加强公务员日常管理和监督，全面客观准确评价公务员的德才表现和工作实绩，激励鞭策公务员更好地履行职责、廉政勤政，具有重要意义。近年来，不少地方和部门按照公务员法、《干部任用条例》和《公务员考核规定（试行）》相关要求，积极开展平时考核试点工作，取得了初步成效，积累了一定经验。根据党的十八大关于“完善干部考核评价机制”和习近平总书记“考察识别干部，功夫要下在平时”的要求，为进一步做好公务员平时考核试点工作，现就有关问题通知如下。

一、明确平时考核的原则、内容和指标

平时考核的主要对象是非领导成员公务员。

平时考核要切实坚持客观公正、注重实绩、简便易行的原则，坚持定性与定量相结合，以量化考核为主。

平时考核以公务员的职位职责和所承担的工作任务为依据，

及时记录公务员在德、能、勤、绩、廉等方面的日常表现，重点评价公务员完成日常工作任务、阶段工作目标等情况。

平时考核指标由共性指标和个性指标构成。共性指标一般包括政治品质、职业道德、工作作风、廉洁自律、出勤情况等方面。个性指标一般包括完成工作数量、质量、效率以及成效和业务能力等方面。要科学设计考核指标，注重制定和使用量化指标，合理设置考核指标的标准和权重。

二、规范平时考核的程序和方法

（一）确定考核指标。机关应根据公务员职位职责和工作目标，将工作任务逐级分解，确定每名公务员的平时考核指标。

（二）个人工作记实。公务员以日、周、月或阶段性工作为周期记录平时工作情况，并进行自我评价。

（三）领导审核评鉴。考核对象的主管领导是平时考核工作的直接责任人。主管领导根据工作记实情况，按周、月、季或完成任务的工作周期对公务员进行评鉴，可采用分数、名次、等次、评语等形式确定平时考核结果。

（四）反馈考核结果。主管领导应采取谈话或书面形式向被考核公务员及时反馈考核结果。

（五）公示考核情况。采取适当形式在一定范围内公示平时考核情况。

（六）汇总考核情况。机关干部人事部门负责将公务员平时考核情况汇总留存。

公务员要及时准确记录工作情况、实事求是自我评价。主管领导要客观公正作出评鉴、确定考核结果。

机关要充分利用信息化手段和技术，逐步建立并应用信息管理系统，提高平时考核工作效率和水平。

三、注重平时考核结果的使用

平时考核是年度考核的基础。年度考核优秀等次人员应在平时考核结果好的公务员中产生。对平时考核结果好的公务员，主管领导应及时予以表扬鼓励；对平时考核结果较差的，应及时提醒，提出整改要求，限期改进。公务员的职务级别调整、交流轮岗、教育培训、奖励惩戒等要参考平时考核结果。

机关应加强对平时考核结果的综合分析，根据平时考核结果，优化工作部署和人员配置，安排相应培训，改进工作方法，推进工作落实。

四、加强组织领导

各级党委、政府要高度重视公务员平时考核试点工作，充分认识这项工作的重要意义，切实加强领导，列入重要议事日程，统筹安排。各级公务员主管部门要充分发挥职能作用，加强综合管理，抓紧部署，精心组织，合理确定试点范围，及时掌握试点情况，认真总结经验，加强监督检查。条件成熟时，可以全面推开。各机关干部人事部门要认真履行职责，结合本单位实际制定平时考核试点工作方案，积极探索，创新考核方式，不断完善考核评价机制，切实加强公务员管理，努力建设一支信念坚定、为民服务、勤政务实、敢于担当、清正廉洁的高素质公务员队伍。

2014 年 9 月 18 日

国家公务员局关于印发《国家公务员特色实践教育基地管理暂行办法》的通知

国公局发［2014］8 号

各省、自治区、直辖市及新疆生产建设兵团公务员局，国务院各部委、各直属机构人事部门：

《国家公务员特色实践教育基地管理暂行办法》已经国家公务员局局务会审议通过，现印发你们，请结合本地区、本部门实际认真执行。

2014 年 12 月 17 日

国家公务员特色实践教育基地管理暂行办法

为规范和加强公务员特色实践教育基地运行管理，根据《公务员培训规定（试行）》，制定本办法。

一、国家公务员特色实践教育基地（以下简称实践教育基地）由国家公务员局根据公务员培训工作需要，按照主题突出、特色鲜明、科学规范、动态管理的原则确定，围绕特色实践教育主题开展教育培训。

二、国家公务员局负责实践教育基地的确定和撤销，对实践教育基地进行业务指导，对实践教育基地的运行管理进行监督，促进实践教育基地充分发挥作用。

省级公务员局协助国家公务员局做好实践教育基地管理工作。实践教育基地的主管部门应当支持实践教育基地建设。

三、实践教育基地应具备以下资格条件：

（一）具有特色鲜明的实践教育主题。

（二）能够根据需要开发和编制符合本实践教育基地特色的培训课程，组织实施特色培训项目。

（三）具有承接培训的教学基础设施和围绕本实践教育基地特色主题开展培训的专（兼）职师资队伍。

四、实践教育基地申报确定程序。

（一）申请单位提出书面申请并附相关材料，由省级公务员局进行初审后，报国家公务员局。

（二）国家公务员局对申请材料进行核实、论证，并组织实地考察和评审。

（三）评审通过后，以批复形式予以确定，并授予国家公务员特色实践教育基地牌匾。

五、实践教育基地应严格遵守公务员培训有关法律法规和政策规定，根据公务员培训需要，承担培训任务，围绕特色主题开展实践教育培训，不得以基地名义开展以营利为目的的商业活动。

六、实践教育基地应加强制度建设，形成符合本实践教育基地特色的培训模式和培训方式方法，不断加强师资队伍建设和硬件建设。

七、实践教育基地应严格培训经费管理，厉行节约、反对浪费，提高培训经费使用效益。

八、国家公务员局对实践教育基地实行动态管理，建立退出机制，适时对实践教育基地进行考核评估。考核结果不合格的，责令限期整改。在规定时间内仍然达不到要求的，撤销该实践教育基地资格，收回牌匾。

九、实践教育基地长期不承担培训任务或因违纪违规被查处的，由国家公务员局撤销该实践教育基地资格，收回牌匾。

十、本办法适用于中央机关申报的实践教育基地的确定和管理。

其　　他

中共中央组织部关于加强干部选拔任用工作监督的意见

中组发［2014］3号

各省、自治区、直辖市党委组织部，中央和国家机关各部委，各人民团体组织部门，新疆生产建设兵团党委组织部：

加强干部选拔任用工作监督，是保证选贤任能、纯洁用人风气的重要举措。近些年来，各级党委（党组）和组织人事部门认真贯彻党的干部路线方针政策，加强选人用人监督，整治用人上不正之风，取得积极成效。但是，在一些地方和单位，违规用人问题仍时有发生，跑官要官、拉票贿选、买官卖官等不正之风屡禁不止，干部群众反映强烈。日前，中央颁发了新修订的《党政领导干部选拔任用工作条例》（以下简称《干部任用条例》），这既是规范干部选拔任用工作的总章程，也是加强干部选拔任用工作监督的重要依据。为了贯彻落实党要管党、从严治党方针，严明组织纪律，大力营造风清气正的用人环境，保证《干部任用条例》严格执行，经中央同意，现提出如下意见。

一、认真贯彻《干部任用条例》，严格按制度规定选人用人。各级党委（党组）和组织人事部门要不折不扣执行《干部任用条例》，严格按规定的原则、标准、条件、资格、程序和纪律办事，有规必依、执规必严。严禁违反规定程序选拔任用干部，严禁私自干预下级或原任职单位干部任用，严禁在干部考察中隐瞒或歪曲事实真相，严禁在干部档案上弄虚作假，严禁跑风漏气，严禁突击提拔调整干部，严禁封官许愿、任人唯亲、营私舞弊，严禁采取跑官要官、说情打招呼等手段为本人或他人谋取职位，严禁搞拉票等非组织活动，严禁超职数配备、超机构规格提拔干部或违规提高干部职级待遇。

二、严格把好人选廉政关，坚决防止“带病提拔”。要严格考察人选对象的党风廉政情况，认真听取纪检监察机关意见，对有问题反映应当核查但尚未核查或正在核查的，不得提交党委（党组）讨论决定，对有反映但不构成违纪的要从严掌握。对人选对象，要认真查阅个人有关事项报告情况，必要时进行核实，对不如实填报或隐瞒不报的，不得提拔任用。要严格干部档案审核，对人选干部身份、年龄、工龄、党龄、学历、经历等档案信息要仔细核查，不得放过任何疑点。对干部任职公示期间收到的有关问题反映，要按规定认真调查核实，没有查清之前，不得办理任职手续。

三、严厉查处违规用人行为，坚决整治用人上的不正之风。不论是集中换届还是日常干部选拔任用，对违反组织人事纪律的实行“零容忍”、坚决不放过，发现一起、查处一起，让那些搞不正之风的人不仅捞不到好处，而且受到严厉惩处。对跑官要官的，一律不得提拔使用，并记录在案，视情节给予批评教育或组织处理；对拉票贿选的，一律排除出人选名单或取消候选人资格，已经提拔的责令辞职或者免职、降职，贿选的还要依纪依法处理；对买官卖官的，一律先停职或免职，移送执纪执法机关处理；对违反规定作出的干部任用决定，一律宣布无效，按干部管理权限予以纠正；对说情、打招呼和私自干预下级干部选拔任用的，一律坚决抵制，视情节给予批评教育或组织处理。健全完善“12380”综合举报受理平台，坚持和完善立项督查制度，对群众反映的选人用人问题，认真查核、严肃处理。加大违规用人案件通报、曝光力度，发挥警示震慑作用。

四、建立倒查机制，强化干部选拔任用责任追究。认真落实《党政领导干部选拔任用工作责任追究办法（试行）》有关规定，凡出现“带病提拔”、突击提拔、违规破格提拔等问题，都要对选拔任用过程进行倒查，存在隐情不报、违反程序等失职渎职行为的，不仅查处当事人，而且追究责任人，一查到底、问责到人。对一个地方和单位连续发生或大面积发生违反组织人事纪律问题的，以及对违反组织人事纪律行为查处不力的，必须严肃追究党委（党组）主要领导的责任，严肃追究组织人事部门和相关部门负责人的责任。要建立干部选拔任用纪实制度，为开展倒查、追究问责提供依据。

五、加大监督检查力度，及时发现和纠正存在的问题。以贯彻落实《干部任用条例》等法规为主要内容，加强选人用人工作监督检查，着力检查程序是否合规、导向是否端正、风气是否清正、结果是否公正。要强化重点检查，对干部群众反映强烈的突出问题、举报反映多的地方和单位进行有针对性的检查；深化巡视检查，充分发挥巡视对选人用人的监督作用；开展普遍检查，每3～5年分级分类对所有有用人权的单位全面检查一遍。要注重事前监督，严格执行干部选拔任用工作有关事项报告制度，凡应报告而未报告的任用事项一律无效，防止出现违规破格提拔干部、任人唯亲、借竞争性选拔变相违规用人等问题。要加强结果监督，坚持和完善干部选拔任用“一报告两评议”、离任检查等制度，有效规范选人用人行为。

六、组工干部要坚持公道正派，严格执行组织人事纪律。各级组织人事部门要把干部选拔任用工作监督摆在突出位置来抓，干部监督机构要具体负责监督任务的组织实施，干部工作机构要结合自身职责做好有关监督工作。干部考察组要履行“一岗双责”，既做好考察工作，又监督用人风气。组工干部要切实增强党性，坚持原则、公道正派、敢于担当，严格按党的政策办事、按规章制度办事、按组织程序办事，带头维护干部工作的严肃性，坚决抵制和纠正用人上的不正之风。对违反组织人事纪律的，一律清除出组工干部队伍。

2014年1月21日

中共中央组织部　中央编办　国家公务员局关于严禁超职数配备干部的通知

组通字〔2014〕5号

各省、自治区、直辖市党委组织部、编办、政府公务员局，中央和国家机关各部委、各人民团体组织人事部门，新疆生产建设兵团党委组织部、编办、公务员局，各中管金融企业党委，部分国有重要骨干企业党组（党委），部分高等学校党委：

党的十八届三中全会明确提出，要严格按照规定职数配备领导干部。这是干部工作必须坚持的基本原则，也是中央三令五申、反复强调的重要干部政策。当前，一些地方和单位的机构编制纪律意识淡薄，对职数控制不严，超职数配备干部的问题比较突出，群众对此反映强烈，必须采取切实有效措施坚决整治。经中央同意，现就严禁超职数配备干部的有关事项通知如下。

一、严明纪律要求。严禁超出核定的领导职数配备干部；严禁以“低职高配”等形式超机构规格提拔干部；严禁违反规定设置“助理”“顾问”“资政”等领导职务名称配备干部；严禁出台“土政策”，用职务和职级待遇奖励领导干部，违反规定提高干部职级待遇；严禁突破比例限额、超出规定范围，以“正副厅局级干部”“正副县处级干部”或“正副乡处级干部”等名义变相设置非领导职数配备干部。因军转安置、机构改革、换届等特殊情况确需超职数配备干部的，应当书面报告上一级组织人事部门和机构编制部门，上一级组织人事部门和机构编制部门要严格审核把关。

二、开展普遍检查。2014年第一季度，各级组织人事部门要对照机构编制部门核定的领导职数和按有关规定核定的非领导职数，对本地区本单位按职数配备干部的情况进行一次全面自查（国有企业按照企业内部有关机构编制和职数规定进行自查）。第二季度，各组织人事部门要会同机构编制部门，对下级按职数配备干部的情况进行一次普遍检查，做到全覆盖，真正摸清底数，掌握实情。

三、限期整改消化。各级组织人事部门要结合实际，研究制定超职数配备干部的整改计划，明确整改措施和消化期限。对违规超领导职数配备的干部要尽快消化，未消化前不得新配备干部；对违规超非领导职数配备的干部要逐步消化，用两到三年时间基本完成消化任务。

2014年6月30日前，各级组织人事部门要将整改计划报上一级组织人事部门审核备案，同时抄送上一级机构制部门。上级组织人事部门要全程跟踪整改计划执行情况。

四、强化上级监督。要把按职数配备干部的情况列为干部选拔任用工作有关事项报告的一项重要内容。把按职数配备干部的情况列为巡视检查、选人用人专项检查、干部选拔任用“一报告两评议”以及市县党委书记履行干部选拔任用工作职责离任检查等工作的一项重要内容，进一步强化监督，发现问题，及时纠正。

五、严肃查处追责。要把反映超职数配备干部等问题纳入“12380”举报受理的重点内容，严肃查处。本通知印发后仍违规超职数配备干部的，一经查实，要依据《党政领导干部选拔任用工作责任追究办法（试行）》（中办发［2010］9号）、《关于机构编制违纪行为适用〈中国共产党纪律处分条例〉若干问题的解释》（中纪发［2009］5号）和《行政机关机构编制违法违纪行为政纪处分暂行规定》（监察部、人力资源社会保障部令2012年第 27 号）等有关规定，严肃追究党委（党组）及其组织人事部门主要负责人的责任。典型案件要在一定范围予以通报，或公开曝光。

各级组织人事部门要按照从严治党、从严管理监督干部的要求，在党委（党组）的领导下，以深入开展党的群众路线教育实践活动为契机，采取有效管用措施，抓紧整改超职数配备干部问题，有序消化超职数配备的干部，严禁违规超职数配备新的干部。

2014 年 1 月 9 日

国务院医改办关于加快推进城乡居民大病保险工作的通知

国医改办发〔2014〕1号

各省、自治区、直辖市和计划单列市、新疆生产建设兵团医改领导小组办公室：

为贯彻落实党的十八届三中全会关于加快推进重特大疾病医疗保险和救助制度建设的要求，根据国家发展改革委等六部门《关于开展城乡居民大病保险工作的指导意见》（发改社会〔2012〕2605号），现就加快推进城乡居民大病保险工作通知如下。

一、进一步提高思想认识

加快推进城乡居民大病保险工作，有利于健全全民医保体系，筑牢群众看病就医的网底；有利于减轻人民群众大病医疗费用负担，防止因病致贫、因病返贫，促进社会公平正义；有利于创新管理服务方式，发挥商业保险的管理和专业优势；有利于完善分级诊疗服务体系，促进医疗机构提升服务水平。各地方、各部门要充分认识加快推进城乡居民大病保险工作的重要性、紧迫性，周密部署，统筹协调，务求实效。

二、全面推开试点工作

严格贯彻落实《关于开展城乡居民大病保险工作的指导意见》要求，2014年全面推开城乡居民大病保险试点工作。已经开展试点的省份要切实抓好有关各项工作，认真组织实施，及时研究解决试点中存在的问题，在总结经验的基础上，逐步扩大实施范围；尚未开展试点的省份，要在 2014 年 6 月底前启动试点工作。

三、加强组织领导

各地要加强对推进大病保险工作的组织领导，建立健全由医改办牵头，发展改革、财政、人力资源社会保障、民政、卫生计生、保监等部门参与的协调推进工作机制。各地医改办要加大统筹协调力度，明确工作进度，细化配套措施。尚未制定大病保险工作实施方案的省份，要在 2014 年 5 月底前出台有关文件并报国务院医改办和有关主管部门备案。

四、强化政策宣传和培训

各地要采取多种形式做好城乡居民大病保险的宣传和政策解读，使群众真正了解这项政策的实惠，能够“求助有门”。加强对有关主管部门及相关工作人员的培训，使其理解掌握这项政策的内涵实质，全面落实有关政策要求，合理引导社会预期，为加快推进大病保险工作营造良好的社会氛围。

五、加强督促检查和考核评估

各地要加强对大病保险工作的指导和督促检查，做好跟踪分析、监测评价等工作。建立完善以保障水平和参保人员满意度等为主要内容的商业保险机构考核评价办法。国务院医改办将对各地开展城乡居民大病保险工作情况进行考核评估。

六、强化重大问题研究

各地医改办要会同有关部门，加大对合规医疗费用界定、提升统筹层次、完善筹资机制等重大问题的研究力度，及时完善相关政策，健全大病保险制度。各地医改办会同有关部门每年要对大病保险工作进展和运行情况进行总结，年度总结报告报国务院医改办和有关主管部门。

七、强化监管和服务

加强对医疗服务质量和医疗费用的监管，控制不合理医疗行为和费用。加强对商业保险机构的监管，通过日常抽查、建立便捷投诉受理渠道等多种方式，督促其提高服务质量和水平，维护参保人合法权益，防止信息外泄和滥用，对违法违约行为及时处理。鼓励商业保险机构利用全国网络优势，为参保人员提供“一站式”即时结算、异地结算等服务，确保群众方便及时得到大病保险补偿。建立大病保险信息通报制度，大病保险筹资标准、待遇水平、年度收支情况等要向社会公开，接受社会监督。

各地在推进城乡居民大病保险工作中遇到的重大问题，要及时向国务院医改办和有关主管部门报告。

2014 年 1 月 28 日

财政部　国家外国专家局关于印发《因公短期出国培训费用管理办法》的通知

财行〔2014〕4号

党中央各部门，国务院各部委、各直属机构，全国人大常委会办公厅，全国政协办公厅，高法院，高检院，各人民团体，各民主党派，各省、自治区、直辖市、计划单列市财政厅（局）、外国专家局，新疆生产建设兵团财务局、外国专家局：

根据中共中央政治局《关于改进工作作风、密切联系群众的八项规定》的要求和《党政机关厉行节约反对浪费条例》的精神，为进一步规范因公短期出国培训费用管理，我们研究制定了《因公短期出国培训费用管理办法》（以下简称《办法》），现印发给你们，请认真遵照执行。

请各地区各部门各单位根据《办法》基本原则和要求，结合实际制定具体规定，并于2014年4月1日前报送财政部备案。

附件：因公短期出国培训费用管理办法

2014年2月25日

附件

因公短期出国培训费用管理办法

第一条 为进一步规范因公短期出国培训费用管理，加强预算监督，提高资金使用效益，保证出国培训工作的顺利开展，根据《党政机关厉行节约反对浪费条例》等法律法规，制定本办法。

第二条 各级党的机关、人大机关、行政机关、政协机关、审判机关、检察机关、民主党派、人民团体和事业单位（以下简称各单位）因公短期出国培训费用的管理适用本办法。

第三条 因公短期出国培训，是指各单位选派各类专业技术人员和管理人员到国外进行 90 天以内（不含 90 天）的业务培训。

第四条 因公短期出国培训应当坚持强化预算约束、优化培训结构、因事立项定人、加强监督管理的原则，严控费用规模，严格计划执行。

第五条 因公短期出国培训费用纳入预算管理。各单位安排因公短期出国培训项目应当实行经费预算先行审核，无预算或超预算的不得安排出国培训。

第六条 因公短期出国培训实行计划审核审批管理。组织、外专等有关部门应当加强出国培训的总体规划，严格控制出国培训规模，科学设置培训项目，择优选派培训对象，注重出国培训的质量和实效。

第七条 各单位应当建立因公短期出国培训计划与预算管理的内部控制制度。组团单位应当填报《因公短期出国培训任务和预算审批意见表》，由出国培训管理部门和财务部门分别审核并出具审签意见，报经本单位领导办公会或党组（党委）审议确定。培训任务、培训费用预算审核未通过的，不得列入单位出国培训计划，不得安排出国培训。

第八条 因公短期出国培训费用开支范围包括：培训费、国际旅费、国外城市间交通费、住宿费、伙食费、公杂费和其他费用。其中，培训费是指出国培训团组用于授课、翻译、场租、资料、课程设计、对口业务考察或业务实践活动等在国外培训所必须发生的费用。

第九条 国际旅费、国外城市间交通费、住宿费、伙食费、公杂费、其他费用的管理要求和开支标准参照《因公临时出国经费管理办法》（财行［2013］516号）执行。

培训费开支在规定的标准之内据实报销。

出国培训团组需在国内开展预培训和培训总结所发生的费用，参照国内培训费相关规定执行。

第十条 组团单位和培训项目境外承办机构双方应当签订培训协议，明确培训费用的明细支出项目。

国家外国专家局对培训项目境外承办机构定期进行资格认定和监督检查，认定结果予以公开。

第十一条 中央财政安排出国培训专项经费，对专业技术人才、高技能人才、农村实用及社会工作人才类培训予以重点资助。

第十二条 由外方资助出国培训经费的，各单位不得重复支付。外方对费用开支有明确规定的，按其规定执行；没有规定的，参照规定的标准和要求执行。外方资助经费不足以弥补规定培训费用开支的，可以按照规定的开支标准，由各单位补足其费用差额部分。

第十三条 培训人员回国报销费用时，应当凭出国任务批件和出国培训审核件，填报《因公短期出国培训费用报销单》，并附各项经费开支有效票据。

各单位财务部门应当对因公短期出国培训团组提供的出国任务批件、护照（包括签证和出入境记录）复印件及有效费用明细票据进行认真审核，严格按照批准的出国培训团组人员、天数、路线、经费预算及开支标准核销经费，超出部分不得核销。

第十四条 各单位不得组织计划外或营利性出国培训项目，也不得安排照顾性质、无实质内容、无实际需要及参观考察等一般性出国培训项目。

第十五条 培训团组在国外期间，原则上不赠送礼品，一律不安排宴请。

培训团组严禁接受或变相接受企事业单位资助，严禁向同级机关、下级机关、所属单位、我驻外机构等摊派或转嫁出国培训费用。

第十六条 建立出国培训项目信息公开制度和成果共享机制。除涉密内容和事项外，各单位应当将培训的项目、内容、人数、经费等情况，以适当方式进行公开。

第十七条 各级出国培训管理、外事、财政、审计等部门对因公短期出国培训项目执行情况和培训费用管理使用情况进行定期或不定期检查。

各单位应当建立健全因公短期出国培训项目内部监督检查机制，每半年向同级出国培训管理、外事、财政部门报送本单位因公短期出国培训项目执行和费用使用情况。

第十八条 各单位以及培训人员违反本办法规定，有下列行为之一的，相关开支一律不予报销，并按照《财政违法行为处罚处分条例》和《党政机关厉行节约反对浪费条例》等有关规定予以处理：

（一）无预算或未经财务部门同意安排出国培训项目的；

（二）违规扩大出国培训费用开支范围的；

（三）擅自提高出国培训费用开支标准的；

（四）虚报培训团组人数、天数等，套取出国培训费用的；

（五）使用虚假票据报销出国培训费用的；

（六）培训期间存在铺张浪费、公款旅游行为的；

（七）其他违反本办法的行为。

第十九条 各单位因公短期赴香港、澳门、台湾地区培训的，适用本办法。

第二十条 确有必要到未列培训费开支标准的国家（地区）开展因公培训的，可按照经济社会发展水平相近的国家标准执行。

第二十一条 国有企业和其他机构因公短期出国培训参照本办法执行。

第二十二条 本办法由财政部、国家外国专家局负责解释。

第二十三条 本办法自 2014 年 4 月 1 日起施行。国家外国专家局、财政部《关于出国（境）实习培训团组集体开支的培训费标准和管理办法的暂行规定》（外专发［1994］162 号）及国家外国专家局、财政部《关于调整短期出国（境）培训生活费开支标准和部分国家培训费币种的通知》（外专发［2002］95 号）同时废止。

民政部关于贯彻落实国务院取消全国性社会团体分支机构、代表机构登记行政审批项目的决定有关问题的通知

民发［2014］38 号

各全国性社会团体：

2013 年 11 月 8 日，《国务院关于取消和下放一批行政审批项目的决定》（国发［2013］44 号）（以下简称《决定》）取消了民政部对全国性社会团体分支机构、代表机构设立登记、变更登记和注销登记的行政审批项目。为贯彻落实《决定》的要求，深入推进社会团体登记管理制度改革，切实转变政府职能，进一步激发社会团体活力，更好地发挥其在经济社会发展中的积极作用，现就有关事项通知如下。

一、自《决定》发布之日起，我部不再受理全国性社会团体分支机构（包括专项基金管理机构）、代表机构的设立、变更、注销登记的申请，不再换发上述机构的登记证书，不再出具分支机构、代表机构刻制印章的证明。

二、全国性社会团体根据本团体章程规定的宗旨和业务范围，可以自行决定分支机构、代表机构的设立、变更和终止。前述决定应当经理事会或者常务理事会讨论通过，制作会议纪要，妥善保存原始资料。

三、社会团体的分支机构、代表机构是社会团体的组成部分，不具有法人资格，不得另行制定章程，在社会团体授权的范

围内开展活动、发展会员，法律责任由设立该分支机构、代表机构的社会团体承担。

四、社会团体不得设立地域性分支机构，不得在分支机构、代表机构下再设立分支机构、代表机构。

五、社会团体的分支机构、代表机构名称不得以各类法人组织的名称命名，不得在名称中使用“中国”“中华”“全国”“国家”等字样，开展活动应当使用冠有所属社会团体名称的规范全称。

六、社会团体应当建立健全管理制度，切实加强对其分支机构、代表机构的监督管理。社会团体应当将分支机构、代表机构的财务、账户纳入社会团体统一管理，不得以设立分支机构、代表机构的名义收取或变相收取管理费、赞助费等，不得将上述机构委托其他组织运营，确保分支机构、代表机构依法办事，按章程开展活动。

七、社会团体应当在年度工作报告中将其分支机构、代表机构的名称、负责人、住所、设立程序、开展活动等有关情况报送业务主管单位和登记管理机关（直接登记的社会团体报送登记管理机关），接受年度检查，不得弄虚作假。同时，应当将上述信息及时向社会公开，自觉接受社会监督。

取消行政审批后出现的新情况、新问题，请及时向我部反映。我部将根据工作需要，协调有关部门另行制定有关后续服务管理措施。

2014年2月26日

中华人民共和国最高人民法院公告

《最高人民法院关于审理工伤保险行政案件若干问题的规定》已于2014年4月21日由最高人民法院审判委员会第1613次会议通过，现予公布，自2014年9月1日起施行。

2014年6月18日

最高人民法院关于审理工伤保险行政案件若干问题的规定

为正确审理工伤保险行政案件，根据《中华人民共和国社会保险法》《中华人民共和国劳动法》《中华人民共和国行政诉讼法》《工伤保险条例》及其他有关法律、行政法规规定，结合行政审判实际，制定本规定。

第一条 人民法院审理工伤认定行政案件，在认定是否存在《工伤保险条例》第十四条第（六）项“本人主要责任”、第十六条第（二）项“醉酒或者吸毒”和第十六条第（三）项“自残或者自杀”等情形时，应当以有权机构出具的事故责任认定书、结论性意见和人民法院生效裁判等法律文书为依据，但有相反证据足以推翻事故责任认定书和结论性意见的除外。

前述法律文书不存在或者内容不明确，社会保险行政部门就前款事实作出认定的，人民法院应当结合其提供的相关证据依法进行审查。

《工伤保险条例》第十六条第（一）项“故意犯罪”的认定，应当以刑事侦查机关、检察机关和审判机关的生效法律文书或者结论性意见为依据。

第二条 人民法院受理工伤认定行政案件后，发现原告或者第三人在提起行政诉讼前已经就是否存在劳动关系申请劳动仲裁或者提起民事诉讼的，应当中止行政案件的审理。

第三条 社会保险行政部门认定下列单位为承担工伤保险责任单位的，人民法院应予支持：

（一）职工与两个或两个以上单位建立劳动关系，工伤事故发生时，职工为之工作的单位为承担工伤保险责任的单位；

（二）劳务派遣单位派遣的职工在用工单位工作期间因工伤亡的，派遣单位为承担工伤保险责任的单位；

（三）单位指派到其他单位工作的职工因工伤亡的，指派单位为承担工伤保险责任的单位；

（四）用工单位违反法律、法规规定将承包业务转包给不具备用工主体资格的组织或者自然人，该组织或者自然人聘用的职工从事承包业务时因工伤亡的，用工单位为承担工伤保险责任的单位；

（五）个人挂靠其他单位对外经营，其聘用的人员因工伤亡的，被挂靠单位为承担工伤保险责任的单位。

前款第（四）、（五）项明确的承担工伤保险责任的单位承担赔偿责任或者社会保险经办机构从工伤保险基金支付工伤保险待遇后，有权向相关组织、单位和个人追偿。

第四条 社会保险行政部门认定下列情形为工伤的，人民法院应予支持：

（一）职工在工作时间和工作场所内受到伤害，用人单位或者社会保险行政部门没有证据证明是非工作原因导致的；

（二）职工参加用人单位组织或者受用人单位指派参加其他单位组织的活动受到伤害的；

（三）在工作时间内，职工来往于多个与其工作职责相关的工作场所之间的合理区域因工受到伤害的；

（四）其他与履行工作职责相关，在工作时间及合理区域内受到伤害的。

第五条 社会保险行政部门认定下列情形为“因工外出期间”的，人民法院应予支持：

（一）职工受用人单位指派或者因工作需要在工作场所以外从事与工作职责有关的活动期间；

（二）职工受用人单位指派外出学习或者开会期间；

（三）职工因工作需要的其他外出活动期间。

职工因工外出期间从事与工作或者受用人单位指派外出学习、开会无关的个人活动受到伤害，社会保险行政部门不认定为工伤的，人民法院应予支持。

第六条 对社会保险行政部门认定下列情形为“上下班途中”的，人民法院应予支持：

（一）在合理时间内往返于工作地与住所地、经常居住地、单位宿舍的合理路线的上下班途中；

（二）在合理时间内往返于工作地与配偶、父母、子女居住地的合理路线的上下班途中；

（三）从事属于日常工作生活所需要的活动，且在合理时间和合理路线的上下班途中；

（四）在合理时间内其他合理路线的上下班途中。

第七条 由于不属于职工或者其近亲属自身原因超过工伤认定申请期限的，被耽误的时间不计算在工伤认定申请期限内。

有下列情形之一耽误申请时间的，应当认定为不属于职工或者其近亲属自身原因：

（一）不可抗力；

（二）人身自由受到限制；

（三）属于用人单位原因；

（四）社会保险行政部门登记制度不完善；

（五）当事人对是否存在劳动关系申请仲裁、提起民事诉讼。

第八条 职工因第三人的原因受到伤害，社会保险行政部门以职工或者其近亲属已经对第三人提起民事诉讼或者获得民事赔偿为由，作出不予受理工伤认定申请或者不予认定工伤决定的，人民法院不予支持。

职工因第三人的原因受到伤害，社会保险行政部门已经作出工伤认定，职工或者其近亲属未对第三人提起民事诉讼或者尚未获得民事赔偿，起诉要求社会保险经办机构支付工伤保险待遇的，人民法院应予支持。

职工因第三人的原因导致工伤，社会保险经办机构以职工或者其近亲属已经对第三人提起民事诉讼为由，拒绝支付工伤保险待遇的，人民法院不予支持，但第三人已经支付的医疗费用除外。

第九条 因工伤认定申请人或者用人单位隐瞒有关情况或者提供虚假材料，导致工伤认定错误的，社会保险行政部门可以在诉讼中依法予以更正。

工伤认定依法更正后，原告不申请撤诉，社会保险行政部门在作出原工伤认定时有过错的，人民法院应当判决确认违法；社会保险行政部门无过错的，人民法院可以驳回原告诉讼请求。

第十条 最高人民法院以前颁布的司法解释与本规定不一致的，以本规定为准。

中共中央组织部关于在干部教育培训中加强理想信念和道德品行教育的通知

中组发［2014］15号

各省、自治区、直辖市党委组织部，中央和国家机关各部委、各人民团体组织人事部门，新疆生产建设兵团党委组织部：

为贯彻落实习近平总书记系列重要讲话特别是在参加兰考县委常委班子专题民主生活会时的重要讲话精神，引导和帮助干部进一步坚定理想信念和提升道德素质，现就在干部教育培训中加强理想信念和道德品行教育工作通知如下。

一、充分认识加强理想信念和道德品行教育的重大意义

党的干部是党的事业的骨干，是共产主义远大理想和中国特色社会主义共同理想的坚定信仰者，是社会主义道德的示范引领者。干部的理想信念和道德品行状况关系党在人民心目中的形象，关系党的创造力、凝聚力和战斗力，关系党和国家事业的兴衰成败。当前大多数干部理想信念是坚定的，道德品行是好的。同时也要看到，在干部队伍中，理想信念缺失、道德品行不佳是一个需要引起高度重视的问题。一些干部对共产主义心存怀疑，对社会主义前途命运信心不足，甚至向往西方社会制度和价值观念；有的干部不信马列信鬼神，从封建迷信中寻找精神寄托，热衷于算命看相、烧香拜佛，遇事“问计于神”；有的干部在涉及党的领导和中国特色社会主义道路等原则性问题的政治挑衅面前态度暧昧、消极躲避、不敢亮剑；有的干部信奉金钱至上、名利

至上、享乐至上，情趣低俗，玩物丧志，沉湎花天酒地，纵情声色犬马，心里没有任何敬畏，行为没有任何底线。还必须看到，随着国内外环境深刻变化，经济社会深刻变革，干部在理想信念上遇到的纷扰是多重的，在道德品行上面临的考验是严峻的。必须充分认识加强干部队伍思想道德建设的重要性、紧迫性和长期性，采取切实有效措施，在干部教育培训中把理想信念和道德品行教育摆在更加突出的位置，切实引导和帮助干部进一步坚定共产主义理想，增强中国特色社会主义道路自信、理论自信、制度自信，模范践行社会主义核心价值观，讲党性、重品行、作表率，以实际行动彰显共产党人的人格力量，始终坚守共产党人的精神家园。

二、准确把握理想信念和道德品行教育的主要内容

开展理想信念教育，关键是要引导干部把理想信念建立在对科学理论的理性认同上、对历史规律的正确认识上、对基本国情的准确把握上。要深入开展马克思列宁主义、毛泽东思想、邓小平理论、“三个代表”重要思想、科学发展观的教育，尤其要深入学习领会习近平总书记系列重要讲话精神，使干部真正领会贯穿其中的马克思主义立场观点方法，坚定对马克思主义的信仰，防止在西方宪政民主、“普世价值”、“公民社会”等言论的鼓噪下迷失方向，防止在封建迷信和宗教的影响下失去自我。深入开展党史国史、社会主义发展史和世界历史的学习，帮助干部了解党和国家事业发展的来龙去脉，深刻认识共产党执政规律、社会主义建设规律、人类社会发展规律，坚定共产主义必胜的信念。深入开展国情世情教育，引导干部在不同社会制度、不同发展道路的比较中鉴别优劣、看清趋势，深化对中国特色社会主义的政治认同、思想认同和感情认同。

开展道德品行教育，关键是要引导干部明大德、守公德，成为一个高尚的人、一个纯粹的人、一个有道德的人、一个脱离了低级趣味的人、一个有益于人民的人。要深入开展政治品质教育，组织干部认真学习党章，加强党的群众路线和“三严三实”教育，开展政治纪律和反腐倡廉教育，引导干部对党和人民忠诚老实、言行一致，对上对下讲真话，面对大是大非能够挺身而出，面对歪风邪气敢于进行斗争。深入开展社会主义核心价值观教育，特别是要抓好社会公德、职业道德、家庭美德、个人品德教育，引导干部追求高尚情操，维护公平正义，忠实履行职责，坚守道德底线，远离低级趣味。深入开展中华优秀传统文化教育，深入阐发讲仁爱、重民本、守诚信、崇正义、尚和合、求大同的时代价值，引导干部继承和弘扬传统美德，捍卫国家和民族的精神独立性，防止成为西方道德价值的“应声虫”。要按照《党政机关厉行节约反对浪费条例》有关规定，把厉行节约反对浪费作为重要内容，教育引导干部严格要求自己，反对铺张浪费、奢华攀比。

三、认真做好理想信念和道德品行教育的教学安排

党校、行政学院、干部学院要充分发挥主渠道、主阵地作用，在各类主体班次中都要把理想信念和道德品行教育作为必修内容，定期开展需求调研，作出具体教学安排。以理论武装和党性教育为主要内容的专题班次，要紧紧围绕党员干部在理想信念和道德品行方面存在的突出问题，有针对性地设置理论武装、党性锻炼、现场体验等教学模块，帮助党员干部夯实理想信念和道德品行的思想理论基础。以提高能力为主要任务的班次，要有机融入理想信念和道德品行教育的相关内容，把坚定理想信念、加强道德修养与提高履职能力有机结合起来，既帮助党员干部增强领导改革开放和社会主义现代化建设的本领，又帮助党员干部牢固树立正确的世界观、人生观、价值观和权力观、事业观、政绩观。国家级干部教育培训机构要会同有关部门开设道德品行教育专题班次，为其他干部教育培训机构作出示范，把道德品行教育引向深入。

各级党校、行政学院、干部学院主体班次都要建立学员党支部，有针对性地开展支部活动，严格党内生活，强化教育管理。学制1个月以上的主体班次，都要进行党性分析并撰写报告。要认真做好动员、组织、评议、总结等各个环节的工作，确保党性分析不走过场。学员在撰写党性分析材料时，要针对个人的理想信念和道德品行作出专门剖析，敞开思想、触及灵魂、深挖根源，明确改进方向和整改措施。

部门行业干部教育培训机构和干部教育培训高校基地要参照上述做法，在开设的各类班次中对理想信念和道德品行教育作出相应安排。网络培训要重视开发理想信念和道德品行教育的相关课件，作为公开课供有关培训机构和党员干部学习使用。

四、切实增强理想信念和道德品行教育的实际效果

坚持务实管用原则，灵活运用课堂讲授、现场教学、典型示范教育、研讨交流、音像教学等方式方法，把强有力的灌输教育与潜移默化的情感传输、春风化雨般的悉心引导结合起来，增强理想信念和道德品行教育的说服力感染力。坚持理论与实践、历史与现实、国际与国内相结合，运用历史的、辩证的方法，讲透马克思主义真理的科学性，引导广大干部在与众多社会思潮的比较中坚持中国特色社会主义不动摇，既不走封闭僵化的老路，也不走改旗易帜的邪路。突出问题导向，紧紧围绕改革发展稳定面临的难点问题，广大干部群众关注的热点问题，党员干部思想和作风方面存在的苗头性、倾向性、潜在性问题，组织学员深入开展讨论，研机析理，真正把问题弄清弄透，引导干部廓清思想迷雾，增强政治定力、价值判断力和道德责任感。发挥先进典型的道德示范作用，坚持用焦裕禄、杨善洲等先进人物的事迹教育干部，请道德模范现身说法，激发干部“见贤思齐”的内生动力。加强警示教育，通过深刻剖析反面典型违纪违法的道德根源，引导干部“见不贤而内自省”，防微杜渐，筑牢思想道德防线。充分利用现代信息技术手段和各种传媒渠道，不断扩大干部理想信念和道德品行教育的覆盖面。

五、不断加强理想信念和道德品行教育的能力建设

坚持教育者先受教育，采取有力措施全面加强干部教育培训机构教学、科研和管理人员的理想信念和道德品行教育。党校、行政学院和干部学院要重视理想信念和道德品行教育专职教师的培养。实施“骨干教师培训计划”要侧重培养理想信念和道德品行教育方面的骨干师资，国家级干部教育培训机构每年至少为地方培训500名骨干师资。加强师资库建设，大力选聘自身素质高、授课效果好的领导干部、专家学者、道德楷模，充实师资力量。积极开发利用革命历史、党风廉政、中华传统美德等现场教学基地，为理想信念和道德品行教育提供鲜活生动的课堂。不断更新完善理想信念和道德品行教育的内容和事例，着力打造一批精品课程。积极开发培训教材（包括音像教材），特别是思想性强、时代感强、说服力强的案例教材。加强对理想信念和道德品行教育的理论研究，深化规律性认识，不断提升教育培训质量。

六、建立健全理想信念和道德品行教育的长效机制

坚持把理想信念和道德品行教育作为一项重要政治任务常抓不懈。各级组织人事部门要把相关内容纳入干部教育培训规划和年度工作计划，加强工作指导和督促检查，并与干部德的考核结合起来，实现理想信念和道德品行教育的制度化常态化科学化。各级干部教育培训机构要进一步加强学风建设，坚持从严治校、从严治教、从严治学，坚持勤俭办校，要求教师以德施教，用良好校风教风熏陶学员；要严格学员管理，配合组织人事部门加强学员培训期间的考核，使教育培训的过程成为干部坚定理想信念、提升道德品行的过程。

中央组织部将会同有关部门定期开展督查，指导各地区各部门把理想信念和道德品行教育任务落到实处。

2014 年 7 月 15 日

国家卫生和计划生育委员会令

第 4 号

《医师资格考试违纪违规处理规定》已于 2014 年 7 月 7 日经国家卫生计生委主任会议讨论通过，现予公布，自 2014 年 9 月 10 日起施行。

主　任　李　斌

2014 年 8 月 10 日

医师资格考试违纪违规处理规定

第一章　总　　则

第一条　为加强医师资格考试工作的管理，规范医师资格考试违纪违规行为的认定与处理，保障考试公平、公正，维护考生和考试工作人员的合法权益，根据《中华人民共和国执业医师法》（以下简称《执业医师法》）及相关法律法规，制定本规定。

第二条　本规定适用于在医师资格考试中对考生、命审题人员、考试工作人员、其他相关人员及考点违纪违规行为的认定和处理。

第三条 对考试违纪违规行为的认定与处理，应当做到事实清楚、证据确凿、程序规范、适用规定准确。

第四条 国家卫生计生委负责全国医师资格考试违纪违规行为认定和处理的监督管理。

设区的市级以上地方卫生计生行政部门负责本辖区医师资格考试违纪违规行为的认定、处理和监督管理。

国家医学考试中心在国家卫生计生委的领导下，负责全国医师资格考试结果的分析和管理，违纪违规行为认定、处理的指导和信息管理，并向国家卫生计生委报告全国医师资格考试违纪违规处理工作的相关情况。

国家中医药管理局中医师资格认证中心（以下简称中医师资格认证中心）根据职责分工负责相关工作。

考区、考点的考试机构在同级卫生计生行政部门领导下，分别负责本辖区考试违纪违规行为认定、处理等相关工作的具体实施。

第二章 考生及相关人员违纪违规行为的认定与处理

第五条 考生有下列行为之一的，当年该单元或者考站考试成绩无效：

（一）考试开始信号发出后，在规定之外位置就座并参加考试的；

（二）进入考室时，经提醒仍未按要求将规定物品放在指定位置的；

（三）考试开始信号发出前答题或者考试结束信号发出后继续答题，经提醒仍不改正的；

（四）未按要求使用考试规定用笔或者纸答题，经提醒仍不改正的；

（五）未按要求在试卷、答卷（含答题卡，下同）上正确书写本人信息、填涂答题信息或者标记其他信息，经提醒仍不改正的；

（六）考试开始30分钟内，经提醒仍不在答卷上填写本人信息的；

（七）在考试过程中，旁窥、交头接耳、互打暗号或者手势，经提醒仍不改正的；

（八）未经考试工作人员同意，在考试过程中擅自离开座位或者考室的；

（九）拒绝、妨碍考试工作人员履行管理职责的；

（十）在考室或者考场禁止的范围内，喧哗、吸烟或者实施其他影响考试秩序的行为，经劝阻仍不改正的；

（十一）同一考室、同一考题两份以上主观题答案文字表述、主要错点高度一致的；

（十二）省级以上卫生计生行政部门规定的其他一般违纪违规行为。

第六条 考生有下列行为之一的，当年考试成绩无效：

（一）考试开始信号发出后，被查出携带记载医学内容的材料的；

（二）抄袭或者协助他人抄袭试题答案或者考试内容相关资料的；

（三）将试卷、答卷或者涉及试题的作答信息材料带出考室的；

（四）故意损毁试卷、答卷或者考试设备、材料的；

（五）省级以上卫生计生行政部门规定的其他较为严重的违纪违规行为。

第七条 考生有下列行为之一的，当年考试成绩无效，在2年内不得报考医师资格：

（一）考试开始信号发出后，被查出携带电子作弊工具的；

（二）抢夺、窃取他人试卷、答卷或者强迫他人为自己抄袭提供方便的；

（三）在考场警戒线范围内交接或者交换试卷、答卷等考试相关材料的；

（四）拒不服从考试工作人员管理，故意扰乱考场、评卷场所等考试工作秩序的；

（五）与考试工作人员串通作弊的；

（六）威胁、侮辱、殴打考试工作人员的；

（七）利用伪造证件、证明及其他虚假材料报名的；

（八）填写他人考试识别信息或者试卷标识信息的；

（九）省级以上卫生计生行政部门规定的其他严重违纪违规行为。

第八条 考生有下列行为之一的，认定为参与有组织作弊，当年考试成绩无效，终身不得报考医师资格：

（一）由他人代替参加考试的；

（二）在考场警戒线范围内对外进行通讯、传递、发送或者接收试卷内容或者答案的；

（三）散布谣言，扰乱考试环境，造成严重不良社会影响的；

（四）考前非法获取、持有、使用、传播试题或者答案的；

（五）省级以上卫生计生行政部门规定的其他有组织作弊行为。

第九条 考试结束后发现并认定考生有违纪违规行为的，依照本规定进行处理。

第十条 考生通过违纪违规行为获得考试成绩并取得医师资格证书、医师执业证书的，由发放证书的卫生计生行政部门依据有关法律法规进行处理，撤销并收回医师资格证书、医师执业证书，并进行通报。

在校医学生、在职教师参与有组织作弊，由卫生计生行政部门将有关情况通报其所在学校，由其所在学校根据有关规定进行处理。在校医学生参与有组织作弊情节严重的，终身不得报考医师资格。

医师参与有组织作弊，已经取得医师资格但尚未注册的，卫生计生行政部门将不予注册；已经注册取得医师执业证书的，由注册的卫生计生行政部门依法注销其执业注册，收回医师执业证书，并不再予以注册。有其他违纪违规行为的，卫生计生行政部门应当依法进行处理。卫生计生行政部门对医师的处理情况应当及时通报其所在单位。

除考生外的其他人员参与有组织作弊的，卫生计生行政部门应当向有关部门或者单位通报，并建议给予其相应处分。

第三章　命审题人员和考试工作人员违纪违规行为的认定与处理

第十一条　命审题人员应当具有良好的政治素质和品行，具有胜任命审题及涉密岗位所要求的工作能力。

命审题人员应当履行以下保密义务：

（一）遵守国家保密法律法规及其他相关规定，不得以任何方式泄露属国家秘密的医师资格考试试卷、试题内容；

（二）凡有直系亲属、利害关系人参加当年考试的，应当主动回避，不得参加当年命审题和组卷工作；

（三）应当接受保密教育和培训，签订《保密责任承诺书》；

（四）不得参与和考试有关的应试培训工作。

第十二条　命审题人员有下列行为之一的，国家医学考试中心或者中医师资格认证中心应当停止其参加命审题工作，视情节轻重作出或者建议其所在单位给予相应处分，并调离命审题工作岗位：

（一）非法获取、持有国家秘密载体的；

（二）买卖、转送或者私自销毁国家秘密载体的；

（三）通过普通邮政、快递等无保密措施的渠道传递国家秘密载体的；

（四）邮寄、托运国家秘密载体出境，或者未经有关主管部门批准，携带、传递国家秘密载体出境的；

（五）非法复制、记录、存储国家秘密的；

（六）在私人交往和通信中泄露国家秘密的；

（七）在互联网及其他公共信息网络或者未采取保密措施的有线和无线通信中传递国家秘密的；

（八）将涉密计算机、涉密存储设备接入互联网及其他公共信息网络的；

（九）在涉密信息系统与互联网及其他公共信息网络之间进行信息交换的；

（十）使用非涉密计算机、非涉密存储设备存储、处理国家秘密信息的；

（十一）擅自卸载、修改涉密信息系统的安全技术程序、管理程序的；

（十二）将未经安全技术处理的退出使用的涉密计算机、涉密存储设备赠送、出售、丢弃或者改作其他用途的；

（十三）参与和医师资格考试有关的培训工作的；

（十四）未经国家医学考试中心或者中医师资格认证中心批准，在聘用期内参与编写、出版医师资格考试辅导用书和相关资料的。

第十三条 考试工作人员应当认真履行工作职责。在考试考务管理工作中，有下列行为之一的，考试机构应当停止其参加考试工作，视情节轻重作出或者建议其所在单位给予相应的处分，并调离考试工作单位或者岗位：

（一）为考生或者考试工作人员提供虚假证明、证件，或者违规修改考生档案（含电子档案）的；

（二）擅自变更考试时间、地点或者考试安排的；

（三）因工作失误，导致辖区内部分考生未能如期参加考试，并造成恶劣社会影响的；

（四）通过提示或者暗示帮助考生答题的；

（五）擅自将试题、答卷以及与考试内容相关的材料带出考室或者传递给他人的；

（六）偷换、涂改考生答卷、考试成绩或者考场原始记录材料的；

（七）未按照规定保管、使用、销毁考试材料的；

（八）未认真履行职责，造成所负责标准考室的雷同率达到60%的；

（九）评阅卷人员造成卷面成绩明显错误，成绩错误试卷数量占其评卷总量1%以上的；

（十）与考生或者其他人员串通，在考试期间帮助考生实施违纪违规行为的；

（十一）具有应当回避考试工作的情形但隐瞒不报的；

（十二）利用考试工作便利，进行索贿、受贿或者牟取不正当利益的；

（十三）诬陷、打击报复考生或者其他考试工作人员的；

（十四）省级以上卫生计生行政部门规定的其他违反考务管理的行为。

第十四条 考点的考试工作人员严重不负责任，造成考试组织管理混乱、违纪违规现象突出的，由卫生计生行政部门进行通报批评，并给予警告。

考点违纪违规现象严重，影响恶劣的，由省级卫生计生行政部门取消该考点承办考试的资格，责令整改，在2年内不得承办考试工作，并追究相关管理人员的责任。

第十五条 除考试工作人员外，其他有关人员有干扰考试行为的，卫生计生行政部门或者考试机构应当建议有关单位给予相应行政处分。

第四章 违纪违规行为的认定与处理程序

第十六条 考试工作人员对考试过程中发现的违纪违规行为

应当及时予以纠正，并采取必要措施收集、保全违纪违规证据。

对考试过程中发现的违纪违规行为，应当由2名以上考试工作人员共同填写全国统一样式的《医师资格考试违纪违规行为记录单》。记录单内容包括：违纪违规事实、情节及现场处理情况。记录单填写完成并经考试工作人员签字后，应当及时报考点主考签字认定。考试工作人员应当如实将记录内容和拟处理意见告知被处理人。

对事实清楚、证据确凿的违纪违规行为，卫生计生行政部门应当及时作出处理决定，出具全国统一样式的《医师资格考试违纪违规行为处理决定书》，并按要求及时送达被处理人或者其所在单位。

第十七条 考点考试机构负责汇总考点各考场违纪违规情况，并及时报送考点所在地设区的市级卫生计生行政部门。

第十八条 违纪违规考生的处理决定由设区的市级卫生计生行政部门作出。除当年单元或者考站考试成绩无效、当年考试成绩无效的处理决定外，设区的市级卫生计生行政部门作出其他处理决定后，应当自处理决定作出之日起15日内报省级卫生计生行政部门备案。对发现的不当处理决定，省级卫生计生行政部门应当自收到备案材料之日起30日内进行调查、纠正，也可以要求设区的市级卫生计生行政部门重新调查处理。

第十九条 设区的市级以上地方卫生计生行政部门应当加强对考点、考场的监督管理，有第十三条、第十四条所列情形且情节严重的，可以直接介入调查和处理，并将有关情况及时上报国家卫生计生委，同时抄送国家医学考试中心或者中医师资格认证中心。

第二十条 命审题人员、考试工作人员在试题命制、考场、考点及评卷过程中有违反本规定行为的，国家医学考试中心或者中医师资格认证中心负责人、考点主考、评卷负责人应当暂停其工作，并依照本规定报卫生计生行政部门处理。

第二十一条 卫生计生行政部门作出处理决定时，应当将拟作出的处理决定及时告知被处理人。

被处理人对卫生计生行政部门认定的违纪违规事实或者拟作出的处理决定存在异议的，有权进行陈述和申辩。

被处理人对处理决定不服的，可以依法申请行政复议或者提起行政诉讼。

第二十二条 考区考试机构应当在省级卫生计生行政部门指导下建立国家医师资格考试考生诚信档案，记录、保留并向国家医学考试中心提供在医师资格考试中违纪违规考生的相关信息。

考区考试机构应当汇总本辖区考试违纪违规行为的认定和处理情况，分别报送至省级卫生计生行政部门和国家医学考试中心，由国家医学考试中心纳入考生个人信息库进行管理。

第五章 附 则

第二十三条 考生、命审题人员、考试工作人员和其他相关人员违反本规定构成犯罪的，依法追究刑事责任。

第二十四条 本规定中下列用语的含义：

当年考试，是指考生当年从报名参加医师资格考试至考试所有测试内容完成的全过程。

考站或者考试单元，是指进行实践技能考试或者医学综合笔试时，将考试分成的不同阶段。实践技能考试中称为考站，医学综合笔试中称为考试单元。

考生，是指根据《执业医师法》和国家卫生计生委制定的考试办法，报名参加医师资格考试的人员。

命审题人员，是指参与医师资格考试命题、审题、组卷的专家和工作人员。

考试工作人员，是指参与医师资格考试考务管理、评阅卷和考试服务工作的人员。

考试机构，是指各级卫生计生行政部门指定的负责医师资格考试考务工作的单位。

考区和考点，是指为进行医师资格考试考务管理划定的考试管理区域。考区指省、自治区、直辖市所辖区域；考点指地或者设区市所辖区域。

考场，是指医师资格考试实施的具体场所，一般指学校、医院等。

考室，是指考场内实施医师资格考试的独立区域，如教室、诊室等。

第二十五条 本规定自2014年9月10日起施行。

中央精神文明建设指导委员会关于推进诚信建设制度化的意见

各省、自治区、直辖市精神文明建设委员会，中央精神文明建设指导委员会各成员单位：

为深入贯彻党的十八大、十八届三中全会精神和习近平总书记系列重要讲话精神，落实国务院印发的《社会信用体系建设规划纲要（2014—2020 年）》，大力培育和践行社会主义核心价值观，切实形成诚信建设良好的社会舆论环境，着力推进诚信建设规范化长效化，现就推进诚信建设制度化提出如下意见。

一、推进诚信建设制度化的重要意义、指导思想和主要原则

（一）充分认识诚信建设制度化的重要意义。诚信是社会主义核心价值观的重要内容，是公民基本道德规范，是社会主义市场经济的基础。党中央国务院高度重视诚信建设，党的十八大提出深入开展道德领域突出问题专项教育和治理，加强政务诚信、商务诚信、社会诚信和司法公信建设；党的十八届三中全会强调建立健全社会征信体系，褒扬诚信、惩戒失信。各地各部门认真贯彻党中央国务院决策部署，推进社会信用体系建设，弘扬诚信理念，推广先进典型，开展专项整治，诚信建设取得积极进展。同时要看到，诚信建设与人民群众期望还有差距，与经济社会发展水平还不相适应，覆盖全社会的征信系统尚未形成，社会诚信意识和信用水平整体偏低，商业欺诈、合同违法、制假售假、偷排污染物、偷逃骗税、学术不端等不良现象时有发生，诚信缺失仍然是经济社会发展中一个突出问题，诚信建设制度机制亟待健全和完善。当前，我国正处于全面深化改革、加快推进社会主义现代化的关键时期，也是大力推进诚信建设的有利时机。加强诚信制度化建设，对于完善社会主义市场经济体制，培育和践行社会主义核心价值观，推进国家治理体系和治理能力现代化，提升国家软实力和整体竞争力，具有十分重要的意义。

（二）推进诚信建设制度化的指导思想。高举中国特色社会主义伟大旗帜，以邓小平理论、“三个代表”重要思想、科学发展观为指导，贯彻落实习近平总书记系列重要讲话精神，以培育和践行社会主义核心价值观为根本，以加强社会信用体系建设为基础，以褒扬诚信、惩戒失信为重点，以完善法律法规为保障，大力推进诚信建设制度化，建立完善长效工作机制和运行机制，着力营造讲诚实、守信用的舆论环境、经济环境、社会环境，为实现中华民族伟大复兴的中国梦提供有力道德支撑。

（三）推进诚信建设制度化的主要原则。坚持以人为本、教育为先，把培育诚信价值观念作为长期任务；坚持制度保障、规范约束，把推进征信系统全覆盖作为重要基础；坚持德法并举、刚柔相济，把道德教化与依法制裁作为有效手段；坚持政府有力推动、企业主动作为、社会共同参与、公民普遍响应，把政府、企业和社会力量汇集于推进诚信建设各方面各环节；坚持问题导向、集中治理，把不断取得阶段性成果作为回应人民群众关切的重要标志，力求在治理重点领域、解决突出问题上求突破，在激励守信、惩戒失信上见实效，使全社会诚信意识普遍增强，诚信风尚日益形成，诚信社会愈益健全。

二、建立起全覆盖的社会信用信息记录

（四）加快征信系统建设。积极推进建立自然人、法人和其他组织统一社会信用代码制度，依法收集、整合区域内公民、法人和其他组织的信用信息，完善信用信息基础数据库，逐步实现信息采集全覆盖。完善信用标准体系，制定全国统一的信用信息采集和分类管理标准，统一信用指标目录和建设规范。健全行业信用信息记录制度，以各类企业和从业人员为重点，把信用信息采集融入注册登记、资质审核、日常监管各环节，尽快完善工商、税务、安全生产、产品质量、环境保护、食品药品、医疗卫生、知识产权、工程建设、交通运输、检验检测等事关人民群众日常生产生活重点领域的信用档案。加快国家统一征信平台建设，力争在 2017 年基本建成集合金融、工商登记、税收缴纳、社保缴费、交通违章等信用信息的统一平台，形成覆盖全部社会主体、所有信用信息类别、全国所有区域的信用信息网络。

（五）建立信用信息共享机制。促进各部门各地区信用信息系统统筹整合，依法推进信用信息互联互通和交换共享，有效消除信用信息“壁垒”“孤岛”。依法对信用信息进行分级管理，确定查询权限，促进各类社会主体的信用状况公开透明、可查可核。推动有关部门在行政管理、市场监管和公共服务中使用信用记录和信用报告，逐步实现多部门、跨地区、跨领域信息联享、信用联评、守信联奖、失信联惩，让守信者处处受益、失信者处处受限。

三、大力营造诚信建设有力宣传舆论声势

（六）培育诚信理念。“爱国、敬业、诚信、友善”，是公民价值准则。要深入宣传阐释“诚信”的丰富内涵和基本要求，使诚信价值准则深入人心。党报党刊、通讯社、广播电视要拿出重要版面时段、推出专栏专题，运用新闻报道、言论评论、专题节目等形式传播诚信理念。都市类、行业类媒体要发挥贴近群众的优势，用生动活泼的宣传报道引导人们践行诚信价值。互联网、手机等新兴媒体要运用微博、微信、微视、微电影等传播手段，扩大诚信宣传覆盖面。发挥公益广告引领文明风尚的作用，加强选题规划和设计制作，加大在各类媒体和公共场所的刊播力度，让人们在耳濡目染中恪守诚信规范。抓住“3·15 消费者权益日”“诚信兴商宣传月”“全国质量月”“食品安全宣传周”“6·14 信用记录日”和“五一”、“十一”、元旦、春节等重要时间节点，利用举办大型经贸活动、商品博览会等有利时机，增加宣传频率，形成宣传声势。

（七）宣传先进典型。大力发掘、宣传诚信人物、诚信企业、诚信群体，发挥先进典型的示范作用，引导人们见贤思齐。既持续宣传老模范的感人事迹，也及时宣扬新模范的高尚行为；既在全社会推出具有重大影响的诚信人物，也在各地各行业和基层单位推出一诺千金的凡人善举；既宣传公民个人守信践诺之举，也宣传骨干企业、优势产业、知名品牌以诚信创一流的先进经验，塑造诚信国家形象。

（八）鞭挞失信行为。充分发挥舆论监督作用，对失信败德行为进行批评揭露，使之成为“过街老鼠”。要区分性质、把握适度，对尚未造成严重危害的弄虚作假现象，在系统和单位通报批评、责令整改；对影响恶劣的重大违法案例，进行公开曝光、有力鞭挞，形成强大舆论压力。加强对失信行为处罚结果的跟踪报道，以反面典型为教材进行德法释义，警示人们守住诚信做人“底线”、敬畏法律“高压线”。发动群众参与道德评议，组织大讨论等活动，形成民间舆论场，引导人们加强自我约束。

（九）弘扬诚信文化。汲取中华优秀传统文化的思想精华和道德精髓，阐发蕴含其中的讲诚信、重然诺的宝贵品格和时代价值，引导人们诚意正心。构建适应社会主义市场经济发展的诚信文化，引导人们正确处理经济利益与道德追求的关系，深刻认识市场经济既是契约经济、信用经济，又是法制经济、道德经济，在追逐物质利益的过程中享有精神收益。运用社区市民学校、公益性文化单位、文化服务中心等阵地，通过经典诵读、道德讲堂、论坛讲座、展览展示等形式，培育诚信文化。创作弘扬诚信的影视剧、小说和戏曲等文艺作品，做好展演展示，用文化传播和滋养诚信价值理念。

四、切实增强诚信教育实践针对性实效性

（十）突出企业主体诚信教育。抓好企业主群体的诚信教育和培训工作，引导他们把诚信守法经营理念奉为信条，切实负起主体责任，在生产经营、财务管理、履行纳税义务、环境管理和劳动用工管理等各环节建立信用管理流程，自觉抵制失信行为。各类企业要开展全员诚信教育，建立职工诚信考核评价制度，使诚信成为企业职工的基本规范。企业管理部门要把诚信教育作为对企业服务管理的重要内容，融入证照颁发、业务办理的流程中，把守信履约要求作为对企业年度考评的重要依据。

（十一）抓好公共服务人员诚信教育。党员干部要以身作则、率先垂范，用模范行为带动诚信风尚的形成。公务员、医务人员、社会工作者以及社会中介服务人员直接服务于人民群众生产生活，他们的诚信言行对于增强人际互信具有重要影响。要深入开展公务员诚信、守法和道德教育，把诚信纳入公务员招录考试内容，增强公务员法律和诚信意识。认真贯彻政府信息公开条例，提高决策和施政透明度，提升政府公信力。引导医务人员崇尚服务理念，大力弘扬医者仁心、救死扶伤的医德。在律师、会计师、税务师、环境影响评价工程师、社会工作者等职业人群资格准入、专业评价、年审考核、职称评定中，强化诚信教育内容，培养职业操守，建立诚信档案，对严重失信行为实行“一票否决”。

（十二）纳入学校教育。坚持育人为本、德育为先，把诚信贯穿基础教育、高等教育、职业技术教育、成人教育各领域，落实到教育教学和管理服务各环节。构建各级各类学校有效衔接的诚信教育体系，在各级各类学校的德育课、思政课以及道德实践中强化契约精神教育、专题法制教育，研究建立学生诚信评价考核办法。建立和规范体现诚信内涵的礼仪制度，把诚信嵌入到成人礼、毕业典礼等仪式中。切实加强师德建设，强化诚信执教、为人师表理念，以人格魅力为学生展示“行为世范”。依法依规严肃惩戒学术造假、论文抄袭、考试作弊等失信行为，将国家教育考试诚信档案与社会诚信档案相连通，纳入国家统一征信平台，引导师生以诚立身、诚信做人。

（十三）广泛开展诚信主题实践活动。坚持知行合一，运用生动有效的实践载体，引导人们把诚信理念转化为自觉行动。文明城市、文明村镇、文明行业、文明单位等群众性精神文明创建活动，要深化思想道德内涵，把诚信建设的要求贯穿到创建内容安排中、体现到工作各环节中。各行各业要结合业务和生产经营实际，开展各具特色的诚信实践活动，引导人们立足岗位践行诚信规范。生产企业作为实体经济的基础环节，要以“质量第一”为主题，用规范的管理制度、精细的工艺流程、严格的质量标准，把诚信渗透在产品生产和售后服务的各个环节。商贸流通企业作为市场秩序的关键环节，要以“履约守信”为主题，深化“百城万店无假货”“诚信经营示范店”等活动，倡导公平交易、以诚待人，构建诚信商业环境。窗口行业作为直接服务人民群众的基层单位，要以“人民满意”为主题，用礼貌热情的态度、周到高效的工作，提供高质量服务，提升公众美誉度。当前，要突出“舌尖上的安全”，在食品药品企业开展“诚信做产品”活动，倡导树立尚德守法、以义取利的义利观，倡导以信笃行、以诚兴业的传统美德，让广大人民群众“吃得安全、用得放心”。

五、建立健全激励诚信、惩戒失信长效机制

（十四）形成褒扬诚信的政策导向。各地各部门在确定经济社会发展目标和发展规划、出台经济社会重大政策和重大改革措施时，要把讲社会责任、讲社会效益、讲守法经营、讲公平竞争、讲诚信守约作为重要内容，形成有利于弘扬诚信的良好政策导向、利益机制。在制定与公民现实利益密切相关的具体政策措施时，要注重经济行为与价值导向的有机统一，建立完善政策评估和纠偏机制，防止具体政策措施与诚信建设相背离。职能部门在市场监管和公共服务过程中，要充分应用信用信息和信用产品，使诚实守信者享有优待政策，形成好人好报、善有善报的正向机制。

（十五）开展突出问题专项整治。各地各部门要经常梳理经济社会发展中诚信热点问题、人民群众普遍关注的失信败德行为，有针对性地开展专项整治。食品药品监管部门，要严厉打击制售假冒伪劣、有毒有害食品药品的黑工厂、黑窝点、黑作坊、黑渠道，严惩重处食品药品违法犯罪；工商部门，要严厉打击各种非法传销活动，狠抓社会影响大、涉案地区广的大案要案；质检部门，要扎实推进“质检利剑”行动，严厉打击产品质量违法行为；公安部门，要严厉打击利用电话、网络诈骗犯罪行为，保护群众财产安全；网管部门，要深入推进整治网络谣言专项行动，抓一批重大案件，列出一批“黑名单”；工信部门，要尽快落实手机卡实名制，有效切断境外网络改号电话从国际端口局以及各地电信企业落地进入境内程控网的管道；银行部门，要把落实银行卡实名制作为重点，推动对境外操作境内网银进行转账的限制、快速异地冻结赃款等工作落实。

（十六）建立诚信发布制度。推动各地各部门依据法律法规，按照客观、真实、准确的原则，建立诚信红黑名单制度，把恪守诚信者列入“红名单”，把失信违法者列入“黑名单”。对于列入“黑名单”的，根据违法违规性质和社会影响程度，分别采取“一对一”警示约谈、“一对多”部门间通报、在媒体公开发布等不同措施。中央文明办在与最高人民法院等部门联合发布失信被执行人名单的基础上，继续会同有关部门发布食品药品安全、企业产品质量、环境安全、纳税情况、债务偿付情况等方面的“黑名单”，发布失信惩戒措施。有关部门和社会相关单位对列入“黑名单”的失信者，要共同依法实施惩戒，形成扬善抑恶的制度机制和社会环境。

（十七）完善诚信监督体系。坚持行政监管、行业管理、社会监督相结合，构建多层面、全过程、广覆盖的监督体系，对各类社会信用主体实施有效监管，从源头上遏制失信行为。政府职能部门针对失信易发多发的行业领域，加大监管力度，强化风险排查，提升诚信监管效能。邀请各级人大代表、政协委员，到生产企业、服务窗口和公共场所明察暗访，提出意见建议。推动行业协会商会更好发挥自律作用，加强管理和服务，对行业成员形成监督约束。建立健全有奖举报制度，鼓励群众举报失信违规行为，对举报问题及时查处。大众传媒要开展建设性舆论监督，营造守信光荣、失信可耻的舆论氛围。对借舆论监督之名实施敲诈勒索的假新闻、假媒体、假记者，要及时发现、及时查处，提高媒体公信力。

六、有力营造诚信建设法治环境

（十八）坚持严格执法。促进各类管理主体把诚信价值理念贯彻到依法治国、依法执政、依法行政实践中，有法必依、执法必严、违法必究，用法律的刚性约束增强人们守信的自觉性。严格落实执法者主体责任，加大执法监督力度，切实解决监管部门执法难、司法判决执行难的问题，对执法不严、查处不力的部门和责任人依法实行问责追究。推动执法部门建立联动机制、形成执法合力，运用多种手段进行综合治理，使失信行为受到应有惩处。

（十九）深化普法教育。结合落实国家普法工作规划，深入宣传合同法、产品质量法、食品安全法、环境保护法、消费者权益保护法、征信业管理条例等法律法规，弘扬社会主义法治精神，增强人们的学法、尊法、守法、用法意识。突出抓好党政机关、执法部门法律法规学习培训，增强带头守法意识，提高依法行政能力。组织法律专业人员和志愿服务队伍到村镇、社区、机关、企业等城乡基层普及诚信方面的法律知识，增强人民群众遵纪守法观念和依法保护自身权益的能力。

（二十）健全法规制度。推进信用立法工作，推动相关部门和立法机构依据上位法出台配套制度、实施细则及司法解释，使信用信息征集、查询、应用、互联互通、信用信息安全和主体权益保护等有法可依、有章可循。推动各地把一些行之有效的管理经验上升为法规制度，制定诚信建设地方性法规、行政规章和规范性文件。具有立法权的全国文明城市、提名城市在诚信法规制度方面要先行先试、积累经验，为国家信用法规建设提供借鉴。

七、切实加强诚信建设制度化组织领导

（二十一）形成统分结合工作机制。各地各部门要把诚信建设制度化摆上重要位置，贯穿到经济社会发展各领域，推动诚信建设与业务工作、诚信教育与管理举措融为一体。建立健全党委统一领导、文明委组织协调、职能部门各负其责、全社会共同参与的工作格局，加强统筹规划，加强组织实施，加强督促落实。支持配合社会信用体系建设部际联席会议发挥统筹协调作用，加快构建社会信用体系，为全社会诚信建设夯实基础。文明委成员单位要率先抓好自身诚信建设，积极支持参与诚信建设制度化工作，形成工作合力。相关行业主管部门要认真履行职责，依据业务范围，细化诚信建设制度化具体举措。各级党委宣传部、文明办要做好组织实施、协调推进工作，加强与各部门的信息沟通和联络服务，加强对重点任务的检查督导，把各方面积极性都调动发挥出来，形成齐抓共管的良好局面。

推进诚信建设制度化，是培育和践行社会主义核心价值观的一项重要任务，关系改革发展稳定，关系人民切身利益。各地各部门要认真贯彻习近平总书记倡导的“三严三实”的要求，坚持重点突破、整体推进，坚持持之以恒、久久为功，坚持落细落小落实，以诚信建设制度化的良好效果，构建诚实守信的经济社会环境。

2014 年 7 月 23 日

教育部关于实施卓越教师培养计划的意见

教师［2014］5号

各省、自治区、直辖市教育厅（教委），新疆生产建设兵团教育局，部属有关高等学校：

近年来，我国教师教育体系不断完善，教师教育改革持续推进，教师培养质量和水平得到提高，但也存在着教师培养的适应性和针对性不强、课程教学内容和教学方法相对陈旧、教育实践质量不高、教师教育师资队伍薄弱等突出问题。大力提高教师培养质量成为我国教师教育改革发展最核心最紧迫的任务。为推动教师教育综合改革，全面提升教师培养质量，现就实施卓越教师培养计划提出如下意见。

一、明确实施卓越教师培养计划的目标要求

主动适应国家经济社会发展和教育改革发展的总体要求，坚持需求导向、分类指导、协同创新、深度融合的基本原则，针对教师培养的薄弱环节和深层次问题，深化教师培养模式改革，建立高校与地方政府、中小学（幼儿园、中等职业学校、特殊教育学校，下同）协同培养新机制，培养一大批师德高尚、专业基础扎实、教育教学能力和自我发展能力突出的高素质专业化中小学教师。各地各校要以实施卓越教师培养计划为抓手，整体推动教师教育改革创新，充分发挥示范引领作用，全面提高教师培养质量。

二、分类推进卓越教师培养模式改革

1. 卓越中学教师培养。针对中学教育改革发展对高素质教

师的需求，重点探索本科和教育硕士研究生阶段整体设计、分段考核、连续培养的一体化模式，培养一批信念坚定、基础扎实、能力突出，能够适应和引领中学教育教学改革的卓越中学教师。

2. 卓越小学教师培养。针对小学教育的实际需求，重点探索小学全科教师培养模式，培养一批热爱小学教育事业、知识广博、能力全面，能够胜任小学多学科教育教学需要的卓越小学教师。

3. 卓越幼儿园教师培养。适应学前教育改革发展要求，构建厚基础、强能力、重融合的培养体系，培养一批热爱学前教育事业、综合素质全面、保教能力突出的卓越幼儿园教师。

4. 卓越中等职业学校教师培养。面向现代职业教育发展需要，建立健全高校与行业企业、中等职业学校的协同培养机制，探索高层次“双师型”教师培养模式，培养一批素质全面、基础扎实、技能娴熟，能够胜任理论和实践一体化教学的卓越中等职业学校教师。

5. 卓越特殊教育教师培养。适应新时期特殊教育事业发展需要，重点探索师范院校与医学院校联合培养机制、特殊教育知识技能与学科教育教学融合培养机制，坚持理论与实践结合，促进学科交叉，培养一批富有爱心、素质优良、具有复合型知识技能的卓越特殊教育教师。

三、建立高校与地方政府、中小学“三位一体”协同培养新机制

1. 明确全方位协同内容。高校与地方政府、中小学协同制定培养目标、设计课程体系、建设课程资源、组织教学团队、建设实践基地、开展教学研究、评价培养质量。培养中等职业学校教师的高校还需加强与行业企业的协同。

2. 建立合作共赢长效机制。高校与地方政府、中小学建立“权责明晰、优势互补、合作共赢”的长效机制。地方政府统筹规划本地区中小学教师队伍建设，科学预测教师需求的数量和结构，做好招生培养与教师需求之间的有效对接。高校将社会需求信息及时反馈到教师培养环节，优化整合内部教师教育资源，促进教师培养、培训、研究和服务一体化。中小学全程参与教师培养，积极利用高校智力支持和优质资源，促进教师专业发展。

四、强化招生就业环节

1. 推进多元化招生选拔改革。通过自主招生、入校后二次选拔、设立面试环节等多样化的方式，遴选乐教适教的优秀学生攻读师范专业。具有自主招生资格的高校，提高自主招生计划中招收师范生的比例。加强入校后二次选拔力度，根据本校特点自行组织测试选拔。设立面试环节，考察学生的综合素质、职业倾向和从教潜质。

2. 开展生动有效的就业教育。加强养成教育，注重未来教师气质培养，营造良好教育文化氛围，引导师范生树立长期从教、终身从教信念。建立完善师范毕业生就业服务体系，鼓励引导师范生到基层特别是农村中小学任教。

五、推动教育教学改革创新

1. 建立模块化的教师教育课程体系。构建公共基础课程、学科专业课程、教师教育课程比重适当、结构合理、理论与实践深度融合的课程体系。把社会主义核心价值观纳入教师教育课程体系，融入师范生培养全过程。采取将教书育人楷模、一线优秀教师请进课堂等方式，丰富师德教育的内涵与形式。落实《教师教育课程标准（试行）》，打破教育学、心理学、学科教学法“老三门”的课程结构体系，开设模块化、选择性和实践性的教师教育课程。

2. 突出实践导向的教师教育课程内容改革。紧密结合中小学教育教学实践，全面改革教师教育课程内容。在教师教育课程中充分融入优秀中小学教育教学案例。将学科前沿知识、课程改革和教育研究最新成果充实到教学内容中，及时吸收儿童研究、学习科学、心理科学、信息技术的新成果。

3. 推动以师范生为中心的教学方法变革。推进以“自主、合作、探究”为主要特征的研究型教学改革，着力提升师范生的学习能力、实践能力和创新能力。充分利用信息技术变革教师教学方式和师范生学习方式，提升师范生信息素养和利用信息技术促进教学的能力。充分发挥毕业论文（设计）在培养师范生的实践能力和反思研究能力方面的重要作用。

4. 开展规范化的实践教学。将实践教学贯穿培养全过程，分段设定目标，确保实践成效。建立稳定的教育实践基地和教育实践经费保障机制，切实落实师范生到中小学教育实践不少于1个学期制度。建立标准化的教育实践规范，对“实践前—实践中—实践后”全过程提出明确要求。实行高校教师和中小学教师共同指导师范生的“双导师制”。建设教育实践管理信息系统平台，探索教育实践现场指导与远程指导相结合的新模式。培养中等职业学校教师的高校还应联合行业企业建立稳定的专业实践基地，实践教学时间不少于1学年。

5. 探索建立社会评价机制。高校结合本校实际制定卓越教师培养标准，试行卓越教师培养质量年度报告制度。准确把握并及时研究分析师范毕业生就业状况和供需情况，不断调整学校的专业设置和课程，增强培养的适应性和针对性。

六、整合优化教师教育师资队伍

1. 建立教师教育师资队伍共同体。高校整合优化教师资源，加大人才引进力度，配足配齐教师教育类课程教师。聘请中小学、教研机构、企事业单位和教育行政部门的优秀教育工作者、高技能人才到高校担任兼职教师，从事卓越教师培养工作。

2. 形成教师教育师资队伍共同体持续发展的有效机制。鼓励高校与中小学、教研机构、企事业单位和教育行政部门积极探索“协同教研”“双向互聘”“岗位互换”等教师发展新机制。高校教师教育类课程教师深入中小学、教研机构、企事业单位和教育行政部门兼职任教、挂职实践，每5年累计不少于1年。通过开展国内专项培训、赴境外访学进修、见习观摩等多种形式，提高教师教育类课程教师的专业化水平。在岗位职数、评聘条件等方面专门制定相关政策，为学科课程与教学论教师的职务（职称）晋升创造条件。

七、加强卓越教师培养计划的组织保障

1. 成立组织管理机构。教育部成立“卓越教师培养计划”专家委员会，负责计划的指导、咨询服务等工作。高校结合本校的办学定位、服务面向和办学优势与特色等，联合地方政府、中小学就卓越计划相应改革项目提交申报方案，经专家委员会评审后，教育部研究确定计划实施高校。计划实施周期为10年。专家委员会对实施效果进行定期检查，实行计划实施高校动态调整机制。

2. 加强政策保障。支持计划实施高校在招生选拔、培养模式、课程体系、师资队伍建设等方面进行综合改革。对具有推免资格的计划实施高校，在安排推免名额时统筹给予支持；对计划实施高校适度增加教育硕士招生计划；在专业学位授予审核工作中，优先支持计划实施并取得成效的高校。鼓励具有推免资格的计划实施高校，在本校推免名额内重点支持教育硕士专业学位的发展。优先支持计划实施高校的学生参与国际合作交流，包括公派出国留学、实习、交换学生等；优先支持计划实施高校相关青年骨干教师国内访学和出国进修。对计划实施高校承担的与卓越教师培养计划相关的中小学教师培训任务，优先纳入国培计划。各地应对计划实施高校在政策、经费投入等方面给予支持，对参与卓越教师培养计划的中小学在办学投入、师资建设等方面给予倾斜。

各地各有关高校要认真贯彻落实本意见精神，结合实际，研究制定具体实施方案，确保卓越教师培养计划各项任务落到实处。

2014年8月18日

财政部　国家发展和改革委员会　民政部　全国老龄工作委员会办公室关于做好政府购买养老服务工作的通知

财社［2014］105 号

各省、自治区、直辖市、计划单列市财政厅（局）、发展改革委、民政厅（局）、老龄办，新疆生产建设兵团财务局、发展改革委、民政局、老龄办：

为贯彻党的十八届三中全会关于推广政府购买服务的战略部署，落实《国务院关于加快发展养老服务业的若干意见》（国发［2013］35 号）和《国务院办公厅关于政府向社会力量购买服务的指导意见》（国办发［2013］96 号），加快推进政府购买养老服务工作，现就有关问题通知如下：

一、把握政府购买养老服务的基本原则

（一）坚持需求导向，注重创新机制。以老年人基本养老服务需求为导向，将政府购买服务与满足老年人基本养老服务需求相结合，重点安排与老年人生活照料、康复护理等密切相关的项目，优先保障经济困难的孤寡、失能、高龄等老年人的服务需求，加大对基层和农村养老服务的支持，并逐步拓展政府购买养老服务的领域和范围。立足各地经济社会发展实际，积极探索，不断创新政府购买养老服务机制，改进购买服务的方式方法。

（二）坚持政府引导，培育市场主体。政府要加强对购买养老服务的组织领导、制度设计、政策支持、财政投入和监督管理。充分发挥市场配置资源的决定性作用，将推进政府购买养老服务与逐步使社会力量成为发展养老服务业的主体相结合，与培育专业化养老服务组织相结合，按照公开、公平、公正原则，坚持费随事转，通过竞争择优的方式选择承接政府购买养老服务的社会力量，确保具备条件的社会力量平等参与竞争。

（三）坚持规范操作，注重绩效评估。明确各方责任、权利和义务，建立以项目申报、项目评审、资质审核、组织采购、合同签订、项目监管、绩效评估等为主要内容的规范化购买流程，有序开展工作。加强绩效管理，建立评估机制和动态调整机制，降低成本，提高效率，增强政府购买养老服务的针对性和有效性。

（四）坚持体制创新，完善政策体系。要做好相关政策的完善和相互衔接，推进政事分开、政社分开，坚持与事业单位改革相衔接，推进管办分离，放开市场准入。凡社会能够提供的养老服务，尽可能交给社会力量承担。要及时总结行之有效的管理办法和政策措施，尽快形成各方衔接配套、操作性强的政府购买养老服务政策体系。

二、明确政府购买养老服务的工作目标

“十二五”时期，政府购买养老服务工作有序推开，相关制度建设取得有效进展。到 2020 年，基本建立比较完善的政府购买养老服务制度，促进形成与经济社会发展相适应、高效合理的养老服务资源配置机制和供给机制，支持和参与养老服务的社会氛围更加浓厚，养老服务水平和质量显著提高，推动建成功能完善、规模适度、覆盖城乡的养老服务体系。

三、积极有序地开展政府购买养老服务工作

（一）明确购买主体。政府购买养老服务的主体是承担养老服务的各级行政机关和参照公务员法管理、具有行政管理职能的事业单位。纳入行政编制管理且经费由财政负担的群团组织，也可根据实际需要，通过购买服务方式提供养老服务。

（二）界定承接主体。各地可根据国办发［2013］96 号文件确定的原则和养老服务的要求，规定承接主体的具体条件。购买工作应按照政府采购法律制度规定，根据服务项目的采购需求特点，选择适用采购方式确定承接主体，严禁转包行为。

（三）确定购买内容。政府购买养老服务内容应突出公共性和公益性，按照量力而行、尽力而为、可持续的原则确定。各地要全面梳理现行由财政支出安排的各类养老服务项目，凡适合市场化方式提供、社会力量能够承担的，应按照转变政府职能要求，通过政府购买服务方式提供方便可及、价格合理的养老服务。要根据养老服务的性质、对象、特点和地方实际情况，重点选取生活照料、康复护理和养老服务人员培养等方面开展政府购买服务工作。在购买居家养老服务方面，主要包括为符合政府资助条件的老年人购买助餐、助浴、助洁、助急、助医、护理等上门服务，以及养老服务网络信息建设；在购买社区养老服务方面，主要包括为老年人购买社区日间照料、老年康复文体活动等服务；在购买机构养老服务方面，主要为“三无”（无劳动能力、无生活来源、无赡养人和扶养人或者其赡养人和扶养人确无赡养和扶养能力）老人、低收入老人、经济困难的失能半失能老人购买机构供养、护理服务；在购买养老服务人员培养方面，主要包括为养老护理人员购买职业培训、职业教育和继续教育等；在养老评估方面，主要包括老年人能力评估和服务需求评估的组织实施、养老服务评价等。

各地要根据养老服务的项目范围，结合本地经济社会发展水平、财政承受能力和老年人基本服务需求，制定政府购买养老服务的指导性目录，明确服务种类、性质和内容，细化目录清单，并根据实际情况变化，及时进行动态调整。对不属于政府职责范围内的服务项目，政府不得向社会力量购买。

（四）规范服务标准。各地应根据所购买养老服务的项目特点，制定统一明确、操作性强、便于考核的基本服务标准，方便承接主体掌握，便于购买主体监管。购买主体要及时对服务标准的执行情况进行梳理，总结经验，逐步完善服务标准体系。

（五）提供资金保障。政府购买养老服务资金在现有养老支出预算安排中统筹考虑。对于新增的养老服务内容，地方各级财政要在科学测算养老服务项目和补助标准基础上，列入同级财政预算。

（六）健全监管机制。各地要加强政府购买养老服务的监督管理，完善事前、事中和事后监管体系，要严格遵守相关财政财务管理规定，确保政府购买养老服务资金规范管理和使用，不得截留、挪用和滞留。购买主体要严格按照政府购买服务的操作规程，公平、公正、公开选择承接主体，建立健全内部监督管理制度，按规定公开购买服务相关信息，自觉接受社会监督。承接主体应健全财务制度，严格按照服务合同履行服务任务，保障服务数量、质量和效果。服务完成后，购买主体应委托第三方独立审计机构对金额较大、服务对象较多的项目进行审计，并出具审计报告。

（七）加强绩效评价。各地要建立健全由购买主体、养老服务对象以及第三方组成的综合评审机制，加强购买养老服务项目绩效评价。在绩效评价体系中，要更侧重受益对象对养老服务的满意度评价。政府购买养老服务的绩效评价结果要向社会公布，并作为政府选择购买养老服务承接主体、编制以后年度政府购买养老服务项目与预算的重要参考依据，建立承接主体的动态调整机制。

四、落实政府购买养老服务的工作责任

各地要高度重视政府购买养老服务工作，要建立健全政府统一领导、财政部门牵头、民政等有关职能部门协同、社会广泛参与的工作机制。财政部门和其他政府职能部门要加强对不同地区、不同项目、不同服务的分类指导工作，定期研究政府购买养老服务的重要事项，及时发现、研究和解决工作中出现的问题。同时，要充分利用各种宣传媒体，广泛宣传实施政府购买养老服务工作的重要意义、主要内容、政策措施，充分调动社会参与的积极性，为推进养老服务工作营造良好的舆论氛围。

2014 年 8 月 26 日

财政部办公厅关于印发《中央和国家机关差旅费管理办法有关问题的解答》的通知

财办行［2014］90号

党中央有关部门财务部门，国务院各部委、各直属机构财务部门，全国人大常委会办公厅机关事务管理局，全国政协办公厅机关事务管理局，高法院行装局，高检院计财局，有关人民团体财务部门，各民主党派中央办公厅，新疆生产建设兵团财务局：

《中央和国家机关差旅费管理办法》（财行［2013］531号）印发后，我们陆续接到有关部门和人员电话咨询差旅费管理办法执行的一些具体问题。为方便操作，我们制定了《中央和国家机关差旅费管理办法有关问题的解答》。现予印发，请在工作中遵循。

附件：中央和国家机关差旅费管理办法有关问题的解答

2014年9月15日

附件

中央和国家机关差旅费管理办法有关问题的解答

1. 出差人员由接待单位统一安排食宿的如何交伙食费?

除接待单位按照《党政机关国内公务接待管理规定》安排的一次工作餐外，出差人员就餐应当自行解决。接待单位协助安排就餐的，出差人员应当在差旅费管理办法规定的标准内向接待单位交纳相应的伙食费。接待单位应向出差人员出具接收凭证（不作报销依据），收取的伙食费用于抵顶接待单位的招待费支出。

2. 出差人员由接待单位或其他单位提供交通工具的如何交市内交通费?

市内交通应由出差人员自行解决。接待单位提供交通工具的，出差人员应当在差旅费管理办法规定的标准内向接待单位交纳市内交通费。接待单位应向出差人员出具接收凭证（不作报销依据），收取的市内交通费用于抵顶接待单位的车辆运行支出。

3. 出差人员实际发生住宿而无住宿发票的差旅费如何报销?

出差人员实际发生住宿而无住宿费发票的，如果是住在自己家里的，或到边远地区出差，无法取得住宿费发票的，由出差人员说明情况并经所在部门领导批准，可以报销城市间交通费、伙食补助费和市内交通费，其他情况一般不予报销差旅费。

4. 中央在京单位工作人员到远郊区县开展公务活动如何报销差旅费?

中央在京单位工作人员到远郊区县参加会议、培训的，不报销住宿费、伙食补助费和市内交通费；到远郊区县开展其他公务活动且实际发生住宿、伙食、交通等费用的，按照差旅费管理办法的规定标准报销。统一安排伙食、交通工具的，不再报销伙食补助费和市内交通费。

北京市远郊区县是指门头沟区、房山区、通州区、顺义区、昌平区、大兴区、怀柔区、平谷区、密云县、延庆县。

5. 工作人员调动搬迁路费如何报销？

中央和国家机关工作人员因调动工作发生的城市间交通费、住宿费、伙食补助费和市内交通费，由调入单位按照差旅费管理办法的规定予以一次性报销。随迁家属和搬迁家具发生的费用由调动人员自理。

6. 出差人员符合乘坐火车软卧条件而改乘软座的是否给予补助？

差旅费管理办法规定的交通工具等级是出差人员可以乘坐交通工具的上限。出差人员应严格按照差旅费管理办法规定的等级乘坐相应交通工具，符合乘坐火车软卧条件而改乘软座的，不给予补助。

7. 经单位领导批准工作人员出差期间回家省亲办事的差旅费如何报销？

工作人员出差期间回家省亲办事的，城市间交通费按不高于从出差目的地返回单位按规定乘坐相应交通工具的票价予以报销，超出部分由个人自理；伙食补助费和市内交通费按从出差目的地返回单位的天数（扣除回家省亲办事的天数）和规定标准予以报销。

8. 参加会议、培训的差旅费如何报销？

到常驻地以外参加会议、培训的，会议、培训期间执行会议和培训费的相关制度。往返会议、培训地点发生的城市间交通费、伙食补助费和市内交通费按照差旅费管理办法的规定报销。其中，伙食补助费和市内交通费按往返各1天计发，当天往返的按1天计发。

9. 出差乘坐飞机的，从驻地到机场的交通费如何报销？

新修订的差旅费管理办法对市内交通费实行包干办法，按出差自然天数每人每天 80 元包干使用。往返驻地和机场的交通费在按规定发放的市内交通费内统筹解决，不再另外报销。

10. 出差人员是否可以乘坐全列软席列车软卧？

出差人员原则上乘坐全列软席列车软座，但在晚 8 时至次日晨 7 时期间乘车时间 6 小时以上的，或连续乘车超过 12 小时的，经单位领导批准，可以乘坐软卧，按照软卧车票报销。

11. 中央和国家机关工作人员出差是否还要入住定点饭店？

新修订的《中央和国家机关差旅费管理办法》不要求出差人员必须入住定点饭店，从 2015 年起，财政部也不再组织招标采购出差的定点饭店。

12. 司局级以下级别人员是否要求 2 人住 1 间房？

新修订的差旅费管理办法实行分地区按级别制定每人每天住宿费开支标准，在规定标准之内出差人员可以自行选择与其级别相适应的房间类型，对 2 人住 1 间房不再作硬性规定。